中日英・日中英
投資 会計 税務
用語辞典

編 KPMG／あずさ監査法人
Global Japanese Practice (GJP)
中国事業室

監修 王 瑞華（中央財経大学教授）／高部 一郎（KPMG）

税務経理協会

贺　词

恰逢中央财经大学与日本AZSA监查法人缔结友好关系30周年，双方共同努力的一个成果——《中日英·日中英 投资·会计·税务 用语词典》也已经完成，我感到非常高兴，并表示衷心的祝贺。

从1986年，过去30年来，我校与AZSA监查法人共同开展各类人才培育项目，取得了丰硕的成果。首先是AZSA监查法人为我校教师提供会计、审计实务方面的赴日研修机会，为我校的师资队伍建设和国际化人才培养做出了重要的贡献。自2007年起，我校开始接待AZSA监查法人员工来校参加"中央财经大学—AZSA暑期学校"项目；2011年起，双方又共同开设了"AZSA—中央财经大学国际会计人才育成奖学金项目"，由于这样的项目每年约有20余名AZSA监查法人员工等来我校学习汉语、会计、审计、税务等课程。

本书的出版凝聚了中日双方团队的心血，是双方深厚友谊的见证。我校商学院院长兼MBA教育中心主任王瑞华教授牵头组成了中方团队，完成了本书的监修工作。AZSA监查法人中国室和在我校学习过的AZSA监查法人员工等组成的日方团队完成了本书的编撰工作。

本书收录了将近5800个实务用语词条，将为从事中日商务业务的人士提供帮助，对彼此文化感兴趣的中日学生也将从中获益。我相信，《中日英·日中英 投资·会计·税务 用语词典》将会获得大家的认可与喜爱，也将会成为中日友好的桥梁。

二〇一六年十一月

王广谦

中央财经大学校长

祝　辞

　中央財経大学とあずさ監査法人が友好関係を築いてから今年で30周年目にあたりますが、ここに双方による努力の成果の1つとして「中日英・日中英　投資・会計・税務　用語辞典」が完成したことに対し、大変に嬉しく思うと共に、心からお祝い申し上げます。

　1986年から30年にわたり、我が中央財経大学とあずさ監査法人は共同でさまざまな人材開発プロジェクトを行い、実り多い成果をあげてきました。まず、あずさ監査法人には、我が校の教師を会計研修生として受け入れていただき、日本で会計・監査の実務経験を積む機会を与えていただくことで、グローバル人材の育成に多大な貢献をしていただきました。

　2007年からは、あずさ監査法人の従業員を対象に、我が校への短期留学制度として「中央財経大学-あずさサマースクール」がスタートしました。また、2011年に中日共同で設立した「あずさ-中央財経大学国際会計人材育成奨学金プロジェクト」等により、毎年約20名が我が校に留学し、中国語や中国の会計・監査・税務等を学習しています。

　本書は中日双方の努力により出版することができました。まさに、お互いの厚い友情の証と言えるでしょう。本書は我が校の商学院院長兼MBA教育センター主任の王瑞華教授を中心とした中国側グループが本書の監修作業を行い、あずさ監査法人の中国事業室を中心に我が校留学経験者も加わった日本側グループが本書の編集作業を行っています。

　また、本書には実務的な用語が約5,800語収録されており、中国関連ビジネスに携わる方々の助けになるだけでなく、中国や日本に興味を持つ学生の方々にとっても有益なものとなっています。この「中日英・日中英　投資・会計・税務　用語辞典」が今後多くの方々にとって価値あるものとなり、中日の友好の懸け橋になると確信しています。

2016年11月

中央財経大学学長
王 広謙

本書の編集にあたって

　私どもあずさ監査法人 中国事業室は、関与先企業等から中国に関するご質問やご相談を多くいただきます。中国の投資・会計・税務や中国子会社管理等の実務対応に関するご質問やご相談に加え、「中国に駐在することになったので、中国の実務に対応したお薦めの用語辞典を教えてほしい」、「中国子会社に日本の内部統制制度（J-SOX）を導入したいが、専門用語を中国語や英語に変換するのに苦労している」等の声をいただくようになりました。

　このような声に応えるべく、この度、中国の投資・会計・税務を中心に中国子会社管理にも役立つ実践的・実務的な用語辞典を目指して本書を編集しました。

　そのため、本書は日本語、中国語、英語の3か国語対応とし、日本語見出し、中国語見出し、英語索引により3か国語いずれからも必要な用語を検索することが出来るようにしました。

　また、用語の収録範囲としては、投資・会計・税務に関する用語だけでなく、実務上の利便性を考慮し、経済・金融・IT等に関係する基本用語も加え、5,800語を収録しました。例えば、国際財務報告基準（IFRS）導入時に有用と思われる用語約150語、J-SOXを海外子会社に展開する際に有用と思われる用語約100語、中国子会社にITシステムを導入する際に有用と思われる用語約100語等も含まれています。

　更に、巻末には附属資料として、いわゆる中国の新会計基準と言われている企業会計準則と、旧会計基準と言われている企業会計制度に準拠した「勘定科目コード表」及び「財務諸表開示例」（日本語訳、英語訳付）を付記しています。

　3か国語に対応し、実務的に十分な収録用語の範囲や語数となっており、中国関連ビジネスに携わる方々はもちろん、海外事業に携わるビジネスマンや興味をお持ちの学生の方々にとっても、利用しやすい1冊になっているかと思います。より多くの方々に本書をご活用いただければ幸いです。

　最後に、6,000語近い本書の校正作業や出版にあたって企画段階から貴重なアドバイスを下さった株式会社税務経理協会の小林規明氏、吉冨智子氏に、この場を借りて御礼申し上げます。

2016年11月
有限責任 あずさ監査法人
Global Japanese Practice(GJP) 中国事業室

本書の構成と使い方

本書の構成と見出し語の表記と配列は以下の通りです。

(1) 本書の構成

・「日本語見出し」（日本語→中国語・英語）
・「中国語見出し」（中国語→日本語・英語）
・「英語索引」
・附属資料「勘定科目コード表」及び「財務諸表開示例」（日本語訳、英語訳付）

(2) 使い方

① 見出し語と配列

1　「日本語見出し」の配列は、現代仮名遣いによる五十音順に配列しています。濁音・半濁音、拗音及び促音については清音として表した位置に、外来語の長音は母音を重ねて表した位置に、それぞれ配置しています。
2　「日本語見出し」の部分は、「日本語」、⊕中国語訳［ピンインと四声］、㊥英語訳の順で記載しています。
3　「中国語見出しピンイン検字表」を「本書の構成と使い方」の末尾に付しています。「中国語見出しピンイン検字表」は単語の1文字目の漢字をピンインのアルファベット順に配列し、その漢字の用語辞典本文でのページ番号を記載しています。
4　「中国語見出し」の配列は、原則として1文字目の漢字を基準とし、2文字目の漢字以降は中国語発音表記法であるピンインのアルファベット順に配列しています。
5　「中国語見出し」の部分は、「中国語」［ピンインと四声］、⊕日本語訳、㊥英語訳の順に記載しています。
6　「英語索引」の配列は、アルファベット順に配列し、用語辞典本文でのページ番号を記載しています。

② 本書の表記方法

1　日本語表記・送り仮名に関しては常用性等を考慮しています。
2　「ピンイン」の表記は、原則として「漢語ピンイン正詞法基本規則」（2012年6月29日公布）によりますが、一部、視覚的な見やすさや見出し語に対応した意味の区切りを考慮して記載しています。また、同じ音節を重ねることによって生じる声調変化には対応しておらず、元の四声を記載しています。
3　中国語は原則簡体字を使用しています。

4 英語表記は、基本的にアメリカ英語（米語）を採用していますが、固有名詞の場合に一部イギリス英語（英語）を採用しているものがあります。固有名詞の頭文字、その他特別な場合のみ大文字で表記し、それ以外は小文字で表記しています。略語がある場合は、見出し語の後に括弧書きで表記しています。原則として単数形で表記し、常用的に複数形で用いる場合は複数形で表記しています。

③　見出し語と訳語の関係

　用語によっては、1つの見出し語に2つ以上の訳語が存在する場合もあります。例えば1つの日本語の見出し語に複数の中国語訳や英語訳が考えられる場合や、逆に1つの中国語の見出し語に複数の日本語訳や英語訳が考えられる場合があります。

　ただし、本書の編集においては、利用者の混乱を避けるため、あえて複数の訳語を記載せず、常用性等を考慮して基本的に1つの見出し語に1つの訳語となるように編集しています。従って、用語によっては、本書の訳語以外の訳語が考えられることもありますので本書を利用される際にご留意いただければと思います。

中国語見出し　ピンイン検字表

※　本文の順序と同様に、ピンインのアルファベット順で掲載しています。同一文字であっても読み方が異なる場合は、それぞれの読み方の箇所に表示しています。
※　数字は掲載ページを表しています。

A

A	132
安	132
按	132
澳	132

B

B	132
搬	132
版	132
办	132
半	132
包	132
保	132-133
报	133-134
备	134
背	134
被	134
本	134
比	134
笔	134
必	134
避	134-135
边	135
编	135
变	135
辨	135
标	135
表	135
并	135
病	135
拨	135
波	135
簿	135

补	135-136
不	136
部	136-137

C

材	137
财	137-138
采	138
参	138
残	138
仓	138-139
操	139
层	139
差	139
插	139
拆	139
产	139
长	139-140
偿	140
常	140
厂	140
场	140
超	140-141
车	141
撤	141
沉	141
陈	141
成	141
承	141-142
城	142
程	142
驰	142
持	142
赤	142
充	142

冲	142
重	142-143
抽	143
筹	143
出	143-144
初	144
除	144
储	144
处	144
触	144
穿	144
传	144
船	144-145
创	145
垂	145
纯	145
辞	145
磁	145
次	145
从	145
促	145
篡	145
存	145-146
错	146

D

搭	146
打	146
大	146
呆	146
代	146-147
带	147
待	147
贷	147
单	147

担	147
淡	147
当	147
档	147
到	147-148
登	148
等	148
低	148
抵	148
地	148
递	148
第	149
缔	149
电	149
垫	149
调	149
掉	149
跌	149
订	149-150
定	150
董	150
独	150
短	150-151
对	151
多	151

E

恶	151
二	151

F

发	151-152
罚	152
法	152-153

1

反	153	跟	159	红	171	继	176
犯	153	更	159	宏	171	寄	176
返	153	耕	159	后	171	加	176
访	153	工	159-160	互	171	家	176
防	153	公	160-161	户	171	假	176
房	153-154	功	161	护	171	价	176
放	154	供	161-162	划	171	兼	176
非	154-155	共	162	坏	171	监	176-177
废	155	贡	162	还	171	减	177
费	155	沟	162	环	171	检	177
分	155-156	构	162	换	171	剪	177
纷	156	购	162	恢	171	简	177
风	156	估	162-163	回	171-172	间	177-178
否	156	股	163-164	汇	172	建	178
扶	157	鼓	164	会	172	鉴	178
浮	157	固	164-165	贿	172	键	178
服	157	故	165	婚	172	奖	178
符	157	雇	165	混	172	降	178
福	157	顾	165	活	172	交	178-179
抚	157	寡	165	或	172	脚	179
辅	157	关	165-166	货	172-173	缴	179
付	157	观	166	获	173	校	179
负	157	官	166	豁	173	教	179
附	157-158	管	166			阶	179
复	158	惯	166	**I**		接	179
副	158	广	166			揭	179
覆	158	归	166	I	173	节	179
		规	166			结	179-180
G		柜	166	**J**		截	180
		滚	166			解	180
改	158	国	166-168	机	173	介	180
盖	158	过	168	基	173-174	借	180
概	158			积	174	津	180
干	158	**H**		激	174	金	180-181
岗	158			绩	174	紧	181
纲	158	H	168	稽	174	尽	181
杠	158	海	168	及	174	进	181
高	158-159	含	168-169	即	174	晋	181
稿	159	行	169	集	174	禁	181
格	159	耗	169	计	174-175	经	181-183
隔	159	合	169-170	记	175	精	183
个	159	核	170-171	技	175	警	183
各	159	黑	171	季	175	净	183
根	159	恒	171	既	176	竞	183

境	183-184	累	190	明	194	普	198
旧	184	类	190	模	194		
救	184	离	190	没	194	**Q**	
就	184	理	190	母	194		
居	184	历	190	目	194	期	198-199
局	184	立	190	募	194	其	199-200
矩	184	利	190-191			歧	200
拒	184-185	例	191	**N**		企	200-201
具	185	连	191			启	201
据	185	联	191	纳	194-195	起	201
捐	185	廉	191	内	195	弃	201
决	185	两	191	能	195	汽	201
均	185	量	191	逆	195	契	201
		临	191-192	年	195-196	恰	201
K		零	192	农	196	迁	201
		领	192	挪	196	千	201
开	185	浏	192	女	196	签	201-202
看	185	流	192			前	202
抗	185	留	192	**O**		潜	202
考	185	垄	192			欠	202
科	185-186	旅	192	O	196	嵌	202
可	186	履	192	欧	196	强	202
客	187	律	192			侵	202
课	187	绿	192	**P**		倾	202
空	187	录	192			清	202-203
控	187	路	192	拍	196	区	203
扣	187	伦	193	排	196	驱	203
库	187-188			派	196	趋	203
跨	188	**M**		盘	196	取	203
会	188-189			培	196	全	203
宽	189	买	193	赔	196	权	203
矿	189	卖	193	配	196	缺	203
亏	189	忙	193	批	197	确	203
扩	189	毛	193	披	197		
框	189	贸	193	偏	197	**R**	
		每	193	骗	197		
L		美	193	票	197	燃	203
		弥	193	频	197	让	203-204
垃	189	密	193	品	197	热	204
来	189	免	193	平	197	人	204
蓝	189	面	193	评	197-198	认	204
滥	189	民	193	凭	198	任	204
劳	189-190	敏	193	破	198	日	204-205
老	190	名	193-194	浦	198	容	205

融	205	授	213	屠	219	限	226-227
入	205	输	213	土	219	乡	227
软	205	赎	213	推	219	相	227
		鼠	213	退	219-220	香	227
S		数	213	托	220	响	227
		双	213	拖	220	详	227
三	205	水	213			向	227
伞	205	税	213-215	**W**		项	227-228
扫	205	说	215			像	228
杀	205	司	215	W	220	消	228
擅	205	私	215	外	220-222	销	228-229
赡	205	死	215	完	222	小	229
商	205-206	搜	215	万	222	效	229
上	206-207	诉	215	网	222-223	协	229
少	207	速	215	往	223	新	229
赊	207	随	215	危	223	薪	229
舍	207	损	215	微	223	信	229-230
折	207	所	215	违	223	行	230
设	207	索	215	维	223	刑	230
社	207			伪	223	形	231
身	207	**T**		委	223	兄	231
深	208			未	223-224	休	231
申	208	台	215	文	224	修	231
审	208-209	贪	215	稳	224	虚	231
生	209	摊	215	问	224	需	231
省	209	谈	215	无	224-225	许	231
剩	209	弹	215	五	225	宣	231
失	209	探	215-216	舞	225	削	231
时	209	逃	216	物	225	询	231
实	209-210	讨	216	误	225	循	231
使	210	套	216				
世	210	特	216	**X**		**Y**	
识	210	提	216-217				
市	210-211	替	217	吸	225	压	231
事	211	天	217	洗	225	押	231
视	211	条	217	稀	225	亚	231
试	211	调	217	系	225-226	烟	232
适	211	贴	217	西	226	衍	232
收	211-212	停	217	细	226	延	232
手	212	通	217	下	226	沿	232
首	212	同	217-218	先	226	筵	232
寿	212	统	218	闲	226	研	232
受	212-213	投	218-219	显	226	演	232
售	213	透	219	现	226	验	232

养	232	用	237-238	载	242	中	248-249
样	232	佣	238	暂	242	终	249
要	232	优	238	赞	242	中	249
邀	232	邮	238	责	242	仲	249
业	232-233	油	238	增	242-243	重	249
液	233	有	238	赠	243	周	249
一	233	与	238	债	243	主	249
1	233	余	238	占	243	住	250
医	233	娱	238	战	243-244	助	250
移	233	逾	238	展	244	注	250
已	233	育	238	涨	244	著	250
以	233-234	预	238-240	账	244	专	250-251
议	234	元	240	招	244	转	251-252
异	234	员	240	兆	244	装	252
易	234	原	240	折	244	追	252
意	234	源	240	征	244	准	252
溢	234	援	240	整	244-245	咨	252
遗	234	园	240	正	245	资	252-254
因	234	远	240	证	245	子	254
银	234-235	约	240	政	245	字	254
引	235	月	240-241	支	245-246	自	254-255
隐	235	云	241	知	246	综	255
印	235	允	241	执	246	总	255-256
应	235-237	运	241	直	246	走	256
英	237			职	246-247	租	256
盈	237	**Z**		只	247	组	256
营	237			指	247	最	256
硬	237	杂	241	制	247	遵	256
影	237	灾	241	质	247	作	256
拥	237	再	241	智	247		
永	237	在	241-242	滞	247-248		

日本語

中国語・英語

あ

IT 全般統制 倒 信息技术一般控制 [xìnxī jìshù yībān kòngzhì] 英 general IT control (GITC)

相手方 倒 对方 [duìfāng] 英 opposite party

IP アドレス 倒 IP 地址 [IP dìzhǐ] 英 IP address

アウト オブ ザ マネー 倒 虚值期权 [xūzhí qīquán] 英 out of the money

アウトソーシング サービス 倒 外包服务 [wàibāo fúwù] 英 outsourcing service

アウトソーシング サービス産業 倒 外包服务产业 [wàibāo fúwù chǎnyè] 英 outsourcing service industry

アウトプット 倒 输出 [shūchū] 英 output

アカウント 倒 系统帐户 [xìtōng zhànghù] 英 account

赤字企業 倒 亏损企业 [kuīsǔn qǐyè] 英 unprofitable enterprise

赤字削減 倒 减少亏损 [jiǎnshǎo kuīsǔn] 英 deficit reduction

赤字増値税発票 倒 红字增值税专用发票 [hóngzì zēngzhí shuì zhuānyòng fāpiào] 英 red-letter value added tax (VAT) invoice

赤字伝票 倒 红字传票 [hóngzì chuánpiào] 英 credit slip

赤字発票 倒 红字发票 [hóngzì fāpiào] 英 red-letter invoice

赤字予算 倒 赤字预算 [chìzì yùsuàn] 英 deficit budget

アクションプラン 倒 行动方案 [xíngdòng fāng'àn] 英 action plan

アクセス権限 倒 访问权限 [fǎngwèn quánxiàn] 英 access authority

アクセスコントロール 倒 访问控制 [fǎngwèn kòngzhì] 英 access control

アジアインフラ投資銀行 倒 亚洲基础设施投资银行 [yàzhōu jīchǔ shèshī tóuzī yínháng] 英 Asian Infrastructure Investment Bank (AIIB)

アジア開発銀行 倒 亚洲开发银行 [yàzhōu kāifā yínháng] 英 Asian Development Bank (ADB)

アシスタント マネジャー 倒 助理经理 [zhùlǐ jīnglǐ] 英 assistant manager

預り金 倒 其他应付款－暂支款 [qítā yīngfù kuǎn - zànzhī kuǎn] 英 deposits received

預け金 倒 其他应收款－暂借款 [qítā yīngshōu kuǎn - zànjiè kuǎn] 英 deposits paid

頭金 倒 首付款 [shǒufù kuǎn] 英 initial payment

圧縮記帳 倒 压缩记账 [yāsuō jìzhàng] 英 reduction entry

アット ザ マネー 倒 平价期权 [píngjià qīquán] 英 at the money

アップストリーム 倒 逆流交易 [nìliú jiāoyì] 英 upstream

アップデート 倒 更新 [gēngxīn] 英 update

後入先出法 倒 后进先出法 [hòujìn xiānchū fǎ] 英 last-in-first-out method (LIFO)

後払い 倒 后付款 [hòu fùkuǎn] 英 deferred payment

アフターサービス 倒 售后服务 [shòuhòu fúwù] 英 after-sales service

アプリケーション 倒 应用 [yìngyòng] 英 application

アプリケーション ソフトウェア 倒 应用软件 [yìngyòng ruǎnjiàn] 英 application software

粗利率 倒 毛利率 [máolì lǜ] 英 gross profit ratio

アンケート 倒 调查问卷 [diàochá wènjuàn] 英 questionnaire

安全管理 倒 安全管理 [ānquán guǎnlǐ] 英 safety management

安全審査 倒 安全审查 [ānquán shěnchá] 英 safety review

アンタイド ローン 倒 不附带条件的贷款 [bù fùdài tiáojiàn de dàikuǎn] 英 untied loan

アンチウイルス ソフトウェア 倒 杀病毒软件 [shā bìngdú ruǎnjiàn] 英 antivirus software

アンチスパム 倒 反垃圾邮件 [fǎn lājī yóujiàn] 英 anti-spam

アンチダンピング税 倒 反倾销税 [fǎn qīngxiāo shuì] 英 anti-dumping duty

い

イーコマース 倒 互联网业务 [hùlián wǎng yèwù] 英 e-commerce

e-business 倒 电子商务 [diànzǐ shāngwù] 英 e-business

一般原則

イールドカーブ 中 收益率曲线 [shōuyì lǜ qūxiàn] 英 yield curve

異議申立て 中 申请复议 [shēnqǐng fùyì] 英 statement of a protest

育児手当 中 育儿补助 [yùér bǔzhù] 英 child allowance

意見 中 意见 [yìjiàn] 英 opinion

意見差控 中 拒绝表示意见 [jùjué biǎoshì yìjiàn] 英 disclaimer of opinion

意見の表明 中 发表意见 [fābiǎo yìjiàn] 英 expression of opinion

意向書 中 意向书 [yìxiàng shū] 英 letter of intent (LOI)

移行政策 中 过渡政策 [guòdù zhèngcè] 英 transitional policy

移行措置 中 过渡款 [guòdù tiáokuǎn] 英 transitional measure

意思決定 中 决策 [juécè] 英 decision making

意思決定機関 中 决策机构 [juécè jīgòu] 英 decision making body

意思決定権 中 决策权 [juécè quán] 英 decision making power

意思決定者 中 决策人 [juécè rén] 英 decision maker

意思疎通 中 沟通意见 [gōutōng yìjiàn] 英 mutual understanding

維持費 中 维护费 [wéihù fèi] 英 maintenance fee

意思表示 中 意思表示 [yìsī biǎoshì] 英 declaration of intention

異常項目 中 非常项目 [fēicháng xiàngmù] 英 extraordinary items

異常損失 中 非常损失 [fēicháng sǔnshī] 英 unusual loss

異常利益 中 非常利润 [fēicháng lìrùn] 英 unusual gain

意匠料 中 设计费 [shèjì fèi] 英 design fee

委託 中 委托 [wěituō] 英 consignment

委託会社 中 委托公司 [wěituō gōngsī] 英 consignor

委託加工 中 委托加工 [wěituō jiāgōng] 英 processing on commission

委託貸付 中 委托贷款 [wěituō dàikuǎn] 英 entrusted loan

委託経営管理 中 委托经营管理 [wěituō jīngyíng guǎnlǐ] 英 entrusted operation

委託資産運用 中 委托资产管理 [wěituō zīchǎn guǎnlǐ] 英 entrusted asset management

委託者 中 委托人 [wěituō rén] 英 consignor

委託授権書 中 委托授权书 [wěituō shòuquán shū] 英 letter of authorization

委託代理販売商品 中 委托代销商品 [wěituō dàixiāo shāngpǐn] 英 item on consignment

委託調査 中 委托调查 [wěituō diàochá] 英 entrusted investigation

委託販売 中 委托销售 [wěituō xiāoshòu] 英 consignment sales

委託販売人 中 寄销人 [jìxiāo rén] 英 consignor

委託リース 中 委托租赁 [wěituō zūlìn] 英 entrusted lease

一時借入金 中 临时借款 [línshí jièkuǎn] 英 temporary loans payable

一時差異 中 暂时性差异 [zànshí xìng chāyì] 英 temporary difference

一時出国 中 临时离境 [línshí líjìng] 英 temporary departure from the country

一時所得 中 临时所得 [línshí suǒdé] 英 temporary income

一時的な支配 中 暂时性控制 [zànshí xìng kòngzhì] 英 temporary control

一時入国 中 临时入境 [línshí rùjìng] 英 temporary immigration

一人有限責任会社 中 一人有限责任公司 [yīrén yǒuxiàn zérèn gōngsī] 英 one person limited liability corporations

一年内期限到来長期負債 中 一年内到期长期负债 [yīnián nèi dàoqī chángqī fùzhài] 英 long-term debt due within one year

一括元本返済債権 中 一次还本公司债券 [yīcì huánběn gōngsī zhàiquàn] 英 term bond

一括償却法 中 一次摊销法 [yīcì tānxiāo fǎ] 英 one-off amortization method

一括払い 中 一次付清 [yīcì fùqīng] 英 lump-sum payment

一括販売 中 包销 [bāoxiāo] 英 bundling

一国二制度 中 一国两制 [yīguó liǎngzhì] 英 one country, two systems

一般借入金 中 一般借款 [yībān jièkuǎn] 英 loans payable

一般原則 中 一般原则 [yībān yuánzé] 英 general

い

principles

一般に公正妥当と認められる監査基準 囲 一般公認審計准則 [yībān gōngrèn shěnjì zhǔnzé] 英 generally accepted auditing standards (GAAS)

一般に認められる会計原則 囲 一般公認会計原則 [yībān gōngrèn kuàijì yuánzé] 英 generally accepted accounting principles (GAAP)

一般納税者 囲 一般纳税人 [yībān nàshuì rén] 英 general taxpayer

一般反租税回避管理弁法 囲 一般反避税管理办法 [yībān fǎnbì shuì guǎnlǐ bànfǎ] 英 general anti-tax avoidance measure

一般引当金 囲 一般坏账准备 [yībān huàizhàng zhǔnbèi] 英 general reserve

一般物価指数 囲 一般物价指数 [yībān wùjià zhǐshù] 英 general price index

移転 囲 迁移 [qiānyí] 英 transfer

移転価格 囲 转让定价 [zhuǎnràng dìngjià] 英 transfer pricing

移転価格ガイドライン 囲 转移定价指南 [zhuǎnyí dìngjià zhǐnán] 英 transfer pricing guideline

移転価格算定方法 囲 转移价格计算方法 [zhuǎnyí jiàgé jìsuàn fāngfǎ] 英 transfer pricing computation methods

移転価格政策 囲 转让定价政策 [zhuǎnràng dìngjià zhèngcè] 英 transfer pricing policy

移転価格税制 囲 转让定价税制 [zhuǎnràng dìngjià shuìzhì] 英 transfer pricing taxation system (TP)

移転価格調査 囲 转让定价调查 [zhuǎnràng dìngjià diàochá] 英 transfer pricing investigation

移転価格調査通知書 囲 转让定价调查审计通知书 [zhuǎnràng dìngjià diàochá shěnjì tōngzhī shū] 英 notification of transfer pricing taxation investigation

移転価格調査の重点対象 囲 转移价格调查的重点对象 [zhuǎnyí jiàgé diàochá de zhòngdiǎn duìxiàng] 英 important targets of transfer pricing investigation

移転価格調整 囲 转让定价调整 [zhuǎnràng dìngjià tiáozhěng] 英 transfer pricing adjustment

移転価格同時文書 囲 转让定价同期资料 [zhuǎnràng dìngjià tóngqī zīliào] 英 transfer pricing contemporaneous documentation

移転価格による税額調整 囲 转让定价税收调整 [zhuǎnràng dìngjià shuìshōu tiáozhěng] 英 transfer pricing taxation adjustment

移転価格リスク 囲 转让定价风险 [zhuǎnràng dìngjià fēngxiǎn] 英 transfer pricing risk

移転登記 囲 过户登记 [guòhù dēngjì] 英 registration of transfer

移転補償費 囲 拆迁补偿费 [chāiqiān bǔcháng fèi] 英 compensation for transfer

移動加重平均法 囲 移动加权平均法 [yídòng jiāquán píngjūn fǎ] 英 weighted moving average method

移動平均法 囲 移动平均法 [yídòng píngjūn fǎ] 英 moving average method

イニシャルコスト 囲 初始成本 [chūshǐ chéngběn] 英 initial cost

委任状 囲 委派书 [wěipài shū] 英 proxy letter

違法行為 囲 违法行为 [wéifǎ xíngwéi] 英 illegal practices

違法取引 囲 违法交易 [wéifǎ jiāoyì] 英 illicit transaction

違約金 囲 违约金 [wéiyuē jīn] 英 penalty

違約責任 囲 违约责任 [wéiyuē zérèn] 英 liability for breach of contract

入口価格 囲 进入价格 [jìnrù jiàgé] 英 entry price

医療費 囲 医疗费 [yīliáo fèi] 英 health care cost

医療保険 囲 医疗保险 [yīliáo bǎoxiǎn] 英 medical insurance

医療保険基金 囲 医疗保险基金 [yīliáo bǎoxiǎn jījīn] 英 medical insurance fund

医療保険費 囲 医疗保险费 [yīliáo bǎoxiǎn fèi] 英 medical insurance expense

慰労金 囲 抚恤金 [fǔxù jīn] 英 compensation

インサイダー取引 囲 内幕交易 [nèimù jiāoyì] 英 insider trading

イン ザ マネー 囲 实值期权 [shízhí qīquán] 英 in the money

印紙 囲 印花 [yìnhuā] 英 stamp

印紙税 囲 印花税 [yìnhuā shuì] 英 stamp duty

印紙税税目税率表 囲 印花税税目税率表 [yìnhuā shuì shuìmù shuìlǜ biǎo] 英 stamp duty table

印紙税納税対象文書 囲 印花税征税凭证文件 [yìnhuā shuì zhēngshuì píngzhèng wénjiàn] 英 taxable item list of stamp duty

インストール 囲 安装 [ānzhuāng] 英 installation

インセンティブ 囲 激励措施 [jīlì cuòshī]

[英] incentive policy

インセンティブ ストック・オプション [中] 股权激励 [gǔquán jīlì] [英] incentive stock option

インセンティブ プラン [中] 奖励计划 [jiǎnglì jihuà] [英] incentive plan

インターネット [中] 互联网 [hùlián wǎng] [英] internet

インターネット サービスプロバイダ [中] 互联网服务供应商 [hùlián wǎng fúwù gōngyìng shāng] [英] internet service provider (ISP)

インターバンク外国為替市場 [中] 银行间外汇市场 [yínháng jiān wàihuì shìchǎng] [英] inter-bank foreign exchange market

インターバンク貸出金 [中] 同业拆款 [tóngyè chāikuǎn] [英] inter-bank loans receivable

インターバンク借入金 [中] 同业拆借 [tóngyè chāijiè] [英] inter-bank loans payable

インターバンク取引 [中] 拆放同业 [chāifàng tóngyè] [英] inter-bank offering trade

インターバンク レート [中] 银行同业利率 [yínháng tóngyè lìlǜ] [英] inter-bank rate

インターフェース [中] 接口 [jiēkǒu] [英] interface

インデックス [中] 指数 [zhǐshù] [英] index

インデックス ファンド [中] 指数型基金 [zhǐshù xíng jījīn] [英] index fund

隠匿 [中] 隐瞒 [yǐnmán] [英] concealment

イントロダクション方式 [中] 介绍方式 [jièshào fāngshì] [英] introduction method

インプット [中] 输入 [shūrù] [英] input

インプットレベル [中] 输入水平 [shūrù shuǐpíng] [英] input level

インフレーション [中] 通货膨胀 [tōnghuò péngzhàng] [英] inflation

インフレリスク [中] 通胀风险 [tōngzhàng fēngxiǎn] [英] inflation risk

インフレ率 [中] 通货膨胀率 [tōnghuò péngzhàng lǜ] [英] inflation rate

隠蔽性資本取引 [中] 隐藏的资本交易 [yǐncáng de zīběn jiāoyì] [英] concealed capital transaction

インボイス価格 [中] 发票价格 [fāpiào jiàgé] [英] invoice price

う

ウイルス [中] 病毒 [bìngdú] [英] virus

ウェブサイト [中] 网站 [wǎngzhàn] [英] websites

ウェブブラウザ [中] 网页浏览器 [wǎngyè liúlǎn qì] [英] web browser

ウォークスルー [中] 穿行测试 [chuānxíng cèshì] [英] walk through

受入検収部門 [中] 收货与验收部门 [shōuhuò yǔ yànshōu bùmén] [英] receipt and inspection department

受入資産 [中] 换入资产 [huànrù zīchǎn] [英] assets acquired

受入保証金 [中] 存入保证金 [cúnrù bǎozhèng jīn] [英] guarantee received

請負経営企業 [中] 承包经营企业 [chéngbāo jīngyíng qǐyè] [英] contracting enterprise

請負契約 [中] 承揽合同 [chénglǎn hétóng] [英] undertaking contract

請負建設工事 [中] 承包建筑工程 [chéngbāo jiànzhù gōngchéng] [英] undertaking construction project

請負利益 [中] 承包利润 [chéngbāo lìrùn] [英] contracting profit

受取地代 [中] 土地租金收入 [tǔdì zūjīn shōurù] [英] land rent

受取手形 [中] 应收票据 [yīngshōu piàojù] [英] notes receivable

受取配当金 [中] 应收股息 [yīngshōu gǔxī] [英] dividends income

受取場所 [中] 收取地点 [shōuqǔ dìdiǎn] [英] place of receipt

受取割引料 [中] 贴现收入 [tiēxiàn shōurù] [英] discounted received

受渡日 [中] 交货日 [jiāohuò rì] [英] delivery date

内訳 [中] 明细 [míngxì] [英] breakdown

写し [中] 复印件 [fùyìn jiàn] [英] copy

裏書 [中] 背书 [bèishū] [英] endorsement

裏書手形 [中] 应收票据背书 [yīngshōu piàojù bèishū] [英] notes receivable endorsed

裏書人 [中] 背书人 [bèishū rén] [英] endorser

売上勘定 [中] 销售收入科目 [xiāoshòu shōurù kēmù] [英] sales account

売上計上 甲 销售收入确认 [xiāoshòu shōurù quèrèn] 英 sales recognition

売上原価 甲 销售成本 [xiāoshòu chéngběn] 英 cost of sales

売上控除項目 甲 销售扣除项目 [xiāoshòu kòuchú xiàngmù] 英 sales deduction item

売上純利益 甲 销售净利润 [xiāoshòu jìng lìrùn] 英 net profit on sales

売上税額 甲 销售税额 [xiāoshòu shuì é] 英 output tax

売上税額の認識時期 甲 销售税额的确认期 [xiāoshòu shuì é de quèrèn qī] 英 recognition timing of sales tax

売上増値税 甲 增值税销项税额 [zēngzhí shuì xiāoxiàng shuì é] 英 output value added tax

売上総利益 甲 销售毛利 [xiāoshòu máolì] 英 gross profit

売上総利益率 甲 销售毛利率 [xiāoshòu máolì lǜ] 英 gross profit percentage

売上代金取立証憑 甲 索取销售款项凭据 [suǒqǔ xiāoshòu kuǎnxiàng píngjù] 英 evidence for collection of sales proceeds

売上高利益率 甲 销售利润率 [xiāoshòu lìrùn lǜ] 英 return on sales

売上帳 甲 销售日记账 [xiāoshòu rìjì zhàng] 英 sales journal

売上伝票 甲 销售传票 [xiāoshòu píngzhèng] 英 sales slip

売上値引 甲 销货折让 [xiāohuò zhéràng] 英 sales discount

売上分析 甲 销售分析 [xiāoshòu fēnxī] 英 sales analysis

売上返品 甲 销货退回 [xiāohuò tuìhuí] 英 sales return

売上予測 甲 销售预测 [xiāoshòu yùcè] 英 sales forecast

売上利益 甲 销售利润 [xiāoshòu lìrùn] 英 profit on sales

売上割引 甲 销售折扣 [xiāoshòu zhékòu] 英 sales discount

売掛金 甲 应收账款 [yīngshōu zhàngkuǎn] 英 accounts receivable (A/R)

売掛金回収期間 甲 应收账款周转天数 [yīngshōu zhàngkuǎn zhōuzhuǎn tiān shù] 英 accounts receivable collection period

売掛金回転率 甲 应收账款周转率 [yīngshōu zhàngkuǎn zhōuzhuǎn lǜ] 英 accounts receivable turnover ratio

売掛金確認状 甲 应收账款询证函 [yīngshōu zhàngkuǎn xúnzhèng hán] 英 accounts receivable confirmation

売掛金損失 甲 应收账款损失 [yīngshōu zhàngkuǎn sǔnshī] 英 bad debt loss

売掛金年齢調べ 甲 应收账款账龄分析 [yīngshōu zhàngkuǎn zhànglíng fēnxī] 英 aging analysis of accounts receivable

売切れ 甲 销售完毕 [xiāoshòu wánbì] 英 sold out

売建オプション 甲 卖方期权 [màifāng qīquán] 英 put option

売り手 甲 卖方 [màifāng] 英 vendor

売り手寡占 甲 寡头垄断 [guǎtóu lǒngduàn] 英 oligopoly

売れ残り 甲 销售余留 [xiāoshòu yúliú] 英 unsold item

運営 甲 运营 [yùnyíng] 英 operation

運営規則 甲 运营守则 [yùnyíng shǒuzé] 英 regulations for operating

運営コスト 甲 运营成本 [yùnyíng chéngběn] 英 operating cost

運営コントロール 甲 运营控制 [yùnyíng kòngzhì] 英 operational control

運営資金 甲 营运资金 [yíngyùn zījīn] 英 working capital

運営支出 甲 运营支出 [yùnyíng zhīchū] 英 operating expenditure

運営収入 甲 运营收入 [yùnyíng shōurù] 英 operating income

運営人員 甲 运营人员 [yùnyíng rényuán] 英 operational officer

運営費用 甲 运营费用 [yùnyíng fèiyòng] 英 operating expense

運営リスク 甲 营运风险 [yíngyùn fēngxiǎn] 英 operation risks

運送契約 甲 运输合同 [yùnshū hétóng] 英 carriage contract

運送費 甲 运输费 [yùnshū fèi] 英 freight

運賃着払い 甲 运费到付 [yùnfèi dàofù] 英 collectible freight

運転管理 甲 操作控制 [cāozuò kòngzhì] 英 operational control

運転資本 田 营运资本 [yíngyùn zīběn] 英 working capital

運転資本回転率 田 营运资本周转率 [yíngyùn zīběn zhōuzhuǎn lǜ] 英 working capital turnover ratio

運転資本調整 田 营运资本变动 [yíngyùn zīběn biàndòng] 英 working capital adjustment

運転資本比率 田 营运资本比率 [yíngyùn zīběn bǐlǜ] 英 working capital ratio

運輸企業 田 运输企业 [yùnshū qǐyè] 英 transportation enterprise

運輸代理業務 田 运输代理业务 [yùnshū dàilǐ yèwù] 英 transportation agent business

運用状況 田 运行状况 [yùnxíng zhuàngkuàng] 英 operation status

え

永久差異 田 永久性差异 [yǒngjiǔ xìng chāyì] 英 permanent difference

営業外支出 田 营业外支出 [yíngyè wài zhīchū] 英 non-operating expenditure

営業外収入 田 营业外收入 [yíngyè wài shōurù] 英 non-operating income

営業外損益 田 营业外损益 [yíngyè wài sǔnyì] 英 non-operating profits and losses

営業外費用 田 营业外费用 [yíngyè wài fèiyòng] 英 non-operating expense

営業活動 田 经营活动 [jīngyíng huódòng] 英 operating activities

営業活動によるキャッシュ・フロー 田 经营活动产生的现金流量 [jīngyíng huódòng chǎnshēng de xiànjīn liúliàng] 英 cash flows from operating activities

営業許可証 田 营业执照 [yíngyè zhízhào] 英 business license

営業収支 田 营业收支 [yíngyè shōuzhī] 英 operating income and expense

営業収入 田 营业收入 [yíngyè shōurù] 英 operating income

営業循環期間 田 营业周期 [yíngyè zhōuqī] 英 operating cycle

営業譲渡 田 营业转让 [yíngyè zhuǎnràng] 英 business transfer

営業税 田 营业税 [yíngyè shuì] 英 business tax

営業税及び附加 田 营业税及附加 [yíngyè shuì jí fùjiā] 英 business tax and surcharge

営業成績 田 经营成果 [jīngyíng chéngguǒ] 英 business performance

営業損失 田 营业亏损 [yíngyè kuīsǔn] 英 operating loss

営業代理人 田 营业代理人 [yíngyè dàilǐ rén] 英 business agent

営業停止 田 停止营业 [tíngzhǐ yíngyè] 英 suspension of business

営業年度 田 营业年度 [yíngyè niándù] 英 business year

営業日 田 营业日 [yíngyè rì] 英 working day

営業費用 田 营业费用 [yíngyè fèiyòng] 英 selling expense

営業部 田 销售部 [xiāoshòu bù] 英 sales department

営業利益 田 营业利润 [yíngyè lìrùn] 英 operating profit

永住権 田 永住权 [yǒngzhù quán] 英 right of permanent residence

永住者 田 永住者 [yǒngzhù zhě] 英 permanent resident

H株 田 H股 [H gǔ] 英 H shares

HTML 田 超文本链接标示语言 [chāo wénběn liànjiē biāoshì yǔyán] 英 hyper text markup language (HTML)

英領バージン諸島 田 英属维尔京群岛 [yīngshǔ wéiěrjīng qúndǎo] 英 British Virgin Islands (BVI)

A株 田 A股 [A gǔ] 英 A shares

ABC在庫管理制度 田 ABC库存管理法 [ABC kùcún guǎnlǐ fǎ] 英 ABC inventory management system

A類表 田 A类表 [A lèi biǎo] 英 Form A

益金の計算 田 征税收入的计算 [zhēngshuì shōurù de jìsuàn] 英 taxable revenue calculation

益金不算入項目 田 不计入征税收入的项目 [bù jìrù zhēngshuì shōurù de xiàngmù] 英 exclusion from taxable revenue

液晶モニター 田 液晶显示器 [yèjīng xiǎnshì qì] 英 liquid crystal display (LCD)

役務完了基準 中 完成劳务标准 [wánchéng láowù biāozhǔn] 英 completion of service basis

役務原価 中 劳务成本 [láowù chéngběn] 英 service cost

役務収益 中 劳务收入 [láowù shōurù] 英 revenue from rendering of service

役務提供 中 提供劳务 [tígōng láowù] 英 rendering of service

役務提供所得 中 提供劳务所得 [tígōng láowù suǒdé] 英 income from rendering of service

役務 PE 課税 中 因提供服务构成常设机构的纳税 [yīn tígōng fúwù gòuchéng chángshè jīgòu de nàshuì] 英 service permanent establishment (PE) tax

エクイティ スワップ 中 权益互换 [quányì hùhuàn] 英 equity swap

SD 中 单密度磁盘 [dān mìdù cípán] 英 single-density disk (SD)

エネルギー 中 能源 [néngyuán] 英 energy

F ビザ 中 商务访问签证 [shāngwù fǎngwèn qiānzhèng] 英 F visa

沿海開放都市 中 沿海开放城市 [yánhǎi kāifàng chéngshì] 英 open coastal cities

延期 中 延期 [yánqī] 英 postpone

園区企業 中 园区企业 [yuánqū qǐyè] 英 enterprises in the park

援助物資 中 援助物资 [yuánzhù wùzī] 英 relief goods

宴席税 中 筵席税 [yán xí shuì] 英 entertainment tax

延滞 中 逾期 [yúqī] 英 overdue

延滞金 中 滞纳金 [zhìnà jīn] 英 fine for delayed payment

延滞利子 中 逾期利息 [yúqī lìxī] 英 overdue interest

円高 中 日币升值 [rìbì shēngzhí] 英 yen's appreciation

延長 中 延长 [yáncháng] 英 extension

エンティティ 中 实体 [shítǐ] 英 entity

延納 中 延期缴纳 [yánqī jiǎonà] 英 deferred payment

円安 中 日币贬值 [rìbì biǎnzhí] 英 yen's depreciation

お

押印 中 盖章 [gàizhāng] 英 seal

応訴 中 应诉 [yīngsù] 英 countersuit

応答時間 中 应答时间 [yìngdá shíjiān] 英 response time

横領 中 侵占金 [qīnzhàn jīn] 英 misappropriation

OECD モデル租税条約 中 OECD 税收协定范本 [OECD shuìshōu xiédìng fànběn] 英 Organisation for Economic Co-operation and Development (OECD) Model Tax Convention on Income and on Capital

大株主 中 大股东 [dà gǔdōng] 英 major shareholder

オーダー マネジメント システム 中 订单管理系统 [dìngdān guǎnlǐ xìtǒng] 英 order management systems (OMS)

オーバーナイト取引 中 隔夜交易 [géyè jiāoyì] 英 overnight trade

オーバーナイト ローン 中 隔夜贷款 [géyè dàikuǎn] 英 overnight loan

オープン アウトクライ システム 中 公开喊价制 [gōngkāi hǎnjià zhì] 英 open outcry system

オープン アウトクライ取引 中 公开喊价交易 [gōngkāi hǎnjià jiāoyì] 英 open outcry trading

オープン インターフェース 中 开放界面 [kāifàng jièmiàn] 英 open interface

オープンエンド型ファンド 中 开放型基金 [kāifàng xíng jījīn] 英 open-end fund

オープンエンド型ミューチュアル ファンド 中 开放式互惠基金 [kāifàng shì hùhuì jījīn] 英 open-end mutual fund

オープンポジション契約 中 未平仓合约 [wèi píngcāng héyuē] 英 open position contract

オープンレポ 中 开方式回购协议 [kāifàng shì xīnkāi huígòu xiéyì] 英 open repo

送り状価額 中 发票金额 [fāpiào jīn é] 英 invoice amount

汚職 中 贪污 [tānwū] 英 corruption

汚染除去費 中 排污费 [páiwū fèi] 英 sewage charges

オブジェクト 中 对象 [duìxiàng] 英 object

オフショア 中 离岸 [lí àn] 英 offshore

オフショア カンパニー制度 中 离岸公司制度 [lí àn gōngsī zhìdù] 英 offshore company system

オフショア基金 中 离岸基金 [lí àn jījīn] 英 offshore fund

オフショア口座 中 离岸账户 [lí àn zhànghù] 英 offshore account

オフショア サービス 中 离岸业务 [lí àn yèwù] 英 offshore services

オフショア市場 中 离岸市场 [lí àn shìchǎng] 英 offshore market

オフショア支店 中 离岸分行 [lí àn fēnháng] 英 offshore branches

オフショア所得 中 离岸所得 [lí àn suǒdé] 英 offshore income

オフショア バンキング 中 离岸银行业务 [lí àn yínháng yèwù] 英 offshore banking

オフショア ビジネス 中 离岸贸易 [lí àn màoyì] 英 offshore business

オプション 中 期权 [qīquán] 英 option

オプション契約 中 期权合同 [qīquán hétóng] 英 option contract

オプション行使価格 中 期权执行价格 [qīquán zhíxíng jiàgé] 英 strike price of the option

オプション購入者 中 期权买方 [qīquán mǎifāng] 英 option buyer

オプション市場 中 期权市场 [qīquán shìchǎng] 英 options market

オプション所有者 中 期权持有人 [qīquán chíyǒu rén] 英 option holder

オプション スプレッド 中 复式期权交易 [fùshì qīquán jiāoyì] 英 option spread

オプション取引 中 期权交易 [qīquán jiāoyì] 英 options trading

オプションの売り手 中 期权卖方 [qīquán màifāng] 英 option seller

オプションの決済責任者 中 期权结算负责人 [qīquán jiésuàn fùzé rén] 英 options clearing officer

オプション費用 中 期权费 [qīquán fèi] 英 option fee

オプション評価 中 期权估价 [qīquán gūjià] 英 option valuation

オプション プライシング モデル 中 期权定价模型 [qīquán dìngjià móxíng] 英 option pricing model

オプション ポジション 中 持仓量 [chícāng liàng] 英 option position

オプション満期日 中 期权到期日 [qīquán dàoqī rì] 英 option maturity date

オフバランス金融取引 中 表外融资交易 [biǎowài róngzī jiāoyì] 英 off-balance sheet financing

オフバランス資金 中 表外资金 [biǎowài zījīn] 英 off-balance sheet capital

オフバランス資産 中 表外资产 [biǎowài zīchǎn] 英 off-balance sheet assets

オフバランス取引 中 表外交易 [biǎowài jiāoyì] 英 off-balance sheet transaction

オフライン 中 离线 [líxiàn] 英 offline

オペレーショナル デュー デリジェンス 中 运营尽职调查 [yùnyíng jìnzhí diàochá] 英 operational due diligence

オペレーショナル リスク 中 操作风险 [cāozuò fēngxiǎn] 英 operational risk

オペレーター 中 操作员 [cāozuò yuán] 英 operator

オペレーティング システム 中 操作系统 [cāozuò xìtǒng] 英 operating system (OS)

オペレーティング・リース 中 经营租赁 [jīngyíng zūlìn] 英 operating lease

オペレーティング・リース サービス 中 经营租赁服务 [jīngyíng zūlìn fúwù] 英 operating lease service

親会社 中 母公司 [mǔ gōngsī] 英 parent company

親会社財務諸表 中 母公司财务报表 [mǔ gōngsī cáiwù bàobiǎo] 英 parent company's financial statements

オリジナル インボイス 中 发票原件 [fāpiào yuánjiàn] 英 original invoice

卸売 中 批发 [pīfā] 英 wholesale

卸売価格 中 批发价格 [pīfā jiàgé] 英 wholesale price

卸売業者 中 批发商 [pīfā shāng] 英 wholesaler

卸売市場 中 批发市场 [pīfā shìchǎng] 英 wholesale market

卸売物価指数 中 批发物价指数 [pīfā wùjià zhǐshù] 英 wholesale price index (WPI)

終値 中 收盘价 [shōupán jià] 英 closing price

オンバランス ボリューム 中 交易量净额 [jiāoyì liàng jìng é] 英 on-balance volume (OBV)

オンライン 中 在线 [zàixiàn] 英 online

オンライン委託業務 中 网上委托业务 [wǎngshàng wěituō yèwù] 英 online commissioning operation

オンライン委託システム 中 网上委托系统 [wǎngshàng wěituō xìtǒng] 英 online commissioning system

オンライン サービス 中 在线服务 [zàixiàn fúwù]

オンライン　㈰online service

オンライン証券委託　㊥网上证券委托 [wǎngshàng zhèngquàn wěituō]　㈰online securities commissioning

オンライン ショッピング　㊥在线购物 [zàixiàn gòuwù]　㈰online shopping

オンライン税務申告　㊥网上纳税申报 [wǎngshàng nàshuì shēnbào]　㈰online tax declaration

オンライン登録　㊥网上在线登记 [wǎngshàng zàixiàn dēngjì]　㈰online registration

オンライン取引　㊥在线交易 [zàixiàn jiāoyì]　㈰online transaction

か

会員費　㊥会员费 [huìyuán fèi]　㈰membership fee

外貨　㊥外币 [wài bì]　㈰foreign currency

海外　㊥境外 [jìngwài]　㈰overseas

海外売上高　㊥境外销售额 [jìngwài xiāoshòu é]　㈰overseas sales

海外活動　㊥境外活动 [jìngwài huódòng]　㈰overseas activities

海外企業　㊥境外企业 [jìngwài qǐyè]　㈰overseas enterprise

海外上場　㊥境外上市 [jìngwài shàngshì]　㈰overseas listing of enterprises

海外送金　㊥境外汇款 [jìngwài huìkuǎn]　㈰overseas remittance

海外直接投資　㊥境外直接投资 [jìngwài zhíjiē tóuzī]　㈰foreign direct investment (FDI)

海外取引　㊥境外交易 [jìngwài jiāoyì]　㈰overseas transaction

買換え　㊥换购 [huàngòu]　㈰replacement by purchase

外貨換算　㊥外币折算 [wàibì zhésuàn]　㈰foreign currency translation

外貨換算調整　㊥外币汇兑调整 [wàibì huìduì tiáozhěng]　㈰foreign currency translation adjustments

外貨管理　㊥外汇管理 [wàihuì guǎnlǐ]　㈰foreign currency management

外貨管理局　㊥外汇管理局 [wàihuì guǎnlǐ jú]　㈰State Administration of Foreign Exchange

外貨管理条例　㊥外汇管理条例 [wàihuì guǎnlǐ tiáolì]　㈰Regulations on the Foreign Exchange System

外貨業務　㊥外币业务 [wàibì yèwù]　㈰foreign currency business

外貨業務取扱許可証　㊥经营外汇业务许可证 [jīngyíng wàihuì yèwù xǔkězhèng]　㈰foreign exchange business license

改革プログラム　㊥改革计划 [gǎigé jìhuà]　㈰reform program

買掛金　㊥应付账款 [yīngfù zhàngkuǎn]　㈰accounts payable trade (A/P)

買掛金年齢調べ　㊥应付账款账龄分析 [yīngfù zhàngkuǎn zhàng líng fēnxī]　㈰aging analysis of accounts payable

外貨決済　㊥结汇 [jiéhuì]　㈰foreign currency settlement

外貨検査　㊥外币账户检查 [wàibì zhànghù jiǎnchá]　㈰foreign exchange inspection

外貨口座　㊥外汇账户 [wàihuì zhànghù]　㈰foreign currency account

外貨購入価格　㊥外汇买入价 [wàihuì mǎirù jià]　㈰foreign currency buying rate

外貨資金プーリング　㊥外汇资金涌入 [wàihuì zījīn yǒngrù]　㈰foreign currency fund pooling

外貨指定銀行　㊥外汇指定银行 [wàihuì zhǐdìng yínháng]　㈰authorized foreign currency exchange (FX) bank

外貨資本金検査　㊥外币资本金检查 [wàibì zīběnjīn jiǎnchá]　㈰foreign currency capital verification

外貨収支　㊥外汇收支 [wàihuì shōuzhī]　㈰foreign exchange income and expenditure

外貨専用口座　㊥专用外汇账户 [zhuānyòng wàihuì zhànghù]　㈰designated foreign currency account

外貨送金納税証明　㊥外汇汇款需提供的完税证明 [wàihuì huìkuǎn xū tígōng de wánshuì zhèngmíng]　㈰proof of tax payment for foreign currency remittance

外貨建て　㊥外币计价 [wàibì jìjià]　㈰denominated in foreign currency

外貨建財務諸表　㊥外币财务报表 [wàibì cáiwù bàobiǎo]　㈰foreign currency denominated financial statement

外貨建取引　㊥外币交易 [wàibì jiāoyì]　㈰foreign

currency transaction

外貨登記証 ㊥ 外汇登记证 [wàihuì dēngjì zhèng] ㊚ foreign exchange registration certificate

外貨年度検査 ㊥ 外汇年度检查 [wàihuì niándù jiǎnchá] ㊚ foreign exchange annual inspection

外貨預金 ㊥ 外币存款 [wàibì cúnkuǎn] ㊚ foreign currency deposit

外貨両替 ㊥ 外币兑换 [wàibì duìhuàn] ㊚ foreign currency exchange

会議 ㊥ 会议 [huìyì] ㊚ meeting

会議費 ㊥ 会议费 [huìyì fèi] ㊚ meeting expense

回帰分析法 ㊥ 回归分析法 [huíguī fēnxī fǎ] ㊚ regression analysis

開業準備期間 ㊥ 开办期 [kāibàn qī] ㊚ preparation period for business commencement

開業準備責任者 ㊥ 筹建负责人 [chóujiàn fùzé rén] ㊚ person in-charge of preparation for business commencement

開業準備費用 ㊥ 筹建费 [qiánqī fèiyòng] ㊚ preparation cost for business commencement

開業証明 ㊥ 开业证明 [kāiyè zhèngmíng] ㊚ business certificate

開業申請 ㊥ 开业申请 [kāiyè shēnqǐng] ㊚ application for commencement of business

開業費 ㊥ 开办费 [kāibàn fèi] ㊚ business commencement expense

会議録 ㊥ 会议记录 [huìyì jìlù] ㊚ minutes of meeting

皆勤手当 ㊥ 全勤奖 [quánqín jiǎng] ㊚ work attendance award

会計 ㊥ 会计 [kuàijì] ㊚ accounting

会計学 ㊥ 会计学 [kuàijì xué] ㊚ accounting

会計監査 ㊥ 会计审计 [kuàijì shěnjì] ㊚ financial audit

会計管理システム ㊥ 财务管理系统 [cáiwù guǎnlǐ xìtǒng] ㊚ accounting management system

会計期間 ㊥ 会计期间 [kuàijì qījiān] ㊚ accounting period

会計機構 ㊥ 会计机构 [kuàijì jīgòu] ㊚ accounting organization

会計基準 ㊥ 会计准则 [kuàijì zhǔnzé] ㊚ accounting standards

会計記録 ㊥ 会计记录 [kuàijì jìlù] ㊚ accounting records

会計原則 ㊥ 会计原则 [kuàijì yuánzé] ㊚ accounting principles

会計システム ㊥ 会计系统 [kuàijì xìtǒng] ㊚ accounting system

会計士補 ㊥ 助理会计师 [zhùlǐ kuàijì shī] ㊚ assistant accountant

会計事務所 ㊥ 会计师事务所 [kuàijìshī shìwùsuǒ] ㊚ accounting firm

会計従業資格試験 ㊥ 会计从业资格考试 [kuàijì cóngyè zīgé kǎoshì] ㊚ accounting qualification examination

会計従業資格証 ㊥ 会计从业资格证书 [kuàijì cóngyè zīgé zhèngshū] ㊚ accounting qualification

会計準則応用指南 ㊥ 会计准则应用指南 [kuàijì zhǔnzé yìngyòng zhǐnán] ㊚ Accounting Standards Application Guidance

会計上の仮定 ㊥ 会计假设 [kuàijì jiǎshè] ㊚ accounting assumption

会計上の誤謬 ㊥ 会计差错 [kuàijì chācuò] ㊚ accounting errors

会計上の見積り ㊥ 会计估计 [kuàijì gūjì] ㊚ accounting estimate

会計情報 ㊥ 会计信息 [kuàijì xìnxī] ㊚ accounting information

会計処理 ㊥ 会计处理 [kuàijì chǔlǐ] ㊚ accounting treatment

会計書類 ㊥ 会计档案 [kuàijì dàng àn] ㊚ accounting document

会計書類管理弁法 ㊥ 会计档案管理办法 [kuàijì dàng àn guǎnlǐ bànfǎ] ㊚ Administrative Measures on Accounting Records

会計仕訳 ㊥ 会计分录 [kuàijì fēnlù] ㊚ journal entry

会計制度 ㊥ 会计制度 [kuàijì zhìdù] ㊚ accounting system

会計責任者 ㊥ 会计负责人 [kuàijì fùzé rén] ㊚ person in-charge of accounting

会計ソフトウェア ㊥ 会计软件 [kuàijì ruǎnjiàn] ㊚ accounting software

会計単位 ㊥ 会计计量单位 [kuàijì jìliáng dānwèi] ㊚ unit of account

会計帳票 ㊥ 会计凭证 [kuàijì píngzhèng] ㊚ accounting vouchers

会計帳簿 ㊥ 会计账簿 [kuàijì zhàngbù] ㊚ accounting books

会計伝票 中 会计传票 [kuàijì chuánpiào] 英 journal slip

会計年度 中 会计年度 [kuàijì niándù] 英 fiscal year

会計不正 中 会计舞弊 [kuàijì wǔbì] 英 accounting fraud

会計法 中 会计法 [kuàijì fǎ] 英 accounting law

会計報告書 中 会计报告 [kuàijì bàogào] 英 accounting report

会計方針 中 会计政策 [kuàijì zhèngcè] 英 accounting policy

会計方針の変更 中 会计政策变更 [kuàijì zhèngcè biàngēng] 英 changes in accounting policies

会計目的 中 会计目标 [kuàijì mùbiāo] 英 accounting objectives

会計用語 中 会计术语 [kuàijì shùyǔ] 英 accounting terms

会計理論 中 会计理论 [kuàijì lǐlùn] 英 accounting theory

解雇 中 解雇 [jiěgù] 英 dismiss

解雇給付 中 辞退福利 [cítuì fúlì] 英 termination benefits

解雇給付引当金 中 辞退福利津贴准备 [cítuì fúlì jīntiē zhǔnbèi] 英 allowance for termination benefits

外国為替 中 外汇 [wàihuì] 英 foreign exchange

外国為替決済 中 外汇结算 [wàihuì jiésuàn] 英 foreign exchange settlement

外国為替市場 中 外汇市场 [wàihuì shìchǎng] 英 foreign exchange market

外国為替市場取引 中 外汇市场交易 [wàihuì shìchǎng jiāoyì] 英 foreign exchange market trade

外国為替収支取引申告書 中 外汇收支交易申报书 [wàihuì shōuzhī jiāoyì shēnbào shū] 英 transaction declaration of foreign exchange income and expenditure

外国為替レート 中 外汇汇率 [wàihuì huìlǜ] 英 foreign exchange rate

外国側パートナー 中 外国合营者 [wàiguó héyíng zhě] 英 foreign partner

外国企業 中 外国企业 [wàiguó qǐyè] 英 foreign enterprise

外国企業常駐代表機構 中 外国企业常驻代表机构 [wàiguó qǐyè chángzhù dàibiǎo jīgòu] 英 resident representative offices of foreign enterprises

外国企業の機構 中 外国企业的机构 [wàiguó qǐyè de jīgòu] 英 institution of foreign enterprise

外国企業の支店 中 外国公司分支机构 [wàiguó gōngsī fēnzhī jīgòu] 英 branch of foreign enterprise

外国企業労働サービス会社 中 外国企业劳动服务公司 [wàiguó qǐyè láodòng fúwù gōngsī] 英 Foreign Enterprises Service Corporation (FESCO)

外国子会社 中 境外子公司 [jìngwài zǐ gōngsī] 英 foreign subsidiaries

外国資本 中 境外资本 [jìngwài zīběn] 英 foreign capital

外国資本による合併 中 外资并购 [wàizī bìnggòu] 英 merger and acquisition by foreign capital

外国所得税減免方式 中 境外所得税减免方式 [jìngwài suǒdé shuì jiǎnmiǎn fāngshì] 英 tax reduction system for overseas income

外国人居留証 中 外国人居留证 [wàiguó rén jūliú zhèng] 英 resident card for foreigner

外国人ビザ制度 中 外国人签证管理制度 [wàiguó rén qiānzhèng guǎnlǐ zhìdù] 英 visa system for foreigner

外国税額控除 中 境外税款抵扣 [jìngwài shuìkuǎn dǐkòu] 英 foreign tax credit

外国税額控除方式 中 境外税款抵扣方式 [jìngwài shuìkuǎn dǐkòu fāngshì] 英 foreign tax credit system

外国政府借款 中 外国政府借款 [wàiguó zhèngfǔ jièkuǎn] 英 loans payable from foreign government

外国政府ローン 中 外国政府贷款 [wàiguó zhèngfǔ dàikuǎn] 英 loan from foreign government

外国籍人員 中 外籍人员 [wàijí rényuán] 英 individual of foreign nationality

外国籍の個人 中 境外个人 [jìngwài gèrén] 英 foreign individual

外国直接投資 中 外国直接投资 [wàiguó zhíjiē tóuzī] 英 foreign direct investment (FDI)

外国投資者 中 外国投资者 [wàiguó tóuzī zhě] 英 foreign investor

外国投資者口座 中 外国投资者账户 [wàiguó tóuzī zhě zhànghù] 英 account of foreign investor

外国貿易経営権 中 对外贸易经营权 [duìwài màoyì jīngyíng quán] 英 foreign trade operation right

外国法人 中 外国法人 [wàiguó fǎrén] 英 foreign legal entity

解雇手当 中 辞退金 [cítuì jīn] 英 severance pay

解雇補償準備金 中 辞退赔偿准备金 [cítuì péicháng zhǔnbèi jīn] 英 severance compensation reserve

解雇補償制度 ㊥ 辞退赔偿制度 [cítuì péicháng zhìdù] ㊛ severance compensation system

解雇補償費用 ㊥ 辞退赔偿费用 [cítuì péicháng fèiyòng] ㊛ severance compensation expense

外債 ㊥ 外债 [wàizhài] ㊛ foreign loan

外債登記管理操作ガイドライン ㊥ 外债登记管理操作指引 [wàizhài dēngjì guǎnlǐ cāozuò zhǐyǐn] ㊛ guidelines of the administration for registration of foreign loan

外債登記証 ㊥ 外债登记证 [wàizhài dēngjì zhèng] ㊛ registration license of foreign loan

解散 ㊥ 解散 [jiěsàn] ㊛ dissolution

解散分割 ㊥ 解散分立 [jiěsàn fēnlì] ㊛ dissolution and division

開示 ㊥ 披露 [pīlù] ㊛ disclosure

外資株 ㊥ 外资股 [wàizī gǔ] ㊛ foreign capital stock

外資企業 ㊥ 外资企业 [wàizī qǐyè] ㊛ foreign-owned enterprise

開示義務 ㊥ 披露义务 [pīlù yìwù] ㊛ duty to disclose

外資系銀行 ㊥ 外资银行 [wàizī yínháng] ㊛ foreign bank

外資系金融機関 ㊥ 外国金融机构 [wàiguó jīnróng jīgòu] ㊛ foreign financial institutions

外資研究開発センター ㊥ 外资研发中心 [wàizī yánfā zhōngxīn] ㊛ foreign-owned research and development center

外資参入 ㊥ 外资准入 [wàizī zhǔnrù] ㊛ foreign capital participation

会社 ㊥ 公司 [gōngsī] ㊛ company

会社案内 ㊥ 公司简介 [gōngsī jiǎnjiè] ㊛ company profile

会社合併 ㊥ 公司合并 [gōngsī hébìng] ㊛ merger

会社間勘定の確認書 ㊥ 公司间账户确认表 [gōngsī jiān zhànghù quèrèn biǎo] ㊛ inter-company account confirmation

会社間勘定の相殺消去 ㊥ 公司间内部账户冲账 [gōngsī jiān nèibù zhànghù chōngzhàng] ㊛ inter-company account elimination

会社間内部利益 ㊥ 公司间内部利润 [gōngsī jiān nèibù lìrùn] ㊛ inter-company profit

会社規定制度 ㊥ 公司规章制度 [gōngsī guīzhāng zhìdù] ㊛ rules and regulations system

会社経費 ㊥ 公司经费 [gōngsī jīngfèi] ㊛ company expenditure

会社更生 ㊥ 公司重整 [gōngsī chóngzhěng] ㊛ corporate reorganization

会社更正手続 ㊥ 企业重整手续 [qǐyè chóngzhěng shǒuxù] ㊛ corporate reorganization procedures

会社再建 ㊥ 企业重建 [qǐyè chóng jiàn] ㊛ corporate reorganization

会社作成資料 ㊥ 公司编制资料 [gōngsī biānzhì zīliào] ㊛ materials prepared by company

会社条例 ㊥ 公司条例 [gōngsī tiáolì] ㊛ company ordinance

会社清算 ㊥ 公司清算 [gōngsī qīngsuàn] ㊛ corporate liquidation

会社設立 ㊥ 公司设立 [gōngsī shèlì] ㊛ establishment of company

会社設立費用 ㊥ 公司设立费用 [gōngsī shèlì fèiyòng] ㊛ incorporation fee

会社登記 ㊥ 公司登记 [gōngsī dēngjì] ㊛ business registration

会社登記の抹消 ㊥ 公司登记的取消 [gōngsī dēngjì de qǔxiāo] ㊛ deletion of company registry

会社の法的責任 ㊥ 企业法律责任 [qǐyè fǎlǜ zérèn] ㊛ corporate legal liability

会社秘書役 ㊥ 公司秘书 [gōngsī mìshū] ㊛ company secretary

会社秘書役業務代行会社 ㊥ 提供公司秘书服务的公司 [tígōng gōngsī mìshū fúwù de gōngsī] ㊛ secretary service company

会社分割 ㊥ 公司分立 [gōngsī fēnlì] ㊛ corporate divestiture

会社法 ㊥ 公司法 [gōngsī fǎ] ㊛ corporate law

会社役員 ㊥ 公司高层管理人员 [gōngsī gāocéng guǎnlǐ rényuán] ㊛ director

改修 ㊥ 改修 [gǎixiū] ㊛ refurbishment

回収可能価額 ㊥ 可回收金额 [kě huíshōu jīn é] ㊛ recoverable amount

回収可能原価 ㊥ 可回收成本 [kě huíshōu chéngběn] ㊛ recovery cost

回収可能性 ㊥ 回收可能性 [huíshōu kěnéng xìng] ㊛ collectability

回収期間 ㊥ 回收期 [huíshōu qī] ㊛ collection period

回収期間法 ㊥ 投资回收期法 [tóuzī huíshōu qī fǎ] ㊛ payback period method

回収基準 ㊥ 回收标准 [huíshōu biāozhǔn] ㊛ collection basis

回収不能原価 中 不可回收成本 [bùkě huíshōu chéngběn] 英 unrecoverable cost

開示要求 中 披露要求 [pīlù yāoqiú] 英 disclosure requirements

外商直接投資 中 外商直接投资 [wàishāng zhíjiē tóuzī] 英 direct investment by foreign enterprise

外商投資企業 中 外商投资企业 [wàishāng tóuzī qǐyè] 英 foreign owned enterprise

外商投資企業サービス機構 中 外商投资企业服务机构 [wàishāng tóuzī qǐyè fúwù jīgòu] 英 foreign owned enterprise service organization

外商投資企業認可証書 中 外商投资企业批准证书 [wàishāng tóuzī qǐyè pīzhǔn zhèngshū] 英 foreign owned enterprise permission

外商投資研究開発センター 中 外商投资研究开发中心 [wàishāng tóuzī yánjiū kāifā zhōngxīn] 英 foreign owned research and development center

外商投資商業企業 中 外商投资商业企业 [wàishāng tóuzī shāngyè qǐyè] 英 foreign invested commercial enterprise

外商投資性公司 中 外商投资性公司 [wàishāng tóuzī xìng gōngsī] 英 foreign owned holding company

外商投資ファンド管理会社 中 外商参股基金管理公司 [wàishāng cān gǔ jījīn guǎnlǐ gōngsī] 英 foreign owned fund management company

外商投資プロジェクト 中 外商投资项目 [wàishāng tóuzī xiàngmù] 英 foreign investment project

外商投資プロジェクト承認書 中 外商投资项目核准文件 [wàishāng tóuzī xiàngmù hézhǔn wénjiàn] 英 foreign investment project certificate

外商投資方向指導規定 中 外商投资方向指导规定 [wàishāng tóuzī fāngxiàng zhǐdǎo guīdìng] 英 provisions on guiding the orientation of foreign investment

外商投資輸出買付センター 中 外商投资出口采购中心 [wàishāng tóuzī chūkǒu cǎigòu zhōngxīn] 英 foreign owned export procurement center

外商投資リース会社 中 外商投资租赁公司 [wàishāng tóuzī zūlìn gōngsī] 英 foreign owned lease company

外商独資企業 中 外商独资企业 [wàishāng dúzī qǐyè] 英 wholly foreign-owned enterprise (WFOE)

改正期限 中 限期改正 [xiànqī gǎizhèng] 英 deadline for correction

階層アプローチ 中 分层法 [fēncéng fǎ] 英 hierarchy approach

改装費 中 改装费 [gǎizhuāng fèi] 英 refurbishment expenditure

買建オプション 中 购入期权 [gòurù qīquán] 英 call option

階段式配賦法 中 阶梯分配法 [jiētī fēnpèi fǎ] 英 step allocation method

改築 中 改建 [gǎijiàn] 英 reconstruction

改築支出 中 改建支出 [gǎijiàn zhīchū] 英 reconstruction expenditure

外注 中 外包 [wàibāo] 英 outsourcing

外注加工業務 中 外订加工业务 [wàidìng jiāgōng yèwù] 英 subcontract processing

外注加工費 中 外订加工费 [wàidìng jiāgōng fèi] 英 processing cost paid to sub-contractors

外注製品 中 对外订购产品 [duìwài dìng gòu chǎnpǐn] 英 subcontracted goods

買い手 中 买方 [mǎifāng] 英 acquirer

改訂版 中 修订版 [xiūdìng bǎn] 英 revised edition

改訂版新準則 中 修订版新准则 [xiūdìng bǎn xīn zhǔnzé] 英 revised new standards

回転期間 中 周转期 [zhōuzhuǎn qī] 英 turnover period

回転材料 中 周转材料 [zhōuzhuǎn cáiliào] 英 turnover materials

回転資金 中 周转资金 [zhōuzhuǎn zījīn] 英 working capital

回転率 中 周转率 [zhōuzhuǎn lù] 英 turnover ratio

ガイドライン 中 指南 [zhǐnán] 英 guideline

買取選択権付賃貸借契約 中 附购买选择权的租赁合同 [fù gòumǎi xuǎnzé quán de zūlìn hétóng] 英 hire purchase contract

解任権 中 解任权 [jiěrèn quán] 英 removal right

開発 中 开发 [kāifā] 英 development

開発区管理委員会 中 开发区管理委员会 [kāifā qū guǎnlǐ wěiyuán huì] 英 administrative committee of development zone

開発段階 中 开发阶段 [kāifā jiēduàn] 英 development stage

開発費 中 开发费用 [kāifā fèiyòng] 英 development cost

回避不能原価 中 不可避免成本 [bùkě bìmiǎn chéngběn] 英 unavoidable cost

外部監査 中 外部审计 [wàibù shěnjì] 英 external

audit

外部監査制度 囲 外部审计制度 [wàibù shěnjì zhìdù] 英 external audit system

外部監査人 囲 外部审计师 [wàibù shěnjìshī] 英 external auditor

外部購入品 囲 外购部件 [wàigòu bùjiàn] 英 bought-in goods

外部資金 囲 外部资金 [wàibù zījīn] 英 external funding

外部証拠資料 囲 外部证据资料 [wàibù zhèngjù zīliào] 英 external evidence

外部取引 囲 对外交易 [duìwài jiāoyì] 英 external transaction

外部比較可能取引 囲 外部可比交易 [wàibù kěbǐ jiāoyì] 英 external comparable transaction

外務省 囲 外交部 [wàijiāo bù] 英 Ministry of Foreign Affairs

買戻し 囲 售后回购 [shòuhòu huígòu] 英 buyback

買戻し可能な債権 囲 可赎回公司债券 [kě shúhuí gōngsī zhàiquàn] 英 callable corporate bond

買戻し義務 囲 回购义务 [huígòu yìwù] 英 repurchase obligation

買戻し契約 囲 回购合同 [huígòu hétóng] 英 repurchase agreement

買戻す権利 囲 回购权 [huígòu quán] 英 repurchase right

解約 囲 解约 [jiěyuē] 英 cancellation of contract

解約可能リース 囲 可解除租约 [kě jiěchú zūyuē] 英 cancellable lease

解約不能リース 囲 不可撤销租赁 [bùkě chèxiāo zūlìn] 英 non-cancellable lease

概要 囲 纲要 [gāngyào] 英 summary

改良 囲 改良 [gǎiliáng] 英 improvement

改良費 囲 改良费用 [gǎiliáng fèiyòng] 英 improvement expense

回廊アプローチ 囲 走廊法 [zǒuláng fǎ] 英 corridor approach

価格 囲 价格 [jiàgé] 英 price

価格外費用 囲 价外费用 [jiàwài fèiyòng] 英 other charge

科学技術部 囲 科学技术部 [kēxué jìshù bù] 英 technology department

価格決定方針 囲 定价政策 [dìngjià zhèngcè]

英 pricing policy

価格差異 囲 价格差异 [jiàgé chāyì] 英 price variance

価格算定モデル 囲 定价模式 [dìngjià móshì] 英 pricing model

価格指数 囲 价格指数 [jiàgé zhǐshù] 英 price index

価格水準 囲 价格水平 [jiàgé shuǐpíng] 英 price level

価格設定方法 囲 定价方法 [dìngjià fāngfǎ] 英 pricing method

価格の妥当性 囲 价格的合理性 [jiàgé de hélǐ xìng] 英 price appropriateness

価格引上げ 囲 涨价 [zhǎngjià] 英 price hike

価格引下げ 囲 降价 [jiàngjià] 英 price cut

価格表 囲 价格表 [jiàgé biǎo] 英 price list

価格分析 囲 价格分析 [jiàgé fēnxī] 英 price analysis

価格見積り 囲 估价 [gūjià] 英 price estimation

価格リスク 囲 价格风险 [jiàgé fēngxiǎn] 英 price risk

架空売上 囲 虚假收入 [xūjiǎ shōurù] 英 fictitious sales

架空資産 囲 虚假资产 [xūjiǎ zīchǎn] 英 fictitious assets

架空資本 囲 虚假资本 [xūjiǎ zīběn] 英 fictitious capital

架空取引 囲 虚构交易 [xūgòu jiāoyì] 英 fictitious transaction

架空配当 囲 虚构股息 [xūgòu gǔxī] 英 fictitious dividend

架空利益 囲 虚构利润 [xūgòu lìrùn] 英 fictitious profits

各契約締結日及び満了日一覧表 囲 各项契约之签约日及到期日一览表 [gèxiàng qìyuē zhī qiānyuē rìjí dào qīrì yīlǎn biǎo] 英 schedule of contracts with signing and expiry dates

確実性 囲 确定性 [quèdìng xìng] 英 certainty

確実な証拠 囲 证据确凿 [zhèngjù quèzáo] 英 reliable evidence

各種基金 囲 各项基金 [gèxiàng jījīn] 英 various funds

格付け 囲 定级 [dìngjí] 英 credit rating

格付機関 囲 评估机构 [pínggū jīgòu] 英 rating agency

確定給付型退職後給付 囲 设定受益计划离职后福利 [shèdìng shòuyì jìhuà lízhí hòu fúlì] 英 defined

か

確定給付年金 ⽇ 设定受益计划年金 [shèdìng shòuyì jìhuà niánjīn] 英 defined benefit pension plan

確定給付負債（資産）の純額 ⽇ 设定受益计划净负债（资产）[shèdìng shòuyì jìhuà jìng fùzhài (zīchǎn)] 英 net defined benefit liabilities (assets)

確定給付負債（資産）の純額に係る利息純額 ⽇ 设定受益计划净负债（资产）的利息净额 [shèdìng shòuyì jìhuà jìng fùzhài (zīchǎn) de lìxī jìng é] 英 net interest on the net defined benefit liabilities (assets)

確定給付負債（資産）の純額の再測定 ⽇ 设定受益计划净负债（资产）的重新计量 [shèdìng shòuyì jìhuà jìng fùzhài (zīchǎn) de chóngxīn jìliáng] 英 remeasurement of the net defined benefit liabilities (assets)

確定拠出年金 ⽇ 设定提存计划年金 [shèdìng tícún jìhuà niánjīn] 英 defined contribution pension plan

確定申告 ⽇ 报税 [bàoshuì] 英 tax filing

確定申告納付 ⽇ 汇算清缴 [huìsuàn qīngjiǎo] 英 filing and payment of corporate income tax

確定購入契約 ⽇ 确定购买承诺 [quèdìng gòumǎi chéngnuò] 英 firm purchase commitment

確定約定 ⽇ 确定承诺 [quèdìng chéngnuò] 英 firm commitment

確認価値 ⽇ 确认价值 [quèrèn jiàzhí] 英 confirmatory value

確認状 ⽇ 询证函 [xúnzhèng hán] 英 letter of confirmation

額面株式 ⽇ 面值股票 [miànzhí gǔpiào] 英 share with par value

額面総額 ⽇ 面值总额 [miànzhí zǒng é] 英 aggregate par value

額面発行 ⽇ 平价发行 [píngjià fāxíng] 英 issued at par

額面割れ ⽇ 低于面值 [dīyú miànzhí] 英 below par

確率 ⽇ 概率 [gàilǜ] 英 probability

確率分布 ⽇ 概率分布 [gàilǜ fēnbù] 英 probability distribution

掛売り ⽇ 赊销 [shēxiāo] 英 credit sales

掛仕入れ ⽇ 赊购 [shēgòu] 英 credit purchases

加工 ⽇ 加工 [jiāgōng] 英 processing

加工請負契約 ⽇ 加工承包合同 [jiāgōng chéngbāo hétóng] 英 contract for undertaking processing work

加工費 ⽇ 加工费 [jiāgōng fèi] 英 processing fee

加工貿易 ⽇ 加工贸易 [jiāgōng màoyì] 英 processing trade

加工貿易禁止類品目 ⽇ 加工贸易禁止类品目 [jiāgōng màoyì jīnzhǐ lèi pǐnmù] 英 prohibited items for processing trade

加工貿易設備 ⽇ 加工贸易设备 [jiāgōng màoyì shèbèi] 英 processing equipment

加工貿易取引 ⽇ 加工贸易业务 [jiāgōng màoyì yèwù] 英 processing trade activities

加工貿易保証金 ⽇ 加工贸易保证金 [jiāgōng màoyì bǎozhèng jīn] 英 deposit for processing trade

加工貿易保証金台帳 ⽇ 加工贸易保证金台账 [jiāgōng màoyì bǎozhèng jīn táizhàng] 英 deposit ledger for processing trade

過去勤務費用 ⽇ 以往劳务成本 [yǐwǎng láowù chéngběn] 英 past service cost

過去の推移の要約 ⽇ 以往趋势概述 [yǐwǎng qūshì gàishù] 英 historical summaries

傘型会社 ⽇ 伞形公司 [sǎnxíng gōngsī] 英 holding company

加算 ⽇ 加算 [jiāsuàn] 英 addition

加算税 ⽇ 调增税罚款 [tiáozēng shuì fákuǎn] 英 penalty additional tax

貸方 ⽇ 贷方 [dàifāng] 英 credit

貸方記入 ⽇ 记入贷方 [jìrù dàifāng] 英 credit entry

貸方残高 ⽇ 贷方余额 [dàifāng yú é] 英 credit balance

貸倒実績率 ⽇ 坏账损失率 [huàizhàng sǔnshī lǜ] 英 actual rate of losses from bad debts

貸倒損失 ⽇ 坏账损失 [huàizhàng sǔnshī] 英 bad debt loss

貸倒引当金 ⽇ 坏账准备 [huàizhàng zhǔnbèi] 英 allowance for bad debts

貸倒引当金繰入額 ⽇ 坏账费用 [huàizhàng fèiyòng] 英 bad debt expense

貸倒引当金の計上 ⽇ 计提坏账准备 [jìtí huàizhàng zhǔnbèi] 英 provision for bad debts

貸倒見積額 ⽇ 预估坏账 [yùgū huàizhàng] 英 estimated amount of bad debts

過失 ⽇ 过失 [guòshī] 英 negligence

貸付金 ⽇ 贷款 [dàikuǎn] 英 loan receivable

貸付金の5等級分類 ⽇ 贷款五级分类 [dàikuǎn

wǔjí fēnlèi] 英 five-category loan classification

貸付限度額 中 信贷限额 [xìndài xiàn é] 英 credit limit

貸付損失 中 贷款损失 [dàikuǎn sǔnshī] 英 bad-debt loss

貸し手 中 贷款人 [dàikuǎn rén] 英 lender

加重平均 中 加权平均 [jiāquán píngjūn] 英 weighted average

加重平均資本コスト 中 加权平均资本成本 [jiāquán píngjūn zīběn chéngběn] 英 weighted average cost of capital (WACC)

加重平均法 中 加权平均法 [jiāquán píngjūn fǎ] 英 weighted average method

過剰買い 中 超买 [chāomǎi] 英 overbought

過小計上 中 少记 [shǎojì] 英 understatement

過剰在庫 中 存货过剩 [cúnhuò guòshèng] 英 overstock

過少資本 中 资本弱化 [zīběn ruòhuà] 英 thin capital

過少資本税制 中 资本弱化税制 [zīběn ruòhuà shuìzhì] 英 thin capitalization rule

過少申告加算税 中 补税 [bǔshuì] 英 additional tax payment due to underpayment

過剰投機 中 过度投机 [guòdù tóujī] 英 over-speculation

過少納付 中 交纳不足 [jiāonà bùzú] 英 underpayment

過小評価 中 过低评价 [guòdī píngjià] 英 underestimate

可処分所得 中 可支配收入 [kě zhīpèi shōurù] 英 disposable income

カスタマー ロイヤリティ プログラム 中 客户忠诚计划 [kèhù zhōngchéng jìhuà] 英 customer loyalty program

課税 中 征税 [zhēngshuì] 英 taxation

課税価格 中 证税价格 [zhèngshuì jiàgé] 英 dutiable value

課税価格弁法 中 完税价格办法 [wánshuì jiàgé bànfǎ] 英 dutiable value measure

課税貨物 中 应税货物 [yīngshuì huòwù] 英 taxable goods

課税行為 中 应税行为 [yīngshuì xíngwéi] 英 taxable activities

課税項目 中 应税项目 [yīngshuì xiàngmù] 英 taxable item

課税サービス 中 应税服务 [yīngshuì fúwù] 英 taxable services

課税最低限 中 起征点 [qǐzhēng diǎn] 英 tax threshold

課税収入 中 应税收入 [yīngshuì shōurù] 英 taxable income

課税所得 中 应纳税所得额 [yīngnà shuì suǒdé é] 英 taxable income

課税所得計算書 中 应纳税所得额计算表 [yīngnà shuì suǒdé é jìsuàn biǎo] 英 taxable income calculation sheet

課税対象 中 征税对象 [zhēngshuì duìxiàng] 英 taxable item

課税単位 中 课税单位 [kèshuì dānwèi] 英 unit of taxation

課税年度 中 征税年度 [zhēngshuì niándù] 英 taxable year

課税範囲 中 征税范围 [zhēngshuì fànwéi] 英 scope of taxation

課税標準 中 课税标准 [kèshuì biāozhǔn] 英 tax basis

加速減価償却 中 加速折旧 [jiāsù zhéjiù] 英 accelerated depreciation

加速減価償却法 中 加速折旧法 [jiāsù zhéjiù fǎ] 英 accelerated depreciation method

加速償却 中 加速摊销 [jiāsù tānxiāo] 英 accelerated amortization

家族手当 中 家属津贴 [jiāshǔ jīntiē] 英 family allowance

過大計上 中 多记 [duō jì] 英 overstatement

過大評価 中 高估 [gāo gū] 英 overestimation

価値 中 价值 [jiàzhí] 英 value

価値鑑定証明書 中 价值鉴定证明书 [jiàzhí jiàndìng zhèngmíng shū] 英 valuation report

合作意向書 中 合作意向书 [hézuò yìxiàng shū] 英 letter of intent

合作企業 中 合作企业 [hézuò qǐyè] 英 cooperative joint venture

合作企業協議書 中 合作协议 [hézuò xiéyì] 英 joint venture agreement

合作企業契約書 中 合作企业合同 [hézuò qǐyè hétóng] 英 joint venture contract

合算 中 共计 [gòngjì] 英 aggregate

合算課税 囲 汇总征税 [huìzǒng zhēngshuì] 英 unitary tax

合算所得 囲 汇总所得 [huìzǒng suǒdé] 英 unitary income

合算納税 囲 汇总纳税 [huìzǒng nàshuì] 英 unitary tax payment

合致 囲 一致 [yīzhì] 英 coincide

カット アンド ペースト 囲 剪切和粘贴 [jiǎnqiē hé zhāntiē] 英 cut and paste

活動基準原価計算 囲 作业成本法 [zuòyè chéngběn fǎ] 英 activity based cost accounting (ABC)

活動原価 囲 作业成本 [zuòyè chéngběn] 英 activity cost

カットオフ テスト 囲 截止测试 [jiézhǐ cèshì] 英 cut-off test

活発な市場 囲 活跃市场 [huóyuè shìchǎng] 英 active market

割賦売上 囲 分期收款销售 [fēnqī shōukuǎn xiāoshòu] 英 installment sales

割賦売掛金 囲 应收分期账款 [yīngshōu fēnqī zhàngkuǎn] 英 installment accounts receivable

割賦販売基準 囲 分期收款销售方式 [fēnqī shōukuǎn xiāoshòu fāngshì] 英 installment (sales) method

合併買収 囲 并购 [bìnggòu] 英 merger and acquisition (M&A)

過程 囲 流程 [liúchéng] 英 process

仮定 囲 假设 [jiǎshè] 英 assumption

過渡期 囲 过渡期 [guòdù qī] 英 transition period

過渡の措置 囲 过渡性政策 [guòdù xìng zhèngcè] 英 transitional measure

金型 囲 模具 [mójù] 英 mold

加入認可産業目録 囲 产业准入目录 [chǎnyè zhǔnrù mùlù] 英 permitted industry catalogue

過年度 囲 以前年度 [yǐqián niándù] 英 previous year

過年度欠損金 囲 以前年度累计亏损额 [yǐqián niándù lěijì kuīsǔn é] 英 loss carry forward from previous years

過年度損益修正 囲 以前年度损益调整 [yǐqián niándù sǔnyì tiáozhěng] 英 prior year adjustments

過年度の誤謬 囲 以前年度差错 [yǐqián niándù chācuò] 英 prior period errors

カバー率 囲 覆盖率 [fùgài lǜ] 英 coverage

過半数 囲 过半数 [guò bànshù] 英 majority

過半数所有子会社 囲 拥有过半数股权（份）的子公司 [yōngyǒu guò bànshù gǔquán (fèn) de zǐgōngsī] 英 majority-owned subsidiary

株価 囲 股价 [gǔjià] 英 stock price

株価指数 囲 股价指数 [gǔjià zhǐshù] 英 share price index

株価収益率 囲 市盈率 [shìyíng lǜ] 英 price-earnings ratio (PER)

株価純資産倍率 囲 市净率 [shìjìng lǜ] 英 price to book ratio (PBR)

株式 囲 股票 [gǔpiào] 英 stock

株式会社 囲 股份公司 [gǔfèn gōngsī] 英 stockholder-owned company

株式買付権 囲 股份认购权 [gǔfèn rèngòu quán] 英 share option

株式買取請求権 囲 股权回购请求权 [gǔquán huígòu qǐngqiú quán] 英 put option

株式買戻し 囲 回购股份 [huígòu gǔfèn] 英 share repurchase

株式額面価額 囲 股票面值 [gǔpiào miànzhí] 英 share face value

株式公開 囲 公开发行股票 [gōngkāi fāxíng gǔpiào] 英 initial public offering (IPO)

株式公開買い付け 囲 要约收购 [yāoyuē shōugòu] 英 take over bid

株式公募メカニズム 囲 招股机制 [zhāogǔ jīzhì] 英 offering mechanism

株式市況 囲 股市行情 [gǔshì hángqíng] 英 market condition

株式市場 囲 股票交易市场 [gǔpiào jiāoyì shìchǎng] 英 stock market

株式証券取引所 囲 证券交易所 [zhèngquàn jiāoyì suǒ] 英 stock exchange

株式上場 囲 股票上市 [gǔpiào shàngshì] 英 listing

株式譲渡 囲 股份转让 [gǔfèn zhuǎnràng] 英 stock transfer

株式所有権 囲 股份拥有权 [gǔfèn yōngyǒu quán] 英 ownership of shares

株式投資 囲 股票投资 [gǔpiào tóuzī] 英 equity investment

株式投資企業 囲 股权投资企业 [gǔquán tóuzī qǐyè] 英 investment enterprise

株式投資損失 囲 股票投资损失 [gǔpiào tóuzī sǔnshī] 英 capital loss

株式投資利益 中 股票投资利润 [gǔpiào tóuzī lìrùn] 英 capital gain

株式の買取 中 收购股票 [shōugòu gǔpiào]

株式の公募期間 中 要约期 [yāoyuē qī] 英 offering period

株式配当 中 股票股利 [gǔpiào gǔlì] 英 stock dividends

株式発行 中 股份发行 [gǔfèn fāxíng] 英 share issuance

株式発行価格 中 股票发行价格 [gǔpiào fāxíng jiàgé] 英 share issue price

株式発行差金 中 股本溢价 [gǔběn yìjià] 英 share premium

株式発行申請 中 股票发行申请 [gǔpiào fāxíng shēnqǐng] 英 application for share issue

株式払込剰余金 中 资本溢价 [zīběn yìjià] 英 additional paid-in capital

株式引受 中 股份认购 [gǔfèn rèngòu] 英 underwriting of stock

株式引受協議書 中 股份认购协议 [gǔfèn rèngòu xiéyì] 英 share underwriting agreement

株式引受権 中 认股权 [rèngǔ quán] 英 stock subscription right

株式引受証書 中 认股书 [rèngǔ shū] 英 certificate of stock subscription

株式引受人 中 认股人 [rèngǔ rén] 英 share subscriber

株式分割 中 股票分割 [gǔpiào fēngē] 英 stock split

株式併合 中 股票合并 [gǔpiào hébìng] 英 stock consolidation

株式報酬 中 股票期权 [gǔpiào qīquán] 英 stock based compensation

株式募集 中 募股 [mùgǔ] 英 offer of shares for public subscription

株式無償交付 中 发行红利股 [fāxíng hónglì gǔ] 英 delivery of share without contribution

株式割当証書 中 配股权证 [pèigǔ quánzhèng] 英 share allotment certificate

株式割当発行 中 配股 [pèigǔ] 英 share allotment

株主 中 股东 [gǔdōng] 英 shareholder

株主会 中 股东会 [gǔdōng huì] 英 board of shareholders

株主活動 中 股东行为 [gǔdōng xíngwéi] 英 shareholder activity

株主権利 中 股东权利 [gǔdōng quánlì] 英 shareholder's right

株主資本 中 股本资本 [gǔběn zīběn] 英 shareholder's equity

株主資本コスト 中 股东权益成本 [gǔdōng quányì chéngběn] 英 cost of shareholder's equity

株主資本等変動計算書 中 股东权益变动表 [gǔdōng quányì biàndòng biǎo] 英 statement of changes in equity

株主総会 中 股东大会 [gǔdōng dàhuì] 英 shareholders' meeting

株主代表訴訟 中 股东代表诉讼 [gǔdōng dàibiǎo sùsòng] 英 shareholder representative litigation

株主提案権 中 股东提案权 [gǔdōng tí àn quán] 英 shareholder's proposal right

株主変更登記 中 股东变更登记 [gǔdōng biàn gēng dēngjì] 英 shareholder change registration

株主募集説明書 中 招股说明书 [zhāogǔ shuōmíng shū] 英 prospectus

株主名簿 中 股东名簿 [gǔdōng míngbù] 英 list of shareholders

株主持分 中 股东权益 [gǔdōng quányì] 英 stockholder's equity

株主持分増減変動表 中 股东权益增减变动表 [gǔdōng quányì zēngjiǎn biàndòng biǎo] 英 statement of changes in equity

株主持分明細表 中 股东权益明细表 [gǔdōng quányì míngxì biǎo] 英 statement of shareholders' equity

貨幣価値 中 货币价值 [huòbì jiàzhí] 英 monetary value

貨幣時間価値 中 货币时间价值 [huòbì shíjiān jiàzhí] 英 time value of money

貨幣性項目 中 货币性项目 [huòbì xìng xiàngmù] 英 monetary items

貨幣政策の手段 中 货币政策工具 [huòbì zhèngcè gōngjù] 英 monetary policy device

貨幣政策の操作目標 中 货币政策操作目标 [huòbì zhèngcè cāozuò mùbiāo] 英 monetary policy target

貨幣性資産 中 货币性资产 [huòbì xìng zīchǎn] 英 monetary assets

上半期 中 上半期 [shàng bànqī] 英 first half year

科目残高試算表 囲 科目余额平衡表 [kēmù yú é pínghéng biǎo] 英 trial balance

貨物 囲 货物 [huòwù] 英 goods

貨物運輸業者 囲 货运公司 [huòyùn gōngsī] 英 forwarder

貨物運輸契約書 囲 货物运输合同 [huòwù yùnshū hétóng] 英 contract of carriage

貨物運輸代理業 囲 货物运输代理业 [huòwù yùnshū dàilǐ yè] 英 cargo forwarder

貨物代金の前払い 囲 预付货款 [yùfù huòkuǎn] 英 prepayment for purchases

貨物引換証 囲 提货单 [tíhuò dān] 英 bill of lading (B/L)

貨物引渡場所 囲 交货地点 [jiāohuò dìdiǎn] 英 place of delivery

空売り投資家 囲 空头卖方 [kōngtóu màifāng] 英 short seller

空小切手 囲 空头支票 [kōngtóu zhīpiào] 英 fictitious check

借入金 囲 借款 [jièkuǎn] 英 loans payable

借入限度枠 囲 借款额度 [jièkuǎn édù] 英 borrowing limit

借入コスト 囲 借款成本 [jièkuǎn chéngběn] 英 borrowing cost

借入資本 囲 借入资本 [jièrù zīběn] 英 borrowed capital

借入費用の資産化 囲 借款费用资本化 [jièkuǎn fèiyòng zīběn huà] 英 capitalization of borrowing cost

借入利息 囲 借款利息 [jièkuǎn lìxī] 英 interest on loans payable

仮受金 囲 暂收款 [zànshōu kuǎn] 英 suspense receipts

借方 囲 借方 [jièfāng] 英 debit

借方残高 囲 借方余额 [jièfāng yúé] 英 debit balance

仮勘定 囲 暂记账户 [zànjì zhànghù] 英 suspense account

借り越し 囲 透支 [tòuzhī] 英 overdraft

仮払金 囲 暂付款 [zànfù kuǎn] 英 suspense payment

仮領収書 囲 临时收据 [línshí shōujù] 英 temporary receipt

川上産業 囲 上游产业 [shàngyóu chǎnyè] 英 upstream industry

川下産業 囲 下游产业 [xiàyóu chǎnyè] 英 downstream industry

為替 囲 汇兑 [huìduì] 英 exchange

為替換算調整勘定 囲 外币换算调整 [wàibì huànsuàn tiáozhěng] 英 foreign currency translation adjustment

為替換算レート表 囲 汇率表 [huìlǜ biǎo] 英 schedule of foreign exchange rate

為替管理制度 囲 外汇管理制度 [wàihuì guǎnlǐ zhìdù] 英 foreign exchange management system

為替決済方式 囲 汇兑结算方式 [huìduì jiésuàn fāngshì] 英 model of exchange settlement

為替差益 囲 汇兑收益 [huìduì shōuyì] 英 foreign exchange gain

為替差損 囲 汇兑损失 [huìduì sǔnshī] 英 foreign exchange loss

為替相場 囲 外汇行市 [wàihuì hángshì] 英 foreign exchange rate

為替損益 囲 汇兑损益 [huìduì sǔnyì] 英 foreign exchange gain and loss

為替手形 囲 汇票 [huìpiào] 英 bill of exchange (B/E)

為替手数料 囲 外汇兑换手续费 [wàihuì duìhuàn shǒuxù fèi] 英 commission on foreign exchange

為替取引 囲 外汇交易 [wàihuì jiāoyì] 英 foreign exchange transaction

為替振込申請書 囲 汇出汇款申请书 [huìchū huìkuǎn shēnqǐng shū] 英 application for remittance

為替変動 囲 汇率变动 [huìlǜ biàndòng] 英 fluctuation in foreign exchange rate

為替予約 囲 远期外汇 [yuǎnqī wàihuì] 英 exchange contract

為替リスク 囲 外汇风险 [wàihuì fēngxiǎn] 英 foreign exchange risk

為替レート 囲 外汇牌价 [wàihuì páijià] 英 exchange rate

為替レート仲値 囲 汇率中间价 [huìlǜ zhōngjiān jià] 英 telegraphic transfer middle rate

簡易課税 囲 简易征税办法 [jiǎnyì zhēngshuì bànfǎ] 英 simplified tax collection measure

簡易申告口座 囲 简易申报账户 [jiǎnyì shēnbào zhànghù] 英 simplified declaration account

簡易税額計算方式 囲 简易税额计算方法 [jiǎnyì shuì é jìsuàn fāngfǎ] 英 simplified tax calculation method

管轄区域 囲 管辖区域 [guǎnxiá qūyù] 英 jurisdictional area

環境アセスメント 中 环境影响评价 [huánjìng yǐngxiǎng píngjià] 英 environmental impact assessment

環境債務 中 环境责任 [huánjìng zérèn] 英 environmental liability

環境税 中 环境税 [huánjìng shuì] 英 environmental tax

環境保護専用設備 中 环境保护专用设备 [huánjìng bǎohù zhuānyòng shèbèi] 英 equipment dedicated to environmental protection

元金 中 本金 [běnjīn] 英 principal

元金一括償還債券投資 中 一次还本债券投资 [yīcì huánběn zhàiquàn tóuzī] 英 bullet debt investment

関係会社 中 关联公司 [guānlián gōngsī] 英 related company

関係会社間債権債務 中 关联企业间债权债务往来 [guānlián qǐyè jiān zhàiquán zhàiwù wǎnglái] 英 inter-company debt and credit

関係会社間取引 中 关联交易 [guānlián jiāoyì] 英 inter-company transaction

慣行 中 惯例 [guànlì] 英 practice

監査 中 审计 [shěnjì] 英 audit

監査委員会 中 审计委员会 [shěnjì wěiyuán huì] 英 audit committee

監査意見 中 审计意见 [shěnjì yìjiàn] 英 auditor's opinion

監査期間 中 审计期间 [shěnjì qījiān] 英 audit period

監査基準 中 审计准则 [shěnjì zhǔnzé] 英 auditing standard

監査業務 中 审计业务 [shěnjì yèwù] 英 audit

監査局 中 审计局 [shěnjì jú] 英 Audit Bureau

監査計画 中 审计计划 [shěnjì jìhuà] 英 audit plan

監査契約書 中 审计业务约定书 [shěnjì yèwù yuēdìng shū] 英 audit engagement letter

監査差異 中 审计差异 [shěnjì chāyì] 英 audit difference

監査指示書 中 审计须知 [shěnjì xūzhī] 英 audit instruction

監査証拠 中 审计证据 [shěnjì zhèngjù] 英 audit evidence

監査上の重要性 中 审计重要性水平 [shěnjì zhòngyào xìng shuǐpíng] 英 audit materiality

監査済財務諸表 中 经审计的财务报表 [jīng shěnjì de cáiwù bàobiǎo] 英 audited financial statements

監査制度 中 审计制度 [shěnjì zhìdù] 英 auditing system

監査対象 中 审计对象 [shěnjì duìxiàng] 英 subject to be audited

監査調書 中 审计工作底稿 [shěnjì gōngzuò dǐgǎo] 英 working paper

観察 中 观察 [guānchá] 英 observation

観察可能な市場価格 中 可观察到的市场价格 [kě guānchá dào de shìchǎng jiàgé] 英 observable market price

監査手続 中 审计程序 [shěnjì chéngxù] 英 audit procedure

監査に関する品質管理基準 中 审计质量控制准则 [shěnjì zhìliàng kòngzhì zhǔnzé] 英 Audit Quality Control Guidelines

監査人 中 审计人员 [shěnjì rényuán] 英 auditor

監査年度 中 审计年度 [shěnjì niándù] 英 audit year

監査の終結 中 审计终结 [shěnjì zhōngjié] 英 completion of audit

監査範囲 中 审计范围 [shěnjì fànwéi] 英 audit scope

監査部 中 审计部 [shěnjì bù] 英 audit division

監査報告書 中 审计报告 [shěnjì bàogào] 英 audit report

監査報酬 中 审计报酬 [shěnjì bàochóu] 英 audit fee

監査法人 中 会计师事务所 [kuàijìshī shìwùsuǒ] 英 auditing firm

監査役 中 监事 [jiānshì] 英 corporate auditor

監査役会 中 监事会 [jiānshì huì] 英 audit committee

監査役会報告書 中 监事会报告 [jiānshì huì bàogào] 英 report of audit committee

監査リスク 中 审计风险 [shěnjì fēngxiǎn] 英 audit risk

換算 中 折算 [zhésuàn] 英 conversion

閑散期 中 淡季 [dànjì] 英 slack season

換算差異 中 汇兑差额 [huìduì chā é] 英 foreign exchange difference

換算レート 中 折算汇率 [zhésuàn huìlǜ] 英 foreign exchange rate

監視 中 监控 [jiānkòng] 英 monitoring

勘定科目 中 会计科目 [kuàijì kēmù] 英 account title

勘定科目の分類

勘定科目の分類 田 会计科目分类 [kuàijì kēmù fēnlèi] 英 *account title classification*

勘定残高明細表 田 账户余额明细表 [zhànghù yú é míngxì biǎo] 英 *breakdown of account balance*

勘定レベル 田 认定层次 [rèndìng céngcì] 英 *account level*

関税 田 关税 [guānshuì] 英 *custom tax*

関税及び貿易に関する一般協定 田 关税及贸易总协定 [guānshuì jí màoyì zǒng xiédìng] 英 *General Agreement on Tariffs and Trade* (GATT)

関税課税価格 田 关税完税价格 [guānshuì wánshuì jiàgé] 英 *customs value*

完成工事 田 完工工程 [wángōng gōngchéng] 英 *completed work*

完成工事通知書 田 完工通知单 [wángōng tōngzhī dān] 英 *completion report*

関税撤廃 田 取消关税 [qǔxiāo guānshuì] 英 *tariff elimination*

関税の引上げ 田 提高关税 [tígāo guānshuì] 英 *increase in tariff*

完成品 田 产成品 [chǎnchéngpǐn] 英 *finished goods* (F/G)

関税輸入貨物 田 需要缴纳关税的进口货物 [xūyào jiǎonà guānshuì de jìnkǒu huòwù] 英 *custom taxable imported items*

関税率 田 关税税率 [guānshuì shuìlǜ] 英 *customs duty rate*

関税割当管理 田 关税配额管理 [guānshuì pèi é guǎnlǐ] 英 *tariff quota administration*

間接外国税額控除 田 境外税款间接扣除 [jìngwài shuìkuǎn jiànjiē kòuchú] 英 *indirect foreign tax credit*

間接買付 田 间接收购 [jiànjiē shōugòu] 英 *indirect purchase*

間接給与 田 间接工资 [jiànjiē gōngzī] 英 *indirect wages*

間接金融 田 间接金融 [jiànjiē jīnróng] 英 *indirect financing*

間接原価 田 间接成本 [jiànjiē chéngběn] 英 *indirect cost*

間接原材料 田 间接原料 [jiànjiē yuánliào] 英 *indirect materials*

間接固定費 田 间接固定费用 [jiànjiē gùdìng fèiyòng] 英 *indirect fixed cost*

間接材料費 田 间接材料费用 [jiànjiē cáiliào fèiyòng] 英 *indirect material cost*

間接支配 田 间接控制 [jiànjiē kòngzhì] 英 *indirect control*

間接譲渡 田 间接转让 [jiànjiē zhuǎnràng] 英 *indirect transfer*

間接税 田 间接税 [jiànjiē shuì] 英 *indirect tax*

間接投資 田 间接投资 [jiànjiē tóuzī] 英 *indirect investment*

間接配賦 田 间接收费法 [jiànjiē shōufèi fǎ] 英 *indirect-allocation method*

間接費差異 田 间接费差异 [jiànjiē fèi chāyì] 英 *overhead expense variance*

間接費配賦額 田 间接费用分配额 [jiànjiē fèiyòng fēnpèi é] 英 *overheads allocation*

間接費用 田 间接费用 [jiànjiē fèiyòng] 英 *indirect expense*

間接部門 田 间接部门 [jiànjiē bùmén] 英 *supporting division*

間接持分譲渡 田 间接转让股权 [jiànjiē zhuǎnràng gǔquán] 英 *indirect transfer of equity*

間接輸出 田 间接出口 [jiànjiē chūkǒu] 英 *indirect exports*

間接労務費 田 间接劳务费 [jiànjiē láowù fèi] 英 *indirect labor cost*

完全性 田 完整性 [wánzhěng xìng] 英 *completeness*

鑑定人 田 鉴定人 [jiàndìng rén] 英 *appraiser*

監督管理活動 田 监督管理活动 [jiāndū guǎnlǐ huódòng] 英 *supervisory activity*

監督責任者 田 权责主管 [quánzé zhǔguǎn] 英 *supervisor*

カントリーガイド 田 国家指南 [guójiā zhǐnán] 英 *country guide*

カントリーリスク 田 国家风险 [guójiā fēngxiǎn] 英 *country risk*

カントリーリスク プレミアム 田 国家风险溢价 [guójiā fēngxiǎn yìjià] 英 *country risk premium*

感応度分析 田 敏感性分析 [mǐngǎn xìng fēnxī] 英 *sensitivity analysis*

還付 田 退还 [tuìhuán] 英 *refund*

還付申告 田 退税申请 [tuìshuì shēnqǐng] 英 *application for tax refund*

還付済税金 田 已退回的税款 [yǐ tuìhuí de shuìkuǎn] 英 *tax refunded*

還付税額 田 应退税额 [yīngtuì shuì é] 英 *refundable*

tax

還付率 [日] 退税率 [tuìshuì lǜ] [英] tax refund rate

元利 [日] 本息 [běnxī] [英] principal and interest

管理会計 [日] 管理会計 [guǎnlǐ kuàijì] [英] management accounting

管理監督活動 [日] 監管活動 [jiānguǎn huódòng] [英] supervisory activity

管理支配基準 [日] 管理控制标准 [guǎnlǐ kòngzhì biāozhǔn] [英] management control standards

管理性会社 [日] 管理性公司 [guǎnlǐ xìng gōngsī] [英] management company

管理費用 [日] 管理費用 [guǎnlǐ fèiyòng] [英] administrative expense

管理部門 [日] 管理部門 [guǎnlǐ bùmén] [英] administrative division

関連会社株式 [日] 关联公司股份 [guānlián gōngsī gǔfèn] [英] shares of affiliates

関連企業 [日] 关联企业 [guānlián qǐyè] [英] affiliated enterprise

関連書類 [日] 相关文件 [xiāngguān wénjiàn] [英] relevant document

関連当事者 [日] 关联方 [guānlián fāng] [英] related parties

関連当事者間取引 [日] 关联方交易 [guānlián fāng jiāoyì] [英] related parties transactions

関連当事者間取引分析表 [日] 关联方交易分析表 [guānlián fāng de jiāoyì fēnxī biǎo] [英] analysis sheet of related parties transactions

関連当事者の開示 [日] 关联方的披露 [guānlián fāng de pīlù] [英] disclosure of related parties

関連取引の価格差 [日] 关联交易差价 [guānlián jiāoyì chājià] [英] price variance in related party transactions

関連費用 [日] 相关費用 [xiāngguān fèiyòng] [英] relevant expense

緩和 [日] 放宽 [fàngkuān] [英] deregulation

き

キーコントロール [日] 关键控制 [guānjiàn kòngzhì] [英] key control

キーボード [日] 键盘 [jiànpán] [英] keyboard

機械及び装置 [日] 机械及装置 [jīxiè jí zhuāngzhì] [英] machinery and equipment

機会原価 [日] 机会成本 [jīhuì chéngběn] [英] opportunity cost

機械作業 [日] 机械作业 [jīxiè zuòyè] [英] mechanical operation

機械設備 [日] 机器设备 [jīqì shèbèi] [英] machinery and equipment

ギガバイト [日] 千兆字节 [qiānzhào zìjié] [英] gigabyte (GB)

期間 [日] 期间 [qījiān] [英] period

期間帰属 [日] 期间归属 [qījiān guīshǔ] [英] cut-off

期間原価 [日] 期间成本 [qījiān chéngběn] [英] period cost

期間償却 [日] 分期摊销 [fēnqī tānxiāo] [英] amortization

期間単位リース [日] 期租 [qīzū] [英] time chartering

機関投資家 [日] 机构投资者 [jīgòu tóuzī zhě] [英] institutional investor

期間配分 [日] 分摊 [fēntān] [英] attribution

期間費用 [日] 期间费用 [qījiān fèiyòng] [英] period cost

機器 [日] 机器 [jīqì] [英] machinery

危機管理 [日] 危机管理 [wēijī guǎnlǐ] [英] crisis management

企業 [日] 企业 [qǐyè] [英] enterprise

企業会計基準委員会 [日] 企业会计准则委员会 [qǐyè kuàijì zhǔnzé wěiyuán huì] [英] Accounting Standards Board of Japan (ASBJ)

企業会計準則 [日] 企业会计准则 [qǐyè kuàijì zhǔnzé] [英] Accounting Standard for Business Enterprises

企業会計準則応用指南 [日] 企业会计准则应用指南 [qǐyè kuàijì zhǔnzé yīngyòng zhǐnán] [英] Accounting Standard for Business Enterprises Application Guidelines

企業会計準則解釈 [日] 企业会计准则解释 [qǐyè kuàijì zhǔnzé jiěshì] [英] Accounting Standard for Business Enterprises Interpretation

企業会計準則講解 [日] 企业会计准则讲解 [qǐyè kuàijì zhǔnzé jiǎngjiě] [英] Accounting Standard for Business Enterprises Explanation

企業会計情報化工作規範 [日] 企业会计信息化工作规范 [qǐyè kuàijì xìnxī huà gōngzuò guīfàn] [英] Working Rules for Enterprise Accounting Informatization

企業会計制度

き

企業会計制度 甲 企业会计制度 [qǐyè kuàijì zhìdù] 英 Accounting System for Business Enterprises

企業価値 甲 企业价值 [qǐyè jiàzhí] 英 enterprise value

企業間貸借金利 甲 企业间借贷利 [qǐyè jiān jièdài lì] 英 inter-enterprise borrowing rate

企業間取引 甲 企业对企业电子商务 [qǐyè duì qǐyè diànzǐ shāngwù] 英 business-to-business (B2B)

企業機能及びリスク分析表 甲 企业功能风险分析表 [qǐyè gōngnéng fēngxiǎn fēnxī biǎo] 英 enterprise function and risk analysis table

企業結合の対価 甲 合并对价 [hébìng duìjià] 英 consideration of business combination

企業固有価値 甲 企业特有价值 [qǐyè tèyǒu jiàzhí] 英 entity-specific value

企業再編 甲 企业重组 [qǐyè jǐgòu chóngzǔ] 英 business reorganization

企業財務会計報告 甲 企业财务会计报告 [qǐyè cáiwù kuàijì bàogào] 英 enterprise financial reporting

企業財務通則 甲 企业财务通则 [qǐyè cáiwù tōngzé] 英 Rules Governing Financial Accounting for Business Enterprises

企業事業化調査 甲 可行性研究 [kěxíng xìng yánjiū] 英 feasibility study (F/S)

企業実体 甲 企业主体 [qǐyè zhǔtǐ] 英 business entity

企業収益性 甲 企业效益 [qǐyè xiàoyì] 英 enterprise profitability

企業集団 甲 企业集团 [qǐyè jítuán] 英 group of enterprises

企業主管部門 甲 企业主管部门 [qǐyè zhǔguǎn bùmén] 英 responsible department

企業所得税 甲 企业所得税 [qǐyè suǒdé shuì] 英 corporate income tax

企業所得税の優遇税制 甲 企业所得税优惠政策 [qǐyè suǒdé shuì yōuhuì zhèngcè] 英 preferential corporate income tax measures

企業所得税費用 甲 企业所得税费用 [suǒdé shuì fèiyòng] 英 income tax expense

企業所得税法 甲 企业所得税法 [qǐyè suǒdé shuìfǎ] 英 corporate income tax law

企業所得税法実施条例 甲 企业所得税法实施条例 [qǐyè suǒdé shuìfǎ shíshī tiáolì] 英 Regulation on the Implementation of the Corporate Income Tax Law

企業所得税予納申告表 甲 企业所得税预缴纳税申报表 [qǐyè suǒdé shuì yùjiǎo nàshuì shēnbào biǎo] 英 prepayment corporate income tax filing form

企業信用管理制度 甲 企业信用管理制度 [qǐyè xìnyòng guǎnlǐ zhìdù] 英 corporate credit management system

企業責任 甲 企业责任 [qǐyè zérèn] 英 corporate responsibility

企業設立認可申請 甲 企业设立申请 [qǐyè shèlì shēnqǐng] 英 application for establishment of an enterprise

企業戦略 甲 企业战略 [qǐyè zhànlüè] 英 corporate strategy

企業統治 甲 公司治理 [gōngsī zhìlǐ] 英 corporate governance

企業内部統制関連指針 甲 企业内部控制关联指引 [qǐyè nèibù kòngzhì guānlián zhǐyǐn] 英 Enterprise Internal Control related guidelines

企業内部統制基本規範 甲 企业内部控制基本规范 [qǐyè nèibù kòngzhì jīběn guīfàn] 英 Enterprise Internal Control Basic Standards

企業年金制度 甲 企业年金制度 [qǐyè niánjīn zhìdù] 英 corporate pension plan

企業年度関連企業間取引報告書 甲 企业年度关联业务往来报告表 [qǐyè niándù guānlián yèwù wǎnglái bàogào biǎo] 英 related parties transactions annual report form

企業年度報告公示制度 甲 企业年度报告公示制度 [qǐyè niándù bàogào gōngshì zhìdù] 英 annual report public disclosure system

企業の構成単位 甲 企业构成要素 [qǐyè gòuchéng yàosù] 英 component of an entity

企業の登記地 甲 企业登记地 [qǐyè dēngjì dì] 英 company registration venue

企業買収 甲 公司收购 [gōngsī shōugòu] 英 acquisition

企業発展基金 甲 企业发展基金 [qǐyè fāzhǎn jījīn] 英 enterprise development fund

企業比較性要因分析表 甲 企业比较性因素分析表 [qǐyè bǐjiào xìng yīnsù fēnxī biǎo] 英 comparability analysis

企業評価 甲 企业评价 [qǐyè píngjià] 英 enterprise valuation

企業分割 甲 企业分立 [qǐyè fēnlì] 英 demerger

企業分類 甲 企业分类 [qǐyè fēnlèi] 英 enterprise

classification

企業法 [中] 企业法 [qǐyè fǎ] [英] enterprise law

器具備品 [中] 用具备用品 [yòngjù bèiyòng pǐn] [英] equipment and fixtures

議決権 [中] 表决权 [biǎojué quán] [英] voting right

議決権株式 [中] 有表决权股份 [yǒu biǎojué quán gǔfèn] [英] voting stock

議決権持分 [中] 有表决权的股权 [yǒu biǎojué quán de gǔquán] [英] voting interest

議決権割合 [中] 表决权比例 [biǎojué quán bǐlì] [英] voting rights ratio

期限 [中] 期限 [qīxiàn] [英] term

期限経過売掛金 [中] 逾期应收账款 [yúqī yīngshōu zhàngkuǎn] [英] overdue receivable

期限経過貸付金 [中] 逾期贷款 [yúqī dàikuǎn] [英] overdue loan

期限経過勘定 [中] 逾期账款 [yúqī zhàngkuǎn] [英] overdue account

期限付き是正命令通知書 [中] 责令限期改正通知书 [zélìng xiànqī gǎizhèng tōngzhī shū] [英] notice of correction order with a limited term

期限到来債権 [中] 到期债权 [dàoqī zhàiquán] [英] mature loan

期限返済 [中] 到期直接偿付 [dàoqī zhíjiē chángfù] [英] repayment at maturity

期限前償還 [中] 提前还款 [tíqián huánkuǎn] [英] early repayment

期限前償還リスク [中] 提前偿付风险 [tíqián chángfù fēngxiǎn] [英] early repayment risk

機構 [中] 机构 [jīgòu] [英] institution

機構再編 [中] 机构重组 [jīgòu chóngzǔ] [英] restructuring

期日 [中] 日期 [rìqī] [英] due date

期首在庫 [中] 期初库存 [qīchū kùcún] [英] beginning stock

期首残高 [中] 期初余额 [qīchū yú é] [英] beginning balance

期首剰余金 [中] 期初未分配利润 [qīchū wèi fēnpèi lìrùn] [英] retained earnings at beginning of year

期首棚卸高 [中] 期初存货 [qīchū cúnhuò] [英] inventory at beginning of period

技術移転 [中] 技术转让 [jìshù zhuǎnràng] [英] technology transfer

技術開発 [中] 技术开发 [jìshù kāifā] [英] technology development

技術契約 [中] 技术合同 [jìshù hétóng] [英] technical service contracts

技術研修 [中] 技术培训 [jìshù péixùn] [英] technical training

技術サービス [中] 技术服务 [jìshù fúwù] [英] technical service

技術指導 [中] 技术指导 [jìshù zhǐdǎo] [英] technical support

技術指導料 [中] 技术指导费 [jìshù zhǐdǎo fèi] [英] technical support fee

技術使用権の譲渡 [中] 技术使用权的转让 [jìshù shǐyòng quán de zhuǎnràng] [英] transfer of technology use right

技術譲渡契約書 [中] 技术转让合同 [jìshù zhuǎnràng hétóng] [英] technology transfer agreement

技術譲渡費 [中] 技术转让费 [jìshù zhuǎnràng fèi] [英] technology transfer fee

技術先進型サービス企業 [中] 技术先进型服务企业 [jìshù xiānjìn xíng fúwù qǐyè] [英] advanced technology service enterprise

技術導入契約データ表 [中] 技术引进合同数据表 [jìshù yǐnjìn hétóng shùjù biǎo] [英] technology import contract data sheet

技術ノウハウ [中] 技术秘密 [jìshù mìmì] [英] technical know-how

技術部門 [中] 技术部门 [jìshù bùmén] [英] technical department

技術輸出入許可証 [中] 技术进出口许可证 [jìshù jìnchūkǒu xǔkě zhèng] [英] technology import and export license

技術輸出入契約書 [中] 技术进出口合同 [jìshù jìnchūkǒu hétóng] [英] technology import and export contract

基準案 [中] 指引 [zhǐyǐn] [英] guide

基準為替レート [中] 基准汇率 [jīzhǔn huìlǜ] [英] base exchange rate

基準地価 [中] 基准地价 [jīzhǔn dìjià] [英] benchmark land price

基準通貨 [中] 基准货币 [jīzhǔn huòbì] [英] base currency

基準日 [中] 基准日 [jīzhǔn rì] [英] record date

議事録 [中] 会议纪要 [huìyì jìyào] [英] meeting minutes

日本語	中文 [拼音] 英 English
規制緩和	解除管制 [jiěchú guǎnzhì] deregulation
規制産業	限制性行业 [xiànzhì xìng hángyè] restricted industries
季節性	季节性 [jìjié xìng] seasonality
季節要因による操業停止	季节性停工 [jìjié xìng tínggōng] seasonal suspension of operation
起訴	起诉 [qǐsù] prosecution
寄贈	捐赠 [juānzèng] donation
偽造	伪造 [wěizào] counterfeit
偽造発票	假发票 [jiǎ fāpiào] counterfeit invoice
寄贈物資	捐赠物资 [juānzèng wùzī] donated supplies
規則	规则 [guīzé] regulations
帰属期間	归属期间 [guīshǔ qījiān] attribution period
基礎控除額	固定扣除 [gùdìng kòuchú] basic deduction
基礎資料	基础资料 [jīchǔ zīliào] basic information
期待キャッシュ・フロー法	期望现金流量法 [qīwàng xiànjīn liúliàng fǎ] expected cash flows method
期待収益	预期收益 [yùqī shōuyì] expected return
期待収益率	预期回报率 [yùqī huíbào lǜ] expected rate of return
期待値	预期值 [yùqī zhí] expected value
期待値アプローチ	期望值法 [qīwàng zhí fǎ] expected value approach
寄託販売	寄售 [jìshòu] consignment sales
期中監査	期中审计 [qīzhōng shěnjì] interim audit
期中発行済株式数	发行在外平均股数 [fāxíng zàiwài píngjūn gǔshù] weighted average number of shares outstanding
記帳	记账 [jìzhàng] book
記帳代理	代理记账 [dàilǐ jìzhàng] book keeping agency
記帳本位通貨	记账本位币 [jìzhàng běnwèibì] base currency
規定	规定 [guīdìng] rule
議定書	议定书 [yìdìng shū] protocol
起動	启动 [qǐdòng] boot
既得権益	既得利益 [jìdé lìyì] vested benefits
機能	功能 [gōngnéng] function
機能通貨	功能货币 [gōngnéng huòbì] functional currency
帰納法	归纳法 [guīnà fǎ] induction
機能リスク分析	功能风险分析 [gōngnéng fēngxiǎn fēnxī] functional and risk analysis
希薄化	稀释 [xīshì] dilution
希薄化効果	稀释程度 [xīshì chéngdù] dilutive effect
希薄化後一株当たり利益	稀释每股收益 [xīshì měigǔ shōuyì] diluted earnings per share (EPS)
寄付金控除	捐赠税前扣除 [juānzèng shuìqián kòuchú] deduction for donation
寄付者	捐赠者 [juānzèng zhě] donor
基本給	基本工资 [jīběn gōngzī] basic salary
基本財務諸表	基本财务报表 [jīběn cáiwù bàobiǎo] basic financial statements
基本準則	基本准则 [jīběn zhǔnzé] basic standard
基本生産原価	基本生产成本 [jīběn shēngchǎn chéngběn] primary cost of production
基本生産ライン	基本生产线 [jīběn shēngchǎn xiàn] primary production line
基本定款	组织大纲 [zǔzhī dàgāng] memorandum of association
期末	期末 [qīmò] closing date
期末監査	期末审计 [qīmò shěnjì] year-end audit
期末在庫	期末库存 [qīmò kùcún] closing stock
期末残高	期末余额 [qīmò yú é] ending balance
期末修正	期末调整 [qīmò tiáozhěng] period-end adjustment
期末棚卸高	期末存货 [qīmò cúnhuò] closing inventory
期末配当	期末股利 [qīmò gǔlì] year-end dividend
期末日レート法	期末汇率法 [qīmò huìlǜ fǎ] closing rate method

機密 中 机密 [jīmì] 英 confidential

記名株式 中 记名股票 [jìmíng gǔpiào] 英 registered stock

記名小切手 中 记名支票 [jìmíng zhīpiào] 英 check to order

記名社債 中 记名公司债券 [jìmíng gōngsī zhàiquàn] 英 registered bond

逆希薄化 中 反稀释 [fǎn xīshì] 英 anti-dilution

脚注 中 脚注 [jiǎozhù] 英 footnote

客観性の原則 中 客观性原则 [kèguān xìng yuánzé] 英 objectivity principle

キャッシュカード 中 银行自动取款卡 [yínháng zìdòng qǔkuǎn kǎ] 英 cash card

キャッシュ・フロー 中 现金流量 [xiànjīn liúliàng] 英 cash flows

キャッシュ・フロー計算書 中 现金流量表 [xiànjīn liúliàng biǎo] 英 cash flow statements

キャッシュ・フロー純額 中 现金流量净额 [xiànjīn liúliàng jìng é] 英 net cash flow

キャッシュ・フロー負担 中 现金流压力 [xiànjīn liú yālì] 英 cash flow pressure

キャッシュ・フローヘッジ 中 现金流量套期 [xiànjīn liúliàng tàoqī] 英 cash flow hedge

キャッシュ マネジメント システム 中 现金管理系统 [xiànjīn guǎnlǐ xìtǒng] 英 cash management system (CMS)

キャピタルゲイン 中 资本利得 [zīběn lìdé] 英 capital gain

キャピタルゲイン課税 中 资本利得税 [zīběn lìdé shuì] 英 capital gain taxation

キャピタルロス 中 资本损失 [zīběn sǔnshī] 英 capital loss

QFII制度 中 外国专业投资机构到境内投资的资格认定制度 [wàiguó zhuānyè tóuzī jīgòu dào jìngnèi tóuzī de zīgé rèndìng zhìdù] 英 Qualified Foreign Institutional Investors (QFII) program

休暇手当 中 假期津贴 [jiàqī jīntiē] 英 vacation pay

旧企業会計準則 中 旧企业会计准则 [jiù qǐyè kuàijì zhǔnzé] 英 Old Accounting Standard for Business Enterprises

救済金 中 救济金 [jiùjì jīn] 英 relief fund

救済措置 中 补救措施 [bǔjiù cuòshī] 英 relief measures

休日 中 节假日 [jiéjià rì] 英 holiday

休日賃金 中 假日工资 [jiàrì gōngzī] 英 holiday pay

吸収合併 中 吸收合并 [xīshōu hébìng] 英 merger by absorption

級数法 中 年数总和法 [niánshù zǒnghé fǎ] 英 sum-of-the-years-digits method (SYD)

旧税率 中 原税率 [yuán shuìlǜ] 英 old tax rate

給付基数 中 缴付基数 [jiǎofù jīshù] 英 payment base

休眠会社 中 休眠企业 [xiūmián qǐyè] 英 dormant company

給与 中 薪金 [xīnjīn] 英 salaries and wages

給与計算表 中 工资计算表 [gōngzī jìsuàn biǎo] 英 payroll calculation table

給与支給総額 中 实发工资总额 [shífā gōngzī zǒng é] 英 total payroll amount paid

給与所得 中 工资所得 [gōngzī suǒdé] 英 employment income

給与台帳 中 工资台账 [gōngzī táizhàng] 英 payroll ledger

給与賃金証明 中 工资薪金证明 [gōngzī xīnjīn zhèngmíng] 英 wage and salary proof

給与明細書 中 工资单 [gōngzī dān] 英 payroll slip

給料控除 中 薪水扣除 [xīnshuǐ kòuchú] 英 salary deduction

教育手当 中 教育补助 [jiàoyù bǔzhù] 英 education allowance

教育費附加 中 教育费附加 [jiàoyù fèi fùjiā] 英 educational surtax

共益権 中 共益权 [gòngyì quán] 英 common benefit right

業界団体 中 行业协会 [hángyè xiéhuì] 英 industry association

協議 中 协议 [xiéyì] 英 dialogue

供給 中 供应 [gōngyìng] 英 supply

供給過剰 中 供给过剩 [gōngjǐ guòshèng] 英 oversupply

競業避止義務 中 竞业禁止义务 [jìngyè jìnzhǐ yìwù] 英 non-compete obligation

業者調査表 中 厂商调查表 [chǎngshāng diàochá biǎo] 英 investigation sheet of vendors

業者データ 一覧表 中 厂商资料一览表 [chǎngshāng zīliào yīlǎn biǎo] 英 list of vendors

業種参入基準 中 行业准入标准 [hángyè zhǔnrù biāozhǔn] 英 industry admittance criteria

行政監察機関 ⊞ 行政监察机关 [xíngzhèng jiānchá jīguān] 英 administrative and supervisory authority

行政機関 ⊞ 行政机关 [xíngzhèng jīguān] 英 administrative agency

行政許可法 ⊞ 行政许可法 [xíngzhèng xǔkě fǎ] 英 administrative permission

行政再審査 ⊞ 行政复议 [xíngzhèng fùyì] 英 administrative appeal

行政事業性費用 ⊞ 行政事业性收费 [xíngzhèng shìyè xìng shōufèi] 英 administrative fees

強制執行 ⊞ 强制执行 [qiángzhì zhíxíng] 英 compulsory execution

行政処分 ⊞ 行政处分 [xíngzhèng chǔfēn] 英 administrative penalty

強制清算 ⊞ 强制清算 [qiángzhì qīngsuàn] 英 compulsory liquidation

行政訴訟 ⊞ 行政诉讼 [xíngzhèng sùsòng] 英 administrative litigation

強制積立金制度 ⊞ 强制性公积金制度 [qiángzhì xìng gōngjījīn zhìdù] 英 mandatory reserve fund system

行政手続費 ⊞ 行政性收费 [xíngzhèng xìng shōufèi] 英 administrative fee

強制破産 ⊞ 强制破产 [qiángzhì pòchǎn] 英 forced liquidation

行政不服審査決定書 ⊞ 行政复议决定书 [xíngzhèng fùyì juédìng shū] 英 decision letter of administrative reconsideration

業績給 ⊞ 绩效工资 [jìxiào gōngzī] 英 performance pay

業績評価 ⊞ 业绩评价 [yèjì píngjià] 英 performance assessment

業績予想 ⊞ 业绩预测 [yèjì yùcè] 英 earnings forecast

競争 ⊞ 竞争 [jìngzhēng] 英 competition

兄弟会社 ⊞ 兄弟企业 [xiōngdì qǐyè] 英 brother company

強調事項 ⊞ 强调事项 [qiángdiào shìxiàng] 英 emphasis of matter

共通鍵暗号方式 ⊞ 通用密钥密码术 [tōngyòng mìyào mìmǎ shù] 英 common key cryptosystem

共通支配 ⊞ 同一控制 [tóngyī kòngzhì] 英 common control

共通支配下の企業結合 ⊞ 同一控制下的企业合并 [tóngyī kòngzhì xià de qǐyè hébìng] 英 business combination under common control

共通税 ⊞ 共享税 [gòngxiǎng shuì] 英 shared tax

共通費 ⊞ 共同费用 [gòngtóng fèiyòng] 英 common cost

共通費用の配賦 ⊞ 共同费用分摊 [gòngtóng fèiyòng fēntān] 英 common cost allocation

協定税率 ⊞ 协定税率 [xiédìng shuìlǜ] 英 conventional tariff

共同 ⊞ 共同 [gòngtóng] 英 joint

共同監査 ⊞ 联合审计 [liánhé shěnjì] 英 joint audit

協同組合 ⊞ 合作社 [hézuò shè] 英 cooperative union

共同経営 ⊞ 共同经营 [gòngtóng jīngyíng] 英 joint management

共同公布 ⊞ 联合公布 [liánhé gōngbù] 英 joint announcement

共同事業 ⊞ 共同事业 [gòngtóng shìyè] 英 joint operation

共同支配 ⊞ 共同控制 [gòngtóng kòngzhì] 英 joint control

共同支配企業 ⊞ 共同控制企业 [gòngtóng kòngzhì qǐyè] 英 joint venture

共同支配の取決め ⊞ 合营约定 [héyíng yuēdìng] 英 joint arrangement

共同担保 ⊞ 共同担保 [gòngtóng dānbǎo] 英 joint guarantee

共同年度検査 ⊞ 联合年检 [liánhé niánjiǎn] 英 joint annual inspection

競売 ⊞ 拍卖 [pāimài] 英 auction

競売人 ⊞ 拍卖人 [pāimài rén] 英 auctioneer

共謀 ⊞ 共谋 [gòngmóu] 英 collusion

業務 ⊞ 业务 [yèwù] 英 business

業務委託 ⊞ 业务委托 [yèwù wěituō] 英 business outsourcing

業務監査 ⊞ 业务审计 [yèwù shěnjì] 英 operational audit

業務管理 ⊞ 业务管理 [yèwù guǎnlǐ] 英 operational control

業務記述書 ⊞ 业务内容说明书 [yèwù nèiróng shuōmíng shū] 英 business process description

業務計画 ⊞ 业务计划 [yèwù jìhuà] 英 business plan

業務支出 ⊞ 业务支出 [yèwù zhīchū] 英 operating

expenditure

業務執行証書 [中] 执业证书 [zhíyè zhèngshū]
[英] certificate to practice

業務収入 [中] 业务收入 [yèwù shōurù] [英] operating income

業務処理統制 [中] 信息技术应用控制 [xìnxī jìshù yìngyòng kòngzhì] [英] IT application control (ITAC)

業務提携 [中] 业务合作 [yèwù hézuò] [英] business alliance

業務範囲 [中] 业务范围 [yèwù fànwéi] [英] scope of business

業務費 [中] 业务费用 [yèwù fèiyòng] [英] operating expense

業務プロセス [中] 业务流程 [yèwù liúchéng]
[英] business processes

業務プロセスに係る内部統制 [中] 业务流程相关的内部控制 [yèwù liúchéng xiāng guān de nèibù kòngzhì] [英] internal control over business processes

業務プロセス フローチャート [中] 业务流程图 [yèwù liúchéng tú] [英] business process flowchart

許可管理制度 [中] 许可管理制度 [xǔkě guǎnlǐ zhìdù] [英] permit system

許可証管理 [中] 许可证管理 [xǔkě zhèng guǎnlǐ]
[英] license management

許可条件 [中] 许可条件 [xǔkě tiáojiàn] [英] conditions for permission

許可証書 [中] 许可证照 [xǔkě zhèngzhào] [英] license

許可制 [中] 核准制 [hézhǔn zhì] [英] approval system

許可類産業 [中] 许可类产业 [xǔkě lèi chǎnyè]
[英] licensed enterprise

許可類プロジェクト [中] 允许类项目 [yǔnxǔ lèi xiàngmù] [英] licensed project

虚偽記載 [中] 虚假记录 [xūjiǎ jìlù] [英] misstatement

虚偽申告 [中] 错报 [cuòbào] [英] false declaration

虚偽表示 [中] 虚假披露 [xūjiǎ pīlù] [英] misstatement

虚偽報告 [中] 虚假报告 [xūjiǎ bàogào] [英] false report

居住者 [中] 居住者 [jūzhù zhě] [英] resident

居住者企業 [中] 居民企业 [jūmín qǐyè] [英] resident enterprise

居住者身元証明書 [中] 居民身份证 [jūmín shēnfèn zhèng] [英] resident identity card

居住証明書 [中] 居住证 [jūzhù zhèng] [英] certificate of residence

居住地国 [中] 居住国 [jūzhù guó] [英] country of residence

居住地国課税 [中] 居住国征税 [jūzhùguó zhēngshuì] [英] resident-based taxation

居住用地 [中] 居住用地 [jūzhù yòngdì] [英] residential land

拠出資本 [中] 实缴资本 [shíjiǎo zīběn] [英] contributed capital

拠点 [中] 场所 [chǎngsuǒ] [英] base

拠点網 [中] 网点 [wǎngdiǎn] [英] branch network

寄与度利益分割法 [中] 贡献分析利润分割法 [gòngxiàn fēnxī lìrùn fēngē fǎ] [英] contribution profit split method

許容額 [中] 容许金额 [róngxǔ jīn é] [英] tolerable amount

許容誤謬水準 [中] 可容忍误差 [kěróng rěnwù chā] [英] tolerable error level

許容できる [中] 可接受 [kě jiēshòu] [英] tolerable

居留許可 [中] 居留许可 [jūliú xǔkě] [英] residence permit

居留証 [中] 居留证 [jūliú zhèng] [英] certificate of residence

切り上げ [中] 进位 [jìnwèi] [英] round up

切り捨て [中] 舍去尾数 [shèqù wěishù] [英] round down

記録 [中] 记录 [jìlù] [英] record

記録改ざん [中] 篡改记录 [cuàngǎi jìlù] [英] record falsification

キロバイト [中] 千字节 [qiān zìjié] [英] kilobyte (KB)

均一料金 [中] 均一费用 [jūnyī fèiyòng] [英] flat fee

金額 [中] 金额 [jīn é] [英] amount

銀行 [中] 银行 [yínháng] [英] bank

銀行借入金 [中] 银行借款 [yínháng jièkuǎn] [英] bank loans payable

銀行為替手形 [中] 银行汇票 [yínháng huìpiào]
[英] bank bill

銀行間コールローン [中] 银行间拆借 [yínháng jiān chāijiè] [英] inter-bank call loan

銀行勘定 [中] 银行账户 [yínháng zhànghù] [英] bank account

銀行勘定照合表 [中] 银行对账单 [yínháng duìzhàng dān] [英] bank statement

き

銀行業 中 银行业 [yín háng yè] 英 *banking sector*

銀行業監督管理委員会 中 银行业监督管理委员会 [yínháng yè jiāndū guǎnlǐ wěiyuán huì] 英 *Banking Regulatory Commission*

銀行口座 中 银行账户 [yínháng zhànghù] 英 *bank account*

均衡項目 中 平衡项目 [pínghéng xiàngmù] 英 *balancing account items*

銀行小切手 中 银行本票 [yínháng běnpiào] 英 *bank check*

銀行残高調整 中 银行存款余额调整 [yínháng cúnkuǎn yú é tiáozhěng] 英 *bank reconciliation*

銀行送金 中 银行汇款 [yínháng huìkuǎn] 英 *bank remittance*

銀行手数料 中 银行手续费 [yínháng shǒuxù fèi] 英 *bank commission*

銀行登録印鑑 中 银行预留印鉴 [yínháng yùliú yìnjiàn] 英 *seal registered with bank*

銀行取立決済方式 中 托收承付方式 [tuōshōu chéngfù fāngshì] 英 *bank settlement system*

銀行引受手形 中 银行承兑汇票 [yínháng chéngduì huìpiào] 英 *bank acceptance*

銀行振替 中 银行间转账 [yínháng jiān zhuǎnzhàng] 英 *bank transfer*

銀行預金 中 银行存款 [yínháng cúnkuǎn] 英 *cash in bank*

銀行預金残高証明書 中 银行存款证明 [yínháng cúnkuǎn zhèngmíng] 英 *certificate of bank balance*

銀行預金残高調整表 中 银行存款余额调整表 [yínháng cúnkuǎn yú é tiáozhěng biǎo] 英 *bank deposit reconciliation statement*

銀行預金利率 中 银行存款利率 [yínháng cúnkuǎn lìlǜ] 英 *bank deposit rate*

金庫株 中 库存股份 [kùcún gǔfèn] 英 *treasury stock*

禁止 中 禁止 [jìnzhǐ] 英 *prohibition*

禁止項目 中 禁止项目 [jìnzhǐ xiàngmù] 英 *prohibited item*

禁止類産業 中 禁止类产业 [jìnzhǐ lèi chǎnyè] 英 *restricted industries*

金税システム 中 金税系统 [jīnshuì xìtǒng] 英 *golden tax system*

金銭債務 中 货币性负债 [huòbì xìng fùzhài] 英 *monetary liabilities*

金銭消費貸借契約 中 借款合同 [jièkuǎn hétóng] 英 *loan contract*

金蝶 中 金蝶系统 [jīndié xìtǒng] 英 *Kingdee software*

均等割 中 均摊 [jūntān] 英 *per capita basis*

勤務期間 中 就职期间 [jiùzhí qījiān] 英 *service period*

勤務期間中の死亡給付 中 工伤死亡赔偿 [gōngshāng sǐwáng péicháng] 英 *death-in-service benefits*

勤務費用 中 劳务费用 [láowù fèiyòng] 英 *service cost*

金融 中 金融 [jīnróng] 英 *finance*

金融緩和 中 货币宽松 [huòbì kuānsōng] 英 *monetary easing*

金融機関 中 金融机关 [jīnróng jīguān] 英 *financial institution*

金融機関確認状 中 金融机关询证函 [jīnróng jīguān xúnzhèng hán] 英 *financial institution confirmation*

金融危機 中 金融危机 [jīnróng wēijī] 英 *financial crisis*

金融企業 中 金融企业 [jīnróng qǐyè] 英 *financial enterprise*

金融企業会計制度 中 金融企业会计制度 [jīnróng qǐyè kuàijì zhìdù] 英 *financial enterprise accounting system*

金融企業間取引 中 金融企业往来 [jīnróng qǐyè wǎnglái] 英 *inter-financial enterprise transaction*

金融機構外貨業務 中 金融机构外汇业务 [jīnróng jīgòu wàihuì yèwù] 英 *financial institution foreign exchange business*

金融機構法人許可証 中 金融机构法人许可证 [jīnróng jīgòu fǎrén xǔkězhèng] 英 *financial institution license*

金融業 中 金融业 [jīnróng yè] 英 *financial service industry*

金融債券 中 金融债券 [jīnróng zhàiquàn] 英 *financial bond*

金融資産 中 金融资产 [jīnróng zīchǎn] 英 *financial assets*

金融資産管理会社 中 金融资产管理公司 [jīnróng zīchǎn guǎnlǐ gōngsī] 英 *financial assets management company*

金融資産の移転 中 金融资产转让 [jīnróng zīchǎn zhuǎnràng] 英 *transfer of financial assets*

金融資産の減損 中 金融资产减值 [jīnróng zīchǎn jiǎnzhí] 英 *impairment of financial assets*

金融市場 ㊥ 金融市场 [jīnróng shìchǎng]
㊀ financial market

金融商品 ㊥ 金融商品 [jīnróng shāngpǐn]
㊀ financial instruments

金融商品取引法 ㊥ 金融商品交易法 [jīnróng shāngpǐn jiāoyì fǎ] ㊀ financial instruments and exchange law

金融商品の開示 ㊥ 金融商品的披露 [jīnróng shāngpǐn de pīlù] ㊀ disclosure of financial instruments

金融商品の損失 ㊥ 金融商品交易损失 [jīnróng shāngpǐn jiāoyì sǔnshī] ㊀ loss of financial instruments

金融商品の表示 ㊥ 金融商品列报 [jīnróng shāngpǐn lièbào] ㊀ presentation of financial instruments

金融政策 ㊥ 金融政策 [jīnróng zhèngcè]
㊀ monetary policy

金融派生商品 ㊥ 金融衍生商品 [jīnróng yǎnshēng shāngpǐn] ㊀ financial derivatives

金融引き締め策 ㊥ 银根紧缩政策 [yíngēn jǐnsuō zhèngcè] ㊀ tight-money policy

金融費用 ㊥ 融资费用 [róngzī fèiyòng] ㊀ finance expense

金融負債 ㊥ 金融负债 [jīnróng fùzhài] ㊀ financial liability

金融保険業 ㊥ 金融保险业 [jīnróng bǎoxiǎn yè]
㊀ financial and insurance industry

金融向け電子データ交換 ㊥ 金融电子数据交换 [jīnróng diànzǐ shùjù jiāohuàn] ㊀ financial electronic data interchange (FEDI)

金融リスク ㊥ 金融风险 [jīnróng fēngxiǎn]
㊀ financial risk

金利オプション取引 ㊥ 利率期权 [lìlǜ qīquán]
㊀ interest rate options

金利カラー ㊥ 利率上下限期权 [lìlǜ shàngxiàxiàn qīquán] ㊀ interest collar

金利キャップ ㊥ 利率上限 [lìlǜ shàngxiàn]
㊀ interest cap

金利コスト ㊥ 利息成本 [lìxī chéngběn] ㊀ interest cost

金利先物契約 ㊥ 利率期货合约 [lìlǜ qīhuò héyuē] ㊀ interest rate futures contract

金利スワップ ㊥ 利率互换 [lìlǜ hùhuàn] ㊀ interest rate swap

金利の自由化 ㊥ 利率市场化 [lìlǜ shìchǎng huà] ㊀ deregulation of interest rates

金利引き下げ ㊥ 下调利率 [xiàtiáo lìlǜ] ㊀ lowering interest rate

金利フロア ㊥ 利率下限 [lìlǜ xiàxiàn] ㊀ interest floor

金利リスク ㊥ 利率风险 [lìlǜ fēngxiǎn] ㊀ interest rate risk

く

偶発債務 ㊥ 或有负债 [huòyǒu fùzhài] ㊀ contingent liabilities

偶発資産 ㊥ 或有资产 [huòyǒu zīchǎn] ㊀ contingent assets

偶発支出 ㊥ 或有支出 [huòyǒu zhīchū] ㊀ contingent expenditure

偶発事象 ㊥ 或有事项 [huòyǒu shìxiàng]
㊀ contingency

偶発損失 ㊥ 或有损失 [huòyǒu sǔnshī] ㊀ contingent losses

偶発損失準備基金 ㊥ 或有损失准备金 [huòyǒu sǔnshī zhǔnbèi jīn] ㊀ reserve for contingent losses

偶発利益 ㊥ 或有利益 [huòyǒu lìyì] ㊀ contingent gains

クーポン債券 ㊥ 附息票债券 [fùxī piào zhàiquàn] ㊀ coupon bond

空欄 ㊥ 空白栏 [kòngbái lán] ㊀ blank

具体準則 ㊥ 具体准则 [jùtǐ zhǔnzé] ㊀ specific standard

区分開示 ㊥ 分类披露 [fēnlèi pīlù] ㊀ disclose by category

区別 ㊥ 区分 [qūfēn] ㊀ category

組替 ㊥ 重分类 [chóng fēnlèi] ㊀ reclassification

組替仕訳 ㊥ 重分类分录 [chóng fēnlèi fēnlù]
㊀ reclassification journal entry

組替調整額 ㊥ 重分类调整 [chóng fēnlèi tiáozhěng] ㊀ reclassification adjustments

組込デリバティブ ㊥ 嵌入衍生工具 [qiàn rù yǎn shēng gōng jù] ㊀ embedded derivative instrument

組立 ㊥ 装配 [zhuāng pèi] ㊀ assembly

組立加工 ㊥ 装配加工 [zhuāngpèi jiāgōng]

組立工事 英 assembling

組立工事 中 装配工程 [zhuāngpèi gōngchéng] 英 assembly project

組立指図書 中 装配通知単 [zhuāngpèi tōngzhī dān] 英 assembly production order

組立部品 中 组装零部件 [zǔzhuāng líng bùjiàn] 英 subassemblies

クライアント コンピュータ 中 客户端计算机 [kèhùduān jìsuàn jī] 英 client computer

クライアント サーバー システム 中 客户服务器系统 [kèhù fúwù qì xìtǒng] 英 client server system (C/S)

クラウド コンピューティング 中 云计算 [yún jìsuàn] 英 cloud computing

クラッシュ 中 系统崩溃 [xìtǒng bēngkuì] 英 crash

繰上償還 中 提前偿付 [tíqián chángfù] 英 early repayment

繰上償還権 中 提前偿付权 [tíqián chángfùquán] 英 early repayment right

グリーンカード 中 绿卡 [lǜkǎ] 英 green card

繰越 中 结转 [jiézhuǎn] 英 carry forward

繰越欠損金 中 结转亏损 [jiézhuǎn kuīsǔn] 英 loss carry forward

繰越控除 中 结转抵扣 [jiézhuǎn dǐkòu] 英 carry forward

繰越利益 中 结转利润 [jiézhuǎn lìrùn] 英 profit carry forward

繰延 中 递延 [dìyán] 英 deferral

繰延資産 中 递延资产 [dìyán zīchǎn] 英 deferred assets

繰延収益 中 递延收益 [dìyán shōuyì] 英 deferred revenue

繰延税金 中 递延税款 [dìyán shuìkuǎn] 英 deferred tax

繰延税金資産 中 递延所得税资产 [dìyán suǒdé shuì zīchǎn] 英 deferred tax assets

繰延税金負債 中 递延所得税负债 [dìyán suǒdé shuì fùzhài] 英 deferred tax liability

繰延費用 中 递延费用 [dìyán fèiyòng] 英 deferred expense

繰延負債 中 递延负债 [dìyán fùzhài] 英 deferred liability

繰延ヘッジ損益 中 递延套保损益 [dìyán tàobǎo sǔnyì] 英 deferred gains or losses on hedges

繰延法 中 递延法 [dìyán fǎ] 英 deferred approach

グループ会社間借入 中 集团内企业借款 [jítuán nèi qǐyè jièkuǎn] 英 loans payable from group companies

グループ企業 中 集团企业 [jítuán qǐyè] 英 group enterprise

クレーム 中 索赔 [suǒpéi] 英 claim

クレジットカード 中 信用卡 [xìnyòng kǎ] 英 credit card

クレジットカード会社 中 信用卡公司 [xìnyòng kǎ gōngsī] 英 credit card company

クレジットカード貸越 中 信用卡透支 [xìnyòng kǎ tòuzhī] 英 credit card overdraft

クレジットスワップ 中 信用互换 [xìnyòng hùhuàn] 英 credit swap

グローバル オファリング 中 全球发行 [quánqiú fāxíng] 英 global offering

黒字 中 盈利 [yínglì] 英 black figure

グロスアップ計算 中 加总计算 [jiāzǒng jìsuàn] 英 gross-up calculation

クロスボーダー サービス 中 跨境服务 [kuàjìng fúwù] 英 cross-border services

クロスボーダー人民元決済 中 跨境人民币结算 [kuàjìng rénmín bì jiésuàn] 英 cross-border Renminbi (RMB) settlement

クロスボーダーの再編取引 中 跨境整合交易 [kuàjìng zhěnghé jiāoyì] 英 cross-border restructuring

け

経営意思決定 中 经营决策 [jīngyíng juécè] 英 management decision making

経営請負業者 中 经营承包商 [jīngyíng chéngbāo shāng] 英 managing contractor

経営管理 中 经营管理 [jīngyíng guǎnlǐ] 英 managerial control

経営管理機構 中 经营管理机构 [jīngyíng guǎnlǐ jīgòu] 英 management institution

経営管理契約 中 经营管理合同 [jīngyíng guǎnlǐ hétóng] 英 management agreement

経営期間 中 经营年限 [jīngyíng niánxiàn] 英 operating period

経営企業 田 经营企业 [jīngyíng qǐyè] 英 *management company*

経営期限 田 经营期限 [jīngyíng qīxiàn] 英 *operating period*

経営規模 田 经营规模 [jīngyíng guīmó] 英 *operation scale*

経営許可証 田 经营许可证 [jīngyíng xǔkě zhèng] 英 *operating license*

経営者 田 管理层 [guǎnlǐcéng] 英 *management personnel*

経営者確認書 田 管理层声明书 [guǎnlǐ céng shēngmíng shū] 英 *representation letter*

経営者による内部統制の無効化 田 管理层逾越内部控制 [guǎnlǐ céng yúyuè nèibù kòngzhì] 英 *management override*

経営者による無効措置 田 管理层导致的无效措施 [guǎnlǐ céng dǎozhì de wúxiào cuòshī] 英 *management override*

経営者評価 田 管理层的评价 [guǎnlǐ céng de píngjià] 英 *management's assessment*

経営者不正 田 管理层舞弊 [guǎnlǐ céng wǔbì] 英 *management fraud*

経営情報システム 田 营销信息系统 [yíngxiāo xìnxī xìtǒng] 英 *marketing information system* (MIS)

経営所得 田 经营所得 [jīngyíng suǒdé] 英 *operating income*

経営成績 田 经营成绩 [jīngyíng chéngjì] 英 *operating result*

経営戦略 田 经营战略 [jīngyíng zhànlüè] 英 *management strategy*

経営単位 田 经营单位 [jīngyíng dānwèi] 英 *operating unit*

経営範囲 田 经营范围 [jīngyíng fànwéi] 英 *scope of business*

経営判断 田 经营判断 [jīngyíng pànduàn] 英 *business judgment*

経営比率 田 经营比率 [jīngyíng bǐlǜ] 英 *operating rate*

経営分析 田 经营分析 [jīngyíng fēnxī] 英 *business analysis*

経営方針 田 经营方针 [jīngyíng fāngzhēn] 英 *management policy*

経営理念 田 经营理念 [jīngyíng lǐniàn] 英 *management philosophy*

経営レベル 田 公司管理层 [gōngsī guǎnlǐ céng] 英 *managerial level*

計画 田 计划 [jìhuà] 英 *plan*

計画経済 田 计划经济 [jìhuà jīngjì] 英 *planned economy*

経過措置 田 过渡性措施 [guòdù xìng cuòshī] 英 *transitional measure*

経過保険料 田 已确认保费 [yǐ quèrèn bǎofèi] 英 *earned insurance premium*

経過利息 田 应计利息 [yìngjì lìxī] 英 *accrued interest*

景気減速 田 经济放缓 [jīngjì fànghuǎn] 英 *economic slowdown*

景気後退 田 经济衰退 [jīngjì shuāituì] 英 *economic recession*

景気先行指数 田 综合领先指标 [zōnghé lǐngxiān zhǐbiāo] 英 *composite leading indicators* (CLIs)

景気停滞 田 经济停滞 [jīngjì tíngzhì] 英 *stagnation*

軽減 田 减征 [jiǎnzhēng] 英 *reduction*

警告 田 警告 [jǐnggào] 英 *warning*

経済開放区 田 经济开发区 [jīngjì kāifā qū] 英 *special economic zones* (SEZ)

経済価値 田 经济价值 [jīngjì jiàzhí] 英 *economic value*

経済技術開発区 田 经济技术开发区 [jīngjì jìshù kāifā qū] 英 *economic-technological development zone*

経済技術協力 田 经济技术合作 [jīngjì jìshù hézuò] 英 *economic and technical cooperation*

経済協力開発機構 田 经济合作与发展组织 [jīngjì hézuò yǔ fāzhǎn zǔzhī] 英 *Organisation for Economic Co-operation and Development* (OECD)

経済実体 田 经济实体 [jīngjì shítǐ] 英 *economic entity*

経済実態 田 经济实质 [jīngjì shízhì] 英 *economic substance*

経済指標 田 经济指标 [jīngjì zhǐbiāo] 英 *economic indicators*

経済情勢 田 经济形势 [jīngjì xíngshì] 英 *economic condition*

経済成長 田 经济增长 [jīngjì zēngzhǎng] 英 *economic growth*

経済成長率 田 经济增长率 [jīngjì zēngzhǎng lǜ] 英 *economic growth rate*

経済的意思決定 ㊥ 经济的决策 [jīngjì de juécè] ㊤ *economic decision*

経済的耐用年数 ㊥ 经济使用年限 [jīngjì shǐyòng niánxiàn] ㊤ *economic useful life*

経済的便益 ㊥ 经济利益 [jīngjì lìyì] ㊤ *economic interest*

経済特区 ㊥ 经济特区 [jīngjì tèqū] ㊤ *special economic zone*（SEZ）

経済法 ㊥ 经济法 [jīngjì fǎ] ㊤ *economic law*

経済補償 ㊥ 经济补偿 [jīngjì bǔcháng] ㊤ *economic compensation*

計算式 ㊥ 计算公式 [jìsuàn gōngshì] ㊤ *formula*

刑事責任 ㊥ 刑事责任 [xíngshì zérèn] ㊤ *criminal liability*

計上 ㊥ 计提 [jìtí] ㊤ *recognition*

経常居住地 ㊥ 经常居住地 [jīngcháng jūzhù dì] ㊤ *habitual residence*

経常項目 ㊥ 经常项目 [jīngcháng xiàngmù] ㊤ *current account*

経常項目取引 ㊥ 经常项目交易 [jīngcháng xiàngmù jiāoyì] ㊤ *recurring transactions*

経常性国際支出 ㊥ 经常性国际支出 [jīngcháng xìng guójì zhīchū] ㊤ *recurrent international expenditure*

経常損益 ㊥ 经常损益 [jīngcháng sǔnyì] ㊤ *ordinary gains and losses*

経常損失 ㊥ 经常损失 [jīngcháng sǔnshī] ㊤ *ordinary loss*

経常的事業活動 ㊥ 正常经营活动 [zhèngcháng jīngyíng huódòng] ㊤ *normal operating activities*

経常費用 ㊥ 经常费用 [jīngcháng fèiyòng] ㊤ *ordinary expense*

経常利益 ㊥ 经常利润 [jīngcháng lìrùn] ㊤ *ordinary profit*

契税 ㊥ 契税 [qìshuì] ㊤ *contract tax*

継続監査 ㊥ 连续审计 [liánxù shěnjì] ㊤ *recurring audit*

継続企業 ㊥ 持续经营的企业 [chíxù jīngyíng de qǐyè] ㊤ *going concern*

継続企業価値 ㊥ 持续经营价值 [chíxù jīngyíng jiàzhí] ㊤ *going concern value*

継続企業の前提 ㊥ 持续经营假设 [chíxù jīngyíng jiǎshè] ㊤ *going concern assumption*

継続記録法 ㊥ 永续盘存制 [yǒngxù páncún zhì] ㊤ *perpetual inventory method*

継続性 ㊥ 一贯性 [yīguàn xìng] ㊤ *continuity*

継続性の原則 ㊥ 一贯性原则 [yīguàn xìng yuánzé] ㊤ *principle of continuity*

継続予算 ㊥ 连续预算 [liánxù yùsuàn] ㊤ *rolling budget*

形態 ㊥ 模式 [móshì] ㊤ *form*

慶弔休暇期間 ㊥ 婚丧假期间 [hūnsāng jià qījiān] ㊤ *period of congratulations and condolence leave*

系統的抽出方法 ㊥ 系统选样 [xìtǒng xuǎnyàng] ㊤ *systematic sampling*

経費 ㊥ 经费 [jīngfèi] ㊤ *business expense*

経費削減 ㊥ 削减经费 [xuējiǎn jīngfèi] ㊤ *curtailment of expenditure*

経費精算書 ㊥ 费用报销单 [fèiyòng bàoxiāo dān] ㊤ *expense report*

経費節減 ㊥ 经费节减 [jīngfèi jiéjiǎn] ㊤ *cost saving*

経費予算 ㊥ 经费预算 [jīngfèi yùsuàn] ㊤ *expense budget*

ケイマン諸島 ㊥ 开曼群岛 [kāimàn qúndǎo] ㊤ *Cayman Islands*

契約相手 ㊥ 合同对方 [hétóng duìfāng] ㊤ *counterparty to a contract*

契約違反 ㊥ 违反合同 [wéifǎn hétóng] ㊤ *breach of contract*

契約解除 ㊥ 合同解除 [hétóng jiěchú] ㊤ *cancellation of contract*

契約価格 ㊥ 合同价格 [hétóng jiàgé] ㊤ *contract price*

契約期間 ㊥ 合同期 [hétóng qī] ㊤ *contract period*

契約金額 ㊥ 合同金额 [hétóng jīn é] ㊤ *contract amount*

契約金利 ㊥ 合同利率 [hétóng lìlǜ] ㊤ *contract interest rate*

契約結合 ㊥ 合同合并 [hétóng hébìng] ㊤ *combined contract*

契約原価 ㊥ 合同成本 [hétóng chéngběn] ㊤ *contract cost*

契約効力 ㊥ 合同效力 [hétóng xiàolì] ㊤ *effect of a contract*

契約収入 ㊥ 合同收入 [hétóng shōurù] ㊤ *revenue of contract*

契約書 [中] 合同 [hétóng] [英] contract

契約条件 [中] 合同条件 [hétóng tiáojiàn] [英] contract conditions

契約条項 [中] 合同条款 [hétóng tiáokuǎn] [英] contract terms

契約上の義務 [中] 合同义务 [hétóng yìwù] [英] contractual obligation

契約上の権利 [中] 合同权利 [hétóng quánlì] [英] contractual right

契約上未記載事項 [中] 未尽事项 [wèijìn shìxiàng] [英] terms and conditions not stated on the contract

契約書標準様式 [中] 合同示范文本 [hétóng shìfàn wénběn] [英] contract template

契約争議 [中] 合同争议 [hétóng zhēngyì] [英] contract dispute

契約手付金 [中] 合同定金 [hétóng dìngjīn] [英] contract deposit

契約当事者 [中] 合同当事人 [hétóng dāngshì rén] [英] contracting parties

契約届出登記 [中] 合同备案登记 [hétóng bèi àn dēngjì] [英] contract registration

契約における権利義務の終了 [中] 合同权利义务终止 [hétóng quánlì yìwù zhōngzhǐ] [英] termination of contractual obligation

契約破棄 [中] 合同作废 [hétóng zuòfèi] [英] cancellation of a contract

契約不履行 [中] 不履行合同 [bù lǚxíng hétóng] [英] breach of contract

契約分割 [中] 合同分立 [hétóng fēnlì] [英] contract separation

契約変更 [中] 合同变更 [hétóng biàngēng] [英] alteration of contract

契約法 [中] 合同法 [hétóng fǎ] [英] contract law

契約保証金 [中] 合同保证金 [hétóng bǎozhèng jīn] [英] contract guarantee

契約前受金 [中] 合同预收款 [hétóng yùshōu kuǎn] [英] contract advance received

契約前渡金 [中] 合同预付款 [hétóng yùfù kuǎn] [英] contract advance payment

契約無効 [中] 合同无效 [hétóng wúxiào] [英] invalid contract

契約履行 [中] 合同履行 [hétóng lǚxíng] [英] implementation of contract

経理規程 [中] 会计规定 [kuàijì guīdìng] [英] accounting rules

経理担当者 [中] 会计人员 [kuàijì rényuán] [英] accounting personnel

経理部 [中] 会计部门 [kuàijì bùmén] [英] accounting department

ケーブル [中] 电缆 [diànlǎn] [英] cable

消込照合表 [中] 核销单 [héxiāo dān] [英] check off and verification sheet

月額賃金 [中] 月工资 [yuè gōngzī] [英] monthly wages

欠陥 [中] 缺陷 [quēxiàn] [英] deficiency

月給 [中] 月薪 [yuèxīn] [英] monthly salary

結合企業 [中] 合并方 [hébìng fāng] [英] combined entity

結合日 [中] 合并日 [hébìng rì] [英] date of business combination

決済 [中] 结算 [jiésuàn] [英] settlement

決済価額 [中] 结算价 [jiésuàn jià] [英] settlement price

決済記録 [中] 结算记录 [jiésuàn jìlù] [英] settlement record

決済契約 [中] 结算合同 [jiésuàn hétóng] [英] settlement agreement

決済口座 [中] 结算账户 [jiésuàn zhànghù] [英] settlement account

決済条件 [中] 结算条件 [jiésuàn tiáojiàn] [英] settlement terms

決済日 [中] 结算日期 [jiésuàn rìqī] [英] settlement date

決済日基準 [中] 结算日基准 [jiésuàn rì jīzhǔn] [英] settlement date basis

決済日レート [中] 结算日汇率 [jiésuàn rì huìlǜ] [英] settlement date rate

決済方式 [中] 结算方式 [jiésuàn fāngshì] [英] settlement method

決済預託金 [中] 结算备付金 [jiésuàn bèifù jīn] [英] settlement deposit

決算 [中] 决算 [juésuàn] [英] closing of accounts

決算案 [中] 决算方案 [juésuàn fāng àn] [英] draft of accounts

決算期 [中] 决算期 [juésuàn qī] [英] accounting period

決算財務諸表 [中] 会计决算报表 [kuàijì juésuàn bàobiǎo] [英] financial statements

決算書 [中] 决算报表 [juésuàn bàobiǎo] [英] financial

statements

決算仕訳 囲 结账分录 [jiézhàng fēnlù] 英 *closing entries*

決算日 囲 决算日 [juésuàn rì] 英 *closing date*

決算日レート 囲 期末汇率 [qīmò huìlǜ] 英 *closing rate*

月次決算書 囲 月份决算表 [yuèfèn juésuàn biǎo] 英 *monthly financial statements*

月次損益計算書 囲 月度利润表 [yuèdù lìrùn biǎo] 英 *monthly profit and loss statement*

月次貸借対照表 囲 月度资产负债表 [yuèdù zīchǎn fùzhài biǎo] 英 *monthly balance sheet*

月次納入計画書 囲 月度采购计划 [yuèdù cǎigòu jìhuà] 英 *monthly delivery plan*

月数ベース 囲 按月 [ànyuè] 英 *monthly basis*

欠損 囲 亏损 [kuīsǔn] 英 *deficit*

欠損金の繰越し 囲 亏损结转 [kuīsǔn jiézhuǎn] 英 *loss carry forward*

欠損金の繰戻し 囲 亏损冲回 [kuīsǔn chōnghuí] 英 *loss carry back*

欠損補填 囲 补亏 [bǔkuī] 英 *loss compensation*

結論 囲 结论 [jiélùn] 英 *conclusion*

下落する 囲 下跌 [xiàdiē] 英 *fall*

原価 囲 成本 [chéngběn] 英 *cost*

限界税率 囲 边际税率 [biānjì shuìlǜ] 英 *marginal tax rate*

限界費用 囲 边际成本 [biānjì chéngběn] 英 *marginal cost*

限界分析 囲 边际分析 [biānjì fēnxī] 英 *marginal analysis*

限界利益 囲 边际收益 [biānjì shōuyì] 英 *marginal profit*

限界利益率 囲 边际收益率 [biānjì shōuyì lǜ] 英 *marginal profit ratio*

原価回収 囲 成本回收 [chéngběn huíshōu] 英 *cost recovery*

原価回収期間 囲 成本回收期 [chéngběn huíshōu qī] 英 *period of cost recovery*

原価加算法 囲 成本加成定价法 [chéngběn jiāchéng dìngjià fǎ] 英 *cost plus pricing*

原価管理 囲 成本管理 [chéngběn guǎnlǐ] 英 *cost management*

原価基準 囲 成本基准 [chéngběn jīzhǔn] 英 *cost basis*

減額 囲 减额 [jiǎn é] 英 *reduction*

厳格化 囲 收紧 [shōujǐn] 英 *stricter*

原価計算 囲 成本核算 [chéngběn hésuàn] 英 *cost accounting*

原価計算基準 囲 成本核算基准 [chéngběn hésuàn jīzhǔn] 英 *cost accounting standard*

原価計算制度 囲 成本核算制度 [chéngběn hésuàn zhìdù] 英 *cost accounting system*

原価差異 囲 成本差异 [chéngběn chāyì] 英 *cost variance*

原価差異分析 囲 成本差异分析 [chéngběn chāyì fēnxī] 英 *cost variance analysis*

原価査定 囲 成本考核 [chéngběn kǎohé] 英 *cost assessment*

原価主義 囲 成本基准制 [chéngběn jīzhǔn zhì] 英 *cost basis*

減価償却 囲 折旧 [zhéjiù] 英 *depreciation*

減価償却費 囲 折旧费用 [zhéjiù fèiyòng] 英 *depreciation expense*

減価償却方法 囲 折旧方法 [zhéjiù fāngfǎ] 英 *depreciation method*

減価償却率 囲 折旧率 [zhéjiù lǜ] 英 *depreciation rate*

減価償却累計額 囲 累计折旧 [lěijì zhéjiù] 英 *accumulated depreciation*

原価低減 囲 成本改善 [chéngběn gǎishàn] 英 *cost reduction*

原価配賦 囲 成本分配 [chéngběn fēnpèi] 英 *cost allocation*

原価分析 囲 成本分析 [chéngběn fēnxī] 英 *cost analysis*

原価分類 囲 成本分类 [chéngběn fēnlèi] 英 *cost classification*

原価変動要因 囲 成本动因 [chéngběn dòngyīn] 英 *reasons for cost variance*

原価法 囲 成本法 [chéngběn fǎ] 英 *cost method*

原価報告書 囲 成本报表 [chéngběn bàobiǎo] 英 *cost report*

原価モデル 囲 成本模式 [chéngběn móshì] 英 *cost model*

原価率 囲 成本率 [chéngběn lǜ] 英 *cost ratio*

原価類 囲 成本类 [chéngběn lèi] 英 *cost group*

研究 中 研究 [yánjiū] 英 research

研究開発 中 研究开发 [yánjiū kāifā] 英 research and development

研究開発センター 中 研发中心 [yánfā zhōngxīn] 英 research and development center

研究開発費 中 研究开发费 [yánjiū kāifā fèi] 英 research and development (R&D) cost

研究開発プロジェクト 中 研究开发项目 [yánjiū kāifā xiàngmù] 英 research and development project

兼業 中 兼营 [jiānyíng] 英 side business

現金 中 现金 [xiànjīn] 英 cash

現金及び現金同等物 中 现金及现金等价物 [xiànjīn jí xiànjīn děngjià wù] 英 cash and cash equivalents

現金価値 中 现金价值 [xiànjīn jiàzhí] 英 cash value

現金過不足 中 现金溢缺 [xiànjīn yìquē] 英 cash overage and shortage

現金勘定 中 现金账户 [xiànjīn zhànghù] 英 cash account

現金決済 中 现金结算 [xiànjīn jiésuàn] 英 cash settlement

現金決済型ストック・オプション 中 现金结算的股份支付 [xiànjīn jiésuàn de gǔfèn zhīfù] 英 cash settled stock option

現金購入 中 现金购买 [xiànjīn gòumǎi] 英 cash purchase

現金実査表 中 现金盘点表 [xiànjīn pándiǎn biǎo] 英 cash count report

現金自動預け払い機 中 自动取款机 [zìdòng qǔkuǎn jī] 英 automated teller machine (ATM)

現金収入 中 现金收入 [xiànjīn shōurù] 英 cash income

現金主義 中 收付实现制 [shōufù shíxiànzhì] 英 cash basis

現金出資 中 货币出资 [huòbì chūzī] 英 cash contribution

現金出納帳 中 现金日记账 [xiànjīn rìjì zhàng] 英 cash book

現金等価物 中 现金等价物 [xiànjīn děngjià wù] 英 cash equivalent

現金取引 中 现金交易 [xiànjīn jiāoyì] 英 cash transactions

現金配当 中 现金股利 [xiànjīn gǔlì] 英 cash dividend

現金払い 中 支付现金 [zhīfù xiànjīn] 英 cash payment

現金払込資本金 中 实缴货币资本 [shíjiǎo huòbì zīběn] 英 cash paid-in capital

現金販売 中 现金销售 [xiànjīn xiāoshòu] 英 cash sales

預金引出用紙 中 取款单 [qǔkuǎn dān] 英 withdrawal slip

現金比率 中 现金比率 [xiànjīn bǐ lǜ] 英 cash ratio

現金不足 中 现金短缺 [xiànjīn duǎnquē] 英 cash shortage

現金予算 中 现金预算 [xiànjīn yùsuàn] 英 cash budget

現金割引 中 现金折扣 [xiànjīn zhékòu] 英 cash discount

権限 中 权限 [quánxiàn] 英 authority

権限ある当局 中 主管当局 [zhǔguǎn dāngjú] 英 competent authority

権限者 中 获授权人 [huò shòuquán rén] 英 authorized person

権限職責 中 权责 [quánzé] 英 authority and duty

現行為替レート 中 现行汇率 [xiànxíng huìlǜ] 英 current exchange rate

原稿料所得 中 稿酬所得 [gǎochóu suǒdé] 英 manuscript fee income

現在価値 中 现值 [xiànzhí] 英 present value (PV)

現在価値分析 中 现值分析 [xiànzhí fēnxī] 英 present value analysis

現在価値法 中 现值法 [xiànzhí fǎ] 英 present value method

減債基金 中 偿债基金 [chángzhài jījīn] 英 debt repayment fund

現在原価 中 现行成本 [xiànxíng chéngběn] 英 current cost

原材料 中 原材料 [yuáncáiliào] 英 raw materials

原材料在庫 中 原材料库存 [yuáncáiliào kùcún] 英 raw materials stock

検査機関 中 检查机构 [jiǎnchá jīgòu] 英 inspection agency

現先取引 中 买断式回购 [mǎiduànshì huígòu] 英 transaction with repurchase agreement

検査成績書 中 检验证书 [jiǎnyàn zhèngshū] 英 inspect certificate

検査費 中 检查费 [jiǎnchá fèi] 英 inspection fee

原産地管理 中 原产地管理 [yuánchǎndì guǎnlǐ] 英 origin management

原産地証明書 中 原产地证明 [yuánchǎndì zhèngmíng] 英 certificate of origin (C/O)

験資 中 验资 [yànzī] 英 capital verification

減資 中 减资 [jiǎnzī] 英 capital reduction

原始株 中 原始股 [yuánshǐ gǔ] 英 original issue stock

験資契約書 中 验资业务约定书 [yànzī yèwù yuēdìng shū] 英 capital verification engagement letter

原始証憑 中 原始凭证 [yuánshǐ píngzhèng] 英 original voucher

原始仕訳の誤り 中 原始分录错误 [yuánshǐ fēnlù cuòwù] 英 error of original entry

検収 中 检验 [jiǎnyàn] 英 inspection

検収基準 中 验收标准 [yànshōu biāozhǔn] 英 inspection standard

研修費 中 培训费用 [péixùn fèiyòng] 英 training expense

検出事項 中 调查发现事项 [diàochá fāxiàn shìxiàng] 英 findings

検証 中 验证 [yànzhèng] 英 verification

検証可能性 中 可证实性 [kě zhèngshí xìng] 英 verifiability

減税 中 减税 [jiǎnshuì] 英 tax reduction

建設仮勘定 中 在建工程 [zàijiàn gōngchéng] 英 construction in progress

建設仮勘定減損引当金 中 在建工程减值准备 [zàijiàn gōngchéng jiǎnzhí zhǔnbèi] 英 allowance for impairment for construction in progress

建設原価 中 建设成本 [jiànshè chéngběn] 英 construction cost

建設工事 中 建筑工程 [jiànzhù gōngchéng] 英 construction work

建設工事請負契約書 中 建设工程承包合同 [jiànshè gōngchéng chéngbāo hétóng] 英 construction contract

建設工事契約書 中 建设工程合同 [jiànshè gōngchéng hétóng] 英 construction contract

建設工事未収入金 中 建筑工程未收款 [jiànzhù gōngchéng wèishōukuǎn] 英 construction account receivable

建設資金 中 建设资金 [jiànshè zījīn] 英 capital construction fund

建設収入 中 建设收入 [jiànshè shōurù] 英 construction income

建設省 中 建设部 [jiànshè bù] 英 Ministry of Construction

建設据付工事 中 建设安装工程 [jiànshè ānzhuāng gōngchéng] 英 construction installation work

建設用地 中 建设用地 [jiànshè yòngdì] 英 building site

源泉所得税 中 源泉扣缴 [yuánquán kòujiǎo] 英 withholding income tax

源泉税率 中 预提所得税税率 [yùtí suǒdé shuì shuìlǜ] 英 withholding tax rate

源泉地国 中 收入来源国 [shōurù láiyuán guó] 英 source country

源泉地国課税 中 收入来源国征税 [shōurù láiyuán guó zhēngshuì] 英 source-based taxation

源泉徴収 中 代扣代缴 [dàikòu dàijiǎo] 英 withholding

源泉徴収義務 中 代扣代缴义务 [dàikòu dàijiǎo yìwù] 英 withholding tax obligation

源泉徴収税 中 应扣税款 [yīngkòu shuìkuǎn] 英 withholding tax

源泉徴収納税証明書 中 代扣代缴税款凭证 [dàikòu dàijiǎo shuìkuǎn píngzhèng] 英 certificate of withholding tax payment

源泉徴収票 中 预扣税款收据 [yùkòu shuìkuǎn shōujù] 英 withholding tax receipt

減損 中 减值 [jiǎnzhí] 英 impairment

減損会計 中 减值会计 [jiǎnzhí kuàijì] 英 impairment accounting

減損処理 中 跌价处理 [diējià chùlǐ] 英 treatment of impairment loss

減損損失 中 减值损失 [jiǎnzhí sǔnshī] 英 impairment loss

減損損失累計額 中 累计减值损失 [lěijì jiǎnzhí sǔnshī] 英 accumulated impairment loss

減損テスト 中 减值测试 [jiǎnzhí cèshì] 英 impairment test

減損の兆候 中 减值迹象 [jiǎnzhí jīxiàng] 英 indication of impairment

減損の戻入 中 资产减值转回 [zīchǎn jiǎnzhí zhuǎnhuí] 英 reversal of impairment loss

減損引当金 🀄 减值准备 [jiǎnzhí zhǔnbèi] 🇬🇧 allowance for impairment

減損引当金の計上 🀄 计提减值准备 [jìtí jiǎnzhí zhǔnbèi] 🇬🇧 provision for impairment

現代サービス 🀄 现代服务 [xiàndài fúwù] 🇬🇧 modern service

建築業 🀄 建筑业 [jiànzhù yè] 🇬🇧 construction industry

建築据付業 🀄 建筑安装业 [jiànzhù ānzhuāng yè] 🇬🇧 construction and installation industry

現地通貨 🀄 当地货币 [dāngdì huòbì] 🇬🇧 local currency

現地法人 🀄 当地法人 [dāngdì fǎrén] 🇬🇧 local subsidiary

限定意見付監査報告書 🀄 保留意见的审计报告 [bǎoliú yìjiàn de shěnjì bàogào] 🇬🇧 qualified opinion audit report

限定付適正意見 🀄 保留意见 [bǎoliú yìjiàn] 🇬🇧 qualified opinion

限度額 🀄 限额 [xiàn é] 🇬🇧 limit amount

現場検査 🀄 现场稽核 [xiànchǎng jīhé] 🇬🇧 on-site examination

現場検証 🀄 现场查验 [xiàncháng cháyàn] 🇬🇧 on-site inspection

現場作業 🀄 现场实施 [xiànchǎng shíshī] 🇬🇧 fieldwork

現場調査 🀄 现场调查 [xiànchǎng diàochá] 🇬🇧 field survey

現物支払い 🀄 实物支付 [shíwù zhīfù] 🇬🇧 payment in kind

現物出資 🀄 实物出资 [shíwù chūzī] 🇬🇧 contribution in kind

現物取引 🀄 现货交易 [xiànhuò jiāoyì] 🇬🇧 spot transactions

現物配当 🀄 实物股利 [shíwù gǔlì] 🇬🇧 dividend in kind

原本 🀄 原件 [yuánjiàn] 🇬🇧 original

減免 🀄 减免 [jiǎnmiǎn] 🇬🇧 reduction and exemption

減免税措置 🀄 减免税措置 [jiǎnmiǎn shuì cuòzhì] 🇬🇧 tax reduction and exemption measure

減耗 🀄 耗减 [hàojiǎn] 🇬🇧 depletion

減耗資産 🀄 递耗资产 [dìhào zīchǎn] 🇬🇧 depletable assets

減耗償却 🀄 折耗 [shéhào] 🇬🇧 depletion

減耗償却累計額 🀄 累计折耗 [lěijì shéhào] 🇬🇧 accumulated depletion

現預金 🀄 现金和银行存款 [xiànjīn hé yínháng cúnkuǎn] 🇬🇧 cash and bank deposits

権利 🀄 权利 [quánlì] 🇬🇧 right

権利確定期間 🀄 等待期 [děngdài qī] 🇬🇧 vesting period

権利確定条件 🀄 可行权条件 [kěxíngquán tiáojiàn] 🇬🇧 vesting conditions

権利確定日 🀄 可行权日 [kěxíngquán rì] 🇬🇧 date of right allotment

権利行使 🀄 行权 [xíngquán] 🇬🇧 exercise

権利行使期間 🀄 行权期 [xíngquán qī] 🇬🇧 exercise period

権利行使日 🀄 行权日 [xíngquán rì] 🇬🇧 exercise day

権利譲渡 🀄 权利转让 [quánlì zhuǎnràng] 🇬🇧 transfer of right

権利と義務の帰属 🀄 权利与义务的归属 [quánlì yǔ yìwù de guīshǔ] 🇬🇧 right and obligation

権利付与日 🀄 授权日 [shòuquán rì] 🇬🇧 vesting date

こ

公安部 🀄 公安部 [gōng ān bù] 🇬🇧 Ministry of Public Security

合意価格 🀄 价格承诺 [jiàgé chéngnuò] 🇬🇧 agreed price

広域通信網 🀄 广域网 [guǎngyù wǎng] 🇬🇧 wide area network (WAN)

公益インフラストラクチャー プロジェクト 🀄 公共基础设施项目 [gōnggòng jīchǔ shèshī xiàngmù] 🇬🇧 public infrastructure project

公益事業 🀄 公用事业 [gōngyòng shìyè] 🇬🇧 public utilities

公益法人 🀄 公益法人 [gōngyì fǎrén] 🇬🇧 corporation in public interest

高エネルギー消費製品 🀄 高耗能产品 [gāo hàonéng chǎnpǐn] 🇬🇧 high energy consumption products

考課 🀄 考核 [kǎohé] 🇬🇧 assessment

公開買付報告書 田 股权收购报告书 [gǔquán shōugòu bàogào shū] 英 tender offer report

公開買付方式 田 股权收购方式 [gǔquán shōugòu fāngshì] 英 tender offer method

公開株式募集 田 公开招股 [gōngkāi zhāogǔ] 英 offer for subscription

公会計 田 公共会计 [gōnggòng kuàijì] 英 public accounting

公会計監査 田 政府审计 [zhèngfǔ shěnjì] 英 public accounting audit

公開市場 田 公开市场 [gōngkāi shìchǎng] 英 open market

公開市場操作 田 公开市场运作 [gōngkāi shìchǎng yùnzuò] 英 open market operation

公開入札 田 公开招标 [gōngkāi zhāobiāo] 英 open tender

公開入札方式 田 公开竞价方式 [gōngkāi jìngjià fāngshì] 英 open tender system

公開募集 田 公开募集 [gōngkāi mùjí] 英 public offering

交換 田 交换 [jiāohuàn] 英 exchange

交換取引 田 交换交易 [jiāohuàn jiāoyì] 英 exchange transaction

高級会計師 田 高级会计师 [gāojí kuàijìshī] 英 senior accountant

高級管理職 田 高级管理人员 [gāojí guǎnlǐ rényuán] 英 senior management

恒久的施設 田 常设机构 [chángshè jīgòu] 英 permanent establishment (PE)

公共事業 田 公共事业 [gōnggòng shìyè] 英 public utilities

工業所有権 田 工业所有权 [gōngyè suǒyǒu quán] 英 industrial property right

工業簿記 田 工业会计 [gōngyè kuàijì] 英 industrial bookkeeping

工業用地 田 工业用地 [gōngyè yòngdì] 英 industrial land

公金流用 田 挪用公款 [nuóyòng gōngkuǎn] 英 embezzlement of public fund

航空運送状 田 空运单 [kōngyùn dān] 英 air way bill

工具器具備品 田 工具及备品 [gōngjù jí bèipǐn] 英 tools, furniture and fixtures

合計 田 合计 [héjì] 英 total

貢献度分析 田 贡献分析 [gòngxiàn fēnxī] 英 contribution analysis

貢献利益 田 贡献毛益 [gòngxiàn máoyì] 英 contribution margin

貢献利益率 田 贡献毛益率 [gòngxiàn máoyì lǜ] 英 contribution margin ratio

広告宣伝費 田 广告费 [guǎnggào fèi] 英 advertising expense

口座 田 账户 [zhànghù] 英 account

交際費 田 交际应酬费 [jiāojì yìngchóu fèi] 英 entertainment expense

口座開設銀行 田 开户银行 [kāihù yínháng] 英 account opening bank

口座開設申請者 田 开户申请人 [kāihù shēnqǐng rén] 英 account opening applicant

口座開設申請書 田 开户申请书 [kāihù shēnqǐng shū] 英 account opening application (AOA)

口座名義人 田 开户人 [kāihù rén] 英 account holder

工事 田 工程 [gōngchéng] 英 construction

工事請負業者 田 建造承包商 [jiànzào chéngbāo shāng] 英 subcontractor

行使価格 田 行权价格 [xíngquán jiàgé] 英 exercise price

工事価格 田 工程价款 [gōngchéng jiàkuǎn] 英 construction cost

工事完成基準 田 完工合同法 [wángōng hétóng fǎ] 英 completed-contract method

工事契約 田 建造合同 [jiànzào hétóng] 英 construction contract

工事作業場所 田 工程作业场所 [gōngchéng zuòyè chǎngsuǒ] 英 construction site

工事指図書 田 建筑施工通知单 [jiànzhù shīgōng tōngzhī dān] 英 construction order

工事収入 田 工程收入 [gōngchéng shōurù] 英 construction revenue

工事進行基準 田 完工百分比法 [wángōng bǎifēnbǐ fǎ] 英 percentage-of-completion method

工事進捗度 田 完工进度 [wángōng jìndù] 英 progress of construction

工事施工 田 工程施工 [gōngchéng shīgōng] 英 execution of construction work

工事物資 田 工程物资 [gōngchéng wùzī] 英 construction materials

控除 ㊥ 扣除 [kòuchú] ㊥ deduction
交渉 ㊥ 谈判 [tánpàn] ㊥ negotiation
工場 ㊥ 工厂 [gōngchǎng] ㊥ factory
向上 ㊥ 提高 [tígāo] ㊥ enhancement
工場管理部門 ㊥ 工厂管理部门 [gōngchǎng guǎnlǐ bùmén] ㊥ plant management division
工商行政管理部門 ㊥ 工商行政管理部门 [gōngshāng xíngzhèng guǎnlǐ bùmén] ㊥ State Administration for Industry and Commerce
工商局 ㊥ 工商局 [gōngshāng jú] ㊥ Administration for Industry and Commerce
工場経費 ㊥ 工厂经费 [gōngchǎng jīngfèi] ㊥ factory overhead expense
工場設備 ㊥ 工厂设备 [gōngchǎng shèbèi] ㊥ plant facilities
工場建物 ㊥ 工厂建筑物 [gōngchǎng jiànzhùwù] ㊥ factory building
工商統一税 ㊥ 工商统一税 [gōngshāng tǒngyī shuì] ㊥ industrial and commercial consolidated tax
控除限度額 ㊥ 扣除限额 [kòuchú xiàn é] ㊥ limit for deduction
控除固定資産増値税 ㊥ 固定资产增值税进项税额抵扣 [gùdìng zīchǎn zēngzhí shuì jìnxiàng shuì é dǐkòu] ㊥ deductible input VAT on fixed assets
控除対象外国法人税額 ㊥ 可抵扣境外企业所得税额 [kě dǐkòu jìngwài qǐyè suǒdé shuì é] ㊥ foreign tax credit
控除不能仕入税額 ㊥ 不得抵扣的进项税额 [bùdé dǐkòu de jìnxiàng shuì é] ㊥ non-deductible input tax
控除不能税額 ㊥ 不能扣除税额 [bùnéng kòuchú shuì é] ㊥ nondeductible taxes
控除又は還付 ㊥ 扣除或退还 [kòuchú huò tuìhuán] ㊥ deduction or refund
控除余裕額 ㊥ 可抵扣的留底税额 [kě dǐkòu de liúdǐ shuì é] ㊥ carry-over of tax credit
更新 ㊥ 换新 [huànxīn] ㊥ renewal
公正 ㊥ 公正 [gōngzhèng] ㊥ fairness
公正価格 ㊥ 公允价格 [gōngyǔn jiàgé] ㊥ fair price
公正価値 ㊥ 公允价值 [gōngyǔn jiàzhí] ㊥ fair value
公正価値オプション ㊥ 公允价值选择权 [gōngyǔn jiàzhí xuǎnzé quán] ㊥ fair value option
公正価値測定 ㊥ 公允价值计量 [gōngyǔn jiàzhí jìliáng] ㊥ fair value measurement

公正価値ヒエラルキー ㊥ 公允价值层级 [gōngyǔn jiàzhí céngjí] ㊥ fair value hierarchy
公正価値評価技法 ㊥ 公允价值评价法 [gōngyǔn jiàzhí píngjià fǎ] ㊥ fair value valuation technique
公正価値ヘッジ ㊥ 公允价值套期 [gōngyǔn jiàzhí tàoqī] ㊥ fair value hedge
公正価値変動損益 ㊥ 公允价值变动损益 [gōngyǔn jiàzhí biàndòng sǔnyì] ㊥ gain or loss arising from changes in the fair value
公正価値モデル ㊥ 公允价值模式 [gōngyǔn jiàzhí móshì] ㊥ fair value model
公正競争 ㊥ 公平竞争 [gōngpíng jìngzhēng] ㊥ fair competition
公正妥当 ㊥ 公允恰当 [gōngyǔn qiàdàng] ㊥ fairness and appropriate
公正取引価格 ㊥ 公平成交价格 [gōngpíng chéngjiāo jiàgé] ㊥ fair-trade-price
公正な市場価格 ㊥ 市场公允价值 [shìchǎng gōngyǔn jiàzhí] ㊥ fair market value
公正な取引 ㊥ 公平交易 [gōngpíng jiāoyì] ㊥ fair trade
構成部品 ㊥ 组成部件 [zǔchéng bùjiàn] ㊥ component parts
構築 ㊥ 形成 [xíngchéng] ㊥ construct
構築物 ㊥ 构造物 [gòuzàowù] ㊥ structures
耕地占有補償制度 ㊥ 占用耕地补偿制度 [zhànyòng gēngdì bǔcháng zhìdù] ㊥ farmland occupation compensation system
耕地占用税 ㊥ 耕地占用税 [gēngdì zhànyòng shuì] ㊥ farmland use tax
郷鎮企業 ㊥ 乡镇企业 [xiāngzhèn qǐyè] ㊥ township enterprise
交通運輸業 ㊥ 交通运输业 [jiāotōng yùnshū yè] ㊥ transportation industry
交通運輸サービス ㊥ 交通运输服务 [jiāotōng yùnshū fúwù] ㊥ transportation service
交通省 ㊥ 交通部 [jiāotōng bù] ㊥ Ministry of Transport
公定相場 ㊥ 正式牌价 [zhèngshì páijià] ㊥ official quotation price
公定歩合 ㊥ 中央银行贴现率 [zhōngyāng yínháng tiēxiàn lǜ] ㊥ central bank discount rate
工程別原価計算 ㊥ 分步成本计算法 [fēnbù chéngběn jìsuàn fǎ] ㊥ process cost accounting

公的準備金 官方储备 [guānfāng chǔbèi] official reserves

購入 进货 [jìnhuò] purchasing

購入価額 购买价款 [gòumǎi jiàkuǎn] purchase price

購入原価 购买成本 [gòumǎi chéngběn] purchase cost

購入先 供货商 [gōnghuò shāng] supplier

購入先リベート 供货商贴现 [gōnghuò shāng tiēxiàn] supplier rebates

購入指図書 订购单 [dìnggòu dān] purchase order

購入選択権 购买选择权 [gòumǎi xuǎnzé quán] call option

購入予算 采购预算 [cǎigòu yùsuàn] purchase budget

公認会計士 注册会计师 [zhùcè kuàijì shī] certified public accountant (CPA)

光熱費 电费 [diànfèi] lighting and heating cost

購買 采购 [cǎigòu] purchase

購買者 购货方 [gòuhuò fāng] purchaser

購買申請書 采购请购单 [cǎigòu qǐng gòu dān] purchase requisition form

購買販売流通網 采购销售流通网 [cǎigòu xiāoshòu liútōng wǎng] purchase sale distribution network

購買部 采购部 [cǎigòu bù] purchase department

後発事象 期后事项 [qīhòu shìxiàng] subsequent event

高付加価値製品 高附加值产品 [gāofùjiāzhí chǎnpǐn] high-value-added product

交付金受入 拨款转入 [bōkuǎn zhuǎnrù] grant received

鉱物資源 矿物资源 [kuàngwù zīyuán] mineral resources

合弁意向書 合资意向书 [hézī yìxiàng shū] letter of intent for joint venture

合弁合作プロジェクト使用設備 合资合作使用设备 [hézī hézuò shǐyòng shèbèi] equipment for joint and cooperative project

合弁期間 合营期限 [héyíng qīxiàn] term of joint venture

合弁企業 合资企业 [hézī qǐyè] joint venture enterprise

合弁企業中国側パートナー 中方合营者 [zhōngfāng héyíng zhě] Chinese partner of a joint venture

合弁協議書 合资协议 [hézī xiéyì] joint venture agreement

合弁契約書 合资合同 [hézī hétóng] joint venture agreement

抗弁事由 抗辩理由 [kàngbiàn lǐyóu] grounds of defense

合弁対外貿易会社 合资外贸公司 [hézī wàimào gōngsī] joint venture trading company

公募 公开募股 [gōngkāi mùgǔ] public offering

公募価格 卖出价 [màichū jià] offer price

公務員 公务员 [gōngwùyuán] public official

合名会社 无限责任公司 [wúxiàn zérèn gōngsī] unlimited company

小売 零售 [língshòu] retail

小売価格 零售价格 [língshòu jiàgé] retail price

小売価格法 零售价格法 [língshòu jiàgéfǎ] retail price method

小売業 零售业 [língshòu yè] retail industry

小売業務 零售业务 [língshòu yèwù] retail business

効率性 效率 [xiàolǜ] efficiency

合理的支出 合理支出 [hélǐ zhīchū] reasonable expenditure

合理的保証 合理保证 [hélǐ bǎozhèng] reasonable assurance

コーポレート ファイナンス 公司理财 [gōngsī lǐcái] corporate finance

コールマネー 同业拆入 [tóngyè chāirù] money at call

コールローン 同业存款 [tóngyè cúnkuǎn] call loan

子会社 子公司 [zǐ gōngsī] subsidiary

子会社株式 子公司股份 [zǐ gōngsī gǔfèn] shares of subsidiary

小切手 支票 [zhīpiào] check

小切手持参人 持票人 [chípiào rén] bearer

小切手帳 支票簿 [zhīpiào bù] check book

小切手等の控え 中 支票存根 [zhīpiào cúngēn] 英 check stub

小切手振出人 中 支票出票人 [zhīpiào chūpiào rén] 英 check drawer

顧客 中 顾客 [gùkè] 英 customer

顧客預り部品組立 中 来件装配 [láijiàn zhuāngpèi] 英 assembling of parts supplied by clients

顧客関係管理 中 客户关系管理 [kèhù guānxi guǎnlǐ] 英 customer relationship management (CRM)

顧客基本データ表 中 客户基本资料表 [kèhù jīběn zīliào biǎo] 英 customer basic data list

顧客情報システム 中 客户信息系统 [kèhù xìnxī xìtǒng] 英 customer information system

顧客データベース 中 客户数据库 [kèhù shùjù kù] 英 customer database

顧客マスターファイル 中 客户主档 [kèhù zhǔdàng] 英 customer master file

国外債務管理 中 外债管理 [wàizhài guǎnlǐ] 英 foreign debt management

国外債務の管理部門 中 外债管理部门 [wàizhài guǎnlǐ bùmén] 英 foreign debts management department

国外債務の償還 中 外债偿还 [wàizhài chánghuán] 英 repayment of foreign debt

国外事業体 中 海外分支机构 [hǎiwài fēnzhī jīgòu] 英 foreign business entity

国外所得 中 境外所得 [jìngwài suǒdé] 英 offshore income

国外担保・国内貸付 中 外保内贷 [wàibǎo nèidài] 英 offshore guarantees for onshore loans

国外保証付国内借入金 中 境外担保下国内借款 [jìngwài dānbǎo xià guónèi jièkuǎn] 英 onshore loans payable under offshore guarantee

国債 中 国债 [guózhài] 英 government bond

国際運輸サービス 中 国际运输服务 [guójì yùnshū fúwù] 英 international transportation service

国際会計基準 中 国际会计准则 [guójì kuàijì zhǔnzé] 英 International Accounting Standards (IAS)

国際会計基準審議会 中 国际会计准则委员会 [guójì kuàijì zhǔnzé wěiyuán huì] 英 International Accounting Standards Board (IASB)

国際開発協会 中 国际开发协会 [guójì kāifā xiéhuì] 英 International Development Association (IDA)

国際監査基準 中 国际审计标准 [guójì shěnjì biāozhǔn] 英 International Auditing Standards (IAS)

国際慣例 中 国际惯例 [guójì guànlì] 英 international practice

国際金融組織ローン 中 国际金融组织贷款 [guójì jīnróng zǔzhī dàikuǎn] 英 international financial institution loan

国際財務報告解釈委員会 中 国际财务报告解释委员会 [guójì cáiwù bàogào jiěshì wěiyuán huì] 英 IFRS Interpretations Committee (IFRIC)

国際財務報告基準 中 国际财务报告准则 [guójì cáiwù bàogào zhǔnzé] 英 International Financial Reporting Standards (IFRSs)

国際市場価格 中 国际市场价格 [guójì shìchǎng jiàgé] 英 international market price

国際収支 中 国际收支 [guójì shōuzhī] 英 balance of international payment

国際収支統計 中 国际收支统计 [guójì shōuzhī tǒngjì] 英 balance of international payment statistics

国際収支バランス 中 国际收支平衡 [guójì shōuzhī pínghéng] 英 balance of international payment

国際商業ローン 中 国际商业贷款 [guójì shāngyè dàikuǎn] 英 international commercial loan

国際証券市場 中 国际板 [guójì bǎn] 英 international board

国際速達業務 中 国际快递业务 [guójì kuàidì yèwù] 英 international express delivery business

国際通貨基金 中 国际货币基金组织 [guójì huòbì jījīn zǔzhī] 英 International Monetary Fund (IMF)

国際派遣 中 国际劳务派遣 [guójì láowù pàiqiǎn] 英 international posting

国際販売ネットワーク 中 国际销售网络 [guójì xiāoshòu wǎngluò] 英 international sales network

国際標準化機構 中 国际标准化组织 [guójì biāozhǔn huà zǔzhī] 英 International Organization for Standardization (ISO)

国際ファイナンス・リース 中 国际融资租赁 [guójì róngzī zūlìn] 英 international finance lease

国際リース取引 中 国际租赁交易 [guójì zūlìn jiāoyì] 英 international lease transaction

国産設備 中 国产设备 [guóchǎn shèbèi] 英 domestic manufactured equipment

国産設備投資税額免除 中 国产设备投资抵免税

収 [guóchǎn shèbèi tóuzī dǐmiǎn shuìshōu] 英 *tax exemption for domestic manufactured equipment*

国税 中 国税 [guóshuì] 英 *national tax*

小口現金 中 零用金 [língyòng jīn] 英 *petty cash*

小口現金出納帳 中 零用現金簿 [língyòng xiànjīn bù] 英 *petty cash book*

小口現金定額前渡制度 中 备用金管理制度 [bèiyòng jīn guǎnlǐ zhìdù] 英 *petty cash system*

小口取引 中 小额交易 [xiǎo é jiāoyì] 英 *small amount transaction*

国土省 中 国土资源部 [guótǔ zīyuán bù] 英 *Ministry of Land and Resources*

国内機構 中 境内机构 [jìngnèi jīgòu] 英 *domestic institution*

国内源泉所得 中 境内来源所得 [jìngnèi láiyuán suǒdé] 英 *domestic income*

国内需要 中 内需 [nèixū] 英 *domestic demand*

国内所得 中 境内所得 [jìngnèi suǒdé] 英 *domestic income*

国内総生産 中 国内生产总值 [guónèi shēngchǎn zǒngzhí] 英 *Gross Domestic Product* (GDP)

国内投資 中 境内投资 [jìngnèi tóuzī] 英 *domestic investment*

国内販売 中 内销 [nèixiāo] 英 *domestic sales*

告発 中 揭发 [jiēfā] 英 *prosecution*

国防省 中 国防部 [guófáng bù] 英 *Ministry of National Defense*

国民純生産 中 国民生产净值 [guómín shēngchǎn jìngzhí] 英 *Net National Product* (NNP)

国民所得 中 国民所得 [guómín suǒdé] 英 *national income*

国民総支出 中 国民总支出 [guómín zǒng zhīchū] 英 *Gross National Expenditure* (GNE)

国民総所得 中 国民总收入 [guómín zǒng shōurù] 英 *Gross National Income* (GNI)

国民総生産 中 国民生产总值 [guómín shēngchǎn zǒngzhí] 英 *Gross National Product* (GNP)

国民待遇 中 国民待遇 [guómín dàiyù] 英 *national treatment*

国務院 中 国务院 [guówù yuàn] 英 *State Council*

国有化 中 国有化 [guóyǒuhuà] 英 *nationalization*

国有株 中 国有股 [guóyǒu gǔ] 英 *stated-owned shares*

国有企業 中 国有企业 [guóyǒu qǐyè] 英 *state-owned enterprises*

国有銀行 中 国有银行 [guóyǒu yínháng] 英 *state-owned bank*

国有資産 中 国有资产 [guóyǒu zīchǎn] 英 *state-owned assets*

国有資産監督管理委員会 中 国有资产监督管理委员会 [guóyǒu zīchǎn jiāndū guǎnlǐ wěiyuán huì] 英 *State-owned Assets Supervision and Administration Commission*

国有資産管理局 中 国有资产管理局 [guóyǒu zīchǎn guǎnlǐ jú] 英 *National State-Owned Assets Administration Bureau*

財産登記 中 产权登记 [chǎnquán dēngjì] 英 *property right registration*

国有資産評価資格証書 中 国有资产评估资格证书 [guóyǒu zīchǎn píng gū zīgé zhèngshū] 英 *certificates of state-owned assets assessment qualification*

国有資産を占有している企業 中 国有资产占有单位 [guóyǒu zīchǎn zhànyǒu dānwèi] 英 *state-owned assets possessor*

国有独資会社 中 国有独资公司 [guóyǒu dúzī gōngsī] 英 *wholly state-owned enterprise*

国有土地使用権払下方式 中 国有土地使用权的出让方式 [guóyǒu tǔdì shǐyòng quán de chūràng fāngshì] 英 *disposal of state-owned land use right*

五五償却法 中 五五摊销法 [wǔwǔ tānxiāo fǎ] 英 *fifty percent amortization method*

故障 中 故障 [gùzhàng] 英 *breakdown*

個人企業 中 个体企业 [gètǐ qǐyè] 英 *individually-owned enterprise*

個人給与所得税申告書 中 个人所得税纳税申报表 [gèrén suǒdé shuì nàshuì shēnbào biǎo] 英 *individual income tax return form*

個人経営者 中 个体经营者 [gètǐ jīngyíng zhě] 英 *self-employed personnel*

個人口座 中 个人账户 [gèrén zhànghù] 英 *individual account*

個人事業主所得 中 个体经营所得 [gètǐ jīngyíng suǒdé] 英 *personal income from unincorporated enterprises*

個人所得 中 个人所得 [gèrén suǒdé] 英 *individual income*

個人所得税 中 个人所得税 [gèrén suǒdé shuì] 英 *personal income tax* (PIT)

個人所得税法 中 个人所得税法 [gèrén suǒdé shuì

fǎ] 英 *individual income tax law*

コスト削減 中 削減成本 [xuējiǎn chéngběn] 英 *cost reduction*

コストセンター 中 费用中心 [fèiyòng zhōngxīn] 英 *cost center*

コストプラス契約 中 成本加成合同 [chéngběn jiāchéng hétóng] 英 *cost plus contract*

コストマークアップ率 中 成本加成率 [chéngběn jiāchéng lǜ] 英 *cost mark up ratio*

戸籍 中 户籍 [hùjí] 英 *family registration*

戸籍上の所在地 中 户籍所在地 [hùjí suǒzàidì] 英 *address in the family registration*

戸籍制度 中 户籍制度 [hùjí zhìdù] 英 *family registration system*

戸籍簿 中 户口簿 [hùkǒu bù] 英 *family register*

国家安全審査 中 国家安全审查 [guójiā ānquán shěnchá] 英 *national security review*

国家安全省 中 国家安全部 [guójiā ānquán bù] 英 *Ministry of State Security*

国家開発区 中 国家开发区 [guójiā kāifā qū] 英 *national development zone*

国家環境保護総局 中 国家环境保护总局 [guójiā huánjìng bǎohù zǒngjú] 英 *Ministry of Environment Protection*

国家監査署 中 国家审计署 [guójiā shěnjì shǔ] 英 *National Audit Office*

国家工商行政管理総局 中 国家工商行政管理总局 [guójiā gōngshāng xíngzhèng guǎnlǐ zǒngjú] 英 *State Administration for Industry and Commerce*

国家質量監督検査検疫総局 中 国家质量监督检验检疫总局 [guójiā zhìliàng jiāndū jiǎnyàn jiǎnyì zǒngjú] 英 *General Administration of Quality Supervision, Inspection and Quarantine*

国家食品薬品監督管理局 中 国家食品药品监督管理局 [guójiā shípǐn yàopǐn jiāndū guǎnlǐ jú] 英 *China Food and Drug Administration*

国家制限類 中 国家限制类 [guójiā xiànzhì lèi] 英 *national restricted industries*

国家税務総局 中 国家税务总局 [guójiā shuìwù zǒngjú] 英 *State Administration of Taxation (SAT)*

国家知的財産権局 中 国家知识产权局 [guójiā zhīshí chǎnquán jú] 英 *State Intellectual Property Office*

国家電力監督管理委員会 中 国家电力监管委员会 [guójiā diànlì jiānguǎn wěiyuán huì] 英 *State Electricity Regulatory Commission*

国家統計局 中 国家统计局 [guójiā tǒngjì jú] 英 *National Bureau of Statistics*

国家賠償 中 国家赔偿 [guójiā péicháng] 英 *state compensation*

国家発展及び改革委員会 中 国家发展和改革委员会 [guójiā fāzhǎn hé gǎigé wěiyuán huì] 英 *National Development and Reform Commission*

国家発展奨励プロジェクト 中 国家发展奖励项目 [guójiā fāzhǎn jiǎnglì xiàngmù] 英 *national development incentive project*

固定価格契約 中 固定价格合同 [gùdìng jiàgé hétóng] 英 *fixed price contract*

固定額契約 中 固定造价合同 [gùdìng zàojià hétóng] 英 *fixed cost contract*

固定給 中 固定工资薪金 [gùdìng gōngzī xīnjīn] 英 *fixed salaries and wages*

固定金利 中 固定利率 [gùdìng lìlǜ] 英 *fixed interest rate*

固定原価 中 固定成本 [gùdìng chéngběn] 英 *fixed cost*

固定資産 中 固定资产 [gùdìng zīchǎn] 英 *fixed assets*

固定資産回転率 中 固定资产周转率 [gùdìng zīchǎn zhōuzhuǎn lǜ] 英 *turnover of fixed assets*

固定資産原価 中 固定资产原值 [gùdìng zīchǎn yuánzhí] 英 *cost of fixed assets*

固定資産減損引当金 中 固定资产减值准备 [gùdìng zīchǎn jiǎnzhí zhǔnbèi] 英 *allowance for impairment of fixed assets*

固定資産仕入増値税額 中 购入固定资产的增值税 [gòurù gùdìng zīchǎn de zēngzhí shuì] 英 *input value added tax on fixed assets*

固定資産処分 中 固定资产清理 [gùdìng zīchǎn qīnglǐ] 英 *fixed assets pending disposal*

固定資産台帳 中 固定资产台账 [zīchǎn táizhàng] 英 *fixed assets ledger*

固定資産投資方向調節税 中 固定资产投资方向调节税 [gùdìng zīchǎn tóuzī fāngxiàng tiáojié shuì] 英 *fixed asset investment redirection tax*

固定資産の改良 中 固定资产的改良 [gùdìng zīchǎn de gǎiliáng] 英 *improvement of fixed assets*

固定資産売却損益 中 出售固定资产损益 [chūshòu gùdìng zīchǎn sǔnyì] 英 *gain or loss on sale of fixed assets*

固定資産比率 中 固定资产对资产总额比率 [gùdìng zīchǎn duì zīchǎn zǒng é bǐlǜ] 英 tangible fixed assets to total assets ratio

固定資産明細表 中 固定资产明细表 [gùdìng zīchǎn míngxì biǎo] 英 tangible fixed assets schedule

固定資産目録 中 固定资产目录 [gùdìng zīchǎn mùlù] 英 tangible fixed assets list

固定資本 中 固定资本 [gùdìng zīběn] 英 fixed capital

固定費 中 固定费用 [gùdìng fèiyòng] 英 fixed cost

固定負債 中 固定负债 [gùdìng fùzhài] 英 fixed liabilities

異なる地域における登録 中 异地备案 [yìdì bèi àn] 英 filing in different location

コピー 中 复印 [fùyìn] 英 copy

誤謬 中 错误 [cuòwù] 英 error

誤謬率 中 误差率 [wùchā lǜ] 英 error rate

個別原価計算法 中 分批成本核算法 [fēnpī chéngběn hésuàn fǎ] 英 job-order cost accounting method

個別財務諸表 中 单独财务报表 [dāndú cáiwù bàobiǎo] 英 separate financial statements

特定項目準備金 中 专项准备金 [zhuānxiàng zhǔnbèi jīn] 英 specific reserve

個別評価 中 单独计价 [dāndú jìjià] 英 individual evaluation

個別法 中 个别认定法 [gèbié rèndìng fǎ] 英 specific identification method

コミッション代理 中 佣金代理 [yòngjīn dàilǐ] 英 commission agency

コミットメント 中 承诺 [chéngnuò] 英 commitment

五免五減 中 五免五减 [wǔmiǎn wǔjiǎn] 英 5-year exemption and 5-year half rate

コモディティ スワップ 中 商品互换 [shāngpǐn hùhuàn] 英 commodity swap

顧問 中 顾问 [gùwèn] 英 consultant

顧問料 中 顾问费 [gùwèn fèi] 英 consultancy fee

固有制限 中 固有限制 [gùyǒu xiànzhì] 英 inherent limit

固有の技術 中 专有技术 [zhuānyǒu jìshù] 英 proprietary technology

固有リスク 中 固有风险 [gùyǒu fēngxiǎn] 英 inherent risk

雇用 中 雇佣 [gùyōng] 英 employment

雇用開始通知書 中 开始雇佣合约通知书 [kāishǐ gùyōng héyuē tōngzhī shū] 英 notification of starting of an employment contract

雇用者 中 用人单位 [yòngrén dānwèi] 英 employer

雇用終了通知 中 终止雇佣合约通知书 [zhōngzhǐ gùyōng héyuē tōngzhī shū] 英 notification of termination of an employment contract

雇用統計 中 就业率统计 [jiùyè lǜ tǒngjì] 英 employment statistics

雇用主通知書 中 雇主通知书 [gùzhǔ tōngzhī shū] 英 employers notice

雇用保険 中 失业保险金 [shīyè bǎoxiǎn jīn] 英 unemployment insurance

娯楽業 中 娱乐业 [yúlè yè] 英 entertainment industry

ゴルフ会員権 中 高尔夫会员权 [gāoěrfū huìyuán quán] 英 golf-club membership

混合販売 中 混合销售 [hùnhé xiāoshòu] 英 mixed sales

混合販売行為 中 混合销售行为 [hùnhé xiāoshòu xíngwéi] 英 mixed sales transaction

コンサルタント 中 咨询师 [zīxún shī] 英 consultant

コンサルティング 中 咨询 [zīxún] 英 consulting

コンサルティング会社 中 咨询公司 [zīxún gōngsī] 英 consulting company

コンサルティング活動 中 咨询活动 [zīxún huódòng] 英 consulting activity

コンサルティング業務 中 咨询业务 [zīxún yèwù] 英 consulting business

コンサルティング サービス 中 咨询服务 [zīxún fúwù] 英 consulting service

コンサルティング費用 中 咨询费 [zīxún fèi] 英 consulting fee

コンテナ 中 集装箱 [jízhuāng xiāng] 英 container

コンテナ ターミナル 中 集装箱码头 [jízhuāng xiāng mǎtóu] 英 container terminal

コンテナ輸送 中 集装箱运输 [jízhuāng xiāng yùnshū] 英 container transport

コントローラー 中 审核主管 [shěnhé zhǔguǎn] 英 controller

コントロール 中 调控 [tiáokòng] 英 control

コントロール目標 中 控制目标 [kòngzhì mùbiāo] 英 control target

コンバージェンス 中 趋同 [qūtóng] 英 convergence
コンピュータ 中 电脑 [diànnǎo] 英 computer
コンピュータ エンジニア 中 计算机工程师 [jìsuàn jī gōngchéng shī] 英 computer engineer
コンピュータ システム 中 计算机系统 [jìsuàn jī xìtǒng] 英 computer system
コンピュータ プログラム 中 计算机程序 [jìsuàn jī chéngxù] 英 computer program
コンピュータ ウイルス 中 电脑病毒 [diànnǎo bìngdú] 英 computer virus
コンピュータ ソフトウェア 中 计算机软件 [jìsuànjī ruǎnjiàn] 英 computer software
コンプライアンス 中 合规 [héguī] 英 compliance

さ

サーチエンジン 中 搜索引擎 [sōusuǒ yǐnqíng] 英 search engine
サーチャージ 中 附加费 [fùjiā fèi] 英 surcharge
サードパーティ プロバイダー 中 第三方供应商 [dì sānfāng gōngyìng shāng] 英 third-party provider
サーバー 中 服务器 [fúwù qì] 英 server
サービス業 中 服务业 [fúwù yè] 英 service industry
サービス提供者 中 服务提供者 [fúwù tígōng zhě] 英 service providers
サービスの外注 中 服务外包业务 [fúwù wàibāo yèwù] 英 outsourcing service
サービスの提供 中 提供服务 [tígōng fúwù] 英 provision of service
サービス貿易 中 服务贸易 [fúwù màoyì] 英 service trade
差異 中 差异 [chāyì] 英 variance
再委託加工 中 转委托加工 [zhuǎn wěituō jiāgōng] 英 reconsigned processing
在外営業活動 中 境外经营 [jìngwài jīngyíng] 英 foreign operation
在外営業活動体に対する純投資 中 境外经营净投资 [jìngwài jīngyíng jìng tóuzī] 英 net investment in a foreign operation
在外営業活動体への純投資ヘッジ 中 境外经营净投资套期 [jìngwài jīngyíng jìng tóuzī tàoqī] 英 hedges of a net investment in a foreign operation
在外支店 中 境外分支机构 [jìngwài fēnzhī jīgòu] 英 overseas branch
再開する 中 恢复 [huīfù] 英 resume
災害損失 中 灾害损失 [zāihài sǔnshī] 英 disaster loss
再加工 中 深加工 [shēn jiāgōng] 英 reprocessing
再起動 中 重新启动 [chóngxīn qǐdòng] 英 reboot
採掘業 中 采掘业 [cǎijué yè] 英 mining industry

最惠国税率 中 最惠国税率 [zuìhuìguó shuìlǜ] 英 most favored nation (MFN) tariff
最惠国待遇 中 最惠国待遇 [zuìhuìguó dàiyù] 英 most favored nation (MFN) treatment
债券 中 债券 [zhàiquàn] 英 bond
债权 中 债权 [zhàiquán] 英 receivable
债权回収 中 收回债权 [shōuhuí zhàiquán] 英 recovery of receivable
债券価格 中 债券价格 [zhàiquàn jiàgé] 英 bond price
债券額面額 中 债券面值 [zhàiquàn miànzhí] 英 face value of bond
债权债務 中 债权债务 [zhàiquán zhàiwù] 英 debt and credit
债券資本比率 中 债券资本比率 [zhàiquàn zīběn bǐlǜ] 英 bond ratio
债権者 中 债权人 [zhàiquán rén] 英 creditor
债権者会議 中 债权人会议 [zhàiquán rén huìyì] 英 creditors' meeting
债権性投資 中 债权性投资 [zhàiquán xìng tóuzī] 英 debt investment
债権性投資収入 中 债权性投资收入 [zhàiquán xìng tóuzīshōu rù] 英 income from debt investment
债権登記 中 债权登记 [zhàiquán dēngjì] 英 registration of claim
债券投資 中 债券投资 [zhàiquàn tóuzī] 英 investment in bond
债権取引 中 债权交易 [zhàiquán jiāoyì] 英 transaction of creditor's right
財源の移転制度 中 财政转移支付制度 [cáizhèng zhuǎnyí zhīfù zhìdù] 英 transfer of financial resource
债券発行価格 中 债券发行价格 [zhàiquàn fāxíng jiàgé] 英 bond issue price
债券発行者 中 债券发行人 [zhàiquàn fāxíng rén] 英 bond issuer

債券発行費用 ㊥ 债券发行成本 [zhàiquàn fāxíng chéngběn] ㊤ bond issuance cost
債券利息 ㊥ 债券利息 [zhàiquàn lìxī] ㊤ bond interest
債券割引 ㊥ 债券折价 [zhàiquàn zhéjià] ㊤ bond discount
在庫 ㊥ 库存 [kùcún] ㊤ inventory
最高経営意思決定者 ㊥ 首席运营决策者 [shǒuxí yùnyíng juécè zhě] ㊤ chief operating decision maker
最高権力機構 ㊥ 最高权力机构 [zuìgāo quánlì jīgòu] ㊤ highest authority organization
最高税率 ㊥ 最高税率 [zuìgāo shuìlǜ] ㊤ maximum tax rate
在庫回転期間 ㊥ 存货周期 [cúnhuò zhōuqī] ㊤ inventory turnover period
在庫回転率 ㊥ 存货周转率 [cúnhuò zhōuzhuǎn lǜ] ㊤ inventory turnover ratio
在庫管理 ㊥ 库存管理 [kùcún guǎnlǐ] ㊤ inventory control
在庫記録 ㊥ 存货记录 [cúnhuò jìlù] ㊤ inventory record
在庫証明書 ㊥ 存货证明 [cúnhuò zhèngmíng shū] ㊤ inventory stock certificate
在庫棚卸表 ㊥ 库存盘点表 [kùcún pándiǎn biǎo] ㊤ inventory count list
在庫品移動リスト ㊥ 库存异动单 [kùcún yídòng dān] ㊤ stock allocate and stock transfer form
在庫品調整 ㊥ 库存调整 [kùcún tiáozhěng] ㊤ inventory adjustment
在庫リスク ㊥ 库存风险 [kùcún fēngxiǎn] ㊤ inventory risk
財産 ㊥ 财产 [cáichǎn] ㊤ property
財産権 ㊥ 产权 [chǎnquán] ㊤ property right
財産権登記証書 ㊥ 产权登记证 [chǎnquán dēngjì zhèng] ㊤ certificate of property rights registration
財産権取引機構 ㊥ 产权交易机构 [chǎnquán jiāoyì jīgòu] ㊤ property exchange association
財産譲渡 ㊥ 财产转让 [cáichǎn zhuǎnràng] ㊤ transfer of property
財産譲渡収益 ㊥ 转让财产收益 [zhuǎnràng cáichǎn shōuyì] ㊤ profit from transfer of property
財産譲渡所得 ㊥ 财产转让所得 [cáichǎn zhuǎnràng suǒdé] ㊤ income from transfer of property

財産信託 ㊥ 委托理财 [wěituō lǐcái] ㊤ property trust
財産税 ㊥ 财产税 [cáichǎn shuì] ㊤ property tax
財産損失 ㊥ 财产损失 [cáichǎn sǔnshī] ㊤ loss of property
財産賃貸所得 ㊥ 财产租赁所得 [cáichǎn zūlìn suǒdé] ㊤ income from lease of property
財産分配 ㊥ 财产分配 [cáichǎn fēnpèi] ㊤ estate distribution
財産保険 ㊥ 财产保险 [cáichǎn bǎoxiǎn] ㊤ property insurance
財産保険契約書 ㊥ 财产保险合同 [cáichǎn bǎoxiǎn hétóng] ㊤ property insurance contract
財産目録 ㊥ 财产目录 [cáichǎn mùlù] ㊤ list of assets
財産リース契約書 ㊥ 财产租赁合同 [cáichǎn zūlìn hétóng] ㊤ property lease contract
最終親会社 ㊥ 最终控股企业 [zuìzhōng kònggǔ qǐyè] ㊤ ultimate parent company
最終裁定 ㊥ 最终裁定 [zuìzhōng cáidìng] ㊤ final determination
最終仕入原価法 ㊥ 最后进货成本法 [zuìhòu jìnhuò chéngběn fǎ] ㊤ last purchase price method
最小 ㊥ 最小 [zuìxiǎo] ㊤ minimum
再審査手続 ㊥ 复审程序 [fùshěn chéngxù] ㊤ reconsideration review
財政 ㊥ 财政 [cáizhèng] ㊤ public finance
財政局 ㊥ 财政局 [cáizhèngjú] ㊤ Finance Bureau
財政交付金 ㊥ 财政拨款 [cáizhèng bōkuǎn] ㊤ grant from the government
財政支出 ㊥ 财政支出 [cáizhèng zhīchū] ㊤ government expenditure
財政収入 ㊥ 财政收入 [cáizhèng shōurù] ㊤ government revenue
財政状態計算書 ㊥ 财政状况表 [cáizhèng zhuàngkuàng biǎo] ㊤ statement of financial position
財政補助 ㊥ 财政补贴 [cáizhèng bǔtiē] ㊤ government subsidy
財政補助政策 ㊥ 财政扶持政策 [cáizhèng fúchí zhèngcè] ㊤ financial allocation policy
財政優遇政策 ㊥ 财政优惠政策 [cáizhèng yōuhuì zhèngcè] ㊤ preferential fiscal policy
最善の見積り ㊥ 最佳估计 [zuìjiā gūjì] ㊤ best estimate

再測定 ㊥ 重新计量 [chóngxīn jìliàng] ㊤ remeasurement

最大 ㊥ 最大 [zuìdà] ㊤ maximum

最短耐用年数 ㊥ 最低使用年限 [zuìdī shǐyòng niánxiàn] ㊤ minimum useful life

差異調整 ㊥ 差异调整 [chāyì tiáozhěng] ㊤ adjustment of variance

再調達価額 ㊥ 重置价值 [chóngzhì jiàzhí] ㊤ replacement value

再調達原価法 ㊥ 重置成本法 [chóngzhì chéngběn fǎ] ㊤ replacement cost method

再調達資産 ㊥ 重置资产 [chóngzhì zīchǎn] ㊤ replacement assets

最低資本要件 ㊥ 最低资本要求 [zuìdī zīběn yāoqiú] ㊤ minimum capital requirement

最低償却年数 ㊥ 最低摊销年限 [zuìdī tānxiāo niánxiàn] ㊤ minimum year of depreciation

最低賃金 ㊥ 最低工资 [zuìdī gōngzī] ㊤ minimum wage

最低賃金基準 ㊥ 最低工资标准 [zuìdī gōngzī biāozhǔn] ㊤ minimum wage standard

最低賃金保障制度 ㊥ 最低工资保障制度 [zuìdī gōngzī bǎozhàng zhìdù] ㊤ minimum wage system

最低積立要件 ㊥ 最低资金要求 [zuìdī zījīn yāoqiú] ㊤ minimum funding requirement

最低登録資本金 ㊥ 最低限额注册资本金 [zuìdī xiàn é zhùcè zīběnjīn] ㊤ minimum registered capital

最低登録資本制度 ㊥ 最低注册资本制度 [zuìdī zhùcè zīběn zhìdù] ㊤ minimum registered capital system

最低リース料総額 ㊥ 最低租赁付款额 [zuìdī zūlìn fùkuǎn é] ㊤ minimum lease payments

最適仕入高 ㊥ 最优采购量 [zuìyōu cǎigòu liàng] ㊤ optimum purchase quantity

最適生産高 ㊥ 最优产量 [zuìyōu chǎnliàng] ㊤ optimum production quantity

再投資 ㊥ 再投资 [zài tóuzī] ㊤ reinvestment

再投資による税額還付 ㊥ 再投资退税 [zài tóuzī tuìshuì] ㊤ tax refund on reinvestment

再販業者 ㊥ 转销商 [zhuǎnxiāo shāng] ㊤ reseller

再販売 ㊥ 再销售 [zài xiāoshòu] ㊤ resell

再販売価格基準法 ㊥ 再销售价格法 [zài xiāoshòu jiàgé fǎ] ㊤ resale price method

再販売価格マージン ㊥ 再销售价格毛利 [zài xiāoshòu jiàgé máolì] ㊤ resale price margin

再評価 ㊥ 重估 [chónggū] ㊤ revaluation

再評価モデル ㊥ 重估模式 [chónggū móshì] ㊤ revaluation model

再表示 ㊥ 重述 [chóngshù] ㊤ restate

差異分析 ㊥ 差异分析 [chāyì fēnxī] ㊤ variance analysis

再保険会社 ㊥ 再保险公司 [zài bǎoxiǎn gōngsī] ㊤ reinsurance company

再保険契約 ㊥ 再保险合同 [zài bǎoxiǎn hétóng] ㊤ reinsurance contract

再保険資産 ㊥ 再保险资产 [zài bǎoxiǎn zīchǎn] ㊤ reinsurance assets

再保険者 ㊥ 再保险人 [zài bǎoxiǎn rén] ㊤ reinsurer

再保険費用 ㊥ 分保费用 [fēnbǎo fèiyòng] ㊤ reinsurance expense

再保険料 ㊥ 分出保费 [fēnchū bǎofèi] ㊤ reinsurance premium

債務 ㊥ 债务 [zhàiwù] ㊤ debt

財務 ㊥ 财务 [cáiwù] ㊤ finance

財務アドバイザー ㊥ 财务顾问 [cáiwù gùwèn] ㊤ financial advisor

財務アナリスト ㊥ 财务分析员 [cáiwù fēnxī yuán] ㊤ financial analyst

財務会計 ㊥ 财务会计 [cáiwù kuàijì] ㊤ financial accounting

財務会計システム ㊥ 财务会计系统 [cáiwù kuàijì xìtǒng] ㊤ financial accounting system

財務会計報告 ㊥ 财务会计报告 [cáiwù kuàijì bàogào] ㊤ financial report

財務活動 ㊥ 财务活动 [cáiwù huódòng] ㊤ financing activities

財務活動によるキャッシュ・フロー ㊥ 筹资活动产生的现金流量 [chóuzī huódòng chǎnshēng de xiànjīn liúliàng] ㊤ cash flows from financing activities

財務管理 ㊥ 财务管理 [cáiwù guǎnlǐ] ㊤ financial management

財務業績 ㊥ 财务业绩 [cáiwù yèjì] ㊤ financial performance

財務経済関連法規 ㊥ 财经法规 [cáijīng fǎguī] ㊤ laws and regulations related finance and economics

財務公司 ㊥ 财务公司 [cáiwù gōngsī] ㊤ financial company

債務再編 ㊥ 债务重组 [zhàiwù chóngzǔ] ㊤ debt restructuring

債務再編協議書 ㊥ 债务重组协议 [zhàiwù chóngzǔ xiéyì] ㊤ debt restructuring agreement

財務指標 ㊥ 财务指标 [cáiwù zhǐbiāo] ㊤ financial indicators

債務資本比率 ㊥ 债权比例 [zhàiquán bǐlì] ㊤ debt to equity ratio

債務者 ㊥ 债务人 [zhàiwù rén] ㊤ debtor

財務省 ㊥ 财政部 [cáizhèng bù] ㊤ Ministry of Finance

財務状況 ㊥ 财务状况 [cáiwù zhuàngkuàng] ㊤ financial condition

財務状況説明書 ㊥ 财务情况说明书 [cáiwù qíngkuàng shuōmíng shū] ㊤ financial situation statement

債務条件 ㊥ 债务条件 [zhàiwù tiáojiàn] ㊤ debt condition

財務諸表 ㊥ 财务报表 [cáiwù bàobiǎo] ㊤ financial statements

財務諸表監査 ㊥ 财务报表审计 [cáiwù bàobiǎo shěnjì] ㊤ financial statement audit

財務諸表注記 ㊥ 财务报表附注 [cáiwù bàobiǎo fùzhù] ㊤ note to the financial statement

財務諸表のレビュー ㊥ 财务报表复核 [cáiwù bàobiǎo fùhé] ㊤ review of financial statement

財務諸表表示 ㊥ 财务报表列报 [cáiwù bàobiǎo lièbào] ㊤ presentation of financial statements

財務諸表分析 ㊥ 财务报表分析 [cáiwù bàobiǎo fēnxī] ㊤ financial statement analysis

財務諸表様式 ㊥ 会计报表格式 [kuàijì bàobiǎo géshì] ㊤ financial statement template

財務諸表レベル ㊥ 财务报表层次 [cáiwù bàobiǎo céngcì] ㊤ financial statement level

債務総額 ㊥ 负债总额 [fùzhài zǒng é] ㊤ total liabilities

財務総責任者 ㊥ 财务总监 [cáiwù zǒngjiān] ㊤ Chief Financial Officer (CFO)

財務ソフトウェア ㊥ 财务软件 [cáiwù ruǎnjiàn] ㊤ finance software

債務超過 ㊥ 资不抵债 [zī bù dǐzhài] ㊤ insolvency

財務デュー デリジェンス ㊥ 财务尽职调查 [cáiwù jìnzhí diàochá] ㊤ financial due diligence (FDD)

債務の株式化 ㊥ 债转股 [zhàizhuǎn gǔ] ㊤ debt-to-equity swap

債務の資本化 ㊥ 债务转为资本 [zhàiwù zhuǎnwéi zīběn] ㊤ debt-to-capital swap

債務の相殺 ㊥ 债务相互抵消 [zhàiwù xiānghù dǐxiāo] ㊤ offset of debts

債務の返済 ㊥ 债务清偿 [zhàiwù qīngcháng] ㊤ repayment of debt

債務の弁済 ㊥ 偿还债务 [chánghuán zhàiwù] ㊤ payment of debts

財務費用 ㊥ 财务费用 [cáiwù fèiyòng] ㊤ financial expense

財務部門 ㊥ 财务部门 [cáiwù bùmén] ㊤ financial department

債務不履行 ㊥ 不履行债务 [bù lǚxíng zhàiwù] ㊤ default

財務分析 ㊥ 财务分析 [cáiwù fēnxī] ㊤ financial analysis

債務返済 ㊥ 清偿债务 [qīngcháng zhàiwù] ㊤ repayment of debt

債務弁済方式 ㊥ 债务清偿方式 [zhàiwù qīngcháng fāngshì] ㊤ debt settlement method

財務報告 ㊥ 财务报告 [cáiwù bàogào] ㊤ financial report

財務報告書の利用者 ㊥ 财务报告的使用人 [cáiwù bàogào de shǐyòng rén] ㊤ users of financial reports

財務報告の信頼性 ㊥ 财务报表的可信度 [cáiwù bàobiǎo de kěxìn dù] ㊤ reliability of financial reporting

財務報告批准日 ㊥ 财务报告批准日 [cáiwù bàogào pīzhǔn rì] ㊤ date of approval of financial statements

財務保証契約 ㊥ 财务担保合同 [cáiwù dānbǎo hétóng] ㊤ financial guarantee contract

債務保証損失引当金 ㊥ 债务保证损失准备金 [zhàiwù bǎozhèng sǔnshī zhǔnbèijīn] ㊤ allowance for loss on guarantees

債務免除 ㊥ 免除债务 [miǎnchú zhàiwù] ㊤ debt relief

財務予算 ㊥ 财务预算 [cáiwù yùsuàn] ㊤ financial budget

財務予測 ㊥ 财务预测 [cáiwù yùcè] ㊤ financial forecast

財務リスク ㊥ 财务风险 [cáiwù fēngxiǎn]

[英]financial risk

最有効使用 [中]最高最佳利用 [zuìgāo zuìjiā liyòng] [英]highest and best use

在留証明書 [中]在留资格认定证明书 [zàiliú zīgé rèndìng zhèngmíng shū] [英]certificate of residence

材料原価 [中]材料成本 [cáiliào chéngběn] [英]material cost

材料原価差異 [中]材料成本差异 [cáiliào chéngběn chāyì] [英]material cost variance

材料構成表 [中]材料构成表 [cáiliào gòuchéng biǎo] [英]composition list of materials

材料仕入 [中]材料采购 [cáiliào cǎigòu] [英]purchase of materials

材料数量差異 [中]原料用量差异 [yuánliào yòngliàng chāyì] [英]material quantity variance

材料の消耗 [中]材料消耗 [cáiliào xiāohào] [英]material consumption

材料ピックアップ リスト [中]领料单 [lǐngliào dān] [英]material picking list

裁量労働制 [中]弹性工作制 [tánxìng gōngzuò zhì] [英]flexible working hours system

差額支払い [中]平衡支付 [pínghéng zhīfù] [英]balancing payment

差額徴収方式 [中]差额征收方法 [chā é zhēngshōu fāngfǎ] [英]net basis method

差額補填給与 [中]差额补助 [chā é bǔzhù] [英]balance allowance

先入先出法 [中]先进先出法 [xiānjìn xiānchū fǎ] [英]first-in-first-out method (FIFO)

先納付後還付 [中]先征后退 [xiānzhēng hòutuì] [英]refund after collection

先物為替レート [中]远期汇率 [yuǎnqī huìlǜ] [英]futures rate

先物商品 [中]货物期货 [huòwù qīhuò] [英]futures commodities

先物取引 [中]期货交易 [qīhuò jiāoyì] [英]futures contract

作業時間カード [中]时间卡 [shíjiān kǎ] [英]time card

作業進捗率 [中]工作进度 [gōngzuò jìndù] [英]work progress rate

作業日報 [中]工作日报 [gōngzuò rìbào] [英]daily work report

作業文書 [中]工作底稿 [gōngzuò dǐgǎo] [英]working paper

先渡契約 [中]远期合同 [yuǎnqī hétóng] [英]forward contracts

差金 [中]补价 [bǔjià] [英]difference

索引 [中]索引 [suǒyǐn] [英]index

編成 [中]编制 [biānzhì] [英]formation

査察 [中]稽查 [jīchá] [英]inspection

差入保証金 [中]存出保证金 [cúnchū bǎozhèng jīn] [英]guarantee deposit

雑収入 [中]杂项收入 [záxiàng shōurù] [英]miscellaneous income

雑損失 [中]杂项损失 [záxiàng sǔnshī] [英]miscellaneous losses

雑費 [中]杂费 [záfèi] [英]miscellaneous expense

査定徴収管理方式 [中]核定征收管理办法 [hédìng zhēng shuì é] [英]administrative measures for the assessment and levy

サプライチェーン [中]供应链 [gōngyìng liàn] [英]supply chain

サプライチェーン マネジメント [中]供应链关系管理 [gōngyìng liàn guānxì guǎnlǐ] [英]supply chain management (SCM)

サブリース [中]转租 [zhuǎnzū] [英]sub-lease

差別的アンチダンピング措置 [中]歧视性反倾销措施 [qíshì xìng fǎn qīngxiāo cuòshī] [英]discriminatory anti-dumping measures

産業 [中]产业 [chǎnyè] [英]industry

残業 [中]加班 [jiābān] [英]overtime

産業コード [中]行业编码 [hángyè biānmǎ] [英]industry code

産業政策 [中]产业政策 [chǎnyè zhèngcè] [英]industrial policy

残業手当 [中]加班津贴 [jiābān jīntiē] [英]overtime allowance

三項基金 [中]三项基金 [sānxiàng jījīn] [英]three funds

算式 [中]公式 [gōngshì] [英]formula

三資企業法 [中]三资企业法 [sānzī qǐyè fǎ] [英]law for the three types of foreign-funded enterprises

賛助 [中]赞助 [zànzhù] [英]sponsor

賛助支出 [中]赞助费 [zànzhù fèi] [英]sponsorship fee

残存価額 [中]残值 [cánzhí] [英]residual value

残高 [中]余额 [yú é] [英]balance

残高確認 ㊥ 余額核对 [yú é héduì] ㊇ verification of balance

残高管理 ㊥ 余額管理 [yú é guǎnlǐ] ㊇ account balance management

残高試算表 ㊥ 试算平衡表 [shìsuàn pínghéng biǎo] ㊇ trial balance (T/B)

残高照合 ㊥ 对账 [duìzhàng] ㊇ reconciliation

暫定アンチダンピング税 ㊥ 临时反倾销税 [línshí fǎn qīngxiāo shuì] ㊇ provisional anti-dumping duty

暫定アンチダンピング措置 ㊥ 临时反倾销措施 [línshí fǎn qīngxiāo cuòshī] ㊇ provisional anti-dumping measure

暫定住所証明書 ㊥ 暂住证 [zànzhù zhèng] ㊇ temporary residence permit

暫定税率 ㊥ 暂定税率 [zàndìng shuìlǜ] ㊇ provisional tax rate

暫定見積価値 ㊥ 暂估价值 [zàngū jiàzhí] ㊇ provisional valuation

サンプリング リスク ㊥ 抽样风险 [chōuyàng fēngxiǎn] ㊇ sampling risk

サンプル ㊥ 样本 [yàngběn] ㊇ sample

サンプル誤謬 ㊥ 样本误差 [yàngběn wùchā] ㊇ sampling error

サンプルサイズ ㊥ 样本量 [yàngběn liàng] ㊇ sample size

残余財産 ㊥ 剩余财产 [shèngyú cáichǎn] ㊇ residual property

残余財産の分配 ㊥ 剩余财产分配 [shèngyú cáichǎn fēnpèi] ㊇ distribution of residual property

残余財産分配請求権 ㊥ 剩余财产分配权 [shèngyú cáichǎn fēnpèi quán] ㊇ residual claim

残余分析 ㊥ 剩余分析 [shèngyú fēnxī] ㊇ residual analysis

残余利益分割勘定 ㊥ 盈余分拨账 [yíngyú fēnbō zhàng] ㊇ appropriation account

残余利益分割法 ㊥ 剩余利润分割法 [shèngyú lìrùn fēn gē fǎ] ㊇ residual profit split method

三来一補 ㊥ 三来一补 [sānlái yībǔ] ㊇ three import and compensation trade

し

CIF ㊥ 到岸价格 [dào àn jiàgé] ㊇ cost, insurance and freight (CIF) price

シークレット コンパラブル ㊥ 推定课税 [tuīdìng kèshuì] ㊇ secret comparable

C-SOX ㊥ 中国企业内部控制基本规范 [zhōngguó qǐyè nèibù kòngzhì jīběn guīfàn] ㊇ C-SOX

仕入(売上)割引 ㊥ 进货(销售)折扣 [jìnhuò (xiāoshòu) zhékòu] ㊇ purchase (sales) discount

仕入価格 ㊥ 采购价格 [cǎigòu jiàgé] ㊇ purchasing price

仕入管理表 ㊥ 商品进货管理表 [shāngpǐn jìnhuò guǎnlǐ biǎo] ㊇ stock-in control list

仕入業者 ㊥ 采购商 [cǎigòu shāng] ㊇ supplier

仕入計上確認表 ㊥ 采购确认单 [cǎigòu quèrèn dān] ㊇ purchase confirmation letter

仕入原価 ㊥ 采购成本 [cǎigòu chéngběn] ㊇ purchase cost

仕入先元帳 ㊥ 应付账款总账 [yīngfù zhàngkuǎn zǒngzhàng] ㊇ creditors ledger

仕入支払サイクル ㊥ 采购与付款循环 [cǎigòu yǔ fùkuǎn xúnhuán] ㊇ purchase and payment cycle

仕入税額 ㊥ 进项税额 [jìnxiàng shuì é] ㊇ input tax

仕入税額控除 ㊥ 进项税额抵扣 [jìnxiàng shuì é dǐkòu] ㊇ input tax deduction

仕入税額振替 ㊥ 进项税额转出 [jìnxiàng shuì é zhuǎnchū] ㊇ input value added tax (VAT) transfer out

仕入増値税 ㊥ 增值税进项 [zēngzhí shuì jìnxiàng] ㊇ input value added tax (VAT)

仕入代理店 ㊥ 采购代理人 [cǎigòu dàilǐ rén] ㊇ buying agent

仕入高 ㊥ 采购量 [cǎigòu liàng] ㊇ purchase amount

仕入帳 ㊥ 购货(进货)日记账 [gòuhuò (jìnhuò) rìjì zhàng] ㊇ purchase journal

仕入手数料 ㊥ 购货佣金 [gòuhuò yòngjīn] ㊇ purchase commission

仕入日記帳 ㊥ 购货日记账 [gòuhuò rìjì zhàng] ㊇ purchase book

仕入値引 ㊥ 购货(进货)折让 [gòuhuò (jìnhuò) zhéràng] ㊇ purchase discount

仕入費用 ㊥ 采购费用 [cǎigòu fèiyòng] ㊇ purchasing expense

仕入返品 中 购货退回 [gòuhuò tuìhuí] 英 purchase return

仕入返品割引証明書 中 进货退出折让证明单 [jìnhuò tuìchū zhéràng zhèngmíng dān] 英 discount certificate of purchase returns

仕入割引 中 购货折让 [gòuhuò zhéràng] 英 purchase discount

試運転 中 试运行 [shì yùnxíng] 英 trial run

シェア 中 共享 [gòngxiǎng] 英 share

シェアウェア 中 共享软件 [gòngxiǎng ruǎnjiàn] 英 shareware

自営貸付金 中 自营贷款 [zìyíng dàikuǎn] 英 loan on one's own account

J-SOX 中 日本企业内部控制基本规范 [rìběn qǐyè nèibù kòngzhì jīběn guīfàn] 英 J-SOX

自営貿易 中 自营贸易 [zìyíng màoyì] 英 self-operated trade

自営輸出 中 自营出口 [zìyíng chūkǒu] 英 self-operated export

自営輸入 中 自营进口 [zìyíng jìnkǒu huòwù] 英 self-operated import

自益権 中 自益权 [zìyì quán] 英 self-benefit right

時価 中 现价 [xiànjià] 英 market value

仕掛品 中 在产品 [zàichǎn pǐn] 英 work in process

資格証書保有者 中 持证人员 [chízhèng rényuán] 英 license holder

自家建設資産 中 自建资产 [zìjiàn zīchǎn] 英 self-constructed assets

時価主義会計 中 公允价值会计 [gōngyǔn jiàzhí kuàijì] 英 market value accounting

自家使用 中 自用 [zìyòng] 英 self-use

時価総額 中 市值 [shìzhí] 英 market capitalization

時価法 中 现行市价法 [xiànxíng shìjià fǎ] 英 current market value method

時間外賃金 中 加班工资 [jiābān gōngzī] 英 overtime wage

時間給 中 小时工资 [xiǎoshí gōngzī] 英 hourly wage

時間給制度 中 小时工资制 [xiǎoshí gōngzī zhì] 英 hourly wage system

敷金 中 押金 [yājīn] 英 lease deposits

識別 中 辨认 [biànrèn] 英 identification

識別可能資産 中 可辨认资产 [kě biànrèn zīchǎn] 英 identifiable assets

識別可能性 中 可辨认性 [kě biànrèn xìng] 英 identifiability

直物価格 中 即期价格 [jíqī jiàgé] 英 spot price

直物為替レート 中 即期汇率 [jíqī huìlǜ] 英 spot exchange rate

事業 中 事业 [shìyè] 英 business

事業拡張 中 事业扩张 [shìyè kuòzhāng] 英 business expansion

事業基準 中 事业基准 [shìyè jīzhǔn] 英 business standards

事業計画デュー デリジェンス 中 事业计划尽职调查 [shìyè jìhuà jìnzhí diàochá] 英 business plan due diligence

事業継続性の原則 中 持续经营原则 [chíxù jīngyíng yuánzé] 英 going concern principle

事業結合 中 业务合并 [yèwù hébìng] 英 business combination

事業再編 中 业务重组 [yèwù chóngzǔ] 英 business reorganization

事業者集中 中 经营者集中 [jīngyíng zhě jízhōng] 英 business concentration

事業所 中 经营场所 [jīngyíng chǎngsuǒ] 英 business premises

事業単位 中 事业单位 [yèwù dānwèi] 英 business unit

事業登記 中 经营登记 [jīngyíng dēngjì] 英 business registration

事業投資 中 经营投资 [jīngyíng tóuzī] 英 business investment

事業特性 中 经营特点 [jīngyíng tèdiǎn] 英 business characteristics

事業年度 中 经营年度 [jīngyíng niándù] 英 business year

試供販売 中 样品特卖 [yàngpǐn tèmài] 英 sample sale

事業分割 中 业务分割 [yèwù fēn gē] 英 business separation

事業別セグメント 中 业务分部 [yèwù fēnbù] 英 business segment

事業目的 中 经营目的 [jīngyíng mùdì] 英 business purpose

事業モデル 中 业务模式 [yèwù móshì] 英 business model

事業リスク ㊥ 经营风险 [jīngyíng fēngxiǎn] ㊧ business risk

事業を行う一定の場所 ㊥ 固定营业场所 [gùdìng yíngyè chǎngsuǒ] ㊧ fixed place of business

資金 ㊥ 资金 [zījīn] ㊧ fund

資金繰り表 ㊥ 资金收支表 [zījīn shōuzhī biǎo] ㊧ statement of cash receipts and disbursement

資金残高 ㊥ 现金余额 [xiànjīn yú é] ㊧ cash balance

資金信用証明 ㊥ 资金信用证明 [zījīn xìnyòng zhèngmíng] ㊧ bankroll credit certificate

資金生成単位 ㊥ 现金产出单元 [xiànjīn chǎnchū dānyuán] ㊧ cash-generating unit

資金調達 ㊥ 筹措资金 [chóucuò zījīn] ㊧ financing

資金取引 ㊥ 资金交易 [zījīn jiāoyì] ㊧ fund transaction

資金の精査 ㊥ 资金核实 [zījīn héshí] ㊧ fund verification

資金募集 ㊥ 集资 [jízī] ㊧ fund raising

試験研究費 ㊥ 研究实验费 [yánjiū shíyàn fèi] ㊧ experimental and research expense

資源税 ㊥ 资源税 [zīyuán shuì] ㊧ resource tax

資源総合利用 ㊥ 资源综合利用 [zīyuán zōnghé lìyòng] ㊧ utilization of resource

試験的な生産 ㊥ 试生产 [shì shēngchǎn] ㊧ trail production

試験弁法 ㊥ 试点办法 [shìdiǎn bànfǎ] ㊧ pilot measure

時効 ㊥ 时效 [shíxiào] ㊧ prescription

自己株式 ㊥ 库存股 [kùcún gǔ] ㊧ treasury stock

自己株式処分差益 ㊥ 库存股清理收益 [kùcún gǔ qīnglǐ shōuyì] ㊧ gain on disposal of treasury stock

自己株式処分差損 ㊥ 库存股清理损失 [kùcún gǔ qīnglǐ sǔnshī] ㊧ loss on disposal of treasury stock

事後管理 ㊥ 后续管理 [hòuxù guǎnlǐ] ㊧ post management

自国通貨 ㊥ 本币 [běnbì] ㊧ domestic currency

自己資本 ㊥ 股东股本 [gǔdōng gǔběn] ㊧ shareholder's equity

自己資本回転率 ㊥ 净资产周转率 [jìng zīchǎn zhōuzhuǎn lǜ] ㊧ net worth turnover

自己資本比率 ㊥ 股东股本对资产比率 [gǔdōng gǔběn duì zīchǎn bǐlǜ] ㊧ shareholder's equity to total assets ratio

自己申告 ㊥ 自行申报 [zìxíng shēnbào] ㊧ self-declaration

自己申告納税 ㊥ 自行申报纳税 [zìxíng shēnbào nàshuì] ㊧ self-declaration

自己創設のれん ㊥ 自创商誉 [zìchuàng shāngyù] ㊧ internally generated goodwill

事後測定 ㊥ 后续计量 [hòuxù jìliáng] ㊧ subsequent measurement

自己点検 ㊥ 自查 [zìchá] ㊧ self-inspection

事後の有効性テスト ㊥ 追溯有效性测试 [zhuīsù yǒuxiào xìng cèshì] ㊧ retrospective effectiveness testing

自己破産 ㊥ 自愿申请破产 [zìyuàn shēnqǐng pòchǎn] ㊧ voluntary bankruptcy

試査 ㊥ 审计抽样 [shěnjì chōuyàng] ㊧ audit by sampling

資材所要量計画 ㊥ 材料需求计划 [cáiliào xūqiú jìhuà] ㊧ material requirements planning (MRP)

試作品 ㊥ 试制品 [shìzhì pǐn] ㊧ prototype

資産 ㊥ 资产 [zīchǎn] ㊧ assets

資産回収価値 ㊥ 资产收回价值 [zīchǎn shōuhuí jiàzhí] ㊧ assets recoverable value

資産回転率 ㊥ 资产周转率 [zīchǎn zhōuzhuǎn lǜ] ㊧ asset turnover ratio

資産化条件 ㊥ 资本化条件 [zīběn huà tiáojiàn] ㊧ conditions for capitalization

資産化の中断 ㊥ 暂停资本化 [zàntíng zīběn huà] ㊧ suspension of capitalization

資産化の停止 ㊥ 停止资本化 [tíngzhǐ zīběn huà] ㊧ cessation of capitalization

資産化率 ㊥ 资产化率 [zīchǎn huà lǜ] ㊧ capitalization rate

資産管理会社 ㊥ 资产管理公司 [zīchǎn guǎnlǐ gōngsī] ㊧ assets management company

資産グループ ㊥ 资产组 [zīchǎn zǔ] ㊧ group of assets

資産減損損失 ㊥ 资产减值损失 [zīchǎn jiǎnzhí sǔnshī] ㊧ asset impairment loss

資産減損損失引当金 ㊥ 资产减值损失准备 [zīchǎn jiǎnzhí sǔnshī zhǔnbèi] ㊧ allowance for impairment loss of assets

資産減損テスト ㊥ 资产减值测试 [zīchǎn jiǎnzhí cèshì] ㊧ asset impairment test

資産減損引当金明細表 ㊥ 资产减值准备明细表

資産減值準備明細表 [zīchǎn jiǎnzhí zhǔnbèi míngxì biǎo] 英 list of allowance for impairment of assets

資産再評価 中 资产重估 [zīchǎn chónggū] 英 revaluation of assets

資産査定 中 资产评估 [zīchǎn pínggū] 英 asset appraisal

資産上限額 中 资产上限 [zīchǎn shàngxiàn] 英 asset ceiling

資産使用権の譲渡 中 让渡资产使用权 [ràngdù zīchǎn shǐyòng quán] 英 transfer of asset use right

資産譲渡 中 让渡资产 [ràngdù zīchǎn] 英 transfer of assets

資産譲渡益 中 资产转让收益 [zīchǎn zhuǎnràng shōuyì] 英 gain on transfer of assets

資産譲渡損 中 资产转让损失 [zīchǎn zhuǎnràng sǔnshī] 英 loss on transfer of assets

資産除去債務 中 资产退废负债 [zīchǎn tuìfèi fùzhài] 英 asset retirement obligation

資産除去費用 中 弃置费用 [qìzhì fèiyòng] 英 asset retirement cost

資産処分 中 资产处置 [zīchǎn chǔzhì] 英 disposal of assets

資産処分損失 中 资产处置损失 [zīchǎn chǔzhì sǔnshī] 英 loss on disposal of assets

資産損失 中 资产损失 [zīchǎn sǔnshī] 英 loss on assets

資産置換 中 资产置换 [zīchǎn zhìhuàn] 英 replacement of assets

資産凍結 中 资产冻结 [zīchǎn dòngjié] 英 asset freeze

資産に関する補助金 中 与资产相关的补助 [yǔ zīchǎn xiāng guān de bǔzhù] 英 grants related to assets

資産の横領 中 侵占资产 [qīnzhàn zīchǎn] 英 misappropriation of assets

資産の回収可能金額 中 资产可回收金额 [zīchǎn kě huíshōu jīn é] 英 asset recoverable amount

資産の減損 中 资产减值 [zīchǎn jiǎnzhí] 英 impairment of assets

資産の引渡し 中 转让资产 [zhuǎnràng zīchǎn] 英 delivery of assets

資産の保全 中 资产保全 [zīchǎn bǎoquán] 英 safeguard of assets

資産売却 中 资产出售 [zīchǎn chūshòu] 英 preservation of assets

資産買収 中 资产并购 [zīchǎn bìnggòu] 英 asset acquisition

試算表 中 试算表 [shìsuàn biǎo] 英 trial balance sheet (T/B)

資産評価機構 中 资产评估机构 [zīchǎn pínggū jīgòu] 英 asset valuation organization

資産評価協会 中 资产评估协会 [zīchǎn pínggū xiéhuì] 英 asset valuation association

資産評価事務所 中 资产评估事务所 [zīchǎn pínggū shìwùsuǒ] 英 asset valuation office

資産評価準則 中 资产评估准则 [zīchǎn pínggū zhǔnzé] 英 asset valuation standards

資産評価報告書 中 资产评估报告 [zīchǎn pínggū bàogào] 英 assets valuation report

資産負債規模 中 资产负债规模 [zīchǎn fùzhài guīmó] 英 asset and liability scale

資産負債比率 中 资产负债比例 [zīchǎn fùzhài bǐlì] 英 asset liability ratio

資産負債法 中 资产负债表法 [zīchǎn fùzhài biǎo fǎ] 英 asset and liability method

資産リスト 中 财产清单 [cáichǎn qīngdān] 英 list of assets

資産類 中 资产类 [zīchǎn lèi] 英 assets

自社開発無形資産 中 自行开发的无形资产 [zìxíng kāifā de wúxíng zīchǎn] 英 internally generated intangible assets

自社株 中 本公司股份 [běn gōngsī gǔfèn] 英 treasury stock

自社株購入 中 收购本公司股票 [shōugòu běngōngsī gǔpiào] 英 purchase of treasury stock

自社製品 中 自产产品 [zìchǎn chǎnpǐn] 英 self-manufactured goods

支出 中 支出 [zhīchū] 英 payment

支出承認マトリックス 中 支出审批权限矩阵 [zhīchū shěnpī quánxiàn jǔzhèn] 英 spending authority matrix

自主的調整 中 自动调整 [zìdòng tiáozhěng] 英 voluntary adjustment

市場 中 市场 [shìchǎng] 英 market

事象 中 现象 [xiànxiàng] 英 event

死傷医療給付金 中 死亡伤残给付和医疗给付 [sǐwáng shāngcán jǐfù hé yīliáo jǐfù] 英 death, injury and medical benefits

市場価格 中 市价 [shìjià] 英 market value

市場価格類似比較法 田 市场比较法 [shìchǎng bǐjiào fǎ] 英 *market comparison approach*

市場参加者 田 市场参与者 [shìchǎng cānyù zhě] 英 *market participants*

市場参入規制 田 市场准入规则 [shìchǎng zhǔn rù guī zé] 英 *market access regulation* (MAR)

市場収益率 田 市场收益率 [shìchǎng shōuyì lǜ] 英 *market yield*

市場主体信用情報公示システム 田 市场主体信用信息公示系统 [shìchǎng zhǔtǐ xìnyòng xìnxī gōngshì xìtǒng] 英 *the market entities credit information public disclosure system*

市場障壁 田 市场壁垒 [shìchǎng bìlěi] 英 *market barriers*

市場調査 田 市场调查 [shìchǎng diàochá] 英 *market research*

市場調整価格 田 市场调节价 [shìchǎng tiáojié jià] 英 *market adjusted price*

市場動向 田 市场动向 [shìchǎng dòngxiàng] 英 *market trend*

市場の展望 田 市场展望 [shìchǎng zhǎnwàng] 英 *outlook for the market*

市場販売 田 市场销售 [shìchǎng xiāoshòu] 英 *market sales*

市場へのアクセス許可 田 市场准入 [shìchǎng zhǔnrù] 英 *market access permit*

市場法 田 市场法 [shìchǎng fǎ] 英 *market approach*

市場リスク 田 市场风险 [shìchǎng fēngxiǎn] 英 *market risk*

市場利率 田 市场利率 [shìchǎng lìlǜ] 英 *market interest rate*

市場ルート 田 市场渠道 [shìchǎng qúdào] 英 *market channel*

子女教育費 田 子女教育费用 [zǐnǚ jiàoyù fèiyòng] 英 *education expense for children*

辞職 田 辞职 [cízhí] 英 *resignation*

システム 田 系统 [xìtǒng] 英 *system*

システム インテグレーション 田 系统集成 [xìtǒng jíchéng] 英 *system integration*

システム運用 田 系统运行 [xìtǒng yùnxíng] 英 *system operation*

システム管理者 田 系统管理员 [xìtǒng guǎn lǐ yuán] 英 *system administrator*

システム コントロール 田 系统控制 [xìtǒng kòngzhì] 英 *system control*

システム販売 田 软件销售 [ruǎnjiàn xiāoshòu] 英 *software sale*

事前確認制度 田 预约定价安排 [yùyuē dìngjià ānpái] 英 *Advance Pricing Agreement* (APA)

事前確認年次報告書 田 预约定价协议年度报告 [yùyuē dìngjià xiéyì niándù bàogào] 英 *advance pricing agreement annual report*

事前確認の申出 田 申请预约定价安排 [shēnqǐng yùyuē dìngjià ānpái] 英 *application for advance pricing agreement*

事前警告制度 田 预警机制 [yùjǐng jīzhì] 英 *early-warning mechanism*

事前相談 田 预备会谈 [yùbèi huìtán] 英 *pre-filing conference*

事前徴収 田 提前征收 [tíqián zhēngshōu] 英 *advance levy*

事前の有効性テスト 田 预期有效性测试 [yùqī yǒuxiào xìng cèshì] 英 *prospective effectiveness test*

持続可能な発展 田 可持续性发展 [kě chíxù xìng fāzhǎn] 英 *sustainable development*

仕損 田 损耗 [sǔnhào] 英 *spoilage*

仕損品 田 残次品 [cáncìpǐn] 英 *defective goods*

下請け 田 分包 [fēnbāo] 英 *subcontract*

下請企業 田 分包商 [fēnbāo shāng] 英 *subcontractor*

下請業者 田 分包单位 [fēnbāo dānwèi] 英 *subcontractor*

下請契約書 田 分包合同 [fēnbāo hétóng] 英 *subcontract*

下請工事 田 分包工程 [fēnbāo gōngchéng] 英 *subcontracted work*

下取り 田 以旧换新 [yǐjiù huànxīn] 英 *trade-in*

下取販売 田 以旧换新销售 [yǐjiù huàn xīn xiāoshòu] 英 *trade-in for a new one sales*

自治区 田 自治区 [zìzhì qū] 英 *autonomous region*

質権 田 质权 [zhìquán] 英 *pledge*

質権者 田 质权人 [zhìquán rén] 英 *pledgee*

質権設定契約書 田 质押合同 [zhìyā hétóng] 英 *pledge agreement*

質権担保付貸出金 田 质押贷款 [zhìyā dàikuǎn] 英 *pledge loan*

失業保険 田 失业保险 [shīyè bǎoxiǎn] 英 *unemployment insurance*

実現主義 ㊥ 实现原则 [shíxiàn yuánzé] ㊆ realization principle

失効 ㊥ 失效 [shīxiào] ㊆ lapse

実効金利 ㊥ 实际利息 [shíjì lìxī] ㊆ effective interest rate

実効金利法 ㊥ 实际利息法 [shíjì lìxī fǎ] ㊆ effective interest method

実効税率 ㊥ 实际税率 [shíjì shuìlǜ] ㊆ effective tax rate

執行董事 ㊥ 执行董事 [zhíxíng dǒngshì] ㊆ executive director

実効利率法 ㊥ 实际利率法 [shíjì lìlǜ fǎ] ㊆ effective interest method

実際管理機構 ㊥ 实际管理机构 [shíjì guǎnlǐ jīgòu] ㊆ actual management organization

実際原価 ㊥ 实际成本 [shíjì chéngběn] ㊆ actual cost

実在庫 ㊥ 实际库存 [shíjì kùcún] ㊆ physical stock

実際仕入原価 ㊥ 实际采购成本 [shíjì cǎigòu chéngběn] ㊆ actual purchase cost

実際収入額に基づく申告納税 ㊥ 据实申报纳税 [jùshí shēnbào nàshuì] ㊆ tax filing based on actual income

実在性 ㊥ 实在性 [shízài xìng] ㊆ existence

実際生産原価 ㊥ 实际生产成本 [shíjì shēngchǎn chéngběn] ㊆ actual production cost

実際耐用年数 ㊥ 实际使用年限 [shíjì shǐyòng niánxiàn] ㊆ actual useful life

実際の受益者 ㊥ 实际受益人 [shíjì shòuyì rén] ㊆ actual beneficiary

実際払い込み ㊥ 实际缴付 [shíjì jiǎofù] ㊆ actual payment

実際払込登記制 ㊥ 实缴登记制 [shí jiǎo dēng jì zhì] ㊆ registration system of actual paid-in capital

実際利率 ㊥ 实际利率 [shíjì lìlǜ] ㊆ actual interest rate

実質国内総生産 ㊥ 实际国内生产总值 [shíjì guónèi shēngchǎn zǒngzhí] ㊆ real Gross Domestic Product (GDP)

実質GDP成長率 ㊥ 实际国内生产总值增长率 [shíjì guónèi shēngchǎn zǒngzhí zēngzhǎng lǜ] ㊆ real Gross Domestic Product (GDP) growth rate

実質成長率 ㊥ 实际增长率 [shíjì zēngzhǎng lǜ] ㊆ real growth rate

実質的な支配 ㊥ 实际控制 [shíjì kòngzhì] ㊆ defact control

実質優先 ㊥ 实质重于形式 [shízhì zhòngyú xíngshì] ㊆ substance over form

実証性手続 ㊥ 实质性程序 [shízhì xìng chéngxù] ㊆ substantive procedure

実体基準 ㊥ 实体准则 [shítǐ zhǔnzé] ㊆ substantive rules

実地検査 ㊥ 实地核查 [shídì héchá] ㊆ on-site inspection

質的 ㊥ 质的 [zhìde] ㊆ qualitative

実物資本 ㊥ 实物资本 [shíwù zīběn] ㊆ capital in kind

実名口座制 ㊥ 实名账户制 [shímíng zhànghù zhì] ㊆ real name system

質問 ㊥ 询问 [xúnwèn] ㊆ question

指定計画都市 ㊥ 计划单列市 [jìhuà dānlièshì] ㊆ cities specifically designated in the state plan

私的会社 ㊥ 私营企业 [sīyíng qǐyè] ㊆ private company

支店 ㊥ 分公司 [fēn gōngsī] ㊆ branch

支店間取引 ㊥ 分行（分公司）间业务往来 [fēnháng (fēn gōngsī) jiān yèwù wǎnglái] ㊆ intercompany (branch) transaction

自動コントロール ㊥ 自动控制 [zìdòng kòngzhì] ㊆ auto control

自動車 ㊥ 汽车 [qìchē] ㊆ automobile

自動車小売企業 ㊥ 汽车零售企业 [qìchē língshòu qǐyè] ㊆ car dealer

自動車重量税 ㊥ 机动车吨位税 [jīdòngchē dūnwèi shuì] ㊆ automobile tonnage tax

自動車ブランド ㊥ 汽车品牌 [qìchē pǐnpái] ㊆ automobile brand

自動車ローン ㊥ 汽车贷款 [qìchē dàikuǎn] ㊆ automobile loan

自動振替 ㊥ 自动转账 [zìdòng zhuǎnzhàng] ㊆ auto transfer

シナジー効果 ㊥ 协同效应 [xiétóng xiàoyìng] ㊆ synergy effect

シニアパートナー ㊥ 高级合伙人 [gāojí héhuǒ rén] ㊆ senior partner

シニアマネジャー ㊥ 高级经理 [gāojí jīnglǐ] ㊆ senior manager

支配 ㊥ 控制 [kòngzhì] ㊆ control

支配会社 囲 控股公司 [kònggǔ gōngsī] 英 controlling company

支配株主 囲 控股股东 [kònggǔ gǔdōng] 英 controlling shareholder

支配子会社 囲 控股子公司 [kònggǔ zǐgōngsī] 英 controlled subsidiary company

支配力 囲 支配力 [zhīpèi lì] 英 control power

支払依頼 囲 支付申请 [zhīfù shēnqǐng] 英 payment requisition

支払延滞利息 囲 延期付款利息 [yánqī fùkuǎn lìxī] 英 postpone interest

支払完了時引渡販売 囲 预收定金销售 [yùshōu dìngjīn xiāoshòu] 英 advance deposit sales

支払期限 囲 付款期限 [fùkuǎn qīxiàn] 英 due date for payment

支払困難 囲 支付困难 [zhīfù kùnnán] 英 payment difficulties

支払準備金 囲 未决赔款准备金 [wèi juépéi kuǎn zhǔnbèi jīn] 英 reserve for outstanding losses

支払条件 囲 付款条件 [fùkuǎn tiáojiàn] 英 terms of payment

支払承諾 囲 支付承诺 [zhīfù chéngnuò] 英 acceptance and guarantee

支払申請書 囲 支付请款单 [zhīfù qǐngkuǎn dān] 英 payment request form

支払手形 囲 应付票据 [yīngfù piàojù] 英 notes payable

支払手数料 囲 佣金 [yòngjīn] 英 commission

支払伝票 囲 应付凭单 [yīngfù píngdān] 英 payment slip

支払人 囲 付款人 [fùkuǎn rén] 英 payer

支払能力 囲 偿付能力 [chángfù nénglì] 英 solvency

支払保証手数料 囲 担保还款佣金 [dānbǎo huánkuǎn yòngjīn] 英 del credere commission

支払割引料 囲 销货折扣 [xiāohuò zhékòu] 英 discounted expense

四半期 囲 季度 [jìdù] 英 quarter

四半期開示 囲 季度披露 [jìdù pīlù] 英 quarterly report

四半期毎の予定納税 囲 分季预缴 [fēnjì yùjiǎo] 英 quarterly prepaid tax

四半期賞与 囲 季度奖 [jìdù jiǎng] 英 quarterly bonus

四半期予納制度 囲 按季预缴制度 [ànjì yùjiǎo zhìdù] 英 quarterly prepaid tax system

支部 囲 分支机构 [fēnzhī jīgòu] 英 branch office

司法省 囲 司法部 [sīfǎ bù] 英 Ministry of Justice

私募発行 囲 私募 [sīmù] 英 private offering

資本 囲 资本 [zīběn] 英 capital

資本（株主資本）転換普通株式配当金 囲 转作资本（或股本）的普通股股利 [zhuǎnzuò zīběn (huò gǔběn) de pǔtōnggǔ gǔlì] 英 ordinary share dividend converted to shares

資本維持 囲 资本维持 [zīběn wéichí] 英 capital maintenance

資本化 囲 资本化 [zīběn huà] 英 capitalization

資本回転率 囲 资本周转率 [zīběn zhōuzhuǎn lǜ] 英 capital turnover

資本化率 囲 资本化率 [zīběn huà lǜ] 英 capitalization rate

資本換算差額 囲 资本折算差额 [zīběn zhésuàn chā é] 英 capital translation difference

資本金 囲 股本 [gǔběn] 英 capital stock

資本金組入普通株配当金 囲 转作资本的普通股股利 [zhuǎnzuò zīběn de pǔtōng gǔ gǔlì] 英 ordinary share dividend converted to shares

資本金口座 囲 资本金账户 [zīběn jīn zhànghù] 英 capital account

資本金出資検証報告書 囲 验资证明 [yànzī zhèngmíng] 英 certificate of capital verification

資本金払込期限 囲 注资期限 [zhùzī qīxiàn] 英 deadline for capital injection

資本金臨時口座 囲 临时资本金账户 [línshí zīběn jīn zhànghù] 英 temporary capital account

資本組入 囲 转增资本 [zhuǎnzēng zīběn] 英 capitalization

資本項目 囲 资本项目 [zīběn xiàngmù] 英 capital item

資本項目管理 囲 资本项目管理 [zīběn xiàngmù guǎnlǐ] 英 capital account administration

資本項目取引 囲 资本项目交易 [zīběn xiàngmù jiāoyì] 英 equity transaction

資本コスト 囲 资本成本 [zīběn chéngběn] 英 capital cost

資本コミットメント 囲 资本承担 [zīběn chéngdān] 英 capital commitment

資本参加 中 参股 [cāngǔ] 英 equity participation

資本資産評価モデル 中 资本资产定价模型 [zīběn zīchǎn dìngjià móxíng] 英 capital asset pricing model (CAPM)

資本支出 中 资本支出 [zīběn zhīchū] 英 capital expenditure

資本市場 中 资本市场 [zīběn shìchǎng] 英 capital market

資本充実 中 资本充足 [zīběn chōngzú] 英 capital adequacy

資本充足率 中 资本充足率 [zīběn chōngzú lǜ] 英 capital adequacy ratio

資本集約 中 资本密集 [zīběn mìjí] 英 capital intensive

資本準備金 中 资本准备（金）[zīběn zhǔnbèi (jīn)] 英 capital reserve

資本償還 中 资本赎回 [zīběn shúhuí] 英 capital redemption

資本償還積立金 中 利润归还投资 [lìrùn guīhuán tóuzī] 英 capital redemption reserve

資本剰余金 中 资本公积 [zīběn gōngjī] 英 capital surplus

資本税 中 资本税 [zīběn shuì] 英 capital tax

資本注入 中 注资 [zhùzī] 英 capital injection

資本調整 中 资本性调整 [zīběn xìng tiáozhěng] 英 capital adjustment

資本的支出 中 资本性支出 [zīběn xìng zhīchū] 英 capital expenditure

資本投入 中 投入资本 [tóurù zīběn] 英 capital contribution

資本払込剰余金 中 实收资本缴付盈余 [shíshōu zīběn jiǎofù yíngyú] 英 paid-in surplus

資本変動 中 资本变动 [zīběn biàndòng] 英 changes in equity

資本持分 中 资本权益 [zīběn quányì] 英 equity interests

資本予算 中 资本预算 [zīběn yùsuàn] 英 capital budget

資本流出 中 资本外流 [zīběn wàiliú] 英 outflow of capital

仕向地 中 目的地 [mùdì dì] 英 destination

仕向地原則 中 目的地原则 [mùdì dì yuánzé] 英 destination principle

事務所 中 办事处 [bànshì chù] 英 office

事務所責任者 中 事务所负责人 [shìwùsuǒ fùzé rén] 英 office responsible person

事務設備 中 办公设备 [bàngōng shèbèi] 英 office equipment

事務費 中 办公费 [bàngōng fèi] 英 office expense

事務用品費 中 办公用品费用 [bàngōng yòngpǐn fèiyòng] 英 office supplies expense

事務労働安全衛生用費用 中 办公劳保费 [bàngōng láobǎo fèi] 英 expense for administrative and labor health and safety

締切日 中 截止日期 [jiézhǐ rìqī] 英 deadline

下半期 中 下半年 [xià bànnián] 英 second half year

社印 中 公章 [gōngzhāng] 英 corporate seal

社会平均賃金水準 中 社会平均工资水平 [shèhuì píngjūn gōngzī shuǐpíng] 英 social average wage level

社会保険 中 社会保险 [shèhuì bǎoxiǎn] 英 social insurance

社会保険外国人暫行弁法 中 在中国境内就业的外国人参加社会保险暂行办法 [zài zhōngguó jìngnèi jiùyè wàiguó rén cānjiā shèbǎo zànxíng bànfǎ] 英 Interim Measures for Social Insurance System Coverage of Foreigners Working within the Territory of China

社会保険基金 中 社会保险基金 [shèhuì bǎoxiǎn jījīn] 英 social insurance fund

社会保険基金管理局 中 社会保险基金管理局 [shèhuì bǎoxiǎn jījīn guǎnlǐ jú] 英 Administration of Social Insurance Fund

社会保険登記 中 社会保险登记 [shèhuì bǎoxiǎn dēngjì] 英 social insurance registration

社会保険費 中 社会保险费 [shèhuì bǎoxiǎn fèi] 英 social insurance fees

社会保障制度 中 社会保障制度 [shèhuì bǎozhàng zhìdù] 英 social security system

借地借家改良費 中 租赁权益改良 [zūlìn quányì gǎiliáng] 英 leasehold improvements cost

社債 中 公司债券（应付债券）[gōngsī zhàiquàn (yīngfù zhàiquàn)] 英 corporate bond

社債発行差金 中 债券溢价 [zhàiquàn yìjià] 英 premium on bond

社債発行費 中 公司债券发行费用 [gōngsī zhàiquàn fāxíng fèiyòng] 英 bond issue expense

社債利息 中 公司债券利息 [gōngsī zhàiquàn lìxī] 英 bond interest

ジャスト イン タイム 中 准时制生产方式 [zhǔnshí zhì shēngchǎn fāngshì] 英 just in time (JIT)

社内リスク管理 中 公司内部风险控制 [gōngsī nèibù fēngxiǎn kòngzhì] 英 company internal risk control

車両運搬具 中 车辆运输工具 [chēliàng yùnshū gōngjù] 英 vehicles

車両取得税 中 车辆购置税 [chēliàng gòuzhì shuì] 英 vehicle purchase taxes

車両船舶使用鑑札税 中 车船使用牌照税 [chēchuán shǐyòng páizhào shuì] 英 vehicle and vessel license tax

車両船舶使用税 中 车船使用税 [chēchuán shǐyòng shuì] 英 vehicle and vessel usage tax

車両船舶税 中 车船税 [chēchuán shuì] 英 vehicle and vessel tax

上海自由貿易試験区 中 上海自由贸易试验区 [shànghǎi zìyóu màoyì shìyàn qū] 英 Shanghai pilot free trade zone

上海証券取引所 中 上海证券交易所 [shànghǎi zhèngquàn jiāoyì suǒ] 英 Shanghai Stock Exchange

上海外高橋保税区 中 上海外高桥保税区 [shànghǎi wàigāoqiáo bǎoshuì qū] 英 Shanghai Waigaoqiao free trade zone

上海浦東新区 中 上海浦东新区 [shànghǎi pǔdōng xīnqū] 英 Shanghai Pudong new area

収益 中 收益 [shōuyì] 英 revenue

収益計算 中 收益计算 [shōuyì jìsuàn] 英 income calculation

収益性分析 中 收益性分析 [shōuyì xìng fēnxī] 英 profitability analysis

収益センター 中 收入中心 [shōurù zhōngxīn] 英 profit center

収益的支出 中 收益支出 [shōuyì zhīchū] 英 revenue expenditure

収益に関する補助金 中 收益类补助 [shōuyì lèi bǔzhù] 英 grants related to income

収益認識 中 收入确认 [shōurù quèrèn] 英 revenue recognition

収益認識基準 中 收入确认标准 [shōurù quèrèn biāozhǔn] 英 revenue recognition standard

収穫 中 收获 [shōuhuò] 英 harvest

従価税 中 从价税 [cóngjià shuì] 英 valorem-based tax

従価税の計算と徴収 中 从价计征 [cóngjià jìzhēng] 英 ad valorem tax calculation and collection

従業員 中 员工 [yuángōng] 英 employee

従業員医療保険 中 职工医疗保险 [zhígōng yīliáo bǎoxiǎn] 英 employee's medical insurance

従業員インセンティブ ストックプラン 中 员工股权激励计划 [yuángōng gǔquán jīlì jìhuà] 英 employee incentive stock plan

従業員及び他の類似サービス提供者 中 员工及其他提供类似服务的人员 [yuángōng jí qítā tígōng lèisì fúwù de rényuán] 英 employees and others providing similar services

従業員給付 中 雇员福利 [gùyuán fúlì] 英 employee benefits

従業員教育経費 中 职工教育经费 [zhígōng jiàoyù jīngfèi] 英 expense for education and training of employees

従業員集団福利 中 职工集体福利 [zhígōng jítǐ fúlì] 英 employee welfare

従業員奨励及び福利基金積立 中 提取职工奖励及福利基金 [tíqǔ zhígōng jiǎnglì jí fúlì jījīn] 英 appropriation to employee bonus and welfare fund

従業員奨励福利基金 中 职工奖励及福利基金 [zhígōng jiǎnglì jí fúlì jījīn] 英 employees bonus and welfare fund

従業員数 中 员工人数 [yuángōng rénshù] 英 number of employees

従業員総会 中 职工大会 [zhígōng dàhuì] 英 employees conference

従業員代表 中 职工代表 [zhígōng dàibiǎo] 英 employees' representative

従業員代表総会 中 职工代表大会 [zhígōng dàibiǎo dàhuì] 英 employees' representatives conference

従業員の新株引受権 中 职工认股权 [zhígōng rèngǔ quán] 英 employees stock purchase warrant

従業員配置計画 中 职工安置计划 [zhígōng ānzhì jìhuà] 英 employee assignment plan

従業員福利厚生基金 中 员工福利基金 [yuángōng fúlì jījīn] 英 employee welfare fund

従業員福利費 中 职工福利费 [zhígōng fúlì fèi] 英 employee welfare expense

従業員福利費支出 中 职工福利费支出 [zhígōng fúlì fèi zhīchū] 英 employee welfare expenditure

従業員報酬 中 职工薪酬 [zhígōng xīnchóu] 英 employee compensation

重要な管理職員

従業員前渡金 中 员工借支 [yuángōng jièzhī] 英 advance payment to employees

従業員持株制度 中 员工持股计划 [yuángōng chígǔ jìhuà] 英 employee stock ownership plan

就業規則 中 就业规则 [jiùyè guīzé] 英 working regulations

就業許可証 中 就业许可证 [jiùyè xǔkězhèng] 英 work permit

就業資格 中 就业资格 [jiùyè zīgé] 英 qualification for employment

就業証 中 就业证 [jiùyè zhèng] 英 certificate of qualification for employment

従業人員 中 从业人员 [cóngyè rényuán] 英 employees

自由交換可能通貨 中 自由兑换货币 [zìyóu duìhuàn huòbì] 英 freely convertible currency

住所 中 地址 [dìzhǐ] 英 address

自由譲渡の原則 中 自由转让原则 [zìyóu zhuǎnràng yuánzé] 英 free transfer principle

修正後発事象 中 资产负债表日后调整事项 [zīchǎn fùzhài biǎo rì hòu tiáozhěng shìxiàng] 英 adjusting events after the reporting period

修正再表示法 中 追溯重述法 [zhuīsù chóngshù fǎ] 英 retrospective restatement

修正仕訳 中 调整分录 [tiáozhěng fēnlù] 英 adjusting journal entries

修正プログラム 中 软件补丁 [ruǎnjiàn bǔdīng] 英 patch

修正を要しない後発事象 中 日后非调整事项 [rìhòu fēi tiáozhěng shìxiàng] 英 non-adjusting events after the reporting period

集積回路産業 中 集成电路产业 [jíchéng diànlù chǎnyè] 英 integrated circuit industry

修繕費 中 修理修缮费 [xiūlǐ xiūshàn fèi] 英 repair and maintenance expense

重大な 中 重要的 [zhòngyào de] 英 significant

重大な欠陥 中 重大的缺陷 [zhòngdà de quēxiàn] 英 material weakness

住宅基金 中 住房基金 [zhùfáng jījīn] 英 housing fund

住宅積立金 中 住房公积金 [zhùfáng gōngjī jīn] 英 housing fund

住宅積立金管理センター 中 住房公积金管理中心 [zhùfáng gōngjī jīn guǎnlǐ zhōngxīn] 英 administration center of housing fund

住宅積立金制度 中 住房公积金制度 [zhùfáng gōngjī jīn zhìdù] 英 housing fund system

住宅手当 中 住房补贴 [zhùfáng bǔtiē] 英 housing allowance

住宅の割当 中 住房分配 [zhùfáng fēnpèi] 英 housing allocation

住宅用地 中 住宅用地 [zhùzhái yòngdì] 英 residential land use

住宅ローン 中 住房贷款 [zhùfáng dàikuǎn] 英 housing loan

周知 中 周知 [zhōuzhī] 英 common knowledge

重点監督管理リスト 中 重点监督管理目录 [zhòngdiǎn jiāndū guǎnlǐ mùlù] 英 key supervision management list

重点支援インフラストラクチャー プロジェクト 中 国家重点扶持公共基础设施项目 [guójiā zhòngdiǎn fúchí gōng gòng jīchǔ shèshī xiàngmù] 英 national key infrastructure project

重点調査対象企業 中 重点调查对象企业 [zhòngdiǎn diàochá duìxiàng qǐyè] 英 key inspection target enterprise

収入 中 收入 [shōurù] 英 income

収入格差 中 收入差距 [shōurù chājù] 英 income disparity

収入認識の原則 中 收入确认原则 [shōurù quèrèn yuánzé] 英 revenue recognition principle

修復 中 修复 [xiūfù] 英 overhaul

十分かつ適切な監査証拠 中 充分适当的审计证据 [chōngfēn shìdāng de shěnjì zhèngjù] 英 sufficient appropriate audit evidence

十分性テスト 中 充足性测试 [chōngzú xìng cèshì] 英 sufficiency test

自由貿易協定 中 自由贸易协定 [zìyóu màoyì xiédìng] 英 free trade agreement (FTA)

住民税 中 居民税 [jūmín shuì] 英 residence tax

集約 中 集约 [jíyuē] 英 aggregation

重要性 中 重要性 [zhòngyào xìng] 英 materiality

重要性がない 中 不重要的 [bù zhòngyào de] 英 immaterial

重要性原則 中 重要性原则 [zhòngyào xìng yuánzé] 英 principle of materiality

重要な影響力 中 重大影响 [zhòngdà yǐngxiǎng] 英 significant influence

重要な管理職員 中 关键管理人员 [guānjiàn guǎnlǐ

rényuán] 㱥 key management personnel

重要な虚偽記載 㲉 重大错报 [zhòngdà cuòbào] 㱥 material misstatement

重要な虚偽表示のリスク 㲉 重大错报风险 [zhòngdà cuòbào fēngxiǎn] 㱥 risk of material misstatement

重要な前提条件 㲉 重要前提条件 [zhòngyào qiántí tiáojiàn] 㱥 critical assumptions

修理的性質を持つ支出 㲉 修理性支出 [xiūlǐ xìng zhīchū] 㱥 repair and maintenance expenditure

従量税 㲉 从量税 [cóngliàng shuì] 㱥 volume-based tax

修理用部品 㲉 修理用备件 [xiūlǐyòng bèijiàn] 㱥 parts for repair and maintenance

就労許可 㲉 工作许可 [gōngzuò xǔkě] 㱥 work permit

就労資格 㲉 工作资格 [gōngzuò zīgé] 㱥 qualification for work

就労ビザ 㲉 工作签证 [gōngzuò qiānzhèng] 㱥 work visa

収賄 㲉 受贿 [shòuhuì] 㱥 accepting bribes

受益期間 㲉 受益期间 [shòuyì qījiān] 㱥 benefit period

受益者 㲉 受益人 [shòuyì rén] 㱥 beneficiary

授権 㲉 授权 [shòuquán] 㱥 authorization

授権株式数 㲉 授权股数 [shòuquán gǔshù] 㱥 number of authorized stocks

主製品 㲉 主产品 [zhǔchǎn pǐn] 㱥 major product

首席代表 㲉 首席代表 [shǒuxí dàibiǎo] 㱥 chief representative

受贈資産 㲉 接受捐赠资产 [jiēshòu juānzèng zīchǎn] 㱥 donated assets

受贈資本 㲉 接受捐赠资本 [jiēshòu juānzèng zīběn] 㱥 donated capital

受託加工 㲉 受托加工 [shòutuō jiāgōng] 㱥 consigned processing

受託管理者資格 㲉 托管人资格 [tuōguǎn rén zīgé] 㱥 trustee qualification

受託代理販売商品 㲉 受托代销商品 [shòutuō dàixiāo shāngpǐn] 㱥 item on consignment-in

受託販売 㲉 受托代销 [shòutuō dàixiāo] 㱥 consignment sales

受注 㲉 接受订货 [jiēshòu dìnghuò] 㱥 acceptance of order

受注残データ 㲉 订单余额数据 [dìngdān yú é shùjù] 㱥 backlog data

受注残リスト 㲉 订单余额列表 [dìngdān yú é lièbiǎo] 㱥 backlog list

受注単位 㲉 计量单位 [jiliáng dānwèi] 㱥 order unit

受注入力 㲉 输入订货单 [shūrù dìnghuò dān] 㱥 input of order

出荷 㲉 发货 [fāhuò] 㱥 shipment

出荷基準 㲉 发货标准 [fāhuò biāozhǔn] 㱥 delivery basis

出荷指図書 㲉 发货指示单 [fāhuò zhǐshì dān] 㱥 delivery order

出荷商品 㲉 发出商品 [fāchū shāngpǐn] 㱥 dispatched goods

出荷伝票 㲉 装运传票 [zhuāngyùn chuán piào] 㱥 shipping slip

出荷納品書 㲉 出货单 [chūhuò dān] 㱥 delivery note

出荷日 㲉 发货日 [fāhuò rì] 㱥 dispatch date

出荷報告書 㲉 出库报告单 [chūkù bàogào dān] 㱥 dispatch report

出境入境管理法 㲉 出入境管理办法 [chūrùjìng guǎnlǐ bànfǎ] 㱥 Exit and Entry Administration Measure

出金伝票 㲉 付款收款记账凭证 [fùkuǎn shōukuǎn jìzhàng píngzhèng] 㱥 payment receipt journal voucher

出勤表 㲉 出勤表 [chūqín biǎo] 㱥 attendance sheet

出庫 㲉 出库 [chūkù] 㱥 dispatch

出向先企業 㲉 实际用工单位 [shíjì yòng gōng dānwèi] 㱥 assignee company

出向者 㲉 被派遣人员 [bèi pàiqiǎn rényuán] 㱥 assigned employee

出向者PE課税 㲉 因常驻人员构成常设机构的纳税 [yīn chángzhù rényuán gòuchéng chángshè jīgòu de nàshuì wèntí] 㱥 secondment permanent establishment (PE) tax

出向元企業 㲉 派遣公司 [pàiqiǎn gōngsī] 㱥 assignor company

出港予定日 㲉 预计离港日期 [yùjì lígǎng rìqī] 㱥 estimated time of departure (ETD)

出国通知 㲉 出国通知 [chūguó tōngzhī] 㱥 departure notice

出国手続 中 出境手续 [chūjìng shǒuxù] 英 departure formalities

出国ビザ 中 出国签证 [chūguó qiānzhèng] 英 exit visa

出庫票 中 出库单 [chūkù dān] 英 delivery note

出産保険 中 生育保险 [shēngyù bǎoxiǎn] 英 maternity insurance

出資 中 出资 [chūzī] 英 investment

出資額 中 出资额 [chūzī é] 英 amount of investment

出資検証報告書 中 验资报告 [yànzī bàogào] 英 capital verification reports

出資者 中 出资人 [chūzī rén] 英 investor

出資証明 中 出资证明 [chūzī zhèngmíng] 英 capital contribution certificate

出資払込期限 中 出资缴付期限 [chūzī jiǎofù qīxiàn] 英 deadline for capital injection

出資引受登記制 中 出资缴纳登记制度 [chūzī jiǎonà dēngjì zhìdù] 英 investment registration system

出資比率 中 投资比例 [tóuzī bǐlì] 英 investment proportion

出資方式 中 出资方式 [chūzī fāngshì] 英 measure of capital contribution

出資持分譲渡 中 股权出资转让 [gǔquán chūzī zhuǎnràng] 英 transfer of equity interests

出張期間 中 出差期间 [chūchāi qījiān] 英 period during business trip

出張手当 中 出差补贴 [chūchāi būtiē] 英 business trip allowance

出張旅費 中 差旅费 [chāilǚ fèi] 英 traveling expense

出張旅費申告書 中 出差旅费申请单 [chūchāi lǚfèi shēnqǐng dān] 英 business trip expense report

手動仕訳 中 人工日记账分录 [réngōng rìjì zhàng fēnlù] 英 manual journal entry

受動的所得 中 被动收入 [bèidòng shōurù] 英 passive income

取得企業 中 收购企业 [shōugòu qǐyè] 英 acquirer

取得原価 中 原值 [yuánzhí] 英 historical cost

取得原価主義 中 历史成本原则 [lìshǐ chéngběn yuánzé] 英 historic cost principal

取得原価主義会計 中 取得成本会计 [qǔdé chéngběn kuàijì] 英 historical cost accounting

取得後支出 中 后续支出 [hòuxù zhīchū] 英 subsequent expenditure

取得日 中 购买日 [gòumǎi rì] 英 date of acquisition

主任会計士 中 主任会计师 [zhǔrèn kuàijìshī] 英 chief accountant

需要 中 需求 [xūqiú] 英 demand

主要営業原価 中 主营业务成本 [zhǔyíng yèwù chéngběn] 英 main cost of goods

主要営業収入 中 主营业务收入 [zhǔyíng yèwù shōurù] 英 main operating income

主要営業税金及び附加費用 中 主营业务税金及附加 [zhǔyíng yèwù shuìjīn jí fùjiā] 英 main business tax and surcharge

主要な業績指標 中 关键绩效指标 [guānjiàn jīxiào zhǐbiāo] 英 key performance indicators (KPI)

主要な市場 中 主要市场 [zhǔyào shìchǎng] 英 principal market

受領 中 收取 [shōuqǔ] 英 receipt

受領書 中 客户确认书 [kèhù quèrèn shū] 英 receipt

種類 中 类别 [lèibié] 英 category

種類株式 中 股票种类 [gǔpiào zhǒnglèi] 英 classified share

順位付け 中 排序 [páixù] 英 sequencing

純売上高 中 销货净额 [xiāohuò jìng é] 英 net sales

純額 中 净值 [jìngzhí] 英 net value

循環棚卸 中 循环盘点 [xúnhuán pándiǎn] 英 cycle counting

準拠性 中 合规性 [héguī xìng] 英 compliance

準拠法 中 遵循法 [zūnxún fǎ] 英 applicable law

純資産 中 净资产 [jìng zīchǎn] 英 net assets

純資産額 中 资产净额 [zīchǎn jìng é] 英 net assets amount

純資産価値 中 净资产价值 [jìng zīchǎn jiàzhí] 英 net assets value (NAV)

純資産収益率 中 净资产收益率 [jìng zīchǎn shōuyì lǜ] 英 return on assets (ROA)

純収益 中 纯收益 [chún shōuyì] 英 net return

純帳簿価額 中 账面净值 [zhàngmiàn jìngzhí] 英 net book value

準備基金 中 储备基金 [chǔbèi jījīn] 英 reserve fund

純利益 中 净利润 [jìng lìrùn] 英 net profit

ジョイントベンチャー 中 合营 [héyíng] 英 joint venture

省エネルギー 中 节能 [jiénéng] 英 energy saving

省エネルギー専用設備 中 专用节能设备 [zhuānyòng jiénéng shèbèi] 英 energy saving equipment

障害管理システム 中 事件管理系统 [shìjiàn guǎnlǐ xìtǒng] 英 incident management system (IMS)

場外規則 中 场外规则 [chǎngwài guīzé] 英 off-market regulations

場外市場 中 交易所外市场 [jiāoyì suǒ wài shìchǎng] 英 off-board market

場外注文 中 离场买卖盘 [líchǎng mǎimài pán] 英 off-floor order

場外取引 中 交易所外交易 [jiāoyì suǒ wài jiāoyì] 英 off-board trading

場外取引証券 中 场外交易证券 [chǎngwài jiāoyì zhèngquàn] 英 off-board securities

場外仲買人 中 场外经纪人 [chǎngwài jīngjì rén] 英 outside broker

使用価値 中 使用价值 [shǐyòng jiàzhí] 英 value in use

償還 中 偿还 [chánghuán] 英 redemption

償還価格 中 偿还价格 [chánghuán jiàgé] 英 redemption price

商慣習 中 商业习惯 [shāngyè xíguàn] 英 business practice

償還日 中 赎回日 [shúhuí rì] 英 redemption date

試用期間 中 试用期 [shìyòng qī] 英 trial period

小企業会計準則 中 小企业会计准则 [xiǎo qǐyè kuàijì zhǔnzé] 英 Accounting Standards for Small-Sized Enterprises

小企業会計制度 中 小企业会计制度 [xiǎo qǐyè kuàijì zhìdù] 英 Accounting System for Small-Sized Enterprises

小規模納税者 中 小规模纳税人 [xiǎo guīmó nàshuì rén] 英 small size taxpayer

小規模薄利企業 中 小型微利企业 [xiǎo xíng wēilì qǐyè] 英 small and thin profit enterprise

償却可能価額 中 应计折旧额 [yīngjì zhéjiù é] 英 depreciable amount

償却期間 中 摊销期间 [tānxiāo qījiān] 英 amortization period

償却原価 中 摊余成本 [tānyú chéngběn] 英 amortized cost

償却年数 中 折旧年限 [zhéjiù niánxiàn] 英 depreciation period

昇給率 中 薪金增长率 [xīnjīn zēngzhǎng lǜ] 英 salary growth rate

商業 中 商业 [shāngyè] 英 commercial business

商業機密 中 商业秘密 [shāngyè mìmì] 英 trade secret

商業銀行 中 商业银行 [shāngyè yínháng] 英 commercial bank

商業信用状 中 商业信用证 [shāngyè xìnyòng zhèng] 英 letter of credit

商業性 中 商业性 [shāngyè xìng] 英 commercial

商業性貸付金 中 商业性贷款 [shāngyè xìng dàikuǎn] 英 commercial loan

商業手形 中 商业汇票 [shāngyè huìpiào] 英 trade bill

商業発票 中 商业发票 [shāngyè fāpiào] 英 commercial invoice

商業引受手形 中 商业承兑汇票 [shāngyè chéngduì huìpiào] 英 commercial acceptance bill

商業分野 中 商业领域 [shāngyè lǐngyù] 英 business area

商業貿易企業 中 商贸企业 [shāngmào qǐyè] 英 trading enterprise

商業用地 中 商业用地 [shāngyè yòngdì] 英 commercial used land

商業賄賂 中 商业贿赂 [shāngyè huìlù] 英 commercial bribery

商業割引 中 商业折扣 [shāngyè zhékòu] 英 commercial discount

使用許諾 中 使用许可 [shǐyòng xǔkě] 英 licensing

証券 中 证券 [zhèngquàn] 英 securities

証券会社 中 证券公司 [zhèngquàn gōngsī] 英 securities company

証券業協会 中 证券业协会 [zhèngquàn yè xiéhuì] 英 securities association

証券業経営資格 中 证券经营资格 [zhèngquàn jīngyíng zīgé] 英 qualification for securities business

証券決済金 中 证券清算款 [zhèngquàn qīngsuàn kuǎn] 英 settlement of securities transaction

証券コード 中 股票代码 [gǔpiào dàimǎ] 英 ticker symbol

証券市場 中 证券市场 [zhèngquàn shìchǎng] 英 securities market

条件付株式発行契約 中 或有股份发行协议 [huòyǒu gǔfèn fāxíng xiéyì] 英 contingent share

agreement

条件付対価 甲 或有对价 [huòyǒu duìjià] 英 contingent consideration

条件付発行可能普通株式 甲 附条件的普通股发行 [fù tiáojiàn de pǔtōng gǔ fāxíng] 英 contingently issuable ordinary share

条件付未収金 甲 或有应收金额 [huòyǒu yīngshōu jīn é] 英 contingent receivable

条件付未払金 甲 或有应付金额 [huòyǒu yìngfù jīn é] 英 contingent payable

証券登記及び決済を行う専門機構 甲 证券登记结算机构 [zhèngquàn dēngjì jiésuàn jīgòu] 英 securities registration and clearing institution

証券投資基金 甲 证券投资基金 [zhèngquàn tóuzī jījīn] 英 securities investment fund

証券投資業務許可証 甲 证券投资业务许可证 [zhèngquàn tóuzī yèwù xǔkě zhèng] 英 securities investment license

証券投資コンサルティング機構 甲 证券投资咨询机构 [zhèngquàn tóuzī zīxún jīgòu] 英 securities investment consulting agency

証券投資ファンド会社 甲 证券投资基金公司 [zhèngquàn tóuzī jījīn gōngsī] 英 investment fund company

証券取引 甲 证券交易 [zhèngquàn jiāoyì] 英 security transaction

証券取引印紙税 甲 证券交易印花税 [zhèngquàn jiāoyì yìnhuā shuì] 英 stamp duty on stock transaction

証券取引口座 甲 证券账户 [zhèngquàn zhànghù] 英 security transaction account

証券取引市場 甲 证券交易市场 [zhèngquàn jiāoyì shìchǎng] 英 stock exchange market

証券取引相場の操作 甲 操纵证券交易市场 [cāozòng zhèngquàn jiāoyì shìchǎng] 英 manipulation of securities market

証券の公開発行 甲 公开发行证券 [gōngkāi fāxíng zhèngquàn] 英 public offering of securities

証券の代理販売 甲 证券代销 [zhèngquàn dàixiāo] 英 security sales by agent

証券の発行 甲 证券发行 [zhèngquàn fāxíng] 英 securities offering

証券引受 甲 承销证券 [chéngxiāo zhèngquàn] 英 underwriting of stock

証券引受機構 甲 承销机构 [chéngxiāo jīgòu] 英 securities underwriter

証券引受業務 甲 证券承销业务 [zhèngquàn chéngxiāo yèwù] 英 securities underwriting service

商号 甲 商号 [shānghào] 英 trade name

条項 甲 条款 [tiáokuǎn] 英 terms

商号使用許可契約 甲 商号使用许可合同 [shānghào shǐyòng xǔkě hétóng] 英 trade name licensing agreement

照合制度 甲 核对制度 [héduì zhìdù] 英 verification system

照合抹消制度 甲 核对注销制度 [héduì zhùxiāo zhìdù] 英 verification and write-off system

証拠収集 甲 取证 [qǔzhèng] 英 obtaining evidence

詳細手続 甲 细节测试 [xìjié cèshì] 英 detail substantive procedures

上場 甲 上市 [shàngshì] 英 listing

上場会社 甲 上市公司 [shàngshì gōngsī] 英 listed company

上場会社の買収 甲 上市公司收购 [shàngshì gōngsī shōugòu] 英 acquisition of listed company

上場株 甲 上市股票 [shàngshì gǔpiào] 英 listed securities

上場規程 甲 上市制度 [shàngshì zhìdù] 英 listing rules

上場支援アドバイザー 甲 上市咨询 [shàngshì zīxún] 英 listing support advisor

上場資格の取消 甲 取消上市资格 [qǔxiāo shàngshì zīgé] 英 cancelation of listing qualification

上場証券 甲 上市股份 [shàngshì gǔfèn] 英 listed securities

上場条件 甲 上市条件 [shàngshì tiáojiàn] 英 listing requirements

上場審査 甲 上市审查 [shàngshì shěnchá] 英 review for listing

上場推薦制度 甲 上市保荐制度 [shàngshì bǎojiàn zhìdù] 英 listing sponsor system

上場廃止 甲 退市 [tuìshì] 英 delisting

上場報告書 甲 上市报告书 [shàngshì bàogào shū] 英 listing report

昇進 甲 晋升 [jìnshēng] 英 promotion

少数株主 甲 少数股东 [shǎoshù gǔdōng] 英 minority shareholders

少数株主権 甲 少数股东权 [shǎoshù gǔdōng quán] 英 right of minority shareholders

65

少数株主損益 中 少数股东损益 [shǎoshù gǔdōng sǔnyì] 英 gain and loss on minority interest

少数株主持分 中 少数股东权益 [shǎoshù gǔdōng quányì] 英 minority interest

常駐代表 中 常驻代表 [chángzhù dàibiǎo] 英 permanent representative

讓渡 中 转让 [zhuǎnràng] 英 transfer

讓渡価値 中 转让价值 [zhuǎnràng jiàzhí] 英 value of the transfer

讓渡契約書 中 转让合同 [zhuǎnràng hétóng] 英 sales agreement

讓渡者 中 让与人 [ràngyǔ rén] 英 transferer

讓渡所得 中 转让所得 [zhuǎnràng suǒdé] 英 transfer income

讓渡性預金証書 中 可转让（定期）存单 [kě zhuǎnràng (dìngqī) cúndān] 英 certificate of deposit (CD)

讓渡損失 中 转让损失 [zhuǎnràng sǔnshī] 英 loss on transfer

場内規則 中 场内规则 [chǎngnèi guīzé] 英 on-market regulations

場内注文 中 场内买卖盘 [chǎngnèi mǎimài pán] 英 on-floor order

場内取引 中 场内要约 [chǎngnèi yàoyuē] 英 on-market offer

賞罰 中 奖惩 [jiǎngchéng] 英 reward and punishment

賞罰規定 中 奖惩规定 [jiǎngchéng guīdìng] 英 reward and punishment rules

消費者権益保護法 中 消费者权益保护法 [xiāofèi zhě quányì bǎohù fǎ] 英 consumer protection law

消費者物価指数 中 消费者物价指数 [xiāofèi zhě wùjià zhǐshù] 英 consumer price index (CPI)

消費税 中 消费税 [xiāofèi shuì] 英 consumption tax

消費税税目 中 消费税税种 [xiāofèi shuì shuìzhǒng] 英 consumption tax item

消費税税率 中 消费税税率 [xiāofèi shuì shuìlǜ] 英 consumption tax rate

商標 中 商标 [shāngbiāo] 英 trademark

証憑 中 凭证 [píngzhèng] 英 evidence

証憑管理 中 凭证管理 [píngzhèng guǎnlǐ] 英 evidence management

商標権 中 商标权 [shāngbiāo quán] 英 trademark right

商標登録証明書 中 商标注册证书 [shāngbiāo zhùcè zhèngshū] 英 trademark registration certificate

証憑突合 中 凭证核对 [píngzhèng héduì] 英 vouching

商品 中 商品 [shāngpǐn] 英 commodity

商品回転率 中 商品周转率 [shāngpǐn zhōuzhuǎn lǜ] 英 commodity turnover rate

商品価格リスト 中 商品目表 [shāngpǐn jiàmù biǎo] 英 commodity price list

商品仕入 中 商品采购 [shāngpǐn cǎigòu] 英 purchase of commodities

商品デリバティブ 中 衍生商品 [yǎnshēng shāngpǐn] 英 commodity derivative

商品の所有権 中 商品所有权 [shāngpǐn suǒyǒu quán] 英 ownership of commodity

商品売買価格差 中 商品进销差价 [shāngpǐn jìnxiāo chājià] 英 difference between commodity sales and purchase price

商品販売 中 商品买卖 [shāngpǐn mǎimài] 英 sales of goods

商品ファンド 中 商品基金 [shāngpǐn jījīn] 英 commodity fund

商品別分類管理 中 商品分类管理 [shāngpǐn fēnlèi guǎnlǐ] 英 product category management

商品見本 中 样品 [yàngpǐn] 英 sample

商品流通企業 中 商品流通企业 [shāngpǐn liútōng qǐyè] 英 commodity distribution company

招聘状 中 邀请函 [yāoqǐng hán] 英 invitation

商法 中 商法 [shāngfǎ] 英 commercial law

情報 中 信息 [xìnxī] 英 information

情報開示 中 信息披露 [xìnxī pīlù] 英 information disclosure

情報開示違反 中 违反信息披露原则 [wéifǎn xìnxī pīlù yuánzé] 英 breach of the duty to disclose information

情報技術 中 信息技术 [xìnxī jìshù] 英 information technology (IT)

情報技術アウトソーシング サービス 中 信息技术外包服务 [xìnxī jìshù wàibāo fúwù] 英 information and technology outsourcing service

情報技術産業 中 信息技术产业 [xìnxī jìshù chǎnyè] 英 information and technology industry

情報源 中 信息源 [xìnxī yuán] 英 information source

情報公開 中 信息公开 [xìnxī gōngkāi] 英 information disclosure

情報交換 中 信息交换 [xìnxī jiāohuàn] 英 information exchange

情報サービス 中 信息服务 [xìnxī fúwù] 英 information service

情報産業省 中 信息产业部 [xìnxī chǎnyè bù] 英 ministry of information industry

情報システム 中 信息系统 [xìnxī xìtǒng] 英 information system

情報セキュリティ 中 信息安全 [xìnxī ānquán] 英 information security

情報漏洩 中 信息泄露 [xìnxī xièlù] 英 information leakage

正味現在価値 中 净现值 [jìng xiànzhí] 英 net present value (NPV)

正味実現可能価額 中 可变现净值 [kě biànxiàn jìngzhí] 英 net realizable value (NRV)

正味売却価額 中 销售净价 [xiāoshòu jìngjià] 英 net sales value

商務省 中 商务部 [shāngwù bù] 英 Ministry of Commerce

証明書 中 证书 [zhèngshū] 英 certificate

証明書発行銀行 中 开证银行 [kāizhèng yínháng] 英 issuing bank

消耗品費 中 易耗品费 [yìhào pǐn fèi] 英 consumable supplies expense

条約 中 条约 [tiáoyuē] 英 treaty

条約締結国 中 缔约国 [dìyuē guó] 英 treaty country

賞与 中 奖金 [jiǎngjīn] 英 bonus

商用 中 商用 [shāngyòng] 英 commercial use

商用ビザ 中 商务签证 [shāngwù qiānzhèng] 英 business visa

剰余金処分 中 盈余分配 [yíngyú fēnpèi] 英 distribution of earnings

剰余金配当請求権 中 股利分配请求权 [gǔlì fēnpèi qǐngq iú quán] 英 dividend claims

賞与グロスアップ計算 中 奖金合计 [jiǎngjīn héjì] 英 bonus gross-up calculation

剰余現金 中 现金溢余 [xiànjīn yìyú] 英 surplus cash

賞与制度 中 奖金制度 [jiǎngjīn zhìdù] 英 bonus payment plan

賞与引当金 中 奖金准备金 [jiǎngjīn zhǔnbèi jīn] 英 allowance for bonuses

将来加算一時差異 中 应纳税暂时性差异 [yīngnà shuì zànshí xìng chāyì] 英 taxable temporary difference

将来価値 中 未来价值 [wèilái jiàzhí] 英 future value

将来キャッシュ・フロー 中 未来现金流量 [wèilái xiànjīn liúliàng] 英 future cash flow

将来キャッシュ・フロー割引現価法 中 未来现金流量折现法 [wèilái xiànjīn liúliàng zhéxiàn fǎ] 英 future cash flow discounted present value method

将来減算一時差異 中 可抵扣暂时性差异 [kě dǐkòu zànshí xìng chāyì] 英 deductible temporary difference

将来収益力 中 未来收益能力 [wèilái shōuyì nénglì] 英 future profitability

将来適用法 中 未来适用法 [wèilái shìyòng fǎ] 英 prospective application method

将来年度 中 未来年度 [wèilái niándù] 英 future years

将来の営業損失 中 未来的营业亏损 [wèilái de yíngyè kuīsǔn] 英 future operating losses

使用料 中 使用费 [shǐyòng fèi] 英 usage fee

使用料収入 中 使用费收入 [shǐyòng fèi shōurù] 英 usage revenue

条例 中 条例 [tiáolì] 英 regulations

奨励類企業 中 鼓励类企业 [gǔlì lèi qǐyè] 英 encouraged enterprises

奨励類産業 中 鼓励类产业 [gǔlì lèi chǎnyè] 英 encouraged industries

奨励類プロジェクト 中 鼓励类项目 [gǔlì lèi xiàngmù] 英 encouraged project

省レベル開発区 中 省级开发区 [shěngjí kāifā qū] 英 provincial level development zone

除外事項 中 保留事项 [bǎoliú shìxiàng] 英 exception

所轄官庁 中 主管机构 [zhǔguǎn jīgòu] 英 competent authority

初期投資 中 初始投资 [chūshǐ tóuzī] 英 initial investment

初期投資原価 中 初始投资成本 [chūshǐ tóuzī chéngběn] 英 initial investment cost

職員給与 中 职工薪水 [zhígōng xīnshuǐ] 英 employee salary

職業 中 职业 [zhíyè] 英 occupation

職業訓練 田 职业培训 [zhíyè péixùn] 英 job training
職業経歴 田 从业经历 [cóngyè jīnglì] 英 working experience
職業病 田 职业病 [zhíyè bìng] 英 occupational disease
職業倫理規則 田 职业道德规范 [zhíyè dàodé guīfàn] 英 professional ethics regulations
食事手当 田 误餐补助 [wùcān bǔzhù] 英 meal allowance
職責 田 职责 [zhízé] 英 job responsibility
職責及び権限 田 职责权限 [zhízé quánxiàn] 英 job responsibility and authority
職務権限規程 田 职责权限规章制度 [zhízé quánxiàn guīzhāng zhìdù] 英 job responsibility and authority rules
職務の分離 田 职务分离 [zhíwù fēnlí] 英 segregation of duties
職務分担表 田 职务分配表 [zhíwù fēnpèi biǎo] 英 segregation of duties list
職務を利用した横領 田 职务侵占 [zhíwù qīnzhàn] 英 misappropriation by using job authority
助成金 田 补助金 [bǔzhù jīn] 英 grant
女性従業員に対する特別保護 田 女职工特殊保护 [nǚ zhígōng tèshū bǎohù] 英 special protection for female employee
職権 田 职权 [zhíquán] 英 authority
ショッピング センター 田 购物中心 [gòuwù zhōngxīn] 英 shopping center
諸手当 田 津贴 [jīntiē] 英 various allowances
所得税 田 所得税 [suǒdé shuì] 英 income tax
所得税実効税率 田 所得税实际税率 [suǒdé shuì shíjì shuìlǜ] 英 effective income tax rate
所得税申告書 田 所得税申报表 [suǒdé shuì shēnbàobiǎo] 英 income tax return
所得税の計算 田 所得税核算 [suǒdé shuì hésuàn] 英 income tax calculation
所得の源泉 田 收入来源 [shōurù láiyuán] 英 source of income
所得の源泉地 田 收入来源地 [shōurù láiyuán dì] 英 source place of income
初度適用 田 首次采用 [shǒucì cǎiyòng] 英 first-time adoption
初度適用企業 田 首次执行的企业 [shǒucì zhíxíng de qǐyè] 英 first-time adopter
処分価格一覧表 田 处置价格一览表 [chǔzhì jiàgé yīlǎn biǎo] 英 disposal price list
処分グループ 田 处置资产组 [chǔzhì zīchǎn zǔ] 英 disposal group
処分コスト 田 处置成本 [chǔzhì chéngběn] 英 cost of disposal
処分時期 田 处置时间 [chǔzhì shíjiān] 英 disposal time
処分収入 田 处置收入 [chǔzhì shōurù] 英 disposal revenue
処分費用 田 处置费用 [chǔzhì fèiyòng] 英 disposal expense
処分品 田 处理品 [chǔlǐ pǐn] 英 obsolete goods
署名 田 签名 [qiānmíng] 英 signature
所有 田 所有 [suǒyǒu] 英 own
所有権 田 所有权 [suǒyǒu quán] 英 ownership
所有権移転ファイナンス・リース 田 转移所有权的金融租赁 [zhuǎnyí suǒyǒu quán de jīnróng zūlìn] 英 ownership transfer finance lease
所有権証書 田 所有权证书 [suǒyǒu quán zhèngshū] 英 ownership certificate
所有者 田 所有人 [suǒyǒu rén] 英 owner
所有者持分 田 所有者权益 [suǒyǒu zhě quányì] 英 owner's equity
所有者持分変動計算書 田 权益变动表 [quányì biàndòng biǎo] 英 statement of changes in equity
書類審査 田 审核文件 [shěnhé wénjiàn] 英 document review
書類番号 田 文件编号 [wénjiàn biānhào] 英 document number
書類名称 田 文件名称 [wénjiàn míngchēng] 英 document title
白地裏書 田 空白背书 [kōngbái bèishū] 英 blank endorsement
白地手形 田 空白票据 [kōngbái piàojù] 英 blank bill
資料 田 资料 [zīliào] 英 materials
仕訳 田 分录 [fēnlù] 英 journal entry
仕訳記入 田 分录记录 [fēnlù jìlù] 英 journal entry
仕訳帳 田 分录账 [fēnlù zhàng] 英 journal book
人員削減 田 人员缩减 [rényuán suōjiǎn] 英 curtailment of employee

新会社条例 中 新公司条例 [xīn gōngsī tiáolì] 英 New Company Ordinance

深加工結転 中 深加工结转 [shēn jiāgōng jiézhuǎn] 英 transference of products for downstream processing

新株の割当 中 配售新股 [pèishòu xīn gǔ] 英 allotment of new shares

新株発行 中 发行新股 [fāxíng xīn gǔ] 英 issue of new shares

新株発行権 中 新股发行权 [xīn gǔ fāxíng quán] 英 new share issue right

新株発行条件 中 新股发行条件 [xīn gǔ fāxíng tiáojiàn] 英 issue condition of new shares

新株発行費 中 新股发行费 [xīn gǔ fāxíng fèi] 英 issue expense of new shares

新株引受権 中 新股认购权 [xīn gǔ rèngòu quán] 英 share subscription right

新株予約権 中 新股预约权 [xīn gǔ yùyuē quán] 英 share acquisition right

新企業会計準則 中 新企业会计准则 [xīn qǐyè kuàijì zhǔnzé] 英 New Accounting Standards for Business Enterprises

新規顧客 中 新顾客 [xīn gùkè] 英 new customer

新業務範囲 中 新业务范围 [xīn yèwù fànwéi] new business scope

シングル サインオン 中 单点登录 [dāndiǎn dēnglù] 英 single sign-on

人件費 中 人事费 [rénshì fèi] 英 personnel expense

人口 中 人口 [rénkǒu] 英 population

新興市場 中 创业板 [chuàngyè bǎn] 英 growth enterprise market (GEM)

申告 中 申报 [shēnbào] 英 declaration

申告期限 中 申报期限 [shēnbào qīxiàn] 英 declaration deadline

申告書 中 申报表 [shēnbào biǎo] 英 declaration form

申告地 中 申报地点 [shēnbào dìdiǎn] 英 declaration location

申告内容 中 申报内容 [shēnbào nèiróng] 英 declaration content

申告納税額 中 纳税申报额 [nàshuì shēnbào é] 英 tax filing amount

申告納税期限 中 纳税申报期限 [nàshuì shēnbào qīxiàn] 英 tax filing deadline

申告納税地 中 纳税申报地 [nàshuì shēnbào dì] 英 tax filing location

申告納付 中 纳税申报并缴纳 [nàshuì shēnbào bìng jiǎonà] 英 tax filing payment

申告の延期 中 延期申报 [yánqī shēnbào] 英 postponement of tax filing

申告分離課税 中 分开申报纳税 [fēnkāi shēnbào nàshuì] 英 separate self-assessment taxation

審査 中 审查 [shěnchá] 英 review

人材交流サービス センター 中 人才交流服务中心 [réncái jiāoliú fúwù zhōngxīn] 英 personnel exchange service center

審査基準 中 审查标准 [shěnchá biāozhǔn] 英 review standard

審査許可機関 中 审查许可机构 [shěnchá xǔkě jīgòu] 英 review permission institution

審査許可制度 中 审查许可制度 [shěnchá xǔkě zhìdù] 英 review permission system

審査制度 中 审批制度 [shěnpī zhìdù] 英 review system

審査批准権限 中 审查批准权限 [shěnchá pīzhǔn quánxiàn] 英 review approval authority

人事管理システム 中 人力资源管理系统 [rénlì zīyuán guǎnlǐ xìtǒng] 英 human resource management system

人事局 中 人事局 [rénshì jú] 英 Human Resources Bureau

シンジケートローン 中 银团贷款 [yíntuán dàikuǎn] 英 syndicate loan

人事部 中 人事部 [rénshì bù] 英 human resources department

伸縮予算 中 弹性预算 [tánxìng yùsuàn] 英 flexible budget

新準則 中 新准则 [xīn zhǔnzé] 英 new accounting standards

申請 中 申请 [shēnqǐng] 英 application

申請及び分配 中 申请及分配 [shēnqǐng jí fēnpèi] 英 application and distribution

申請書 中 申请书 [shēnqǐng shū] 英 application form

申請人 中 申请人 [shēnqǐng rén] 英 applicant

新設合併 中 创立合并 [chuànglì hébìng] 英 merger for incorporation

新設分割 中 新设分立 [xīnshè fēnlì] 英 splitting company in incorporation

深圳証券取引所 中 深圳证券交易所 [shēnzhèn zhèngquàn jiāoyìsuǒ] 英 Shenzhen Stock Exchange

信託 中 信托 [xìntuō] 英 trust

信託管理人 中 基金托管人 [jījīn tuōguǎn rén] 英 fund trustee

信託業 中 信托业 [xìntuō yè] 英 trust industry

信託業務 中 信托业务 [xìntuō yèwù] 英 trust business

信託投資会社 中 信托投资公司 [xìntuō tóuzī gōngsī] 英 trust investment company

信託賠償準備金 中 信托赔偿准备 [xìntuō péicháng zhǔnbèi] 英 trust compensation reserve

慎重性 中 审慎 [shěnshèn] 英 prudence

進捗度 中 完工百分比 [wángōng bǎifēnbǐ] 英 percentage of completion

人的資源 中 人力资源 [rénlì zīyuán] 英 human recourse

人民元 中 人民币 [rénmínbì] 英 Renminbi (RMB)

人民元貸付 中 人民币贷款 [rénmínbì dàikuǎn] 英 Renminbi (RMB) loan

人民元為替相場制度 中 人民币汇率制度 [rénmínbì huìlǜ zhìdù] 英 Renminbi (RMB) exchange rate system

人民元為替レート 中 人民币汇率 [rénmínbì huìlǜ] 英 Renminbi (RMB) exchange rate

人民元切り上げ 中 人民币升值 [rénmínbì shēngzhí] 英 Renminbi (RMB) revaluation

人民元切り下げ 中 人民币贬值 [rénmínbì biǎnzhí] 英 Renminbi (RMB) devaluation

人民元経常項目 中 人民币经常项目 [rénmínbì jīngcháng xiàngmù] 英 Renminbi (RMB) current items

人民元決済口座 中 人民币结算资金账户 [rénmínbì jiésuàn zījīn zhànghù] 英 Renminbi (RMB) settlement account

人民元口座 中 人民币账户 [rénmínbì zhànghù] 英 Renminbi (RMB) account

人民元転 中 人民币结汇 [rénmínbì jiéhuì] 英 Renminbi (RMB) settlement

人民法院 中 人民法院 [rénmín fǎyuàn] 英 People's Court

信用格付 中 信用评级 [xìnyòng píngjí] 英 credit rating

信用貸付金 中 信用贷款 [xìnyòng dàikuǎn] 英 credit loan

信用状 中 信用证 [xìnyòng zhèng] 英 letter of credit (L/C)

信用状決済 中 信用证结算 [xìnyòng zhèng jiésuàn] 英 letter of credit (L/C) transaction

信用状発行依頼書 中 开证申请书 [kāizhèng shēnqǐng shū] 英 letter of credit (L/C) issue request form

信用状保証金 中 信用证保证金 [xìnyòng zhèng bǎozhèng jīn] 英 deposit for letter of credit

信用スプレッド 中 信贷利差 [xìndài lìchā] 英 credit spread

信用損失引当金 中 信用减值准备 [xìnyòng jiǎnzhí zhǔnbèi] 英 allowance for credit loss

信用調査機関 中 信用调查机构 [xìnyòng diàochá jīgòu] 英 credit reference agency

信用デリバティブ 中 信用衍生工具 [xìnyòng yǎnshēng gōngjù] 英 credit derivative

信用取引 中 信用交易 [xìnyòng jiāoyì] 英 credit transaction

信用評価機構 中 信用评估机构 [xìnyòng pínggū jīgòu] 英 credit evaluation agency

信用保険 中 信用保险 [xìnyòng bǎoxiǎn] 英 credit insurance

信用リスク 中 信用风险 [xìnyòng fēngxiǎn] 英 credit risk

信用リスク特性 中 信用风险特征 [xìnyòng fēngxiǎn tèzhēng] 英 credit risk characteristic

信用リスクプレミアム 中 信用风险溢价 [xìnyòng fēngxiǎn yìjià] 英 credit risk premium

信頼性 中 可靠性 [kěkào xìng] 英 reliability

進料加工 中 进料加工 [jìnliào jiāgōng] 英 processing with imported materials

進料加工免税証明書 中 进料加工免税证明 [jìnliào jiāgōng miǎnshuì zhèngmíng] 英 tax exemption certificate of processing with imported materials

す

水産省 中 水利部 [shuǐlì bù] 英 Ministry of Water Resource

水準 中 水平 [shuǐpíng] 英 level

垂直的合併買収 ㊥ 垂直并购 [chuízhí bìnggòu] ㊧ vertical merger and acquisition (M&A)

スイッチング ハブ ㊥ 集线器 [jíxiàn qì] ㊧ switching hub

推定課税 ㊥ 核定征税 [hédìng zhēngshuì] ㊧ presumptive taxation

推定誤謬 ㊥ 推断误差 [tuīduàn wùchā] ㊧ constructive error

推定債務 ㊥ 推定义务 [tuīdìng yìwù] ㊧ constructive obligation

推定配当 ㊥ 推定股息 [tuīdìng gǔxī] ㊧ constructive dividend

推定利益 ㊥ 推定利润 [tuīdìng lìrùn] ㊧ presumptive income

推定利益課税 ㊥ 推定利润征税 [tuīdìng lìrùn zhēngshuì] ㊧ presumptive profit taxation

推定利益課税方式 ㊥ 核定利润征税方式 [hédìng lìrùn zhēngshuì fāngshì] ㊧ measure for presumptive profit taxation

出納 ㊥ 出纳 [chūnà] ㊧ receipts and disbursement

出納係 ㊥ 出纳员 [chūnà yuán] ㊧ teller

水道光熱費 ㊥ 水电费 [shuǐdiàn fèi] ㊧ utilities expense

出納帳 ㊥ 出纳账 [chūnà zhàng] ㊧ cashbook

水利業 ㊥ 水利业 [shuǐlì yè] ㊧ water resource industry

趨勢百分率 ㊥ 趋势百分比 [qūshì bǎifēn bǐ] ㊧ trend percentage

趨勢比率 ㊥ 趋势比率 [qūshì bǐlǜ] ㊧ trend rate

趨勢分析 ㊥ 趋势分析 [qūshì fēnxī] ㊧ trend analysis

数理計算上の仮定 ㊥ 精算假设 [jīngsuàn jiǎshè] ㊧ actuarial assumptions

数理計算上の差異 ㊥ 精算损益 [jīngsuàn sǔnyì] ㊧ actuarial gains and losses

数量制限措置 ㊥ 采取数量限制措施 [cǎiqǔ shùliàng xiànzhì cuòshī] ㊧ quantitative restriction

据置 ㊥ 不变 [bùbiàn] ㊧ deferred

据付 ㊥ 安装 [ānzhuāng] ㊧ installation

据付原価 ㊥ 安装成本 [ānzhuāng chéngběn] ㊧ installation cost

据付費 ㊥ 安装费 [ānzhuāng fèi] ㊧ installation expense

据付料収入 ㊥ 安装费收入 [ānzhuāng fèi shōurù] ㊧ installation revenue

スキャナ ㊥ 扫描仪 [sǎomiáo yí] ㊧ scanner

スクラップ ㊥ 废料 [fèiliào] ㊧ scrap

スケジューリング ㊥ 期间分类 [qījiān fēnlèi] ㊧ scheduling

スタグフレーション ㊥ 滞胀 [zhìzhàng] ㊧ stagflation

スタンドバイ クレジット ㊥ 备用信贷 [bèiyòng xìndài] ㊧ standby credit

スチュワードシップ ㊥ 管理人的职位及职责 [guǎnlǐ rén de zhíwèi jí zhízé] ㊧ stewardship

ストック・オプション ㊥ 股份期权 [gǔfèn qīquán] ㊧ stock option

ストレージ ㊥ 存储器 [cúnchǔ qì] ㊧ storage

ストレステスト ㊥ 强度测试 [qiángdù cèshì] ㊧ stress test

スパムメール ㊥ 垃圾邮件 [lājī yóujiàn] ㊧ spam mail

スピンオフ ㊥ 折分公司 [zhéfēn gōngsī] ㊧ spin-off

スプレッド ㊥ 买卖价差 [mǎimài jiàchā] ㊧ bid and ask spread

スマートフォン ㊥ 智能手机 [zhìnéng shǒujī] ㊧ smart phone

スワップ ㊥ 互换 [hùhuàn] ㊧ swap

スワップ契約 ㊥ 掉期合同 [diàoqī hétóng] ㊧ swap contract

せ

税額 ㊥ 税额 [shuì é] ㊧ tax amount

税額控除 ㊥ 抵扣税额 [dǐkòu shuì é] ㊧ tax credit

税額控除証憑 ㊥ 免税凭证 [miǎnshuì píngzhèng] ㊧ tax deduction voucher

税額控除用領収書 ㊥ 税款抵扣联 [shuìkuǎn dǐkòu lián] ㊧ receipt for tax deduction

正確性 ㊥ 准确性 [zhǔnquè xìng] ㊧ accuracy

税額納付の延期申請 ㊥ 税款延期申请 [shuìkuǎn yánqī shēnqǐng] ㊧ postpone application of tax payment

税額の控除 中 税收扣除 [shuìshōu kòuchú] 英 tax deduction

税関 中 海关 [hǎiguān] 英 custom office

税関移管貨物 中 转关货物 [zhuǎn guān huòwù] 英 custom transfer cargo

税関監督管理期間 中 海关监管年限 [hǎiguān jiān guǎn niánxiàn] 英 customs supervision period

税関申告 中 海关申报 [hǎiguān shēnbào] 英 customs declaration

税関総署 中 海关总署 [hǎiguān zǒngshǔ] 英 General Administration of Customs

税関代理徴収 中 海关代征 [hǎiguān dàizhēng] 英 customs levy

税関通関証明書 中 海关报关证明 [hǎiguān bàoguān zhèngmíng] 英 customs clearance certificate

税関手続 中 通关手续 [tōngguān shǒuxù] 英 customs procedure

税関特別監督管理区域 中 海关特殊监管区域 [hǎiguān tèshū jiān guǎn qūyù] 英 customs special supervision and management area

税関による監督管理 中 海关监管 [hǎiguān jiān guǎn] 英 customs supervision and management

税還付政策 中 退税政策 [tuìshuì zhèngcè] 英 tax refund policy

税関輸入増値税代理徴収 中 海关代征进口増値税 [hǎiguān dàizhēng jìnkǒu zēngzhí shuì] 英 customs levy of the import value added tax

税関輸入増値税納付書 中 海关进口増値税缴款书 [hǎiguān jìnkǒu zēngzhí shuì jiǎokuǎn shū] 英 customs import value added tax payment notice

請求書 中 付款通知书 [fùkuǎn tōngzhī shū] 英 invoice

税金 中 税金 [shuìjīn] 英 tax

税金が罰金よりも優先されること 中 税收优先于罚款 [shuìshōu yōuxiān yú fákuǎn] 英 tax with higher priority than fine

税金還付 中 退税 [tuìshuì] 英 tax refund

税金計算根拠 中 计税依据 [jìshuì yījù] 英 tax calculation basis

税金詐取 中 骗税 [piànshuì] 英 tax fraud

税金徴収 中 税款征收 [shuìkuǎn zhēngshōu] 英 tax levy

税金徴収コントロールシステム 中 税控装置 [shuìkòng zhuāngzhì] 英 tax levy control system

税金の委託徴収 中 委托征收税款 [wěituō zhēngshōu shuìkuǎn] 英 tax commission levy

税金の減免 中 税收减免 [shuìshōu jiǎnmiǎn] 英 tax reduction and exemption

税金の追加納付 中 补缴税款 [bǔjiǎo shuìkuǎn] 英 additional payment of tax

税金の半減徴収 中 减半征收 [jiǎnbàn zhēngshōu] 英 half-levy of tax

税金の分配対象 中 分享范围 [fēnxiǎng fànwéi] 英 distribution subject of tax

税金の分配比率 中 分享比例 [fēnxiǎng bǐlì] 英 distribution rate of tax

税金の免除 中 免征税款 [miǎnzhēng shuìkuǎn] 英 tax exemption

税金費用 中 税收成本 [shuìshōu chéngběn] 英 tax expense

税金未納過少納付 中 未缴或者少缴税款 [wèijiāo huòzhě shǎojiāo shuìkuǎn] 英 unpaid or under-payment of tax

税額を還付（免除）できない貨物 中 不予退（免）税货物 [bù yǔtuì (miǎn) shuì huòwù] 英 non-refund (exemption) goods

制限 中 限制 [xiànzhì] 英 restriction

制限株式 中 限制性股票 [xiànzhì xìng gǔpiào] 英 restricted share

税源浸食と利益移転 中 税基侵蚀和利润转移 [shuìjī qīnshí hé lìrùn zhuǎnyí] 英 Base Erosion and Profit Shifting (BEPS)

制限納税義務者 中 限制类纳税义务人 [xiànzhì lèi nàshuì yìwù rén] 英 restricted tax payer

制限類項目 中 限制类项目 [xiànzhì lèi xiàngmù] 英 restricted items

税効果 中 所得税影响 [suǒdé shuì yǐngxiǎng] 英 tax effect

税効果会計 中 纳税影响会计法 [nàshuì yǐngxiǎng kuàijì fǎ] 英 tax effect accounting

税込 中 含税 [hánshuì] 英 tax included

税込売上額 中 含税销售额 [hánshuì xiāoshòu é] 英 sales amount including tax

税込価格 中 含税价格 [hánshuì jiàgé] 英 tax-included price

精査 中 详细审计 [xiángxì shěnjì] 英 detailed audit

政策性貸付金 中 政策性贷款 [zhèngcè xìng dàikuǎn] 英 policy-related loan

清算 中 清算 [qīngsuàn] 英 liquidation
生産 中 生产 [shēngchǎn] 英 produce
清算案 中 清算方案 [qīngsuàn fāng àn] 英 liquidation plan
清算委員会 中 清算委员会 [qīngsuàn wěiyuán huì] 英 liquidation committee
清算会社 中 清算企业 [qīngsuàn qǐyè] 英 liquidated corporation
生産型企業 中 生产型企业 [shēngchǎn xíng qǐyè] 英 manufacturing enterprises
清算価値法 中 清算价格法 [qīngsuàn jiàgé fǎ] 英 liquidation value method
清算監査 中 清算审计 [qīngsuàn shěnjì] 英 liquidation audit
生産管理ソフト 中 生产管理软件 [shēngchǎn guǎnlǐ ruǎnjiàn] 英 production management software
清算組 中 清算组 [qīngsuàn zǔ] 英 liquidation group
生産計画 中 生产计划 [shēngchǎn jìhuà] 英 production plans
生産原価 中 生产成本 [shēngchǎn chéngběn] 英 production cost
清算験資 中 清产核资 [qīngchǎn hézī] 英 capital verification of liquidation
生産工程 中 生产流程 [shēngchǎn liúchéng] 英 production process
生産工程図 中 生产流程图 [shēngchǎn liúchéng tú] 英 production process diagram
清算財産 中 清算财产 [qīngsuàn cáichǎn] 英 liquidation property
清算財務諸表 中 清算会计报表 [qīngsuàn kuàijì bàobiǎo] 英 liquidation financial statement
清算資産 中 清算资产 [qīngsuàn zījǐn] 英 liquidation assets
清算準備金 中 清算备付金 [qīngsuàn bèifù jīn] 英 liquidation reserve
清算所得 中 清算所得 [qīngsuàn suǒdé] 英 liquidation income
清算申告書 中 清单申报 [qīngdān shēnbào] 英 liquidation application
生産性企業 中 生产性企业 [shēngchǎn xìng qǐyè] 英 production enterprises
生産設備 中 生产设备 [shēngchǎn shèbèi] 英 production facility

生産高比例法 中 工作量法 [gōngzuò liàng fǎ] 英 units of production (UOP) method
清算手続 中 清算程序 [qīngsuàn chéngxù] 英 liquidation procedure
清算配当 中 清算股利 [qīngsuàn gǔlì] 英 liquidating dividends
清算費用 中 清算费用 [qīngsuàn fèiyòng] 英 liquidation expense
清算報告書 中 清算报告 [qīngsuàn bàogào] 英 liquidation report
生産予算 中 生产预算 [shēngchǎn yùsuàn] 英 production budget
生産流動資金 中 生产流动资金 [shēngchǎn liúdòng zījīn] 英 production liquid fund
税収 中 税收 [shuìshōu] 英 tax revenue
税収強制執行決定書 中 税收强制执行决定书 [shuìshōu qiángzhì zhíxíng juédìng shū] 英 tax compulsory execution decision
税収計画 中 税务计划 [shuìwù jìhuà] 英 tax plan
税収年度 中 税收年度 [shuìshōu niándù] 英 tax fiscal year
税収納付領収書 中 纳税证明 [nàshuì zhèngmíng] 英 tax payment receipt
税収の調節機能 中 税收杠杆 [shuìshōu gànggǎn] 英 regulatory function of tax
税収負担 中 税负 [shuìfù] 英 tax burden
税収保全措置決定書 中 税收保全措施决定书 [shuìshōu bǎoquán cuòshī juédìng shū] 英 tax conservation decision
正常営業循環基準 中 正常营业周期基准 [zhèngcháng yíngyè zhōuqī jīzhǔn] 英 normal operating cycle rule
正常価値 中 正常价值 [zhèngcháng jiàzhí] 英 normal value
正常利益率 中 正常利润率 [zhèngcháng lìrùn lǜ] 英 normal profit rate
税制 中 税制 [shuìzhì] 英 tax system
税制改革 中 税制改革 [shuìzhì gǎigé] 英 tax reform
税制上の優遇措置 中 税收优惠措施 [shuìshōu yōuhuì cuòshī] 英 tax preference
税制非適格ストック・オプション 中 不符合税法规定的股份期权 [bù fúhé shuìfǎ guīdìng de gǔfèn qīquán] 英 tax non-qualified stock option
製造及び販売 中 制造及销售 [zhìzào jí

xiāoshòu] 英 manufacturing and distribution

製造間接費 中 间接制造成本 [jiānjiē zhìzào chéngběn] 英 manufacturing overhead

製造業 中 制造业 [zhìzào yè] 英 manufacturing industry

製造原価 中 制造成本 [zhìzào chéngběn] 英 cost of goods manufactured (CGM)

製造指図書 中 生产指示单 [shēngchǎn zhǐshì dān] 英 production instruction order

製造者 中 厂家 [chǎngjiā] 英 manufacturer

製造直接費 中 直接制造费用 [zhíjiē zhìzào fèiyòng] 英 manufacturing direct cost

製造問屋 中 制造批发商 [zhìzào pīfā shāng] 英 manufacturing wholesaler

製造費用 中 制造费用 [zhìzào fèiyòng] 英 manufacturing cost

製造部検査員 中 制造部检查员 [zhìzào bù jiǎnchá yuán] 英 manufacture department inspector

製造部作業員 中 制造部作业员 [zhìzào bù zuòyè yuán] 英 manufacture department operator

製造部荷受人員 中 制造部收货人员 [zhìzào bù shōuhuò rényuán] 英 manufacture department receiver

製造部門 中 制造部门 [zhìzào bùmén] 英 manufacture department

成長潜在力 中 增长潜力 [zēngzhǎng qiánlì] 英 growth potential

成長戦略 中 成长战略 [chéngzhǎng zhànlüè] 英 growth strategy

成長率 中 增长率 [zēngzhǎng lǜ] 英 growth rate

正当の注意 中 应有的关注 [yīngyǒu de guānzhù] 英 due diligence

制度資産 中 计划资产 [jìhuà zīchǎn] 英 plan assets

制度資産（従業員給付制度の） 中 计划资产（员工福利计划）[jìhuà zīchǎn (yuángōng fúlì jìhuà)] 英 plan assets (of an employee benefit plan)

制度資産に係る収益（従業員給付制度の） 中 计划资产收益（员工福利计划）[jìhuà zīchǎn shōuyì (yuángōng fúlì jìhuà)] 英 return on plan assets (of an employee benefit plan)

税引後営業利益 中 税后净营业利润 [shuìhòu jìng yíngyè lìrùn] 英 net operating profit after tax (NOPAT)

税引後利益 中 税后净利润 [shuìhòu jìng lìrùn] 英 net profit after tax (NPAT)

税引販売額 中 不含税销售额 [bù hánshuì xiāoshòu é] 英 sales after tax

税引前当期純利益 中 税前本期净利润 [shuìqián běnqī jìng lìrùn] 英 net income before tax

製品原価 中 产品成本 [chǎnpǐn chéngběn] 英 cost of product

製品製造原価 中 产品制造成本 [chǎnpǐn zhìzào chéngběn] 英 cost of products manufactured

製品入庫票 中 产成品入库单 [chǎnchéng pǐn rùkù dān] 英 stock receiving note

製品品質保証 中 产品质量保证 [chǎnpǐn zhìliàng bǎozhèng] 英 product quality assurance

製品別原価計算 中 产品别成本核算 [chǎnpǐn bié chéngběn hésuàn] 英 cost accounting by product

製品保証引当金 中 产品质量担保准备金 [chǎnpǐn zhìliàng dānbǎo zhǔnbèi jīn] 英 allowance for product warranties

製品輸出企業 中 产品出口企业 [chǎnpǐn chūkōu qǐyè] 英 export enterprise

製品ライフサイクル 中 产品生命周期 [chǎnpǐn shēngmìng zhōuqī] 英 product life cycle

政府 中 政府 [zhèngfǔ] 英 government

政府援助 中 政府援助 [zhèngfǔ yuánzhù] 英 government assistance

政府間協定 中 政府间协议 [zhèngfǔ jiān xiéyì] 英 intergovernmental agreement (IGA)

政府関連企業 中 政府关联企业 [zhèngfǔ guānlián qǐyè] 英 government related entity

政府関連基金 中 政府关联基金 [zhèngfǔ guānlián jījīn] 英 government related fund

政府債券 中 政府债券 [zhèngfǔ zhàiquàn] 英 government bond

政府指定価格 中 政府定价 [zhèngfǔ dìngjià] 英 government specified price

政府性基金 中 政府性基金 [zhèngfǔ xìng jījīn] 英 government related fund

西部大開発 中 西部大开发 [xībù dà kāifā] 英 western development

西部地区優遇政策 中 西部大开发税收优惠政策 [xībù dà kāifā shuìshōu yōuhuì zhèngcè] 英 preferential policy of western district

生物資産 中 生物资产 [shēngwù zīchǎn] 英 biological assets

政府補助金 中 政府补助金 [zhèngfǔ bǔzhù jīn] 英 government subsidy

税法 ㊥ 税法 [shuìfǎ] ㊡ tax law

税前控除 ㊥ 税前扣除 [shuìqián kòuchú] ㊡ pre-tax deduction

税務 ㊥ 税务 [shuìwù] ㊡ tax matters

税務違法案件 ㊥ 税务违法案件 [shuìwù wéifǎ ànjiàn] ㊡ tax illegal matter

税務監査 ㊥ 税务审计 [shuìwù shěnjì] ㊡ tax audit

税務管理 ㊥ 税务管理 [shuìwù guǎnlǐ] ㊡ tax management

税務機関 ㊥ 税务机关 [shuìwù jīguān] ㊡ tax authorities

税務基準額 ㊥ 计税基础 [jìshuì jīchǔ] ㊡ tax base

税務行政処罰決定書 ㊥ 税务行政处罚决定书 [shuìwù xíngzhèng chǔfá juédìng shū] ㊡ tax administration punishment decision

税務行政不服申し立て ㊥ 税务行政复议 [shuìwù xíngzhèng fùyì] ㊡ tax administration appeal

税務業務 ㊥ 税务业务 [shuìwù yèwù] ㊡ tax service

税務局 ㊥ 税务局 [shuìwù jú] ㊡ tax bureau

税務検査証 ㊥ 税务检查证 [shuìwù jiǎnchá zhèng] ㊡ tax inspection certificate

税務コンプライアンス ㊥ 税务合规 [shuìwù héguī] ㊡ tax compliance

税務職員 ㊥ 税务人员 [shuìwù rényuán] ㊡ tax officials

税務処分決定書 ㊥ 税务处理决定书 [shuìwù chǔlǐ juédìng shū] ㊡ tax treatment decisions

税務申告書 ㊥ 税务申报表 [shuìwù shēnbào biǎo] ㊡ tax return

税務申告チェックリスト ㊥ 税务申报检查表 [shuìwù shēnbào jiǎnchá biǎo] ㊡ tax return check list

税務訴訟 ㊥ 税务诉讼 [shuìwù sùsòng] ㊡ tax suit

税務調査 ㊥ 税务检查 [shuìwù jiǎnchá] ㊡ tax investigation

税務調査専門官 ㊥ 税务检查人员 [shuìwù jiǎnchá rényuán] ㊡ tax investigation specialist officer

税務調査通知書 ㊥ 税务检查通知书 [shuìwù jiǎnchá tōngzhī shū] ㊡ tax investigation notice

税務調整 ㊥ 纳税调整 [nàshuì tiáozhěng] ㊡ tax adjustment

税務デューデリジェンス ㊥ 税务尽职调查 [shuìwù jìnzhí diàochá] ㊡ tax due diligence

税務登記 ㊥ 税务登记 [shuìwù dēngjì] ㊡ tax registration

税務登記証 ㊥ 税务登记证 [shuìwù dēngjì zhèng] ㊡ tax registration certificate

税務当局 ㊥ 税务机构 [shuìwù jīgòu] ㊡ tax authorities

税務文書 ㊥ 税务文书 [shuìwù wénshū] ㊡ tax document

生命保険 ㊥ 人寿保险 [rénshòu bǎoxiǎn] ㊡ life insurance

生命保険責任準備金 ㊥ 寿险责任准备金 [shòuxiǎn zérèn zhǔnbèi jīn] ㊡ life insurance reserves

生命保険料 ㊥ 人寿保险费 [rénshòu bǎoxiǎn fèi] ㊡ life insurance premium

税目 ㊥ 税种 [shuìzhǒng] ㊡ items of taxation

制約理論 ㊥ 限制理论 [xiànzhì lǐlùn] ㊡ theory of constraints (TOC)

整理 ㊥ 清理 [qīnglǐ] ㊡ arrangement

税理士 ㊥ 税务师 [shuìwù shī] ㊡ tax accountant

税率 ㊥ 税率 [shuìlǜ] ㊡ tax rate

セーフハーバー ㊥ 安全港 [ānquán gǎng] ㊡ safe harbor

セーフハーバー規則 ㊥ 安全港规则 [ānquán gǎng guīzé] ㊡ safe harbor provision

セールアンドリースバック ㊥ 售后租回 [shòuhòu zūhuí] ㊡ sale and leaseback transaction

世界銀行 ㊥ 世界银行 [shìjiè yínháng] ㊡ world bank

世界貿易機関 ㊥ 世界贸易组织 [shìjiè màoyì zǔzhī] ㊡ World Trade Organization (WTO)

セカンダリー上場 ㊥ 第二上市 [dìèr shàngshì] ㊡ secondary listing

積載量 ㊥ 载重量 [zàizhòng liàng] ㊡ load capacity

積送品 ㊥ 托运物资 [tuōyùn wùzī] ㊡ consignment out

責任者 ㊥ 负责人 [fùzé rén] ㊡ responsible person

責任の分離 ㊥ 责任划分 [zérèn huàfēn] ㊡ separation of responsibility

石油天然ガス資産 ㊥ 油气资产 [yóuqì zīchǎn] ㊡ oil and natural gas assets

セキュリティ ㊥ 安全 [ānquán] ㊡ security

セキュリティ指針 ㊥ 安全指南 [ānquán zhǐnán] ㊡ security guidelines

セキュリティ ホール 甲 安全漏洞 [ānquán lòudòng] 英 security hole

セキュリティ ポリシー 甲 安全策略 [ānquán cèlüè] 英 security policy

セグメント売上高 甲 分部销售额 [fēnbù xiāoshòu é] 英 segmental sales

セグメント会計 甲 分部会计 [fēnbù kuàijì] 英 segment accounting

セグメント管理者 甲 分部经理 [fēnbù jīnglǐ] 英 segment management personnel

セグメント情報 甲 分部信息 [fēnbù xìnxī] 英 segment information

セグメント別報告 甲 分部报告 [fēnbù bàogào] 英 segment reporting

セグメント利益 甲 分部利润 [fēnbù lìrùn] 英 segment margin

是正措置 甲 改进措施 [gǎijìn cuòshī] 英 corrective action

是正命令 甲 责令改正 [zélìng gǎizhèng] 英 corrective order

積極的納税計画 甲 激进性税收安排 [jījìn xing shuìshōu ānpái] 英 aggressive tax planning

設計監理 甲 设计监理 [shèjì jiānlǐ] 英 design supervision

節税 甲 节税 [jiéshuì] 英 tax saving

接待費 甲 招待费 [zhāodài fèi] 英 entertainment expense

Ｚビザ 甲 就业签证 [jiùyè qiānzhèng] 英 Z visa

設備 甲 设备 [shèbèi] 英 equipment

設備改良 甲 设备改良 [shèbèi gǎiliáng] 英 capital improvement

設備稼働率 甲 设备稼动率 [shèbèi jiàdòng lǜ] 英 capacity utilization

設備投資 甲 设备投资 [shèbèi tóuzī] 英 capital investment

説明 甲 说明 [shuōmíng] 英 description

設立 甲 设立 [shèlì] 英 establishment

設立験資 甲 设立验资 [shèlì yànzī] 英 establishment and capital verification

設立準備期間 甲 筹备期间 [chóubèi qījiān] 英 preparation period for establishment

セミナー 甲 研讨会 [yántǎo huì] 英 seminar

セルフ アセスメント 甲 自我评价 [zìwǒ píngjià] 英 self-assessment

ゼロベース予算 甲 零基预算 [língjī yùsuàn] 英 zero-based budget

前会計年度 甲 上一会计年度 [shàng yī kuàijì niándù] 英 previous fiscal year

全額出資子会社 甲 全资子公司 [quánzī zǐgōngsī] 英 wholly-owned subsidiary

前期 甲 前期 [qiánqī] 英 previous period

前期繰越 甲 前期结转 [qiánqī jiézhuǎn] 英 previous period carried forward

前期損益修正益 甲 前期损益调整收益 [qiánqī sǔnyì tiáozhěng shōuyì] 英 gain from prior period adjustment

前期損益修正損 甲 前期损益调整损失 [qiánqī sǔnyì tiáozhěng sǔnshī] 英 loss from prior period adjustment

専業発票 甲 专业发票 [zhuānyè fāpiào] 英 specialized invoice

専項申告 甲 专项申报 [zhuānxiàng shēnbào] 英 specific filing

全国人民代表大会 甲 全国人民代表大会 [quánguó rénmín dàibiǎo dàhuì] 英 National People's Congress

潜在義務 甲 潜在义务 [qiánzài yìwù] 英 potential obligation

潜在的議決権 甲 潜在表决权 [qiánzài biǎojué quán] 英 potential voting right

潜在的普通株式 甲 潜在普通股 [qiánzài pǔtōng gǔ] 英 potential ordinary share

潜在能力 甲 潜力 [qiánlì] 英 potential ability

全社資産 甲 企业总资产 [qǐyè zǒng zīchǎn] 英 corporate assets

全社的IT統制 甲 公司层面的IT控制 [gōngsī céngmiàn de IT kòngzhì] 英 IT entity level control (ITELC)

全社的内部統制 甲 企业层面控制 [qǐyè céngmiàn kòngzhì] 英 entity level control

先進技術企業 甲 先进技术企业 [xiānjìn jìshù qǐyè] 英 advanced technology enterprise

宣伝 甲 宣传 [xuānchuán] 英 advertising

前年度 甲 上一年度 [shàng yī niándù] 英 preceding fiscal year

船舶 甲 船舶 [chuánbó] 英 vessels

船舶運輸業務 甲 船舶运输业务 [chuánbó yùnshū

yèwù] 英 ship transportation service

船舶税 甲 船舶税 [chuánbó shuì] 英 shipping tax

船舶トン暫定税 甲 船舶吨暂行税 [chuánbó dūn zànxíng shuì] 英 vessel tonnage provisional tax

船舶トン税 甲 船舶吨税 [chuánbó dūn shuì] 英 vessel tonnage tax

全般質問書 甲 总体情况调查表 [zǒngtǐ qíngkuàng diàochá biǎo] 英 general questionnaire

全面的公開の原則 甲 全面披露原则 [quánmiàn pīlù yuánzé] 英 principle of full disclosure

専門家 甲 专家 [zhuānjiā] 英 expert

専用借入金 甲 专项借款 [zhuānxiàng jièkuǎn] 英 specific loans payable

専用交付金 甲 专项拨款 [zhuānxiàng bōkuǎn] 英 specific appropriation

専用材料 甲 专用材料 [zhuānyòng cáiliào] 英 exclusive materials

専用設備 甲 专用设备 [zhuānyòng shèbèi] 英 exclusive equipment

専用線 甲 专用网络 [zhuānyòng wǎngluò] 英 private network

専用納付書 甲 专用缴款书 [zhuānyòng jiǎokuǎn shū] 英 exclusive statement of payment

専用発票 甲 专用发票 [zhuānyòng fāpiào] 英 special invoice

専利資産評価指導意見 甲 专利资产评估指导意见 [zhuānlì zīchǎn pínggū zhǐdǎo yìjiàn] 英 instruction and opinion of patent asset evaluation

戦略的原価管理 甲 战略成本管理 [zhànlüè chéngběn guǎnlǐ] 英 strategic cost management

戦略投資家 甲 战略投资家 [zhànlüè tóuzī jiā] 英 strategic investor

そ

variance

送金 甲 汇款 [huìkuǎn] 英 remittance

送金通知書 甲 汇款通知单 [huìkuǎn tōngzhī dān] 英 remittance notice

送金伝票 甲 汇款传票 [huìkuǎn chuánpiào] 英 remittance slip

送金人 甲 汇款人 [huìkuǎn rén] 英 remitter

総経理 甲 总经理 [zǒng jīnglǐ] 英 general manager

総原価 甲 总成本 [zǒng chéngběn] 英 overall cost

倉庫 甲 仓库 [cāngkù] 英 warehouse

総合課税 甲 综合证税 [zōnghé zhèngshuì] 英 comprehensive income taxation

総合口座 甲 综合账户 [zōnghé zhànghù] 英 multiple purpose bank account

総合的な国力 甲 综合国力 [zōnghé guólì] 英 overall national strength

総合的なポジション 甲 整体持仓 [zhěngtǐ chícāng] 英 overall position

総合納税制度 甲 综合纳税制度 [zōnghé nàshuì zhìdù] 英 comprehensive taxation system

総合能率指標 甲 综合效益指标 [zōnghé xiàoyì zhǐbiāo] 英 overall efficiency indicator

総合保税区 甲 综合保税区 [zōnghé bǎoshuì qū] 英 general Free Trade Zone

そ

総請負人 甲 总承包人 [zǒng chéngbāo rén] 英 general contractor

総売上高 甲 总销售额 [zǒng xiāoshòu é] 英 gross sales

総運転資本 甲 总营运资本 [zǒng yíngyùn zīběn] 英 gross working capital

総会計師 甲 总会计师 [zǒng kuàijì shī] 英 general accountant

増加価値 甲 增加值 [zēngjiā zhí] 英 increased value

総括表 甲 汇总表 [huìzǒng biǎo] 英 summary chart

総勘定元帳 甲 总账 [zǒngzhàng] 英 general ledger (G/L)

相関性 甲 相关性 [xiāngguān xìng] 英 relevance

総機構の管理費 甲 总部管理费 [zǒngbù guǎnlǐ fèi] 英 head office's management fee

早期退職率 甲 提前退休比率 [tíqián tuìxiū bǐlǜ] 英 early retirement rate

早期適用 甲 提前采用 [tíqián cǎiyòng] 英 early adoption

操業停止損失 甲 停工损失 [tíng gōng sǔnshī] 英 shutdown loss

操業度 甲 产能利用率 [chǎnnéng lìyòng lǜ] 英 capacity utilization

操業度差異 甲 生产能力利用率差异 [shēngchǎn nénglì lìyòng lǜ chàyì] 英 capacity utilization

総合予算 中 综合预算 [zōnghé yùsuàn] 英 overall budget

相互会社 中 互助保险公司 [hùzhù bǎoxiǎn gōngsī] 英 mutual entity

相互協議 中 关税互惠协议 [guānshuì hùhuì xiéyì] 英 mutual agreement

倉庫証書 中 存仓证明书 [cúncāng zhèngmíng shū] 英 warehouse certificate

相互配賦法 中 交互分配法 [jiāohù fēnpèi fǎ] 英 mutual allocation method

倉庫費 中 仓储费 [cāngchú fèi] 英 storage expense

倉庫保管契約書 中 仓储保管合同 [cāngchú bǎoguǎn hétóng] 英 storage contract

倉庫保管料 中 仓库保管费 [cāngkù bǎoguǎn fèi] 英 warehouse fee

相殺 中 相抵 [xiāngdǐ] 英 offset

相殺権 中 抵销权 [dǐxiāo quán] 英 offset right

相殺する 中 冲减 [chōngjiǎn] 英 offset

操作規定 中 操作规定 [cāozuò guīdìng] 英 operational rules

操作柔軟性 中 操作弹性 [cāozuò fánxìng] 英 operational flexibility

操作手順 中 操作程序 [cāozuò chéngxù] 英 operating procedure

増資 中 增资扩股 [zēngzī kuògǔ] 英 capital increase

増資協議書（契約書） 中 增资协议 [zēngzī xiéyì] 英 capital increase agreement

総資産 中 总资产 [zǒng zīchǎn] 英 total assets

総資産回転率 中 总资产周转率 [zǒng zīchǎn zhōuzhuǎn lǜ] 英 turnover of total assets

総資産利益率 中 总资产报酬率 [zǒng zīchǎn bàochóu lǜ] 英 return on asset (ROA)

総資本 中 总资本 [zǒng zīběn] 英 total capital

総資本額 中 资本总额 [zīběn zǒng é] 英 total capital amount

贈収賄 中 行受贿 [xíngshòu huì] 英 bribery

増税 中 增税 [zēngshuì] 英 tax increase

相続権公証書 中 继承权公证书 [jìchéng quán gōngzhèng shū] 英 inheritance right notarial deed

相対的支配 中 相对控股 [xiāngduì kòng gǔ] 英 relatively control

総代表 中 总代表 [zǒng dàibiǎo] 英 chief representative

総代表処 中 总代表处 [zǒng dàibiǎo chù] 英 general representative office

装置産業 中 装备制造业 [zhuāngbèi zhìzào yè] 英 equipment manufacturing industry

増値税 中 增值税 [zēngzhí shuì] 英 value added tax (VAT)

増値税一般納税者 中 增值税一般纳税人 [zēngzhí shuì yībān nàshuì rén] 英 value added tax (VAT) general tax payer

増値税改革 中 增值税改革 [zēngzhí shuì gǎigé] 英 value added tax (VAT) reform

増値税改革パイロットプログラム 中 增值税改革试点方案 [zēngzhí shuì gǎigé shìdiǎn fāng àn] 英 value added tax (VAT) transformational pilot program

増値税課税取引 中 增值税应税交易 [zēngzhí shuì yìngshuì jiāoyì] 英 value added tax (VAT) taxable transaction

増値税還付（免除）制度 中 增值税退税（免税）政策 [zēngzhí shuì tuìshuì (miǎnshuì) zhèngcè] 英 value added tax (VAT) refund (exemption) system

増値税還付率 中 增值税退税率 [zēngzhí shuì tuìshuì lǜ] 英 value added tax (VAT) refund rate

増値税偽造防止税金統制システム 中 增值税防伪税控系统 [zēngzhí shuì fángwěi shuìkòng xìtǒng] 英 value added tax (VAT) anti-counterfeiting tax control system

増値税控除証憑 中 增值税扣税凭证 [zēngzhí shuì kòushuì píngzhèng] 英 value added tax (VAT) deduction invoice

増値税仕入税額控除 中 增值税进项税额抵扣 [zēngzhí shuì jìnxiàng shuì é dǐkòu] 英 input value added tax (VAT) deduction

増値税小規模納税者 中 增值税小规模纳税人 [zēngzhí shuì xiǎo guīmó nàshuì rén] 英 small scale value added tax (VAT) tax payers

増値税専用発票 中 增值税专用发票 [zēngzhí shuì zhuānyòng fāpiào] 英 value added tax (VAT) special invoice

増値税納税申告表（書） 中 增值税纳税申报表 [zēngzhí shuì nàshuì shēnbào biǎo] 英 value added tax (VAT) filing form

増値税の仕入税額 中 增值税进项税款 [zēngzhí shuì jìnxiàng shuìkuǎn] 英 input value added tax (VAT)

増値税の輸出還付制度 [中]増値税出口退税政策 [zēngzhí shuì chūkǒu tuìshuì zhèngcè] [英]export refund system of value added tax (VAT)

増値税免税政策 [中]増値税免税政策 [zēngzhí shuì miǎnshuì zhèngcè] [英]value added tax (VAT) exemption policy

想定元本 [中]名义金额 [míngyì jīn é] [英]notional principal

総平均法 [中]总平均法 [zǒng píngjūn fǎ] [英]periodic average method

贈与 [中]赠与 [zèngyǔ] [英]donation

贈与契約 [中]赠与合同 [zèngyǔ hétóng] [英]donation contract

総利益分析 [中]毛利分析 [máolì fēnxī] [英]gross profit analysis

総利益法 [中]毛利法 [máolì fǎ] [英]gross profit method

総利益率 [中]总利润率 [zǒng lìrùn lǜ] [英]gross profit rate

創立総会 [中]创立大会 [chuànglì dàhuì] [英]organizational meeting

創立費償却 [中]开办费摊销 [kāibàn fèi tānxiāo] [英]amortization of organization cost

建設用地の総量規制 [中]总量控制 [zǒngliàng kòngzhì] [英]total volume control

送料込 [中]含送费 [hán sòngfèi] [英]including postage

贈賄罪 [中]贿赂罪 [huìlù zuì] [英]bribery crime

遡及修正再表示 [中]追溯重述 [zhuīsù chóngshù] [英]retroactive and restatement

遡及調整法 [中]追溯调整法 [zhuīsù tiáozhěng fǎ] [英]retroactive adjustment method

遡及的修正 [中]追溯调整 [zhuīsù tiáozhěng] [英]retroactive adjustment

速算控除額 [中]速算扣除数 [sùsuàn kòuchú shù] [英]rapid calculation deduction amount

即時認識 [中]立即确认 [lìjí quèrèn] [英]immediate recognition

測定 [中]计量 [jìliáng] [英]measurement

測定期間 [中]计量期间 [jìliáng qījiān] [英]measurement period

測定日 [中]计量日期 [jìliáng rìqí] [英]measurement date

測定モデル [中]计量模式 [jìliáng móshì] [英]measurement model

組織 [中]组织 [zǔzhī] [英]organization

組織機構コード証 [中]组织机构代码证 [zǔzhī jīgòu dàimǎ zhèng] [英]organizational code certificate

組織規定 [中]组织章程 [zǔzhī zhāngchéng] [英]organization rules

組織形式 [中]组织形式 [zǔzhī xíngshì] [英]organization format

組織再編 [中]组织重组 [zǔzhī chóngzǔ] [英]reorganization

組織図 [中]组织机构图 [zǔzhī jīgòu tú] [英]organization chart

訴訟 [中]诉讼 [sùsòng] [英]lawsuit

訴訟費 [中]诉讼费 [sùsòng fèi] [英]litigation fee

租税回避 [中]避税 [bìshuì] [英]tax avoidance

租税回避行為 [中]避税行为 [bìshuì xíngwéi] [英]tax avoidance action

租税回避防止 [中]反避税 [fǎn bìshuì] [英]anti-tax avoidance

租税回避防止情報コンピュータシステム [中]反避税信息软件系统 [fǎn bìshuì xìnxī ruǎnjiàn xìtǒng] [英]anti-tax avoidance information computer system

租税公課 [中]租税公课 [zūshuì gōngkè] [英]taxes and dues

租税収入 [中]税收收入 [zūshuì shōurù] [英]tax revenue

租税条約の濫用 [中]滥用税收协定 [lànyòng shuìshōu xiédìng] [英]abuse of tax treaty

租税政策 [中]税收政策 [shuìshōu zhèngcè] [英]tax policy

租税徴収管理法 [中]税收征收管理法 [shuìshōu zhēngshōu guǎnlǐ fǎ] [英]Tax Collection Management Act

租税負担割合 [中]税负率 [shuìfù lǜ] [英]tax burden ratio

その他受取手形 [中]其他应收票据 [qítā yīngshōu piàojù] [英]other notes receivable

その他貨幣資金 [中]其他货币资金 [qítā huòbì zījīn] [英]other monetary fund

その他基金 [中]其他基金 [qítā jījīn] [英]other fund

その他業務原価 [中]其他业务成本 [qítā yèwù chéngběn] [英]other operating cost

その他業務支出 [中]其他业务支出 [qítā yèwù zhīchū] [英]other operating expenditure

その他業務収入 ㊥ 其他业务收入 [qítā yèwù shōurù] ㊥ other operating income

その他金融負債 ㊥ 其他金融负债 [qítā jīnróng fùzhài] ㊥ other financial liabilities

その他繰延資産 ㊥ 其他递延资产 [qítā dìyán zīchǎn] ㊥ other deferred assets

その他固定資産 ㊥ 其他固定资产 [qítā gùdìng zīchǎn] ㊥ other fixed assets

その他債権投資 ㊥ 其他债权投资 [qítā zhàiquán tóuzī] ㊥ other receivables investment

その他資産 ㊥ 其他资产 [qítā zīchǎn] ㊥ other assets

その他資本剰余金 ㊥ 其他资本公积 [qítā zīběn gōngjī] ㊥ other capital surplus

その他所得 ㊥ 其他所得 [qítā suǒdé] ㊥ other income

その他長期資産 ㊥ 其他长期资产 [qítā chángqī zīchǎn] ㊥ other long-term assets

その他長期投資 ㊥ 其他长期投资 [qítā chángqī tóuzī] ㊥ other long-term investment

その他投資 ㊥ 其他投资 [qítā tóuzī] ㊥ other investment

その他負債 ㊥ 其他负债 [qítā fùzhài] ㊥ other liabilities

その他振替 ㊥ 其他转帐 [qítā zhuǎnzhàng] ㊥ other transfer

その他振替収入 ㊥ 其他转帐收入 [qítā zhuǎnzhàng shōurù] ㊥ other transfer income

その他包括利益 ㊥ 其他综合收益 [qítā zōnghé shōuyì] ㊥ other comprehensive income

その他包括利益累計額 ㊥ 其他综合累计收益 [qítā zōnghé lěijì shōuyì] ㊥ accumulated other comprehensive income

その他前払項目 ㊥ 其他预付款项 [qítā yùfù kuǎnxiàng] ㊥ other prepayment items

その他前払費用 ㊥ 其他预付费用 [qítā yùfù fèiyòng] ㊥ other prepaid expense

その他未収入金 ㊥ 其他应收款 [qítā yīngshōu kuǎn] ㊥ other receivable

その他未払金 ㊥ 其他应付款 [qítā yīngfù kuǎn] ㊥ other payable

その他無形資産 ㊥ 其他无形资产 [qítā wúxíng zīchǎn] ㊥ other intangible

その他持分投資 ㊥ 其他股权投资 [qítā gǔquán tóuzī] ㊥ other equity investment

その他有価証券 ㊥ 其他有价证券 [qítā yǒujià zhèngquàn] ㊥ other securities

その他流動資産 ㊥ 其他流动资产 [qítā liúdòng zīchǎn] ㊥ other current assets

その他流動負債 ㊥ 其他流动负债 [qítā liúdòng fùzhài] ㊥ other current liabilities

ソフトウェア ㊥ 软件 [ruǎnjiàn] ㊥ software

ソフトウェア エンジニア ㊥ 软件工程师 [ruǎnjiàn gōngchéng shī] ㊥ software engineer

ソフトウェア企業 ㊥ 软件企业 [ruǎnjiàn qǐyè] ㊥ software enterprise

ソフトウェア産業区 ㊥ 软件园 [ruǎnjiàn yuán] ㊥ software industry region

ソフトウェア パッケージ ㊥ 软件包 [ruǎnjiàn bāo] ㊥ software package

ソフトウェア ライセンス ㊥ 软件许可证 [ruǎnjiàn xǔkě zhèng] ㊥ software license

ソフト受注製作収入 ㊥ 订制软件收入 [dìngzhì ruǎnjiàn shōurù] ㊥ revenue of software production on order

損益 ㊥ 损益 [sǔnyì] ㊥ profit and loss

損益及びその他の包括利益計算書 ㊥ 损益表及其他综合收益 [sǔnyì biǎo jí qítā zōnghé shōuyì] ㊥ statement of profit or loss and other comprehensive income

損益計算書 ㊥ 利润表 [lìrùn biǎo] ㊥ income statement

損益計算書の表示方法 ㊥ 利润表的披露方法 [lìrùn biǎo de pīlù fāngfǎ] ㊥ presentation method of income statement

損益調整 ㊥ 损益调整 [sǔnyì tiáozhěng] ㊥ profit and loss adjustment

損益分岐点 ㊥ 盈亏平衡点 [yíngkuī pínghéng diǎn] ㊥ break-even point (BEP)

損益分岐点分析 ㊥ 本量利分析 [běnliànglì fēnxī] ㊥ break-even point (BEP) analysis

損益類 ㊥ 损益类 [sǔnyì lèi] ㊥ profit and loss group

損益を通じて公正価値で測定される金融負債 ㊥ 以公允价值计量且其变动计入当期损益的金融负债 [yǐ gōngyǔn jiàzhí jìliáng qiě qí biàndòng jìrù dāngqī sǔnyì de jīnróng fùzhài] ㊥ financial liability at fair value through profit or loss

損害調査費用 ㊥ 理赔费用 [lǐpéi fèiyòng] ㊥ damage survey expense

損害賠償 ㊥ 赔偿损失 [péicháng sǔnshī]

㊥ compensation for damage

損金算入 ㊥ 税前列支 [shuìqián lièzhī] ㊥ inclusion in deductible expense

損金不算入 ㊥ 不得税前扣除 [bùdé shuì qián kòuchú] ㊥ exclusion from deductible expense

損金不算入項目 ㊥ 不得税前扣除的項目 [bùdé shuì qián kòuchú de xiàngmù] ㊥ exclusion item from deductible expense

損失 ㊥ 损失 [sǔnshī] ㊥ loss

損失補填 ㊥ 弥补亏损 [míbǔ kuīsǔn] ㊥ loss compensation

た

ターゲット企業 ㊥ 目标企业 [mùbiāo qǐyè] ㊥ target enterprise

代位求償金 ㊥ 代位追偿款 [dàiwèi zhuīcháng kuǎn] ㊥ subrogation reimbursement

代位権 ㊥ 代位权 [dàiwèi quán] ㊥ subrogation

第一次調整 ㊥ 初次调整 [chūcì tiáozhěng] ㊥ initial adjustment

第一四半期 ㊥ 第一季度 [dìyī jìdù] ㊥ first quarter

対応 ㊥ 应对 [yīngduì] ㊥ correspondence

対応原則 ㊥ 配比原则 [pèibǐ yuánzé] ㊥ matching principle

対応的調整 ㊥ 相应调整 [xiāngyìng tiáozhěng] ㊥ corresponding adjustment

対価 ㊥ 对价 [duìjià] ㊥ consideration

対外経済貿易委員会 ㊥ 对外经济贸易委员会 [duìwài jīngjì màoyì wěiyuán huì] ㊥ Foreign Trade and Economic Relations Commission

対外債務登記 ㊥ 外债登记 [wàizhài dēngjì] ㊥ foreign debt registration

対外貿易経営許可 ㊥ 对外贸易经营许可 [duìwài màoyì jīngyíng xǔkě] ㊥ foreign trade business license

対外貿易経済合作部 ㊥ 对外贸易经济合作部 [duìwài màoyì jīngjì hézuò bù] ㊥ Ministry of Foreign Trade and Economic Cooperation (MOFTEC)

対外貿易の管理制度 ㊥ 对外贸易管理制度 [duìwài màoyì guǎnlǐ zhìdù] ㊥ foreign trade system

対外貿易法 ㊥ 对外贸易法 [duìwài màoyì fǎ] ㊥ Foreign Trade Law

大気汚染 ㊥ 空气污染 [kōngqì wūrǎn] ㊥ air pollution

大企業税収管理部 ㊥ 大企业税收管理司 [dà qǐyè shuìshōu guǎnlǐ sī] ㊥ Large Enterprise Tax Administration Department (LEAD)

大規模修繕費用 ㊥ 大修理费用 [dà xiūlǐ fèiyòng] ㊥ large-scale repair cost

代金受取人 ㊥ 收款人 [shōukuǎn rén] ㊥ payee

代金請求 ㊥ 付款请求 [fùkuǎn qǐngqiú] ㊥ payment request

代金引換販売 ㊥ 货到收款 [huòdào shōukuǎn] ㊥ cash on delivery sales

代金前受販売方式 ㊥ 预收货款方式 [yùshōu huòkuǎn fāngshì] ㊥ sales method of advance payment of charge

滞在日数 ㊥ 在留天数 [zàiliú tiān shù] ㊥ visit duration

貸借対照表 ㊥ 资产负债表 [zīchǎn fùzhài biǎo] ㊥ balance sheet

第13次5か年計画 ㊥ 第十三个五年规划 [dì shísān gè wǔnián guīhuà] ㊥ the 13th five-years plan

大衆消費電子製品 ㊥ 大众消费类电子产品 [dàzhòng xiāofèi lèi diànzǐ chǎnpǐn] ㊥ consumer electronics

対象物 ㊥ 标的物 [biāodì wù] ㊥ object

退職 ㊥ 离职 [lízhí] ㊥ retirement

退職給付 ㊥ 离职后福利 [lízhí hòu fúlì] ㊥ post-employment benefits

退職給付債務 ㊥ 离职后预计福利债务 [lízhí hòu yùjì fúlì zhàiwù] ㊥ projected benefit obligation (PBO)

退職給付制度 ㊥ 离职后福利计划 [lízhí hòu fúlì jìhuà] ㊥ post-employment benefit plans

退職給付引当金 ㊥ 离职后福利准备 [lízhí hòu fúlì zhǔnbèi] ㊥ allowance for pension benefits

退職金 ㊥ 退休金 [tuìxiū jīn] ㊥ retirement pay

退職所得 ㊥ 退休金收入 [tuìxiū jīn shōurù] ㊥ retirement income

退職手当 ㊥ 退休津贴 [tuìxiū jīntiē] ㊥ retirement allowance

退職年金 ㊥ 退休年金 [tuìxiū niánjīn] ㊥ retirement pension

退職費用 ㊥ 退职费用 [tuìzhí fèiyòng] ㊥ severance cost

代替原価 中 替代成本 [tìdài chéngběn] 英 alternate cost

代替的手続 中 替代程序 [tìdài chéngxù] 英 alternative procedure

台帳 中 台账 [táizhàng] 英 ledger

第二次調整 中 二次调整 [èrcì tiáozhěng] 英 secondary adjustment

滞納 中 滞纳 [zhìnà] 英 delinquency

滞納税金 中 滞纳税款 [zhìnà shuìkuǎn] 英 delinquent tax

代表証 中 代表证 [dàibiǎo zhèng] 英 representative certificate

タイムアウト 中 处理超时 [chǔlǐ chāoshí] 英 time out

タイムスタンプ 中 时间戳 [shíjiān chuō] 英 time stamp

耐用年数 中 使用年限 [shǐyòng niánxiàn] 英 useful life

代理受取金 中 代收款项 [dàishōu kuǎnxiàng] 英 payment received on behalf

代理買付 中 代理购货 [dàilǐ gòuhuò] 英 purchase by proxy

代理業務 中 代理业务 [dàilǐ yèwù] 英 agent service

代理業務資産 中 代理业务资产 [dàilǐ yèwù zīchǎn] 英 agent service assets

代理業務負債 中 代理业务负债 [dàilǐ yèwù fùzhài] 英 agent service liabilities

大陸住民台湾通行証 中 大陆居民往来台湾通行证 [dàlù jūmín wǎnglái táiwān tōngxíng zhèng] 英 Taiwan entry permit for mainland residents

代理権 中 代理权 [dàilǐquán] 英 proxy

代理購入 中 代购 [dàigòu] 英 purchase by proxy

代理商 中 代理商 [dàilǐshāng] 英 commercial agent

代理徴収者 中 代征人 [dàizhēng rén] 英 collection agent

代理手数料 中 代理手续费 [dàilǐ shǒuxù fèi] 英 agent fee

代理店 中 代理店 [dàilǐ diàn] 英 agency

代理店契約 中 代理店合同 [dàilǐ diàn hétóng] 英 agency agreement

代理人 中 代理人 [dàilǐrén] 英 agent

代理人PE 中 代理型常设机构 [dàilǐ xíng chángshè jīgòu] 英 agent permanent establishment (PE)

代理納税申告 中 代理纳税申报 [dàilǐ nàshuì shēnbào] 英 declare taxation through agent

代理販売 中 代销 [dàixiāo] 英 sale by proxy

代理販売活動 中 分销活动 [fēnxiāo huódòng] 英 sale activity by proxy

代理販売協議書 中 代销协议 [dàixiāo xiéyì] 英 consignment sales agreement

代理販売商品 中 代销商品 [dàixiāo shāngpǐn] 英 consignment goods

代理販売商品代金 中 代销商品款 [dàixiāo shāngpǐn kuǎn] 英 price of consignment goods

代理貿易 中 代理贸易 [dàilǐ màoyì] 英 trade by proxy

滞留在庫 中 呆滞存货 [dāizhì cúnhuò] 英 slow-moving inventory

代理輸出 中 代理出口 [dàilǐ chūkǒu] 英 export by proxy

代理輸出証明 中 代理出口证明 [dàilǐ chūkǒu zhèngmíng] 英 certificate of export by proxy

大量保有ルール 中 大股东管理办法 [dà gǔdōng guǎnlǐ bànfǎ] 英 large shareholding measure

ダイレクト レポーティング 中 直接报告 [zhíjiē bàogào] 英 direct reporting

ダウンストリーム 中 下游 [xiàyóu] 英 downstream

抱合販売 中 搭配销售 [dāpèi xiāoshòu] 英 tie-in sale

多国間 中 多边 [duōbiān] 英 multinational

多国間事前確認制度 中 多边事先确认制度 [duōbiān shìxiān quèrèn zhìdù] 英 multilateral advance pricing arrangement (APA)

多国間紛争解決メカニズム 中 多边争端解决机制 [duōbiān zhēngduān jiějué jīzhì] 英 multinational dispute settlement mechanism

多国籍企業 中 跨国公司 [kuàguó gōngsī] 英 multinational enterprise

多国籍企業グループ 中 跨国公司集团 [kuàguó gōngsī jítuán] 英 multinational enterprise group

多国籍企業の地域本部 中 跨国企业的地区本部 [kuàguó qǐyè de dìqū běnbù] 英 regional headquarter of a multinational enterprise

立会 中 在场 [zàichǎng] 英 observation

他地域預金 中 外埠存款 [wàibù cúnkuǎn] 英 other regions deposit

立退料 中 拆迁费用 [chāiqiān fèiyòng] 英 compensation for eviction

多通貨会計 [中] 多种货币会计 [duōzhòng huòbì kuàijì] [英] multi-currency accounting

タックス スペアリング クレジット [中] 税收饶让抵免 [shuìshōu ráoràng dǐmiǎn] [英] tax sparing credit

タックス プランニング [中] 纳税筹划 [nàshuì chóuhuà] [英] tax planning

タックス ヘイブン [中] 避税港 [bì shuì gǎng] [英] tax haven

タックス ヘイブン対策税制 [中] 反避税港税制 [fǎn-bì shuì gǎngshuì zhì] [英] tax haven regulation

タックス ホリデイ [中] 免税期 [miǎnshuì qī] [英] tax holiday

脱税 [中] 逃税 [táoshuì] [英] tax evasion

タッチスクリーン [中] 触摸屏 [chùmō píng] [英] touch screen

タッチパッド [中] 触摸板 [chùmō bǎn] [英] touch pad

立替金 [中] 垫付款 [diànfù kuǎn] [英] advance payment

立替費用 [中] 代垫费用 [dàidiàn fèiyòng] [英] advanced expense

建物 [中] 建筑物 [jiànzhù wù] [英] buildings

建物建築物 [中] 房屋建筑物 [fángwū jiànzhù wù] [英] building and architectural structure

妥当性 [中] 恰当性 [qiàdàng xìng] [英] appropriateness

棚卸し [中] 盘点 [pándiǎn] [英] stocktaking

棚卸過不足 [中] 盘盈盘亏 [pányíng pánkuī] [英] inventory overages and shortages

棚卸計算法 [中] 存货计算法 [cúnhuò jìsuàn fǎ] [英] inventory calculation method

棚卸差異分析表 [中] 库存差异分析表 [kùcún chāyì fēnxī biǎo] [英] inventory variance analysis report

棚卸差益 [中] 存货盘盈 [cúnhuò pányíng] [英] gain on inventory difference

棚卸差損 [中] 存货盘亏 [cúnhuò pánkuī] [英] loss on inventory difference

棚卸資産 [中] 存货 [cúnhuò] [英] inventory

棚卸資産減損引当金 [中] 存货跌价准备 [cúnhuò diējià zhǔnbèi] [英] allowance for impairment loss of inventory

棚卸資産評価方法 [中] 存货计价方法 [cúnhuò jìjià fāngfǎ] [英] inventory valuation method

棚卸損失 [中] 存货盘点损失 [cúnhuò pándiǎn sǔnshī] [英] inventory loss

棚卸高 [中] 存货量 [cúnhuò liàng] [英] amount of inventory

棚札 [中] 盘点票 [pándiǎn piào] [英] count sheet

棚札回収照合表 [中] 盘点卡回收对照表 [pándiǎn kǎ huíshōu duìzhào biǎo] [英] count sheet collection checklist

たばこ税 [中] 烟草税 [yāncǎo shuì] [英] tobacco tax

タブレット パソコン [中] 平板电脑 [píngbǎn diànnǎo] [英] tablet computer

単位 [中] 单位 [dānwèi] [英] unit

単位当たり消耗量 [中] 每单位消耗量 [měi dānwèi xiāohào liàng] [英] material consumption per unit

単一機能企業 [中] 单一功能企业 [dānyī gōngnéng qǐyè] [英] single function enterprise

単価 [中] 单价 [dānjià] [英] unit price

段階的開発 [中] 分期开发 [fēnqī kāifā] [英] phased development

段階的取得 [中] 分步收购 [fēnbù shōugòu] [英] step acquisition

短期貸付金 [中] 短期贷款 [duǎnqī dàikuǎn] [英] short-term loans

短期借入金 [中] 短期借款 [duǎnqī jièkuǎn] [英] short-term loans payable

短期資金 [中] 短期资金 [duǎnqī zījīn] [英] short-term money

短期資本 [中] 短期资本 [duǎnqī zīběn] [英] short-term capital

短期社債 [中] 短期公司债券 [duǎnqī gōngsī zhàiquàn] [英] short-term bond

短期滞在者 [中] 短期在留者 [duǎnqī zàiliú zhě] [英] short-term residents

短期滞在者免税規定 [中] 短期在留者的免税规定 [duǎnqī zàiliú zhě de miǎnshuì guīdìng] [英] tax exemption rules for short-term residents

短期投資 [中] 短期投资 [duǎnqī tóuzī] [英] short-term investment

短期投資減損損失引当金 [中] 短期投资跌价准备金 [duǎnqī tóuzī diējià zhǔnbèi jīn] [英] allowance for impairment loss of short-term investment

短期未払従業員給付 [中] 短期应付职工薪酬 [duǎnqī yīngfù zhígōng xīnchóu] [英] short-term employee benefits payable

探査費用 [中] 探勘费用 [tànkān fèiyòng] [英] exploration expenditure

団体契約 [中] 集体合同 [jítǐ hétóng] [英] collective

agreement

単独株主権 ㊥ 单独股东权 [dāndú gǔdōng quán] ㊀ right of single shareholder

段取時間 ㊥ 操作准备时间 [cāozuò zhǔnbèi shíjiān] ㊀ set-up time

ダンピング ㊥ 倾销 [qīngxiāo] ㊀ dumping

ダンピング価格 ㊥ 倾销价格 [qīngxiāo jiàgé] ㊀ dumping price

ダンピング税 ㊥ 倾销税 [qīngxiāo shuì] ㊀ dumping duty

ダンピング幅 ㊥ 倾销幅度 [qīngxiāo fúdù] ㊀ dumping margin

ダンピング輸出 ㊥ 倾销出口 [qīngxiāo chūkǒu] ㊀ dumping export

担保 ㊥ 担保 [dānbǎo] ㊀ collaterals

担保権実行資産 ㊥ 抵债资产 [dǐzhài zīchǎn] ㊀ repossessed assets

担保残高 ㊥ 担保余值 [dānbǎo yúzhí] ㊀ collateral residual value

担保立替金 ㊥ 担保垫付款 [dānbǎo diànfù kuǎn] ㊀ advance for guarantee

担保付貸付金 ㊥ 担保贷款 [dānbǎo dàikuǎn] ㊀ mortgage loan

担保付社債 ㊥ 附担保公司债券 [fù dānbǎo gōngsī zhàiquàn] ㊀ secured bond

担保物件 ㊥ 担保物 [dānbǎo wù] ㊀ collateral

ち

地域制限 ㊥ 地域限制 [dìyù xiànzhì] ㊀ territorial restriction

地域特性 ㊥ 地域特征 [dìyù tèzhēng] ㊀ regional characteristics

地域別セグメント ㊥ 地区分部 [dìqū fēnbù] ㊀ geographical segment

地域別貿易協定 ㊥ 区域性贸易协定 [qūyù xìng màoyì xiédìng] ㊀ regional trade agreements

地域本部 ㊥ 区域本部 [qūyù běnbù] ㊀ regional headquarter

チェック アンド バランス システム ㊥ 制衡机制 [zhìhéng jīzhì] ㊀ check-and-balance system

チェックマーク ㊥ 校对符号 [jiàoduì fúhào] ㊀ tick marks

地区別予納 ㊥ 地区预缴所得税 [dìqū yùjiǎo suǒdé shuì] ㊀ prepayment by region

地区本部 ㊥ 地区总部 [dìqū zǒngbù] ㊀ regional headquarter

地上建築物 ㊥ 地上建筑物 [dìshàng jiànzhù wù] ㊀ architectural structure above ground

地代 ㊥ 地租 [dìzū] ㊀ land rent

地代家賃 ㊥ 地租房租 [dìzū fángzū] ㊀ expense for rent

秩序ある取引 ㊥ 有序的交易 [yǒuxù de jiāoyì] ㊀ orderly transaction

知的財産権 ㊥ 知识产权 [zhīshí chǎnquán] ㊀ intellectual property

知的財産権の保護 ㊥ 知识产权保护 [zhīshí chǎnquán bǎohù] ㊀ intellectual property protection

地方所得税 ㊥ 地方所得税 [dìfāng suǒdé shuì] ㊀ local income tax

地方税 ㊥ 地方税 [dìfāng shuì] ㊀ local tax

地方税務局 ㊥ 地方税务局（地税局）[dìfāng shuìwù jú (dìshuì jú)] ㊀ local taxation bureau

地方の租税収入 ㊥ 地方税收入 [dìfāng shuìshōu shōurù] ㊀ local tax revenue

地方留保分 ㊥ 地方留成 [dìfāng liúchéng] ㊀ local retained portion

着荷票 ㊥ 收货单 [shōuhuò dān] ㊀ goods receive note

注意 ㊥ 关注 [guānzhù] ㊀ attention

中位数 ㊥ 中位数 [zhōngwèishù] ㊀ median

中央銀行 ㊥ 中央银行 [zhōngyāng yínháng] ㊀ central bank

中央銀行預け金 ㊥ 存放中央银行款项 [cúnfàng zhōngyāng yínháng kuǎnxiàng] ㊀ deposit due from Central Bank

中央銀行借入金 ㊥ 向中央银行借款 [xiàng zhōngyāng yínháng jièkuǎn] ㊀ borrowing from Central Bank

中央財政 ㊥ 中央财政 [zhōngyāng cáizhèng] ㊀ central finance

中央値 ㊥ 中位值 [zhōngwèizhí] ㊀ median

中央地方共通税 ㊥ 中央地方共享税 [zhōngyāng dìfāng gòngxiǎng shuì] ㊀ common tax with central and local government

中央の税収入 ㊥ 中央收入 [zhōngyāng shōurù] ㊥ central government revenue

中外合作経営企業 ㊥ 中外合作经营企业 [zhōngwài hézuò jīngyíng qǐyè] ㊥ People's Republic of China on Sino-foreign contractual joint venture

仲介契約書 ㊥ 居间合同 [jūjiān hétóng] ㊥ intermediary contract

中外合弁経営企業 ㊥ 中外合资经营企业 [zhōngwài hézī jīngyíng qǐyè] ㊥ People's Republic of China on Sino-foreign equity joint venture

仲介サービス業 ㊥ 中介服务业 [zhōngjiè fúwù yè] ㊥ intermediary services

中華人民共和国会計法 ㊥ 中华人民共和国会计法 [zhōnghuá rénmín gònghéguó kuàijì fǎ] ㊥ Accounting Law of the People's Republic of China

中華人民共和国香港特別行政区 ㊥ 中华人民共和国香港特别行政区 [zhōnghuá rénmín gònghéguó xiāng gǎng tèbié xíngzhèng qū] ㊥ Hong Kong special administrative region of the People's Republic of China

中華全国総労働組合 ㊥ 中华全国总工会 [zhōnghuá quánguó zǒng gōnghuì] ㊥ All China Federation of Trade Unions

中型小型企業分類規定 ㊥ 中小型企业划分标准 [zhōngxiǎo xíng qǐyè huàfēn biāozhǔn] ㊥ Small and medium-sized enterprise classification rules

中間監査 ㊥ 中期审计 [zhōngqī shěnjì] ㊥ interim audit

中間期 ㊥ 中期 [zhōngqī] ㊥ interim

中間業務 ㊥ 中间业务 [zhōngjiān yèwù] ㊥ intermediary service

中間決算 ㊥ 中期决算 [zhōngqī juésuàn] ㊥ interim closing

中間財 ㊥ 中间产品 [zhōngjiān chǎnpǐn] ㊥ intermediate goods

中間財務諸表 ㊥ 中期财务报表 [zhōngqī cáiwù bàobiǎo] ㊥ interim financial statements

中間損益計算書 ㊥ 中期利润表 [zhōngqī lìrùn biǎo] ㊥ interim income statement

中間貸借対照表 ㊥ 期中资产负债表 [qīzhōng zīchǎn fùzhài biǎo] ㊥ interim balance sheet

中間値 ㊥ 中间值 [zhōngjiānzhí] ㊥ median

中間配当 ㊥ 期中股息 [qīzhōng gǔxī] ㊥ interim dividend

中間配当金 ㊥ 中期股利额 [zhōngqī gǔlì é] ㊥ interim dividend

中間報告書 ㊥ 中期报告 [zhōngqī bàogào] ㊥ interim report

中間持株会社 ㊥ 中间控股公司 [zhōngjiān kònggǔ gōngsī] ㊥ intermediate holding company

中間連結財務諸表 ㊥ 期中合并财务报表 [qīzhōng hébìng cáiwù bàobiǎo] ㊥ interim consolidated financial statements

注記 ㊥ 会计报表附注 [kuàijì bàobiǎo fùzhù] ㊥ footnotes

中継貿易 ㊥ 转口贸易 [zhuǎnkǒu màoyì] ㊥ transit trade

中国会計学会 ㊥ 中国会计学会 [zhōngguó kuàijì xuéhuì] ㊥ China Accounting Society

中国側持分 ㊥ 中方控股 [zhōngfāng kòng gǔ] ㊥ Chinese ownership

中国銀行業監督管理委員会 ㊥ 中国银行业监督管理委员会 [zhōngguó yínháng yè jiāndū guǎnlǐ wěiyuán huì] ㊥ China Banking Regulatory Commission (CBRC)

中国公認会計士協会 ㊥ 中国注册会计师协会 [zhōngguó zhùcè kuàijì shī xiéhuì] ㊥ Chinese Institute of Certified Public Accountants (CICPA)

中国国内会社 ㊥ 中国境内公司 [zhōngguó jìngnèi gōngsī] ㊥ Chinese domestic company

中国証券監督管理委員会 ㊥ 中国证券监督管理委员会 [zhōngguó zhèngquàn jiāndū guǎnlǐwěiyuán huì] ㊥ China Securities Regulatory Commission (CSRC)

中国人民銀行 ㊥ 中国人民银行 [zhōngguó rénmín yínháng] ㊥ People's Bank of China

中国の証券発行に関する審査委員会 ㊥ 中国证券发行审核委员会 [zhōngguó zhèngquàn fāxíng shěnhé wěiyuán huì] ㊥ China Securities Regulatory Commission (CSRC)

中国保険監督管理委員会 ㊥ 中国保险监督管理委员会 [zhōngguó bǎoxiǎn jiāndū guǎnlǐ wěiyuán huì] ㊥ China Insurance Regulatory Commission (CIRC)

中国本土市場 ㊥ 中国大陆市场 [zhōngguó dàlù shìchǎng] ㊥ China's mainland market

中国本土・香港間経済貿易緊密化協定 ㊥ 中国大陆・香港经济贸易紧密化协定 [zhōngguó dàlù xiānggǎng jīngjì màoyì jǐnmì huà xiédìng] ㊥ Closer Economic Partnership Agreement between Hong Kong and China (CEPA)

中古固定資産 ㊥ 已使用固定资产 [yǐ shǐyòng gùdìng zīchǎn] ㊥ *used fixed assets*

仲裁 ㊥ 仲裁 [zhòngcái] ㊥ *arbitration*

駐在員事務所 ㊥ 常驻代表机构 [chángzhù dàibiǎo jīgòu] ㊥ *representative office*

駐在員事務所課税 ㊥ 对外国企业代表处的课税 [duì wàiguó qǐyè dàibiǎo chù de kèshuì] ㊥ *taxation of the representative office*

仲裁機構 ㊥ 仲裁机构 [zhòngcái jīgòu] ㊥ *arbitration institution*

仲裁協議 ㊥ 仲裁协议 [zhòngcái xiéyì] ㊥ *arbitration agreement*

仲裁裁決 ㊥ 仲裁裁决 [zhòngcái cáijué] ㊥ *arbitration decision*

仲裁条項 ㊥ 仲裁条款 [zhòngcái tiáokuǎn] ㊥ *arbitration articles*

抽出基準 ㊥ 抽样基准 [chōuyàng jīzhǔn] ㊥ *sampling criteria*

中小企業 ㊥ 中小企业 [zhōngxiǎo qǐyè] ㊥ *small and medium-sized Enterprises* (SME)

中小企業証券市場 ㊥ 中小企业板 [zhōngxiǎo qǐyè bǎn] ㊥ *board for small and medium-sized companies*

中西部地域 ㊥ 中西部地区 [zhōngxī bù dìqū] ㊥ *midwest region*

中西部地区外商投資優位性産業目録 ㊥ 中西部地区外商投资优势产业目录 [zhōngxī bù dìqū wàishāng tóuzī yōushì chǎnyè mùlù] ㊥ *catalogue for the guidance of foreign investment industries in midwest region*

中西部プロジェクト ㊥ 中西部项目 [zhōngxī bù dìqū xiàngmù] ㊥ *midwest regional project*

注文 ㊥ 订货 [dìnghuò] ㊥ *order*

注文請書 ㊥ 订货申请书 [dìnghuò shēnqǐng shū] ㊥ *confirmation of order*

注文指示 ㊥ 订货指示 [dìnghuò zhǐshì] ㊥ *order instruction*

注文書 ㊥ 订货单 [dìnghuò dān] ㊥ *purchase order* (PO)

注文書一覧表 ㊥ 订单一览表 [dìngdān yīlǎn biǎo] ㊥ *purchase order* (PO) *list*

注文伝票 ㊥ 订单传票 [dìngdān chuánpiào] ㊥ *order slip*

注文マッチング ㊥ 订货匹配 [dìnghuò pǐpèi] ㊥ *order-matching*

超過在庫 ㊥ 库存过量 [kùcún guòliàng] ㊥ *excess inventory*

超過仕入税額 ㊥ 超额进项税 [chāo é jìnxiàng shuì] ㊥ *excess value added tax* (VAT) *paid*

超過累進税率 ㊥ 超额累进税率 [chāo é lèijìn shuìlǜ] ㊥ *excess progressive tax rate*

長期売掛金 ㊥ 长期应收账款 [chángqī yīngshōu zhàngkuǎn] ㊥ *long-term accounts receivable*

長期貸付金 ㊥ 长期贷款 [chángqī dàikuǎn] ㊥ *long-term loan*

長期借入金 ㊥ 长期借款 [chángqī jièkuǎn] ㊥ *long-term loans payable*

長期健康保険責任準備金 ㊥ 长期健康保险责任准备金 [chángqī jiànkāng bǎoxiǎn zérèn zhǔnbèi jīn] ㊥ *long-term health insurance liabilities reserve*

長期債券投資 ㊥ 长期债权投资 [chángqī zhàiquán tóuzī] ㊥ *long-term debt investment*

長期債権投資の減損 ㊥ 长期债权投资的减值 [chángqī zhàiquán tóuzī de jiǎnzhí] ㊥ *impairment of long-term debt investment*

長期支払手形 ㊥ 长期应付票据 [chángqī yīngfù piàojù] ㊥ *long-term notes payable*

長期社債 ㊥ 长期债券 [chángqī zhàiquàn] ㊥ *long-term corporate bond*

長期準備金 ㊥ 长期准备金 [chángqī zhǔnbèi jīn] ㊥ *long-term reserve*

長期性預金 ㊥ 长期存款 [chángqī cúnkuǎn] ㊥ *long-term deposits*

長期責任準備金 ㊥ 长期责任准备金 [chángqī zérèn zhǔnbèi jīn] ㊥ *long-term liabilities reserve*

長期滞在者 ㊥ 长期在留者 [chángqī zàiliú zhě] ㊥ *long-term resident*

長期定期預金 ㊥ 长期定期存款 [chángqī dìngqī cúnkuǎn] ㊥ *long-term time deposits*

長期投資 ㊥ 长期投资 [chángqī tóuzī] ㊥ *long-term investment*

長期投資減損引当金 ㊥ 长期投资减值准备 [chángqī tóuzī jiǎnzhí zhǔnbèi] ㊥ *allowance for impairment loss of the long term investment*

長期負債 ㊥ 长期负债 [chángqī fùzhài] ㊥ *long-term liabilities*

長期不動産投資 ㊥ 长期不动产投资 [chángqī bùdòngchǎn tóuzī] ㊥ *long-term real estate investments*

長期前払賃貸料 ㊥ 长期预付租金 [chángqī yùfù

zūjīn] 英 long-term prepaid rent

長期前払費用 中 长期待摊费用 [chángqī dàitān fèiyòng] 英 long-term prepaid expense

長期前払保険料 中 长期预付保险费 [chángqī yùfù bǎoxiǎn fèi] 英 long-term prepaid insurance premium

長期未収入金 中 长期应收款 [chángqī yīngshōu kuǎn] 英 long-term receivable

長期未払金 中 长期应付款 [chángqī yīngfù kuǎn] 英 long-term payables

長期未払従業員給付 中 长期应付职工薪酬 [chángqī yìngfù zhígōng xīnchóu] 英 long-term employee benefits payable

長期持分投資 中 长期股权投资 [chángqī gǔquán tóuzī] 英 long-term equity investment

兆候 中 征兆 [zhēngzhào] 英 indication

調査 中 调查 [diàochá] 英 investigation

調査研究 中 调查研究 [diàochá yánjiū] 英 research

調査手続 中 调查程序 [diàochá chéngxù] 英 investigation procedure

徴収延期 中 暂缓征收 [zànhuǎn zhēngshōu] 英 postpone of collection

徴収開始 中 开征 [kāizhēng] 英 inception of collection

徴収管理 中 征收管理 [zhēngshōu guǎnlǐ] 英 collection management

徴収後即還付 中 即征即退 [jízhēng jítuì] 英 tax refund upon collection

徴収停止 中 停征 [tíngzhēng] 英 termination of collection

徴税管理 中 税收征管 [shuìshōu zhēng guǎn] 英 tax administration and tax collection

徴税権 中 征税权 [zhēngshuì quán] 英 power of tax collection

調整後一株当たり純資産 中 调整后的每股净资产 [tiáozhěng hòu de měigǔ jìngzīchǎn] 英 adjusted net asset value per share

調整事項 中 调整事项 [tiáozhěng shìxiàng] 英 adjustment events

調整表 中 调整表 [tiáozhěng biǎo] 英 reconciliation sheet

徴税方法 中 征税方法 [zhēngshuì fāngfǎ] 英 collection method

直接投資 中 直接投资 [zhíjiē tóuzī] 英 direct investment

重複 中 重复 [chóngfù] 英 duplicate

重複抵当 中 重复抵押 [chóngfù dǐyā] 英 double mortgage

帳簿 中 账簿 [zhàngbù] 英 account book

帳簿価額 中 账面价值 [zhàngmiàn jiàzhí] 英 book value

帳簿記録 中 账务记录 [zhàngwù jìlù] 英 accounting record

帳簿原価 中 账面原值 [zhàngmiàn yuánzhí] 英 recorded cost

帳簿在庫 中 账面库存 [zhàngmiàn kùcún] 英 book inventory

帳簿残高 中 账面余额 [zhàngmiàn yú é] 英 carrying amount

直接外国税額控除 中 境外税款直接扣除 [jìngwài shuìkuǎn zhíjiē kòuchú] 英 direct foreign tax credit

直接買付 中 直接收购 [zhíjiē shōugòu] 英 direct purchase

直接原価 中 直接成本 [zhíjiē chéngběn] 英 direct cost

直接減額法 中 直接冲销法 [zhíjiē chōngxiāo fǎ] 英 direct write-off method

直接原価計算 中 直接成本计算 [zhíjiē chéngběn jìsuàn] 英 direct cost accounting

直接控除法 中 直接扣除法 [zhíjiē kòuchú fǎ] 英 direct write-off method

直接材料 中 直接材料 [zhíjiē cáiliào] 英 direct materials

直接材料費 中 直接材料费 [zhíjiē cáiliào fèi] 英 direct material expense

直接支配 中 直接控制 [zhíjiē kòngzhì] 英 direct control

直接税 中 直接税 [zhíjiē shuì] 英 direct tax

直接代金回収方式 中 直接收款方式 [zhíjiē shōukuǎn fāngshì] 英 direct collection system

直接費 中 直接费用 [zhíjiē fèiyòng] 英 direct expense

直接法 中 直接法 [zhíjiē fǎ] 英 direct method

直接輸出 中 直接出口 [zhíjiē chūkǒu] 英 direct export

直接リース 中 直接租赁 [zhíjiē zūlìn] 英 direct lease

直接労務費 中 直接劳务费 [zhíjiē láowù fèi] 英 direct labor cost

著作権

著作権 甲 著作权 [zhùzuò quán] 英 copyright
著作権侵害 甲 侵犯著作权 [qīnfàn zhùzuò quán] 英 copyright infringement
著作権の譲渡 甲 转让著作权 [zhuǎnràng zhùzuòquán] 英 transfer of copyright
貯蔵品 甲 仓存物品 [cāngcún wùpǐn] 英 stored item
貯蓄 甲 储蓄 [chǔxù] 英 savings
貯蓄口座 甲 储蓄账户 [chǔxù zhànghù] 英 savings account
直課 甲 使承担 [shǐ chéngdān] 英 direct charge
直轄市 甲 直辖市 [zhíxiá shì] 英 direct-controlled municipality
賃金 甲 工资 [gōngzī] 英 wage
賃金給与 甲 工资和薪水 [gōngzī hé xīnshuǐ] 英 wage and salary
賃金給与一覧表 甲 工资薪水汇总表 [gōngzī xīnshuǐ huìzǒng biǎo] 英 payroll summary
賃金給与規程 甲 员工工资薪水管理规程 [yuángōng gōngzī xīnshuǐ guǎn lǐ guīchéng] 英 rules of wages and salaries
賃金給与所得 甲 工资薪金所得 [gōngzī xīnjīn suǒdé] 英 income from wage and salary

賃金総額 甲 工资总额 [gōngzī zǒng é] 英 total wage
賃借権 甲 租赁权 [zūlìn quán] 英 right of lease
賃借人 甲 租借人 [zūjiè rén] 英 tenant
賃貸契約 甲 租赁合同 [zūlìn hétóng] 英 leasing contract
賃貸手数料 甲 租赁手续费 [zūlìn shǒuxù fèi] 英 rental agents' commissions
賃貸人 甲 出租人 [chūzū rén] 英 leaser
賃貸料源泉税 甲 租赁房产税 [zūlìn fángchǎn shuì] 英 tax derived from rental
賃貸料所得 甲 租金所得 [zūjīn suǒdé] 英 rental income
陳腐化 甲 陈腐化 [chénfǔ huà] 英 obsolescence
陳腐化在庫 甲 陈旧存货 [chénjiù cúnhuò] 英 obsolete inventory
陳腐化商品 甲 过时商品 [guòshí shāngpǐn] 英 obsolete good
陳腐化損失 甲 陈旧损失 [chénjiù sǔnshī] 英 obsolescence loss
賃率 甲 工资率 [gōngzī lù] 英 wage rate
賃率差異 甲 工资率差异 [gōngzī lù chāyì] 英 wage rate discrepancy

つ

追加開発プログラム 甲 外加程序 [wàijiā chéngxù] 英 add-in program
追加価値通信サービス 甲 增值通信服务 [zēngzhí tōngxìn fúwù] 英 telecom value added service
追加借入利子率 甲 增量借款利率 [zēngliàng jièkuǎn lìlǜ] 英 incremental borrowing rate of interest
追加計上 甲 补提 [bǔtí] 英 additional accrual
追加控除 甲 加计扣除 [jiājì kòuchú] 英 additional deduction
追加資本 甲 追加资本 [zhuījiā zīběn] 英 additional capital
追加納付 甲 追加缴付 [zhuījiā jiǎofù] 英 additional tax payment
追加費用 甲 追加费用 [zhuījiā fèiyòng] 英 additional cost
追加予算 甲 追加预算 [zhuījiā yùsuàn] 英 additional budget
追記事項 甲 追加说明事项 [zhuījiā shuōmíng shìxiàng] 英 additional explanation
追及 甲 追究 [zhuījiū] 英 investigate
追跡 甲 跟踪 [gēnzōng] 英 trace
追跡管理 甲 跟踪管理 [gēnzōng guǎnlǐ] 英 traceability management
追徴金 甲 追征款 [zhuīzhēng kuǎn] 英 additional imposition
追徴税金 甲 追征税款 [zhuīzhēng shuìkuǎn] 英 tax penalty
通貨 甲 货币 [huòbì] 英 currency
通貨オプション 甲 货币期权 [huòbì qīquán] 英 currency option
通貨換算 甲 货币兑换 [huòbì duìhuàn] 英 currency exchange
通貨切り上げ 甲 货币升值 [huòbì shēngzhí] 英 currency revaluation
通貨スワップ 甲 货币互换 [huòbì hùhuàn] 英 currency swap

通貨持出し制限 中 货币携出限制 [huòbì xiéchū xiànzhì] 英 currency restrictions

通関 中 报关 [bàoguān] 英 customs clearance

通関申告書 中 报关单 [bàoguān dān] 英 customs declaration form

通関手帳 中 报关手册 [bàoguān shǒucè] 英 customs booklet

通関用送り状 中 报关发票 [bàoguān fāpiào] 英 customs invoice

通常の方法による売買 中 常规条件的交易 [chángguī tiáojiàn de jiāoyì] 英 purchase and sales by regular condition

通信費 中 通信费 [tōngxìn fèi] 英 communication expense

通知銀行 中 通知行 [tōngzhī háng] 英 advising bank

通知書 中 通知书 [tōngzhī shū] 英 notice

通知預金 中 通知存款 [tōngzhī cúnkuǎn] 英 notice deposit

ツール 中 工具 [gōngjù] 英 tool

月払い 中 按月分期付款 [ànyuè fēnqī fùkuǎn] 英 monthly payment

積出港 中 起运港 [qǐyùn gǎng] 英 port of loading

て

手当 中 补贴 [bǔtiē] 英 allowance

定額課税方式 中 定额征收方式 [dìng é zhēngshōu fāngshì] 英 fixed amount taxation system

定額資金前渡制度 中 定额备用金制度 [dìng é bèiyòng jīn zhìdù] 英 imprest system

定額償却法 中 直线折旧法 [zhíxiàn zhéjiù fǎ] 英 straight-line depreciation

低額消耗品 中 低值易耗品 [dīzhí yìhào pǐn] 英 low value consumable items

低額消耗品償却費 中 低值易耗品摊销费 [dīzhí yìhào pǐn tānxiāo fèi] 英 amortization expense of low value consumable items

定額積立預金 中 零存整取存款 [língcún zhěngqǔ cúnkuǎn] 英 fixed cumulative deposit

定額負担方式 中 定额负担方式 [dìng é fùdān fāngshì] 英 fixed amount burden system

定額法 中 直线法 [zhíxiàn fǎ] 英 straight-line depreciation

低価法 中 成本与市价孰低法 [chéngběn yǔ shìjià shúdī fǎ] 英 lower of cost or market value method (LCM)

定款 中 公司章程 [gōngsī zhāngchéng] 英 articles of incorporation

定期減免 中 定期减免 [dìngqī jiǎnmiǎn] 英 fixed term exemption

提供したサービス 中 提供的服务 [tígōng de fúwù] 英 services rendered

提供地基準 中 供应地原则 [gōngyìng dì yuánzé] 英 place of supply rule

定期預金 中 定期存款 [dìngqī cúnkuǎn] 英 time deposit

定期預金利息 中 定期存款利息 [dìngqī cúnkuǎn lìxī] 英 time deposit interest

締結 中 签订 [qiāndìng] 英 engage

逓減残高法 中 余额递减法 [yú é dìjiǎn fǎ] 英 reducing balance method

定住 中 定居 [dìngjū] 英 settlement

提出期限 中 截止期限 [jiézhǐ qīxiàn] 英 submission deadline

ディスカウント キャッシュ・フロー法 中 折现现金流量法 [zhéxiàn xiànjīn liúliàng fǎ] 英 discounted cash flow method (DCF)

ディスカッション 中 讨论 [tǎolùn] 英 discussion

ディスク 中 磁盘 [cípán] 英 disk

ディスク容量 中 磁盘容量 [cípán róngliàng] 英 disk capacity

ディスプレイ 中 显示器 [xiǎnshì qì] 英 display

定性的情報 中 定性的信息 [dìngxìng de xìnxī] 英 qualitative information

抵当権 中 抵押权 [dǐyā quán] 英 mortgage

抵当権者 中 抵押权人 [dǐyā quán rén] 英 mortgagee

抵当権設定登記 中 抵押登记 [dǐyā dēngjì] 英 mortgage registration

抵当債券 中 抵押债券 [dǐyā zhàiquàn] 英 mortgage bond

抵当付貸付金 中 抵押贷款 [dǐyā dàikuǎn] 英 mortgage loan

抵当付借入金 中 抵押借款 [dǐyā jièkuǎn]

抵当付社債

[英] mortgage loans payable

抵当付社債 [中] 附抵押的公司债券 [fù dǐyā de gōngsī zhàiquàn] [英] mortgage corporate bond

抵当物件 [中] 抵押物 [dǐyā wù] [英] mortgaged assets

定率課税法 [中] 定率征收方式 [dìnglǜ zhēngshōu fāngshì] [英] fixed rate method of tax collection

定率負担方式 [中] 定率负担方式 [dìnglǜ fùdān fāngshì] [英] fixed rate burden system

定率法 [中] 定率法 [dìnglǜ fǎ] [英] fixed rate method

定量的情報 [中] 定量信息 [dìngliàng xìnxī] [英] quantitative information

ディレクトリ [中] 目录 [mùlù] [英] directory

データ [中] 数据 [shùjù] [英] data

データ ウェアハウス システム [中] 数据仓库系统 [shùjù cāngkù xìtǒng] [英] data warehouse system

データ入力 [中] 录入数据 [lùrù shùjù] [英] data entry

データベース [中] 数据库 [shùjù kù] [英] database

データベース マネジメント システム [中] 数据库管理系统 [shùjù kù guǎnlǐ xìtǒng] [英] database management system (DBMS)

手形裏書義務 [中] 票据背书责任 [piàojù bèishū zérèn] [英] liability for endorsement

手形額面金額 [中] 票面金额 [piàomiàn jīn é] [英] face amount

手形貸付金 [中] 票据贷款 [piàojù dàikuǎn] [英] note loan

手形借入金 [中] 票据借款 [piàojù jièkuǎn] [英] note loans payable

手形交換 [中] 票据交换 [piàojù jiāohuàn] [英] notes exchange

手形引受人 [中] 承兑人 [chéngduì rén] [英] acceptor

手形振出し [中] 出票 [chūpiào] [英] drawing of bill

手形振出人 [中] 出票人 [chūpiào rén] [英] drawer of bill

手形融資 [中] 票据融资 [piàojù róngzī] [英] notes financing

手形割引 [中] 票据贴现 [piàojù tiēxiàn] [英] discounting of bill

手形割引料 [中] 票据贴现费用 [piàojù tiēxiàn fèiyòng] [英] discounted expense of bill

適格機関投資家 [中] 合格机构投资者 [hégé jīgòu tóuzī zhě] [英] qualified institutional investors

適格資産 [中] 符合条件的资产 [fúhé tiáojiàn de zīchǎn] [英] qualifying assets

適格投資家 [中] 合格投资者 [hégé tóuzī zhě] [英] qualified investor

適格保険証券 [中] 合格保单 [hégé bǎodān] [英] qualifying insurance policy

適時 [中] 及时 [jíshí] [英] timely

適時性 [中] 及时性 [jíshí xìng] [英] timeliness

テキストファイル [中] 文本文件 [wénběn wénjiàn] [英] text file

適正在庫量 [中] 最优库存量 [zuìyōu kùcún liàng] [英] reasonable inventory quantity

出来高給 [中] 计件工资 [jìjiàn gōngzī] [英] piece rate pay

適用税率 [中] 适用税率 [shìyòng shuìlǜ] [英] applicable tax rate

手作業仕訳帳 [中] 手工日记账分录 [shǒugōng rìjìzhàng fēnlù] [英] manual journal entries

手作業による注文書 [中] 人工订单 [réngōng dìngdān] [英] manual purchase order (PO)

デジタル証明書 [中] 电子认证证书 [diànzǐ rènzhèng zhèngshū] [英] digital certificate

デジタル電子設備 [中] 数字化电子设备 [shùzì huà diànzǐ shèbèi] [英] digital electronic equipment

手数料 [中] 手续费 [shǒuxù fèi] [英] commission charge

手数料受取方式 [中] 收取手续费方式 [shōuqǔ shǒuxù fèi fāngshì] [英] commission receipt method

手数料収入 [中] 手续费收入 [shǒuxù fèi shōurù] [英] commission income

デスクトップ コンピュータ [中] 台式电脑 [táishì diànnǎo] [英] desktop computer

テスト販売 [中] 试销 [shìxiāo] [英] test sale

手付金 [中] 定金 [dìngjīn] [英] deposit

手続 [中] 手续 [shǒuxù] [英] procedure

デット エクイティ スワップ [中] 债务股权置换 [zhàiwù gǔquán zhìhuàn] [英] debt equity swap

デバイス [中] 设备 [shèbèi] [英] device

デフォルトリスク [中] 违约风险 [wéiyuē fēngxiǎn] [英] default risk

デフレ [中] 通货紧缩 [tōnghuò jǐnsuō] [英] deflation

手許現金 [中] 库存现金 [kùcún xiànjīn] [英] cash on hand

デモンストレーション 中 演示程序 [yǎnshì chéngxù] 英 demonstration

デュアル カレンシー債 中 双币债券 [shuāngbì zhàiquàn] 英 dual currency bond

デュー デリジェンス 中 尽职调查 [jìnzhí diàochá] 英 due diligence

テラバイト 中 万亿字节 [wànyì zìjié] 英 terabyte (TB)

デリバティブ 中 衍生工具 [yǎnshēng gōngjù] 英 derivatives

デリバティブ商品 中 衍生性金融商品 [yǎnshēng xìng jīnróng shāngpǐn] 英 financial derivative instrument

デリバティブ取引 中 金融衍生品交易 [jīnróng yǎnshēng pǐn jiāoyì] 英 derivative transaction

デリバリー システム 中 配送系统 [pèisòng xìtǒng] 英 delivery system

転換 中 转换 [zhuǎnhuàn] 英 conversion

転換株式 中 可转换普通股 [kě zhuànhuàn pǔtōng gǔ] 英 convertible share

転換社債 中 可转换公司债券 [kě zhuǎnhuàn gōngsī zhàiquàn] 英 convertible bond

転換社債型新株予約権付社債 中 附新股优先购买权的可转换公司债券 [fù xīn gǔ yōuxiān gòumǎi quán de kě zhuǎnhuàn gōngsī zhàiquàn] 英 convertible bond (CB)

転換比率 中 转换比率 [zhuǎnhuàn bǐlǜ] 英 conversion ratio

転記 中 转记 [zhuǎnjì] 英 posting

電気機械設備及び器具 中 电气机械设备及器具 [diànqì jīxiè shèbèi jí qìjù] 英 electrical machinery and appliances

電気電子機器廃棄物 中 电气电子机器废弃物 [diànqì diànzǐ jīqì fèiqì wù] 英 waste of electrical and electronic equipment

電算化 中 电算化 [diànsuàn huà] 英 computerization

電算システム 中 电算化系统 [diànsuàn huà xìtǒng] 英 computer system

展示会費 中 展览费 [zhǎnlǎn fèi] 英 exhibition expense

電子決済 中 电子结算 [diànzǐ jiésuàn] 英 electronic settlement

電子商取引 中 电子贸易 [diànzǐ màoyì] 英 e-commerce

電子申告納税システム 中 电子申报纳税系统 [diànzǐ shēnbào nàshuì xìtǒng] 英 electronic tax filing system

電子設備 中 电子设备 [diànzǐ shèbèi] 英 electronic equipment

電子データ 中 电子数据 [diànzǐ shùjù] 英 electronic data

電子データ交換 中 电子数据交换 [diànzǐ shùjù jiāohuàn] 英 electronic data interchange (EDI)

電子認証 中 电子认证 [diànzǐ rènzhèng] 英 e-authentication

電子媒体 中 电子形式 [diànzǐ xíngshì] 英 digital media

電子マネー 中 电子货币 [diànzǐ huòbì] 英 electronic money

電子メール 中 电子邮件 [diànzǐ yóujiàn] 英 e-mail

転廠取引 中 转厂贸易 [zhuǎnchǎng màoyì] 英 interplant transfer transaction

電信送金 中 电汇 [diànhuì] 英 telegraphic transfer (T/T) remittance

転送 中 转发 [zhuǎnfā] 英 forwarding

店頭市場 中 柜台交易市场 [guìtái jiāoyì shìchǎng] 英 over the counter (OTC) equity market

伝統的企業 中 老字号企业 [lǎozìhào qǐyè] 英 traditional enterprise

天然資源 中 天然资源 [tiānrán zīyuán] 英 natural resources

転売 中 转售 [zhuǎnshòu] 英 resale

転リース 中 转租赁 [zhuǎn zūlìn] 英 sublease

電力費 中 电力费 [diànlì fèi] 英 electronic expense

電力部門 中 电力部门 [diànlì bùmén] 英 electronic department

電話加入権 中 电话加入权 [diànhuà jiārù quán] 英 telephone right

統一発票 中 统一发票 [tǒngyī fāpiào] 英 unified invoice

統括会社 中 控制企业 [kòngzhì qǐyè] 英 controlling company

導管会社 甲 影子公司 [yǐngzi gōngsī] 英 tunnel company

登記 甲 登记 [dēngjì] 英 registration

当期売上税額 甲 当期销项税额 [dāngqī xiāoxiàng shuì é] 英 current period value added tax (VAT) out-put amount

当期売上高 甲 当期销售额 [dāngqī xiāoshòu é] 英 current period sales

登記管理 甲 登记管理 [dēngjì guǎnlǐ] 英 registration management

当期勤務費用 甲 当期服务成本 [dāngqī fúwù chéngběn] 英 current period service cost

当期仕入税額 甲 当期进项税额 [dāngqī jìnxiàng shuì é] 英 current period in-put value added tax (VAT)

当期純損失 甲 本期净损失 [běnqī jìng sǔnshī] 英 current period net loss

当期純利益 甲 本期净利润 [běnqī jìng lìrùn] 英 current period net income

当期税金 甲 本期税金 [běnqī shuìjīn] 英 current period tax

当期損失 甲 本期损失 [běnqī sǔnshī] 英 current period loss

登記手続 甲 登记手续 [dēngjì shǒuxù] 英 registration procedure

登記費用 甲 登记费用 [dēngjì fèiyòng] 英 registration fee

登記簿 甲 登记簿 [dēngjì bù] 英 register book

登記抹消 甲 注销登记 [zhùxiāo dēngjì] 英 cancellation of registration

同業の利益水準 甲 同行业盈利水平 [tóng hángyè yínglì shuǐpíng] 英 profit level among the same industry

当期利益 甲 本期利润 [běnqī lìrùn] 英 current period income

統計 甲 统计 [tǒngjì] 英 statistics

統計局 甲 统计局 [tǒngjì jú] 英 statistical bureau

統計データ 甲 统计数据 [tǒngjì shùjù] 英 statistical data

統計的サンプリング 甲 统计抽样 [tǒngjì chōuyàng] 英 statistical sampling

統計的抽出法 甲 统计选样 [tǒngjì xuǎnyàng] 英 statics sampling

統合基幹業務システム 甲 企业资源系统 [qǐyè zīyuán xìtǒng] 英 enterprise resource planning (ERP) system

統合デュー デリジェンス 甲 综合尽职调查 [zōnghé jìnzhí diàochá] 英 integrated due diligence

当座借越 甲 银行透支 [yínháng tòuzhī] 英 bank overdraft

当座比率 甲 速动比率 [sùdòng bǐlǜ] 英 quick ratio

当座預金 甲 活期存款 [huóqī cúnkuǎn] 英 checking account

当座預金利息 甲 活期存款利息 [huóqī cúnkuǎn lìxī] 英 checking account interest

投資 甲 投资 [tóuzī] 英 investment

董事 甲 董事 [dǒngshì] 英 board member

投資意向書 甲 投资意向书 [tóuzī yìxiàng shū] 英 term sheet

投資家 甲 投资人 [tóuzī rén] 英 investor

董事会 甲 董事会 [dǒngshì huì] 英 board of directors

董事会議事録 甲 董事会会议记录 [dǒngshì huì huìyì jìlù] 英 board minutes

投資回収 甲 投资收回 [tóuzī shōuhuí] 英 investment return

投資回転率 甲 投资周转率 [tóuzī zhōuzhuǎn lǜ] 英 turnover of investment

董事会費用 甲 董事会费用 [dǒngshì huì fèiyòng] 英 board expense

投資額 甲 投资额度 [tóuzī édù] 英 investment quota

投資型保険業務 甲 投资型保险业务 [tóuzī xíng bǎoxiǎn yèwù] 英 investment-oriented insurance business

投資活動 甲 投资活动 [tóuzī huódòng] 英 investment activities

投資活動によるキャッシュ・フロー 甲 投资活动产生的现金流量 [tóuzī huódòng chǎnshēng de xiànjīn liúliàng] 英 cash flows from investing activities

投資企業 甲 投资企业 [tóuzī qǐyè] 英 investment enterprise

投資銀行 甲 投资银行 [tóuzī yínháng] 英 investment bank

投資原価 甲 投资成本 [tóuzī chéngběn] 英 investment cost

董事兼総経理 甲 董事兼总经理 [dǒngshì jiān zǒng jīnglǐ] 英 director and general manager

投資口座 中 投资账户 [tóuzī zhànghù] 英 investment account

投資コンサルティング 中 投资咨询 [tóuzī zīxún] 英 investment consulting

投資先企業 中 被投资企业 [bèi tóuzī qǐyè] 英 invested enterprise

投資先に対する支配 中 对被投资企业的控制 [duì bèi tóuzī qǐyè de kòngzhì] 英 control over investee

投資事業組合 中 投资业务组合 [tóuzī yèwù zǔhé] 英 investment partnership

投資資産 中 投资资产 [tóuzī zīchǎn] 英 investment assets

当事者 中 当事人 [dāngshìrén] 英 party

投資収益 中 投资收益 [tóuzī shōuyì] 英 investment income

投資所得 中 投资所得 [tóuzī suǒdé] 英 investment income

投資信託会社 中 投资信托公司 [tóuzī xìntuō gōngsī] 英 mutual fund company

投資税額控除 中 投资税收抵免 [tóuzī shuìshōu dǐmiǎn] 英 investment tax credit

投資性公司 中 投资性公司 [tóuzī xìng gōngsī] 英 investment company

投資性主体 中 投资主体 [tóuzī zhǔtǐ] 英 investment entity

投資センター 中 投资中心 [tóuzī zhōngxīn] 英 investment center

投資総額 中 投资总额 [tóuzī zǒng é] 英 total investment amount

投資損失 中 投资损失 [tóuzī sǔnshī] 英 investment loss

董事長 中 董事长 [dǒngshì zhǎng] 英 chairman

投資に関するフィージビリティ スタディ 中 投资可行性研究 [tóuzī kě xíng xìng yánjiū] 英 feasibility study of investment

投資に関する優遇政策 中 投资优惠政策 [tóuzī yōuhuì zhèngcè] 英 preferential policy of investment

投資認可権限 中 投资审批权限 [tóuzī shěnpī quánxiàn] 英 investment approval authority

投資の意思決定 中 投资决策 [tóuzī juécè] 英 investment decision

投資の先行回収 中 先行回收投资 [xiānxíng huíshōu tóuzī] 英 advance recovery of investment

投資備案管理弁法 中 投资备案管理办法 [tóuzī bèi àn guǎnlǐ bànfǎ] 英 Administrative Measures for the Record Keeping of Investment

投資評価技術 中 投资评估技术 [tóuzī pínggū jìshù] 英 investment appraisal technology

投資不動産 中 投资性房地产 [tóuzī xìng fángdìchǎn] 英 investment property

投資プロジェクト管理 中 投资项目管理 [tóuzī xiàngmù guǎnlǐ] 英 investment project management

同時文書 中 同期资料 [tóngqī zīliào] 英 contemporaneous documentation

投資分析 中 投资分析 [tóuzī fēnxī] 英 investment analysis

董事報酬 中 董事薪酬 [dǒngshì xīnchóu] 英 director remuneration

投資有価証券 中 投资有价证券 [tóuzī yǒujià zhèngquàn] 英 investment securities

投資有価証券売却益 中 出售有价证券收益 [chūshòu yǒujià zhèngquàn shōuyì] 英 gains from selling securities

当初純投資 中 初始净投资 [chūshǐ jìng tóuzī] 英 initial net investment

当初測定 中 初始计量 [chūshǐ jìliáng] 英 initial measurement

当初認識 中 初始确认 [chūshǐ quèrèn] 英 initial recognition

投資利益率 中 投资回报率 [tóuzī huíbào lǜ] 英 return on investment (ROI)

統制活動 中 控制活动 [kòngzhì huódòng] 英 control activities

統制環境 中 控制环境 [kòngzhì huánjìng] 英 control environment

統制手続 中 控制程序 [kòngzhì chéngxù] 英 control procedure

統制リスク 中 控制风险 [kòngzhì fēngxiǎn] 英 control risk

同族会社 中 家族公司 [jiāzú gōngsī] 英 family company

同族株主グループ 中 家族股东集团 [jiāzú gǔdōng jítuán] 英 family shareholder group

同族企業 中 家族企业 [jiāzú qǐyè] 英 family business company

同族持株会社 中 家族持股公司 [jiāzú chígǔ gōngsī] 英 family-owned company

投注差 中 投注差 [tóuzhùchā] 英 the difference between investment and registered investment

登録 ㊥注册 [zhùcè] ㊀ register

登録資本 ㊥注册资本 [zhùcè zīběn] ㊀ registered capital

登録資本金の虚偽登記 ㊥虚报注册资本 [xūbào zhùcè zīběn] ㊀ false registration of registered capital

登録商標 ㊥注册商标 [zhùcè shāngbiāo] ㊀ registered trademark

登録地 ㊥注册地 [zhùcè dì] ㊀ registered address

トータルコスト マークアップ率 ㊥成本加成定价率 [chéngběn jiāchéng dìngjià lǜ] ㊀ total cost markup percentage

得意先 ㊥客户 [kèhù] ㊀ customer

得意先元帳 ㊥应收账款总账 [yīngshōu zhàngkuǎn zǒngzhàng] ㊀ customer ledger

独資企業 ㊥独资企业 [dúzī qǐyè] ㊀ wholly-owned enterprises

独資銀行 ㊥独资银行 [dúzī yínháng] ㊀ wholly owned bank

特殊税務処理 ㊥特殊税务处理 [tèshū shuìwù chǔlǐ] ㊀ special tax treatment

特殊普通パートナーシップ制 ㊥特殊普通合伙制 [tèshū pǔtōng héhuǒ zhì] ㊀ special general partnership

特性 ㊥特点 [tèdiǎn] ㊀ characteristic

独占 ㊥垄断 [lǒngduàn] ㊀ monopoly

独占禁止 ㊥反垄断 [fǎn lǒngduàn] ㊀ anti-monopoly

独占禁止法 ㊥反垄断法 [fǎn lǒngduàn fǎ] ㊀ anti-monopoly law

独占禁止法審査 ㊥反垄断法审查 [fǎn lǒngduàn fǎ shěnchá] ㊀ anti-monopoly act review

独占権 ㊥独占权 [dúzhàn quán] ㊀ exclusive right

独占行為 ㊥垄断行为 [lǒngduàn xíngwéi] ㊀ monopoly act

特定外国子会社 ㊥特定外国子公司 [tèdìng wàiguó zǐ gōngsī] ㊀ specific foreign subsidiaries

特定借入金 ㊥特定借款 [tèdìng jièkuǎn] ㊀ special loans payable

特定項目に関する労働協定 ㊥专项劳资协议 [zhuānxiàng láozī xiéyì] ㊀ labor agreement related to specific items

特別監査報告書 ㊥专项审计报告 [zhuānxiàng shěnjì bàogào] ㊀ specific auditor's report

特別勘定資産 ㊥独立账户资产 [dúlì zhànghù zīchǎn] ㊀ special account assets

特別勘定負債 ㊥独立账户负债 [dúlì zhànghù fùzhài] ㊀ special account liabilities

特別監督区域 ㊥特殊监管区域 [tèshū jiān guǎn qūyù] ㊀ special supervision area

特別行政区 ㊥特别行政区 [tèbié xíngzhèng qū] ㊀ special administrative region

特別決議事項 ㊥特别决议事项 [tèbié juéyì shìxiàng] ㊀ special resolution matters

特別貢献賞与 ㊥特别贡献奖 [tèbié gòngxiàn jiǎng] ㊀ special contribution bonus

特別項目 ㊥特种项目 [tèzhǒng xiàngmù] ㊀ special item

特別項目検査 ㊥专项检查 [zhuānxiàng jiǎnchá] ㊀ special item inspection

特別償却 ㊥特别折旧 [tèbié zhéjiù] ㊀ special depreciation

特別条項 ㊥特别条款 [tèbié tiáokuǎn] ㊀ special clause

特別清算 ㊥特别清算 [tèbié qīngsuàn] ㊀ special liquidation

特別税務調整 ㊥特别税务调整 [tèbié shuìwù tiáozhěng] ㊀ special tax adjustment

特別積立金 ㊥专项储备 [zhuānxiàng chǔbèi] ㊀ specific reserve

特別手当 ㊥特别津贴 [tèbié jīntiē] ㊀ special allowance

特別納税調整実施弁法 ㊥特别纳税调整实施办法 [tèbié nàshuì tiáozhěng shíshī bànfǎ] ㊀ implementation measures of special tax adjustments

特別配当 ㊥特别股利 [tèbié gǔlì] ㊀ special dividend

特別目的会社 ㊥特殊目的公司 [tèshū mùdì gōngsī] ㊀ special purpose company (SPC)

特別目的事業体 ㊥特殊目的主体 [tèshū mùdì zhǔtǐ] ㊀ special purpose entity (SPE)

特別利益 ㊥非常收入 [fēicháng shōurù] ㊀ extraordinary gain

独立価格比準法 ㊥可比非受控价格法 [kě bǐ fēi shòukòng jiàgé fǎ] ㊀ comparable uncontrolled price (CUP) method

独立監査人の監査報告書 ㊥独立审计师的审计报告 [dúlì shěnjì shī de shěnjì bàogào] ㊀ independent auditors' report

独立企業 ㊥ 独立企业 [dúlì qǐyè] ㊓ independent enterprises

独立企業間価格 ㊥ 独立企业间价格 [dúlì qǐyè jiān jiàgé] ㊓ arm's length price

独立企業間取引 ㊥ 独立企业之间的业务往来 [dúlì qǐyè zhījiān de yèwù wǎnglái] ㊓ business transaction between independent companies

独立採算 ㊥ 独立核算 [dúlì hésuàn] ㊓ self-sustenance

独立仕訳帳 ㊥ 独立分类账 [dúlì fēnlèi zhàng] ㊓ separate ledger account

独立代理人 ㊥ 独立代理人 [dúlì dàilǐ rén] ㊓ independent agent

独立董事 ㊥ 独立董事 [dúlì dǒngshì] ㊓ independent directors

独立取引の原則 ㊥ 独立交易原则 [dúlì jiāoyì yuánzé] ㊓ arm's length principle

屠殺税 ㊥ 屠宰税 [túzǎi shuì] ㊓ slaughtering tax

都市維持建設税 ㊥ 城市维护建设税 [chéngshì wéihù jiànshè shuì] ㊓ urban maintenance and construction tax

都市計画 ㊥ 城市规划 [chéngshì guīhuà] ㊓ urban planning

都市土地使用税 ㊥ 城镇土地使用税 [chéngzhèn tǔdì shǐyòng shuì] ㊓ urban and township land use tax

都市不動産税 ㊥ 城市房产税 [chéngshì fángchǎn shuì] ㊓ urban real estate tax

土地管理局 ㊥ 土地管理局 [tǔdì guǎnlǐjú] ㊓ bureau of land management

土地収用費用 ㊥ 土地征用费 [tǔdì zhēngyòng fèi] ㊓ land expropriation expense

土地使用権 ㊥ 土地使用权 [tǔdì shǐyòng quán] ㊓ land use right

土地使用権証書 ㊥ 土地使用权证书 [tǔdì shǐyòng quán zhèngshū] ㊓ land use right certificate

土地使用権譲渡契約書 ㊥ 土地使用权转让合同 [tǔdì shǐyòng quán zhuǎnràng hétóng] ㊓ land use right sales agreement

土地使用年限 ㊥ 土地使用年限 [tǔdì shǐyòng niánxiàn] ㊓ land use term

土地使用費 ㊥ 土地使用费 [tǔdì shǐyòng fèi] ㊓ land occupancy charge

土地所有権 ㊥ 土地所有权 [tǔdì suǒyǒu quán] ㊓ land ownership

土地増値税 ㊥ 土地增值税 [tǔdì zēngzhí shuì] ㊓ land value added tax

土地の使用条件 ㊥ 土地使用条件 [tǔdì shǐyòng tiáojiàn] ㊓ land use conditions

土地の復旧費 ㊥ 土地复垦费 [tǔdì fùkěn fèi] ㊓ land rehabilitation expense

土地払下げ金 ㊥ 土地出让金 [tǔdì chūràng jīn] ㊓ land disposal fee

土地用途規制 ㊥ 土地用途管制 [tǔdì yòngtú guǎnzhì] ㊓ land use restriction

特許 ㊥ 特许 [tèxǔ] ㊓ patent

特許権 ㊥ 特许权 [tèxǔ quán] ㊓ patent right

特許権証書 ㊥ 专利权所有人 [zhuānlì quán suǒyǒu rén] ㊓ patent certificate

特許権使用料 ㊥ 专利费 [zhuānlì fèi] ㊓ royalty on a patent

特許権所有者 ㊥ 特许权所有人 [tèxǔ quán suǒyǒu rén] ㊓ patent owner

特許実施許可 ㊥ 专利实施许可 [zhuānlì shíshī xǔkě] ㊓ patent licensing

特許出願 ㊥ 专利申请 [zhuānlì shēnqǐng] ㊓ patent application

特許使用権契約 ㊥ 专利使用权合同 [zhuānlì shǐyòng quán hétóng] ㊓ patent right contract

特許ライセンス供与 ㊥ 专利许可 [zhuānlì xǔkě] ㊓ patent licensing

特許ライセンス契約 ㊥ 专利许可合同 [zhuānlì xǔkě hétóng] ㊓ patent license agreement

特許料 ㊥ 专利权 [zhuānlì quán] ㊓ patent fee

特恵関税待遇 ㊥ 优惠关税待遇 [yōuhuì guānshuì dàiyù] ㊓ preferential tariff treatment

特恵税率 ㊥ 特惠税率 [tèhuì shuìlǜ] ㊓ preferential tariff rate

特権ID ㊥ 超级用户 [chāojí yònghù] ㊓ privileged ID

トップダウン ㊥ 自上而下 [zìshàng érxià] ㊓ top down

届出 ㊥ 备案 [bèi àn] ㊓ notification

届出書 ㊥ 申请登记表 [shēnqǐng dēngjì biǎo] ㊓ written notice

届出証明書 ㊥ 备案证明书 [bèi àn zhèngmíng shū] ㊓ notification certificate

届出制 ㊥ 备案制 [bèi àn zhì] ㊓ notification system

と

届出登記 甲 备案登记 [bèi àn dēngjì] 英 notification registration

ドライバ 甲 驱动器 [qūdòng qì] 英 driver

ドライリース 甲 干租 [gānzū] 英 dry lease

ドラッグ アンド ドロップ 甲 拖放 [tuōfàng] 英 drag-and-drop

トランザクション 甲 交易 [jiāoyì] 英 transaction

トリガー税率 甲 引起税率 [yǐnqǐ shuì lǜ] 英 trigger tax rates

取替原価 甲 重置成本 [chóngzhì chéngběn] 英 replacement cost

取消可能信用状 甲 可撤销信用证 [kě chèxiāo xìnyòng zhèng] 英 revocable letter of credit

取消権 甲 撤销权 [chèxiāo quán] 英 right to revoke

取立て 甲 托收 [tuōshōu] 英 collection

取立通知 甲 托收通知 [tuōshōu tōngzhī] 英 notification of collection

取引価格 甲 交易价格 [jiāoyì jiàgé] 英 transaction price

取引コスト 甲 交易成本 [jiāoyì chéngběn] 英 transaction cost

取引所 甲 交易所 [jiāoyì suǒ] 英 exchange

取引所の規則 甲 交易所的规则 [jiāoyì suǒ de guīzé] 英 regulations of the exchange

取引高 甲 交易额 [jiāoyì é] 英 transaction amount

取引単位営業利益法 甲 交易净利润法 [jiāoyì jìng lìrùn fǎ] 英 transactional net margin method (TNMM)

取引注文書 甲 客户委托交易单 [kèhù wěituō jiāoyì dān] 英 order form

取引費用 甲 交易费用 [jiāoyì fèiyòng] 英 transaction fee

取引日レート 甲 交易日汇率 [jiāoyì rì huìlǜ] 英 historical rate

取引保証金 甲 交易保证金 [jiāoyì bǎozhèng jīn] 英 guarantee for transaction

トレーニング 甲 培训 [péixùn] 英 training

ドロップ シッピング 甲 直运 [zhíyùn] 英 drop shipping

な

名宛人 甲 受票人 [shòupiào rén] 英 drawee check

内国税 甲 本国税费 [běnguó shuìfèi] 英 domestic tax

内国法人 甲 境内法人 [jìngnèi fǎrén] 英 domestic legal entity

内資企業 甲 内资企业 [nèizī qǐyè] 英 domestic enterprise

内部移転価格 甲 内部转移价格 [nèibù zhuǎnyí jiàgé] 英 internal transfer price

内部監査 甲 内部审计 [nèibù shěnjì] 英 internal audit

内部監査制度 甲 内部审计制度 [nèibù shěnjì zhìdù] 英 internal audit system

内部監査人 甲 内部审计人员 [nèibù shěnjì rényuán] 英 internal auditor

内部監査報告 甲 内部审计报告 [nèibù shěnjì bàogào] 英 internal audit report

内部決済価格 甲 内部结算价格 [nèibù jiésuàn jiàgé] 英 internal settlement price

内部決済センター 甲 内部结算中心 [nèibù jiésuàn zhōngxīn] 英 internal settlement center

内部牽制 甲 内部牵制 [nèibù qiānzhì] 英 internal check

内部資金調達 甲 内部资金筹措 [nèibù zījīn chóucuò] 英 internal fund raising

内部証拠 甲 内部证据 [nèibù zhèngjù] 英 internal evidence

内部調査 甲 内部稽核 [nèibù jīhé] 英 internal investigation

内部通報制度 甲 内部举报投诉制度 [nèibù jǔbào tóusù zhìdù] 英 internal whistle blowing system

内部統制 甲 内部控制 [nèibù kòngzhì] 英 internal control

内部統制ガイドライン 甲 内部控制指引 [nèibù kòngzhì zhǐyǐn] 英 internal control guidance

内部統制監査 甲 内部控制审计 [nèibù kòngzhì shěnjì] 英 internal control audit

内部統制監査報告書 甲 内部控制审计报告 [nèibù kòngzhì shěnjì bàogào] 英 internal control self-assessment report

内部統制規定 甲 内部控制规定 [nèibù kòngzhì guīdìng] 英 internal control rules

内部統制制度 甲 内部控制制度 [nèibù kòngzhì zhìdù] 英 internal control system

内部統制報告書 ㊥内部控制报告 [nèibù kòngzhì bàogào] ㊨ internal control self-assessment report

内部統制報告制度 ㊥内部控制报告制度 [nèibù kòngzhì bàogào zhìdù] ㊨ internal control reporting system

内部取引 ㊥内部交易 [nèibù jiāoyì] ㊨ internal transaction

内部販売損益 ㊥内部销售损益 [nèibù xiāoshòu sǔnyì] ㊨ internal sales gain and loss

内部比較取引 ㊥内部比较交易 [nèibù bǐjiào jiāoyì] ㊨ internal comparable transaction

内部振替 ㊥内部结转 [nèibù jiézhuǎn] ㊨ internal transfer

内部利益 ㊥内部利润 [nèibù lìrùn] ㊨ profit from internal transaction

内陸開放都市 ㊥内陆开放城市 [nèilù kāifàng chéngshì] ㊨ inland open city

仲立人 ㊥经纪人 [jīngjì rén] ㊨ broker

仲値 ㊥中间价 [zhōngjiān jià] ㊨ median price

ナスダック ㊥纳斯达克 [nàsīdákè] ㊨ NASDAQ

ナレッジプロセス アウトソーシング ㊥技术性知识流程外包服务 [jìshù xìng zhīshí liúchéng wàibāo fúwù] ㊨ knowledge process outsourcing

に

荷受記録簿 ㊥收货簿 [shōuhuò bó] ㊨ goods receiving book

荷受場 ㊥收货地点 [shōuhuò dìdiǎn] ㊨ place of receiving

荷受人 ㊥收货人 [shōuhuò rén] ㊨ receiver

荷役費 ㊥装卸费 [zhuāngxiè fèi] ㊨ handling charges

荷卸港 ㊥装卸港 [zhuāngxiè gǎng] ㊨ unloading port

荷為替手形 ㊥跟单票据 [gēndān piàojù] ㊨ documentary bill

二級品 ㊥次品 [cìpǐn] ㊨ inferior quality goods

二国間協議 ㊥双边磋商 [shuāngbiān cuōshāng] ㊨ bilateral consultation

二国間事前確認 ㊥双边预约定价安排 [shuāngbiān yùyuē dìngjià ānpái] ㊨ bilateral advance pricing arrangement

二国間貿易協定 ㊥双边贸易协定 [shuāngbiān màoyì xiédìng] ㊨ bilateral trade agreement

二次取引 ㊥二次交易 [èrcì jiāoyì] ㊨ secondary transaction

二重課税 ㊥双重征税 [shuāngchóng zhēngshuì] ㊨ double taxation

二重課税回避租税協定 ㊥避免双重征税协定 [bìmiǎn shuāngchóng zhēngshuì xiédìng] ㊨ agreement on avoidance of double taxation

二重課税の排除 ㊥消除双重征税 [xiāochú shuāngchóng zhēngshuì] ㊨ elimination of double taxation

二重関税 ㊥双重关税 [shuāngchóng guānshuì] ㊨ dual tariff

日常的 ㊥常规的 [chángguī de] ㊨ routine

日常の監督管理 ㊥日常监管 [rìcháng jiān guǎn] ㊨ routine supervision

日記帳 ㊥日记账 [rìjì zhàng] ㊨ daily book

荷造運賃 ㊥打包费和运费 [dǎbāo fèi hé yùn fèi] ㊨ packing and freight

日系企業 ㊥日资企业 [rìzī qǐyè] ㊨ Japanese firms

日経平均株価 ㊥日经指数 [rìjīng zhǐshù] ㊨ Nikkei stock average

日中租税条約 ㊥中日税收协定 [zhōngrì shuìshōu xiédìng] ㊨ China-Japan Tax Treaty

荷積み ㊥装载货物 [zhuāngzài huòwù] ㊨ loading

日本円 ㊥日币 [rìbì] ㊨ Japanese yen

日本市場 ㊥日本市场 [rìběn shìchǎng] ㊨ Japanese market

二免三減 ㊥两免三减 [liǎngmiǎn sānjiǎn] ㊨ two-year exemption and three-year halve preferential income tax rate

入会費 ㊥入会费 [rùhuì fèi] ㊨ registration fee

入金 ㊥收款 [shōukuǎn] ㊨ receipt of money

入金伝票 ㊥收款传票 [shōukuǎn chuánpiào] ㊨ receipt slip

入庫 ㊥入库 [rùkù] ㊨ warehousing

入港予定日 ㊥预计到港时间 [yùjì dàogǎng shíjiān] ㊨ estimated time of arrival (ETA)

入庫記録簿 ㊥入库记录 [rùkù jìlù] ㊨ receiving register

入国 中 入境 [rùjìng] 英 immigration
入国日 中 入境日期 [rùjìng rìqī] 英 date of entry
入庫税金還付政策 中 税款退库政策 [shuìkuǎn tuìkù zhèngcè] 英 tax refund policy
入庫票 中 入库票 [rùkù piào] 英 receiving notes
入庫リスト 中 入库清单 [rùkù qīngdān] 英 warehouse entry form
入札 中 投标 [tóubiāo] 英 bid
入札価格 中 投标价格 [tóubiāo jiàgé] 英 bidding price
入札方式による株の売出し 中 以招标方式发售股份 [yǐ zhāobiāo fāngshì fāshòu gǔfèn] 英 offer by tender
入札募集 中 招标 [zhāobiāo] 英 invitaion for tender
入出力 中 输入・输出 [shūrén shūchū] 英 input output (I/O)
任意監査 中 自愿审计 [zìyuàn shěnjì] 英 voluntary audit
任意清算 中 自愿清算 [zìyuàn qīngsuàn] 英 voluntary liquidation

任意抽出方法 中 随机抽样方法 [suíjī chōuyàng fāngfǎ] 英 random sampling method
任意積立金 中 任意盈余公积 [rènyì yíngyú gōngjī] 英 voluntary surplus reserve
認可 中 许可 [xǔkě] 英 permission
認可機構 中 审批机构 [shěnpī jīgòu] 英 the examination and approval authority
認可証書 中 批准证书 [pīzhǔn zhèngshū] 英 approval certificate
認可手続 中 核准程序 [hézhǔn chéngxù] 英 approval procedure
認識 中 识别 [shíbié] 英 recognition
認識の中止 中 终止确认 [zhōngzhǐ quèrèn] 英 derecognition
認証 中 认证 [rènzhèng] 英 authentication
認証局 中 认证机构 [rènzhèng jīgòu] 英 certification authority (CA)
認定証書 中 认定证书 [rèndìng zhèngshū] 英 authentication certificate

ね

ネガティブリスト 中 负面清单 [fùmiàn qīngdān] 英 negative list
ネットバンキング 中 网上银行 [wǎngshàng yínháng] 英 internet banking
ネット販売 中 网络销售 [wǎngluò xiāoshòu] 英 internet sales
ネットポジション 中 净头寸 [jìngtóucùn] 英 net position
ネットワーク 中 网络 [wǎngluò] 英 network
ネットワーク アダプタ 中 网络适配器 [wǎngluò shìpèi qì] 英 network adapter
値引き 中 减价 [jiǎnjià] 英 markdown
値引額 中 打折金额 [dǎzhé jīn é] 英 discounted amount
年間一回性賞与 中 年度奖金 [niándù jiǎngjīn] 英 annual bonus
年間売上高 中 年度销售收入 [niándù xiāoshòu shōurù] 英 annual sales volume
年間成長率 中 年均增长率 [niánjūn zēngzhǎng lǜ] 英 annual growth rate

年金資産 中 企业年金资产 [qǐyè niánjīn zīchǎn] 英 pension plan assets
年金費用 中 退休金费用 [tuìxiū jīn fèiyòng] 英 pension expense
年収 中 年收入 [nián shōurù] 英 annual income
年数調べ 中 账龄分析 [zhànglíng fēnxī] 英 aging analysis
年度監査 中 年度审计 [niándù shěnjì] 英 annual audit
年度関連取引報告表 中 年度关联交易报告表 [niándù guānlián jiāoyì bàogào biǎo] 英 annual related parties transactions report
年度決算 中 年度结算 [niándù jiésuàn] 英 annual closing
年度検査制度 中 年检制度 [niánjiǎn zhìdù] 英 annual inspection system
年度財務諸表 中 年度财务报告 [niándù cáiwù bàogào] 英 annual financial statement
年度財務予算書 中 年度财务预算方案 [niándù cáiwù yùsuàn fāng àn] 英 annual financial budget
年度所得税申告書 中 年度所得税申报表 [niándù

suǒdé shuì shēnbào biǎo] 英 annual income tax filing

年度税額の分割納付 中 按年征收分期缴纳 [ànnián zhēngshōu fēnqī jiǎonà] 英 installment payment of annual tax

年度報告書 中 年度报告 [niándù bàogào] 英 annual report

年度末賞与 中 年终奖金 [niánzhōng jiǎngjīn] 英 year-end bonus

年度有給休暇 中 带薪年假制度 [dàixīn niánjià zhìdù] 英 paid annual leave

年度予算 中 年度预算 [niándù yùsuàn] 英 annual budget

年度利益 中 年度利润 [niándù lìrùn] 英 annual profit

年払い 中 按年分期付款 [ànnián fēnqī fùkuǎn] 英 yearly payment

年俸制 中 年薪制 [niánxīn zhì] 英 annual salary system

年末調整 中 年末调整 [niánmò tiáozhěng] 英 year-end adjustment

年利 中 年利 [niánlì] 英 annual interest rate

燃料動力費用 中 燃料动力费用 [ránliào dònglì fèiyòng] 英 fuel and power cost

年齢調べ表 中 账龄分析表 [zhànglíng fēnxī biǎo] 英 aging analysis schedule

年齢表 中 账龄表 [zhànglíng biǎo] 英 aging list

年齢分析法 中 账龄分析法 [zhànglíng fēnxī fǎ] 英 aging analysis method

の

農業活動 中 农业生产活动 [nóngyè shēngchǎn huódòng] 英 agricultural activity

農業税 中 农业税 [nóngyè shuì] 英 agriculture tax

農業用地 中 农用地 [nóngyòng dì] 英 farmland

農産物 中 农产品 [nóngchǎnpǐn] 英 farm products

納税 中 纳税 [nàshuì] 英 tax payment

納税額 中 应纳税额 [yīngnà shuì é] 英 tax payable

納税期限 中 纳税期限 [nàshuì qīxiàn] 英 tax filing deadline

納税義務 中 纳税义务 [nàshuì yìwù] 英 tax liability

納税義務回避行為 中 逃避纳税义务行为 [táobì nàshuì yìwù xíngwéi] 英 acts of evading tax obligation

納税義務者 中 纳税义务人 [nàshuì yìwù rén] 英 taxpayer

納税義務の発生時期 中 纳税义务发生时间 [nàshuì yìwù fāshēng shíjiān] 英 tax obligation term

納税コンサルティング サービス 中 纳税咨询服务 [nàshuì zīxún fúwù] 英 tax consulting service

納税者 中 纳税人 [nàshuì rén] 英 taxpayer

納税証明書 中 完税证明 [wánshuì zhèngmíng] 英 tax payment certificate

納税書類 中 纳税资料 [nàshuì zīliào] 英 tax document

納税申告書 中 纳税申报表 [nàshuì shēnbào biǎo] 英 tax return form

納税申告の期限命令 中 责令限期申报 [zéling xiànqī shēnbào] 英 dead line of tax return

納税代理人 中 税务代理人 [shuìwù dàilǐrén] 英 tax agent

納税担保 中 纳税担保 [nàshuì dānbǎo] 英 security for tax payment

納税地 中 纳税地点 [nàshuì dìdiǎn] 英 place of taxation

納税手順 中 纳税程序 [nàshuì chéngxù] 英 procedures of tax payment

納税登記 中 纳税登记 [nàshuì dēngjì] 英 tax registration

納税年度 中 纳税年度 [nàshuì niándù] 英 taxable year

納税の延期 中 延期缴纳税款 [yánqī jiǎonà shuìkuǎn] 英 postpone of tax filing period

納税保証 中 纳税保证 [nàshuì bǎozhèng] 英 guarantee for tax payment

能動的所得 中 主动收入 [zhǔdòng shōurù] 英 active income

納入業者 中 供应商 [gōngyìng shāng] 英 supplier

ノウハウ 中 专利 [zhuānlì] 英 know how

ノウハウ使用料 中 专利使用费 [zhuānlì shǐyòng fèi] 英 know how usage fee

納品書 中 交货单 [jiāohuò dān] 英 delivery note

納品伝票 中 交货订单 [jiāohuò píngzhèng] 英 delivery slip

納付期限 中 交纳期限 [jiāonà qīxiàn] 英 payment

deadline

納付申告 中 纳税申报 [nàshuì shēnbào] 英 *tax return*

納付済税金 中 已交税金 [yǐjiāo shuìjīn] 英 *tax paid*

納付税額及び還付税額 中 应缴应退税款 [yīngjiǎo yīngtuì shuikuǎn] 英 *tax payable and refundable*

能率差異 中 效率差异 [xiàolǜchāyì] 英 *efficiency variance*

ノートパソコン 中 笔记本电脑 [bǐjìběn diànnǎo] 英 *notebook*

延払い 中 延期支付 [yánqī zhīfù] 英 *deferred payment*

延払方式 中 延期付款方式 [yánqī fùkuǎn fāngshì] 英 *deferred payment method*

のれん 中 商誉 [shāngyù] 英 *goodwill*

ノンバンク金融機関 中 非银行金融机构 [fēiyínháng jīnróng jīgòu] 英 *non-bank financial institutions*

ノン リコース ローン 中 无追索权贷款 [wú zhuīsuǒ quán dàikuǎn] 英 *non-recourse loan*

は

バーコード 中 条形码 [tiáoxíng mǎ] 英 *bar code*

バーコード リーダー 中 条形码阅读器 [tiáoxíng mǎ yuèdú qì] 英 *bar code reader*

バージョン 中 版本 [bǎnběn] 英 *version*

バーター取引 中 易货交易 [yìhuò jiāoyì] 英 *barter transaction*

パーチェス法 中 购买法 [gòumǎi fǎ] 英 *purchase method*

バーチャル プライベート ネットワーク 中 虚拟专用网络 [xūnǐ zhuānyòng wǎngluò] 英 *virtual private network* (VPN)

ハードウェア 中 硬件 [yìngjiàn] 英 *hardware*

ハードディスク 中 硬盘 [yìngpán] 英 *hard disk*

パートナー 中 合伙人 [héhuǒ rén] 英 *partner*

パートナー協議書 中 合伙协议 [héhuǒ xiéyì] 英 *partnership agreement*

パートナーシップ 中 合伙制 [héhuǒ zhì] 英 *partnership*

パートナーシップ企業 中 合伙人企业 [héhuǒ rén qǐyè] 英 *partnership enterprise*

パートナーの脱退 中 退伙 [tuìhuǒ] 英 *withdraw from partnership*

バイアウト支払い 中 买出支付 [mǎichū zhīfù] 英 *buy-out payment*

バイイン支払い 中 买进支付 [mǎijìn zhīfù] 英 *buy-in payment*

ハイエンド製造業 中 高端制造业 [gāoduān zhìzào yè] 英 *high-end manufacturing*

バイオ産業 中 生物工业 [shēngwù gōngyè] 英 *bioindustry*

倍額定率法 中 双倍余额递减法 [shuāngbèi yú é dìjiǎn fǎ] 英 *double-declining balance method* (DDB)

廃棄条件 中 报废条件 [bàofèi tiáojiàn] 英 *disposal condition*

廃棄処分 中 报废处理 [bàofèi chūlǐ] 英 *disposal*

廃棄する 中 报废 [bàofèi] 英 *dispose*

廃棄損失 中 报废损失 [bàofèi sǔnshī] 英 *disposal loss*

売却 中 变卖 [biànmài] 英 *sales*

売却益 中 变卖收益 [biànmài shōuyì] 英 *gain on sales*

売却可能 中 可销售 [kě xiāoshòu] 英 *available-for-sale*

売却可能金融資産 中 可供出售金融资产 [kěgōng chūshòu jīnróng zīchǎn] 英 *available-for-sale financial assets*

売却可能有価証券 中 可供出售有价证券 [kěgōng chūshòu yǒujià zhèngquàn] 英 *available-for-sale securities*

売却合意 中 销售协议 [xiāoshòu xiéyì] 英 *sales agreement*

売却コスト控除後の公正価値 中 扣除销售成本后的公允价值 [kòuchú xiāoshòu chéngběn hòu de gōngyǔn jiàzhí] 英 *fair value less cost to sell*

売却損 中 变卖损失 [biànmài sǔnshī] 英 *loss on sales*

売却目的保有 中 持有待售 [chíyǒu dàishòu] 英 *held-for-sale*

売却目的保有固定資産 中 持有待售的固定资产 [chíyǒu dàishòu de gùdìng zīchǎn] 英 *held-for-sale fixed assets*

廃止 中 废除 [fèichú] 英 *abolishment*

買収案 ㊥ 并购方案 [bìnggòu fāng àn] ㊗ acquisition proposal

買収協議書 ㊥ 并购协议书 [bìnggòu xiéyìshū] ㊗ acquisition agreement

買収顧問 ㊥ 并购顾问 [bìnggòu gùwèn] ㊗ acquisition advisor

買収審査 ㊥ 并购审查 [bìnggòu shěnchá] ㊗ acquisition review

買収調査 ㊥ 并购调查 [bìnggòu diàochá] ㊗ acquisition survey

買収手順 ㊥ 收购程序 [shōugòu chéngxù] ㊗ acquisition procedure

買収報告書 ㊥ 并购报告书 [bìnggòu bàogào shū] ㊗ acquisition report

賠償 ㊥ 赔偿 [péicháng] ㊗ compensation for claim

賠償金 ㊥ 赔偿金 [péicháng jīn] ㊗ compensation

賠償費用 ㊥ 赔偿费用 [péicháng fèiyòng] ㊗ compensation expense

ハイテク企業 ㊥ 高新技术企业 [gāoxīn jìshù qǐyè] ㊗ high-tech enterprise

ハイテク企業実施管理規定 ㊥ 高新技术企业认定管理工作指引 [gāoxīn jìshù qǐyè rèndìng guǎnlǐ gōngzuò zhǐyǐn] ㊗ guidelines for the identification and management of high-tech enterprise

ハイテク企業認定検査 ㊥ 高新技术企业认定检查 [gāoxīn jìshù qǐyè rèndìng jiǎnchá] ㊗ inspection for high-tech enterprise certification

ハイテク産業 ㊥ 高新技术产业 [gāoxīn jìshù chǎnyè] ㊗ high-tech industry

ハイテク産業園区 ㊥ 高新技术产业园区 [gāoxīn jìshù chǎnyè yuánqū] ㊗ high-tech industry zone

ハイテク産業開発区 ㊥ 高新技术产业开发区 [gāoxīn jìshù chǎnyè kāifāqū] ㊗ high-tech industrial development zone

バイト ㊥ 字节 [zìjié] ㊗ byte

配当益金算入制度 ㊥ 股息计入制度 [gǔxī jìrù zhìdù] ㊗ inclusion system of dividend received in gross revenue

配当落ち期日 ㊥ 除息日 [chúxī rì] ㊗ ex-dividend date

配当可能利益 ㊥ 可分配利润 [kěfēnpèi lìrùn] ㊗ profit available for dividend

配当基準日 ㊥ 除权基准日 [chúquán jīzhǔn rì] ㊗ date of right allotment

配当金 ㊥ 股利 [gǔlì] ㊗ dividend

配当源泉課税 ㊥ 股息所得源泉征税 [gǔxī suǒdé yuánquán zhēngshuì] ㊗ dividend withholding tax

配当収益率 ㊥ 股利收益率 [gǔlì shōuyìlǜ] ㊗ rate of return on dividend

配当条項 ㊥ 股利分配条款 [gǔlì fēnpèi tiáokuǎn] ㊗ dividend clause

配当所得 ㊥ 股利所得 [gǔlì suǒdé] ㊗ dividend income

配当性向 ㊥ 股利支付率 [gǔlì zhīfù lǜ] ㊗ dividend payout ratio

配当政策 ㊥ 股利政策 [gǔlì zhèngcè] ㊗ dividend policy

配当宣言日 ㊥ 股利宣告日 [gǔlì xuāngào rì] ㊗ dividend declaration date

配当の受益者 ㊥ 股息受益人 [gǔxī shòuyì rén] ㊗ dividend recipient

配当免税制度 ㊥ 股利分红免税规定 [gǔlì fēnhóng miǎnshuì guīdìng] ㊗ dividend exemption system

ハイパーインフレーション ㊥ 恶性通货膨胀 [èxìng tōnghuò péngzhàng] ㊗ hyperinflation

売買 ㊥ 购销 [gòuxiāo] ㊗ purchase and sale

売買契約 ㊥ 购销合同 [gòuxiāo hétóng] ㊗ sales and purchase contract

販売時点情報管理 ㊥ 销售点终端信息系统 [xiāoshòu diǎn zhōngduān xìnxī xìtǒng] ㊗ point of sale (POS)

売買目的 ㊥ 交易目的 [jiāoyì mùdì] ㊗ transaction motive

売買目的金融資産 ㊥ 交易性金融资产 [jiāoyì xìng jīnróng zīchǎn] ㊗ financial assets held for trading

売買目的金融負債 ㊥ 交易性金融负债 [jiāoyì xìng jīnróng fùzhài] ㊗ financial debts held for trading

売買目的証券 ㊥ 交易证券 [jiāoyì zhèngquàn] ㊗ trading securities

売買目的保有 ㊥ 以交易为目的的持有 [yǐ jiāoyì wéi mùdì de chíyǒu] ㊗ held for trading

売買用不動産 ㊥ 商品房 [shāngpǐn fáng] ㊗ commercial residential building

配賦額 ㊥ 分配额 [fēnpèi é] ㊗ allocation amount

配賦基準 ㊥ 分配标准 [fēnpèi biāozhǔn] ㊗ allocation criteria

配賦計算 ㊥ 分配计算 [fēnpèi jìsuàn] ㊗ allocation calculation

廃物証明書 ㊥ 报废证明 [bàofèi zhèngmíng]

は

[英] *scrap certificate*

バイヤー [中] 购买方 [gòumǎi fāng] [英] *buyer*

バイヤーズ クレジット [中] 买方信贷 [mǎifāng xìndài] [英] *buyer credit*

バイラテラル [中] 双边协议 [shuāngbiān xiéyì] [英] *bilateral*

バグ [中] 程序缺陷 [chéngxù quēxiàn] [英] *bug*

白紙の [中] 空白 [kōngbái] [英] *blank*

パケット [中] 数据包 [shùjù bāo] [英] *packet*

派遣者 [中] 派遣人员 [pàiqiǎn rényuán] [英] *dispatched employee*

破産 [中] 破产 [pòchǎn] [英] *bankruptcy*

破産公告 [中] 破产公告 [pòchǎn gōnggào] [英] *bankruptcy notice*

破産財産 [中] 破产财产 [pòchǎn cáichǎn] [英] *bankrupt estate*

破産者 [中] 破产人 [pòchǎn rén] [英] *insolvent debtor*

破産申請 [中] 破产申请 [pòchǎn shēnqǐng] [英] *filing for bankruptcy*

破産宣告 [中] 宣告破产 [xuāngào pòchǎn] [英] *adjudication of bankruptcy*

破産手続 [中] 破产程序 [pòchǎn chéngxù] [英] *bankruptcy proceedings*

破産申立 [中] 破产请求 [pòchǎn qǐngqiú] [英] *petition of bankruptcy*

パススルー課税 [中] 向投资方征税 [xiàng tóuzī fāngzhēng shuì] [英] *pass through taxation*

パスワード [中] 密码 [mìmǎ] [英] *password*

破損 [中] 破损 [pòsǔn] [英] *breakage*

果たす機能 [中] 发挥的功能 [fāhuī de gōngnéng] [英] *functions performed*

ハッカー [中] 黑客 [hēikè] [英] *hacker*

罰金 [中] 罚款 [fákuǎn] [英] *penalty*

パッキング リスト [中] 装箱单 [zhuāngxiāng dān] [英] *packing list*

罰金支出 [中] 罚款支出 [fákuǎn zhīchū] [英] *penalty payment*

バックアップ [中] 备份 [bèifèn] [英] *backup*

バックオフィス [中] 后勤办公室 [hòuqín rényuán] [英] *back office*

バックマージン [中] 回扣 [huí kòu] [英] *back margin*

パッケージ ソフトウェア [中] 外购软件包 [wàigòu ruǎnjiàn bāo] [英] *packaged software*

発見する [中] 发现 [fāxiàn] [英] *detect*

発見リスク [中] 检查风险 [jiǎnchá fēngxiǎn] [英] *detection risk*

発効 [中] 生效 [shēngxiào] [英] *come into effect*

発行価額 [中] 发行价格 [fāxíng jiàgé] [英] *offering price*

発行期日 [中] 签发日期 [qiānfā rìqī] [英] *date of issue*

発行者 [中] 要约人 [yàoyuē rén] [英] *offeror*

発行済株式 [中] 已发行股本 [yǐ fāxíng gǔběn] [英] *issued stocks*

発行済株式数 [中] 已发行股本数 [yǐ fāxíng gǔběn shù] [英] *number of issued stocks*

発行済株式総額 [中] 已发行股份总额 [yǐ fāxíng gǔfèn zǒng é] [英] *amount of issued stocks*

発行人 [中] 发行人 [fāxíng rén] [英] *issuer*

発行場所 [中] 发行地 [fāxíng dì] [英] *place of issue*

発効日 [中] 生效日期 [shēngxiào rìqī] [英] *effective date*

発生額及び残高表 [中] 发生额及余额表 [fāshēng é jíyúé biǎo] [英] *trial balance*

発生額管理 [中] 发生额管理 [fāshēng é guǎnlǐ] [英] *actual amount management*

発生給付評価方式 [中] 应计福利法 [yīngjì fúlì fǎ] [英] *accrued welfare act*

発生主義 [中] 权责发生制 [quánzé fāshēng zhì] [英] *accrual basis*

発送人 [中] 发货人 [fāhuò rén] [英] *shipper*

罰則 [中] 罚则 [fázé] [英] *penalty clause*

罰則的利息 [中] 罚息 [fáxī] [英] *punitive interest*

バッチ処理 [中] 批处理 [pī chùlǐ] [英] *batch processing*

発注 [中] 订单 [dìngdān] [英] *order*

発注原価 [中] 订货成本 [dìnghuò chéngběn] [英] *ordering cost*

発注処理 [中] 订单处理 [dìngdān chǔlǐ] [英] *order processing*

発注入力 [中] 订货数据录入 [dìnghuò shùjù lùrù] [英] *order data input*

発展途上国移転価格実務マニュアル [中] 发展中国家转让定价实务手册 [fāzhǎn zhōngguó jiā zhuǎnràng dìngjià shíwù shǒucè] [英] *practical manual on transfer pricing for developing countries*

初値 中 上市价 [shàngshì jià] 英 opening price

発票 中 发票 [fāpiào] 英 invoice

発票基準 中 发票基准 [fāpiào jīzhǔn] 英 invoice basis

発票主義 中 发票主义 [fāpiào zhǔyì] 英 invoice principle

パフォーマンス リスク 中 履约风险 [lǚyuē fēngxiǎn] 英 performance risk

バブル経済 中 经济泡沫 [jīngjì pàomò] 英 economic bubble

バブル経済の崩壊 中 经济泡沫破灭 [jīngjì pàomò pòmiè] 英 bursting of the economic bubble

払込株式資本金総額 中 实收股本总额 [shíshōu gǔběn zǒng é] 英 total amount of paid-in capital

払込資本 中 实收资本 [shíshōu zīběn] 英 paid-in capital

払込引受 中 认缴 [rènjiǎo] 英 subscribe

払下げ方式 中 出让方式 [chūràng fāngshì] 英 disposal method

払出し 中 发出 [fāchū] 英 shipping

払出価格 中 发出价格 [fāchū jiàgé] 英 shipping price

バランスト スコアカード 中 平衡记分卡 [pínghéng jìfēn kǎ] 英 balanced scorecard

バリュー アット リスク 中 风险价值 [fēngxiǎn jiàzhí] 英 value at risk

バリュー チェーン 中 价值链 [jiàzhí liàn] 英 value chain

バリュエーション 中 估值 [gūzhí] 英 valuation

パレット 中 平台 [píngtái] 英 pallet

パワー 中 权力 [quánlì] 英 power

半期 中 会计中期 [kuàijì zhōngqī] 英 interim period

半期賞与 中 半年奖 [bànnián jiǎng] 英 half-year bonus

版権 中 版权 [bǎnquán] 英 copyright

犯罪 中 犯罪 [fànzuì] 英 crime

半製品 中 半成品 [bànchéngpǐn] 英 half-finished goods

ハンセン株価指数 中 恒生指数 [héngshēng zhǐshù] 英 Hong Kong Hang Seng index

販促活動 中 促销活动 [cùxiāo huódòng] 英 sales promotion activities

反租税回避規定 中 反避税规定 [fǎn bìshuì guīdìng] 英 anti-tax avoidance rules

反対仕訳 中 抵消分录 [dǐxiāo fēnlù] 英 reversal entry

反ダンピング調査 中 反倾销调查 [fǎn qīngxiāo diàochá] 英 anti-dumping investigation

反ダンピング法 中 反倾销法 [fǎn qīngxiāo fǎ] 英 anti-dumping law

半導体産業 中 半导体产业 [bàn dǎotǐ chǎnyè] 英 semiconductor industry

反トラスト法 中 反托拉斯法 [fǎn tuōlāsī fǎ] 英 anti-trust law

ハンドリング 中 搬运 [bānyùn] 英 handling

販売 中 销售 [xiāoshòu] 英 sales

販売価格 中 销售价格 [xiāoshòu jiàgé] 英 sales price

販売原価 中 销货成本 [xiāohuò chéngběn] 英 cost of sales

販売権の授権 中 销售授权 [xiāoshòu shòuquán] 英 sales authorization

販売収入 中 销售收入 [xiāoshòu shōurù] 英 sales revenue

販売促進 中 促销 [cùxiāo] 英 sales promotion

販売促進費 中 促销费 [cùxiāo fèi] 英 promotion expense

販売停滞 中 滞销 [zhìxiāo] 英 sales slump

販売手数料 中 销售佣金 [xiāoshòu yòngjīn] 英 sales commission

販売入金循環プロセス 中 销售与收款循环 [xiāoshòu yǔ shōukuǎn xúnhuán] 英 sales and collection cycle

販売ネットワーク 中 销售网 [xiāoshòu wǎng] 英 sales network

販売費及び一般管理費 中 销售费用及一般管理费用 [xiāoshòu fèiyòng jí yībān guǎnlǐ fèiyòng] 英 selling, general and administrative expenses (SGA)

販売費用 中 销售费用 [xiāoshòu fèiyòng] 英 selling expense

販売物品 中 销售货物 [xiāoshòu huòwù] 英 goods for sales

販売ルート 中 销售渠道 [xiāoshòu qúdào] 英 distribution channel

繁忙期 中 忙季 [mángjì] 英 busy season

ひ

PE課税 甲 常设机构纳税 [chángshè jīgòu nàshuì] 英 permanent establishment (PE) taxation

B株 甲 B股 [B gǔ] 英 B share

B類表 甲 B类表 [B lèi biǎo] 英 B category chart

被裏書人 甲 被背书人 [bèi bèishū rén] 英 endorsee

非永住者 甲 非永久居民 [fēi yǒngjiǔ jūmín] 英 non-permanent resident

非営利機構 甲 非营利机构 [fēi yínglì jīgòu] 英 non-profit institution

非営利組織 甲 非营利组织 [fēi yínglì zǔzhī] 英 non-profit organization

ヒエラルキー 甲 层级 [céngjí] 英 hierarchy

比較 甲 比较 [bǐjiào] 英 comparison

比較可能価格 甲 可比价格 [kěbǐ jiàgé] 英 comparable price

比較可能企業 甲 可比企业 [kěbǐ qǐyè] 英 comparable enterprises

比較可能性原則 甲 可比性原则 [kěbǐ xìng yuánzé] 英 comparability principle

比較可能データ 甲 可比信息 [kěbǐ xìnxī] 英 comparable information

比較原価 甲 比较成本 [bǐjiào chéngběn] 英 comparative cost

比較財務諸表 甲 比较财务报表 [bǐjiào cáiwù bàobiǎo] 英 comparative financial statements

比較情報 甲 比较信息 [bǐjiào xìnxī] 英 comparative information

比較分析 甲 可比性分析 [kěbǐ xìng fēnxī] 英 comparable analysis

非課税 甲 非征税 [fēi zhēngshuì] 英 nontaxable

非課税項目 甲 非应税项目 [fēi yīngshuì xiàngmù] 英 non-taxable item

被合併会社 甲 被兼并公司 [bèi jiānbìng gōngsī] 英 acquired company

非貨幣資産の交換 甲 非货币性资产交换 [fēi huòbì xìng zīchǎn jiāohuàn] 英 exchange of non-monetary assets

非貨幣性項目 甲 非货币性项目 [fēi huòbì xìng xiàngmù] 英 non-monetary item

非貨幣性資産 甲 非货币性资产 [fēi huòbì xìng zīchǎn] 英 non-monetary assets

非貨幣性取引 甲 非货币性交易 [fēi huòbì xìng jiāoyì] 英 non-monetary transactions

非貨幣性福利 甲 非货币性福利 [fēi huòbì xìng fúlì] 英 non-monetary welfare

被監査会社 甲 被审计公司 [bèi shěnjì gōngsī] 英 audited company

非監査業務 甲 非审计业务 [fēi shěnjì yèwù] 英 non-audit service

引当金 甲 准备金 [zhǔnbèi jīn] 英 allowance

引当金繰入 甲 准备金转入 [zhǔnbèi jīn zhuǎnrù] 英 provision

引当金方式 甲 备抵法 [bèidǐ fǎ] 英 allowance method

引当金戻入 甲 准备金转回 [zhǔnbèi jīn zhuǎnhuí] 英 reversal of allowance for doubtful accounts

引受け 甲 承兑 [chéngduì] 英 acceptance

引受協議書 甲 承销协议 [chéngxiāo xiéyì] 英 underwriting agreement

引受証券会社 甲 承销商 [chéngxiāo shāng] 英 security underwriter

引受書類 甲 承兑交单 [chéngduì jiāodān] 英 document against acceptance

引受手形 甲 承兑汇票 [chéngduì huìpiào] 英 accepted bill

引受人 甲 承销人 [chéngxiāo rén] 英 consignee

引締め政策 甲 紧缩政策 [jǐnsuō zhèngcè] 英 tighten policy

引出 甲 提款 [tíkuǎn] 英 drawings

引出金勘定 甲 取款账户 [qǔkuǎn zhànghù] 英 drawings account

引継手続 甲 交接手续 [jiāojiē shǒuxù] 英 taking over procedures

非共通支配 甲 非同一控制 [fēi tóngyī kòngzhì] 英 not under common control

非共通支配下の企業結合 甲 非同一控制下的企业合并 [fēi tóngyī kòngzhì xià de qǐyè hébìng] 英 business combinations not under common control

非居住企業 甲 非居住企业 [fēi jūzhù qǐyè] 英 non-resident enterprise

非居住者 甲 非居民 [fēi jūmín] 英 non-resident

引渡価額 🈷 交货价格 [jiāohuò jiàgé] 🈱 delivered price

非金融商品売買契約 🈷 非金融商品的买卖合约 [fēi jīnróng shāngpǐn de mǎimài héyuē] 🈱 sales contract of non-financial items

ピクセル 🈷 像素 [xiàngsù] 🈱 pixel

非経営活動 🈷 非经营性活动 [fēi jīngyíng xìng huódòng] 🈱 non-operating activities

非経常収入 🈷 非经常收入 [fēi jīngcháng shōurù] 🈱 non-ordinary income

非継続事業 🈷 非持续性经营 [fēi chíxù xìng jīngyíng] 🈱 discontinued operations

被結合企業 🈷 被合并方 [bèi hébìng fāng] 🈱 combined entity

非原価項目 🈷 非成本项目 [fēi chéngběn xiàngmù] 🈱 non-cost item

非減価償却資産 🈷 不计提折旧的资产 [bù jìtí zhéjiù de zīchǎn] 🈱 non-depreciable assets

非現金決済 🈷 非现金结算 [fēi xiànjīn jiésuàn] 🈱 non-cash settlement

非現金資産 🈷 非现金资产 [fēi xiànjīn zīchǎn] 🈱 non-monetary assets

非公開企業 🈷 非公众主体 [fēi gōngzhòng zhǔtǐ] 🈱 non-public enterprise

非公開情報 🈷 非公开消息 [fēi gōngkāi xiāoxī] 🈱 non-disclosed information

非合法所得 🈷 非法所得 [fēifǎ suǒdé] 🈱 illegal gains

非合法所得の没収 🈷 没收非法所得 [mòshōu fēifǎ suǒdé] 🈱 confiscation of illegal gains

被雇用 🈷 受雇 [shòugù] 🈱 employed

ビザ 🈷 签证 [qiānzhèng] 🈱 visa

ビジネス コンサルティング サービス 🈷 商务咨询服务 [shāngwù zīxún fúwù] 🈱 business consulting service

ビジネス デュー デリジェンス 🈷 商业尽职调查 [shāngyè jìnzhí diàochá] 🈱 business due diligence (BDD)

ビジネス プロセス アウトソーシング サービス 🈷 业务流程外包服务 [yèwù liúchéng wàibāo fúwù] 🈱 business process outsourcing service

被支配企業 🈷 受控企业 [shòukòng qǐyè] 🈱 controlled enterprise

非支配持分 🈷 非控制性权益 [fēi kòngzhì xìng quányì] 🈱 non-controlling interest

非償却資産 🈷 非摊销性资产 [fēi tānxiāo xìng zīchǎn] 🈱 non-amortizable assets

非償却無形資産 🈷 非摊销性无形资产 [fēi tānxiāo xìng wúxíng zīchǎn] 🈱 non-amortizable intangible assets

非上場 🈷 非上市 [fēi shàngshì] 🈱 unlisted

非上場株式 🈷 非上市股份 [fēi shàngshì gǔfèn] 🈱 unlisted equity securities

非正常損失 🈷 非正常损失 [fēi zhèngcháng sǔnshī] 🈱 extraordinary loss

非対称デジタル加入者線 🈷 非对称数字用户线路 [fēi duìchèn shùzì yònghù xiànlù] 🈱 asymmetric digital subscriber line (ADSL)

被調査企業 🈷 被调查企业 [bèi diàochá qǐyè] 🈱 investigated enterprise

被調査人 🈷 被检查人 [bèi jiǎnchá rén] 🈱 investigated person

非調整事項 🈷 非调整事项 [fēi tiáozhěng shìxiàng] 🈱 non-adjusting event

引越手当 🈷 搬迁补助费 [bānqiān bǔzhù fèi] 🈱 moving allowance

必須投資者 🈷 必备投资者 [bìbèi tóuzī zhě] 🈱 indispensable investor

否定的結論 🈷 否定结论 [fǒudìng jiélùn] 🈱 negative conclusion

被統括会社 🈷 被控制公司 [bèi kòngzhì gōngsī] 🈱 controlled company

非統計的サンプリング 🈷 非统计抽样 [fēi tǒngjì chōuyàng] 🈱 non-statistical sampling

被投資企業 🈷 非投资性主体 [fēi tóuzī xìng zhǔtǐ] 🈱 invested enterprise

一株当たり株主資本 🈷 每股账面价值 [měigǔ zhàngmiàn jiàzhí] 🈱 book-value per share (BPS)

一株当たり純資産 🈷 每股净资产 [měigǔ jìng zīchǎn] 🈱 net assets per share

一株当たり当期純利益 🈷 每股收益 [měigǔ shōuyì] 🈱 earnings per share (EPS)

一株当たり配当金 🈷 每股股利 [měigǔ gǔlì] 🈱 dividend per share

非特許技術 🈷 非专利技术 [fēi zhuānlì jìshù] 🈱 non-patented technology

一晩の買い戻し契約 🈷 隔夜回购 [géyè huígòu] 🈱 overnight repo

一人当たりの国民所得 🈷 人均国民收入 [rénjūn guómín shōurù] 🈱 per capita national incomes

一人一票制 ㊥ 一人一票制 [yīrén yīpiào zhì] ㊤ one person one vote system

非納税収入 ㊥ 非应税收入 [fēi yīngshuì shōurù] ㊤ non-taxable income

被買収企業 ㊥ 被收购企业 [bèi shōugòu qǐyè] ㊤ acquired enterprise

備品 ㊥ 备品备件 [bèipǐn bèijiàn] ㊤ spare parts

被分割企業 ㊥ 被分割企业 [bèifēn gēqǐyè] ㊤ splitted enterprise

備忘録 ㊥ 备忘录 [bèiwàng lù] ㊤ memorandum

被保険者預り金 ㊥ 保户储金 [bǎohù chǔjīn] ㊤ deposit received from the insured

被保証人 ㊥ 被保证人 [bèi bǎozhèng rén] ㊤ warrantee

秘密鍵暗号方式 ㊥ 公钥密码术 [gōngyào mìmǎ shù] ㊤ secret key cryptosystem

秘密保持 ㊥ 保密 [bǎomì] ㊤ nondisclosure

費目 ㊥ 费用项目 [fèiyòng xiàngmù] ㊤ cost item

ひも付融資 ㊥ 指定用途的贷款 [zhǐdìng yòngtú de dàikuǎn] ㊤ tied loan

183日ルール ㊥ 183天的免税规定 [yī bā sān tiān de miǎnshuì guīdìng] ㊤ 183 days exemption rule

費用 ㊥ 费用 [fèiyòng] ㊤ expense

評価 ㊥ 评估 [pínggū] ㊤ valuation

評価益 ㊥ 评估收益 [pínggū shōuyì] ㊤ gain on valuation

評価額 ㊥ 评估价 [pínggū jià] ㊤ appraised value

評価結果 ㊥ 评估结果 [pínggū jiēguǒ] ㊤ valuation result

評価減 ㊥ 评估减值 [pínggū jiǎnzhí] ㊤ write-down

評価時点 ㊥ 评估日 [pínggū rì] ㊤ valuation date

評価性引当金 ㊥ 评估备抵计价 [pínggū bèidǐ jìjià] ㊤ valuation allowance

評価損 ㊥ 评估损失 [pínggū sǔnshī] ㊤ loss on valuation

評価手続 ㊥ 评估手续 [pínggū shǒuxù] ㊤ valuation procedure

評価範囲 ㊥ 评估范围 [pínggū fànwéi] ㊤ scope of valuation

評価法 ㊥ 评估方法 [pínggū fāngfǎ] ㊤ appraisal method

評価報告書 ㊥ 评估报告 [pínggū bàogào] ㊤ appraisal report

費用控除基準額 ㊥ 费用扣除标准额 [fèiyòng kòuchú biāozhǔn é] ㊤ expense deduction standard

表示通貨 ㊥ 表示货币 [biǎoshì huòbì] ㊤ presentation currency

表示の妥当性 ㊥ 披露的适当性 [pīlù de shìdàng xìng] ㊤ appropriateness of presentation and disclosure

費用収益対応の原則 ㊥ 费用收入相配比原则 [fèiyòng shōurù xiāngpèi bǐ yuánzé] ㊤ principle of matching cost with revenue

標準価格ファイル ㊥ 标准价格主档 [biāozhǔn jiàgé zhǔ dàng] ㊤ standard price file

標準原価 ㊥ 标准成本 [biāozhǔn chéngběn] ㊤ standard cost

標準原価計算 ㊥ 标准成本法 [biāozhǔn chéngběn fǎ] ㊤ standard cost accounting

標準原価差異 ㊥ 标准成本差异 [biāozhǔn chéngběn chāyì] ㊤ standard cost variance

標準製造原価 ㊥ 标准制造成本 [biāozhǔn zhìzào chéngběn] ㊤ standard manufacturing cost

標準配賦率 ㊥ 标准分配比例 [biāozhǔn fēnpèi bǐlì] ㊤ standard allocation rate

標準労働時間 ㊥ 标准劳动时间 [biāozhǔn láodòng shíjiān] ㊤ standard working hours

費用対効果の原則 ㊥ 成本效益原则 [chéngběn xiàoyì yuánzé] ㊤ cost benefit principle

費用の支払い ㊥ 支付费用 [zhīfù fèiyòng] ㊤ payment of expense

費用分担契約 ㊥ 成本分摊协议 [chéngběn fēntān xiéyì] ㊤ cost sharing agreement

費用便益分析 ㊥ 成本效益分析 [chéngběn xiàoyì fēnxī] ㊤ cost benefit analysis

標本抽出 ㊥ 抽样 [chōuyàng] ㊤ sampling

費用予算 ㊥ 费用预算 [fèiyòng yùsuàn] ㊤ cost budget

比率 ㊥ 比率 [bǐlǜ] ㊤ ratio

非流通株 ㊥ 非流通股 [fēi liútōng gǔ] ㊤ non-tradable share

非流動資産 ㊥ 非流动资产 [fēi liúdòng zīchǎn] ㊤ non-current assets

非流動負債 ㊥ 非流动负债 [fēi liúdòng fùzhài] ㊤ non-current liabilities

比例連結 ㊥ 比例合并 [bǐlì hébìng] ㊤ proportional

consolidation

非連結子会社 ㆗ 非合并子公司 [fēi hébìng zǐ gōngsī] 㤉 *unconsolidated subsidiary*

日割り計算 ㆗ 按日计算 [ànrì jìsuàn] 㤉 *per diem*

品質 ㆗ 质量 [zhìliàng] 㤉 *quality*

品質管理 ㆗ 质量控制 [zhìliàng kòngzhì] 㤉 *quality control*

品質記録簿 ㆗ 质量记录表 [zhìliàng jìlù biǎo] 㤉 *quality record sheet*

品質検査 ㆗ 质量检查 [zhìliàng jiǎnchá] 㤉 *quality inspection*

頻度 ㆗ 频率 [pínlǜ] 㤉 *frequency*

ふ

ファイアー ウォール ㆗ 防火墙 [fánghuǒ qiáng] 㤉 *firewall*

ファイナンス・リース ㆗ 融资租赁 [róngzī zūlìn] 㤉 *finance lease*

ファイナンス・リース会社 ㆗ 融资租赁公司 [róngzī zūlìn gōngsī] 㤉 *financial leasing company*

ファイナンス・リース契約 ㆗ 融资租赁合同 [róngzī zūlìn hétóng] 㤉 *financial leasing contract*

ファイナンス・リース資産 ㆗ 融资租赁资产 [róngzī zūlìn zīchǎn] 㤉 *financing lease assets*

ファイル ㆗ 文件 [wénjiàn] 㤉 *file*

ファイル転送プロトコル ㆗ 文件传输协议 [wénjiàn chuánshū xiéyì] 㤉 *file transfer protocol* (FTP)

ファックス ㆗ 传真 [chuánzhēn] 㤉 *fax*

ファンド ㆗ 基金 [jījīn] 㤉 *fund*

ファンド管理会社 ㆗ 基金管理公司 [jījīn guǎnlǐ gōngsī] 㤉 *fund management company*

ファンド資産 ㆗ 基金资产 [jījīn zīchǎn] 㤉 *fund asset*

ファンド純価額 ㆗ 基金净值 [jījīn jìngzhí] 㤉 *fund net amount*

ファンド純資産価値 ㆗ 基金单位净值 [jījīn dānwèi jìngzhí] 㤉 *net asset value* (NAV) *of fund*

ファンドによる投資 ㆗ 基金投资 [jījīn tóuzī] 㤉 *investment by fund*

ファンド マネジャー ㆗ 基金管理人 [jījīn guǎnlǐ rén] 㤉 *fund manager*

フィージビリティ スタディ報告書 ㆗ 可行性研究报告 [kěxíng xìng yánjiū bàogào] 㤉 *feasibility study (FS) report*

フェーズ ㆗ 阶段 [jiēduàn] 㤉 *phase*

付加価値 ㆗ 附加值 [fùjiā zhí] 㤉 *added value*

不確実性 ㆗ 不确定性 [bù quèdìng xìng] 㤉 *uncertainty*

不確定売り申込み ㆗ 虚盘 [xūpán] 㤉 *offer without engagement*

不可抗力 ㆗ 不可抗力 [bùkě kànglì] 㤉 *force majeure*

付加税 ㆗ 附加税 [fùjiā shuì] 㤉 *surtax*

不課税収入 ㆗ 免税收入 [miǎnshuì shōurù] 㤉 *non-taxable income*

付記事項 ㆗ 附注 [fùzhù] 㤉 *supplementary explanation*

不況 ㆗ 不景气 [bù jǐngqì] 㤉 *depression*

復員費 ㆗ 复员费 [fùyuán fèi] 㤉 *demobilization fee*

複合金融商品 ㆗ 混合金融工具 [hùnhé jīnróng gōngjù] 㤉 *hybrid financial instruments*

副産物 ㆗ 副产品 [fù chǎnpǐn] 㤉 *by-products*

複式簿記 ㆗ 复式记账 [fùshì jìzhàng] 㤉 *double-entry bookkeeping*

複式簿記の原則 ㆗ 复式记账的原则 [fùshì jìzhàng de yuánzé] 㤉 *principle of double-entry bookkeeping*

複数事業主(給付)制度 ㆗ 多雇主(福利)计划 [duō gùzhǔ (fúlì) jìhuà] 㤉 *multi-employer (benefit) plans*

複数要素契約 ㆗ 多因素合约 [duō yīnsù héyuē] 㤉 *multi factor contract*

副総経理 ㆗ 副总经理 [fù zǒngjīnglǐ] 㤉 *vice general manager*

副董事長 ㆗ 副董事长 [fùdǒng shìzhǎng] 㤉 *vice chairman*

複利 ㆗ 复利 [fùlì] 㤉 *compound interest*

福利企業 ㆗ 福利企业 [fúlì qǐyè] 㤉 *welfare enterprise*

福利基金 ㆗ 福利基金 [fúlì jījīn] 㤉 *welfare fund*

福利厚生費 ㆗ 福利费 [fúlì fèi] 㤉 *welfare expense*

福利補助 ㆗ 福利补助 [fúlì bǔzhù] 㤉 *welfare allowance*

負債

負債 中 负债 [fùzhài] 英 liabilities

負債資本率 中 负债资本比率 [fùzhài zīběn bǐlǜ] 英 debt equity ratio

負債性金融商品 中 债务工具 [zhàiwù gōngjù] 英 debt instrument

負債の引受け 中 承担债务 [chéngdān zhàiwù] 英 assumption of debt

負債比率 中 负债比率 [fùzhài bǐlǜ] 英 debt ratio

負債網羅性テスト 中 负债充足性测试 [fùzhài chōngzú xìng cèshì] 英 liability completeness test

負債類 中 负债类 [fùzhài lèi] 英 liability

不十分な開示 中 披露不充分 [pīlù bù chōngfēn] 英 inadequate disclosure

ふ

不正 中 舞弊 [wǔbì] 英 fraud

不正競争 中 不正当竞争 [bù zhèngdāng jìngzhēng] 英 unfair competition

不正競争防止 中 反不正当竞争 [fǎn bù zhèngdāng jìngzhēng] 英 anti-unfair competition

不正調査 中 舞弊调查 [wǔbì diàochá] 英 fraud investigation

不正取引 中 非法交易 [fēifǎ jiāoyì] 英 fraudulent transaction

不正の種類 中 舞弊的种类 [wǔbì de zhǒnglèi] 英 kinds of fraud

不正のトライアングル 中 舞弊三角论 [wǔbì sānjiǎo lùn] 英 the fraud triangle

不正リスク 中 舞弊风险 [wǔbì fēngxiǎn] 英 fraud risk

不測 中 不可预见 [bùkě yùjiàn] 英 unexpected

付属書類 中 附件 [fùjiàn] 英 appendix

付属部品 中 备件 [bèijiàn] 英 parts and components

付属明細表 中 附属明细表 [fùshǔ míngxì biǎo] 英 annexed detail statement

負担するリスク 中 承担的风险 [chéngdān de fēngxiǎn] 英 risks assumed

普通株式 中 普通股 [pǔtōng gǔ] 英 common stock

普通株式の配当金 中 普通股股利 [pǔtōng gǔ gǔlì] 英 common stock dividends

普通株式一株当たり額面価額 中 普通股每股账面价值 [pǔtōng gǔ měigǔ zhàngmiàn jiàzhí] 英 face value per common share

普通株主 中 普通股股东 [pǔtōng gǔ gǔdōng] 英 ordinary shareholder

普通株一株当たり利益 中 普通股每股收益 [pǔtōnggǔ měigǔ shōuyì] 英 earnings per share of common stock

普通小切手 中 普通支票 [pǔtōng zhīpiào] 英 open check (O/C)

普通仕訳帳 中 普通日记账 [pǔtōng rìjì zhàng] 英 general journal

普通清算 中 普通清算 [pǔtōng qīngsuàn] 英 general liquidation

普通パートナーシップ企業 中 普通合伙企业 [pǔtōng héhuǒ qǐyè] 英 general partnership

普通配当 中 正常股利 [zhèngcháng gǔlì] 英 regular dividend

普通預金 中 普通存款 [pǔtōng cúnkuǎn] 英 ordinary deposit

物価 中 物价 [wùjià] 英 commodity price

物価指数 中 物价指数 [wùjià zhǐshù] 英 price index

物価上昇率 中 物价上升比率 [wùjià shàngshēng bǐlǜ] 英 price increase rate

物価水準 中 物价水平 [wùjià shuǐpíng] 英 price level

物価動向 中 物价变动 [wùjià biàndòng] 英 price trend

物価変動会計 中 物价变动会计 [wùjià biàndòng kuàijì] 英 price-level changes accounting

復旧 中 恢复 [huīfù] 英 recovery

ブック ビルディング方式 中 股票邀标定价法 [gǔpiào yāobiāo dìngjià fǎ] 英 book building method

物資仕入 中 物资采购 [wùzī cǎigòu] 英 materials purchasing

プッタブル金融商品 中 可回售金融工具 [kě huíshòu jīnróng gōngjù] 英 puttable financial instrument

プットオプション 中 看跌期权 [kàndiē qīquán] 英 put option

物品材料消耗 中 物料消耗 [wùliào xiāohào] 英 material consumption

物品販売 中 销售商品 [xiāoshòu shāngpǐn] 英 sales of goods

物品販売所得 中 商品销售收入 [shāngpǐn xiāoshòu shōurù] 英 income from sales of goods

物流 中 物流 [wùliú] 英 logistics

物流園区 中 物流园区 [wùliú yuánqū] 英 logistics park

物流管理システム 㕫 物流管理系统 [wùliú guǎnlǐ xìtǒng] 㕖 logistics management system

物流企業 㕫 物流企业 [wùliú qǐyè] 㕖 logistics enterprise

物流センター 㕫 物流中心 [wùliú zhōngxīn] 㕖 logistics center

不適正意見 㕫 否定意见 [fǒudìng yìjiàn] 㕖 adverse opinion

不適切 㕫 不恰当 [bù qiàdāng] 㕖 inappropriate

不動産 㕫 房地产 [fángdìchǎn] 㕖 property and real estate

不動産開発企業 㕫 房地产开发企业 [fángdìchǎn kāifā qǐyè] 㕖 real estate enterprises

不動産開発原価 㕫 房地产开发成本 [fángdìchǎn kāifā chéngběn] 㕖 real estate development cost

不動産価格 㕫 房地产价格 [fángdìchǎn jiàgé] 㕖 property prices

不動産管理代行者 㕫 房地产代管人 [fángdìchǎn dàiguǎn rén] 㕖 real estate agents

不動産原価 㕫 房地产原值 [fángdìchǎn yuánzhí] 㕖 original value of property

不動産権利証書 㕫 房地产权证 [fángdìchǎn chǎnquán zhèng] 㕖 certificate of real estate property right

不動産取得税 㕫 房地产购置税 [fángdìchǎn gòuzhì shuì] 㕖 real estate acquisition tax

不動産譲渡所得 㕫 房地产让渡所得 [fángdìchǎn ràngdù suǒdé] 㕖 real estate transfer income

不動産所在地 㕫 房地产所在地 [fángdìchǎn suǒzàidì] 㕖 real estate location

不動産所得 㕫 房地产所得 [fángdìchǎn suǒdé] 㕖 income from real estate

不動産所有権証書 㕫 房地产所有权证 [fángdìchǎn suǒyǒu quán zhèng] 㕖 property ownership certificate

不動産税 㕫 房产税 [fángchǎn shuì] 㕖 house property tax

不動産賃貸料 㕫 房地产租赁收入 [fángdìchǎn zūlìn shōurù] 㕖 real estate rental fee

不動産登記 㕫 房地产登记 [fángdìchǎn dēngjì] 㕖 real estate registration

不動産取引額 㕫 房地产交易额 [fángdìchǎn jiāoyì é] 㕖 real estate transaction volume amount

不動産売買契約書 㕫 房地产买卖合同 [fángdìchǎn mǎimài hétóng] 㕖 real estate sale contract

不動産バブル 㕫 房地产泡沫 [fángdìchǎn pàomò] 㕖 real estate bubble

不動産販売 㕫 房地产销售 [fángdìchǎn xiāoshòu] 㕖 real estate sales

不当利得 㕫 不当得利 [bùdāng délì] 㕖 illegal profit

船積B/L 㕫 装运提单 [zhuāngyùn tídān] 㕖 shipping bill of loading (B/L)

船積通知書 㕫 装船通知单 [zhuāngchuán tōngzhī dān] 㕖 shipping notice

船積日 㕫 装船日 [zhuāngchuán rì] 㕖 shipping date

船積船荷証券 㕫 已装船提单 [yǐ zhuāngchuán tídān] 㕖 bill of loading

船荷指図書 㕫 装船指示 [zhuāngchuán zhǐshì] 㕖 loading order

船荷証券 㕫 海运提单 [hǎiyùn tídān] 㕖 bill of lading (B/L)

負ののれん 㕫 负面商誉 [fùmiàn shāngyù] 㕖 negative goodwill

不払手形 㕫 拒付票据 [jùfù piàojù] 㕖 dishonored bill

部品 㕫 零部件 [líng bùjiàn] 㕖 accessories and repairs

不服審査 㕫 复议 [fùyì] 㕖 dissatisfaction review

部分完成基準 㕫 部分完工比例法 [bùfēn wán gōng bǐlì fǎ] 㕖 partial completion basis

付保資産残存価値 㕫 损余物资 [sǔnyú wùzī] 㕖 residual asset value after acceptance of insurance

部門 㕫 部门 [bùmén] 㕖 department

部門会計 㕫 分部门会计 [fēn bùmén kuàijì] 㕖 departmental accounting

部門間接費用 㕫 部门间接费用 [bùmén jiànjiē fèiyòng] 㕖 department overhead

部門共通費 㕫 部门共同费用 [bùmén gòngtóng fèiyòng] 㕖 department common cost

部門原価 㕫 部门成本 [bùmén chéngběn] 㕖 departmental cost

部門損益表 㕫 部门损益表 [bùmén sǔnyìbiǎo] 㕖 department profit and loss statement

部門別原価計算 㕫 分部门成本核算 [fēn bùmén chéngběn hésuàn] 㕖 cost accounting by department

部門別配賦比率 㕫 按部门分配比率 [àn bùmén fēnpèi bǐlǜ] 㕖 departmental allocation ratio

付与 㕫 授予 [shòuyǔ] 㕖 grant

扶養料 㕫 赡养费 [shànyǎng fèi] 㕖 alimony

付与日 ㊥ 授予日 [shòuyǔ rì] ㊚ grant date

プライベート エクイティ ファンド ㊥ 私募股权基金 [sīmù gǔquán jījīn] ㊚ private-equity fund

プライマリー上場 ㊥ 第一上市 [dìyī shàngshì] ㊚ primary listing

プライムレート ㊥ 优惠贷款利率 [yōuhuì dàikuǎn lìlǜ] ㊚ prime rate

ブラウザ ㊥ 浏览器 [liúlǎn qì] ㊚ browser

プラグ アンド プレイ ㊥ 即插即用 [jíchā jíyòng] ㊚ plug and play (P&P)

プラグイン ㊥ 插件 [chājiàn] ㊚ plug-in

ブラックリスト ㊥ 黑名单 [hēimíng dān] ㊚ blacklist

プラットフォーム ㊥ 平台 [píngtái] ㊚ platform

プラットフォーム設備 ㊥ 平台设备 [píngtái shèbèi] ㊚ platform equipment

フランチャイズ経営 ㊥ 特许经营 [tèxǔ jīngyíng] ㊚ franchise management

フランチャイズ権 ㊥ 专营权 [zhuānyíng quán] ㊚ right of franchise

ブランド販売 ㊥ 品牌销售 [pǐnpái xiāoshòu] ㊚ brand sales

振替 ㊥ 转账 [zhuǎnzhàng] ㊚ transfer accounts

振替仕訳 ㊥ 转账分录 [zhuǎnzhàng fēnlù] ㊚ transfer entry

振替伝票 ㊥ 转账传票 [zhuǎnzhàng chuánpiào] ㊚ transfer slip

不履行 ㊥ 不履行 [bù lǚxíng] ㊚ default

不履行リスク ㊥ 不履行风险 [bù lǚxíng fēngxiǎn] ㊚ default risk

不利な契約 ㊥ 亏损合同 [kuīsǔn hétóng] ㊚ loss contract

不良債権 ㊥ 不良债权 [bùliáng zhàiquán] ㊚ bad debts

不良債権回収 ㊥ 不良债权回收 [bùliáng zhàiquán huíshōu] ㊚ bad debt recovery

不良在庫 ㊥ 不良库存 [bùliáng kùcún] ㊚ dead stock

不良資産 ㊥ 不良资产 [bùliáng zīchǎn] ㊚ toxic assets

不良資産の売却 ㊥ 出售不良资产 [chūshòu bùliáng zīchǎn] ㊚ selling toxic assets

不良品処分申請書 ㊥ 不良品报废申请书 [bùliángpǐn bàofèi shēnqǐng shū] ㊚ disposal application of dead stock

プリンター ㊥ 打印机 [dǎyìn jī] ㊚ printer

プリンター複合機 ㊥ 打印复印一体机 [dǎyìn fùyìn yītǐjī] ㊚ multi-function printer

ブルートゥース ㊥ 蓝牙 [lányá] ㊚ bluetooth

フルコンテナ貨物 ㊥ 集装箱货物 [jízhuāng xiāng huòwù] ㊚ full container load (FCL)

プレミアム ㊥ 溢价 [yìjià] ㊚ premium

プレミアム発行 ㊥ 溢价发行 [yìjià fāxíng] ㊚ issued at premium

不労所得 ㊥ 非劳动收入 [fēi láodòng shōurù] ㊚ unearned income

フローチャート ㊥ 流程图 [liúchéng tú] ㊚ flow chart

ブロードバンド ㊥ 宽带 [kuāndài] ㊚ broadband

プロキシサーバー ㊥ 代理服务器 [dàilǐ fúwù qì] ㊚ proxy server

付録 ㊥ 附录 [fùlù] ㊚ appendix

プログラマー ㊥ 程序员 [chéngxù yuán] ㊚ programmer

プログラム ㊥ 程序 [chéngxù] ㊚ program

プログラム言語 ㊥ 程序设计语言 [chéngxù shèjì yǔyán] ㊚ programming language

プロジェクト ㊥ 项目 [xiàngmù] ㊚ project

プロジェクト管理 ㊥ 项目管理 [xiàngmù guǎnlǐ] ㊚ project management

プロジェクト許可機関 ㊥ 项目核准机关 [xiàngmù hézhǔn jīguān] ㊚ project authorized institutions

プロジェクト許可証書 ㊥ 项目核准文件 [xiàngmù hézhǔn wénjiàn] ㊚ project authorization certificate

プロジェクト建議書 ㊥ 项目建议书 [xiàngmù jiànyì shū] ㊚ project proposal document

プロジェクト申請者 ㊥ 项目申请人 [xiàngmù shēnqǐng rén] ㊚ project applicant

プロジェクト制御 ㊥ 项目控制 [xiàngmù kòngzhì] ㊚ project control

プロジェクト マネジャー ㊥ 项目经理 [xiàngmù jīnglǐ] ㊚ project manager

プロセス ㊥ 过程 [guòchéng] ㊚ process

プロセス アプローチ ㊥ 循环法 [xúnhuán fǎ] ㊚ process approach

プロセス コントロール ㊥ 过程控制 [guòchéng kòngzhì] ㊚ process control

プロフィット センター ㊥ 利润中心 [lìrùn zhōngxīn] 英 profit center

フロントオフィス 中 前线办公室 [qián xiànbàn gōngshì] 英 front office

不渡手形 中 票据拒付 [piàojù jùfù] 英 dishonored bill

分割 中 分立 [fēnlì] 英 segregation

分割企業 中 分割企业 [fēngē qǐyè] 英 splitting enterprise

分割協議書 中 分立协议 [fēnlì xiéyì] 英 separation agreement

分割償還 中 分期偿还 [fēnqī chánghuán] 英 amortization

分割償還債券 中 分期偿还公司债券 [fēnqī chánghuán gōngsī zhàiquàn] 英 installment bond

分割払い 中 分期支付 [fēnqī zhīfù] 英 installment

文書化 中 文档 [wéndàng] 英 documentation

粉飾 中 粉饰 [fěnshì] 英 embellishment

粉飾決算 中 粉饰决算 [fěnshì juésuàn] 英 fraudulent accounting

分析的レビュー 中 分析性复核 [fēnxī xìng fùhé] 英 analytical review

紛争解決 中 解决纷争 [jiějué fēnzhēng] 英 dispute resolution

分配 中 分配 [fēnpèi] 英 allocation

分与土地使用権 中 分配土地使用权 [fēnpèi tǔdì shǐyòng quán] 英 allocated land-use right

分離課税方式 中 分离征税方式 [fēnlí zhēngshuì fāngshì] 英 separate taxation system

分類 中 分类 [fēnlèi] 英 category

分類変更日 中 重分类日 [chóngfēn lèirì] 英 reclassification date

へ

平均アクセス時間 中 平均存取时间 [píngjūn cúnqǔ shíjiān] 英 average access time

平均株価 中 平均股价 [píngjūn gǔjià] 英 average stock price

平均原価 中 平均成本 [píngjūn chéngběn] 英 average cost

平均原価法 中 平均成本法 [píngjūn chéngběn fǎ] 英 average cost method

平均故障間隔 中 平均故障间隔时间 [píngjūn gùzhàng jiàngé shíjiān] 英 average time between failures

平均収入の水準 中 平均收入水平 [píngjūn shōurù shuǐpíng] 英 average earnings level

平均値 中 平均值 [píngjūn zhí] 英 average value

平均法 中 平均法 [píngjūn fǎ] 英 average method

平準化 中 平准化 [píngzhǔn huà] 英 leveling

米ドル 中 美元 [měiyuán] 英 U.S. dollar

ペーパーレス税関申告 中 无纸化海关申报 [wúzhǐ huà hǎiguān shēnbào] 英 paperless customs clearance

ヘッジ 中 套期保值 [tàoqī bǎozhí] 英 hedge

ヘッジ会計 中 套期保值会计 [tàoqī bǎozhí kuàijì] 英 hedge accounting

ヘッジ手段 中 套期工具 [tàoqī gōngjù] 英 hedging instrument

ヘッジ対象 中 被套期项目 [bèi tàoqī xiàngmù] 英 hedged items

ヘッジ取引 中 套期保值交易 [tàoqī bǎozhí jiāoyì] 英 hedge transaction

ヘッジの有効性 中 套期保值有效性 [tàoqī bǎozhí yǒuxiào xìng] 英 hedge effectiveness

ヘッジファンド 中 对冲基金 [duìchōng jījīn] 英 hedge fund

別段預金 中 特别存款 [tèbié cúnkuǎn] 英 specified deposit

ペナルティー 中 处罚 [chǔfá] 英 penalty

変更 中 改变 [gǎibiàn] 英 change

偏向 中 偏好 [piānhào] 英 bias

変更管理 中 变更管理 [biàngēng guǎnlǐ] 英 change management

変更登記 中 变更登记 [biàngēng dēngjì] 英 change registration

弁護士 中 律师 [lǜshī] 英 attorney

弁護士確認状 中 律师函 [lǜshī hán] 英 attorney's letter

返済期間 中 偿还期 [chánghuán qī] 英 repayment term

返済期日 中 偿还日 [chánghuán rì] 英 repayment date

返済能力 田 偿还能力 [chánghuán nénglì] 英 repayment ability

偏差率 田 偏差率 [piānchā lǜ] 英 deviation rate

編集 田 编辑 [biānjí] 英 edit

ベンダー 田 销售商 [xiāoshòu shāng] 英 vendor

ベンチマーキング分析 田 基准化分析法 [jīzhǔn huà fēnxī fǎ] 英 benchmarking analysis

ベンチャー企業 田 创业投资企业 [chuàngyè tóuzī qǐyè] 英 venture company

ベンチャー キャピタル企業 田 风险资本企业 [fēngxiǎn zīběn qǐyè] 英 venture capital company

変動為替相場制 田 浮动汇率制度 [fúdòng huìlǜ zhìdù] 英 floating exchange rate system

変動金利 田 浮动利率 [fúdòng lìlǜ] 英 floating interesting rate

変動原価 田 变动成本 [biàndòng chéngběn] 英 variable cost

変動費用 田 变动费用 [biàndòng fèiyòng] 英 variable expense

変動リース料 田 或有租金 [huòyǒu zūjīn] 英 variable lease expense

変動率 田 变动率 [biàndòng lǜ] 英 volatility

返品 田 退货 [tuìhuò] 英 return

返品条件付商品販売 田 附有销售退回条件的商品销售 [fùyǒu xiāoshòu tuìhuí tiáojiàn de shēnqǐng xiāoshòu] 英 sales with a right of return

返品リスト 田 退货单 [tuìhuò dān] 英 return form

ほ

防衛的な権利 田 保护权 [bǎohù quán] 英 protective right

貿易赤字 田 贸易赤字 [màoyì chìzì] 英 trade deficit

貿易協定 田 贸易协定 [màoyì xiédìng] 英 trade agreement

貿易黒字 田 贸易黑字 [màoyì hēizì] 英 trade surplus

貿易決済 田 贸易结算 [màoyì jiésuàn] 英 trade settlement

貿易収支 田 贸易收支 [màoyì shōuzhī] 英 trade income and expenditure

貿易障壁 田 贸易壁垒 [màoyì bìlěi] 英 trade barriers

包括利益 田 综合收益 [zōnghé shōuyì] 英 comprehensive income

包括利益計算書 田 综合收益表 [zōnghé shōuyì biǎo] 英 statement of comprehensive income

法規 田 法规 [fǎguī] 英 laws and regulations

報告 田 报告 [bàogào] 英 reporting

報告セグメント 田 报告分部 [bàogào fēnbù] 英 reporting segment

防止 田 防止 [fángzhǐ] 英 prevention

防止目的 田 防止目的 [fángzhǐ mùdí] 英 purpose of prevention

報酬 田 报酬 [bàochóu] 英 remuneration

法人 田 法人 [fǎrén] 英 legal entity

法人格 田 法人资格 [fǎrén zīgé] 英 legal personality

法人口座 田 公司账户 [gōngsī zhànghù] 英 corporate account

法人税控除 田 企业所得税抵免 [qǐyè suǒdé shuì dǐmiǎn] 英 corporate tax credit

法人税等調整額 田 企业所得税调整金额 [qǐyè suǒdé shuì tiáozhěng jīn é] 英 income taxes-adjustment

法人税法 田 公司税法 [gōngsī shuìfǎ] 英 corporate tax law

法人税率 田 企业所得税率 [qǐyè suǒdé shuìlǜ] 英 corporate income tax rate

包装費 田 包装费 [bāozhuāng fèi] 英 packing cost

包装物 田 包装物 [bāozhuāng wù] 英 package

法定為替レート 田 法定汇率 [fǎdìng huìlǜ] 英 statutory exchange rate

法定監査 田 法定审计 [fǎdìng shěnjì] 英 statutory audit

法定休暇日 田 法定休假日 [fǎdìng xiūjià rì] 英 legal public holiday

法定公益金 田 法定公益金 [fǎdìng gōngyì jīn] 英 legal public money

法定財務諸表 田 法定财务报表 [fǎdìng cáiwù bàobiǎo] 英 statutory financial statements

法定資本 田 法定股本 [fǎdìng gǔběn] 英 legal capital

法定資本最低限額 田 法定资本最低限额 [fǎdìng zīběn zuìdī xiàn é] 英 legal capital minimum amount

法定住所 ㊥ 法定地址 [fǎdìng dìzhǐ] ㊤ legal residence

法定準備金 ㊥ 法定公积金 [fǎdìng gōngjī jīn] ㊤ legal reserve

法定税率 ㊥ 法定税率 [fǎdìng shuìlǜ] ㊤ statutory tax rate

法定退職 ㊥ 法定退休 [fǎdìng tuìxiū] ㊤ statutory retirement

法定代表者 ㊥ 法定代表人 [fǎdìng dàibiǎo rén] ㊤ legal representative

法定耐用年数 ㊥ 法定折旧年限 [fǎdìng zhéjiù niánxiàn] ㊤ statutory useful life

法定代理人 ㊥ 法定代理人 [fǎdìng dàilǐrén] ㊤ legal representative

法定積立金 ㊥ 法定公积金 [fǎdìng gōngjījīn] ㊤ legal reserve

法定手続 ㊥ 法定程序 [fǎdìng chéngxù] ㊤ statutory procedure

法定福利費 ㊥ 法定福利费 [fǎdìng fúlì fèi] ㊤ legal welfare

法定利益剰余金 ㊥ 法定盈余公积 [fǎdìng yíngyú gōngjī] ㊤ statutory surplus reserve

法的債務 ㊥ 法律义务 [fǎlǜ yìwù] ㊤ legal obligation

報復関税 ㊥ 报复性关税 [bàofù xìng guānshuì] ㊤ retaliatory tariffs

法務デュー デリジェンス ㊥ 法律尽职调查 [fǎlǜ jìnzhí diàochá] ㊤ legal due diligence (LDD)

法律 ㊥ 法律 [fǎlǜ] ㊤ law

法律事務所 ㊥ 律师事务所 [lǜshī shìwùsuǒ] ㊤ law firm

法令遵守 ㊥ 遵纪守法 [zūnjì shǒufǎ] ㊤ compliance

ポートフォリオ ヘッジ ㊥ 组合套期 [zǔhé tàoqī] ㊤ portfolio hedge

ホームページ ㊥ 主页 [zhǔyè] ㊤ home page

ホームリーブ費用 ㊥ 探亲费 [tànqīn fèi] ㊤ home leave cost

簿外活動 ㊥ 账外活动 [zhàngwài huódòng] ㊤ off-balance-sheet activities

簿外業務 ㊥ 账外业务 [zhàngwài yèwù] ㊤ off-balance-sheet business

簿外現金 ㊥ 表外现金 [biǎowài xiànjīn] ㊤ off-balance-sheet cash

簿外項目 ㊥ 账外项目 [zhàngwài xiàngmù] ㊤ off-balance-sheet item (operation)

簿外債務 ㊥ 账外债务 [zhàngwài zhàiwù] ㊤ off-balance-sheet liability

簿外資産 ㊥ 账外资产 [zhàngwài zīchǎn] ㊤ off-balance-sheet assets

簿外取引 ㊥ 账外交易 [zhàngwài jiāoyì] ㊤ off-balance-sheet transaction

簿価修正法 ㊥ 账面价值调整法 [zhàngmiàn jiàzhí tiáozhěng fǎ] ㊤ adjusted book value method

簿価総額 ㊥ 账面价值总额 [zhàngmiàn jiàzhí zǒng é] ㊤ total book value

保管 ㊥ 保管 [bǎoguǎn] ㊤ storage

保管契約 ㊥ 保管合同 [bǎoguǎn hétóng] ㊤ storage contract

保管書類 ㊥ 档案 [dàng àn] ㊤ document in custody

補完的コントロール ㊥ 补偿性控制 [bǔcháng xìng kòngzhì] ㊤ compensating control

保管費 ㊥ 储存成本 [chǔcún chéngběn] ㊤ storage cost

保管費用 ㊥ 仓储费用 [cāngchǔ fèiyòng] ㊤ warehousing cost

簿記 ㊥ 簿记 [bùjì] ㊤ bookkeeping

保険 ㊥ 保险 [bǎoxiǎn] ㊤ insurance

保険会社 ㊥ 保险公司 [bǎoxiǎn gōngsī] ㊤ insurance company

保険解約返戻金 ㊥ 退保金 [tuìbǎo jīn] ㊤ surrender value of insurance

保険業協会 ㊥ 保险行业协会 [bǎoxiǎn hángyè xiéhuì] ㊤ insurance association

保険金給付責任 ㊥ 赔付保险金责任 [péifù bǎoxiǎn jīn zérèn] ㊤ responsibility insurance payment

保険契約 ㊥ 保险合同 [bǎoxiǎn hétóng] ㊤ insurance contract

保険契約者 ㊥ 投保人 [tóubǎo rén] ㊤ policyholder

保険事故 ㊥ 保险事故 [bǎoxiǎn shìgù] ㊤ insured event

保険資産 ㊥ 保险资产 [bǎoxiǎn zīchǎn] ㊤ insurance assets

保険者 ㊥ 保险人 [bǎoxiǎn rén] ㊤ insurer

保険収入 ㊥ 保费收入 [bǎofèi shōurù] ㊤ insurance premium income

保険証書 ㊥ 保险单 [bǎoxiǎn dān] ㊤ insurance

policy

保険数理士 ㊥ 精算师 [jīngsuàn shī] ㊤ actuary

保険数理評価 ㊥ 精算估价 [jīngsuàn gūjià] ㊤ actuarial valuation

保険責任準備金 ㊥ 保险责任准备金 [bǎoxiǎn zérèn zhǔnbèi jīn] ㊤ insurance reserves

保険積立金 ㊥ 保险公积金 [bǎoxiǎn gōngjī jīn] ㊤ insurance fund

保険賠償金 ㊥ 保险赔款 [bǎoxiǎn péikuǎn] ㊤ insurance indemnity

保険配当支出 ㊥ 保单红利支出 [bǎodān hónglì zhīchū] ㊤ insurance dividend payment

保険費用 ㊥ 保险费 [bǎoxiǎn fèi] ㊤ insurance expense

保険負債 ㊥ 保险负债 [bǎoxiǎn fùzhài] ㊤ insurance liability

保険保障基金 ㊥ 保险保障基金 [bǎoxiǎn bǎozhàng jījīn] ㊤ insurance security fund

保険リスク ㊥ 保险风险 [bǎoxiǎn fēngxiǎn] ㊤ insurance risk

保険料率 ㊥ 保险费率 [bǎoxiǎn fèilǜ] ㊤ insurance premium rate

保護 ㊥ 扶持 [fúchí] ㊤ protection

募集設立 ㊥ 募集设立 [mùjí shèlì] ㊤ subscriptive incorporation

母集団断層化 ㊥ 总体分成 [zǒngtǐ fēnchéng] ㊤ stratified sampling

募集要項 ㊥ 募集要求 [mùjí yāoqiú] ㊤ offering document

保守主義の原則 ㊥ 稳健性原则 [wěnjiàn xìng yuánzé] ㊤ conservatism principle

保証 ㊥ 保证 [bǎozhèng] ㊤ guarantee

保証貸付 ㊥ 保证贷款 [bǎozhèng dàikuǎn] ㊤ guaranteed loans

保証業務 ㊥ 鉴证业务 [jiànzhèng yèwù] ㊤ attestation service

保証金 ㊥ 保证金 [bǎozhèng jīn] ㊤ security deposit

保証債務 ㊥ 担保债务 [dānbǎo zhàiwù] ㊤ guarantee obligation

保証残存価値 ㊥ 已担保残值 [yǐ dānbǎo cánzhí] ㊤ guaranteed residual value

保証状 ㊥ 保证函 [bǎozhèng hán] ㊤ letter of guarantee (L/G)

保証人 ㊥ 保证人 [bǎozhèng rén] ㊤ guarantor

補償貿易 ㊥ 补偿贸易 [bǔcháng màoyì] ㊤ compensation trade

補助金収入 ㊥ 补贴收入 [bǔtiē shōurù] ㊤ subsidy revenue

補助工程 ㊥ 辅助车间 [fǔzhù chējiān] ㊤ auxiliary process

補助材料 ㊥ 辅助材料 [fǔzhù cáiliào] ㊤ auxiliary materials

補助生産原価 ㊥ 辅助生产成本 [fǔzhù shēngchǎn chéngběn] ㊤ auxiliary production cost

補助生産ライン ㊥ 辅助生产线 [fǔzhù shēngchǎn xiàn] ㊤ auxiliary production line

補助元帳 ㊥ 辅助分类账 [fǔzhù fēnlèi zhàng] ㊤ sub-ledger

ホスト コンピュータ ㊥ 主机 [zhǔjī] ㊤ host computer

ポスト ディール プラン ㊥ 并购后计划 [bìnggòu hòu jìhuà] ㊤ post deal plan

保税 ㊥ 保税 [bǎoshuì] ㊤ bonded

保税貨物 ㊥ 保税货物 [bǎoshuì huòwù] ㊤ bonded cargo

保税監督管理区域 ㊥ 保税监管区域 [bǎoshuì jiān guǎn qūyù] ㊤ bonded supervision and management areas

保税区 ㊥ 保税区 [bǎoshuì qū] ㊤ bonded area

保税原材料 ㊥ 保税料件 [bǎoshuì liàojiàn] ㊤ bonded raw materials

保税工場 ㊥ 保税工厂 [bǎoshuì gōngchǎng] ㊤ bonded factory

保税倉庫 ㊥ 保税仓库 [bǎoshuì cāngkù] ㊤ bonded warehouse

保税物流園区 ㊥ 保税物流园区 [bǎoshuì wùliú yuánqū] ㊤ bonded logistics park

保税輸送 ㊥ 保税运输 [bǎoshuì yùnshū] ㊤ transportation in bond

発起設立 ㊥ 发起成立 [fāqǐ chénglì] ㊤ promotive incorporation

発起人 ㊥ 发起人 [fāqǐrén] ㊤ company's promoter

発起人会議 ㊥ 发起人会议 [fāqǐrén huìyì] ㊤ founders meeting

没収 ㊥ 没收 [mòshōu] ㊤ forfeiture

ホットマネー ㊥ 热钱 [rèqián] ㊤ hot money

補填 ㊥ 弥补 [míbǔ] ㊤ compensation
浦東新区 ㊥ 浦东新区 [pǔdōng xīnqū] ㊤ Pudong new area
ボトムアップ ㊥ 自下而上 [zìxiàérshàng] ㊤ bottom-up
保有損益 ㊥ 资产持有损益 [zīchǎn chíyǒu sǔnyì] ㊤ holding gain or loss
ボラティリティ ㊥ 波动性 [bōdòng xìng] ㊤ volatility
本源的価値 ㊥ 内在价值 [nèizài jiàzhí] ㊤ intrinsic value
香港証券取引所 ㊥ 香港证券交易所 [xiānggǎng zhèngquàn jiāoyìsuǒ] ㊤ Hong Kong Stock Exchange
香港特別行政区 ㊥ 香港特别行政区 [xiānggǎng tèbié xíngzhèng qū] ㊤ Hong Kong Special Administrative Region

香港マカオ通行証 ㊥ 往来港澳通行证 [wǎnglái gǎngào tōngxíng zhèng] ㊤ Hong Kong Macau pass
香港預託証券 ㊥ 香港预托证券 [xiāng gǎng yùtuō zhèngquàn] ㊤ Hong Kong depositary receipts
本社 ㊥ 总公司 [zǒng gōngsī] ㊤ headquarters
本船渡し価格 ㊥ 离岸价格 [lí àn jiàgé] ㊤ free on board (FOB) price
本店 ㊥ 总部 [zǒngbù] ㊤ head office
本店所在地国 ㊥ 总公司所在国 [zǒng gōngsī suǒzàiguó] ㊤ the country of the head office
本部機構 ㊥ 总部机构 [zǒngbù jīgòu] ㊤ head office
本部機構管理費 ㊥ 总部机构管理费 [zǒngbù jīgòu guǎnlǐ fèi] ㊤ head office management fee
本部資産 ㊥ 总部资产 [zǒngbù zīchǎn] ㊤ assets of the head office

ま

マークアップ ㊥ 加成 [jiāchéng] ㊤ mark-up
マーケット トレンド ㊥ 市场趋势 [shìchǎng qūshì] ㊤ market trend
マーケット プレミアム ㊥ 市场溢价 [shìchǎng yìjià] ㊤ market premium
マーケット リスク プレミアム ㊥ 市场风险溢价 [shìchǎng fēngxiǎn yìjià] ㊤ market risk premium
マーケティング ㊥ 营销 [yíngxiāo] ㊤ marketing
マーケティング システム ㊥ 销售体系 [xiāoshòu tǐxì] ㊤ marketing system
埋没原価 ㊥ 沉没成本 [chénmò chéngběn] ㊤ sunk cost
マウス ㊥ 鼠标 [shǔbiāo] ㊤ mouse
前受金 ㊥ 预收账款 [yùshōu zhàngkuǎn] ㊤ advance received
前受金方式 ㊥ 预收款方式 [yù shōukuǎn fāngshì] ㊤ advanced payment method
前受収益 ㊥ 预收收入 [yùshōu shōurù] ㊤ revenue received in advance
前受賃貸料 ㊥ 预收租金 [yùshōu zūjīn] ㊤ rent received in advance
前受利息 ㊥ 预收利息 [yùshōu lìxī] ㊤ interest received in advance
前払い ㊥ 预付 [yùfù] ㊤ prepaid
前払金 ㊥ 预付账款 [yùfù zhàngkuǎn] ㊤ prepayment

前払項目 ㊥ 预付款项 [yùfù kuǎnxiàng] ㊤ prepayment items
前払式のサービス契約 ㊥ 预付服务合同 [yùfù fúwù hétóng] ㊤ prepaid service contracts
前払所得税 ㊥ 预缴所得税 [yùjiǎo suǒdé shuì] ㊤ prepaid income tax
前払税金 ㊥ 预付税款 [yùfù shuìkuǎn] ㊤ prepaid taxes
前払設備費用 ㊥ 预付购置设备款 [yùfù gòuzhì shèbèi kuǎn] ㊤ prepayments for equipment
前払賃料 ㊥ 预付租金 [yùfù zūjīn] ㊤ prepaid rents
前払費用 ㊥ 待摊费用 [dàitān fèiyòng] ㊤ prepaid expense
前払保険料 ㊥ 预付保险费 [yùfù bǎoxiǎn fèi] ㊤ prepaid insurance premium
前払利息 ㊥ 预付利息 [yùfù lìxī] ㊤ prepaid interest
前渡給付金 ㊥ 预付补助款 [yùfù bǔzhù kuǎn] ㊤ prepaid compensation
マカオ特別行政区 ㊥ 澳门特别行政区 [àomén tèbié xíngzhèng qū] ㊤ Macao Special Administrative Region
マクロ経済 ㊥ 宏观经济 [hóngguān jīngjì] ㊤ macro economy
マスター データ ㊥ 主数据 [zhǔ shùjù] ㊤ master data
マスター ネッテング契約 ㊥ 总互抵协议 [zǒnghùdǐ xiéyì] ㊤ master netting agreement

マトリックス組織構成 ㊥ 矩阵组织结构 [jǔzhèn zǔzhī jiégòu] ㊀ matrix organizational structure

マニュアル インプット ㊥ 人工输入 [réngōng shūrù] ㊀ manual input

マネーブローカー ㊥ 货币经纪公司 [huòbì jīngjì gōngsī] ㊀ money broker

マネーロンダリング ㊥ 洗钱 [xǐqián] ㊀ money laundering

マネジメント アプローチ ㊥ 管理方法 [guǎnlǐ fāngfǎ] ㊀ management approach

マネジメント レター ㊥ 管理建议书 [guǎnlǐ jiànyì shū] ㊀ management letter

マネジャー ㊥ 经理 [jīnglǐ] ㊀ manager

マルチラテラル ㊥ 多边协议 [duōbiān xiéyì] ㊀ multilateral

満期 ㊥ 到期 [dàoqī] ㊀ maturity

満期額 ㊥ 到期值 [dàoqī zhí] ㊀ maturity value

満期支払い ㊥ 到期支付 [dàoqī zhīfù] ㊀ maturity payment

満期日 ㊥ 到期日 [dàoqī rì] ㊀ maturity date

満期保有目的の投資 ㊥ 持有至到期投资 [chíyǒu zhì dàoqī tóuzī] ㊀ held-to-maturity investment

満期保有目的の投資減損損失引当金 ㊥ 持有至到期投资减值准备 [chíyǒu zhì dàoqī tóuzī jiǎnzhí zhǔnbèi] ㊀ allowance for impairment loss of investment held to maturity

満期保有目的の債券 ㊥ 持有至到期债券 [chíyǒu zhì dàoqī zhàiquàn] ㊀ held-to-maturity debt securities

み

未解決訴訟 ㊥ 未决诉讼 [wèijué sùsòng] ㊀ outstanding legal claim

未完済ローン ㊥ 未偿贷款 [wèicháng dàikuǎn] ㊀ outstanding loan

ミクロ経済 ㊥ 微观经济 [wēiguān jīngjì] ㊀ micro-economy

ミクロ経済分析 ㊥ 微观经济分析 [wēiguān jīngjì fēnxī] ㊀ micro-economy analysis

未経過費用 ㊥ 未到期费用 [wèi dàoqī fèiyòng] ㊀ accrued expense

未経過利息 ㊥ 未到期利息 [wèi dàoqī lìxī] ㊀ accrued interest

未決済金額 ㊥ 未偿还数额 [wèi chánghuán shùé] ㊀ outstanding amount

未控除仕入増値税額 ㊥ 未抵扣增值税进项税额 [wèi dǐkòu zēngzhí shuì jìnxiàng shuì é] ㊀ non-deducted input value added tax (VAT)

未実現貸付収益 ㊥ 未实现融资收益 [wèi shíxiàn róngzī shōuyì] ㊀ unrealized financial income

未実現収入 ㊥ 未实现收入 [wèi shíxiàn shōurù] ㊀ unrealized revenue

未実現損益 ㊥ 未实现损益 [wèi shíxiàn sǔnyì] ㊀ unrealized gain and loss

未実現内部販売利益 ㊥ 未实现内部销售利润 [wèi shíxiàn nèibù xiāoshòu lìrùn] ㊀ unrealized profit of inter-group sale

未実現利益 ㊥ 未实现利润 [wèi shíxiàn lìrùn] ㊀ unrealized profit

未収還付所得税 ㊥ 应收退税款 [yīngshōu tuìshuì kuǎn] ㊀ income tax refund receivable

未収収益 ㊥ 应收收益 [yīngshōu shōuyì] ㊀ accrued income

未収代位求償金 ㊥ 应收代位追偿款 [yīngshōu dàiwèi zhuīcháng kuǎn] ㊀ subrogation reimbursement receivables

未収手数料 ㊥ 应计手续费 [yīngjì shǒuxù fèi] ㊀ commission receivables

未収入金 ㊥ 应收款 [yīngshōu kuǎn] ㊀ accounts receivable-others

未収配当金 ㊥ 应收股利 [yīngshōu gǔlì] ㊀ dividend receivables

未収補助金 ㊥ 应收补贴款 [yīngshōu bǔtiē kuǎn] ㊀ subsidy receivables

未収利息 ㊥ 应收利息 [yīngshōu lìxī] ㊀ interest receivables

未収割引料 ㊥ 应收票据贴现款 [yīngshōu piàojù tiēxiàn kuǎn] ㊀ discounted fee receivables

未償却 ㊥ 未摊销 [wèi tānxiāo] ㊀ unamortized

未償却残高 ㊥ 未摊销余额 [wèi tānxiāo yúé] ㊀ unamortized balance

未上場株 ㊥ 未上市股票 [wèi shàngshì gǔpiào] ㊀ unlisted share

未使用土地 ㊥ 未利用地 [wèi lìyòng dì] ㊀ unused land

未処分利益 ㊥ 未分配利润 [wèi fēnpèi lìrùn] ㊗ retained earnings

未達現金 ㊥ 在途现金 [zàitú xiànjīn] ㊗ cash in transit

未達原材料 ㊥ 在途原材料 [zàitú yuáncáiliào] ㊗ materials and supplies in transit

未着小切手 ㊥ 在途支票 [zàitú zhīpiào] ㊗ check in transit

未着品 ㊥ 在途物资 [zàitú wùzī] ㊗ goods in transit

見積り ㊥ 估计 [gūjì] ㊗ estimate

見積売上 ㊥ 销售估计 [xiāoshòu gūjì] ㊗ estimated sales

見積価格 ㊥ 估计价格 [gūjì jiàgé] ㊗ estimated price

見積借入費用 ㊥ 预提借款费用 [yùtí jièkuǎn fèiyòng] ㊗ estimated borrowing cost

見積計上 ㊥ 暂估入账 [zàngū rùzhàng] ㊗ estimated recognition

見積原価 ㊥ 估计成本 [gūjì chéngběn] ㊗ estimated cost

見積財務諸表 ㊥ 预计财务报表 [yùjì cáiwù bàobiǎo] ㊗ estimated financial statement

見積残存価額 ㊥ 预计残值 [yùjì cánzhí] ㊗ estimated residual value

見積書 ㊥ 报价单 [bàojià dān] ㊗ quotation

見積将来キャッシュ・フロー ㊥ 预计现金流量 [yùjì xiànjīn liúliàng] ㊗ projected cash flow

見積損益計算書 ㊥ 预计利润表 [yùjì lìrùn biǎo] ㊗ projected income statement

見積耐用年数 ㊥ 预计使用年限 [yùjì shǐyòng niánxiàn] ㊗ expected useful life

見積費用 ㊥ 估计费用 [gūjì fèiyòng] ㊗ estimated expense

見積負債 ㊥ 预计负债 [yùjì fùzhài] ㊗ estimated liability

密輸行為 ㊥ 走私行为 [zǒusī xíngwéi] ㊗ smuggling

みなし外国税額控除 ㊥ 视同境外税款抵扣 [shìtóng jìngwài shuìkuǎn dǐkòu] ㊗ tax sparing credit

みなし課税 ㊥ 视同已征税 [shìtóng yǐzhēng shuì] ㊗ deemed taxation

みなし間接外国税額控除 ㊥ 视同境外间接税款抵扣 [shìtóng jìngwài jiànjiē shuìkuǎn dǐkòu] ㊗ indirect tax sparing credit

みなし原価 ㊥ 认定成本 [rèndìng chéngběn] ㊗ deemed cost

みなし直接外国税額控除 ㊥ 视同境外直接税款抵扣 [shìtóng jìngwài zhíjiē shuìkuǎn dǐkòu] ㊗ direct tax sparing credit

みなし配当 ㊥ 视同股息分配 [shìtóng gǔxī fēnpèi] ㊗ deemed dividend

みなし販売 ㊥ 视同销售 [shìtóng xiāoshòu] ㊗ deemed sales

みなし利益率 ㊥ 核定利润率 [hédìng lìrùn lǜ] ㊗ deemed profit rate

みなす ㊥ 视同 [shìtóng] ㊗ deemed

未認識融資費用 ㊥ 未确认融资费用 [wèi quèrèn róngzī fèiyòng] ㊗ unrecognized financing expense

未納付税額 ㊥ 欠缴税款 [qiànjiǎo shuìkuǎn] ㊗ unpaid tax

未払営業税 ㊥ 应交营业税 [yīngjiāo yíngyè shuì] ㊗ business tax payable

未払解雇給付 ㊥ 应付职工薪酬－辞退福利 [yìngfù zhí gōng xīn chóu - cítuì fúlì] ㊗ termination benefits payable

未払勘定 ㊥ 未付账款 [wèifù zhàngkuǎn] ㊗ outstanding accounts

未払金 ㊥ 应付款项 [yīngfù kuǎnxiàng] ㊗ other payable

未払小切手 ㊥ 未兑付支票 [wèi duìfù zhīpiào] ㊗ outstanding check

未払個人所得税 ㊥ 应交个人所得税 [yīngjiāo gèrén suǒdé shuì] ㊗ personal income tax payable

未払資源税 ㊥ 应交资源税 [yīngjiāo zīyuán shuì] ㊗ resource tax payable

未払車両船舶使用税 ㊥ 应交车船使用牌照税 [yīngjiāo chēchuán shǐyòng páizhào shuì] ㊗ vehicle and vessel license usage tax payable

未払従業員給付 ㊥ 应付职工薪酬 [yìngfù zhígōng xīnchóu] ㊗ employee benefits payable

未払住宅積立金 ㊥ 应交住房公积金 [yīngjiāo zhùfáng gōngjī jīn] ㊗ housing fund payable

未払消費税 ㊥ 应交消费税 [yīngjiāo xiāofèi shuì] ㊗ consumption tax payable

未払所得税 ㊥ 应付所得税 [yīngfù suǒdé shuì] ㊗ income tax payable

未払税金 ㊥ 应交税金 [yīngjiāo shuìjīn] ㊗ tax payable

未払増値税 ㊥ 应交增值税 [yīngjiāo zēngzhí shuì] ㊗ value added tax (VAT) payable

未払賃借料 田 应付租金 [yīngfù zūjīn] 英 *rental expenses payable*

未払手数料 田 应付手续费 [yīngfù shǒuxù fèi] 英 *commission payable*

未払都市維持建設税 田 应交城市维护建设税 [yīngjiāo chéngshì wéihù jiànshè shuì] 英 *city maintenance and construction tax payable*

未払配当金 田 应付股利（股息）[yīngfù gǔlì (gǔxī)] 英 *dividends payable*

未払費用 田 预提费用 [yùtí fèiyòng] 英 *accrued expense*

未払福利費 田 应付福利费 [yīngfù fúlì fèi] 英 *welfare payable*

未払普通株式配当金 田 应付普通股股利 [yīngfù pǔtōng gǔ gǔlì] 英 *common share dividend payable*

未払法人税 田 应付企业所得税 [yīngfù qǐyè suǒdé shuì] 英 *income corporate taxes payable*

未払有給休暇 田 应付带薪休假工资 [yīngfù dàixīn xiūjià gōngzī] 英 *compensated absences payable*

未払優先株配当金 田 应付优先股股利 [yīngfù yōuxiān gǔ gǔlì] 英 *preferred share dividend payable*

未払利息 田 应付利息 [yīngfù lìxī] 英 *accrued interest*

身分証明書 田 身份证 [shēnfèn zhèng] 英 *identification card*

未渡手形備忘帳簿 田 应付票据备查簿 [yìngfù piàojù bèichá bù] 英 *undelivered notes reference book*

民営企業 田 民营企业 [mínyíng qǐyè] 英 *private enterprise*

む

無額面株式 田 无面值股票 [wú miànzhí gǔpiào] 英 *no par value share*

無議決権株式 田 无表决权股份 [wú biǎojuéquán gǔfèn] 英 *non-voting share*

無記名株式 田 无记名股票 [wú jìmíng gǔpiào] 英 *bearer stock*

無記名債券 田 无记名债券 [wú jìmíng zhàiquàn] 英 *bearer bond*

無記名社債 田 无记名公司债券 [wú jìmíng gōngsī zhàiquàn] 英 *bearer debt*

無形資産 田 无形资产 [wúxíng zīchǎn] 英 *intangible assets*

無形資産減損損失引当金 田 无形资产减值准备 [wúxíng zīchǎn jiǎnzhí zhǔnbèi] 英 *allowance for impairment loss of intangible assets*

無形資産の減損 田 无形资产的减值 [wúxíng zīchǎn de jiǎnzhí] 英 *impairment of intangible assets*

無形資産の償却 田 无形资产的摊销 [wúxíng zīchǎn de tānxiāo] 英 *amortization of intangible assets*

無形資産の譲渡 田 转让无形资产 [zhuǎnràng wúxíng zīchǎn] 英 *transfer of intangible assets*

無形資産の処分 田 处分无形资产 [chǔfèn wúxíng zīchǎn] 英 *disposal of intangible assets*

無限責任 田 无限责任 [wúxiàn zérèn] 英 *unlimited liability*

無限定結論 田 无保留结论 [wú bǎoliú jiélùn]

英 *unqualified opinion*

無限定適正意見 田 无保留意见 [wú bǎoliú yìjiàn] 英 *unqualified opinion*

無限定適正監査意見 田 无保留意见的审计报告 [wú bǎoliú yìjiàn de shěnjì bàogào] 英 *unqualified audit report*

無効な契約 田 无效合同 [wúxiào hétóng] 英 *void contract*

無固定期限労働契約 田 无固定期限劳动合同 [wú gùdìng qīxiàn láodòng hétóng] 英 *non-fixed term labor contract*

無償支給設備 田 不作价设备 [bù zuòjià shèbèi] 英 *free-supplied facility*

無償譲渡 田 无偿转让 [wúcháng zhuǎnràng] 英 *gratuitously transfer*

無制限納税義務者 田 无限纳税义务人 [wúxiàn nàshuì yìwù rén] 英 *unlimited tax payer*

無断 田 擅自 [shànzì] 英 *without permission*

無担保貸付金 田 无担保贷款 [wú dānbǎo dàikuǎn] 英 *unsecured loans*

無停電電源装置 田 不间断电源 [bù jiànduàn diànyuán] 英 *uninterruptible power supply* (UPS)

無保証残存価値 田 未担保余值 [wèi dānbǎo yúzhí] 英 *unguaranteed residual value*

無利子融資 田 无息贷款 [wúxī dàikuǎn] 英 *interest-free loans*

無リスク金利 田 无风险收益率 [wú fēngxiǎn shōuyì

lǜ] 英 *risk free rate*

無利息債務 中 无息债务 [wúxī zhàiwù] 英 *interest-free liabilities*

無利息手形 中 不带息票据 [bù dàixī piàojù] 英 *interest-free bill*

め

明細表 中 明细表 [míngxì biǎo] 英 *detail list*

名刺 中 名片 [míngpiàn] 英 *business card*

名称事前審査 中 名称预先核准 [míngchēng yùxiān hézhǔn] 英 *preliminary review of name*

名簿 中 名册 [míngcè] 英 *list of name*

名目国内総生産 中 名义国内生产总值 [míngyì guónèi shēngchǎn zǒngzhí] 英 *nominal Gross Domestic Product* (GDP)

名目上の 中 名义的 [míngyì de] 英 *nominal*

名目利率 中 名义利率 [míngyì lìlǜ] 英 *nominal interest rate*

メインフレーム 中 主机 [zhǔjī] 英 *mainframe*

メインボード 中 主板 [zhǔbǎn] 英 *mainboard*

メインボード市場 中 主板市场 [zhǔbǎn shìchǎng] 英 *mainboard market*

メールサーバー 中 邮件服务器 [yóujiàn fúwù qì] 英 *mail server*

メガバイト 中 兆字节 [zhào zìjié] 英 *megabyte* (MB)

メタデータ 中 元数据 [yuán shùjù] 英 *metadata*

メッセージ 中 消息 [xiāoxī] 英 *message*

メディア業 中 传媒业 [chuánméi yè] 英 *media Industry*

メモリ 中 内存 [nèicún] 英 *memory*

免許料 中 许可费 [xǔkě fèi] 英 *license fee*

免除要件 中 豁免标准 [huòmiǎn biāozhǔn]

英 *exemption requirements*

免税 中 免税 [miǎnshuì] 英 *tax exemption*

免税項目 中 免税项目 [miǎnshuì xiàngmù] 英 *tax exemption items*

免税条項 中 免税条件 [miǎnshuì tiáojiàn] 英 *condition for tax exemption*

免税所得 中 免税所得 [miǎnshuì suǒdé] 英 *exempt income*

免税品 中 免税商品 [miǎnshuì shāngpǐn] 英 *duty-free goods*

免責 中 免责 [miǎnzé] 英 *immunity*

免責条項 中 免责条款 [miǎnzé tiáokuǎn] 英 *disclaimer*

メンテナンス 中 维护 [wéihù] 英 *maintenance*

申込受人 中 受盘人 [shòupán rén] 英 *offeree*

申込文書 中 要约文件 [yāoyuē wénjiàn] 英 *offer document*

目標原価法 中 目标成本法 [mùbiāo chéngběn fǎ] 英 *target cost method*

目標成長率 中 目标增长率 [mùbiāo zēngzhǎng lǜ] 英 *target growth rate*

目標利益率 中 目标利润率 [mùbiāo lìrùn lǜ] 英 *target profit rate*

目論見書 中 招股意向书 [zhāogǔ yìxiàng shū] 英 *prospectus*

目論見書による売出し 中 通过招股书发售 [tōngguò zhāogǔ shū fāshòu] 英 *offer by prospectus*

も

持株会社 中 控股公司 [kònggǔ gōngsī] 英 *holding company*

持分買収 中 股权并购 [gǔquán bìnggòu] 英 *acquisition of equity*

持分買戻協議書 中 股权回购协议 [gǔquán huígòu xiéyì] 英 *equity repurchase agreement*

持分間接譲渡 中 间接股权转让 [jiànjiē gǔquán zhuǎnràng] 英 *equity indirect transfer*

持分金融商品 中 权益工具 [quányì gōngjù] 英 *equity financial instrument*

持分決済型 中 以权益结算的 [yǐ quányì jiésuàn de] 英 *equity-settled*

持分構成 中 股权构成 [gǔquán gòuchéng] 英 *equity structure*

持分再編 中 股权重组 [gǔquán chóngzǔ] 英 *equity restructuring*

持分証券 甲 权益性证券 [quányì xìng zhèngquàn] 英 equity securities

持分譲渡 甲 股权转让 [gǔquán zhuǎnràng] 英 equity transfer

持分譲渡益 甲 股权转让收益 [gǔquán zhuǎnràng shōuyì] 英 gain on equity transfer

持分譲渡契約書 甲 股权转让合同 [gǔquán zhuǎnràng hétóng] 英 equity transfer agreement

持分譲渡所得 甲 股权转让所得 [gǔquán zhuǎnràng suǒdé] 英 equity interest transfer income

持分譲渡損失 甲 股权转让损失 [gǔquán zhuǎnràng sǔnshī] 英 loss on equity transfer

持分性投資 甲 权益性投资 [quányì xìng tóuzī] 英 equity investment

持分適用会社 甲 适用权益法的公司 [shìyòng quányì fǎ de gōngsī] 英 company accounted for using the equity method

持分投資 甲 股权投资 [gǔquán tóuzī] 英 equity investment

持分投資収益 甲 股权投资收益 [gǔquán tóuzī shōuyì] 英 equity investment income

持分投資準備金 甲 股权投资准备 [gǔquán tóuzī zhǔnbèi] 英 equity investment reserve

持分比率 甲 持股比例 [chígǔ bǐlì] 英 ownership ratio

持分プーリング法 甲 权益集合法 [quányì jíhé fǎ] 英 pooling of interest method

持分変更 甲 股权变更 [gǔquán biàn gēng] 英 equity change

持分変動計算書 甲 所有者权益变动表 [suǒyǒu zhě quányì biàndòng biǎo] 英 statement of changes in owner's equity

持分法 甲 权益法 [quányì fǎ] 英 equity method

持分法による投資損失 甲 权益法下的投资亏损 [quányì fǎ xià de tóuzī kuīsǔn] 英 equity in losses of affiliates

持分法による投資利益 甲 权益法下的投资收益 [quányì fǎ xià de tóuzī shōuyì] 英 equity in earnings of affiliates

持分優先購入権 甲 股权优先购买权 [gǔquán yōuxiān gòumǎi quán] 英 equity preemption

最も有利な市場 甲 最有利市场 [zuì yǒulì shìchǎng] 英 most advantageous market

モデム 甲 调制解调器 [tiáozhì jiětiáo qì] 英 modem

戻入 甲 转回 [zhuǎnhuí] 英 reversal

モニター 甲 监视器 [jiānshì qì] 英 monitor

問題検索システム 甲 问题检索系统 [wèntí jiǎnsuǒ xìtǒng] 英 problem search system

や

約定書 甲 约定书 [yuēdìng shū] 英 contract

約定日 甲 约定日 [yuēdìng rì] 英 date of contract

約定利率 甲 约定利率 [yuēdìng lìlǜ] 英 contract interest rate

約束手形 甲 本票 [běnpiào] 英 promissory note

ゆ

遺言 甲 遗嘱 [yízhǔ] 英 will

遺言公証書 甲 遗嘱公证书 [yízhǔ gōngzhèng shū] 英 will certificate

USB 甲 通用串行总线 [tōngyòng chuànháng zǒngxiàn] 英 universal serial bus (USB)

有価証券 甲 有价证券 [yǒujià zhèngquàn] 英 securities

有価証券売却益 甲 有价证券出售收益 [yǒujià zhèngquàn chūshòu shōuyì] 英 gain on sales of securities

有価証券売却損 甲 有价证券出售损失 [yǒujià zhèngquàn chūshòu sǔnshī] 英 loss on sales of securities

有給休暇 甲 带薪假期 [dàixīn jiàqī] 英 paid vacation

有給休暇引当金 甲 带薪假期工资准备 [dàixīn jiàqī gōngzī zhǔnbèi] 英 allowance for paid vacation

遊休資産 甲 闲置资产 [xiánzhì zīchǎn] 英 idle assets

遊休生産能力 甲 闲置生产能力 [xiánzhì shēngchǎn nénglì] 英 idle production capacity

遊休設備 甲 闲置设备 [xiánzhì shèbèi] 英 idle equipment

遊休土地 甲 闲置土地 [xiánzhì tǔdì] 英 idle land

優遇政策 中 优惠政策 [yōuhuì zhèngcè] 英 preferential policies

優遇税制 中 税收优惠 [shuìshōu yōuhuì] 英 preferential tax treatment

優遇税率 中 优惠税率 [yōuhuì shuìlǜ] 英 preferential tax rate

優遇措置 中 优惠待遇 [yōuhuì dàiyù] 英 preferential treatment

有形固定資産票 中 固定资产卡片 [gùdìng zīchǎn kǎpiàn] 英 tangible fixed assets card

有形動産 中 有形动产 [yōuxíng dòngchǎn] 英 movable property

有限責任会計事務所 中 有限责任会计师事务所 [yōuxiàn zérèn kuàijìshī shìwùsuǒ] 英 limited liability accounting firm

有限責任会社 中 有限责任公司 [yōuxiàn zérèn gōngsī] 英 limited liability company

有限責任パートナー 中 有限合伙人 [yōuxiàn héhuǒ rén] 英 limited liability partner

有限パートナーシップ企業 中 有限合伙企业 [yōuxiàn héhuǒ qǐyè] 英 limited partnership enterprise

有効期限 中 有效期 [yōuxiào qī] 英 effective period

有効性 中 有效性 [yōuxiào xìng] 英 effectiveness

ユーザー 中 用户 [yònghù] 英 user

ユーザーフレンドリー 中 用户界面友好 [yònghù jièmiàn yōuhǎo] 英 user-friendly

ユーザー認証 中 用户认证 [yònghù rènzhèng] 英 user authentication

ユーザーマニュアル 中 用户手册 [yònghù shǒucè] 英 user manual

ユーザー名 中 用户名 [yònghù míng] 英 user name

ユーザンス手形 中 远期汇票 [yuǎnqī huìpiào] 英 usance bill

融資 中 融通 [róngtōng] 英 loan

融資意向書 中 融资意向书 [róngzī yìxiàng shū] 英 letter of loan intention

融資契約書 中 贷款协定 [dàikuǎn xiédìng] 英 loan agreement

融通約束手形 中 融通票据 [róngtōng piàojù] 英 finance bill

優先株式 中 优先股 [yōuxiān gǔ] 英 preferred share

優先株収益率 中 优先股收益率 [yōuxiān gǔ shōuyì lǜ] 英 earning rate of preferred share

優先購入権 中 优先购买权 [yōuxiān gòumǎi quán] 英 preemption

誘致 中 吸引 [xīyǐn] 英 attraction

郵便電信通信業 中 邮电通信业 [yóudiàn tōngxìn yè] 英 telecommunications Services

郵便による申告納税 中 邮寄申报纳税 [yóujì shēnbào nàshuì] 英 postage tax filing

有名ブランド 中 驰名商标 [chímíng shāngbiāo] 英 famous trademark

有利子負債 中 带息债务 [dàixī zhàiwù] 英 debt with interest

ユーロ 中 欧元 [ōuyuán] 英 euro

輸出 中 出口 [chūkǒu] 英 export

輸出価格 中 出口价格 [chūkǒu jiàgé] 英 export price

輸出加工区 中 出口加工区 [chūkǒu jiāgōng qū] 英 export processing zone (EPZ)

輸出貨物 中 出口货物 [chūkǒu huòwù] 英 export goods

輸出貨物取引価格 中 出口货物成交价格 [chūkǒu huòwù chéngjiāo jiàgé] 英 transaction price of export goods

輸出貨物の増値税還付 中 出口货物增值税退还 [chūkǒu huòwù zēngzhí shuì tuìhuán] 英 value added tax refund for export goods

輸出貨物の徴収税率 中 出口商品税率 [chūkǒu shāngpǐn shuìlǜ] 英 export tax rate

輸出貨物の返品 中 出口货物退运 [chūkǒu huòwù tuìyùn] 英 returned export goods

輸出貨物払出人 中 出口货物发货人 [chūkǒu huòwù fāhuò rén] 英 export goods shipper

輸出貨物本船積渡価格 中 出口货物离岸价格 [chūkǒu huòwù lí àn jiàgé] 英 exports free on board (FOB) price

輸出関税 中 出口关税 [chūkǒu guānshuì] 英 export tariffs

輸出監督倉庫 中 出口监管仓库 [chūkǒu jiānguǎn cāngkù] 英 export supervised warehouse

輸出企業 中 出口企业 [chūkǒu qǐyè] 英 export enterprises

輸出許可証 中 出口许可证 [chūkǒu xǔkě zhèng] 英 export license

輸出経営権の拡大 中 扩大出口经营权 [kuòdà chūkǒu jīngyíng quán] 英 expansion of export right

輸出諸掛 囲 出口费用 [chūkǒu fèiyòng] 英 *export charges*

輸出申告 囲 申报出口 [shēnbào chūkǒu] 英 *export declaration*

輸出通関の取消 囲 退关 [tuìguān] 英 *cancellation of export clearance*

輸出手続 囲 出口手续 [chūkǒu shǒuxù] 英 *export procedure*

輸出入 囲 进出口 [jìnchū kǒu] 英 *import and export of goods*

輸出入経営権 囲 进出口经营权 [jìnchūkǒu jīngyíng quán] 英 *import and export right*

輸出入制限技術 囲 限制进出口技术 [xiànzhì jìnchūkǒu jìshù] 英 *import and export restricted techniques*

輸出報告書 囲 出口申报单 [chūkǒu shēnbào dān] 英 *export report*

讓受者 囲 受让人 [shòuràng rén] 英 *transferee*

輸送 囲 运送 [yùnsòng] 英 *transportation*

輸送器具 囲 运输工具 [yùnshū gōngjù] 英 *transportation equipment*

輸送コスト 囲 运输成本 [yùnshū chéngběn] 英 *transportation cost*

輸送設備 囲 运输设备 [yùnshū shèbèi] 英 *transport equipment*

ユニコード 囲 统一字符编码 [tǒngyī zìfú biānmǎ] 英 *Unicode*

ユニフォーム リソース ロケーター 囲 统一资源定位器 [tǒngyī zīyuán dìngwèi qì] 英 *uniform resource locator*（URL）

輸入 囲 进口 [jìnkǒu] 英 *import*

輸入貨物 囲 进口货物 [jìnkǒu huòwù] 英 *imported goods*

輸入貨物価格 囲 进口商品价格 [jìnkǒu shāngpǐn jiàgé] 英 *import prices*

輸入貨物取引価格 囲 进口货物成交价格 [jìnkǒu huòwù chéngjiāo jiàgé] 英 *transaction price of imported goods*

輸入貨物の受取人 囲 进口货物的收货人 [jìnkǒu huòwù de shōuhuò rén] 英 *consignee of the imported goods*

輸入関税 囲 进口关税 [jìnkǒu guānshuì] 英 *import tariffs*

輸入企業 囲 进口企业 [jìnkǒu qǐyè] 英 *import enterprise*

輸入業務確認書 囲 进口业务确认书 [jìnkǒu yèwù quèrèn shū] 英 *import confirmation letter*

輸入許可証 囲 进口许可证 [jìnkǒu xūkě zhèng] 英 *import license*

輸入障壁 囲 进口壁垒 [jìnkǒu bìlěi] 英 *import barriers*

輸入諸掛 囲 进口费用 [jìnkǒu fèiyòng] 英 *import charges*

輸入申告 囲 申报进口 [shēnbào jìnkǒu] 英 *import declaration*

輸入設備免税限度額 囲 进口设备免税额度 [jìnkǒu shèbèi miǎnshuì édù] 英 *duty-free limit of imported equipment*

輸入品の関税税率表 囲 进口商品税率表 [jìnkǒu shāngpǐn shuìlǜ biǎo] 英 *tariff tax rate schedule of imported goods*

輸入品の所有者 囲 进境物品的所有人 [jìnjìng wùpǐn de suǒyǒu rén] 英 *imported goods' owner*

ユニラテラル 囲 单边协议 [dānbiān xiéyì] 英 *unilateral*

ゆ / よ

様式 囲 格式 [géshì] 英 *format*

要請部署 囲 需求单位 [xūqiú dānwèi] 英 *request department*

用地事前審査意見書 囲 建设项目用地预审意见书 [jiànshè xiàngmù yòngdì yùshěn yìjiàn shū] 英 *review letter of pre-construction project site*

用友 囲 用友 [yòngyǒu] 英 *UFIDA software*

養老保険 囲 养老保险 [yǎnglǎo bǎoxiǎn] 英 *endowment insurance*

預金 囲 存款 [cúnkuǎn] 英 *deposit*

預金預入用紙 囲 存款单 [cúnkuǎn dān] 英 *cash deposit slip*

預金口座 囲 银行存款户 [yínháng cúnkuǎn hù] 英 *bank deposit account*

預金小切手 囲 银行支票 [yínháng zhīpiào] 英 *cashier's check*

預金者 囲 存款人 [cúnkuǎn rén] 英 *depositor*

預金利率 囲 存款利率 [cúnkuǎn lìlǜ] 英 *deposit*

interest rate

翌期への振替 ㊥ 结转下期 [jiézhuǎn xiàqī] ㊤ *transfer to next fiscal year*

翌日払い貸し付け ㊥ 隔夜拆借 [géyè chāijiè] ㊤ *overnight money*

予算 ㊥ 预算 [yùsuàn] ㊤ *budget*

予算外支出 ㊥ 预算外支出 [yùsuàn wàizhīchū] ㊤ *off-budget expenditure*

予算管理 ㊥ 预算管理 [yùsuàn guǎnlǐ] ㊤ *budget management*

予算差異 ㊥ 预算差异 [yùsuàn chāyì] ㊤ *budget variance*

予算実績差異分析 ㊥ 预算差异分析 [yùsuàn chāyì fēnxī] ㊤ *budget variance analysis*

予算統制 ㊥ 预算控制 [yùsuàn kòngzhì] ㊤ *budget control*

予算編成 ㊥ 预算编制 [yùsuàn biānzhì] ㊤ *budget compilation*

与信限度 ㊥ 信用额度 [xìnyòng édù] ㊤ *credit limit*

与信債権管理 ㊥ 信贷债权管理 [xìndài zhàiquán guǎnlǐ] ㊤ *credit exposure management*

予想ボラティリティ ㊥ 预计波动 [yùjì bōdòng] ㊤ *estimated volatility*

予想利回り率 ㊥ 预期收益率 [yùqī shōuyì lǜ] ㊤ *estimated rate of return*

予測 ㊥ 预计 [yùjì] ㊤ *forecast*

予測価値 ㊥ 预测值 [yùcè zhí] ㊤ *predictive value*

予測給付評価方式 ㊥ 预期效益评价法 [yùqī xiàoyì píngjià fǎ] ㊤ *projected benefit valuation method*

予定原価 ㊥ 预计成本 [yùjì chéngběn] ㊤ *estimated cost*

予定取引 ㊥ 预测交易 [yùcè jiāoyì] ㊤ *forecasted transaction*

予定納税申告書 ㊥ 预缴税申报表 [yùjiǎo shuì shēnbào biǎo] ㊤ *tax prepayment return*

予定納付 ㊥ 预缴 [yùjiǎo] ㊤ *advance payment*

予備監査 ㊥ 初步审计 [chūbù shěnjì] ㊤ *preliminary audit*

予備調査 ㊥ 初步性调查 [chūbù xìng diàochá] ㊤ *preliminary investigation*

予防的コントロール ㊥ 预防性控制 [yùfáng xìng kòngzhì] ㊤ *preventive control*

予約販売 ㊥ 预约销售 [yùyuē xiāoshòu] ㊤ *subscription sale*

ら

ライセンス ㊥ 许可证 [xǔkě zhèng] ㊤ *license*

ライセンス契約 ㊥ 许可协议 [xǔkě xiéyì] ㊤ *license contract*

ライセンス使用料所得 ㊥ 特许权使用费所得 [tèxǔ quán shǐyòng fèi suǒdé] ㊤ *license fee income*

ライボー ㊥ 伦敦同业拆放利率 [lúndūn tóngyè chāifàng lìlǜ] ㊤ *London Inter Bank Offered Rate(LIBOR)*

来様加工 ㊥ 来样加工 [láiyàng jiāgōng] ㊤ *processing with supplied designs*

来料加工 ㊥ 来料加工 [láiliào jiāgōng] ㊤ *processing with provided materials*

落札 ㊥ 中标 [zhòngbiāo] ㊤ *successful bid*

ランダム アクセス メモリー ㊥ 随机存取存储器 [suíjī cúnqǔ cúnchǔ qì] ㊤ *random access memory (RAM)*

ランニングコスト ㊥ 日常费用 [rìcháng fèiyòng] ㊤ *running expense*

り

リアルタイム ㊥ 实时 [shíshí] ㊤ *real time*

リース ㊥ 租赁 [zūlìn] ㊤ *lease*

リース開始日 ㊥ 租赁起始日 [zūlìn qǐshǐ rì] ㊤ *inception of a lease*

リース会社 ㊥ 租赁公司 [zūlìn gōngsī] ㊤ *leasing company*

リース期間 ㊥ 租赁期间 [zūlìn qījiān] ㊤ *lease term*

リース期間の起算日 ㊥ 租赁期间的起始日 [zūlìn qījiān de qǐshǐ rì] ㊤ *commencement of the lease term*

リース債権 ㊥ 租赁债权 [zūlìn zhàiquán] ㊤ *lease receivables*

リース財産 ㊥ 租赁财产 [zūlìn cáichǎn] ㊤ *lease property*

リース債務 ㊥ 租赁债务 [zūlìn zhàiwù] ㊤ *lease obligations*

リース資産 ㊥ 租赁资产 [zūlìn zīchǎn] ㊡ leased assets
リース収益 ㊥ 租赁收入 [zūlìn shōurù] ㊡ lease income
リースの計算利子率 ㊥ 租赁内含利率 [zūlìn nèihán lìlǜ] ㊡ calculation interest rate of the lease
リースバック ㊥ 回租 [huízū] ㊡ leaseback
リース物件 ㊥ 租赁物 [zūlìn wù] ㊡ leased property
リース輸入貨物 ㊥ 租赁进口货物 [zūlìn jìnkǒu huòwù] ㊡ lease imported goods
リース料 ㊥ 租金 [zūjīn] ㊡ lease expenses
リース料収入 ㊥ 租金收入 [zūjīn shōurù] ㊡ lease revenue
リード オンリー メモリー ㊥ 只读存储器 [zhǐdú cúnchǔ qì] ㊡ read-only memory (ROM)
リード スケジュール ㊥ 引导表 [yǐndǎo biǎo] ㊡ lead schedule
リード タイム ㊥ 交货周期 [jiāohuò zhōuqī] ㊡ lead time
利益 ㊥ 利润 [lìrùn] ㊡ profit
利益獲得年度 ㊥ 获利年度 [huòlì niándù] ㊡ profitable year
利益計画 ㊥ 利润计划 [lìrùn jìhuà] ㊡ profit plan
利益剰余金 ㊥ 盈余公积 [yíngyú gōngjī] ㊡ surplus reserve
利益処分 ㊥ 利润分配 [lìrùn fēnpèi] ㊡ profit distribution
利益処分案 ㊥ 利润分配方案 [lìrùn fēnpèi fāng àn] ㊡ proposal of profit distribution
利益処分計算書 ㊥ 利润分配表 [lìrùn fēnpèi biǎo] ㊡ appropriation statement
利益操作 ㊥ 利润操纵 [lìrùn cāozòng] ㊡ profit manipulation
利益統制 ㊥ 利润控制 [lìrùn kòngzhì] ㊡ profit control
利益比準法 ㊥ 可比利润法 [kěbǐ lìrùn fǎ] ㊡ comparable profit method
利益分割法 ㊥ 利润分割法 [lìrùn fēn gē fǎ] ㊡ profit split method
利益予測 ㊥ 盈利预测 [yínglì yùcè] ㊡ profit forecast
利益率 ㊥ 利润率 [lìrùn lǜ] ㊡ profit ratio
利益率レンジ ㊥ 利润率区间 [lìrùn lǜ qūjiān] ㊡ profit ratio range

理解可能性 ㊥ 可理解性 [kě lǐjiě xìng] ㊡ understandability
利害の対立 ㊥ 利益冲突 [lìyì chōngtū] ㊡ conflicts of interest
利子所得 ㊥ 利息所得 [lìxī suǒdé] ㊡ interest income
利子の受領者 ㊥ 利息受益人 [lìxī shòuyì rén] ㊡ recipient of interest
利子補助政策 ㊥ 贴息政策 [tiēxī zhèngcè] ㊡ interest auxiliary policy
リスク ㊥ 风险 [fēngxiǎn] ㊡ risk
リスク アドバイザリー ㊥ 风险管理咨询 [fēngxiǎn guǎnlǐ zīxún] ㊡ risk advisory
リスク アプローチ ㊥ 风险导向方法 [fēngxiǎn dǎoxiàng fāngfǎ] ㊡ risk approach
リスク ウェイト ㊥ 风险权重 [fēngxiǎn quánzhòng] ㊡ risk weight
リスク開示 ㊥ 风险披露 [fēngxiǎn pīlù] ㊡ risk disclosure
リスク回避 ㊥ 风险规避 [fēngxiǎn guībì] ㊡ risk aversion
リスク管理 ㊥ 风险管理 [fēngxiǎn guǎnlǐ] ㊡ risk management
リスク許容度 ㊥ 风险承受度 [fēngxiǎn chéngshòu dù] ㊡ risk tolerance
リスク コントロール制度 ㊥ 风险控制制度 [fēngxiǎn kòngzhì zhìdù] ㊡ risk control system
リスク コントロール マトリックス ㊥ 风险矩阵 [fēngxiǎn jǔzhèn] ㊡ risk control matrix
リスク資産 ㊥ 风险资产 [fēngxiǎn zīchǎn] ㊡ risk assets
リスク性 ㊥ 风险性 [fēngxiǎn xìng] ㊡ risky
リスク対応 ㊥ 风险应对 [fēngxiǎn yìngduì] ㊡ risk response
リスク低減 ㊥ 降低风险 [jiàngdī fēngxiǎn] ㊡ risk reduction
リスク引当金 ㊥ 风险准备 [fēngxiǎn zhǔnbèi] ㊡ allowance for risk and uncertainty
リスク評価手続 ㊥ 风险评估程序 [fēngxiǎn pínggū chéngxù] ㊡ risk assessment procedure
リスク プレミアム ㊥ 风险溢价 [fēngxiǎn yìjià] ㊡ risk premium
リスク ヘッジ ㊥ 风险保值 [fēngxiǎn bǎozhí] ㊡ risk hedge

リスク変数 ㊥ 风险变量 [fēngxiǎn biànliàng] ㊞ risk variables

リスク ポジション ㊥ 风险头寸 [fēngxiǎn tóucùn] ㊞ risk positions

リスク リターン転換 ㊥ 风险报酬转移 [fēngxiǎn bàochóu zhuǎnyí] ㊞ risk return conversion

リスト ㊥ 清单 [qīngdān] ㊞ list

リストア ㊥ 还原 [huányuán] ㊞ restore

リストラ費用 ㊥ 重组成本 [chóngzǔ chéngběn] ㊞ restructuring cost

利息 ㊥ 利息 [lìxī] ㊞ interest

利息支出 ㊥ 利息支出 [lìxī zhīchū] ㊞ interest expenditure

利息支払期日 ㊥ 付息日 [fùxī rì] ㊞ interest payment date

利息収入 ㊥ 利息收入 [lìxī shōurù] ㊞ interest income

利息付受取手形 ㊥ 带息票据 [dàixī piàojù] ㊞ notes with interest

利息費用 ㊥ 利息费用 [lìxī fèiyòng] ㊞ interest cost

リターン ㊥ 返回 [fǎnhuí] ㊞ return

立件調査 ㊥ 立案调查 [lìàn diàochá] ㊞ investigation

リフォーム費用 ㊥ 装修费用 [zhuāngxiū fèiyòng] ㊞ renovation cost

リベート ㊥ 回扣 [huíkòu] ㊞ rebate

リモート アクセス ㊥ 远程访问 [yuǎnchéng fǎngwèn] ㊞ remote access

留置権 ㊥ 留置权 [liúzhì quán] ㊞ lien

流通 ㊥ 分销 [fēnxiāo] ㊞ distribution

流通加工 ㊥ 流通加工 [liútōng jiāgōng] ㊞ distribution processing

流通株式 ㊥ 流通股 [liútōng gǔ] ㊞ tradable stock

流通業者 ㊥ 经销商 [jīngxiāo shāng] ㊞ distributer

流通権 ㊥ 流通权 [liútōng quán] ㊞ tradable right

流通市場 ㊥ 流通市场 [liútōng shìchǎng] ㊞ trading market

流通税 ㊥ 流转税 [liúzhuǎn shuì] ㊞ circulation tax

流通センター ㊥ 配送中心 [pèisòng zhōngxīn] ㊞ distribution center

流動資金回転率 ㊥ 流动资金周转率 [liúdòng zījīn zhōuzhuǎnlǜ] ㊞ working capital turnover rate

流動資産 ㊥ 流动资产 [liúdòng zīchǎn] ㊞ current assets

流動資本 ㊥ 流动资本 [liúdòng zīběn] ㊞ circulating capital

流動性ポジション ㊥ 流动资金头寸 [liúdòng zījīn tóucùn] ㊞ liquidity position

流動性リスク ㊥ 流动性风险 [liúdòng xìng fēngxiǎn] ㊞ liquidity risk

流動比率 ㊥ 流动比率 [liúdòng bǐlǜ] ㊞ current ratio

流動負債 ㊥ 流动负债 [liúdòng fùzhài] ㊞ current liabilities

留保利益 ㊥ 留存利润 [liúcún lìrùn] ㊞ reserved profit

流用 ㊥ 挪用 [nuóyòng] ㊞ misappropriation

利用可能性 ㊥ 可用性 [kěyòng xìng] ㊞ availability

利用者 ㊥ 使用者 [shǐyòng zhě] ㊞ user

領収書 ㊥ 收据 [shōujù] ㊞ receipt

領収書管理弁法 ㊥ 发票管理办法 [fāpiào guǎnlǐ bànfǎ] ㊞ invoices management measure

領収書記帳綴り ㊥ 发票记账联 [fāpiào jìzhànglián] ㊞ invoices bookkeeping sheet

領収書綴り ㊥ 发票联 [fāpiàolián] ㊞ invoices sheet

領収書の購入 ㊥ 领购发票 [lǐnggòu fāpiào] ㊞ purchase of receipt

領収書の発行 ㊥ 开具发票 [kāijù fāpiào] ㊞ issuance of receipt

領収書の返納及び廃棄処分 ㊥ 发票缴销 [fāpiào jiǎoxiāo] ㊞ return or disposal of receipt

領収書控 ㊥ 发票副联 [fāpiào fùlián] ㊞ duplicate invoice

量的金融緩和政策 ㊥ 量化宽松货币政策 [liànghuà kuānsōng huòbì zhèngcè] ㊞ quantitative monetary easing policy

量的な ㊥ 量的 [liàngde] ㊞ quantitative

旅券 ㊥ 护照 [hùzhào] ㊞ passport

旅行会社 ㊥ 旅游企业 [lǚyóu qǐyè] ㊞ travel agencies

旅費交通費 ㊥ 旅费交通费 [lǚfèi jiāotōng fèi] ㊞ travel and transportation

利率 ㊥ 利率 [lìlǜ] ㊞ interest rate

履歴 ㊥ 历史记录 [lìshǐ jìlù] ㊞ history

り

リロード特性 中 可重置性 [kě chóngzhì xìng] 英 reload feature

稟議書 中 申请单 [shēnqǐng dān] 英 application documents for approval

臨時株主総会 中 临时股东大会 [línshí gǔdōng dàhuì] 英 extraordinary shareholder's meeting

臨時口座 中 临时户 [línshí hù] 英 temporary account

臨時従業員 中 临时工 [línshígōng] 英 temporary employees

臨時董事会 中 临时董事会 [línshí dǒngshì huì] 英 temporary board meeting

る

累計投資額 中 累计投资额 [lěijì tóuzī é] 英 accumulated investment amount

累計発生額 中 累计发生额 [lěijì fāshēng é] 英 accumulated accrual amount

類似企業倍率法 中 可比公司法 [kěbǐ gōngsī fǎ] 英 comparable multiple valuation method

類似取引比較法 中 交易案例比较法 [jiāoyì ànlì bǐjiào fǎ] 英 comparable transaction method

累進課税 中 累进制征税 [lěijìn zhì zhēngshuì] 英 progressive taxation

累進税率 中 累进税率 [lěijìn shuìlǜ] 英 progressive tax rate

累積影響額 中 累计影响数 [lěijì yǐngxiǎng shù] 英 accumulated effect amount

累積基金 中 积累基金 [jīlěi jījīn] 英 accumulated fund

累積給付債務 中 累积给付义务 [lěijī jǐfù yìwù] 英 accumulated benefit obligation (ABO)

累積債務 中 累计债务 [lěijì zhàiwù] 英 accumulated debt

累積損失 中 累计亏损 [lěijì kuīsǔn] 英 accumulated loss

累積投票請求権 中 累积投票权 [lèijī tóupiào quán] 英 cumulative voting right

累積優先株式 中 累计优先股 [lěijì yōuxiān gǔ] 英 cumulative preferred stock

ルータ 中 路由器 [lùyóu qì] 英 router

ルーチン 中 例行程序 [lìxíng chéngxù] 英 routine

ルート ディレクトリ 中 根目录 [gēn mùlù] 英 root directory

れ

レイオフ 中 下岗 [xiàgǎng] 英 layoff

例外事項 中 例外事项 [lìwài shìxiàng] 英 exception

レート 中 费率 [fèilǜ] 英 rate

暦年 中 历年 [lìnián] 英 calendar year

暦年制 中 日历年制 [rìlì niánzhì] 英 calendar year system

レコード フォーマット 中 记录格式 [jìlù géshì] 英 record format

レスポンス 中 响应 [xiǎngyìng] 英 response

レスポンス タイム 中 响应时间 [xiǎngyìng shíjiān] 英 response time

劣後受益権 中 次级权益 [cìjí quányì] 英 secondary equity

レッドチップ 中 红筹股 [hóngchóu gǔ] 英 red chip

レッドチップ上場 中 红筹股上市 [hóngchóu gǔ shàngshì] 英 red chip listing

レバレッジ 中 杠杆 [gànggǎn] 英 leverage

レバレッジド リース 中 杠杆租赁 [gànggǎn zūlìn] 英 leveraged lease

レバレッジド ローン 中 杠杆借贷 [gànggǎn jièdài] 英 over-leveraged loan

レビュー 中 审阅 [shěnyuè] 英 review

レビュー計画 中 审阅计划 [shěnyuè jìhuà] 英 review planning

レビュー手続 中 审阅程序 [shěnyuè chéngxù] 英 review procedure

レビュー範囲 中 审阅范围 [shěnyuè fànwéi] 英 review scope

レビュー報告 中 审阅报告 [shěnyuè bàogào] 英 review report

廉価販売 中 廉价出售 [liánjià chūshòu] 英 bargain sale

連携 中 配合 [pèihé] 英 cooperation

連結 中 合并 [hébìng] 英 consolidation

連結売上高 中 合并销售收入或主营业务收入 [hébìng xiāoshòu shōurù huò zhǔyíng yèwù shōurù] 英 consolidated sales

連結会計期間 中 合并会计期间 [hébìng kuàijì qījiān] 英 consolidated accounting period

連結会計方針 中 合并会计政策 [hébìng kuàijì zhèngcè] 英 consolidated accounting policy

連結株主資本等変動計算書 中 合并股东权益变动报表 [hébìng gǔdōng quányì biàndòng bàobiǎo] 英 consolidated statement of changes in shareholders' equity

連結キャッシュ・フロー計算書 中 合并现金流量表 [hébìng xiànjīn liúliàng biǎo] 英 consolidated cash flow statement

連結決算 中 合并决算 [hébìng juésuàn] 英 consolidated closing

連結決算日 中 合并报表决算日 [hébìng bàobiǎo juésuàn rì] 英 consolidated closing date

連結財務諸表 中 合并会计报表 [hébìng kuàijì bàobiǎo] 英 consolidated financial statements

連結修正 中 合并调整 [hébìng tiáozhěng] 英 consolidated adjustment

連結剰余金 中 合并盈余 [hébìng yíngyú] 英 consolidated retained earnings

連結剰余金計算書 中 合并盈余金计算表 [hébìng yíngyú jīn jìsuàn biǎo] 英 consolidated retained earnings statement

連結精算表 中 合并工作底稿 [hébìng gōngzuò dǐgǎo] 英 consolidation worksheets

連結税引前利益 中 合并税前利润 [hébìng shuìqián lìrùn] 英 consolidated profit before tax

連結総資産 中 合并资产总额 [hébìng zīchǎn zǒng é] 英 consolidated total assets

連結損益計算書 中 合并利润表 [hébìng lìrùn biǎo] 英 consolidated income statements

連結貸借対照表 中 合并资产负债表 [hébìng zīchǎn fùzhài biǎo] 英 consolidated balance sheets

連結調整勘定 中 合并价差 [hébìng jiàchà] 英 consolidation adjustment

連結手続 中 合并程序 [hébìng chéngxù] 英 consolidation procedure

連結納税制度 中 企业所得税合并申报制度 [qǐyè suǒdé shuì hébìng shēnbào zhìdù] 英 consolidated tax return filing system

連結パッケージ 中 集团合并会计报表资料 [jítuán hébìng kuàijì bàobiǎo zīliào] 英 consolidation package

連結範囲 中 合并范围 [hébìng fànwéi] 英 range of consolidation

連結ベース 中 合并基础 [hébìng jīchǔ] 英 consolidated basis

連結方針 中 合并政策 [hébìng zhèngcè] 英 consolidation policy

連合管理機構 中 联合管理机构 [liánhé guǎnlǐ jīgòu] 英 joint management institution

連産品 中 联产品 [liánchǎnpǐn] 英 complementary products

レンジ予約 中 远期合约 [yuǎnqī héyuē] 英 range forward

連帯責任 中 连带责任 [liándài zérèn] 英 joint responsibility

連帯賠償責任 中 连带赔偿责任 [liándài péicháng zérèn] 英 joint indemnity liability

ろ

ロイヤリティ 中 技术使用权 [jìshù shǐyòng quán] 英 royalty

労災保険 中 工伤保险 [gōngshāng bǎoxiǎn] 英 worker's accident insurance

労使協議 中 劳资协议 [láozī xiéyì] 英 labor-management consultations

労働安全衛生制度 中 劳动安全卫生制度 [láodòng ānquán wèishēng zhìdù] 英 occupational safety and health system

労働関係 中 劳动关系 [láodòng guānxì] 英 labor relationship

労働管理局 中 劳动管理局 [láodòng guǎnlǐ jú] 英 labor management authority

労働管理制度 中 劳资管理制度 [láozī guǎnlǐ zhìdù] 英 labor management system

労働行政部門 中 劳动行政部门 [láodòng xíngzhèng bùmén] 英 labor administrative departments

労働局 中 劳动局 [láodòng jú] 英 Labor Bureau

労働組合 中 工会 [gōnghuì] 英 labor union

労働組合福祉基金 中 职工福利基金 [zhígōng fúlì jījīn] 英 labor union welfare fund

労働契約 甲 劳动合同 [láodòng hétóng] 英 labor contract

労働契約の解除 甲 解除劳动合同 [jiěchú láodòng hétóng] 英 termination of labor contract

労働契約法 甲 劳动合同法 [láodòng hétóng fǎ] 英 labor contracts law

労働サービス企業 甲 劳动服务企业 [láodòng fúwù qǐyè] 英 labor service company

労働時間法 甲 人工小时法 [réngōng xiǎoshí fǎ] 英 working hours method

労働市場 甲 人才市场 [réncái shìchǎng] 英 labor market

労働社会保障省 甲 劳动和社会保障部 [láodòng hé shèhuì bǎozhàng bù] 英 ministry of labor and social security

労働集約型産業 甲 劳动密集型行业 [láodòng mìjí xíng hángyè] 英 labor-intensive industry

労働条件 甲 劳动条件 [láodòng tiáojiàn] 英 labor conditions

労働所得 甲 劳动所得 [láodòng suǒdé] 英 labor income

労働生産性 甲 劳动生产率 [láodòng shēngchǎn lǜ] 英 labor productivity

労働争議 甲 劳动纠纷 [láodòng jiūfēn] 英 labor dispute

労働争議仲裁委員会 甲 企业劳动争议调解委员会 [qǐyè láodòng zhēngyì zhòngcái wěiyuán huì] 英 labor dispute arbitration committee

労働派遣者数制限 甲 劳务派遣人数限制 [láowù pàiqiǎn rénshù xiànzhì] 英 limitation of the number of temporary worker

労働法 甲 劳动法 [láodòng fǎ] 英 Labor Law

労働保険 甲 劳动保险 [láodòng bǎoxiǎn] 英 labor insurance

労働保護 甲 劳动保护 [láodòng bǎohù] 英 labor protection

労働保護費 甲 劳动保护费 [láodòng bǎohù fèi] 英 labor protection expenses

労働力 甲 劳动力 [láodòng lì] 英 workforce

労務管理 甲 人力资源管理 [rénlì zīyuán guǎnlǐ] 英 labor management

労務費 甲 人工成本 [réngōng chéngběn] 英 labor cost

ローカルエリア ネットワーク 甲 局域网 [júyù wǎng] 英 local area network (LAN)

ローテーション 甲 岗位轮换 [gǎngwèi lúnhuàn] 英 rotation

ロードショー 甲 路演 [lùyǎn] 英 road show

ローリング予算 甲 滚动预算 [gǔndòng yùsuàn] 英 rolling budget

ロールオーバー 甲 套期工具展期 [tàoqī gōngjù zhǎnqī] 英 roll over

ローン コミットメント 甲 贷款承诺 [dàikuǎn chéngnuò] 英 loan commitment

ログアウト 甲 退出系统 [tuìchū xìtǒng] 英 logout

ログイン 甲 登录 [dēnglù] 英 login

ログファイル 甲 日志文件 [rìzhì wénjiàn] 英 log file

ロケーション セービング 甲 地域优势 [dìyù yōushì] 英 location saving

ロジスティックス コスト 甲 物流成本 [wùliú chéngběn] 英 logistics cost

ロジスティックス情報 甲 物流信息 [wùliú xìnxī] 英 logistics information

ロジスティックス マネジメント 甲 物流管理 [wùliú guǎnlǐ] 英 logistics management

わ

ワークフロー管理 甲 工作流管理 [gōngzuò liú guǎnlǐ] 英 work flow management

Wi-Fi 甲 无线网络 [wúxiàn wǎngluò] 英 wireless fidelity (Wi-Fi)

賄賂 甲 贿赂 [huìlù] 英 bribe

枠組み 甲 框架 [kuàngjià] 英 framework

ワラント 甲 认股权证 [rèngǔ quánzhèng] 英 warrant

ワラント計画 甲 认股权证计划 [rèngǔ quánzhèng jìhuà] 英 share option schemes

割当方式 甲 划拨方式 [huàbō fāngshì] 英 assignment scheme

割引 甲 折扣 [zhékòu] 英 discount

割引価格 甲 折价 [zhéjià] 英 discounted price

割引現在価額 甲 折现金额 [zhéxiàn jīn é] 英 discounted amount

割引現在価値 甲 折现值 [zhéxiàn zhí] 英 discounted present value

割引債 甲 贴现债券 [tiēxiàn zhàiquàn] 英 discounted

bond

割引手形 中 贴现票据 [tiēxiàn piàojù] 英 *discounted note*

割引手数料 中 贴现手续费 [tiēxiàn shǒuxù fèi] 英 *discounted commission*

割引前キャッシュ・フロー 中 未折现现金流量 [wèi zhéxiàn xiànjīn liúliàng] 英 *undiscounted cash flows*

割引利息 中 贴现利息 [tiēxiàn lìxī] 英 *discounted interest*

割安購入 中 廉价购买 [liánjià gòumǎi] 英 *bargain purchases*

割安購入権 中 廉价购买权 [liánjià gòumǎi quán] 英 *bargain purchase option*

中国語

日本語・英語

A / B

ABC 库存管理法 [ABC kùcún guǎnlǐ fǎ] 日 ABC 在庫管理制度 英 ABC inventory management system

A 股 [A gǔ] 日 A 株 英 A shares

A 类表 [A lèi biǎo] 日 A 類表 英 Form A

安全 [ānquán] 日 セキュリティ 英 security

安全策略 [ānquán cèlüè] 日 セキュリティポリシー 英 security policy

安全港 [ānquán gǎng] 日 セーフハーバー 英 safe harbor

安全港规则 [ānquán gǎng guīzé] 日 セーフハーバー規則 英 safe harbor provision

安全管理 [ānquán guǎnlǐ] 日 安全管理 英 safety management

安全漏洞 [ānquán lòudòng] 日 セキュリティホール 英 security hole

安全审查 [ānquán shěnchá] 日 安全審査 英 safety review

安全指南 [ānquán zhǐnán] 日 セキュリティ指針 英 security guidelines

安装 [ānzhuāng] 日 インストール、据付 英 installation

A

安装成本 [ānzhuāng chéngběn] 日 据付原価 英 installation cost

安装费 [ānzhuāng fèi] 日 据付費 英 installation expense

安装费收入 [ānzhuāng fèi shōurù] 日 据付料収入 英 installation revenue

按部门分配比率 [àn bùmén fēnpèi bǐlǜ] 日 部門別配賦比率 英 departmental allocation ratio

按季预缴制度 [ànjì yùjiǎo zhìdù] 日 四半期予納制度 英 quarterly prepaid tax system

按年分期付款 [ànnián fēnqī fùkuǎn] 日 年払い 英 yearly payment

按年征收分期缴纳 [ànnián zhēngshōu fēnqī jiǎonà] 日 年度税額の分割納付 英 installment payment of annual tax

按日计算 [ànrì jìsuàn] 日 日割り計算 英 per diem

按月 [ànyuè] 日 月数ベース 英 monthly basis

按月分期付款 [ànyuè fēnqī fùkuǎn] 日 月払い 英 monthly payment

澳门特别行政区 [àomén tèbié xíngzhèng qū] 日 マカオ特別行政区 英 Macao Special Administrative Region

B

B 股 [B gǔ] 日 B 株 英 B share

B 类表 [B lèi biǎo] 日 B 類表 英 B category chart

搬迁补助费 [bānqiān bǔzhù fèi] 日 引越手当 英 moving allowance

搬运 [bānyùn] 日 ハンドリング 英 handling

版本 [bǎnběn] 日 バージョン 英 version

版权 [bǎnquán] 日 版権 英 copyright

办公费 [bàngōng fèi] 日 事務費 英 office expense

办公劳保费 [bàngōng láobǎo fèi] 日 事務労働安全衛生用費用 英 expense for administrative and labor health and safety

办公设备 [bàngōng shèbèi] 日 事務設備 英 office equipment

办公用品费用 [bàngōng yòngpǐn fèiyòng] 日 事務用品費 英 office supplies expense

办事处 [bànshì chù] 日 事務所 英 office

半成品 [bànchéngpǐn] 日 半製品 英 half-finished goods

半导体产业 [bàn dǎotǐ chǎnyè] 日 半導体産業 英 semiconductor industry

半年奖 [bànnián jiǎng] 日 半期賞与 英 half-year bonus

包销 [bāoxiāo] 日 一括販売 英 bundling

包装费 [bāozhuāng fèi] 日 包装費 英 packing cost

包装物 [bāozhuāng wù] 日 包装物 英 package

保单红利支出 [bǎodān hónglì zhīchū] 日 保険配当支出 英 insurance dividend payment

保费收入 [bǎofèi shōurù] 日 保険収入 英 insurance premium income

保管 [bǎoguǎn] 日 保管 英 storage

保管合同 [bǎoguǎn hétóng] 日 保管契約 英 storage contract

保户储金 [bǎohù chǔjīn] 日 被保険者預り金

[英] deposit received from the insured

保护权 [bǎohù quán] [日] 防衛的な権利 [英] protective right

保留事项 [bǎoliú shìxiàng] [日] 除外事項 [英] exception

保留意见 [bǎoliú yìjiàn] [日] 限定付適正意見 [英] qualified opinion

保留意见的审计报告 [bǎoliú yìjiàn de shěnjì bàogào] [日] 限定意見付監查報告書 [英] qualified opinion audit report

保密 [bǎomì] [日] 秘密保持 [英] nondisclosure

保税 [bǎoshuì] [日] 保税 [英] bonded

保税仓库 [bǎoshuì cāngkù] [日] 保税倉庫 [英] bonded warehouse

保税工厂 [bǎoshuì gōngchǎng] [日] 保税工場 [英] bonded factory

保税货物 [bǎoshuì huòwù] [日] 保税貨物 [英] bonded cargo

保税监管区域 [bǎoshuì jiān guǎn qūyù] [日] 保税監督管理区域 [英] bonded supervision and management areas

保税料件 [bǎoshuì liàojiàn] [日] 保税原材料 [英] bonded raw materials

保税区 [bǎoshuì qū] [日] 保税区 [英] bonded area

保税物流园区 [bǎoshuì wùliú yuánqū] [日] 保税物流園区 [英] bonded logistics park

保税运输 [bǎoshuì yùnshū] [日] 保税輸送 [英] transportation in bond

保险 [bǎoxiǎn] [日] 保険 [英] insurance

保险保障基金 [bǎoxiǎn bǎozhàng jījīn] [日] 保険保障基金 [英] insurance security fund

保险单 [bǎoxiǎn dān] [日] 保険証書 [英] insurance policy

保险费 [bǎoxiǎn fèi] [日] 保険費用 [英] insurance expense

保险费率 [bǎoxiǎn fèilǜ] [日] 保険料率 [英] insurance premium rate

保险风险 [bǎoxiǎn fēngxiǎn] 保険リスク [英] insurance risk

保险负债 [bǎoxiǎn fùzhài] [日] 保険負債 [英] insurance liability

保险公积金 [bǎoxiǎn gōngjī jīn] [日] 保険積立金 [英] insurance fund

保险公司 [bǎoxiǎn gōngsī] [日] 保険会社 [英] insurance company

保险行业协会 [bǎoxiǎn hángyè xiéhuì] [日] 保険業協会 [英] insurance association

保险合同 [bǎoxiǎn hétóng] [日] 保険契約 [英] insurance contract

保险赔款 [bǎoxiǎn péikuǎn] [日] 保険賠償金 [英] insurance indemnity

保险人 [bǎoxiǎn rén] [日] 保険者 [英] insurer

保险事故 [bǎoxiǎn shìgù] [日] 保険事故 [英] insured event

保险责任准备金 [bǎoxiǎn zérèn zhǔnbèi jīn] [日] 保険責任準備金 [英] insurance reserves

保险资产 [bǎoxiǎn zīchǎn] [日] 保険資産 [英] insurance assets

保证 [bǎozhèng] [日] 保証 [英] guarantee

保证贷款 [bǎozhèng dàikuǎn] [日] 保証貸付 [英] guaranteed loans

保证函 [bǎozhèng hán] [日] 保証状 [英] letter of guarantee (L/G)

保证金 [bǎozhèng jīn] [日] 保証金 [英] security deposit

保证人 [bǎozhèng rén] [日] 保証人 [英] guarantor

报酬 [bàochóu] [日] 報酬 [英] remuneration

报废 [bàofèi] [日] 廃棄する [英] dispose

报废处理 [bàofèi chǔlǐ] [日] 廃棄処分 [英] disposal

报废损失 [bàofèi sǔnshī] [日] 廃棄損失 [英] disposal loss

报废条件 [bàofèi tiáojiàn] [日] 廃棄条件 [英] disposal condition

报废证明 [bàofèi zhèngmíng] [日] 廃物証明書 [英] scrap certificate

报复性关税 [bàofù xìng guānshuì] [日] 報復関税 [英] retaliatory tariffs

报告 [bàogào] [日] 報告 [英] reporting

报告分部 [bàogào fēnbù] [日] 報告セグメント [英] reporting segment

报关 [bàoguān] [日] 通関 [英] customs clearance

报关单 [bàoguān dān] [日] 通関申告書 [英] customs declaration form

报关发票 [bàoguān fāpiào] [日] 通関用送り状 [英] customs invoice

报关手册 [bàoguān shǒucè] [日] 通関手帳 [英] customs

B

booklet

报价单 [bàojià dān] 日 見積書 英 *quotation*

报税 [bàoshuì] 日 確定申告 英 *tax filing*

备案 [bèi àn] 日 届出 英 *notification*

备案登记 [bèi àn dēngjì] 日 届出登記 英 *notification registration*

备案证明书 [bèi àn zhèngmíng shū] 日 届出証明書 英 *notification certificate*

备案制 [bèi àn zhì] 日 届出制 英 *notification system*

备抵法 [bèidǐ fǎ] 日 引当金方式 英 *allowance method*

备份 [bèifèn] 日 バックアップ 英 *backup*

备件 [bèijiàn] 日 付属部品 英 *parts and components*

备品备件 [bèipǐn bèijiàn] 日 備品 英 *spare parts*

备忘录 [bèiwàng lù] 日 備忘録 英 *memorandum*

备用金管理制度 [bèiyòng jīn guǎnlǐ zhìdù] 日 小口現金定額前渡制度 英 *petty cash system*

备用信贷 [bèiyòng xìndài] 日 スタンドバイクレジット 英 *standby credit*

背书 [bèishū] 日 裏書 英 *endorsement*

背书人 [bèishū rén] 日 裏書人 英 *endorser*

被保证人 [bèi bǎozhèng rén] 日 被保証人 英 *warrantee*

被背书人 [bèi bèishū rén] 日 被裏書人 英 *endorsee*

被调查企业 [bèi diàochá qǐyè] 日 被調査企業 英 *investigated enterprise*

被动收入 [bèidòng shōurù] 日 受動的所得 英 *passive income*

被分割企业 [bèi fēngē qǐyè] 日 被分割企業 英 *splitted enterprise*

被合并方 [bèi hébìng fāng] 日 被結合企業 英 *combined entity*

被兼并公司 [bèi jiānbìng gōngsī] 日 被合併会社 英 *acquired company*

被检查人 [bèi jiǎnchá rén] 日 被調査人 英 *investigated person*

被控制公司 [bèi kòngzhì gōngsī] 日 被統括会社 英 *controlled company*

被派遣人员 [bèi pàiqiǎn rényuán] 日 出向者 英 *assigned employee*

被审计公司 [bèi shěnjì gōngsī] 日 被監査会社 英 *audited company*

被收购企业 [bèi shōugòu qǐyè] 日 被買収企業 英 *acquired enterprise*

被套期项目 [bèi tàoqī xiàngmù] 日 ヘッジ対象 英 *hedged items*

被投资企业 [bèi tóuzī qǐyè] 日 投資先企業 英 *invested enterprise*

本币 [běnbì] 日 自国通貨 英 *domestic currency*

本公司股份 [běn gōngsī gǔfèn] 日 自社株 英 *treasury stock*

本国税费 [běnguó shuìfèi] 日 内国税 英 *domestic tax*

本金 [běnjīn] 日 元金 英 *principal*

本量利分析 [běnliànglì fēnxī] 日 損益分岐点分析 英 *break-even point (BEP) analysis*

本票 [běnpiào] 日 約束手形 英 *promissory note*

本期净利润 [běnqī jìng lìrùn] 日 当期純利益 英 *current period net income*

本期净损失 [běnqī jìng sǔnshī] 日 当期純損失 英 *current period net loss*

本期利润 [běnqī lìrùn] 日 当期利益 英 *current period income*

本期税金 [běnqī shuìjīn] 日 当期税金 英 *current period tax*

本期损失 [běnqī sǔnshī] 日 当期損失 英 *current period loss*

本息 [běnxī] 日 元利 英 *principal and interest*

比较 [bǐjiào] 日 比較 英 *comparison*

比较财务报表 [bǐjiào cáiwù bàobiǎo] 日 比較財務諸表 英 *comparative financial statements*

比较成本 [bǐjiào chéngběn] 日 比較原価 英 *comparative cost*

比较信息 [bǐjiào xìnxī] 日 比較情報 英 *comparative information*

比例合并 [bǐlì hébìng] 日 比例連結 英 *proportional consolidation*

比率 [bǐlǜ] 日 比率 英 *ratio*

笔记本电脑 [bǐjìběn diànnǎo] 日 ノートパソコン 英 *notebook*

必备投资者 [bìbèi tóuzī zhě] 日 必須投資者 英 *indispensable investor*

避免双重征税协定 [bìmiǎn shuāngchóng zhēngshuì xiédìng] 日 二重課税回避租税協定 英 *agreement on avoidance of double taxation*

避税 [bìshuì] 日 租税回避 英 tax avoidance

避税港 [bì shuì gǎng] 日 タックスヘイブン 英 tax haven

避税行为 [bìshuì xíngwéi] 日 租税回避行為 英 tax avoidance action

边际成本 [biānjì chéngběn] 日 限界費用 英 marginal cost

边际分析 [biānjì fēnxī] 日 限界分析 英 marginal analysis

边际收益 [biānjì shōuyì] 日 限界利益 英 marginal profit

边际收益率 [biānjì shōuyì lǜ] 日 限界利益率 英 marginal profit ratio

边际税率 [biānjì shuìlǜ] 日 限界税率 英 marginal tax rate

编辑 [biānjí] 日 編集 英 edit

编制 [biānzhì] 日 編成 英 formation

变动成本 [biàndòng chéngběn] 日 変動原価 英 variable cost

变动费用 [biàndòng fèiyòng] 日 変動費用 英 variable expense

变动率 [biàndòng lǜ] 日 変動率 英 volatility

变更管理 [biàngēng guǎnlǐ] 日 変更管理 英 change management

变更登记 [biàngēng dēngjì] 日 変更登記 英 change registration

变卖 [biànmài] 日 売却 英 sales

变卖收益 [biànmài shōuyì] 日 売却益 英 gain on sales

变卖损失 [biànmài sǔnshī] 日 売却損 英 loss on sales

辨认 [biànrèn] 日 識別 英 identification

标的物 [biāodì wù] 日 対象物 英 object

标准成本 [biāozhǔn chéngběn] 日 標準原価 英 standard cost

标准成本差异 [biāozhǔn chéngběn chāyì] 日 標準原価差異 英 standard cost variance

标准成本法 [biāozhǔn chéngběn fǎ] 日 標準原価計算 英 standard cost accounting

标准分配比例 [biāozhǔn fēnpèi bǐlì] 日 標準配賦率 英 standard allocation rate

标准价格主档 [biāozhǔn jiàgé zhǔ dàng] 日 標準価格ファイル 英 standard price file

标准劳动时间 [biāozhǔn láodòng shíjiān] 日 標準労働時間 英 standard working hours

标准制造成本 [biāozhǔn zhìzào chéngběn] 日 標準製造原価 英 standard manufacturing cost

表决权 [biǎojué quán] 日 議決権 英 voting right

表决权比例 [biǎojué quán bǐlì] 日 議決権割合 英 voting rights ratio

表示货币 [biǎoshì huòbì] 日 表示通貨 英 presentation currency

表外交易 [biǎowài jiāoyì] 日 オフバランス取引 英 off-balance sheet transaction

表外融资交易 [biǎowài róngzī jiāoyì] 日 オフバランス金融取引 英 off-balance sheet financing

表外现金 [biǎowài xiànjīn] 日 簿外現金 英 off-balance-sheet cash

表外资产 [biǎowài zīchǎn] 日 オフバランス資産 英 off-balance sheet assets

表外资金 [biǎowài zījīn] 日 オフバランス資金 英 off-balance sheet capital

并购 [bìnggòu] 日 合併買収 英 merger and acquisition (M&A)

并购报告书 [bìnggòu bàogào shū] 日 買収報告書 英 acquisition report

并购调查 [bìnggòu diàochá] 日 買収調査 英 acquisition survey

并购方案 [bìnggòu fāng àn] 日 買収案 英 acquisition proposal

并购顾问 [bìnggòu gùwèn] 日 買収顧問 英 acquisition advisor

并购后计划 [bìnggòu hòu jìhuà] 日 ポストディールプラン 英 post deal plan

并购审查 [bìnggòu shěnchá] 日 買収審査 英 acquisition review

并购协议书 [bìnggòu xiéyìshū] 日 買収協議書 英 acquisition agreement

病毒 [bìngdú] 日 ウイルス 英 virus

拨款转入 [bōkuǎn zhuǎnrù] 日 交付金受入 英 grant received

波动性 [bōdòng xìng] 日 ボラティリティ 英 volatility

簿记 [bùjì] 日 簿記 英 bookkeeping

补偿贸易 [bǔcháng màoyì] 日 補償貿易 英 compensation trade

补偿性控制 [bǔcháng xìng kòngzhì] 日 補完的コント

ロール [英] compensating control

补价 [bǔjià] [日] 差金 [英] difference

补缴税款 [bǔjiǎo shuìkuǎn] [日] 税金の追加納付 [英] additional payment of tax

补救措施 [bǔjiù cuòshī] [日] 救済措置 [英] relief measures

补亏 [bǔkuī] [日] 欠損補填 [英] loss compensation

补税 [bǔshuì] [日] 過少申告加算税 [英] additional tax payment due to underpayment

补提 [bǔtí] [日] 追加計上 [英] additional accrual

补贴 [bǔtiē] [日] 手当 [英] allowance

补贴收入 [bǔtiē shōurù] [日] 補助金収入 [英] subsidy revenue

补助金 [bǔzhù jīn] [日] 助成金 [英] grant

不变 [bùbiàn] [日] 据置 [英] deferred

不带息票据 [bù dàixī piàojù] [日] 無利息手形 [英] interest-free bill

不当得利 [bùdāng délì] [日] 不当利得 [英] illegal profit

不得抵扣的进项税额 [bùdé dǐkòu de jìnxiàng shuì é] [日] 控除不能仕入税額 [英] non-deductible input tax

不得税前扣除 [bùdé shuì qián kòuchú] [日] 損金不算入 [英] exclusion from deductible expense

不得税前扣除的项目 [bùdé shuì qián kòuchú de xiàngmù] [日] 損金不算入項目 [英] exclusion item from deductible expense

不附带条件的贷款 [bù fùdài tiáojiàn de dàikuǎn] [日] アンタイドローン [英] untied loan

不符合税法规定的股份期权 [bù fúhé shuìfǎ guīdìng de gǔfèn qīquán] [日] 税制非適格ストック・オプション [英] tax non-qualified stock option

不含税销售额 [bù hánshuì xiāoshòu é] [日] 税引販売額 [英] sales after tax

不间断电源 [bù jiànduàn diànyuán] [日] 無停電電源装置 [英] uninterruptible power supply (UPS)

不景气 [bù jǐngqì] [日] 不況 [英] depression

不计入征税收入的项目 [bù jìrù zhēngshuì shōurù de xiàngmù] [日] 益金不算入項目 [英] exclusion from taxable revenue

不计提折旧的资产 [bù jìtí zhéjiù de zīchǎn] [日] 非減価償却資産 [英] non-depreciable assets

不可避免成本 [bùkě bìmiǎn chéngběn] [日] 回避不能原価 [英] unavoidable cost

不可撤销租赁 [bùkě chèxiāo zūlìn] [日] 解約不能リース [英] non-cancellable lease

不可回收成本 [bùkě huíshōu chéngběn] [日] 回収不能原価 [英] unrecoverable cost

不可抗力 [bùkě kànglì] [日] 不可抗力 [英] force majeure

不可预见 [bùkě yùjiàn] [日] 不測 [英] unexpected

不良库存 [bùliáng kùcún] [日] 不良在庫 [英] dead stock

不良品报废申请书 [bù liángpǐn bàofèi shēnqǐng shū] [日] 不良品処分申請書 [英] disposal application of dead stock

不良债权 [bùliáng zhàiquán] [日] 不良債権 [英] bad debts

不良债权回收 [bùliáng zhàiquán huíshōu] [日] 不良債権回収 [英] bad debt recovery

不良资产 [bùliáng zīchǎn] [日] 不良資産 [英] toxic assets

不履行 [bù lǚxíng] [日] 不履行 [英] default

不履行风险 [bù lǚxíng fēngxiǎn] [日] 不履行リスク [英] default risk

不履行合同 [bù lǚxíng hétóng] [日] 契約不履行 [英] breach of contract

不履行债务 [bù lǚxíng zhàiwù] [日] 債務不履行 [英] default

不能扣除税额 [bùnéng kòuchú shuì é] [日] 控除不能税額 [英] nondeductible taxes

不恰当 [bù qiàdāng] [日] 不適切 [英] inappropriate

不确定性 [bù quèdìng xìng] [日] 不確実性 [英] uncertainty

不予退（免）税货物 [bù yǔtuì (miǎn) shuì huòwù] [日] 税額を還付（免除）できない貨物 [英] non-refund (exemption) goods

不正当竞争 [bù zhèngdāng jìngzhēng] [日] 不正当競争 [英] unfair competition

不重要的 [bù zhòngyào de] [日] 重要性がない [英] immaterial

不作价设备 [bù zuòjià shèbèi] [日] 無償支給設備 [英] free-supplied facility

部分完工比例法 [bùfēn wán gōng bǐlì fǎ] [日] 部分完成基準 [英] partial completion basis

部门 [bùmén] [日] 部門 [英] department

部门成本 [bùmén chéngběn] [日] 部門原価 [英] departmental cost

部门共同费用 [bùmén gòngtóng fèiyòng] [日] 部門共通費 [英] department common cost

部门间接费用 [bùmén jiànjiē fèiyòng] 日 部門間接費用 英 department overhead

部门损益表 [bùmén sǔnyìbiǎo] 日 部門損益表 英 department profit and loss statement

C

材料采购 [cáiliào cǎigòu] 日 材料仕入 英 purchase of materials

材料成本 [cáiliào chéngběn] 日 材料原価 英 material cost

材料成本差异 [cáiliào chéngběn chāyì] 日 材料原価差異 英 material cost variance

材料构成表 [cáiliào gòuchéng biǎo] 日 材料構成表 英 composition list of materials

材料消耗 [cáiliào xiāohào] 日 材料の消耗 英 material consumption

材料需求计划 [cáiliào xūqiú jìhuà] 日 資材所要量計画 英 material requirements planning (MRP)

财产 [cáichǎn] 日 財産 英 property

财产保险 [cáichǎn bǎoxiǎn] 日 財産保険 英 property insurance

财产保险合同 [cáichǎn bǎoxiǎn hétóng] 日 財産保険契約書 英 property insurance contract

财产分配 [cáichǎn fēnpèi] 日 財産分配 英 estate distribution

财产目录 [cáichǎn mùlù] 日 財産目録 英 list of assets

财产清单 [cáichǎn qīngdān] 日 資産リスト 英 list of assets

财产税 [cáichǎn shuì] 日 財産税 英 property tax

财产损失 [cáichǎn sǔnshī] 日 財産損失 英 loss of property

财产转让 [cáichǎn zhuǎnràng] 日 財産譲渡 英 transfer of property

财产转让所得 [cáichǎn zhuǎnràng suǒdé] 日 財産譲渡所得 英 income from transfer of property

财产租赁合同 [cáichǎn zūlìn hétóng] 日 財産リース契約書 英 property lease contract

财产租赁所得 [cáichǎn zūlìn suǒdé] 日 財産賃貸所得 英 income from lease of property

财经法规 [cáijīng fǎguī] 日 財務経済関連法規 英 laws and regulations related finance and economics

财务 [cáiwù] 日 財務 英 finance

财务报表 [cáiwù bàobiǎo] 日 財務諸表 英 financial statements

财务报表层次 [cáiwù bàobiǎo céngcì] 日 財務諸表レベル 英 financial statement level

财务报表的可信度 [cáiwù bàobiǎo de kěxìn dù] 日 財務報告の信頼性 英 reliability of financial reporting

财务报表分析 [cáiwù bàobiǎo fēnxī] 日 財務諸表分析 英 financial statement analysis

财务报表复核 [cáiwù bàobiǎo fùhé] 日 財務諸表のレビュー 英 review of financial statement

财务报表附注 [cáiwù bàobiǎo fùzhù] 日 財務諸表注記 英 note to the financial statement

财务报表列报 [cáiwù bàobiǎo lièbào] 日 財務諸表表示 英 presentation of financial statements

财务报表审计 [cáiwù bàobiǎo shěnjì] 日 財務諸表監査 英 financial statement audit

财务报告 [cáiwù bàogào] 日 財務報告 英 financial report

财务报告的使用人 [cáiwù bàogào de shǐyòng rén] 日 財務報告書の利用者 英 users of financial reports

财务报告批准日 [cáiwù bàogào pīzhǔn rì] 日 財務報告批准日 英 date of approval of financial statements

财务部门 [cáiwù bùmén] 日 財務部門 英 financial department

财务担保合同 [cáiwù dānbǎo hétóng] 日 財務保証契約 英 financial guarantee contract

财务费用 [cáiwù fèiyòng] 日 財務費用 英 financial expense

财务风险 [cáiwù fēngxiǎn] 日 財務リスク 英 financial risk

财务分析 [cáiwù fēnxī] 日 財務分析 英 financial analysis

财务分析员 [cáiwù fēnxī yuán] 日 財務アナリスト 英 financial analyst

财务公司 [cáiwù gōngsī] 日 財務公司 英 financial company

财务管理 [cáiwù guǎnlǐ] 日 財務管理 英 financial management

财务管理系统 [cáiwù guǎnlǐ xìtǒng] 日 会計管理システム 英 accounting management system

财务顾问 [cáiwù gùwèn] 日 財務アドバイザー 英 financial advisor

财务活动 [cáiwù huódòng] 日 財務活動 英 financing activities

财务尽职调查 [cáiwù jìnzhí diàochá] 日 財務デューデリジェンス 英 financial due diligence (FDD)

财务会计 [cáiwù kuàijì] 日 財務会計 英 financial accounting

财务会计报告 [cáiwù kuàijì bàogào] 日 財務会計報告 英 financial report

财务会计系统 [cáiwù kuàijì xìtǒng] 日 財務会計システム 英 financial accounting system

财务情况说明书 [cáiwù qíngkuàng shuōmíng shū] 日 財務状況説明書 英 financial situation statement

财务软件 [cáiwù ruǎnjiàn] 日 財務ソフトウェア 英 finance software

财务业绩 [cáiwù yèjì] 日 財務業績 英 financial performance

财务预测 [cáiwù yùcè] 日 財務予測 英 financial forecast

财务预算 [cáiwù yùsuàn] 日 財務予算 英 financial budget

财务指标 [cáiwù zhǐbiāo] 日 財務指標 英 financial indicators

财务状况 [cáiwù zhuàngkuàng] 日 財務状況 英 financial condition

财务总监 [cáiwù zǒngjiān] 日 財務総責任者 英 Chief Financial Officer (CFO)

财政 [cáizhèng] 日 財政 英 public finance

财政拨款 [cáizhèng bōkuǎn] 日 財政交付金 英 grant from the government

财政部 [cáizhèng bù] 日 財務省 英 Ministry of Finance

财政补贴 [cáizhèng bǔtiē] 日 財政補助 英 government subsidy

财政扶持政策 [cáizhèng fúchí zhèngcè] 日 財政補助政策 英 financial allocation policy

财政局 [cáizhèngjú] 日 財政局 英 Finance Bureau

财政收入 [cáizhèng shōurù] 日 財政収入 英 government revenue

财政优惠政策 [cáizhèng yōuhuì zhèngcè] 日 財政優遇政策 英 preferential fiscal policy

财政支出 [cáizhèng zhīchū] 日 財政支出 英 government expenditure

财政状况表 [cáizhèng zhuàngkuàng biǎo] 日 財政状態計算書 英 statement of financial position

财政转移支付制度 [cáizhèng zhuǎnyí zhīfù zhìdù] 日 財源の移転制度 英 transfer of financial resource

采购 [cǎigòu] 日 購買 英 purchase

采购部 [cǎigòu bù] 日 購買部 英 purchase department

采购成本 [cǎigòu chéngběn] 日 仕入原価 英 purchase cost

采购代理人 [cǎigòu dàilǐ rén] 日 仕入代理店 英 buying agent

采购费用 [cǎigòu fèiyòng] 日 仕入費用 英 purchasing expense

采购价格 [cǎigòu jiàgé] 日 仕入価格 英 purchasing price

采购量 [cǎigòu liàng] 日 仕入高 英 purchase amount

采购请购单 [cǎigòu qǐng gòu dān] 日 購買申請書 英 purchase requisition form

采购确认单 [cǎigòu quèrèn dān] 日 仕入計上確認表 英 purchase confirmation letter

采购商 [cǎigòu shāng] 日 仕入業者 英 supplier

采购销售流通网 [cǎigòu xiāoshòu liútōng wǎng] 日 購買販売流通網 英 purchase sale distribution network

采购与付款循环 [cǎigòu yǔ fùkuǎn xúnhuán] 日 仕入支払サイクル 英 purchase and payment cycle

采购预算 [cǎigòu yùsuàn] 日 購入予算 英 purchase budget

采掘业 [cǎijué yè] 日 採掘業 英 mining industry

采取数量限制措施 [cǎiqǔ shùliàng xiànzhì cuòshī] 日 数量制限措置 英 quantitative restriction

参股 [cāngǔ] 日 資本参加 英 equity participation

残次品 [cáncìpǐn] 日 仕損品 英 defective goods

残值 [cánzhí] 日 残存価額 英 residual value

仓储保管合同 [cāngchǔ bǎoguǎn hétóng] 日 倉庫保管契約書 英 storage contract

仓储费 [cāngchǔ fèi] 日 倉庫費 英 storage expense

仓储费用 [cāngchǔ fèiyòng] 日 保管費用 英 warehousing cost

仓存物品 [cāngcún wùpǐn] 日 貯蔵品 英 stored item

仓库 [cāngkù] 日 倉庫 英 warehouse

仓库保管费 [cāngkù bǎoguǎn fèi] 日 倉庫保管料 英 warehouse fee

操纵证券交易市场 [cāozòng zhèngquàn jiāoyì shìchǎng] 日 証券取引相場の操作 英 manipulation of securities market

操作程序 [cāozuò chéngxù] 日 操作手順 英 operating procedure

操作风险 [cāozuò fēngxiǎn] 日 オペレーショナルリスク 英 operational risk

操作规定 [cāozuò guīdìng] 日 操作規定 英 operational rules

操作控制 [cāozuò kòngzhì] 日 運転管理 英 operational control

操作弹性 [cāozuò tánxìng] 日 操作柔軟性 英 operational flexibility

操作系统 [cāozuò xìtǒng] 日 オペレーティングシステム 英 operating system (OS)

操作员 [cāozuò yuán] 日 オペレーター 英 operator

操作准备时间 [cāozuò zhǔnbèi shíjiān] 日 段取時間 英 set-up time

层级 [céngjí] 日 ヒエラルキー 英 hierarchy

差额补助 [chā é bǔzhù] 日 差額補填給与 英 balance allowance

差额征收方法 [chā é zhēngshōu fāngfǎ] 日 差額徴収方式 英 net basis method

差旅费 [chāilǚ fèi] 日 出張旅費 英 traveling expense

差异 [chāyì] 日 差異 英 variance

差异分析 [chāyì fēnxī] 日 差異分析 英 variance analysis

差异调整 [chāyì tiáozhěng] 日 差異調整 英 adjustment of variance

插件 [chājiàn] 日 プラグイン 英 plug-in

拆放同业 [chāifàng tóngyè] 日 インターバンク取引 英 inter-bank offering trade

拆迁补偿费 [chāiqiān bǔcháng fèi] 日 移転補償費 英 compensation for transfer

拆迁费用 [chāiqiān fèiyòng] 日 立退料 英 compensation for eviction

产成品 [chǎnchéngpǐn] 日 完成品 英 finished goods (F/G)

产成品入库单 [chǎnchéng pǐn rùkù dān] 日 製品入庫票 英 stock receiving note

产能利用率 [chǎnnéng lìyòng lǜ] 日 操業度 英 capacity utilization

产品别成本核算 [chǎnpǐn bié chéngběn hésuàn] 日 製品別原価計算 英 cost accounting by product

产品成本 [chǎnpǐn chéngběn] 日 製品原価 英 cost of product

产品出口企业 [chǎnpǐn chūkǒu qǐyè] 日 製品輸出企業 英 export enterprise

产品生命周期 [chǎnpǐn shēngmìng zhōuqī] 日 製品ライフサイクル 英 product life cycle

产品质量保证 [chǎnpǐn zhìliàng bǎozhèng] 日 製品品質保証 英 product quality assurance

产品质量担保准备金 [chǎnpǐn zhìliàng dānbǎo zhǔnbèi jīn] 日 製品保証引当金 英 allowance for product warranties

产品制造成本 [chǎnpǐn zhìzào chéngběn] 日 製品製造原価 英 cost of products manufactured

产权 [chǎnquán] 日 財産権 英 property right

产权登记 [chǎnquán dēngjì] 日 財産権登記 英 property right registration

产权登记证 [chǎnquán dēngjì zhèng] 日 財産権登記証書 英 certificate of property rights registration

产权交易机构 [chǎnquán jiāoyì jīgòu] 日 財産権取引機構 英 property exchange association

产业 [chǎnyè] 日 産業 英 industry

产业政策 [chǎnyè zhèngcè] 日 産業政策 英 industrial policy

产业准入目录 [chǎnyè zhǔnrù mùlù] 日 加入認可産業目録 英 permitted industry catalogue

长期不动产投资 [chángqī bùdòngchǎn tóuzī] 日 長期不動産投資 英 long-term real estate investments

长期存款 [chángqī cúnkuǎn] 日 長期性預金 英 long-term deposits

长期贷款 [chángqī dàikuǎn] 日 長期貸付金 英 long-term loan

长期待摊费用 [chángqī dàitān fèiyòng] 日 長期前払費用 英 long-term prepaid expense

长期定期存款 [chángqī dìngqī cúnkuǎn] 日 長期定期預金 英 long-term time deposits

长期负债 [chángqī fùzhài] 日 長期負債 英 long-term liabilities

长期股权投资 [chángqī gǔquán tóuzī] 日 長期持分投資 英 long-term equity investment

长期健康保险责任准备金 [chángqī jiànkāng bǎoxiǎn

zérèn zhǔnbèi jīn] 日 長期健康保険責任準備金 英 long-term health insurance liabilities reserve

长期借款 [chángqī jièkuǎn] 日 長期借入金 英 long-term loans payable

长期投资 [chángqī tóuzī] 日 長期投資 英 long-term investment

长期投资减值准备 [chángqī tóuzī jiǎnzhí zhǔnbèi] 日 長期投資減損引当金 英 allowance for impairment loss of the long-term investment

长期应付款 [chángqī yīngfù kuǎn] 日 長期未払金 英 long-term payables

长期应付票据 [chángqī yīngfù piàojù] 日 長期支払手形 英 long-term notes payable

长期应付职工薪酬 [chángqī yìngfù zhígōng xīnchóu] 日 長期未払従業員給付 英 long-term employee benefits payable

长期应收款 [chángqī yīngshōu kuǎn] 日 長期未収入金 英 long-term receivable

长期应收账款 [chángqī yīngshōu zhàngkuǎn] 日 長期売掛金 英 long-term accounts receivable

长期预付保险费 [chángqī yùfù bǎoxiǎn fèi] 日 長期前払保険料 英 long-term prepaid insurance premium

长期预付租金 [chángqī yùfù zūjīn] 日 長期前払賃貸料 英 long-term prepaid rent

长期在留者 [chángqī zàiliú zhě] 日 長期滞在者 英 long-term resident

长期责任准备金 [chángqī zérèn zhǔnbèi jīn] 日 長期責任準備金 英 long-term liabilities reserve

长期债券 [chángqī zhàiquàn] 日 長期社債 英 long-term corporate bond

长期债权投资 [chángqī zhàiquán tóuzī] 日 長期債券投資 英 long-term debt investment

长期债权投资的减值 [chángqī zhàiquán tóuzī de jiǎnzhí] 日 長期債権投資の減損 英 impairment of long-term debt investment

长期准备金 [chángqī zhǔnbèi jīn] 日 長期準備金 英 long-term reserve

偿付能力 [chángfù nénglì] 日 支払能力 英 solvency

偿还 [chánghuán] 日 償還 英 redemption

偿还价格 [chánghuán jiàgé] 日 償還価格 英 redemption price

偿还能力 [chánghuán nénglì] 日 返済能力 英 repayment ability

偿还期 [chánghuán qī] 日 返済期間 英 repayment term

偿还日 [chánghuán rì] 日 返済期日 英 repayment date

偿还债务 [chánghuán zhàiwù] 日 債務の弁済 英 payment of debts

偿债基金 [chángzhài jījīn] 日 減債基金 英 debt repayment fund

常规的 [chángguī de] 日 日常的 英 routine

常规条件的交易 [chángguī tiáojiàn de jiāoyì] 日 通常の方法による売買 英 purchase and sales by regular condition

常设机构 [chángshè jīgòu] 日 恒久的施設 英 permanent establishment (PE)

常设机构纳税 [chángshè jīgòu nàshuì] 日 PE 課税 英 permanent establishment (PE) taxation

常驻代表 [chángzhù dàibiǎo] 日 常駐代表 英 permanent representative

常驻代表机构 [chángzhù dàibiǎo jīgòu] 日 駐在員事務所 英 representative office

厂家 [chǎngjiā] 日 製造者 英 manufacturer

厂商调查表 [chǎngshāng diàochá biǎo] 日 業者調査表 英 investigation sheet of vendors

厂商资料一览表 [chǎngshāng zīliào yīlǎn biǎo] 日 業者データ一覧表 英 list of vendors

场内规则 [chǎngnèi guīzé] 日 場内規則 英 on-market regulations

场内买卖盘 [chǎngnèi mǎimài pán] 日 場内注文 英 on-floor order

场内要约 [chǎngnèi yāoyuē] 日 場内取引 英 on-market offer

场所 [chǎngsuǒ] 日 拠点 英 base

场外规则 [chǎngwài guīzé] 日 場外規則 英 off-market regulations

场外交易证券 [chǎngwài jiāoyì zhèngquàn] 日 場外取引証券 英 off-board securities

场外经纪人 [chǎngwài jīngjì rén] 日 場外仲買人 英 outside broker

超额进项税 [chāo é jìnxiàng shuì] 日 超過仕入税額 英 excess value added tax (VAT) paid

超额累进税率 [chāo é lèijìn shuìlǜ] 日 超過累進税率 英 excess progressive tax rate

超级用户 [chāojí yònghù] 日 特権 ID 英 privileged ID

超买 [chāomǎi] 日 過剰買い 英 overbought

超文本链接标示语言 [chāo wénběn liànjiē biāoshì yǔyán] 日 HTML 英 hyper text markup language (HTML)

车船使用牌照税 [chēchuán shǐyòng páizhào shuì] 日 車両船舶使用鑑札税 英 vehicle and vessel license tax

车船使用税 [chēchuán shǐyòng shuì] 日 車両船舶使用税 英 vehicle and vessel usage tax

车船税 [chēchuán shuì] 日 車両船舶税 英 vehicle and vessel tax

车辆购置税 [chēliàng gòuzhì shuì] 日 車両取得税 英 vehicle purchase taxes

车辆运输工具 [chēliàng yùnshū gōngjù] 日 車両運搬具 英 vehicles

撤销权 [chèxiāo quán] 日 取消権 英 right to revoke

沉没成本 [chénmò chéngběn] 日 埋没原価 英 sunk cost

陈腐化 [chénfǔ huà] 日 陳腐化 英 obsolescence

陈旧存货 [chénjiù cúnhuò] 日 陳腐化在庫 英 obsolete inventory

陈旧损失 [chénjiù sǔnshī] 日 陳腐化損失 英 obsolescence loss

成本 [chéngběn] 日 原価 英 cost

成本报表 [chéngběn bàobiǎo] 日 原価報告書 英 cost report

成本差异 [chéngběn chāyì] 日 原価差異 英 cost variance

成本差异分析 [chéngběn chāyì fēnxī] 日 原価差異分析 英 cost variance analysis

成本动因 [chéngběn dòngyīn] 日 原価変動要因 英 reasons for cost variance

成本法 [chéngběn fǎ] 日 原価法 英 cost method

成本分类 [chéngběn fēnlèi] 日 原価分類 英 cost classification

成本分配 [chéngběn fēnpèi] 日 原価配賦 英 cost allocation

成本分摊协议 [chéngběn fēntān xiéyì] 日 費用分担契約 英 cost sharing agreement

成本分析 [chéngběn fēnxī] 日 原価分析 英 cost analysis

成本改善 [chéngběn gǎishàn] 日 原価低減 英 cost reduction

成本管理 [chéngběn guǎnlǐ] 日 原価管理 英 cost management

成本核算 [chéngběn hésuàn] 日 原価計算 英 cost accounting

成本核算基准 [chéngběn hésuàn jīzhǔn] 日 原価計算基準 英 cost accounting standard

成本核算制度 [chéngběn hésuàn zhìdù] 日 原価計算制度 英 cost accounting system

成本回收 [chéngběn huíshōu] 日 原価回収 英 cost recovery

成本回收期 [chéngběn huíshōu qī] 日 原価回収期間 英 period of cost recovery

成本加成定价法 [chéngběn jiāchéng dìngjià fǎ] 日 原価加算法 英 cost plus pricing

成本加成定价率 [chéngběn jiāchéng dìngjià lǜ] 日 トータルコストマークアップ率 英 total cost markup percentage

成本加成合同 [chéngběn jiāchéng hétóng] 日 コストプラス契約 英 cost plus contract

成本加成率 [chéngběn jiāchéng lǜ] 日 コストマークアップ率 英 cost mark up ratio

成本基准 [chéngběn jīzhǔn] 日 原価基準 英 cost basis

成本基准制 [chéngběn jīzhǔn zhì] 日 原価主義 英 cost basis

成本考核 [chéngběn kǎohé] 日 原価査定 英 cost assessment

成本类 [chéngběn lèi] 日 原価類 英 cost group

成本率 [chéngběn lǜ] 日 原価率 英 cost ratio

成本模式 [chéngběn móshì] 日 原価モデル 英 cost model

成本效益分析 [chéngběn xiàoyì fēnxī] 日 費用便益分析 英 cost benefit analysis

成本效益原则 [chéngběn xiàoyì yuánzé] 日 費用対効果の原則 英 cost benefit principle

成本与市价孰低法 [chéngběn yǔ shìjià shúdī fǎ] 日 低価法 英 lower of cost or market value method (LCM)

成长战略 [chéngzhǎng zhànlüè] 日 成長戦略 英 growth strategy

承包建筑工程 [chéngbāo jiànzhù gōngchéng] 日 請負建設工事 英 undertaking construction project

承包经营企业 [chéngbāo jīngyíng qǐyè] 日 請負経営企業 英 contracting enterprise

承包利润 [chéngbāo lìrùn] 日 請負利益

[英] contracting profit

承担的风险 [chéngdān de fēngxiǎn] [日] 負担するリスク [英] risks assumed

承担债务 [chéngdān zhàiwù] [日] 負債の引受け [英] assumption of debt

承兑 [chéngduì] [日] 引受け [英] acceptance

承兑汇票 [chéngduì huìpiào] [日] 引受手形 [英] accepted bill

承兑交单 [chéngduì jiāodān] [日] 引受書類 [英] document against acceptance

承兑人 [chéngduì rén] [日] 手形引受人 [英] acceptor

承揽合同 [chénglǎn hétóng] [日] 請負契約 [英] undertaking contract

承诺 [chéngnuò] [日] コミットメント [英] commitment

承销机构 [chéngxiāo jīgòu] [日] 証券引受機構 [英] securities underwriter

承销人 [chéngxiāo rén] [日] 引受人 [英] consignee

承销商 [chéngxiāo shāng] [日] 引受証券会社 [英] security underwriter

承销协议 [chéngxiāo xiéyì] [日] 引受協議書 [英] underwriting agreement

承销证券 [chéngxiāo zhèngquàn] [日] 証券引受 [英] underwriting of stock

城市房产税 [chéngshì fángchǎn shuì] [日] 都市不動産税 [英] urban real estate tax

城市规划 [chéngshì guīhuà] [日] 都市計画 [英] urban planning

城市维护建设税 [chéngshì wéihù jiànshè shuì] [日] 都市維持建設税 [英] urban maintenance and construction tax

城镇土地使用税 [chéngzhèn tǔdì shǐyòng shuì] [日] 都市土地使用税 [英] urban and township land use tax

程序 [chéngxù] [日] プログラム [英] program

程序缺陷 [chéngxù quēxiàn] [日] バグ [英] bug

程序设计语言 [chéngxù shèjì yǔyán] [日] プログラム言語 [英] programming language

程序员 [chéngxù yuán] [日] プログラマー [英] programmer

驰名商标 [chímíng shāngbiāo] [日] 有名ブランド [英] famous trademark

持仓量 [chícāng liàng] [日] オプションポジション [英] option position

持股比例 [chígǔ bǐlì] [日] 持分比率 [英] ownership ratio

持票人 [chípiào rén] [日] 小切手持参人 [英] bearer

持续经营的企业 [chíxù jīngyíng de qǐyè] [日] 継続企業 [英] going concern

持续经营假设 [chíxù jīngyíng jiǎshè] [日] 継続企業の前提 [英] going concern assumption

持续经营价值 [chíxù jīngyíng jiàzhí] [日] 継続企業価値 [英] going concern value

持续经营原则 [chíxù jīngyíng yuánzé] [日] 事業継続性の原則 [英] going concern principle

持有待售 [chíyǒu dàishòu] [日] 売却目的保有 [英] held-for-sale

持有待售的固定资产 [chíyǒu dàishòu de gùdìng zīchǎn] [日] 売却目的保有固定資産 [英] held-for-sale fixed assets

持有至到期投资 [chíyǒu zhì dàoqī tóuzī] [日] 満期保有目的投資 [英] held-to-maturity investment

持有至到期投资减值准备 [chíyǒu zhì dàoqī tóuzī jiǎnzhí zhǔnbèi] [日] 満期保有目的投資減損損失引当金 [英] allowance for impairment loss of investment held to maturity

持有至到期债券 [chíyǒu zhì dàoqī zhàiquàn] [日] 満期保有目的の債券 [英] held-to-maturity debt securities

持证人员 [chízhèng rényuán] [日] 資格証書保有者 [英] license holder

赤字预算 [chìzì yùsuàn] [日] 赤字予算 [英] deficit budget

充分适当的审计证据 [chōngfēn shìdāng de shěnjì zhèngjù] [日] 十分かつ適切な監査証拠 [英] sufficient appropriate audit evidence

充足性测试 [chōngzú xìng cèshì] [日] 十分性テスト [英] sufficiency test

冲减 [chōngjiǎn] [日] 相殺する [英] offset

重分类 [chóng fēnlèi] [日] 組替 [英] reclassification

重分类分录 [chóng fēnlèi fēnlù] [日] 組替仕訳 [英] reclassification journal entry

重分类日 [chóngfēn lèirì] [日] 分類変更日 [英] reclassification date

重分类调整 [chóng fēnlèi tiáozhěng] [日] 組替調整額 [英] reclassification adjustments

重复 [chóngfù] [日] 重複 [英] duplicate

重复抵押 [chóngfù dǐyā] [日] 重複抵当 [英] double mortgage

重估 [chónggū] 日 再評価 英 revaluation

重估模式 [chónggū móshì] 日 再評価モデル 英 revaluation model

重述 [chóngshù] 日 再表示 英 restate

重新计量 [chóngxīn jìliàng] 日 再測定 英 remeasurement

重新启动 [chóngxīn qǐdòng] 日 再起動 英 reboot

重置成本 [chóngzhì chéngběn] 日 取替原価 英 replacement cost

重置成本法 [chóngzhì chéngběn fǎ] 日 再調達原価法 英 replacement cost method

重置价值 [chóngzhì jiàzhí] 日 再調達価額 英 replacement value

重置资产 [chóngzhì zīchǎn] 日 再調達資産 英 replacement assets

重组成本 [chóngzǔ chéngběn] 日 リストラ費用 英 restructuring cost

抽样 [chōuyàng] 日 標本抽出 英 sampling

抽样风险 [chōuyàng fēngxiǎn] 日 サンプリングリスク 英 sampling risk

抽样基准 [chōuyàng jīzhǔn] 日 抽出基準 英 sampling criteria

筹备期间 [chóubèi qījiān] 日 設立準備期間 英 preparation period for establishment

筹措资金 [chóucuò zījīn] 日 資金調達 英 financing

筹建负责人 [chóujiàn fùzé rén] 日 開業準備責任者 英 person in-charge of preparation for business commencement

筹资活动产生的现金流量 [chóuzī huódòng chǎnshēng de xiànjīn liúliàng] 日 財務活動によるキャッシュ・フロー 英 cash flows from financing activities

筹建费 [qiánfèiyòng] 日 開業準備費用 英 preparation cost for business commencement

出差补贴 [chūchāi bǔtiē] 日 出張手当 英 business trip allowance

出差旅费申请单 [chūchāi lǚfèi shēnqǐng dān] 日 出張旅費申告書 英 business trip expense report

出差期间 [chūchāi qījiān] 日 出張期間 英 period during business trip

出国签证 [chūguó qiānzhèng] 日 出国ビザ 英 exit visa

出国通知 [chūguó tōngzhī] 日 出国通知 英 departure notice

出货单 [chūhuò dān] 日 出荷納品書 英 delivery note

出境手续 [chūjìng shǒuxù] 日 出国手続 英 departure formalities

出口 [chūkǒu] 日 輸出 英 export

出口费用 [chūkǒu fèiyòng] 日 輸出諸掛 英 export charges

出口关税 [chūkǒu guānshuì] 日 輸出関税 英 export tariffs

出口货物 [chūkǒu huòwù] 日 輸出貨物 英 export goods

出口货物成交价格 [chūkǒu huòwù chéngjiāo jiàgé] 日 輸出貨物取引価格 英 transaction price of export goods

出口货物发货人 [chūkǒu huòwù fāhuò rén] 日 輸出貨物払出人 英 export goods shipper

出口货物离岸价格 [chūkǒu huòwù lí àn jiàgé] 日 輸出貨物本船積渡価格 英 exports free on board (FOB) price

出口货物退运 [chūkǒu huòwù tuìyùn] 日 輸出貨物の返品 英 returned export goods

出口货物增值税退还 [chūkǒu huòwù zēngzhí shuì tuìhuán] 日 輸出貨物の増値税還付 英 value added tax refund for export goods

出口价格 [chūkǒu jiàgé] 日 輸出価格 英 export price

出口加工区 [chūkǒu jiāgōng qū] 日 輸出加工区 英 export processing zone (EPZ)

出口监管仓库 [chūkǒu jiānguǎn cāngkù] 日 輸出監督倉庫 英 export supervised warehouse

出口企业 [chūkǒu qǐyè] 日 輸出企業 英 export enterprises

出口商品税率 [chūkǒu shāngpǐn shuìlǜ] 日 輸出貨物の徴収税率 英 export tax rate

出口申报单 [chūkǒu shēnbào dān] 日 輸出報告書 英 export report

出口手续 [chūkǒu shǒuxù] 日 輸出手続 英 export procedure

出口许可证 [chūkǒu xǔkě zhèng] 日 輸出許可証 英 export license

出库 [chūkù] 日 出庫 英 dispatch

出库报告单 [chūkù bàogào dān] 日 出荷報告書 英 dispatch report

出库单 [chūkù dān] 日 出庫票 英 delivery note

出纳 [chūnà] 日 出納 英 receipts and disbursement

出纳员 [chūnà yuán] 日 出納係 英 teller

出纳账 [chūnà zhàng] 日 出納帳 英 cashbook

出票 [chūpiào] 日 手形振出し 英 drawing of bill

出票人 [chūpiào rén] 日 手形振出人 英 drawer of bill

出勤表 [chūqín biǎo] 日 出勤表 英 attendance sheet

出让方式 [chūràng fāngshì] 日 払下げ方式 英 disposal method

出入境管理办法 [chūrùjìng guǎnlǐ bànfǎ] 日 出境入境管理法 英 Exit and Entry Administration Measure

出售不良资产 [chūshòu bùliáng zīchǎn] 日 不良資産の売却 英 selling toxic assets

出售固定资产损益 [chūshòu gùdìng zīchǎn sǔnyì] 日 固定資産売却損益 英 gain or loss on sale of fixed assets

出售有价证券收益 [chūshòu yǒujià zhèngquàn shōuyì] 日 投資有価証券売却益 英 gains from selling securities

出资 [chūzī] 日 出資 英 investment

出资额 [chūzī é] 日 出資額 英 amount of investment

出资方式 [chūzī fāngshì] 日 出資方式 英 measure of capital contribution

出资缴付期限 [chūzī jiǎofù qīxiàn] 日 出資払込期限 英 deadline for capital injection

出资缴纳登记制度 [chūzī jiǎonà dēngjì zhìdù] 日 出資引受登記制 英 investment registration system

出资人 [chūzī rén] 日 出資者 英 investor

出资证明 [chūzī zhèngmíng] 日 出資証明 英 capital contribution certificate

出租人 [chūzū rén] 日 賃貸人 英 leaser

初步审计 [chūbù shěnjì] 日 予備監査 英 preliminary audit

初步性调查 [chūbù xìng diàochá] 日 予備調査 英 preliminary investigation

初次调整 [chūcì tiáozhěng] 日 第一次調整 英 initial adjustment

初始成本 [chūshǐ chéngběn] 日 イニシャルコスト 英 initial cost

初始计量 [chūshǐ jìliáng] 日 当初測定 英 initial measurement

初始净投资 [chūshǐ jìng tóuzī] 日 当初純投資 英 initial net investment

初始确认 [chūshǐ quèrèn] 日 当初認識 英 initial recognition

初始投资 [chūshǐ tóuzī] 日 初期投資 英 initial investment

初始投资成本 [chūshǐ tóuzī chéngběn] 日 初期投資原価 英 initial investment cost

除权基准日 [chúquán jīzhǔn rì] 日 配当基準日 英 date of right allotment

除息日 [chúxī rì] 日 配当落ち期日 英 ex-dividend date

储备基金 [chúbèi jījīn] 日 準備基金 英 reserve fund

储存成本 [chūcún chéngběn] 日 保管費 英 storage cost

储蓄 [chǔxù] 日 貯蓄 英 savings

储蓄账户 [chǔxù zhànghù] 日 貯蓄口座 英 savings account

处罚 [chǔfá] 日 ペナルティー 英 penalty

处分无形资产 [chǔfèn wúxíng zīchǎn] 日 無形資産の処分 英 disposal of intangible assets

处理超时 [chǔlǐ chāoshí] 日 タイムアウト 英 time out

处理品 [chǔlǐ pǐn] 日 処分品 英 obsolete goods

处置成本 [chǔzhì chéngběn] 日 処分コスト 英 cost of disposal

处置费用 [chǔzhì fèiyòng] 日 処分費用 英 disposal expense

处置价格一览表 [chǔzhì jiàgé yīlǎn biǎo] 日 処分価格一覧表 英 disposal price list

处置时间 [chǔzhì shíjiān] 日 処分時期 英 disposal time

处置收入 [chǔzhì shōurù] 日 処分収入 英 disposal revenue

处置资产组 [chǔzhì zīchǎn zǔ] 日 処分グループ 英 disposal group

触摸板 [chùmō bǎn] 日 タッチパッド 英 touch pad

触摸屏 [chùmō píng] 日 タッチスクリーン 英 touch screen

穿行测试 [chuānxíng cèshì] 日 ウォークスルー 英 walk through

传媒业 [chuánméi yè] 日 メディア業 英 media Industry

传真 [chuánzhēn] 日 ファックス 英 fax

船舶 [chuánbó] 日 船舶 英 vessels

船舶吨税 [chuánbó dūn shuì] 日 船舶トン税 英 vessel tonnage tax

船舶吨暂行税 [chuánbó dūn zànxíng shuì] 日 船舶トン暫定税 英 vessel tonnage provisional tax

船舶税 [chuánbó shuì] 日 船舶税 英 shipping tax

船舶运输业务 [chuánbó yùnshū yèwù] 日 船舶運輸業務 英 ship transportation service

创立大会 [chuànglì dàhuì] 日 創立総会 英 organizational meeting

创立合并 [chuànglì hébìng] 日 新設合併 英 merger for incorporation

创业板 [chuàngyè bǎn] 日 新興市場 英 growth enterprise market (GEM)

创业投资企业 [chuàngyè tóuzī qǐyè] 日 ベンチャー企業 英 venture company

垂直并购 [chuízhí bìnggòu] 日 垂直的合併買収 英 vertical merger and acquisition (M&A)

纯收益 [chún shōuyì] 日 純収益 英 net return

辞退福利 [cítuì fúlì] 日 解雇給付 英 termination benefits

辞退福利津贴准备 [cítuì fúlì jīntiē zhǔnbèi] 日 解雇給付引当金 英 allowance for termination benefits

辞退金 [cítuì jīn] 日 解雇手当 英 severance pay

辞退赔偿费用 [cítuì péicháng fèiyòng] 日 解雇補償費用 英 severance compensation expense

辞退赔偿制度 [cítuì péicháng zhìdù] 日 解雇補償制度 英 severance compensation system

辞退赔偿准备金 [cítuì péicháng zhǔnbèi jīn] 日 解雇補償準備金 英 severance compensation reserve

辞职 [cízhí] 日 辞職 英 resignation

磁盘 [cípán] 日 ディスク 英 disk

磁盘容量 [cípán róngliàng] 日 ディスク容量 英 disk capacity

次级权益 [cìjí quányì] 日 劣後受益権 英 secondary equity

次品 [cìpǐn] 日 二級品 英 inferior quality goods

从价计征 [cóngjià jìzhēng] 日 従価税の計算と徴収 英 ad valorem tax calculation and collection

从价税 [cóngjià shuì] 日 従価税 英 valorem-based tax

从量税 [cóngliàng shuì] 日 従量税 英 volume-based tax

从业经历 [cóngyè jīnglì] 日 職業経歴 英 working experience

从业人员 [cóngyè rényuán] 日 従業人員 英 employees

促销 [cùxiāo] 日 販売促進 英 sales promotion

促销费 [cùxiāo fèi] 日 販売促進費 英 promotion expense

促销活动 [cùxiāo huódòng] 日 販促活動 英 sales promotion activities

篡改记录 [cuàngǎi jìlù] 日 記録改ざん 英 record falsification

存仓证明书 [cúncāng zhèngmíng shū] 日 倉庫証書 英 warehouse certificate

存出保证金 [cúnchū bǎozhèng jīn] 日 差入保証金 英 guarantee deposit

存储器 [cúnchǔ qì] 日 ストレージ 英 storage

存放中央银行款项 [cúnfàng zhōngyāng yínháng kuǎnxiàng] 日 中央銀行預け金 英 deposit due from Central Bank

存货 [cúnhuò] 日 棚卸資産 英 inventory

存货跌价准备 [cúnhuò diējià zhǔnbèi] 日 棚卸資産減損引当金 英 allowance for impairment loss of inventory

存货过剩 [cúnhuò guòshèng] 日 過剰在庫 英 overstock

存货计价方法 [cúnhuò jìjià fāngfǎ] 日 棚卸資産評価方法 英 inventory valuation method

存货记录 [cúnhuò jìlù] 日 在庫記録 英 inventory record

存货计算法 [cúnhuò jìsuàn fǎ] 日 棚卸計算法 英 inventory calculation method

存货量 [cúnhuò liàng] 日 棚卸高 英 amount of inventory

存货盘点损失 [cúnhuò pándiǎn sǔnshī] 日 棚卸損失 英 inventory loss

存货盘亏 [cúnhuò pánkuī] 日 棚卸差損 英 loss on inventory difference

存货盘盈 [cúnhuò pányíng] 日 棚卸差益 英 gain on inventory difference

存货证明 [cúnhuò zhèngmíng shū] 日 在庫証明書 英 inventory stock certificate

存货周期 [cúnhuò zhōuqī] 日 在庫回転期間 英 inventory turnover period

存货周转率 [cúnhuò zhōuzhuǎn lǜ] 日 在庫回転率 英 inventory turnover ratio

存款 [cúnkuǎn] 日 預金 英 deposit

存款单 [cúnkuǎn dān] 日 預金預入用紙 英 cash deposit slip

存款利率 [cúnkuǎn lìlǜ] 日 預金利率 英 deposit interest rate

存款人 [cúnkuǎn rén] 日 預金者 英 depositor

存入保证金 [cúnrù bǎozhèng jīn] 日 受入保証金 英 guarantee received

错报 [cuòbào] 日 虚偽申告 英 false declaration

错误 [cuòwù] 日 誤謬 英 error

C
D

D

搭配销售 [dāpèi xiāoshòu] 日 抱合販売 英 tie-in sale

打包费和运费 [dǎbāo fèi hé yùn fèi] 日 荷造運賃 英 packing and freight

打印复印一体机 [dǎyìn fùyìn yītǐjī] 日 プリンター複合機 英 multi-function printer

打印机 [dǎyìn jī] 日 プリンター 英 printer

打折金额 [dǎzhé jīn é] 日 値引額 英 discounted amount

大股东 [dà gǔdōng] 日 大株主 英 major shareholder

大股东管理办法 [dà gǔdōng guǎnlǐ bànfǎ] 日 大量保有ルール 英 large shareholding measure

大陆居民往来台湾通行证 [dàlù jūmín wǎnglái táiwān tōngxíng zhèng] 日 大陸住民台湾通行証 英 Taiwan entry permit for mainland residents

大企业税收管理司 [dà qǐyè shuìshōu guǎnlǐ sī] 日 大企業税収管理部 英 Large Enterprise Tax Administration Department (LEAD)

大众消费类电子产品 [dàzhòng xiāofèi lèi diànzǐ chǎnpǐn] 日 大衆消費電子製品 英 consumer electronics

大修理费用 [dà xiūlǐ fèiyòng] 日 大規模修繕費用 英 large-scale repair cost

呆滞存货 [dāizhì cúnhuò] 日 滞留在庫 英 slow-moving inventory

代表证 [dàibiǎo zhèng] 日 代表証 英 representative certificate

代垫费用 [dàidiàn fèiyòng] 日 立替費用 英 advanced expense

代购 [dàigòu] 日 代理購入 英 purchase by proxy

代扣代缴 [dàikòu dàijiǎo] 日 源泉徴収 英 withholding

代扣代缴税款凭证 [dàikòu dàijiǎo shuìkuǎn píngzhèng] 日 源泉徴収納税証明書 英 certificate of withholding tax payment

代扣代缴义务 [dàikòu dàijiǎo yìwù] 日 源泉徴収義務 英 withholding tax obligation

代理出口 [dàilǐ chūkǒu] 日 代理輸出 英 export by proxy

代理出口证明 [dàilǐ chūkǒu zhèngmíng] 日 代理輸出証明 英 certificate of export by proxy

代理店 [dàilǐ diàn] 日 代理店 英 agency

代理店合同 [dàilǐ diàn hétóng] 日 代理店契約 英 agency agreement

代理服务器 [dàilǐ fúwù qì] 日 プロキシサーバー 英 proxy server

代理购货 [dàilǐ gòuhuò] 日 代理買付 英 purchase by proxy

代理记账 [dàilǐ jìzhàng] 日 記帳代理 英 book keeping agency

代理贸易 [dàilǐ màoyì] 日 代理貿易 英 trade by proxy

代理纳税申报 [dàilǐ nàshuì shēnbào] 日 代理納税申告 英 declare taxation through agent

代理权 [dàilǐquán] 日 代理権 英 proxy

代理人 [dàilǐrén] 日 代理人 英 agent

代理商 [dàilǐshāng] 日 代理商 英 commercial agent

代理手续费 [dàilǐ shǒuxù fèi] 日 代理手数料 英 agent fee

代理型常设机构 [dàilǐ xíng chángshè jīgòu] 日 代理人 PE 英 agent permanent establishment (PE)

代理业务 [dàilǐ yèwù] 日 代理業務 英 agent service

代理业务负债 [dàilǐ yèwù fùzhài] 日 代理業務負債 英 agent service liabilities

代理业务资产 [dàilǐ yèwù zīchǎn] 日 代理業務資産 英 agent service assets

代收款项 [dàishōu kuǎnxiàng] 日 代理受取金 英 payment received on behalf

代位权 [dàiwèi quán] 日 代位権 英 subrogation

代位追偿款 [dàiwèi zhuīcháng kuǎn] 日 代位求償金 英 subrogation reimbursement

代销 [dàixiāo] 🈁 代理販売 🈂 sale by proxy

代销商品 [dàixiāo shāngpǐn] 🈁 代理販売商品 🈂 consignment goods

代销商品款 [dàixiāo shāngpǐn kuǎn] 🈁 代理販売商品代金 🈂 price of consignment goods

代销协议 [dàixiāo xiéyì] 🈁 代理販売協議書 🈂 consignment sales agreement

代征人 [dàizhēng rén] 🈁 代理徴収者 🈂 collection agent

带薪假期 [dàixīn jiàqī] 🈁 有給休暇 🈂 paid vacation

带薪假期工资准备 [dàixīn jiàqī gōngzī zhǔnbèi] 🈁 有給休暇引当金 🈂 allowance for paid vacation

带薪年假制度 [dàixīn niánjià zhìdù] 🈁 年度有給休暇 🈂 paid annual leave

带息票据 [dàixī piàojù] 🈁 利息付受取手形 🈂 notes with interest

带息债务 [dàixī zhàiwù] 🈁 有利子負債 🈂 debt with interest

待摊费用 [dàitān fèiyòng] 🈁 前払費用 🈂 prepaid expense

贷方 [dàifāng] 🈁 貸方 🈂 credit

贷方余额 [dàifāng yú é] 🈁 貸方残高 🈂 credit balance

贷款 [dàikuǎn] 🈁 貸付金 🈂 loan receivable

贷款承诺 [dàikuǎn chéngnuò] 🈁 ローンコミットメント 🈂 loan commitment

贷款人 [dàikuǎn rén] 🈁 貸し手 🈂 lender

贷款损失 [dàikuǎn sǔnshī] 🈁 貸付損失 🈂 bad-debt loss

贷款五级分类 [dàikuǎn wǔjí fēnlèi] 🈁 貸付金の5等級分類 🈂 five-category loan classification

贷款协定 [dàikuǎn xiédìng] 🈁 融資契約書 🈂 loan agreement

单边协议 [dānbiān xiéyì] 🈁 ユニラテラル 🈂 unilateral

单点登录 [dāndiǎn dēnglù] 🈁 シングルサインオン 🈂 single sign-on

单独财务报表 [dāndú cáiwù bàobiǎo] 🈁 個別財務諸表 🈂 separate financial statements

单独股东权 [dāndú gǔdōng quán] 🈁 単独株主権 🈂 right of single shareholder

单独计价 [dāndú jìjià] 🈁 個別評価 🈂 individual evaluation

单价 [dānjià] 🈁 単価 🈂 unit price

单密度磁盘 [dān mìdù cípán] 🈁 SD 🈂 single-density disk (SD)

单位 [dānwèi] 🈁 単位 🈂 unit

单一功能企业 [dānyī gōngnéng qǐyè] 🈁 単一機能企業 🈂 single function enterprise

担保 [dānbǎo] 🈁 担保 🈂 collaterals

担保垫付款 [dānbǎo diànfù kuǎn] 🈁 担保立替金 🈂 advance for guarantee

担保贷款 [dānbǎo dàikuǎn] 🈁 担保付貸付金 🈂 mortgage loan

担保还款佣金 [dānbǎo huánkuǎn yòngjīn] 🈁 支払保証手数料 🈂 del credere commission

担保物 [dānbǎo wù] 🈁 担保物件 🈂 collateral

担保余值 [dānbǎo yúzhí] 🈁 担保残高 🈂 collateral residual value

担保债务 [dānbǎo zhàiwù] 🈁 保証債務 🈂 guarantee obligation

淡季 [dànjì] 🈁 閑散期 🈂 slack season

当地法人 [dāngdì fǎrén] 🈁 現地法人 🈂 local subsidiary

当地货币 [dāngdì huòbì] 🈁 現地通貨 🈂 local currency

当期服务成本 [dāngqī fúwù chéngběn] 🈁 当期勤務費用 🈂 current period service cost

当期进项税额 [dāngqī jìnxiàng shuì é] 🈁 当期仕入税額 🈂 current period in-put value added tax (VAT)

当期销售额 [dāngqī xiāoshòu é] 🈁 当期売上高 🈂 current period sales

当期销项税额 [dāngqī xiāoxiàng shuì é] 🈁 当期売上税額 🈂 current period value added tax (VAT) out-put amount

当事人 [dāngshìrén] 🈁 当事者 🈂 party

档案 [dàng àn] 🈁 保管書類 🈂 document in custody

到岸价格 [dào àn jiàgé] 🈁 CIF 🈂 cost, insurance and freight (CIF) price

到期 [dàoqī] 🈁 満期 🈂 maturity

到期日 [dàoqī rì] 🈁 満期日 🈂 maturity date

到期债权 [dàoqī zhàiquán] 🈁 期限到来債権 🈂 mature loan

到期值 [dàoqī zhí] 🈁 満期額 🈂 maturity value

D

到期支付 [dàoqī zhīfù] 日 満期支払い 英 maturity payment

到期直接偿付 [dàoqī zhíjiē chángfù] 日 期限返済 英 repayment at maturity

登记 [dēngjì] 日 登記 英 registration

登记簿 [dēngjì bù] 日 登記簿 英 register book

登记费用 [dēngjì fèiyòng] 日 登記費用 英 registration fee

登记管理 [dēngjì guǎnlǐ] 日 登記管理 英 registration management

登记手续 [dēngjì shǒuxù] 日 登記手続 英 registration procedure

登录 [dēnglù] 日 ログイン 英 login

等待期 [děngdài qī] 日 権利確定期間 英 vesting period

低于面值 [dīyú miànzhí] 日 額面割れ 英 below par

低值易耗品 [dīzhí yìhào pǐn] 日 低額消耗品 英 low value consumable items

低值易耗品摊销费 [dīzhí yìhào pǐn tānxiāo fèi] 日 低額消耗品償却費 英 amortization expense of low value consumable items

抵扣税额 [dǐkòu shuì é] 日 税額控除 英 tax credit

抵消分录 [dǐxiāo fēnlù] 日 反対仕訳 英 reversal entry

抵销权 [dǐxiāo quán] 日 相殺権 英 offset right

抵押贷款 [dǐyā dàikuǎn] 日 抵当付貸付金 英 mortgage loan

抵押登记 [dǐyā dēngjì] 日 抵当権設定登記 英 mortgage registration

抵押借款 [dǐyā jièkuǎn] 日 抵当付借入金 英 mortgage loans payable

抵押权 [dǐyā quán] 日 抵当権 英 mortgage

抵押权人 [dǐyā quán rén] 日 抵当権者 英 mortgagee

抵押物 [dǐyā wù] 日 抵当物件 英 mortgaged assets

抵押债券 [dǐyā zhàiquàn] 日 抵当債券 英 mortgage bond

抵债资产 [dǐzhài zīchǎn] 日 担保権実行資産 英 repossessed assets

地方留成 [dìfāng liúchéng] 日 地方留保分 英 local retained portion

地方税 [dìfāng shuì] 日 地方税 英 local tax

地方税收收入 [dìfāng shuìshōu shōurù] 日 地方の租税収入 英 local tax revenue

地方税务局（地税局） [dìfāng shuìwù jú (dìshuì jú)] 日 地方税務局 英 local taxation bureau

地方所得税 [dìfāng suǒdé shuì] 日 地方所得税 英 local income tax

地区分部 [dìqū fēnbù] 日 地域別セグメント 英 geographical segment

地区预缴所得税 [dìqū yùjiǎo suǒdé shuì] 日 地区別予納 英 prepayment by region

地区总部 [dìqū zǒngbù] 日 地区本部 英 regional headquarter

地上建筑物 [dìshàng jiànzhù wù] 日 地上建築物 英 architectural structure above ground

地域特征 [dìyù tèzhēng] 日 地域特性 英 regional characteristics

地域限制 [dìyù xiànzhì] 日 地域制限 英 territorial restriction

地域优势 [dìyù yōushì] 日 ロケーションセービング 英 location saving

地址 [dìzhǐ] 日 住所 英 address

地租 [dìzū] 日 地代 英 land rent

地租房租 [dìzū fángzū] 日 地代家賃 英 expense for rent

递耗资产 [dìhào zīchǎn] 日 減耗資産 英 depletable assets

递延 [dìyán] 日 繰延 英 deferral

递延法 [dìyán fǎ] 日 繰延法 英 deferred approach

递延费用 [dìyán fèiyòng] 日 繰延費用 英 deferred expense

递延负债 [dìyán fùzhài] 日 繰延負債 英 deferred liability

递延收益 [dìyán shōuyì] 日 繰延収益 英 deferred revenue

递延税款 [dìyán shuìkuǎn] 日 繰延税金 英 deferred tax

递延所得税负债 [dìyán suǒdé shuì fùzhài] 日 繰延税金負債 英 deferred tax liability

递延所得税资产 [dìyán suǒdé shuì zīchǎn] 日 繰延税金資産 英 deferred tax assets

递延套保损益 [dìyán tàobǎo sǔnyì] 日 繰延ヘッジ損益 英 deferred gains or losses on hedges

递延资产 [dìyán zīchǎn] 日 繰延資産 英 deferred assets

第二上市 [dìèr shàngshì] 🇯 セカンダリー上場 🇬 secondary listing

第三方供应商 [dì sānfāng gōngyìng shāng] 🇯 サードパーティプロバイダー 🇬 third-party provider

第十三个五年规划 [dì shísān gè wǔnián guīhuà] 🇯 第13次5か年計画 🇬 the 13th five-years plan

第一季度 [dìyī jìdù] 🇯 第一四半期 🇬 first quarter

第一上市 [dìyī shàngshì] 🇯 プライマリー上場 🇬 primary listing

缔约国 [dìyuē guó] 🇯 条約締結国 🇬 treaty country

电费 [diànfèi] 🇯 光熱費 🇬 lighting and heating cost

电话加入权 [diànhuà jiārù quán] 🇯 電話加入権 🇬 telephone right

电汇 [diànhuì] 🇯 電信送金 🇬 telegraphic transfer (T/T) remittance

电缆 [diànlǎn] 🇯 ケーブル 🇬 cable

电力部门 [diànlì bùmén] 🇯 電力部門 🇬 electronic department

电力费 [diànlì fèi] 🇯 電力費 🇬 electronic expense

电脑 [diànnǎo] 🇯 コンピュータ 🇬 computer

电脑病毒 [diànnǎo bìngdú] 🇯 コンピュータウイルス 🇬 computer virus

电气电子机器废弃物 [diànqì diànzǐ jīqì fèiqì wù] 🇯 電気電子機器廃棄物 🇬 waste of electrical and electronic equipment

电气机械设备及器具 [diànqì jīxiè shèbèi jí qìjù] 🇯 電気機械設備及び器具 🇬 electrical machinery and appliances

电算化 [diànsuàn huà] 🇯 電算化 🇬 computerization

电算化系统 [diànsuàn huà xìtǒng] 🇯 電算システム 🇬 computer system

电子货币 [diànzǐ huòbì] 🇯 電子マネー 🇬 electronic money

电子贸易 [diànzǐ màoyì] 🇯 電子商取引 🇬 e-commerce

电子结算 [diànzǐ jiésuàn] 🇯 電子決済 🇬 electronic settlement

电子认证 [diànzǐ rènzhèng] 🇯 電子認証 🇬 e-authentication

电子认证证书 [diànzǐ rènzhèng zhèngshū] 🇯 デジタル証明書 🇬 digital certificate

电子商务 [diànzǐ shāngwù] 🇯 電子ビジネス 🇬 e-business

电子设备 [diànzǐ shèbèi] 🇯 電子設備 🇬 electronic equipment

电子申报纳税系统 [diànzǐ shēnbào nàshuì xìtǒng] 🇯 電子申告納税システム 🇬 electronic tax filing system

电子数据 [diànzǐ shùjù] 🇯 電子データ 🇬 electronic data

电子数据交换 [diànzǐ shùjù jiāohuàn] 🇯 電子データ交換 🇬 electronic data interchange (EDI)

电子形式 [diànzǐ xíngshì] 🇯 電子媒体 🇬 digital media

电子邮件 [diànzǐ yóujiàn] 🇯 電子メール 🇬 e-mail

垫付款 [diànfù kuǎn] 🇯 立替金 🇬 advance payment

调查 [diàochá] 🇯 調査 🇬 investigation

调查程序 [diàochá chéngxù] 🇯 調査手続 🇬 investigation procedure

调查发现事项 [diàochá fāxiàn shìxiàng] 🇯 検出事項 🇬 findings

调查问卷 [diàochá wènjuàn] 🇯 アンケート 🇬 questionnaire

调查研究 [diàochá yánjiū] 🇯 調査研究 🇬 research

掉期合同 [diàoqī hétóng] 🇯 スワップ契約 🇬 swap contract

跌价处理 [diējià chǔlǐ] 🇯 減損処理 🇬 treatment of impairment loss

订单 [dìngdān] 🇯 発注 🇬 order

订单传票 [dìngdān chuánpiào] 🇯 注文伝票 🇬 order slip

订单处理 [dìngdān chǔlǐ] 🇯 発注処理 🇬 order processing

订单管理系统 [dìngdān guǎnlǐ xìtǒng] 🇯 オーダーマネジメントシステム 🇬 order management systems (OMS)

订单一览表 [dìngdān yīlǎn biǎo] 🇯 注文書一覧表 🇬 purchase order (PO) list

订单余额列表 [dìngdān yú é lièbiǎo] 🇯 受注残リスト 🇬 backlog list

订单余额数据 [dìngdān yú é shùjù] 🇯 受注残データ 🇬 backlog data

订购单 [dìnggòu dān] 🇯 購入指図書 🇬 purchase order

订货 [dìnghuò] 🇯 注文 🇬 order

订货成本 [dìnghuò chéngběn] 🇯 発注原価

[英] ordering cost

订货单 [dìnggòu dān] [日] 注文書 [英] purchase order (PO)

订货匹配 [dìnghuò pǐpèi] [日] 注文マッチング [英] order-matching

订货申请书 [dìnghuò shēnqǐng shū] [日] 注文請書 [英] confirmation of order

订货数据录入 [dìnghuò shùjù lùrù] [日] 発注入力 [英] order data input

订货指示 [dìnghuò zhǐshì] [日] 注文指示 [英] order instruction

订制软件收入 [dìngzhì ruǎnjiàn shōurù] [日] ソフト受注製作収入 [英] revenue of software production on order

定额备用金制度 [dìng é bèiyòng jīn zhìdù] [日] 定額資金前渡制度 [英] imprest system

定额负担方式 [dìng é fùdān fāngshì] [日] 定額負担方式 [英] fixed amount burden system

定额征收方式 [dìng é zhēngshōu fāngshì] [日] 定額課税方式 [英] fixed amount taxation system

定级 [dìngjí] [日] 格付け [英] credit rating

定价方法 [dìngjià fāngfǎ] [日] 価格設定方法 [英] pricing method

定价模式 [dìngjià móshì] [日] 価格算定モデル [英] pricing model

定价政策 [dìngjià zhèngcè] [日] 価格決定方針 [英] pricing policy

定金 [dìngjīn] [日] 手付金 [英] deposit

定居 [dìngjū] [日] 定住 [英] settlement

定量信息 [dìngliàng xìnxī] [日] 定量的情報 [英] quantitative information

定率法 [dìnglǜ fǎ] [日] 定率法 [英] fixed rate method

定率负担方式 [dìnglǜ fùdān fāngshì] [日] 定率負担方式 [英] fixed rate burden system

定率征收方式 [dìnglǜ zhēngshōu fāngshì] [日] 定率課税法 [英] fixed rate method of tax collection

定期存款 [dìngqī cúnkuǎn] [日] 定期預金 [英] time deposit

定期存款利息 [dìngqī cúnkuǎn lìxī] [日] 定期預金利息 [英] time deposit interest

定期减免 [dìngqī jiǎnmiǎn] [日] 定期減免 [英] fixed term exemption

定性的信息 [dìngxìng de xìnxī] [日] 定性的情報 [英] qualitative information

董事 [dǒngshì] [日] 董事 [英] board member

董事会 [dǒngshì huì] [日] 董事会 [英] board of directors

董事会费用 [dǒngshì huì fèiyòng] [日] 董事会費用 [英] board expense

董事会会议记录 [dǒngshì huì huìyì jìlù] [日] 董事会議事録 [英] board minutes

董事兼总经理 [dǒngshì jiān zǒng jīnglǐ] [日] 董事兼総経理 [英] director and general manager

董事薪酬 [dǒngshì xīnchóu] [日] 董事報酬 [英] director remuneration

董事长 [dǒngshì zhǎng] [日] 董事長 [英] chairman

独立代理人 [dúlì dàilǐ rén] [日] 独立代理人 [英] independent agent

独立董事 [dúlì dǒngshì] [日] 独立董事 [英] independent directors

独立分类账 [dúlì fēnlèi zhàng] [日] 独立仕訳帳 [英] separate ledger account

独立核算 [dúlì hésuàn] [日] 独立採算 [英] self-sustenance

独立交易原则 [dúlì jiāoyì yuánzé] [日] 独立取引の原則 [英] arm's length principle

独立企业 [dúlì qǐyè] [日] 独立企業 [英] independent enterprises

独立企业间价格 [dúlì qǐyè jiān jiàgé] [日] 独立企業間価格 [英] arm's length price

独立企业之间的业务往来 [dúlì qǐyè zhījiān de yèwù wǎnglái] [日] 独立企業間取引 [英] business transaction between independent companies

独立审计师的审计报告 [dúlì shěnjì shī de shěnjì bàogào] [日] 独立監査人の監査報告書 [英] independent auditors' report

独立账户负债 [dúlì zhànghù fùzhài] [日] 特別勘定負債 [英] special account liabilities

独立账户资产 [dúlì zhànghù zīchǎn] [日] 特別勘定資産 [英] special account assets

独占权 [dúzhàn quán] [日] 独占権 [英] exclusive right

独资企业 [dúzī qǐyè] [日] 独資企業 [英] wholly-owned enterprises

独资银行 [dúzī yínháng] [日] 独資銀行 [英] wholly owned bank

短期贷款 [duǎnqī dàikuǎn] [日] 短期貸付金 [英] short-term loans

短期公司债券 [duǎnqī gōngsī zhàiquàn] 🇯 短期社債 🇬🇧 short-term bond

短期借款 [duǎnqī jièkuǎn] 🇯 短期借入金 🇬🇧 short-term loans payable

短期投资 [duǎnqī tóuzī] 🇯 短期投資 🇬🇧 short-term investment

短期投资跌价准备金 [duǎnqī tóuzī diējià zhǔnbèi jīn] 🇯 短期投資減損損失引当金 🇬🇧 allowance for impairment loss of short-term investment

短期应付职工薪酬 [duǎnqī yīngfù zhígōng xīnchóu] 🇯 短期未払従業員給付 🇬🇧 short-term employee benefits payable

短期在留者 [duǎnqī zàiliú zhě] 🇯 短期滞在者 🇬🇧 short-term residents

短期在留者的免税规定 [duǎnqī zàiliú zhě de miǎnshuì guīdìng] 🇯 短期滞在者免税規定 🇬🇧 tax exemption rules for short-term residents

短期资本 [duǎnqī zīběn] 🇯 短期資本 🇬🇧 short-term capital

短期资金 [duǎnqī zījīn] 🇯 短期資金 🇬🇧 short-term money

对被投资企业的控制 [duì bèi tóuzī qǐyè de kòngzhì] 🇯 投資先に対する支配 🇬🇧 control over investee

对冲基金 [duìchōng jījīn] 🇯 ヘッジファンド 🇬🇧 hedge fund

对方 [duìfāng] 🇯 相手方 🇬🇧 opposite party

对价 [duìjià] 🇯 対価 🇬🇧 consideration

对外订购产品 [duìwài dìng gòu chǎnpǐn] 🇯 外注製品 🇬🇧 subcontracted goods

对外国企业代表处的课税 [duì wàiguó qǐyè dàibiǎo chù de kèshuì] 🇯 駐在員事務所課税 🇬🇧 taxation of the representative office

对外交易 [duìwài jiāoyì] 🇯 外部取引 🇬🇧 external transaction

对外经济贸易委员会 [duìwài jīngjì màoyì wěiyuán huì] 🇯 対外経済貿易委員会 🇬🇧 Foreign Trade and Economic Relations Commission

对外贸易法 [duìwài màoyì fǎ] 🇯 対外貿易法 🇬🇧 Foreign Trade Law

对外贸易管理制度 [duìwài màoyì guǎnlǐ zhìdù] 🇯 対外貿易の管理制度 🇬🇧 foreign trade system

对外贸易经济合作部 [duìwài màoyì jīngjì hézuò bù] 🇯 対外貿易経済合作部 🇬🇧 Ministry of Foreign Trade and Economic Cooperation (MOFTEC)

对外贸易经营权 [duìwài màoyì jīngyíng quán] 🇯 外国貿易経営権 🇬🇧 foreign trade operation right

对外贸易经营许可 [duìwài màoyì jīngyíng xǔkě] 🇯 対外貿易経営許可 🇬🇧 foreign trade business license

对象 [duìxiàng] 🇯 オブジェクト 🇬🇧 object

对账 [duìzhàng] 🇯 残高照合 🇬🇧 reconciliation

多边 [duōbiān] 🇯 多国間 🇬🇧 multinational

多边事先确认制度 [duōbiān shìxiān quèrèn zhìdù] 🇯 多国間事前確認制度 🇬🇧 multilateral advance pricing arrangement (APA)

多边协议 [duōbiān xiéyì] 🇯 マルチラテラル 🇬🇧 multilateral

多边争端解决机制 [duōbiān zhēngduān jiějué jīzhì] 🇯 多国間紛争解決メカニズム 🇬🇧 multinational dispute settlement mechanism

多雇主（福利）计划 [duō gùzhǔ (fúlì) jìhuà] 🇯 複数事業主（給付）制度 🇬🇧 multi-employer (benefit) plans

多记 [duō jì] 🇯 過大計上 🇬🇧 overstatement

多因素合约 [duō yīnsù héyuē] 🇯 複数要素契約 🇬🇧 multi factor contract

多种货币会计 [duōzhǒng huòbì kuàijì] 🇯 多通貨会計 🇬🇧 multi-currency accounting

---

E

恶性通货膨胀 [è xìng tōnghuò péngzhàng] 🇯 ハイパーインフレーション 🇬🇧 hyperinflation

二次交易 [èrcì jiāoyì] 🇯 二次取引 🇬🇧 secondary transaction

二次调整 [èrcì tiáozhěng] 🇯 第二次調整 🇬🇧 secondary adjustment

F

发表意见 [fābiǎo yìjiàn] 🇯 意見の表明 🇬🇧 expression of opinion

发出 [fāchū] 🇯 払出し 🇬🇧 shipping

发出价格 [fāchū jiàgé] 🇯 払出価格 🇬🇧 shipping price

发出商品 [fāchū shāngpǐn] 日 出荷商品 英 dispatched goods

发挥的功能 [fāhuī de gōngnéng] 日 果たす機能 英 functions performed

发货 [fāhuò] 日 出荷 英 shipment

发货标准 [fāhuò biāozhǔn] 日 出荷基準 英 delivery basis

发货人 [fāhuò rén] 日 発送人 英 shipper

发货日 [fāhuò rì] 日 出荷日 英 dispatch date

发货指示单 [fāhuò zhǐshì dān] 日 出荷指図書 英 delivery order

发票 [fāpiào] 日 発票 英 invoice

发票副联 [fāpiào fùlián] 日 領収書控 英 duplicate invoice

发票管理办法 [fāpiào guǎnlǐ bànfǎ] 日 領収書管理弁法 英 invoices management measure

发票价格 [fāpiào jiàgé] 日 インボイス価格 英 invoice price

发票缴销 [fāpiào jiǎoxiāo] 日 領収書の返納及び廃棄処分 英 return or disposal of receipt

发票金额 [fāpiào jīn é] 日 送り状価額 英 invoice amount

发票记账联 [fāpiào jìzhànglián] 日 領収書記帳綴り 英 invoices bookkeeping sheet

发票基准 [fāpiào jīzhǔn] 日 発票基準 英 invoice basis

发票联 [fāpiàolián] 日 領収書綴り 英 invoices sheet

发票原件 [fāpiào yuánjiàn] 日 オリジナルインボイス 英 original invoice

发票主义 [fāpiào zhǔyì] 日 発票主義 英 invoice principle

发起成立 [fāqǐ chénglì] 日 発起設立 英 promotive incorporation

发起人 [fāqǐrén] 日 発起人 英 company's promoter

发起人会议 [fāqǐrén huìyì] 日 発起人会議 英 founders meeting

发生额管理 [fāshēng é guǎnlǐ] 日 発生額管理 英 actual amount management

发生额及余额表 [fāshēng é jíyúé biǎo] 日 発生額及び残高表 英 trial balance

发现 [fāxiàn] 日 発見する 英 detect

发行地 [fāxíng dì] 日 発行場所 英 place of issue

发行红利股 [fāxíng hónglì gǔ] 日 株式無償交付 英 delivery of share without contribution

发行价格 [fāxíng jiàgé] 日 発行価額 英 offering price

发行人 [fāxíng rén] 日 発行人 英 issuer

发行新股 [fāxíng xīn gǔ] 日 新株発行 英 issue of new shares

发行在外平均股数 [fāxíng zàiwài píngjūn gǔshù] 日 期中発行済株式数 英 weighted average number of shares outstanding

发展中国家转让定价实务手册 [fāzhǎn zhōngguó jiā zhuǎnràng dìngjià shíwù shǒucè] 日 発展途上国移転価格実務マニュアル 英 practical manual on transfer pricing for developing countries

罚款 [fákuǎn] 日 罰金 英 penalty

罚款支出 [fákuǎn zhīchū] 日 罰金支出 英 penalty payment

罚息 [fáxī] 日 罰則的利息 英 punitive interest

罚则 [fázé] 日 罰則 英 penalty clause

法定财务报表 [fǎdìng cáiwù bàobiǎo] 日 法定財務諸表 英 statutory financial statements

法定程序 [fǎdìng chéngxù] 日 法定手続 英 statutory procedure

法定代表人 [fǎdìng dàibiǎo rén] 日 法定代表者 英 legal representative

法定地址 [fǎdìng dìzhǐ] 日 法定住所 英 legal residence

法定福利费 [fǎdìng fúlì fèi] 日 法定福利費 英 legal welfare

法定公积金 [fǎdìng gōngjījīn] 日 法定積立金 英 legal reserve

法定公益金 [fǎdìng gōngyì jīn] 日 法定公益金 英 legal public money

法定股本 [fǎdìng gǔběn] 日 法定資本 英 legal capital

法定汇率 [fǎdìng huìlǜ] 日 法定為替レート 英 statutory exchange rate

法定审计 [fǎdìng shěnjì] 日 法定監査 英 statutory audit

法定税率 [fǎdìng shuìlǜ] 日 法定税率 英 statutory tax rate

法定退休 [fǎdìng tuìxiū] 日 法定退職 英 statutory retirement

法定休假日 [fǎdìng xiūjià rì] 日 法定休暇日 英 legal public holiday

法定盈余公积 [fǎdìng yíngyú gōngjī] 日 法定利益剰余金 英 statutory surplus reserve

法定折旧年限 [fǎdìng zhéjiù niánxiàn] 日 法定耐用年数 英 statutory useful life

法定资本最低限额 [fǎdìng zīběn zuìdī xiàn é] 日 法定資本最低限額 英 legal capital minimum amount

法规 [fǎguī] 日 法規 英 laws and regulations

法律 [fǎlǜ] 日 法律 英 law

法律尽职调查 [fǎlǜ jìnzhí diàochá] 日 法務デューデリジェンス 英 legal due diligence (LDD)

法律义务 [fǎlǜ yìwù] 日 法的債務 英 legal obligation

法人 [fǎrén] 日 法人 英 legal entity

法人资格 [fǎrén zīgé] 日 法人格 英 legal personality

反避税 [fǎn bìshuì] 日 租税回避防止 英 anti-tax avoidance

反避税港税制 [fǎnbì shuì gǎngshuì zhì] 日 タックスヘイブン対策税制 英 tax haven regulation

反避税规定 [fǎn bìshuì guīdìng] 日 反租税回避規定 英 anti-tax avoidance rules

反避税信息软件系统 [fǎn bìshuì xìnxī ruǎnjiàn xìtǒng] 日 租税回避防止情報コンピュータシステム 英 anti-tax avoidance information computer system

反不正当竞争 [fǎn bù zhèngdāng jìngzhēng] 日 不正競争防止 英 anti-unfair competition

反垃圾邮件 [fǎn lājī yóujiàn] 日 アンチスパム 英 anti-spam

反垄断 [fǎn lǒngduàn] 日 独占禁止 英 anti-monopoly

反垄断法 [fǎn lǒngduàn fǎ] 日 独占禁止法 英 anti-monopoly law

反垄断法审查 [fǎn lǒngduàn fǎ shěnchá] 日 独占禁止法審査 英 anti-monopoly act review

反倾销调查 [fǎn qīngxiāo diàochá] 日 反ダンピング調査 英 anti-dumping investigation

反倾销法 [fǎn qīngxiāo fǎ] 日 反ダンピング法 英 anti-dumping law

反倾销税 [fǎn qīngxiāo shuì] 日 アンチダンピング税 英 anti-dumping duty

反托拉斯法 [fǎn tuōlāsī fǎ] 日 反トラスト法 英 anti-trust law

反稀释 [fǎn xīshì] 日 逆希薄化 英 anti-dilution

犯罪 [fànzuì] 日 犯罪 英 crime

返回 [fǎnhuí] 日 リターン 英 return

访问控制 [fǎngwèn kòngzhì] 日 アクセスコントロール 英 access control

访问权限 [fǎngwèn quánxiàn] 日 アクセス権限 英 access authority

防火墙 [fánghuǒ qiáng] 日 ファイアーウォール 英 firewall

防止 [fángzhǐ] 日 防止 英 prevention

防止目的 [fángzhǐ mùdì] 日 防止目的 英 purpose of prevention

房产税 [fángchǎn shuì] 日 不動産税 英 house property tax

房地产产权证 [fángdìchǎn chǎnquán zhèng] 日 不動産権利証書 英 certificate of real estate property right

房地产 [fángdìchǎn] 日 不動産 英 property and real estate

房地产代管人 [fángdìchǎn dàiguǎn rén] 日 不動産管理代行者 英 real estate agents

房地产登记 [fángdìchǎn dēngjì] 日 不動産登記 英 real estate registration

房地产购置税 [fángdìchǎn gòuzhì shuì] 日 不動産取得税 英 real estate acquisition tax

房地产价格 [fángdìchǎn jiàgé] 日 不動産価格 英 property prices

房地产交易额 [fángdìchǎn jiāoyì é] 日 不動産取引額 英 real estate transaction volume amount

房地产开发成本 [fángdìchǎn kāifā chéngběn] 日 不動産開発原価 英 real estate development cost

房地产开发企业 [fángdìchǎn kāifā qǐyè] 日 不動産開発企業 英 real estate enterprises

房地产买卖合同 [fángdìchǎn mǎimài hétóng] 日 不動産売買契約書 英 real estate sale contract

房地产泡沫 [fángdìchǎn pàomò] 日 不動産バブル 英 real estate bubble

房地产让渡所得 [fángdìchǎn ràngdù suǒdé] 日 不動産譲渡所得 英 real estate transfer income

房地产所得 [fángdìchǎn suǒdé] 日 不動産所得 英 income from real estate

房地产所有权证 [fángdìchǎn suǒyǒu quán zhèng] 日 不動産所有権証書 英 property ownership certificate

房地产所在地 [fángdìchǎn suǒzàidì] 日 不動産所在地 英 real estate location

房地产销售 [fángdìchǎn xiāoshòu] 日 不動産販売 英 *real estate sales*

房地产原值 [fángdìchǎn yuánzhí] 日 不動産原価 英 *original value of property*

房地产租赁收入 [fángdìchǎn zūlìn shōurù] 日 不動産賃貸料 英 *real estate rental fee*

房屋建筑物 [fángwū jiànzhù wù] 日 建物建築物 英 *building and architectural structure*

放宽 [fàngkuān] 日 緩和 英 *deregulation*

非常利润 [fēicháng lìrùn] 日 異常利益 英 *unusual gain*

非常收入 [fēicháng shōurù] 日 特別利益 英 *extraordinary gain*

非常损失 [fēicháng sǔnshī] 日 異常損失 英 *unusual loss*

非常项目 [fēicháng xiàngmù] 日 異常項目 英 *extraordinary items*

非成本项目 [fēi chéngběn xiàngmù] 日 非原価項目 英 *non-cost item*

非持续性经营 [fēi chíxù xìng jīngyíng] 日 非継続事業 英 *discontinued operations*

非对称数字用户线路 [fēi duìchèn shùzì yònghù xiànlù] 日 非対称デジタル加入者線 英 *asymmetric digital subscriber line* (ADSL)

非法交易 [fēifǎ jiāoyì] 日 不正取引 英 *fraudulent transaction*

非法所得 [fēifǎ suǒdé] 日 非合法所得 英 *illegal gains*

非公开消息 [fēi gōngkāi xiāoxī] 日 非公開情報 英 *non-disclosed information*

非公众主体 [fēi gōngzhòng zhǔtǐ] 日 非公開企業 英 *non-public enterprise*

非合并子公司 [fēi hébìng zǐ gōngsī] 日 非連結子会社 英 *unconsolidated subsidiary*

非货币性福利 [fēi huòbì xìng fúlì] 日 非貨幣性福利 英 *non-monetary welfare*

非货币性交易 [fēi huòbì xìng jiāoyì] 日 非貨幣性取引 英 *non-monetary transactions*

非货币性项目 [fēi huòbì xìng xiàngmù] 日 非貨幣性項目 英 *non-monetary item*

非货币性资产 [fēi huòbì xìng zīchǎn] 日 非貨幣性資産 英 *non-monetary assets*

非货币性资产交换 [fēi huòbì xìng zīchǎn jiāohuàn] 日 非貨幣資産の交換 英 *exchange of non-monetary assets*

非经常收入 [fēi jīngcháng shōurù] 日 非経常収入 英 *non-ordinary income*

非经营性活动 [fēi jīngyíng xìng huódòng] 日 非経営活動 英 *non-operating activities*

非金融商品的买卖合约 [fēi jīnróng shāngpǐn de mǎimài héyuē] 日 非金融商品売買契約 英 *sales contract of non-financial items*

非居民 [fēi jūmín] 日 非居住者 英 *non-resident*

非居住企业 [fēi jūzhù qǐyè] 日 非居住企業 英 *non-resident enterprise*

非控制性权益 [fēi kòngzhì xìng quányì] 日 非支配持分 英 *non-controlling interest*

非劳动收入 [fēi láodòng shōurù] 日 不労所得 英 *unearned income*

非流动负债 [fēi liúdòng fùzhài] 日 非流動負債 英 *non-current liabilities*

非流动资产 [fēi liúdòng zīchǎn] 日 非流動資産 英 *non-current assets*

非流通股 [fēi liútōng gǔ] 日 非流通株 英 *non-tradable share*

非上市 [fēi shàngshì] 日 非上場 英 *unlisted*

非上市股份 [fēi shàngshì gǔfèn] 日 非上場株式 英 *unlisted equity securities*

非审计业务 [fēi shěnjì yèwù] 日 非監査業務 英 *non-audit service*

非摊销性无形资产 [fēi tānxiāo xìng wúxíng zīchǎn] 日 非償却無形資産 英 *non-amortizable intangible assets*

非摊销性资产 [fēi tānxiāo xìng zīchǎn] 日 非償却資産 英 *non-amortizable assets*

非调整事项 [fēi tiáozhěng shìxiàng] 日 非調整事項 英 *non-adjusting event*

非统计抽样 [fēi tǒngjì chōuyàng] 日 非統計的サンプリング 英 *non-statistical sampling*

非同一控制 [fēi tóngyī kòngzhì] 日 非共通支配 英 *not under common control*

非同一控制下的企业合并 [fēi tóngyī kòngzhì xià de qǐyè hébìng] 日 非共通支配下の企業結合 英 *business combinations not under common control*

非投资性主体 [fēi tóuzī xìng zhǔtǐ] 日 被投資企業 英 *invested enterprise*

非现金结算 [fēi xiànjīn jiésuàn] 日 非現金決済 英 *non-cash settlement*

非现金资产 [fēi xiànjīn zīchǎn] 日 非現金資産

[英] non-monetary assets

非营利机构 [fēi yínglì jīgòu] [日] 非営利機構 [英] non-profit institution

非营利组织 [fēi yínglì zǔzhī] [日] 非営利組織 [英] non-profit organization

非应税收入 [fēi yīngshuì shōurù] [日] 非納税収入 [英] non-taxable income

非应税项目 [fēi yīngshuì xiàngmù] [日] 非課税項目 [英] non-taxable item

非银行金融机构 [fēiyínháng jīnróng jīgòu] [日] ノンバンク金融機関 [英] non-bank financial institutions

非永久居民 [fēi yǒngjiǔ jūmín] [日] 非永住者 [英] non-permanent resident

非正常损失 [fēi zhèngcháng sǔnshī] [日] 非正常損失 [英] extraordinary loss

非征税 [fēi zhēngshuì] [日] 非課税 [英] nontaxable

非专利技术 [fēi zhuānlì jìshù] [日] 非特許技術 [英] non-patented technology

废除 [fèichú] [日] 廃止 [英] abolishment

废料 [fèiliào] [日] スクラップ [英] scrap

费率 [fèilǜ] [日] レート [英] rate

费用 [fèiyòng] [日] 費用 [英] expense

费用报销单 [fèiyòng bàoxiāo dān] [日] 経費精算書 [英] expense report

费用扣除标准额 [fèiyòng kòuchú biāozhǔn é] [日] 費用控除基準額 [英] expense deduction standard

费用收入相配比原则 [fèiyòng shōurù xiāngpèi bǐ yuánzé] [日] 費用収益対応の原則 [英] principle of matching cost with revenue

费用项目 [fèiyòng xiàngmù] [日] 費目 [英] cost item

费用预算 [fèiyòng yùsuàn] [日] 費用予算 [英] cost budget

费用中心 [fèiyòng zhōngxīn] [日] コストセンター [英] cost center

分包 [fēnbāo] [日] 下請け [英] subcontract

分包单位 [fēnbāo dānwèi] [日] 下請業者 [英] subcontractor

分保费用 [fēnbǎo fèiyòng] [日] 再保険費用 [英] reinsurance expense

分包工程 [fēnbāo gōngchéng] [日] 下請工事 [英] subcontracted work

分包合同 [fēnbāo hétóng] [日] 下請契約書 [英] subcontract

分包商 [fēnbāo shāng] [日] 下請企業 [英] subcontractor

分部报告 [fēnbù bàogào] [日] セグメント別報告 [英] segment reporting

分步成本计算法 [fēnbù chéngběn jìsuàn fǎ] [日] 工程別原価計算 [英] process cost accounting

分部经理 [fēnbù jīnglǐ] [日] セグメント管理者 [英] segment management personnel

分部会计 [fēnbù kuàijì] [日] セグメント会計 [英] segment accounting

分部利润 [fēnbù lìrùn] [日] セグメント利益 [英] segment margin

分部门成本核算 [fēn bùmén chéngběn hésuàn] [日] 部門別原価計算 [英] cost accounting by department

分部门会计 [fēn bùmén kuàijì] [日] 部門会計 [英] departmental accounting

分步收购 [fēnbù shōugòu] [日] 段階的取得 [英] step acquisition

分部销售额 [fēnbù xiāoshòu é] [日] セグメント売上高 [英] segmental sales

分部信息 [fēnbù xìnxī] [日] セグメント情報 [英] segment information

分层法 [fēncéng fǎ] [日] 階層アプローチ [英] hierarchy approach

分出保费 [fēnchū bǎofèi] [日] 再保険料 [英] reinsurance premium

分割企业 [fēngē qǐyè] [日] 分割企業 [英] splitting enterprise

分公司 [fēn gōngsī] [日] 支店 [英] branch

分行（分公司）间业务往来 [fēnháng (fēn gōngsī) jiān yèwù wǎnglái] [日] 支店間取引 [英] intercompany (branch) transaction

分季预缴 [fēnjì yùjiǎo] [日] 四半期毎の予定納税 [英] quarterly prepaid tax

分开申报纳税 [fēnkāi shēnbào nàshuì] [日] 申告分離課税 [英] separate self-assessment taxation

分类披露 [fēnlèi pīlù] [日] 区分開示 [英] disclose by category

分立 [fēnlì] [日] 分割 [英] segregation

分立协议 [fēnlì xiéyì] [日] 分割協議書 [英] separation agreement

分离征税方式 [fēnlí zhēngshuì fāngshì] [日] 分離課税方式 [英] separate taxation system

分录 [fēnlù] [日] 仕訳 [英] journal entry

分录记录 [fēnlù jìlù] 日 仕訳記入 英 journal entry

分录账 [fēnlù zhàng] 日 仕訳帳 英 journal book

分配 [fēnpèi] 日 分配 英 allocation

分配标准 [fēnpèi biāozhǔn] 日 配賦基準 英 allocation criteria

分配额 [fēnpèi é] 日 配賦額 英 allocation amount

分配计算 [fēnpèi jìsuàn] 日 配賦計算 英 allocation calculation

分配土地使用权 [fēnpèi tǔdì shǐyòng quán] 日 分与土地使用権 英 allocated land-use right

分批成本核算法 [fēnpī chéngběn hésuàn fǎ] 日 個別原価計算法 英 job-order cost accounting method

分期偿还 [fēnqī chánghuán] 日 分割償還 英 amortization

分期偿还公司债券 [fēnqī chánghuán gōngsī zhàiquàn] 日 分割償還債券 英 installment bond

分期开发 [fēnqī kāifā] 日 段階的開発 英 phased development

分期收款销售 [fēnqī shōukuǎn xiāoshòu] 日 割賦売上 英 installment sales

分期收款销售方式 [fēnqī shōukuǎn xiāoshòu fāngshì] 日 割賦販売基準 英 installment (sales) method

分期摊销 [fēnqī tānxiāo] 日 期間償却 英 amortization

分期支付 [fēnqī zhīfù] 日 分割払い 英 installment

分摊 [fēntān] 日 期間配分 英 attribution

分享比例 [fēnxiǎng bǐlì] 日 税金の分配比率 英 distribution rate of tax

分享范围 [fēnxiǎng fànwéi] 日 税金の分配対象 英 distribution subject of tax

分销 [fēnxiāo] 日 流通 英 distribution

分销活动 [fēnxiāo huódòng] 日 代理販売活動 英 sale activity by proxy

分析性复核 [fēnxī xìng fùhé] 日 分析的レビュー 英 analytical review

分支机构 [fēnzhī jīgòu] 日 支部 英 branch office

分类 [fēnlèi] 日 分類 英 category

粉饰 [fěnshì] 日 粉飾 英 embellishment

粉饰决算 [fěnshì juésuàn] 日 粉飾決算 英 fraudulent accounting

风险 [fēngxiǎn] 日 リスク 英 risk

风险报酬转移 [fēngxiǎn bàochóu zhuǎnyí] 日 リスクリターン転換 英 risk return conversion

风险保值 [fēngxiǎn bǎozhí] 日 リスクヘッジ 英 risk hedge

风险变量 [fēngxiǎn biànliàng] 日 リスク変数 英 risk variables

风险承受度 [fēngxiǎn chéngshòu dù] 日 リスク許容度 英 risk tolerance

风险导向方法 [fēngxiǎn dǎoxiàng fāngfǎ] 日 リスクアプローチ 英 risk approach

风险管理 [fēngxiǎn guǎnlǐ] 日 リスク管理 英 risk management

风险管理咨询 [fēngxiǎn guǎnlǐ zīxún] 日 リスクアドバイザリー 英 risk advisory

风险规避 [fēngxiǎn guībì] 日 リスク回避 英 risk aversion

风险价值 [fēngxiǎn jiàzhí] 日 バリューアットリスク 英 value at risk

风险矩阵 [fēngxiǎn jǔzhèn] 日 リスクコントロールマトリックス 英 risk control matrix

风险控制制度 [fēngxiǎn kòngzhì zhìdù] 日 リスクコントロール制度 英 risk control system

风险披露 [fēngxiǎn pīlù] 日 リスク開示 英 risk disclosure

风险评估程序 [fēngxiǎn pínggū chéngxù] 日 リスク評価手続 英 risk assessment procedure

风险权重 [fēngxiǎn quánzhòng] 日 リスクウェイト 英 risk weight

风险头寸 [fēngxiǎn tóucùn] 日 リスクポジション 英 risk positions

风险性 [fēngxiǎn xìng] 日 リスクのある 英 risky

风险溢价 [fēngxiǎn yìjià] 日 リスクプレミアム 英 risk premium

风险应对 [fēngxiǎn yìngduì] 日 リスク対応 英 risk response

风险准备 [fēngxiǎn zhǔnbèi] 日 リスク引当金 英 allowance for risk and uncertainty

风险资本企业 [fēngxiǎn zīběn qǐyè] 日 ベンチャーキャピタル企業 英 venture capital company

风险资产 [fēngxiǎn zīchǎn] 日 リスク資産 英 risk assets

否定结论 [fǒudìng jiélùn] 日 否定的結論 英 negative conclusion

否定意见 [fǒudìng yìjiàn] 日 不適正意見 英 adverse

opinion

扶持 [fúchí] 日 保護 英 protection

浮动汇率制度 [fúdòng huìlǜ zhìdù] 日 変動為替相場制 英 floating exchange rate system

浮动利率 [fúdòng lìlǜ] 日 変動金利 英 floating interesting rate

服务贸易 [fúwù màoyì] 日 サービス貿易 英 service trade

服务器 [fúwù qì] 日 サーバー 英 server

服务提供者 [fúwù tígōng zhě] 日 サービス提供者 英 service providers

服务外包业务 [fúwù wàibāo yèwù] 日 サービスの外注 英 outsourcing service

服务业 [fúwù yè] 日 サービス業 英 service industry

符合条件的资产 [fúhé tiáojiàn de zīchǎn] 日 適格資産 英 qualifying assets

福利补助 [fúlì bǔzhù] 日 福利補助 英 welfare allowance

福利费 [fúlì fèi] 日 福利厚生費 英 welfare expense

福利基金 [fúlì jījīn] 日 福利基金 英 welfare fund

福利企业 [fúlì qǐyè] 日 福利企業 英 welfare enterprise

抚恤金 [fǔxù jīn] 日 慰労金 英 compensation

辅助材料 [fǔzhù cáiliào] 日 補助材料 英 auxiliary materials

辅助车间 [fǔzhù chējiān] 日 補助工程 英 auxiliary process

辅助分类账 [fǔzhù fēnlèi zhàng] 日 補助元帳 英 sub-ledger

辅助生产成本 [fǔzhù shēngchǎn chéngběn] 日 補助生産原価 英 auxiliary production cost

辅助生产线 [fǔzhù shēngchǎn xiàn] 日 補助生産ライン 英 auxiliary production line

付款请求 [fùkuǎn qǐngqiú] 日 代金請求 英 payment request

付款期限 [fùkuǎn qīxiàn] 日 支払期限 英 due date for payment

付款人 [fùkuǎn rén] 日 支払人 英 payer

付款收款记账凭证 [fùkuǎn shōukuǎn jìzhàng píngzhèng] 日 出金伝票 英 payment receipt journal voucher

付款条件 [fùkuǎn tiáojiàn] 日 支払条件 英 terms of payment

付款通知书 [fùkuǎn tōngzhī shū] 日 請求書 英 invoice

付息日 [fùxī rì] 日 利息支払期日 英 interest payment date

负面清单 [fùmiàn qīngdān] 日 ネガティブリスト 英 negative list

负面商誉 [fùmiàn shāngyù] 日 負ののれん 英 negative goodwill

负责人 [fùzé rén] 日 責任者 英 responsible person

负债 [fùzhài] 日 負債 英 liabilities

负债比率 [fùzhài bǐlǜ] 日 負債比率 英 debt ratio

负债充足性测试 [fùzhài chōngzú xìng cèshì] 日 負債網羅性テスト 英 liability completeness test

负债类 [fùzhài lèi] 日 負債類 英 liability

负债资本比率 [fùzhài zīběn bǐlǜ] 日 負債資本率 英 debt equity ratio

负债总额 [fùzhài zǒng é] 日 債務総額 英 total liabilities

附担保公司债券 [fù dānbǎo gōngsī zhàiquàn] 日 担保付社債 英 secured bond

附抵押的公司债券 [fù dǐyā de gōngsī zhàiquàn] 日 抵当付社債 英 mortgage corporate bond

附购买选择权的租赁合同 [fù gòumǎi xuǎnzé quán de zūlìn hétóng] 日 買取選択権付賃貸借契約 英 hire purchase contract

附加费 [fùjiā fèi] 日 サーチャージ 英 surcharge

附件 [fùjiàn] 日 付属書類 英 appendix

附加税 [fùjiā shuì] 日 付加税 英 surtax

附加值 [fùjiā zhí] 日 付加価値 英 added value

附录 [fùlù] 日 付録 英 appendix

附属明细表 [fùshǔ míngxì biǎo] 日 付属明細表 英 annexed detail statement

附条件的普通股发行 [fù tiáojiàn de pǔtōng gǔ fāxíng] 日 条件付発行可能普通株式 英 contingently issuable ordinary share

附新股优先购买权的可转换公司债券 [fù xīn gǔ yōuxiān gòumǎi quán de kě zhuǎnhuàn gōngsī zhàiquàn] 日 転換社債型新株予約権付社債 英 convertible bond (CB)

附息票债券 [fùxī piào zhàiquàn] 日 クーポン債券 英 coupon bond

附有销售退回条件的商品销售 [fùyǒu xiāoshòu tuìhuí tiáojiàn de shēnqīng xiāoshòu] 日 返品条件付

商品販売 [英] sales with a right of return

附注 [fùzhù] [日] 付記事項 [英] supplementary explanation

复利 [fùlì] [日] 複利 [英] compound interest

复审程序 [fùshěn chéngxù] [日] 再審査手続 [英] reconsideration review

复式记账 [fùshì jìzhàng] [日] 複式簿記 [英] double-entry bookkeeping

复式记账的原则 [fùshì jìzhàng de yuánzé] [日] 複式簿記の原則 [英] principle of double-entry bookkeeping

复式期权交易 [fùshì qīquán jiāoyì] [日] オプションスプレッド [英] option spread

复议 [fùyì] [日] 不服審査 [英] dissatisfaction review

复印 [fùyìn] [日] コピー [英] copy

复印件 [fùyìn jiàn] [日] 写し [英] copy

复员费 [fùyuán fèi] [日] 復員費 [英] demobilization fee

副产品 [fù chǎnpǐn] [日] 副産物 [英] by-products

副董事长 [fùdǒng shìzhǎng] [日] 副董事長 [英] vice chairman

副总经理 [fù zǒngjīnglǐ] [日] 副総経理 [英] vice general manager

覆盖率 [fùgài lǜ] [日] カバー率 [英] coverage

F / G

改变 [gǎibiàn] [日] 変更 [英] change

改革计划 [gǎigé jìhuà] [日] 改革プログラム [英] reform program

改建 [gǎijiàn] [日] 改築 [英] reconstruction

改建支出 [gǎijiàn zhīchū] [日] 改築支出 [英] reconstruction expenditure

改进措施 [gǎijìn cuòshī] [日] 是正措置 [英] corrective action

改良 [gǎiliáng] [日] 改良 [英] improvement

改良费用 [gǎiliáng fèiyòng] [日] 改良費 [英] improvement expense

改修 [gǎixiū] [日] 改修 [英] refurbishment

改装费 [gǎizhuāng fèi] [日] 改装費 [英] refurbishment expenditure

盖章 [gàizhāng] [日] 押印 [英] seal

概率 [gàilǜ] [日] 確率 [英] probability

概率分布 [gàilǜ fēnbù] [日] 確率分布 [英] probability distribution

干租 [gānzū] [日] ドライリース [英] dry lease

岗位轮换 [gǎngwèi lúnhuàn] [日] ローテーション [英] rotation

纲要 [gāngyào] [日] 概要 [英] summary

杠杆 [gànggǎn] [日] レバレッジ [英] leverage

杠杆租赁 [gànggǎn zūlìn] [日] レバレッジドリース [英] leveraged lease

杠杆借贷 [gànggǎn jièdài] [日] レバレッジドローン [英] over-leveraged loan

高端制造业 [gāoduān zhìzào yè] [日] ハイエンド製造業 [英] high-end manufacturing

高尔夫会员权 [gāoěrfū huìyuán quán] [日] ゴルフ会員権 [英] golf-club membership

高附加值产品 [gāofùjiāzhí chǎnpǐn] [日] 高付加価値製品 [英] high-value-added product

高估 [gāo gū] [日] 過大評価 [英] overestimation

高耗能产品 [gāo hàonéng chǎnpǐn] [日] 高エネルギー消費製品 [英] high energy consumption products

高级管理人员 [gāojí guǎnlǐ rényuán] [日] 高級管理職 [英] senior management

高级合伙人 [gāojí héhuǒ rén] [日] シニアパートナー [英] senior partner

高级经理 [gāojí jīnglǐ] [日] シニアマネジャー [英] senior manager

高级会计师 [gāojí kuàijìshī] [日] 高級会計師 [英] senior accountant

高新技术产业 [gāoxīn jìshù chǎnyè] [日] ハイテク産業 [英] high-tech industry

高新技术产业开发区 [gāoxīn jìshù chǎnyè kāifāqū] [日] ハイテク産業開発区 [英] high-tech industrial development zone

高新技术产业园区 [gāoxīn jìshù chǎnyè yuánqū] [日] ハイテク産業園区 [英] high-tech industry zone

高新技术企业 [gāoxīn jìshù qǐyè] [日] ハイテク企業 [英] high-tech enterprise

高新技术企业认定管理工作指引 [gāoxīn jìshù qǐyè rèndìng guǎnlǐ gōngzuò zhǐyǐn] [日] ハイテク企業実施管理規定 [英] guidelines for the identification and management of high-tech enterprise

高新技术企业认定检查 [gāoxīn jìshù qǐyè rèndìng

jiǎnchá] 日 ハイテク企業認定検査 英 inspection for high-tech enterprise certification

稿酬所得 [gǎochóu suǒdé] 日 原稿料所得 英 manuscript fee income

格式 [géshì] 日 様式 英 format

隔夜拆借 [géyè chāijiè] 日 翌日払い貸し付け 英 overnight money

隔夜贷款 [géyè dàikuǎn] 日 オーバーナイトローン 英 overnight loan

隔夜回购 [géyè huígòu] 日 一晩の買い戻し契約 英 overnight repo

隔夜交易 [géyè jiāoyì] 日 オーバーナイト取引 英 overnight trade

个别认定法 [gèbié rèndìng fǎ] 日 個別法 英 specific identification method

个人所得 [gèrén suǒdé] 日 個人所得 英 individual income

个人所得税 [gèrén suǒdé shuì] 日 個人所得税 英 personal income tax (PIT)

个人所得税法 [gèrén suǒdé shuì fǎ] 日 個人所得税法 英 individual income tax law

个人所得税纳税申报表 [gèrén suǒdé shuì nàshuì shēnbào biǎo] 日 個人給与所得税申告書 英 individual income tax return form

个人账户 [gèrén zhànghù] 日 個人口座 英 individual account

个体经营所得 [gètǐ jīngyíng suǒdé] 日 個人事業主所得 英 personal income from unincorporated enterprises

个体经营者 [gètǐ jīngyíng zhě] 日 個人経営者 英 self-employed personnel

个体企业 [gètǐ qǐyè] 日 個人企業 英 individually-owned enterprise

各项基金 [gèxiàng jījīn] 日 各種基金 英 various funds

各项契约之签约日及到期日一览表 [gèxiàng qìyuē zhī qiānyuē rìjí dào qīrì yīlǎn biǎo] 日 各契約締結日及び満了日一覧表 英 schedule of contracts with signing and expiry dates

根目录 [gēn mùlù] 日 ルートディレクトリ 英 root directory

跟单票据 [gēndān piàojù] 日 荷為替手形 英 documentary bill

跟踪 [gēnzōng] 日 追跡 英 trace

跟踪管理 [gēnzōng guǎnlǐ] 日 追跡管理 英 traceability management

更新 [gēngxīn] 日 アップデート 英 update

耕地占用税 [gēngdì zhànyòng shuì] 日 耕地占用税 英 farmland use tax

工厂 [gōngchǎng] 日 工場 英 factory

工厂管理部门 [gōngchǎng guǎnlǐ bùmén] 日 工場管理部門 英 plant management division

工厂建筑物 [gōngchǎng jiànzhùwù] 日 工場建物 英 factory building

工厂经费 [gōngchǎng jīngfèi] 日 工場経費 英 factory overhead expense

工厂设备 [gōngchǎng shèbèi] 日 工場設備 英 plant facilities

工程 [gōngchéng] 日 工事 英 construction

工程价款 [gōngchéng jiàkuǎn] 日 工事価格 英 construction cost

工程施工 [gōngchéng shīgōng] 日 工事施工 英 execution of construction work

工程收入 [gōngchéng shōurù] 日 工事収入 英 construction revenue

工程物资 [gōngchéng wùzī] 日 工事物資 英 construction materials

工程作业场所 [gōngchéng zuòyè chǎngsuǒ] 日 工事作業場所 英 construction site

工会 [gōnghuì] 日 労働組合 英 labor union

工具 [gōngjù] 日 ツール 英 tool

工具及备品 [gōngjù jí bèipǐn] 日 工具器具備品 英 tools, furniture and fixtures

工伤保险 [gōngshāng bǎoxiǎn] 日 労災保険 英 worker's accident insurance

工商局 [gōngshāng jú] 日 工商局 英 Administration for Industry and Commerce

工伤死亡赔偿 [gōngshāng sǐwáng péicháng] 日 勤務期間中の死亡給付 英 death-in-service benefits

工商统一税 [gōngshāng tǒngyī shuì] 日 工商統一税 英 industrial and commercial consolidated tax

工商行政管理部门 [gōngshāng xíngzhèng guǎnlǐ bùmén] 日 工商行政管理部門 英 State Administration for Industry and Commerce

工业会计 [gōngyè kuàijì] 日 工業簿記 英 industrial bookkeeping

工业所有权 [gōngyè suǒyǒu quán] 日 工業所有権 英 industrial property right

工业用地 [gōngyè yòngdì] 日 工業用地 英 industrial land

工资 [gōngzī] 日 賃金 英 wage

工资单 [gōngzī dān] 日 給与明細書 英 payroll slip

工资和薪水 [gōngzī hé xīnshuǐ] 日 賃金給与 英 wage and salary

工资计算表 [gōngzī jìsuàn biǎo] 日 給与計算表 英 payroll calculation table

工资率 [gōngzī lǜ] 日 賃率 英 wage rate

工资率差异 [gōngzī lǜ chāyì] 日 賃率差異 英 wage rate discrepancy

工资所得 [gōngzī suǒdé] 日 給与所得 英 employment income

工资台账 [gōngzī táizhàng] 日 給与台帳 英 payroll ledger

工资薪金所得 [gōngzī xīnjīn suǒdé] 日 賃金給与所得 英 income from wage and salary

工资薪金证明 [gōngzī xīnjīn zhèngmíng] 日 給与賃金証明 英 wage and salary proof

工资薪水汇总表 [gōngzī xīnshuǐ huìzǒng biǎo] 日 賃金給与一覧表 英 payroll summary

工资总额 [gōngzī zǒng é] 日 賃金総額 英 total wage

工作底稿 [gōngzuò dǐgǎo] 日 作業文書 英 working paper

工作进度 [gōngzuò jìndù] 日 作業進捗率 英 work progress rate

工作量法 [gōngzuò liàng fǎ] 日 生産高比例法 英 units of production (UOP) method

工作流管理 [gōngzuò liú guǎnlǐ] 日 ワークフロー管理 英 work flow management

工作签证 [gōngzuò qiānzhèng] 日 就労ビザ 英 work visa

工作日报 [gōngzuò rìbào] 日 作業日報 英 daily work report

工作许可 [gōngzuò xǔkě] 日 就労許可 英 work permit

工作资格 [gōngzuò zīgé] 日 就労資格 英 qualification for work

公安部 [gōng ān bù] 日 公安部 英 Ministry of Public Security

公共基础设施项目 [gōnggòng jīchǔ shèshī xiàngmù] 日 公益インフラストラクチャープロジェクト 英 public infrastructure project

公共会计 [gōnggòng kuàijì] 日 公会計 英 public accounting

公共事业 [gōnggòng shìyè] 日 公共事業 英 public utilities

公开发行股票 [gōngkāi fāxíng gǔpiào] 日 株式公開 英 initial public offering (IPO)

公开发行证券 [gōngkāi fāxíng zhèngquàn] 日 証券の公開発行 英 public offering of securities

公开喊价交易 [gōngkāi hǎnjià jiāoyì] 日 オープンアウトクライ取引 英 open outcry trading

公开喊价制 [gōngkāi hǎnjià zhì] 日 オープンアウトクライシステム 英 open outcry system

公开竞价方式 [gōngkāi jìngjià fāngshì] 日 公開入札方式 英 open tender system

公开募股 [gōngkāi mùgǔ] 日 公募 英 public offering

公开募集 [gōngkāi mùjí] 日 公開募集 英 public offering

公开市场 [gōngkāi shìchǎng] 日 公開市場 英 open market

公开市场运作 [gōngkāi shìchǎng yùnzuò] 日 公開市場操作 英 open market operation

公开招标 [gōngkāi zhāobiāo] 日 公開入札 英 open tender

公开招股 [gōngkāi zhāogǔ] 日 公開株式募集 英 offer for subscription

公平成交价格 [gōngpíng chéngjiāo jiàgé] 日 公正取引価格 英 fair-trade-price

公平交易 [gōngpíng jiāoyì] 日 公正な取引 英 fair trade

公平竞争 [gōngpíng jìngzhēng] 日 公正競争 英 fair competition

公式 [gōngshì] 日 算式 英 formula

公司 [gōngsī] 日 会社 英 company

公司编制资料 [gōngsī biānzhì zīliào] 日 会社作成資料 英 materials prepared by company

公司层面的IT控制 [gōngsī céngmiàn de IT kòngzhi] 日 全社的IT統制 英 IT entity level control (ITELC)

公司重整 [gōngsī chóngzhěng] 日 会社更生 英 corporate reorganization

公司登记 [gōngsī dēngjì] 日 会社登記 英 business registration

公司登记的取消 [gōngsī dēngjì de qǔxiāo] 日 会社登記の抹消 英 deletion of company registry

公司法 [gōngsī fǎ] 日 会社法 英 corporate law

公司分立 [gōngsī fēnlì] 日 会社分割 英 corporate divestiture

公司高层管理人员 [gōngsī gāocéng guǎnlǐ rényuán] 日 会社役員 英 director

公司管理层 [gōngsī guǎnlǐ céng] 日 経営レベル 英 managerial level

公司规章制度 [gōngsī guīzhāng zhìdù] 日 会社規定制度 英 rules and regulations system

公司合并 [gōngsī hébìng] 日 会社合併 英 merger

公司简介 [gōngsī jiǎnjiè] 日 会社案内 英 company profile

公司间内部利润 [gōngsī jiān nèibù lìrùn] 日 会社間内部利益 英 inter-company profit

公司间内部账户冲账 [gōngsī jiān nèibù zhànghù chōngzhàng] 日 会社間勘定の相殺消去 英 inter-company account elimination

公司间账户确认表 [gōngsī jiān zhànghù quèrèn biǎo] 日 会社間勘定の確認書 英 inter-company account confirmation

公司经费 [gōngsī jīngfèi] 日 会社経費 英 company expenditure

公司理财 [gōngsī lǐcái] 日 コーポレートファイナンス 英 corporate finance

公司秘书 [gōngsī mìshū] 日 会社秘書役 英 company secretary

公司内部风险控制 [gōngsī nèibù fēngxiǎn kòngzhì] 日 社内リスク管理 英 company internal risk control

公司清算 [gōngsī qīngsuàn] 日 会社清算 英 corporate liquidation

公司设立 [gōngsī shèlì] 日 会社設立 英 establishment of company

公司设立费用 [gōngsī shèlì fèiyòng] 日 会社設立費用 英 incorporation fee

公司收购 [gōngsī shōugòu] 日 企業買収 英 acquisition

公司税法 [gōngsī shuìfǎ] 日 法人税法 英 corporate tax law

公司条例 [gōngsī tiáolì] 日 会社条例 英 company ordinance

公司债券（应付债券）[gōngsī zhàiquàn (yīngfù zhàiquàn)] 日 社債 英 corporate bond

公司债券发行费用 [gōngsī zhàiquàn fāxíng fèiyòng] 日 社債発行費 英 bond issue expense

公司债券利息 [gōngsī zhàiquàn lìxī] 日 社債利息 英 bond interest

公司章程 [gōngsī zhāngchéng] 日 定款 英 articles of incorporation

公司账户 [gōngsī zhànghù] 日 法人口座 英 corporate account

公司治理 [gōngsī zhìlǐ] 日 企業統治 英 corporate governance

公务员 [gōngwùyuán] 日 公務員 英 public official

公钥密码术 [gōngyào mìmǎ shù] 日 秘密鍵暗号方式 英 secret key cryptosystem

公益法人 [gōngyì fǎrén] 日 公益法人 英 corporation in public interest

公用事业 [gōngyòng shìyè] 日 公益事業 英 public utilities

公允价格 [gōngyǔn jiàgé] 日 公正価格 英 fair price

公允价值 [gōngyǔn jiàzhí] 日 公正価値 英 fair value

公允价值变动损益 [gōngyǔn jiàzhí biàndòng sǔnyì] 日 公正価値変動損益 英 gain or loss arising from changes in the fair value

公允价值层级 [gōngyǔn jiàzhí céngjí] 日 公正価値ヒエラルキー 英 fair value hierarchy

公允价值计量 [gōngyǔn jiàzhí jìliáng] 日 公正価値測定 英 fair value measurement

公允价值会计 [gōngyǔn jiàzhí kuàijì] 日 時価主義会計 英 market value accounting

公允价值模式 [gōngyǔn jiàzhí móshì] 日 公正価値モデル 英 fair value model

公允价值评价法 [gōngyǔn jiàzhí píngjià fǎ] 日 公正価値評価技法 英 fair value valuation technique

公允价值套期 [gōngyǔn jiàzhí tàoqī] 日 公正価値ヘッジ 英 fair value hedge

公允价值选择权 [gōngyǔn jiàzhí xuǎnzé quán] 日 公正価値オプション 英 fair value option

公允恰当 [gōngyǔn qiàdàng] 日 公正妥当 英 fairness and appropriate

公章 [gōngzhāng] 日 社印 英 corporate seal

公正 [gōngzhèng] 日 公正 英 fairness

功能 [gōngnéng] 日 機能 英 function

功能风险分析 [gōngnéng fēngxiǎn fēnxī] 日 機能リスク分析 英 functional and risk analysis

功能货币 [gōngnéng huòbì] 日 機能通貨 英 functional currency

供货商 [gōnghuò shāng] 日 購入先 英 supplier

供货商贴现 [gōnghuò shāng tiēxiàn] 日 購入先リベート 英 supplier rebates

供给过剩 [gōngjǐ guòshèng] 日 供給過剰 英 oversupply

供应 [gōngyìng] 日 供給 英 supply

供应地原则 [gōngyìng dì yuánzé] 日 提供地基準 英 place of supply rule

供应链 [gōngyìng liàn] 日 サプライチェーン 英 supply chain

供应链关系管理 [gōngyìng liàn guānxì guǎnlǐ] 日 サプライチェーンマネジメント 英 supply chain management (SCM)

供应商 [gōngyìng shāng] 日 納入業者 英 supplier

共计 [gòngjì] 日 合算 英 aggregate

共谋 [gòngmóu] 日 共謀 英 collusion

共同 [gòngtóng] 日 共同 英 joint

共同担保 [gòngtóng dānbǎo] 日 共同担保 英 joint guarantee

共同费用 [gòngtóng fèiyòng] 日 共通費 英 common cost

共同费用分摊 [gòngtóng fèiyòng fēntān] 日 共通費用の配賦 英 common cost allocation

共同经营 [gòngtóng jīngyíng] 日 共同経営 英 joint management

共同控制 [gòngtóng kòngzhì] 日 共同支配 英 joint control

共同控制企业 [gòngtóng kòngzhì qǐyè] 日 共同支配企業 英 joint venture

共同事业 [gòngtóng shìyè] 日 共同事業 英 joint operation

共享 [gòngxiǎng] 日 シェア 英 share

共享软件 [gòngxiǎng ruǎnjiàn] 日 シェアウェア 英 shareware

共享税 [gòngxiǎng shuì] 日 共通税 英 shared tax

共益权 [gòngyì quán] 日 共益権 英 common benefit right

贡献分析 [gòngxiàn fēnxī] 日 貢献度分析 英 contribution analysis

贡献分析利润分割法 [gòngxiàn fēnxī lìrùn fēngē fǎ] 日 寄与度利益分割法 英 contribution profit split method

贡献毛益 [gòngxiàn máoyì] 日 貢献利益 英 contribution margin

贡献毛益率 [gòngxiàn máoyì lǜ] 日 貢献利益率 英 contribution margin ratio

沟通意见 [gōutōng yìjiàn] 日 意思疎通 英 mutual understanding

构造物 [gòuzàowù] 日 構築物 英 structures

购货（进货）日记账 [gòuhuò (jìnhuò) rìjì zhàng] 日 仕入帳 英 purchase journal

购货（进货）折让 [gòuhuò (jìnhuò) zhéràng] 日 仕入値引 英 purchase discount

购货方 [gòuhuò fāng] 日 購買者 英 purchaser

购货日记账 [gòuhuò rìjì zhàng] 日 仕入日記帳 英 purchase book

购货退回 [gòuhuò tuìhuí] 日 仕入返品 英 purchase return

购货佣金 [gòuhuò yòngjīn] 日 仕入手数料 英 purchase commission

购货折让 [gòuhuò zhéràng] 日 仕入割引 英 purchase discount

购买成本 [gòumǎi chéngběn] 日 購入原価 英 purchase cost

购买法 [gòumǎi fǎ] 日 パーチェス法 英 purchase method

购买方 [gòumǎi fāng] 日 バイヤー 英 buyer

购买价款 [gòumǎi jiàkuǎn] 日 購入価額 英 purchase price

购买日 [gòumǎi rì] 日 取得日 英 date of acquisition

购买选择权 [gòumǎi xuǎnzé quán] 日 購入選択権 英 call option

购入固定资产的增值税 [gòurù gùdìng zīchǎn de zēngzhí shuì] 日 固定資産仕入増値税額 英 input value added tax on fixed assets

购入期权 [gòurù qīquán] 日 買建オプション 英 call option

购物中心 [gòuwù zhōngxīn] 日 ショッピングセンター 英 shopping center

购销 [gòuxiāo] 日 売買 英 purchase and sale

购销合同 [gòuxiāo hétóng] 日 売買契約 英 sales and purchase contract

估计 [gūjì] 日 見積り 英 estimate

估价 [gūjià] 日 価格見積り 英 price estimation

估计成本 [gūjì chéngběn] 日 見積原価 英 estimated cost

估计费用 [gūjì fèiyòng] 日 見積費用 英 estimated expense

估计价格 [gūjì jiàgé] 日 見積価格 英 estimated price

估值 [gūzhí] 日 バリュエーション 英 valuation

股本 [gūběn] 日 資本金 英 capital stock

股本溢价 [gūběn yìjià] 日 株式発行差金 英 share premium

股本资本 [gūběn zīběn] 日 株主資本 英 shareholder's equity

股东 [gūdōng] 日 株主 英 shareholder

股东变更登记 [gūdōng biàn gēng dēngjì] 日 株主変更登記 英 shareholder change registration

股东大会 [gūdōng dàhuì] 日 株主総会 英 shareholders' meeting

股东代表诉讼 [gūdōng dàibiǎo sùsòng] 日 株主代表訴訟 英 shareholder representative litigation

股东股本 [gūdōng gūběn] 日 自己資本 英 shareholder's equity

股东股本对资产比率 [gūdōng gūběn duì zīchǎn bǐlǜ] 日 自己資本比率 英 shareholder's equity to total assets ratio

股东会 [gūdōng huì] 日 株主会 英 board of shareholders

股东名簿 [gūdōng míngbù] 日 株主名簿 英 list of shareholders

股东权利 [gūdōng quánlì] 日 株主権利 英 shareholder's right

股东权益 [gūdōng quányì] 日 株主持分 英 stockholder's equity

股东权益变动表 [gūdōng quányì biàndòng biǎo] 日 株主資本等変動計算書 英 statement of changes in equity

股东权益成本 [gūdōng quányì chéngběn] 日 株主資本コスト 英 cost of shareholder's equity

股东权益明细表 [gūdōng quányì míngxì biǎo] 日 株主持分明細表 英 statement of shareholders' equity

股东权益增减变动表 [gūdōng quányì zēngjiǎn biàndòng biǎo] 日 株主持分増減変動表 英 statement of changes in equity

股东提案权 [gūdōng tí àn quán] 日 株主提案権 英 shareholder's proposal right

股东行为 [gūdōng xíngwéi] 日 株主活動 英 shareholder activity

股份发行 [gūfèn fāxíng] 日 株式発行 英 share issuance

股份公司 [gūfèn gōngsī] 日 株式会社 英 stockholder-owned company

股份期权 [gūfèn qīquán] 日 ストック・オプション 英 stock option

股份认购 [gūfèn rèngòu] 日 株式引受 英 underwriting of stock

股份认购权 [gūfèn rèngòu quán] 日 株式買付権 英 share option

股份认购协议 [gūfèn rèngòu xiéyì] 日 株式引受協議書 英 share underwriting agreement

股份拥有权 [gūfèn yōngyǒu quán] 日 株式所有権 英 ownership of shares

股份转让 [gūfèn zhuǎnràng] 日 株式譲渡 英 stock transfer

股价 [gūjià] 日 株価 英 stock price

股价指数 [gūjià zhǐshù] 日 株価指数 英 share price index

股利 [gūlì] 日 配当金 英 dividend

股利分红免税规定 [gūlì fēnhóng miǎnshuì guīdìng] 日 配当免税制度 英 dividend exemption system

股利分配请求权 [gūlì fēnpèi qǐngqiú quán] 日 剰余金配当請求権 英 dividend claims

股利分配条款 [gūlì fēnpèi tiáokuǎn] 日 配当条項 英 dividend clause

股利收益率 [gūlì shōuyìlǜ] 日 配当収益率 英 rate of return on dividend

股利所得 [gūlì suǒdé] 日 配当所得 英 dividend income

股利宣告日 [gūlì xuāngào rì] 日 配当宣言日 英 dividend declaration date

股利政策 [gūlì zhèngcè] 日 配当政策 英 dividend policy

股利支付率 [gūlì zhīfù lǜ] 日 配当性向 英 dividend payout ratio

股票 [gūpiào] 日 株式 英 stock

股票代码 [gūpiào dàimǎ] 日 証券コード 英 ticker symbol

股票发行价格 [gūpiào fāxíng jiàgé] 日 株式発行価格 英 share issue price

股票发行申请 [gūpiào fāxíng shēnqǐng] 日 株式発行申請 英 application for share issue

股票分割 [gǔpiào fēngē] 🇯 株式分割 🇬🇧 stock split

股票股利 [gǔpiào gǔlì] 🇯 株式配当 🇬🇧 stock dividends

股票合并 [gǔpiào hébìng] 🇯 株式併合 🇬🇧 stock consolidation

股票交易市场 [gǔpiào jiāoyì shìchǎng] 🇯 株式市場 🇬🇧 stock market

股票面值 [gǔpiào miànzhí] 🇯 株式額面価額 🇬🇧 share face value

股票期权 [gǔpiào qīquán] 🇯 株式報酬 🇬🇧 stock based compensation

股票上市 [gǔpiào shàngshì] 🇯 株式上場 🇬🇧 listing

股票投资 [gǔpiào tóuzī] 🇯 株式投資 🇬🇧 equity investment

股票投资利润 [gǔpiào tóuzī lìrùn] 🇯 株式投資利益 🇬🇧 capital gain

股票投资损失 [gǔpiào tóuzī sǔnshī] 🇯 株式投資損失 🇬🇧 capital loss

股票邀标定价法 [gǔpiào yāobiāo dìngjià fǎ] 🇯 ブックビルディング方式 🇬🇧 book building method

股票种类 [gǔpiào zhǒnglèi] 🇯 種類株式 🇬🇧 classified share

股权变更 [gǔquán biàn gēng] 🇯 持分変更 🇬🇧 equity change

股权并购 [gǔquán bìnggòu] 🇯 持分買収 🇬🇧 acquisition of equity

股权重组 [gǔquán chóngzǔ] 🇯 持分再編 🇬🇧 equity restructuring

股权出资转让 [gǔquán chūzī zhuǎnràng] 🇯 出資持分譲渡 🇬🇧 transfer of equity interests

股权构成 [gǔquán gòuchéng] 🇯 持分構成 🇬🇧 equity structure

股权回购请求权 [gǔquán huígòu qīngqiú quán] 🇯 株式買取請求権 🇬🇧 put option

股权回购协议 [gǔquán huígòu xiéyì] 🇯 持分買戻協議書 🇬🇧 equity repurchase agreement

股权激励 [gǔquán jīlì] 🇯 インセンティブストック・オプション 🇬🇧 incentive stock option

股权收购报告书 [gǔquán shōugòu bàogào shū] 🇯 公開買付報告書 🇬🇧 tender offer report

股权收购方式 [gǔquán shōugòu fāngshì] 🇯 公開買付方式 🇬🇧 tender offer method

股权投资 [gǔquán tóuzī] 🇯 持分投資 🇬🇧 equity investment

股权投资企业 [gǔquán tóuzī qǐyè] 🇯 株式投資企業 🇬🇧 investment enterprise

股权投资收益 [gǔquán tóuzī shōuyì] 🇯 持分投資収益 🇬🇧 equity investment income

股权投资准备 [gǔquán tóuzī zhǔnbèi] 🇯 持分投資準備金 🇬🇧 equity investment reserve

股权优先购买权 [gǔquán yōuxiān gòumǎi quán] 🇯 持分優先購入権 🇬🇧 equity preemption

股权转让 [gǔquán zhuǎnràng] 🇯 持分譲渡 🇬🇧 equity transfer

股权转让合同 [gǔquán zhuǎnràng hétóng] 🇯 持分譲渡契約書 🇬🇧 equity transfer agreement

股权转让收益 [gǔquán zhuǎnràng shōuyì] 🇯 持分譲渡益 🇬🇧 gain on equity transfer

股权转让损失 [gǔquán zhuǎnràng sǔnshī] 🇯 持分譲渡損失 🇬🇧 loss on equity transfer

股权转让所得 [gǔquán zhuǎnràng suǒdé] 🇯 持分譲渡所得 🇬🇧 equity interest transfer income

股市行情 [gǔshì hángqíng] 🇯 株式市況 🇬🇧 market condition

股息计入制度 [gǔxī jìrù zhìdù] 🇯 配当益金算入制度 🇬🇧 inclusion system of dividend received in gross revenue

股息受益人 [gǔxī shòuyì rén] 🇯 配当の受益者 🇬🇧 dividend recipient

股息所得源泉征税 [gǔxī suǒdé yuánquán zhēngshuì] 🇯 配当源泉課税 🇬🇧 dividend withholding tax

鼓励类产业 [gǔlì lèi chǎnyè] 🇯 奨励類産業 🇬🇧 encouraged industries

鼓励类企业 [gǔlì lèi qǐyè] 🇯 奨励類企業 🇬🇧 encouraged enterprises

鼓励类项目 [gǔlì lèi xiàngmù] 🇯 奨励類プロジェクト 🇬🇧 encouraged project

固定成本 [gùdìng chéngběn] 🇯 固定原価 🇬🇧 fixed cost

固定费用 [gùdìng fèiyòng] 🇯 固定費 🇬🇧 fixed cost

固定负债 [gùdìng fùzhài] 🇯 固定負債 🇬🇧 fixed liabilities

固定工资薪金 [gùdìng gōngzī xīnjīn] 🇯 固定給 🇬🇧 fixed salaries and wages

固定价格合同 [gùdìng jiàgé hétóng] 🇯 固定価格契約 🇬🇧 fixed price contract

固定扣除 [gùdìng kòuchú] 🇯 基礎控除額 🇬🇧 basic deduction

固定利率 [gùdìng lìlǜ] 日 固定金利 英 fixed interest rate

固定营业场所 [gùdìng yíngyè chǎngsuǒ] 日 事業を行う一定の場所 英 fixed place of business

固定造价合同 [gùdìng zàojià hétóng] 日 固定額契約 英 fixed cost contract

固定资本 [gùdìng zīběn] 日 固定資本 英 fixed capital

固定资产 [gùdìng zīchǎn] 日 固定資産 英 fixed assets

固定资产的改良 [gùdìng zīchǎn de gǎiliáng] 日 固定資産の改良 英 improvement of fixed assets

固定资产对资产总额比率 [gùdìng zīchǎn duì zīchǎn zǒng é bǐlǜ] 日 固定資産比率 英 tangible fixed assets to total assets ratio

固定资产减值准备 [gùdìng zīchǎn jiǎnzhí zhǔnbèi] 日 固定資産減損引当金 英 allowance for impairment of fixed assets

固定资产卡片 [gùdìng zīchǎn kǎpiàn] 日 有形固定資産票 英 tangible fixed assets card

固定资产明细表 [gùdìng zīchǎn míngxì biǎo] 日 固定資産明細表 英 tangible fixed assets schedule

固定资产目录 [gùdìng zīchǎn mùlù] 日 固定資産目録 英 tangible fixed assets list

固定资产清理 [gùdìng zīchǎn qīnglǐ] 日 固定資産処分 英 fixed assets pending disposal

固定资产投资方向调节税 [gùdìng zīchǎn tóuzī fāngxiàng tiáojié shuì] 日 固定資産投資方向調節税 英 fixed asset investment redirection tax

固定资产原值 [gùdìng zīchǎn yuánzhí] 日 固定資産原価 英 cost of fixed assets

固定资产增值税进项税额抵扣 [gùdìng zīchǎn zēngzhí shuì jìnxiàng shuì é dǐkòu] 日 控除固定資産増値税 英 deductible input VAT on fixed assets

固定资产周转率 [gùdìng zīchǎn zhōuzhuǎn lǜ] 日 固定資産回転率 英 turnover of fixed assets

固有风险 [gùyǒu fēngxiǎn] 日 固有リスク 英 inherent risk

固有限制 [gùyǒu xiànzhì] 日 固有制限 英 inherent limit

固定资产台账 [zīchǎn táizhàng] 日 固定資産台帳 英 fixed assets ledger

故障 [gùzhàng] 日 故障 英 breakdown

雇佣 [gùyōng] 日 雇用 英 employment

雇员福利 [gùyuán fúlì] 日 従業員給付 英 employee benefits

雇主通知书 [gùzhǔ tōngzhī shū] 日 雇用主通知書 英 employers notice

顾客 [gùkè] 日 顧客 英 customer

顾问 [gùwèn] 日 顧問 英 consultant

顾问费 [gùwèn fèi] 日 顧問料 英 consultancy fee

寡头垄断 [guǎtóu lǒngduàn] 日 売り手寡占 英 oligopoly

关键管理人员 [guānjiàn guǎnlǐ rényuán] 日 重要な管理職員 英 key management personnel

关键绩效指标 [guānjiàn jìxiào zhǐbiāo] 日 主要な業績指標 英 key performance indicators(KPI)

关键控制 [guānjiàn kòngzhì] 日 キーコントロール 英 key control

关联方 [guānlián fāng] 日 関連当事者 英 related parties

关联方交易 [guānlián fāng jiāoyì] 日 関連当事者間取引 英 related parties transactions

关联方交易分析表 [guānlián fāng de jiāoyì fēnxī biǎo] 日 関連当事者間取引分析表 英 analysis sheet of related parties transactions

关联方的披露 [guānlián fāng de pīlù] 日 関連当事者の開示 英 disclosure of related parties

关联公司 [guānlián gōngsī] 日 関係会社 英 related company

关联公司股份 [guānlián gōngsī gǔfèn] 日 関連会社株式 英 shares of affiliates

关联交易 [guānlián jiāoyì] 日 関係会社間取引 英 inter-company transaction

关联交易差价 [guānlián jiāoyì chājià] 日 関連取引の価格の差 英 price variance in related party transactions

关联企业 [guānlián qǐyè] 日 関連企業 英 affiliated enterprise

关联企业间债权债务往来 [guānlián qǐyè jiān zhàiquán zhàiwù wǎnglái] 日 関係会社間債権債務 英 inter-company debt and credit

关税 [guānshuì] 日 関税 英 custom tax

关税互惠协议 [guānshuì hùhuì xiéyì] 日 相互協議 英 mutual agreement

关税及贸易总协定 [guānshuì jí màoyì zǒng xiédìng] 日 関税及び貿易に関する一般協定 英 General Agreement on Tariffs and Trade (GATT)

关税配额管理 [guānshuì pèi é guǎnlǐ] 日 関税割当管理 英 tariff quota administration

关税税率 [guānshuì shuìlǜ] 日 関税率 英 customs duty rate

关税完税价格 [guānshuì wánshuì jiàgé] 日 関税課税価格 英 customs value

关注 [guānzhù] 日 注意 英 attention

观察 [guānchá] 日 観察 英 observation

官方储备 [guānfāng chǔbèi] 日 公的準備金 英 official reserves

管理部门 [guǎnlǐ bùmén] 日 管理部門 英 administrative division

管理层 [guǎnlǐcéng] 日 経営者 英 management personnel

管理层导致的无效措施 [guǎnlǐ céng dǎozhì de wúxiào cuòshī] 日 経営者による無効措置 英 management override

管理层的评价 [guǎnlǐ céng de píngjià] 日 経営者評価 英 management's assessment

管理层声明书 [guǎnlǐ céng shēngmíng shū] 日 経営者確認書 英 representation letter

管理层舞弊 [guǎnlǐ céng wǔbì] 日 経営者不正 英 management fraud

管理层逾越内部控制 [guǎnlǐ céng yúyuè nèibù kòngzhì] 日 経営者による内部統制の無効化 英 management override

管理方法 [guǎnlǐ fāngfǎ] 日 マネジメントアプローチ 英 management approach

管理费用 [guǎnlǐ fèiyòng] 日 管理費用 英 administrative expense

管理建议书 [guǎnlǐ jiànyì shū] 日 マネジメントレター 英 management letter

管理控制标准 [guǎnlǐ kòngzhì biāozhǔn] 日 管理支配基準 英 management control standards

管理会计 [guǎnlǐ kuàijì] 日 管理会計 英 management accounting

管理人的职位及职责 [guǎnlǐ rén de zhíwèi jí zhízé] 日 スチュワードシップ 英 stewardship

管理性公司 [guǎnlǐ xing gōngsī] 日 管理性会社 英 management company

管辖区域 [guǎnxiá qūyù] 日 管轄区域 英 jurisdictional area

惯例 [guànlì] 日 慣行 英 practice

广域网 [guǎngyù wǎng] 日 広域通信網 英 wide area network (WAN)

广告费 [guǎnggào fèi] 日 広告宣伝費 英 advertising expense

归纳法 [guīnà fǎ] 日 帰納法 英 induction

归属期间 [guīshǔ qījiān] 日 帰属期間 英 attribution period

规定 [guīdìng] 日 規定 英 rule

规则 [guīzé] 日 規則 英 regulations

柜台交易市场 [guìtái jiāoyì shìchǎng] 日 店頭市場 英 over the counter (OTC) equity market

滚动预算 [gǔndòng yùsuàn] 日 ローリング予算 英 rolling budget

国产设备 [guóchǎn shèbèi] 日 国産設備 英 domestic manufactured equipment

国产设备投资抵免税收 [guóchǎn shèbèi tóuzī dǐmiǎn shuìshōu] 日 国産設備投資税額免除 英 tax exemption for domestic manufactured equipment

国防部 [guófáng bù] 日 国防省 英 Ministry of National Defense

国家安全部 [guójiā ānquán bù] 日 国家安全省 英 Ministry of State Security

国家安全审查 [guójiā ānquán shěnchá] 日 国家安全審査 英 national security review

国家电力监管委员会 [guójiā diànlì jiānguǎn wěiyuán huì] 日 国家電力監督管理委員会 英 State Electricity Regulatory Commission

国家发展和改革委员会 [guójiā fāzhǎn hé gǎigé wěiyuán huì] 日 国家発展及び改革委員会 英 National Development and Reform Commission

国家发展奖励项目 [guójiā fāzhǎn jiǎnglì xiàngmù] 日 国家発展奨励プロジェクト 英 national development incentive project

国家风险 [guójiā fēngxiǎn] 日 カントリーリスク 英 country risk

国家风险溢价 [guójiā fēngxiǎn yìjià] 日 カントリーリスクプレミアム 英 country risk premium

国家工商行政管理总局 [guójiā gōngshāng xíngzhèng guǎnlǐ zǒngjú] 日 国家工商行政管理総局 英 State Administration for Industry and Commerce

国家环境保护总局 [guójiā huánjìng bǎohù zǒngjú] 日 国家環境保護総局 英 Ministry of Environment Protection

国家开发区 [guójiā kāifā qū] 日 国家開発区 英 national development zone

国家赔偿 [guójiā péicháng] 日 国家賠償 英 state compensation

国家审计署 [guójiā shěnjì shǔ] 日 国家監査署

[英] National Audit Office

国家食品药品监督管理局 [guójiā shípǐn yàopǐn jiāndū guǎnlǐ jú] [日] 国家食品薬品監督管理局 [英] China Food and Drug Administration

国家税务总局 [guójiā shuìwù zǒngjú] [日] 国家税務総局 [英] State Administration of Taxation (SAT)

国家统计局 [guójiā tǒngjì jú] [日] 国家統計局 [英] National Bureau of Statistics

国家限制类 [guójiā xiànzhì lèi] [日] 国家制限類 [英] national restricted industries

国家质量监督检验检疫总局 [guójiā zhìliàng jiāndū jiǎnyàn jiǎnyì zǒngjú] [日] 国家質量監督検査検疫総局 [英] General Administration of Quality Supervision, Inspection and Quarantine

国家指南 [guójiā zhǐnán] [日] カントリーガイド [英] country guide

国家知识产权局 [guójiā zhīshí chǎnquán jú] [日] 国家知的財産権局 [英] State Intellectual Property Office

国家重点扶持公共基础设施项目 [guójiā zhòngdiǎn fúchí gōng gòng jīchǔ shèshī xiàngmù] [日] 重点支援インフラストラクチャープロジェクト [英] national key infrastructure project

国际板 [guójì bǎn] [日] 国際証券市場 [英] international board

国际标准化组织 [guójì biāozhǔn huà zǔzhī] [日] 国際標準化機構 [英] International Organization for Standardization (ISO)

国际财务报告解释委员会 [guójì cáiwù bàogào jiěshì wěiyuán huì] [日] 国際財務報告解釈委員会 [英] IFRS Interpretations Committee (IFRIC)

国际财务报告准则 [guójì cáiwù bàogào zhǔnzé] [日] 国際財務報告基準 [英] International Financial Reporting Standards (IFRSs)

国际惯例 [guójì guànlì] [日] 国際慣例 [英] international practice

国际货币基金组织 [guójì huòbì jījīn zǔzhī] [日] 国際通貨基金 [英] International Monetary Fund (IMF)

国际金融组织贷款 [guójì jīnróng zǔzhī dàikuǎn] [日] 国際金融組織ローン [英] international financial institution loan

国际开发协会 [guójì kāifā xiéhuì] [日] 国際開発協会 [英] International Development Association (IDA)

国际快递业务 [guójì kuàidì yèwù] [日] 国際速達業務 [英] international express delivery business

国际会计准则 [guójì kuàijì zhǔnzé] [日] 国際会計基準 [英] International Accounting Standards (IAS)

国际会计准则委员会 [guójì kuàijì zhǔnzé wěiyuán huì] [日] 国際会計基準審議会 [英] International Accounting Standards Board (IASB)

国际劳务派遣 [guójì láowù pàiqiǎn] [日] 国際派遣 [英] international posting

国际融资租赁 [guójì róngzī zūlìn] [日] 国際ファイナンス・リース [英] international finance lease

国际商业贷款 [guójì shāngyè dàikuǎn] [日] 国際商業ローン [英] international commercial loan

国际审计标准 [guójì shěnjì biāozhǔn] [日] 国際監査基準 [英] International Auditing Standards (IAS)

国际市场价格 [guójì shìchǎng jiàgé] [日] 国際市場価格 [英] international market price

国际收支 [guójì shōuzhī] [日] 国際収支 [英] balance of international payment

国际收支平衡 [guójì shōuzhī pínghéng] [日] 国際収支バランス [英] balance of international payment

国际收支统计 [guójì shōuzhī tǒngjì] [日] 国際収支統計 [英] balance of international payment statistics

国际销售网络 [guójì xiāoshòu wǎngluò] [日] 国際販売ネットワーク [英] international sales network

国际运输服务 [guójì yùnshū fúwù] [日] 国際運輸サービス [英] international transportation service

国际租赁交易 [guójì zūlìn jiāoyì] [日] 国際リース取引 [英] international lease transaction

国民待遇 [guómín dàiyù] [日] 国民待遇 [英] national treatment

国民生产净值 [guómín shēngchǎn jingzhí] [日] 国民純生産 [英] Net National Product (NNP)

国民生产总值 [guómín shēngchǎn zǒngzhí] [日] 国民総生産 [英] Gross National Product (GNP)

国民所得 [guómín suǒdé] [日] 国民所得 [英] national income

国民总收入 [guómín zǒng shōurù] [日] 国民総所得 [英] Gross National Income (GNI)

国民总支出 [guómín zǒng zhīchū] [日] 国民総支出 [英] Gross National Expenditure (GNE)

国内生产总值 [guónèi shēngchǎn zǒngzhí] [日] 国内総生産 [英] Gross Domestic Product (GDP)

国税 [guóshuì] [日] 国税 [英] national tax

国土资源部 [guótǔ zīyuán bù] [日] 国土省 [英] Ministry of Land and Resources

国务院 [guówù yuàn] [日] 国務院 [英] State Council

国有独资公司 [guóyǒu dúzī gōngsī] [日] 国有独資会

社 [日] wholly state-owned enterprise

国有股 [guóyǒu gǔ] [日] 国有株 [英] stated-owned shares

国有化 [guóyǒuhuà] [日] 国有化 [英] nationalization

国有企业 [guóyǒu qǐyè] [日] 国有企業 [英] state-owned enterprises

国有土地使用权的出让方式 [guóyǒu tǔdì shǐyòng quán de chūràng fāngshì] [日] 国有土地使用権払下方式 [英] disposal of state-owned land use right

国有银行 [guóyǒu yínháng] [日] 国有銀行 [英] state-owned bank

国有资产 [guóyǒu zīchǎn] [日] 国有資産 [英] state-owned assets

国有资产管理局 [guóyǒu zīchǎn guǎnlǐ jú] [日] 国有資産管理局 [英] National State-Owned Assets Administration Bureau

国有资产监督管理委员会 [guóyǒu zīchǎn jiāndū guǎnlǐ wěiyuán huì] [日] 国有資産監督管理委員会 [英] State-owned Assets Supervision and Administration Commission

国有资产评估资格证书 [guóyǒu zīchǎn píng gū zīgé zhèngshū] [日] 国有資産評価資格証書 [英] certificates of state-owned assets assessment qualification

国有资产占有单位 [guóyǒu zīchǎn zhànyǒu dānwèi] [日] 国有資産を占有している企業 [英] state-owned assets possessor

国债 [guózhài] [日] 国債 [英] government bond

过半数 [guò bànshù] [日] 過半数 [英] majority

过程 [guòchéng] [日] プロセス [英] process

过程控制 [guòchéng kòngzhì] [日] プロセスコントロール [英] process control

过低评价 [guòdī píngjià] [日] 過小評価 [英] underestimate

过渡期 [guòdù qī] [日] 過渡期 [英] transition period

过渡条款 [guòdù tiáokuǎn] [日] 移行措置 [英] transitional measure

过度投机 [guòdù tóujī] [日] 過剰投機 [英] over-speculation

过渡性措施 [guòdù xìng cuòshī] [日] 経過措置 [英] transitional measure

过渡性政策 [guòdù xìng zhèngcè] [日] 過渡的措置 [英] transitional measure

过渡政策 [guòdù zhèngcè] [日] 移行政策 [英] transitional policy

过户登记 [guòhù dēngjì] [日] 移転登記 [英] registration of transfer

过失 [guòshī] [日] 過失 [英] negligence

过时商品 [guòshí shāngpǐn] [日] 陳腐化商品 [英] obsolete good

H

H 股 [H gǔ] [日] H 株 [英] H shares

海关 [hǎiguān] [日] 税関 [英] custom office

海关报关证明 [hǎiguān bàoguān zhèngmíng] [日] 税関通関証明書 [英] customs clearance certificate

海关代征 [hǎiguān dàizhēng] [日] 税関代理徴収 [英] customs levy

海关代征进口增值税 [hǎiguān dàizhēng jìnkǒu zēngzhí shuì] [日] 税関輸入増値税代理徴収 [英] customs levy of the import value added tax

海关监管 [hǎiguān jiān guǎn] [日] 税関による監督管理 [英] customs supervision and management

海关监管年限 [hǎiguān jiān guǎn niánxiàn] [日] 税関監督管理期間 [英] customs supervision period

海关进口增值税缴款书 [hǎiguān jìnkǒu zēngzhí shuì jiǎokuǎn shū] [日] 税関輸入増値税納付書 [英] customs import value added tax payment notice

海关申报 [hǎiguān shēnbào] [日] 税関申告 [英] customs declaration

海关特殊监管区域 [hǎiguān tèshū jiān guǎn qūyù] [日] 税関特別監督管理区域 [英] customs special supervision and management area

海关总署 [hǎiguān zǒngshǔ] [日] 税関総署 [英] General Administration of Customs

海外分支机构 [hǎiwài fēnzhī jīgòu] [日] 国外事業体 [英] foreign business entity

海运提单 [hǎiyùn tídān] [日] 船荷証券 [英] bill of lading (B/L)

含税 [hánshuì] [日] 税込 [英] tax included

含税价格 [hánshuì jiàgé] [日] 税込価格 [英] tax-included price

含税销售额 [hánshuì xiāoshòu é] [日] 税込売上額 [英] sales amount including tax

含送费 [hán sòngfèi] 日 送料込 英 including postage

行业编码 [hángyè biānmǎ] 日 産業コード 英 industry code

行业协会 [hángyè xiéhuì] 日 業界団体 英 industry association

行业准入标准 [hángyè zhǔnrù biāozhǔn] 日 業種参入基準 英 industry admittance criteria

耗减 [hàojiǎn] 日 減耗 英 depletion

合并 [hébìng] 日 連結 英 consolidation

合并报表决算日 [hébìng bàobiǎo juésuàn rì] 日 連結決算日 英 consolidated closing date

合并程序 [hébìng chéngxù] 日 連結手続 英 consolidation procedure

合并对价 [hébìng duìjià] 日 企業結合の対価 英 consideration of business combination

合并方 [hébìng fāng] 日 結合企業 英 combined entity

合并范围 [hébìng fànwéi] 日 連結範囲 英 range of consolidation

合并工作底稿 [hébìng gōngzuò dǐgǎo] 日 連結精算表 英 consolidation worksheets

合并股东权益变动报表 [hébìng gǔdōng quányì biàndòng bàobiǎo] 日 連結株主資本等変動計算書 英 consolidated statement of changes in shareholders' equity

合并价差 [hébìng jiàchà] 日 連結調整勘定 英 consolidation adjustment

合并基础 [hébìng jīchǔ] 日 連結ベース 英 consolidated basis

合并决算 [hébìng juésuàn] 日 連結決算 英 consolidated closing

合并会计报表 [hébìng kuàijì bàobiǎo] 日 連結財務諸表 英 consolidated financial statements

合并会计期间 [hébìng kuàijì qījiān] 日 連結会計期間 英 consolidated accounting period

合并会计政策 [hébìng kuàijì zhèngcè] 日 連結会計方針 英 consolidated accounting policy

合并利润表 [hébìng lìrùn biǎo] 日 連結損益計算書 英 consolidated income statements

合并日 [hébìng rì] 日 結合日 英 date of business combination

合并税前利润 [hébìng shuìqián lìrùn] 日 連結税引前利益 英 consolidated profit before tax

合并调整 [hébìng tiáozhěng] 日 連結修正 英 consolidated adjustment

合并现金流量表 [hébìng xiànjīn liúliàng biǎo] 日 連結キャッシュ・フロー計算書 英 consolidated cash flow statement

合并销售收入或主营业务收入 [hébìng xiāoshòu shōurù huò zhǔyíng yèwù shōurù] 日 連結売上高 英 consolidated sales

合并盈余 [hébìng yíngyú] 日 連結剰余金 英 consolidated retained earnings

合并盈余金计算表 [hébìng yíngyú jīn jìsuàn biǎo] 日 連結剰余金計算書 英 consolidated retained earnings statement

合并政策 [hébìng zhèngcè] 日 連結方針 英 consolidation policy

合并资产负债表 [hébìng zīchǎn fùzhài biǎo] 日 連結貸借対照表 英 consolidated balance sheets

合并资产总额 [hébìng zīchǎn zǒng é] 日 連結総資産 英 consolidated total assets

合格保单 [hégé bǎodān] 日 適格保険証券 英 qualifying insurance policy

合格机构投资者 [hégé jīgòu tóuzī zhě] 日 適格機関投資家 英 qualified institutional investors

合格投资者 [hégé tóuzī zhě] 日 適格投資家 英 qualified investor

合规 [héguī] 日 コンプライアンス 英 compliance

合规性 [héguī xìng] 日 準拠性 英 compliance

合伙人 [héhuǒ rén] 日 パートナー 英 partner

合伙人企业 [héhuǒ rén qǐyè] 日 パートナーシップ企業 英 partnership enterprise

合伙协议 [héhuǒ xiéyì] 日 パートナー協議書 英 partnership agreement

合伙制 [héhuǒ zhì] 日 パートナーシップ 英 partnership

合计 [héjì] 日 合計 英 total

合理保证 [hélǐ bǎozhèng] 日 合理的の保証 英 reasonable assurance

合理支出 [hélǐ zhīchū] 日 合理的の支出 英 reasonable expenditure

合同 [hétóng] 日 契約書 英 contract

合同保证金 [hétóng bǎozhèng jīn] 日 契約保証金 英 contract guarantee

合同备案登记 [hétóng bèi àn dēngjì] 日 契約届出登記 英 contract registration

合同变更 [hétóng biàngēng] 日 契約変更 英 alteration of contract

合同成本 [hétóng chéngběn] 日 契約原価 英 contract cost

合同当事人 [hétóng dāngshì rén] 日 契約当事者 英 contracting parties

合同定金 [hétóng dìngjīn] 日 契約手付金 英 contract deposit

合同对方 [hétóng duìfāng] 日 契約相手 英 counterparty to a contract

合同法 [hétóng fǎ] 日 契約法 英 contract law

合同分立 [hétóng fēnlì] 日 契約分割 英 contract separation

合同合并 [hétóng hébìng] 日 契約結合 英 combined contract

合同价格 [hétóng jiàgé] 日 契約価格 英 contract price

合同解除 [hétóng jiěchú] 日 契約解除 英 cancellation of contract

合同金额 [hétóng jīn é] 日 契約金額 英 contract amount

合同利率 [hétóng lìlǜ] 日 契約金利 英 contract interest rate

合同履行 [hétóng lǚxíng] 日 契約履行 英 implementation of contract

合同期 [hétóng qī] 日 契約期間 英 contract period

合同权利 [hétóng quánlì] 日 契約上の権利 英 contractual right

合同权利义务终止 [hétóng quánlì yìwù zhōngzhǐ] 日 契約における権利義務の終了 英 termination of contractual obligation

合同示范文本 [hétóng shìfàn wénběn] 日 契約書標準様式 英 contract template

合同收入 [hétóng shōurù] 日 契約収入 英 revenue of contract

合同条件 [hétóng tiáojiàn] 日 契約条件 英 contract conditions

合同条款 [hétóng tiáokuǎn] 日 契約条項 英 contract terms

合同无效 [hétóng wúxiào] 日 契約無効 英 invalid contract

合同效力 [hétóng xiàolì] 日 契約効力 英 effect of a contract

合同义务 [hétóng yìwù] 日 契約上の義務 英 contractual obligation

合同预付款 [hétóng yùfù kuǎn] 日 契約前渡金 英 contract advance payment

合同预收款 [hétóng yùshōu kuǎn] 日 契約前受金 英 contract advance received

合同争议 [hétóng zhēngyì] 日 契約争議 英 contract dispute

合同作废 [hétóng zuòfèi] 日 契約破棄 英 cancellation of a contract

合营 [héyíng] 日 ジョイントベンチャー 英 joint venture

合营期限 [héyíng qīxiàn] 日 合弁期間 英 term of joint venture

合营约定 [héyíng yuēdìng] 日 共同支配の取決め 英 joint arrangement

合资合同 [hézī hétóng] 日 合弁契約書 英 joint venture agreement

合资合作使用设备 [hézī hézuò shǐyòng shèbèi] 日 合弁合作プロジェクト使用設備 英 equipment for joint and cooperative project

合资企业 [hézī qǐyè] 日 合弁企業 英 joint venture enterprise

合资外贸公司 [hézī wàimào gōngsī] 日 合弁対外貿易会社 英 joint venture trading company

合资协议 [hézī xiéyì] 日 合弁協議書 英 joint venture agreement

合资意向书 [hézī yìxiàng shū] 日 合弁意向書 英 letter of intent for joint venture

合作企业 [hézuò qǐyè] 日 合作企業 英 cooperative joint venture

合作企业合同 [hézuò qǐyè hétóng] 日 合作企業契約書 英 joint venture contract

合作社 [hézuò shè] 日 協同組合 英 cooperative union

合作协议 [hézuò xiéyì] 日 合作企業協議書 英 joint venture agreement

合作意向书 [hézuò yìxiàng shū] 日 合作意向書 英 letter of intent

核定利润率 [hédìng lìrùn lǜ] 日 みなし利益率 英 deemed profit rate

核定利润征税方式 [hédìng lìrùn zhēngshuì fāngshì] 日 推定利益課税方式 英 measure for presumptive profit taxation

核定征税 [hédìng zhēngshuì] 日 推定課税 英 presumptive taxation

核定征收管理办法 [hédìng zhēng shuì é] 日 查定徴収管理方式 英 administrative measures for the assessment and levy

核对制度 [héduì zhìdù] 日 照合制度 英 verification system

核对注销制度 [héduì zhùxiāo zhìdù] 日 照合抹消制度 英 verification and write-off system

核销单 [héxiāo dān] 日 消込照合表 英 check off and verification sheet

核准程序 [hézhǔn chéngxù] 日 認可手続 英 approval procedure

核准制 [hézhǔn zhì] 日 許可制 英 approval system

黑客 [hēikè] 日 ハッカー 英 hacker

黑名单 [hēimíng dān] 日 ブラックリスト 英 blacklist

恒生指数 [héngshēng zhǐshù] 日 ハンセン株価指数 英 Hong Kong Hang Seng index

红筹股 [hóngchóu gǔ] 日 レッドチップ 英 red chip

红筹股上市 [hóngchóu gǔ shàngshì] 日 レッドチップ上場 英 red chip listing

红字传票 [hóngzì chuánpiào] 日 赤字伝票 英 credit slip

红字发票 [hóngzì fāpiào] 日 赤字発票 英 red-letter invoice

红字增值税专用发票 [hóngzì zēngzhí shuì zhuānyòng fāpiào] 日 赤字増値税発票 英 red-letter value added tax (VAT) invoice

宏观经济 [hóngguān jīngjì] 日 マクロ経済 英 macro economy

后付款 [hòu fùkuǎn] 日 後払い 英 deferred payment

后进先出法 [hòujìn xiānchū fǎ] 日 後入先出法 英 last-in-first-out method (LIFO)

后勤办公室 [hòuqín rényuán] 日 バックオフィス 英 back office

后续管理 [hòuxù guǎnlǐ] 日 事後管理 英 post management

后续计量 [hòuxù jìliáng] 日 事後測定 英 subsequent measurement

后续支出 [hòuxù zhīchū] 日 取得後支出 英 subsequent expenditure

互换 [hùhuàn] 日 スワップ 英 swap

互联网 [hùlián wǎng] 日 インターネット 英 internet

互联网服务供应商 [hùlián wǎng fúwù gōngyìng shāng] 日 インターネットサービスプロバイダ 英 internet service provider (ISP)

互联网业务 [hùlián wǎng yèwù] 日 イーコマース 英 e-commerce

互助保险公司 [hùzhù bǎoxiǎn gōngsī] 日 相互会社 英 mutual entity

户籍 [hùjí] 日 戸籍 英 family registration

户籍所在地 [hùjí suǒzàidì] 日 戸籍上の所在地 英 address in the family registration

户籍制度 [hùjí zhìdù] 日 戸籍制度 英 family registration system

户口簿 [hùkǒu bù] 日 戸籍簿 英 family register

护照 [hùzhào] 日 旅券 英 passport

划拨方式 [huàbō fāngshì] 日 割当方式 英 assignment scheme

坏账费用 [huàizhàng fèiyòng] 日 貸倒引当金繰入額 英 bad debt expense

坏账损失 [huàizhàng sǔnshī] 日 貸倒損失 英 bad debt loss

坏账损失率 [huàizhàng sǔnshī lǜ] 日 貸倒実績率 英 actual rate of losses from bad debts

坏账准备 [huàizhàng zhǔnbèi] 日 貸倒引当金 英 allowance for bad debts

还原 [huányuán] 日 リストア 英 restore

环境保护专用设备 [huánjìng bǎohù zhuānyòng shèbèi] 日 環境保護専用設備 英 equipment dedicated to environmental protection

环境税 [huánjìng shuì] 日 環境税 英 environmental tax

环境影响评价 [huánjìng yǐngxiǎng píngjià] 日 環境アセスメント 英 environmental impact assessment

环境责任 [huánjìng zérèn] 日 環境債務 英 environmental liability

换购 [huàngòu] 日 買換え 英 replacement by purchase

换入资产 [huànrù zīchǎn] 日 受入資産 英 assets acquired

换新 [huànxīn] 日 更新 英 renewal

恢复 [huīfù] 日 復旧、再開する 英 recovery, resume

回购股份 [huígòu gǔfèn] 日 株式買戻し 英 share repurchase

回购合同 [huígòu hétóng] 日 買戻し契約 英 repurchase agreement

回购权 [huígòu quán] 日 買戻す権利 英 repurchase right

回购义务 [huígòu yìwù] 日 買戻し義務 英 repurchase obligation

回归分析法 [huíguī fēnxī fǎ] 日 回帰分析法 英 regression analysis

回扣 [huí kòu] 日 バックマージン、リベート 英 back margin, rebate

回收标准 [huíshōu biāozhǔn] 日 回収基準 英 collection basis

回收可能性 [huíshōu kěnéng xìng] 日 回収可能性 英 collectability

回收期 [huíshōu qī] 日 回収期間 英 collection period

回租 [huízū] 日 リースバック 英 leaseback

汇出汇款申请书 [huìchū huìkuǎn shēnqǐng shū] 日 為替振込申請書 英 application for remittance

汇兑 [huìduì] 日 為替 英 exchange

汇兑差额 [huìduì chā é] 日 換算差異 英 foreign exchange difference

汇兑结算方式 [huìduì jiésuàn fāngshì] 日 為替決済方式 英 model of exchange settlement

汇兑收益 [huìduì shōuyì] 日 為替差益 英 foreign exchange gain

汇兑损失 [huìduì sǔnshī] 日 為替差損 英 foreign exchange loss

汇兑损益 [huìduì sǔnyì] 日 為替損益 英 foreign exchange gain and loss

汇款 [huìkuǎn] 日 送金 英 remittance

汇款传票 [huìkuǎn chuánpiào] 日 送金伝票 英 remittance slip

汇款人 [huìkuǎn rén] 日 送金人 英 remitter

汇款通知单 [huìkuǎn tōngzhī dān] 日 送金通知書 英 remittance notice

汇率变动 [huìlǜ biàndòng] 日 為替変動 英 fluctuation in foreign exchange rate

汇率表 [huìlǜ biǎo] 日 為替換算レート表 英 schedule of foreign exchange rate

汇率中间价 [huìlǜ zhōngjiān jià] 日 為替レート仲値 英 telegraphic transfer middle rate

汇票 [huìpiào] 日 為替手形 英 bill of exchange (B/E)

汇算清缴 [huìsuàn qīngjiǎo] 日 確定申告納付 英 filing and payment of corporate income tax

汇总表 [huìzǒng biǎo] 日 総括表 英 summary chart

汇总纳税 [huìzǒng nàshuì] 日 合算納税 英 unitary tax payment

汇总所得 [huìzǒng suǒdé] 日 合算所得 英 unitary income

汇总征税 [huìzǒng zhēngshuì] 日 合算課税 英 unitary tax

会议 [huìyì] 日 会議 英 meeting

会议费 [huìyì fèi] 日 会議費 英 meeting expense

会议记录 [huìyì jìlù] 日 会議録 英 minutes of meeting

会议纪要 [huìyì jìyào] 日 議事録 英 meeting minutes

会员费 [huìyuán fèi] 日 会員費 英 membership fee

贿赂 [huìlù] 日 賄賂 英 bribe

贿赂罪 [huìlù zuì] 日 贈賄罪 英 bribery crime

婚丧假期间 [hūnsāng jià qījiān] 日 慶弔休暇期間 英 period of congratulations and condolence leave

混合金融工具 [hùnhé jīnróng gōngjù] 日 複合金融商品 英 hybrid financial instruments

混合销售 [hùnhé xiāoshòu] 日 混合販売 英 mixed sales

混合销售行为 [hùnhé xiāoshòu xíngwéi] 日 混合販売行為 英 mixed sales transaction

活期存款 [huóqī cúnkuǎn] 日 当座預金 英 checking account

活期存款利息 [huóqī cúnkuǎn lìxī] 日 当座預金利息 英 checking account interest

活跃市场 [huóyuè shìchǎng] 日 活発な市場 英 active market

或有对价 [huòyǒu duìjià] 日 条件付対価 英 contingent consideration

或有负债 [huòyǒu fùzhài] 日 偶発債務 英 contingent liabilities

或有股份发行协议 [huòyǒu gǔfèn fāxíng xiéyì] 日 条件付株式発行契約 英 contingent share agreement

或有利益 [huòyǒu lìyì] 日 偶発利益 英 contingent gains

或有事项 [huòyǒu shìxiàng] 日 偶発事象 英 contingency

或有损失 [huòyǒu sǔnshī] 日 偶発損失 英 contingent losses

或有损失准备金 [huòyǒu sǔnshī zhǔnbèi jīn] 日 偶発損失準備基金 英 reserve for contingent losses

或有应付金额 [huòyǒu yìngfù jīn é] 日 条件付未払金 英 contingent payable

或有应收金额 [huòyǒu yīngshōu jīn é] 日 条件付未

收金 [英] contingent receivable

或有支出 [huòyǒu zhīchū] [日] 偶発支出 [英] contingent expenditure

或有资产 [huòyǒu zīchǎn] [日] 偶発資産 [英] contingent assets

或有租金 [huòyǒu zūjīn] [日] 変動リース料 [英] variable lease expense

货币 [huòbì] [日] 通貨 [英] currency

货币出资 [huòbì chūzī] [日] 現金出資 [英] cash contribution

货币兑换 [huòbì duìhuàn] [日] 通貨換算 [英] currency exchange

货币互换 [huòbì hùhuàn] [日] 通貨スワップ [英] currency swap

货币价值 [huòbì jiàzhí] [日] 貨幣価値 [英] monetary value

货币经纪公司 [huòbì jīngjì gōngsī] [日] マネーブローカー [英] money broker

货币宽松 [huòbì kuānsōng] [日] 金融緩和 [英] monetary easing

货币期权 [huòbì qīquán] [日] 通貨オプション [英] currency option

货币升值 [huòbì shēngzhí] [日] 通貨切り上げ [英] currency revaluation

货币时间价值 [huòbì shíjiān jiàzhí] [日] 貨幣時間価値 [英] time value of money

货币携出限制 [huòbì xiéchū xiànzhì] [日] 通貨持出し制限 [英] currency restrictions

货币性负债 [huòbì xìng fùzhài] [日] 金銭債務 [英] monetary liabilities

货币性项目 [huòbì xìng xiàngmù] [日] 貨幣性項目 [英] monetary items

货币性资产 [huòbì xìng zīchǎn] [日] 貨幣性資産 [英] monetary assets

货币政策操作目标 [huòbì zhèngcè cāozuò mùbiāo] [日] 貨幣政策の操作目標 [英] monetary policy target

货币政策工具 [huòbì zhèngcè gōngjù] [日] 貨幣政策の手段 [英] monetary policy device

货到收款 [huòdào shōukuǎn] [日] 代金引換販売 [英] cash on delivery sales

货物 [huòwù] [日] 貨物 [英] goods

货物期货 [huòwù qīhuò] [日] 先物商品 [英] futures commodities

货物运输代理业 [huòwù yùnshū dàilǐ yè] [日] 貨物運輸代理業 [英] cargo forwarder

货物运输合同 [huòwù yùnshū hétóng] [日] 貨物運輸契約書 [英] contract of carriage

货运公司 [huòyùn gōngsī] [日] 貨物運輸業者 [英] forwarder

获利年度 [huòlì niándù] [日] 利益獲得年度 [英] profitable year

获授权人 [huòshòu quán rén] [日] 権限者 [英] authorized person

豁免标准 [huòmiǎn biāozhǔn] [日] 免除要件 [英] exemption requirements

I

IP 地址 [IP dìzhǐ] [日] IP アドレス [英] IP address

J

机动车吨位税 [jīdòngchē dūnwèi shuì] [日] 自動車重量税 [英] automobile tonnage tax

机构 [jīgòu] [日] 機構 [英] institution

机构重组 [jīgòu chóngzǔ] [日] 機構再編 [英] restructuring

机构投资者 [jīgòu tóuzī zhě] [日] 機関投資家 [英] institutional investor

机会成本 [jīhuì chéngběn] [日] 機会原価 [英] opportunity cost

机密 [jīmì] [日] 機密 [英] confidential

机器 [jīqì] [日] 機器 [英] machinery

机器设备 [jīqì shèbèi] [日] 機械設備 [英] machinery and equipment

机械及装置 [jīxiè jí zhuāngzhì] [日] 機械及び装置 [英] machinery and equipment

机械作业 [jīxiè zuòyè] [日] 機械作業 [英] mechanical operation

基本财务报表 [jīběn cáiwù bàobiǎo] [日] 基本財務諸表 [英] basic financial statements

基本工资 [jīběn gōngzī] [日] 基本給 [英] basic salary

基本生产成本 [jīběn shēngchǎn chéngběn] 🇯 基本生産原価 🇬🇧 primary cost of production

基本生产线 [jīběn shēngchǎn xiàn] 🇯 基本生産ライン 🇬🇧 primary production line

基本准则 [jīběn zhǔnzé] 🇯 基本準則 🇬🇧 basic standard

基础资料 [jīchǔ zīliào] 🇯 基礎資料 🇬🇧 basic information

基金 [jījīn] 🇯 ファンド 🇬🇧 fund

基金单位净值 [jījīn dānwèi jìngzhí] 🇯 ファンド純資産価値 🇬🇧 net asset value (NAV) of fund

基金管理公司 [jījīn guǎnlǐ gōngsī] 🇯 ファンド管理会社 🇬🇧 fund management company

基金管理人 [jījīn guǎnlǐ rén] 🇯 ファンドマネジャー 🇬🇧 fund manager

基金净值 [jījīn jìngzhí] 🇯 ファンド純価額 🇬🇧 fund net amount

基金投资 [jījīn tóuzī] 🇯 ファンドによる投資 🇬🇧 investment by fund

基金托管人 [jījīn tuōguǎn rén] 🇯 信託管理人 🇬🇧 fund trustee

基金资产 [jījīn zīchǎn] 🇯 ファンド資産 🇬🇧 fund asset

基准地价 [jīzhǔn dìjià] 🇯 基準地価 🇬🇧 benchmark land price

基准化分析法 [jīzhǔn huà fēnxī fǎ] 🇯 ベンチマーキング分析 🇬🇧 benchmarking analysis

基准汇率 [jīzhǔn huìlǜ] 🇯 基準為替レート 🇬🇧 base exchange rate

基准货币 [jīzhǔn huòbì] 🇯 基準通貨 🇬🇧 base currency

基准日 [jīzhǔn rì] 🇯 基準日 🇬🇧 record date

积累基金 [jīlěi jījīn] 🇯 累積基金 🇬🇧 accumulated fund

激进性税收安排 [jījìn xìng shuìshōu ānpái] 🇯 積極的納税計画 🇬🇧 aggressive tax planning

激励措施 [jīlì cuòshī] 🇯 インセンティブ 🇬🇧 incentive policy

绩效工资 [jìxiào gōngzī] 🇯 業績給 🇬🇧 performance pay

稽查 [jīchá] 🇯 査察 🇬🇧 inspection

及时 [jíshí] 🇯 適時 🇬🇧 timely

及时性 [jíshí xìng] 🇯 適時性 🇬🇧 timeliness

即插即用 [jíchā jíyòng] 🇯 プラグアンドプレイ 🇬🇧 plug and play (P&P)

即期汇率 [jíqī huìlǜ] 🇯 直物為替レート 🇬🇧 spot exchange rate

即期价格 [jíqī jiàgé] 🇯 直物価格 🇬🇧 spot price

即征即退 [jízhēng jítuì] 🇯 徴収後即還付 🇬🇧 tax refund upon collection

集成电路产业 [jíchéng diànlù chǎnyè] 🇯 集積回路産業 🇬🇧 integrated circuit industry

集体合同 [jítǐ hétóng] 🇯 団体契約 🇬🇧 collective agreement

集团合并会计报表资料 [jítuán hébìng kuàijì bàobiǎo zīliào] 🇯 連結パッケージ 🇬🇧 consolidation package

集团内企业借款 [jítuán nèi qǐyè jièkuǎn] 🇯 グループ会社間借入 🇬🇧 loans payable from group companies

集团企业 [jítuán qǐyè] 🇯 グループ企業 🇬🇧 group enterprise

集线器 [jíxiàn qì] 🇯 スイッチングハブ 🇬🇧 switching hub

集约 [jíyuē] 🇯 集約 🇬🇧 aggregation

集装箱 [jízhuāng xiāng] 🇯 コンテナ 🇬🇧 container

集装箱货物 [jízhuāng xiāng huòwù] 🇯 フルコンテナ貨物 🇬🇧 full container load (FCL)

集装箱码头 [jízhuāng xiāng mǎtóu] 🇯 コンテナターミナル 🇬🇧 container terminal

集装箱运输 [jízhuāng xiāng yùnshū] 🇯 コンテナ輸送 🇬🇧 container transport

集资 [jízī] 🇯 資金募集 🇬🇧 fund raising

计划 [jìhuà] 🇯 計画 🇬🇧 plan

计划单列市 [jìhuà dānlièshì] 🇯 指定計画都市 🇬🇧 cities specifically designated in the state plan

计划经济 [jìhuà jīngjì] 🇯 計画経済 🇬🇧 planned economy

计划资产 [jìhuà zīchǎn] 🇯 制度資産 🇬🇧 plan assets

计划资产（员工福利计划） [jìhuà zīchǎn (yuángōng fúlì jìhuà)] 🇯 制度資産（従業員給付制度の）🇬🇧 plan assets (of an employee benefit plan)

计划资产收益（员工福利计划） [jìhuà zīchǎn shōuyì (yuángōng fúlì jìhuà)] 🇯 制度資産に係る収益（従業員給付制度の）🇬🇧 return on plan assets (of an employee benefit plan)

计件工资 [jìjiàn gōngzī] 🇯 出来高給 🇬🇧 piece rate pay

计量 [jìliáng] [日] 測定 [英] measurement

计量单位 [jìliáng dānwèi] [日] 受注単位 [英] order unit

计量模式 [jìliáng móshì] [日] 測定モデル [英] measurement model

计量期间 [jìliáng qījiān] [日] 測定期間 [英] measurement period

计量日期 [jìliáng rìqī] [日] 測定日 [英] measurement date

计税基础 [jìshuì jīchǔ] [日] 税務基準額 [英] tax base

计税依据 [jìshuì yījù] [日] 税金計算根拠 [英] tax calculation basis

计算公式 [jìsuàn gōngshì] [日] 計算式 [英] formula

计算机程序 [jìsuàn jī chéngxù] [日] コンピュータプログラム [英] computer program

计算机工程师 [jìsuàn jī gōngchéng shī] [日] コンピュータエンジニア [英] computer engineer

计算机软件 [jìsuànjī ruǎnjiàn] [日] コンピュータソフトウェア [英] computer software

计算机系统 [jìsuàn jī xìtǒng] [日] コンピュータシステム [英] computer system

计提 [jìtí] [日] 計上 [英] recognition

计提坏账准备 [jìtí huàizhàng zhǔnbèi] [日] 貸倒引当金の計上 [英] provision for bad debts

计提减值准备 [jìtí jiǎnzhí zhǔnbèi] [日] 減損引当金の計上 [英] provision for impairment

记录 [jìlù] [日] 記録 [英] record

记录格式 [jìlù géshì] [日] レコードフォーマット [英] record format

记名公司债券 [jìmíng gōngsī zhàiquàn] [日] 記名社債 [英] registered bond

记名股票 [jìmíng gǔpiào] [日] 記名株式 [英] registered stock

记名支票 [jìmíng zhīpiào] [日] 記名小切手 [英] check to order

记入贷方 [jìrù dàifāng] [日] 貸方記入 [英] credit entry

记账 [jìzhàng] [日] 記帳 [英] book

记账本位币 [jìzhàng běnwèibì] [日] 記帳本位通貨 [英] base currency

技术部门 [jìshù bùmén] [日] 技術部門 [英] technical department

技术服务 [jìshù fúwù] [日] 技術サービス [英] technical service

技术合同 [jìshù hétóng] [日] 技術契約 [英] technical service contracts

技术进出口合同 [jìshù jìnchūkǒu hétóng] [日] 技術輸出入契約書 [英] technology import and export contract

技术进出口许可证 [jìshù jìnchūkǒu xǔkě zhèng] [日] 技術輸出入許可証 [英] technology import and export license

技术开发 [jìshù kāifā] [日] 技術開発 [英] technology development

技术秘密 [jìshù mìmì] [日] 技術ノウハウ [英] technical know-how

技术培训 [jìshù péixùn] [日] 技術研修 [英] technical training

技术使用权 [jìshù shǐyòng quán] [日] ロイヤリティ [英] royalty

技术使用权的转让 [jìshù shǐyòng quán de zhuǎnràng] [日] 技術使用権の譲渡 [英] transfer of technology use right

技术先进型服务企业 [jìshù xiānjìn xíng fúwù qǐyè] [日] 技術先進型サービス企業 [英] advanced technology service enterprise

技术性知识流程外包服务 [jìshù xìng zhīshí liúchéng wàibāo fúwù] [日] ナレッジプロセスアウトソーシング [英] knowledge process outsourcing

技术引进合同数据表 [jìshù yǐnjìn hétóng shùjù biǎo] [日] 技術導入契約データ表 [英] technology import contract data sheet

技术指导 [jìshù zhǐdǎo] [日] 技術指導 [英] technical support

技术指导费 [jìshù zhǐdǎo fèi] [日] 技術指導料 [英] technical support fee

技术转让 [jìshù zhuǎnràng] [日] 技術移転 [英] technology transfer

技术转让费 [jìshù zhuǎnràng fèi] [日] 技術譲渡費 [英] technology transfer fee

技术转让合同 [jìshù zhuǎnràng hétóng] [日] 技術譲渡契約書 [英] technology transfer agreement

季度 [jìdù] [日] 四半期 [英] quarter

季度奖 [jìdù jiǎng] [日] 四半期賞与 [英] quarterly bonus

季度披露 [jìdù pīlù] [日] 四半期開示 [英] quarterly report

季节性 [jìjié xìng] [日] 季節性 [英] seasonality

季节性停工 [jìjié xìng tínggōng] [日] 季節要因による

操业停止 [日] seasonal suspension of operation

既得利益 [jìdé lìyì] [日] 既得権益 [英] vested benefits

继承权公证书 [jìchéng quán gōngzhèng shū] [日] 相続権公証書 [英] inheritance right notarial deed

寄售 [jìshòu] [日] 寄託販売 [英] consignment sales

寄销人 [jìxiāo rén] [日] 委託販売人 [英] consignor

加班 [jiābān] [日] 残業 [英] overtime

加班工资 [jiābān gōngzī] [日] 時間外賃金 [英] overtime wage

加班津贴 [jiābān jīntiē] [日] 残業手当 [英] overtime allowance

加成 [jiāchéng] [日] マークアップ [英] mark-up

加工 [jiāgōng] [日] 加工 [英] processing

加工承包合同 [jiāgōng chéngbāo hétóng] [日] 加工請負契約 [英] contract for undertaking processing work

加工费 [jiāgōng fèi] [日] 加工費 [英] processing fee

加工贸易 [jiāgōng màoyì] [日] 加工貿易 [英] processing trade

加工贸易保证金 [jiāgōng màoyì bǎozhèng jīn] [日] 加工貿易保証金 [英] deposit for processing trade

加工贸易保证金台账 [jiāgōng màoyì bǎozhèng jīn táizhàng] [日] 加工貿易保証金台帳 [英] deposit ledger for processing trade

加工贸易禁止类品目 [jiāgōng màoyì jìnzhǐ lèi pǐnmù] [日] 加工貿易禁止類品目 [英] prohibited items for processing trade

加工贸易设备 [jiāgōng màoyì shèbèi] [日] 加工貿易設備 [英] processing equipment

加工贸易业务 [jiāgōng màoyì yèwù] [日] 加工貿易取引 [英] processing trade activities

加计扣除 [jiājì kòuchú] [日] 追加控除 [英] additional deduction

加权平均 [jiāquán píngjūn] [日] 加重平均 [英] weighted average

加权平均法 [jiāquán píngjūn fǎ] [日] 加重平均法 [英] weighted average method

加权平均资本成本 [jiāquán píngjūn zīběn chéngběn] [日] 加重平均資本コスト [英] weighted average cost of capital (WACC)

加算 [jiāsuàn] [日] 加算 [英] addition

加速摊销 [jiāsù tānxiāo] [日] 加速償却 [英] accelerated amortization

加速折旧 [jiāsù zhéjiù] [日] 加速減価償却 [英] accelerated depreciation

加速折旧法 [jiāsù zhéjiù fǎ] [日] 加速減価償却法 [英] accelerated depreciation method

加总计算 [jiāzǒng jìsuàn] [日] グロスアップ計算 [英] gross-up calculation

家属津贴 [jiāshǔ jīntiē] [日] 家族手当 [英] family allowance

家族持股公司 [jiāzú chígǔ gōngsī] [日] 同族持株会社 [英] family-owned company

家族公司 [jiāzú gōngsī] [日] 同族会社 [英] family company

家族股东集团 [jiāzú gǔdōng jítuán] [日] 同族株主グループ [英] family shareholder group

家族企业 [jiāzú qǐyè] [日] 同族企業 [英] family business company

假发票 [jiǎ fāpiào] [日] 偽造発票 [英] counterfeit invoice

假期津贴 [jiàqī jīntiē] [日] 休暇手当 [英] vacation pay

假日工资 [jiàrì gōngzī] [日] 休日賃金 [英] holiday pay

假设 [jiǎshè] [日] 仮定 [英] assumption

价格 [jiàgé] [日] 価格 [英] price

价格表 [jiàgé biǎo] [日] 価格表 [英] price list

价格差异 [jiàgé chāyì] [日] 価格差異 [英] price variance

价格承诺 [jiàgé chéngnuò] [日] 合意価格 [英] agreed price

价格的合理性 [jiàgé de hélǐ xìng] [日] 価格の妥当性 [英] price appropriateness

价格风险 [jiàgé fēngxiǎn] [日] 価格リスク [英] price risk

价格分析 [jiàgé fēnxī] [日] 価格分析 [英] price analysis

价格水平 [jiàgé shuǐpíng] [日] 価格水準 [英] price level

价格指数 [jiàgé zhǐshù] [日] 価格指数 [英] price index

价外费用 [jiàwài fèiyòng] [日] 価格外費用 [英] other charge

价值 [jiàzhí] [日] 価値 [英] value

价值鉴定证明书 [jiàzhí jiàndìng zhèngmíng shū] [日] 価値鑑定証明書 [英] valuation report

价值链 [jiàzhí liàn] [日] バリューチェーン [英] value chain

兼营 [jiānyíng] [日] 兼業 [英] side business

监督管理活动 [jiāndū guǎnlǐ huódòng] [日] 監督管理活動 [英] supervisory activity

监管活动 [jiānguǎn huódòng] 日 管理監督活動 英 supervisory activity

监控 [jiānkòng] 日 監視 英 monitoring

监事 [jiānshì] 日 監査役 英 corporate auditor

监事会 [jiānshì huì] 日 監査役会 英 audit committee

监事会报告 [jiānshì huì bàogào] 日 監査役会報告書 英 report of audit committee

监视器 [jiānshì qì] 日 モニター 英 monitor

减半征收 [jiǎnbàn zhēngshōu] 日 税金の半減徴収 英 half-levy of tax

减额 [jiǎn é] 日 減額 英 reduction

减价 [jiǎnjià] 日 値引き 英 markdown

减免 [jiǎnmiǎn] 日 減免 英 reduction and exemption

减免税措置 [jiǎnmiǎn shuì cuòzhì] 日 減免税措置 英 tax reduction and exemption measure

减少亏损 [jiǎnshǎo kuīsǔn] 日 赤字削減 英 deficit reduction

减税 [jiǎnshuì] 日 減税 英 tax reduction

减征 [jiǎnzhēng] 日 軽減 英 reduction

减值 [jiǎnzhí] 日 減損 英 impairment

减值测试 [jiǎnzhí cèshì] 日 減損テスト 英 impairment test

减值迹象 [jiǎnzhí jìxiàng] 日 減損の兆候 英 indication of impairment

减值会计 [jiǎnzhí kuàijì] 日 減損会計 英 impairment accounting

减值损失 [jiǎnzhí sǔnshī] 日 減損損失 英 impairment loss

减值准备 [jiǎnzhí zhǔnbèi] 日 減損引当金 英 allowance for impairment

减资 [jiǎnzī] 日 減資 英 capital reduction

检查费 [jiǎnchá fèi] 日 検査費 英 inspection fee

检查风险 [jiǎnchá fēngxiǎn] 日 発見リスク 英 detection risk

检查机构 [jiǎnchá jīgòu] 日 検査機関 英 inspection agency

检验 [jiǎnyàn] 日 検収 英 inspection

检验证书 [jiǎnyàn zhèngshū] 日 検査成績書 英 inspect certificate

剪切和粘贴 [jiǎnqiē hé zhāntiē] 日 カットアンドペースト 英 cut and paste

简易申报账户 [jiǎnyì shēnbào zhànghù] 日 簡易申告口座 英 simplified declaration account

简易税额计算方法 [jiǎnyì shuì é jìsuàn fāngfǎ] 日 簡易税額計算方式 英 simplified tax calculation method

简易征税办法 [jiǎnyì zhēngshuì bànfǎ] 日 簡易課税 英 simplified tax collection measure

间接部门 [jiànjiē bùmén] 日 間接部門 英 supporting division

间接材料费用 [jiànjiē cáiliào fèiyòng] 日 間接材料費 英 indirect material cost

间接成本 [jiànjiē chéngběn] 日 間接原価 英 indirect cost

间接出口 [jiànjiē chūkǒu] 日 間接輸出 英 indirect exports

间接费差异 [jiànjiē fèi chāyì] 日 間接費差異 英 overhead expense variance

间接费用 [jiànjiē fèiyòng] 日 間接費用 英 indirect expense

间接费用分配额 [jiànjiē fèiyòng fēnpèi é] 日 間接費配賦額 英 overheads allocation

间接工资 [jiànjiē gōngzī] 日 間接給与 英 indirect wages

间接固定费用 [jiànjiē gùdìng fèiyòng] 日 間接固定費 英 indirect fixed cost

间接股权转让 [jiànjiē gǔquán zhuǎnràng] 日 持分間接譲渡 英 equity indirect transfer

间接金融 [jiànjiē jīnróng] 日 間接金融 英 indirect financing

间接控制 [jiànjiē kòngzhì] 日 間接支配 英 indirect control

间接劳务费 [jiànjiē láowù fèi] 日 間接労務費 英 indirect labor cost

间接收费法 [jiànjiē shōufèi fǎ] 日 間接配賦 英 indirect-allocation method

间接收购 [jiànjiē shōugòu] 日 間接買付 英 indirect purchase

间接税 [jiànjiē shuì] 日 間接税 英 indirect tax

间接投资 [jiànjiē tóuzī] 日 間接投資 英 indirect investment

间接原料 [jiànjiē yuánliào] 日 間接原材料 英 indirect materials

间接制造成本 [jiànjiē zhìzào chéngběn] 日 製造間接費 英 manufacturing overhead

间接转让 [jiànjiē zhuǎnràng] 日 間接譲渡 英 indirect transfer

间接转让股权 [jiànjiē zhuǎnràng gǔquán] 日 間接持分譲渡 英 indirect transfer of equity

建设安装工程 [jiànshè ānzhuāng gōngchéng] 日 建設据付工事 英 construction installation work

建设部 [jiànshè bù] 日 建設省 英 Ministry of Construction

建设成本 [jiànshè chéngběn] 日 建設原価 英 construction cost

建设工程承包合同 [jiànshè gōngchéng chéngbāo hétóng] 日 建設工事請負契約書 英 construction contract

建设工程合同 [jiànshè gōngchéng hétóng] 日 建設工事契約書 英 construction contract

建设收入 [jiànshè shōurù] 日 建設収入 英 construction income

建设项目用地预审意见书 [jiànshè xiàngmù yòngdì yùshěn yìjiàn shū] 日 用地事前審査意見書 英 review letter of pre-construction project site

建设用地 [jiànshè yòngdì] 日 建設用地 英 building site

建设资金 [jiànshè zījīn] 日 建設資金 英 capital construction fund

建造承包商 [jiànzào chéngbāo shāng] 日 工事請負業者 英 subcontractor

建造合同 [jiànzào hétóng] 日 工事契約 英 construction contract

建筑安装业 [jiànzhù ānzhuāng yè] 日 建築据付業 英 construction and installation industry

建筑工程 [jiànzhù gōngchéng] 日 建設工事 英 construction work

建筑工程未收款 [jiànzhù gōngchéng wèishōukuǎn] 日 建設工事未収入金 英 construction account receivable

建筑施工通知单 [jiànzhù shīgōng tōngzhī dān] 日 工事指図書 英 construction order

建筑物 [jiànzhù wù] 日 建物 英 buildings

建筑业 [jiànzhù yè] 日 建築業 英 construction industry

鉴定人 [jiàndìng rén] 日 鑑定人 英 appraiser

鉴证业务 [jiànzhèng yèwù] 日 保証業務 英 attestation service

键盘 [jiànpán] 日 キーボード 英 keyboard

奖惩 [jiǎngchéng] 日 賞罰 英 reward and punishment

奖惩规定 [jiǎngchéng guīdìng] 日 賞罰規定 英 reward and punishment rules

奖金 [jiǎngjīn] 日 賞与 英 bonus

奖金合计 [jiǎngjīn héjì] 日 賞与グロスアップ計算 英 bonus gross-up calculation

奖金制度 [jiǎngjīn zhìdù] 日 賞与制度 英 bonus payment plan

奖金准备金 [jiǎngjīn zhǔnbèi jīn] 日 賞与引当金 英 allowance for bonuses

奖励计划 [jiǎnglì jìhuà] 日 インセンティブプラン 英 incentive plan

降低风险 [jiàngdī fēngxiǎn] 日 リスク低減 英 risk reduction

降价 [jiàngjià] 日 価格引下げ 英 price cut

交换 [jiāohuàn] 日 交換 英 exchange

交换交易 [jiāohuàn jiāoyì] 日 交換取引 英 exchange transaction

交互分配法 [jiāohù fēnpèi fǎ] 日 相互配賦法 英 mutual allocation method

交货单 [jiāohuò dān] 日 納品書 英 delivery note

交货地点 [jiāohuò dìdiǎn] 日 貨物引渡場所 英 place of delivery

交货价格 [jiāohuò jiàgé] 日 引渡価額 英 delivered price

交货订单 [jiāohuò píngzhèng] 日 納品伝票 英 delivery slip

交货日 [jiāohuò rì] 日 受渡日 英 delivery date

交货周期 [jiāohuò zhōuqī] 日 リードタイム 英 lead time

交接手续 [jiāojiē shǒuxù] 日 引継手続 英 taking over procedures

交际应酬费 [jiāojì yìngchóu fèi] 日 交際費 英 entertainment expense

交纳不足 [jiāonà bùzú] 日 過少納付 英 underpayment

交纳期限 [jiāonà qīxiàn] 日 納付期限 英 payment deadline

交通部 [jiāotōng bù] 日 交通省 英 Ministry of Transport

交通运输服务 [jiāotōng yùnshū fúwù] 日 交通運輸サービス 英 transportation service

交通运输业 [jiāotōng yùnshū yè] 日 交通運輸業

英 transportation industry

交易 [jiāoyì] 日 トランザクション 英 transaction

交易案例比较法 [jiāoyì ànlì bǐjiào fǎ] 日 類似取引比較法 英 comparable transaction method

交易保证金 [jiāoyì bǎozhèng jīn] 日 取引保証金 英 guarantee for transaction

交易成本 [jiāoyì chéngběn] 日 取引コスト 英 transaction cost

交易额 [jiāoyì é] 日 取引高 英 transaction amount

交易费用 [jiāoyì fèiyòng] 日 取引費用 英 transaction fee

交易价格 [jiāoyì jiàgé] 日 取引価格 英 transaction price

交易净利润法 [jiāoyì jìng lìrùn fǎ] 日 取引単位営業利益法 英 transactional net margin method (TNMM)

交易量净额 [jiāoyì liàng jìng é] 日 オンバランスボリューム 英 on-balance volume (OBV)

交易目的 [jiāoyì mùdì] 日 売買目的 英 transaction motive

交易日汇率 [jiāoyì rì huìlǜ] 日 取引日レート 英 historical rate

交易所 [jiāoyì suǒ] 日 取引所 英 exchange

交易所的规则 [jiāoyì suǒ de guīzé] 日 取引所の規則 英 regulations of the exchange

交易所外交易 [jiāoyì suǒ wài jiāoyì] 日 場外取引 英 off-board trading

交易所外市场 [jiāoyì suǒ wài shìchǎng] 日 場外市場 英 off-board market

交易性金融负债 [jiāoyì xìng jīnróng fùzhài] 日 売買目的金融負債 英 financial debts held for trading

交易性金融资产 [jiāoyì xìng jīnróng zīchǎn] 日 売買目的金融資産 英 financial assets held for trading

交易证券 [jiāoyì zhèngquàn] 日 売買目的の証券 英 trading securities

脚注 [jiǎozhù] 日 脚注 英 footnote

缴付基数 [jiǎofù jīshù] 日 給付基数 英 payment base

校对符号 [jiàoduì fúhào] 日 チェックマーク 英 tick marks

教育补助 [jiàoyù bǔzhù] 日 教育手当 英 education allowance

教育费附加 [jiàoyù fèi fùjiā] 日 教育費附加 英 educational surtax

阶段 [jiēduàn] 日 フェーズ 英 phase

阶梯分配法 [jiētī fēnpèi fǎ] 日 階段式配賦法 英 step allocation method

接口 [jiēkǒu] 日 インターフェース 英 interface

接受订货 [jiēshòu dìnghuò] 日 受注 英 acceptance of order

接受捐赠资本 [jiēshòu juānzèng zīběn] 日 受贈資本 英 donated capital

接受捐赠资产 [jiēshòu juānzèng zīchǎn] 日 受贈資産 英 donated assets

揭发 [jiēfā] 日 告発 英 prosecution

节假日 [jiéjià rì] 日 休日 英 holiday

节能 [jiénéng] 日 省エネルギー 英 energy saving

节税 [jiéshuì] 日 節税 英 tax saving

结汇 [jiéhuì] 日 外貨決済 英 foreign currency settlement

结论 [jiélùn] 日 結論 英 conclusion

结算 [jiésuàn] 日 決済 英 settlement

结算备付金 [jiésuàn bèifù jīn] 日 決済預託金 英 settlement deposit

结算方式 [jiésuàn fāngshì] 日 決済方式 英 settlement method

结算合同 [jiésuàn hétóng] 日 決済契約 英 settlement agreement

结算价 [jiésuàn jià] 日 決済価額 英 settlement price

结算记录 [jiésuàn jìlù] 日 決済記録 英 settlement record

结算日汇率 [jiésuàn rì huìlǜ] 日 決済日レート 英 settlement date rate

结算日基准 [jiésuàn rì jīzhǔn] 日 決済日基準 英 settlement date basis

结算日期 [jiésuàn rìqī] 日 決済日 英 settlement date

结算条件 [jiésuàn tiáojiàn] 日 決済条件 英 settlement terms

结算账户 [jiésuàn zhànghù] 日 決済口座 英 settlement account

结账分录 [jiézhàng fēnlù] 日 決算仕訳 英 closing entries

结转 [jiézhuǎn] 日 繰越 英 carry forward

结转抵扣 [jiézhuǎn dǐkòu] 日 繰越控除 英 carry forward

结转亏损 [jiézhuǎn kuīsǔn] 🇯 繰越欠損金 🇬🇧 loss carry forward

结转利润 [jiézhuǎn lìrùn] 🇯 繰越利益 🇬🇧 profit carry forward

结转下期 [jiézhuǎn xiàqī] 🇯 翌期への振替 🇬🇧 transfer to next fiscal year

截止测试 [jiézhǐ cèshì] 🇯 カットオフテスト 🇬🇧 cut-off test

截止期限 [jiézhǐ qīxiàn] 🇯 提出期限 🇬🇧 submission deadline

截止日期 [jiézhǐ rìqī] 🇯 締切日 🇬🇧 deadline

解除管制 [jiěchú guǎnzhì] 🇯 規制緩和 🇬🇧 deregulation

解除劳动合同 [jiěchú láodòng hétóng] 🇯 労働契約の解除 🇬🇧 termination of labor contract

解雇 [jiěgù] 🇯 解雇 🇬🇧 dismiss

解决纷争 [jiějué fēnzhēng] 🇯 紛争解決 🇬🇧 dispute resolution

解任权 [jiěrèn quán] 🇯 解任権 🇬🇧 removal right

解散 [jiěsàn] 🇯 解散 🇬🇧 dissolution

解散分立 [jiěsàn fēnlì] 🇯 解散分割 🇬🇧 dissolution and division

解约 [jiěyuē] 🇯 解約 🇬🇧 cancellation of contract

介绍方式 [jièshào fāngshì] 🇯 イントロダクション方式 🇬🇧 introduction method

借方 [jièfāng] 🇯 借方 🇬🇧 debit

借方余额 [jièfāng yúé] 🇯 借方残高 🇬🇧 debit balance

借款 [jièkuǎn] 🇯 借入金 🇬🇧 loans payable

借款成本 [jièkuǎn chéngběn] 🇯 借入コスト 🇬🇧 borrowing cost

借款额度 [jièkuǎn édù] 🇯 借入限度枠 🇬🇧 borrowing limit

借款费用资本化 [jièkuǎn fèiyòng zīběn huà] 🇯 借入費用の資産化 🇬🇧 capitalization of borrowing cost

借款合同 [jièkuǎn hétóng] 🇯 金銭消費貸借契約 🇬🇧 loan contract

借款利息 [jièkuǎn lìxī] 🇯 借入利息 🇬🇧 interest on loans payable

借入资本 [jièrù zīběn] 🇯 借入資本 🇬🇧 borrowed capital

津贴 [jīntiē] 🇯 諸手当 🇬🇧 various allowances

金蝶系统 [jīndié xìtǒng] 🇯 金蝶 🇬🇧 Kingdee software

金额 [jīn é] 🇯 金額 🇬🇧 amount

金融 [jīnróng] 🇯 金融 🇬🇧 finance

金融保险业 [jīnróng bǎoxiǎn yè] 🇯 金融保険業 🇬🇧 financial and insurance industry

金融电子数据交换 [jīnróng diànzǐ shùjù jiāohuàn] 🇯 金融向け電子データ交換 🇬🇧 financial electronic data interchange (FEDI)

金融风险 [jīnróng fēngxiǎn] 🇯 金融リスク 🇬🇧 financial risk

金融负债 [jīnróng fùzhài] 🇯 金融負債 🇬🇧 financial liability

金融机构法人许可证 [jīnróng jīgòu fǎrén xǔkězhèng] 🇯 金融機構法人許可証 🇬🇧 financial institution license

金融机构外汇业务 [jīnróng jīgòu wàihuì yèwù] 🇯 金融機構外貨業務 🇬🇧 financial institution foreign exchange business

金融机关 [jīnróng jīguān] 🇯 金融機関 🇬🇧 financial institution

金融机关询证函 [jīnróng jīguān xúnzhèng hán] 🇯 金融機関確認状 🇬🇧 financial institution confirmation

金融企业 [jīnróng qǐyè] 🇯 金融企業 🇬🇧 financial enterprise

金融企业会计制度 [jīnróng qǐyè kuàijì zhìdù] 🇯 金融企業会計制度 🇬🇧 financial enterprise accounting system

金融企业往来 [jīnróng qǐyè wǎnglái] 🇯 金融企業間取引 🇬🇧 inter-financial enterprise transaction

金融商品 [jīnróng shāngpǐn] 🇯 金融商品 🇬🇧 financial instruments

金融商品的披露 [jīnróng shāngpǐn de pīlù] 🇯 金融商品の開示 🇬🇧 disclosure of financial instruments

金融商品交易法 [jīnróng shāngpǐn jiāoyì fǎ] 🇯 金融商品取引法 🇬🇧 financial instruments and exchange law

金融商品交易损失 [jīnróng shāngpǐn jiāoyì sǔnshī] 🇯 金融商品の損失 🇬🇧 loss of financial instruments

金融商品列报 [jīnróng shāngpǐn lièbào] 🇯 金融商品の表示 🇬🇧 presentation of financial instruments

金融市场 [jīnróng shìchǎng] 🇯 金融市場 🇬🇧 financial market

金融危机 [jīnróng wēijī] 🇯 金融危機 🇬🇧 financial crisis

金融衍生品交易 [jīnróng yǎnshēng pǐn jiāoyì] 日 デリバティブ取引 英 derivative transaction

金融衍生商品 [jīnróng yǎnshēng shāngpǐn] 日 金融派生商品 英 financial derivatives

金融业 [jīnróng yè] 日 金融業 英 financial service industry

金融债券 [jīnróng zhàiquàn] 日 金融債券 英 financial bond

金融政策 [jīnróng zhèngcè] 日 金融政策 英 monetary policy

金融资产 [jīnróng zīchǎn] 日 金融資産 英 financial assets

金融资产管理公司 [jīnróng zīchǎn guǎnlǐ gōngsī] 日 金融資産管理会社 英 financial assets management company

金融资产减值 [jīnróng zīchǎn jiǎnzhí] 日 金融資産の減損 英 impairment of financial assets

金融资产转让 [jīnróng zīchǎn zhuǎnràng] 日 金融資産の移転 英 transfer of financial assets

金税系统 [jīnshuì xìtǒng] 日 金税システム 英 golden tax system

紧缩政策 [jǐnsuō zhèngcè] 日 引締め政策 英 tighten policy

尽职调查 [jìnzhí diàochá] 日 デューデリジェンス 英 due diligence

进出口 [jìnchū kǒu] 日 輸出入 英 import and export of goods

进出口经营权 [jìnchūkǒu jīngyíng quán] 日 輸出入経営権 英 import and export right

进货 [jìnhuò] 日 購入 英 purchasing

进货（销售）折扣 [jìnhuò (xiāoshòu) zhékòu] 日 仕入（売上）割引 英 purchase (sales) discount

进货退出折让证明单 [jìnhuò tuìchū zhéràng zhèngmíng dān] 日 仕入返品割引証明書 英 discount certificate of purchase returns

进境物品的所有人 [jìnjìng wùpǐn de suǒyǒu rén] 日 輸入品の所有者 英 imported goods' owner

进口 [jìnkǒu] 日 輸入 英 import

进口壁垒 [jìnkǒu bìlěi] 日 輸入障壁 英 import barriers

进口费用 [jìnkǒu fèiyòng] 日 輸入諸掛 英 import charges

进口关税 [jìnkǒu guānshuì] 日 輸入関税 英 import tariffs

进口货物 [jìnkǒu huòwù] 日 輸入貨物 英 imported goods

进口货物成交价格 [jìnkǒu huòwù chéngjiāo jiàgé] 日 輸入貨物取引価格 英 transaction price of imported goods

进口货物的收货人 [jìnkǒu huòwù de shōuhuò rén] 日 輸入貨物の受取人 英 consignee of the imported goods

进口企业 [jìnkǒu qǐyè] 日 輸入企業 英 import enterprise

进口商品价格 [jìnkǒu shāngpǐn jiàgé] 日 輸入貨物価格 英 import prices

进口商品税率表 [jìnkǒu shāngpǐn shuìlǜ biǎo] 日 輸入品の関税率表 英 tariff tax rate schedule of imported goods

进口设备免税额度 [jìnkǒu shèbèi miǎnshuì édù] 日 輸入設備免税限度額 英 duty-free limit of imported equipment

进口许可证 [jìnkǒu xǔkě zhèng] 日 輸入許可証 英 import license

进口业务确认书 [jìnkǒu yèwù quèrèn shū] 日 輸入業務確認書 英 import confirmation letter

进料加工 [jìnliào jiāgōng] 日 進料加工 英 processing with imported materials

进料加工免税证明 [jìnliào jiāgōng miǎnshuì zhèngmíng] 日 進料加工免税証明書 英 tax exemption certificate of processing with imported materials

进入价格 [jìnrù jiàgé] 日 入口価格 英 entry price

进位 [jìnwèi] 日 切り上げ 英 round up

进项税额 [jìnxiàng shuì é] 日 仕入税額 英 input tax

进项税额抵扣 [jìnxiàng shuì é dǐkòu] 日 仕入税額控除 英 input tax deduction

进项税额转出 [jìnxiàng shuì é zhuǎnchū] 日 仕入税額振替 英 input value added tax (VAT) transfer out

晋升 [jìnshēng] 日 昇進 英 promotion

禁止 [jìnzhǐ] 日 禁止 英 prohibition

禁止类产业 [jìnzhǐ lèi chǎnyè] 日 禁止類産業 英 restricted industries

禁止项目 [jìnzhǐ xiàngmù] 日 禁止項目 英 prohibited item

经常费用 [jīngcháng fèiyòng] 日 経常費用 英 ordinary expense

经常居住地 [jīngcháng jūzhù dì] 日 経常居住地

英 habitual residence

经常利润 [jīngcháng lìrùn] 日 経常利益 英 ordinary profit

经常损失 [jīngcháng sǔnshī] 日 経常損失 英 ordinary loss

经常损益 [jīngcháng sǔnyì] 日 経常損益 英 ordinary gains and losses

经常项目 [jīngcháng xiàngmù] 日 経常項目 英 current account

经常项目交易 [jīngcháng xiàngmù jiāoyì] 日 経常項目取引 英 recurring transactions

经常性国际支出 [jīngcháng xìng guójì zhīchū] 日 経常性国際支出 英 recurrent international expenditure

经费 [jīngfèi] 日 経費 英 business expense

经费节减 [jīngfèi jiéjiǎn] 日 経費節減 英 cost saving

经费预算 [jīngfèi yùsuàn] 日 経費予算 英 expense budget

经济补偿 [jīngjì bǔcháng] 日 経済補償 英 economic compensation

经济的决策 [jīngjì de juécè] 日 経済の意思決定 英 economic decision

经济法 [jīngjì fǎ] 日 経済法 英 economic law

经济放缓 [jīngjì fànghuǎn] 日 景気減速 英 economic slowdown

经济合作与发展组织 [jīngjì hézuò yǔ fāzhǎn zǔzhī] 日 経済協力開発機構 英 Organisation for Economic Co-operation and Development (OECD)

经济价值 [jīngjì jiàzhí] 日 経済価値 英 economic value

经济技术合作 [jīngjì jìshù hézuò] 日 経済技術協力 英 economic and technical cooperation

经济技术开发区 [jīngjì jìshù kāifā qū] 日 経済技術開発区 英 economic-technological development zone

经济开发区 [jīngjì kāifā qū] 日 経済開放区 英 special economic zones (SEZ)

经济利益 [jīngjì lìyì] 日 経済的便益 英 economic interest

经济泡沫 [jīngjì pàomò] 日 バブル経済 英 economic bubble

经济泡沫破灭 [jīngjì pàomò pòmiè] 日 バブル経済の崩壊 英 bursting of the economic bubble

经纪人 [jīngjì rén] 日 仲立人 英 broker

经济实体 [jīngjì shítǐ] 日 経済実体 英 economic entity

经济使用年限 [jīngjì shǐyòng niánxiàn] 日 経済的耐用年数 英 economic useful life

经济实质 [jīngjì shízhì] 日 経済実態 英 economic substance

经济衰退 [jīngjì shuāituì] 日 景気後退 英 economic recession

经济特区 [jīngjì tèqū] 日 経済特区 英 special economic zone (SEZ)

经济停滞 [jīngjì tíngzhì] 日 景気停滞 英 stagnation

经济形势 [jīngjì xíngshì] 日 経済情勢 英 economic condition

经济增长 [jīngjì zēngzhǎng] 日 経済成長 英 economic growth

经济增长率 [jīngjì zēngzhǎng lǜ] 日 経済成長率 英 economic growth rate

经济指标 [jīngjì zhǐbiāo] 日 経済指標 英 economic indicators

经理 [jīnglǐ] 日 マネジャー 英 manager

经审计的财务报表 [jīng shěnjì de cáiwù bàobiǎo] 日 監査済財務諸表 英 audited financial statements

经销商 [jīngxiāo shāng] 日 流通業者 英 distributer

经营比率 [jīngyíng bǐlǜ] 日 経営比率 英 operating rate

经营场所 [jīngyíng chǎngsuǒ] 日 事業所 英 business premises

经营承包商 [jīngyíng chéngbāo shāng] 日 経営請負業者 英 managing contractor

经营成果 [jīngyíng chéngguǒ] 日 営業成績 英 business performance

经营成绩 [jīngyíng chéngjì] 日 経営成績 英 operating result

经营单位 [jīngyíng dānwèi] 日 経営単位 英 operating unit

经营登记 [jīngyíng dēngjì] 日 事業登記 英 business registration

经营方针 [jīngyíng fāngzhēn] 日 経営方針 英 management policy

经营范围 [jīngyíng fànwéi] 日 経営範囲 英 scope of business

经营风险 [jīngyíng fēngxiǎn] 日 事業リスク 英 business risk

经营分析 [jīngyíng fēnxī] 〔日〕経営分析 〔英〕business analysis

经营管理 [jīngyíng guǎnlǐ] 〔日〕経営管理 〔英〕managerial control

经营管理合同 [jīngyíng guǎnlǐ hétóng] 〔日〕経営管理契約 〔英〕management agreement

经营管理机构 [jīngyíng guǎnlǐ jīgòu] 〔日〕経営管理機構 〔英〕management institution

经营规模 [jīngyíng guīmó] 〔日〕経営規模 〔英〕operation scale

经营活动 [jīngyíng huódòng] 〔日〕営業活動 〔英〕operating activities

经营活动产生的现金流量 [jīngyíng huódòng chǎnshēng de xiànjīn liúliàng] 〔日〕営業活動によるキャッシュ・フロー 〔英〕cash flows from operating activities

经营决策 [jīngyíng juécè] 〔日〕経営意思決定 〔英〕management decision making

经营理念 [jīngyíng lǐniàn] 〔日〕経営理念 〔英〕management philosophy

经营目的 [jīngyíng mùdì] 〔日〕事業目的 〔英〕business purpose

经营年度 [jīngyíng niándù] 〔日〕事業年度 〔英〕business year

经营年限 [jīngyíng niánxiàn] 〔日〕経営期間 〔英〕operating period

经营判断 [jīngyíng pànduàn] 〔日〕経営判断 〔英〕business judgment

经营期限 [jīngyíng qīxiàn] 〔日〕経営期限 〔英〕operating period

经营企业 [jīngyíng qǐyè] 〔日〕経営企業 〔英〕management company

经营所得 [jīngyíng suǒdé] 〔日〕経営所得 〔英〕operating income

经营特点 [jīngyíng tèdiǎn] 〔日〕事業特性 〔英〕business characteristics

经营投资 [jīngyíng tóuzī] 〔日〕事業投資 〔英〕business investment

经营外汇业务许可证 [jīngyíng wàihuì yèwù xǔkězhèng] 〔日〕外貨業務取扱許可証 〔英〕foreign exchange business license

经营许可证 [jīngyíng xǔkě zhèng] 〔日〕経営許可証 〔英〕operating license

经营战略 [jīngyíng zhànlüè] 〔日〕経営戦略 〔英〕management strategy

经营者集中 [jīngyíng zhě jízhōng] 〔日〕事業者集中 〔英〕business concentration

经营租赁 [jīngyíng zūlìn] 〔日〕オペレーティング・リース 〔英〕operating lease

经营租赁服务 [jīngyíng zūlìn fúwù] 〔日〕オペレーティング・リースサービス 〔英〕operating lease service

精算估价 [jīngsuàn gūjià] 〔日〕保険数理評価 〔英〕actuarial valuation

精算假设 [jīngsuàn jiǎshè] 〔日〕数理計算上の仮定 〔英〕actuarial assumptions

精算师 [jīngsuàn shī] 〔日〕保険数理士 〔英〕actuary

精算损益 [jīngsuàn sǔnyì] 〔日〕数理計算上の差異 〔英〕actuarial gains and losses

警告 [jǐnggào] 〔日〕警告 〔英〕warning

净利润 [jìng lìrùn] 〔日〕純利益 〔英〕net profit

净头寸 [jìngtóucùn] 〔日〕ネットポジション 〔英〕net position

净现值 [jìng xiànzhí] 〔日〕正味現在価値 〔英〕net present value (NPV)

净值 [jìngzhí] 〔日〕純額 〔英〕net value

净资产 [jìng zīchǎn] 〔日〕純資産 〔英〕net assets

净资产价值 [jìng zīchǎn jiàzhí] 〔日〕純資産価値 〔英〕net assets value (NAV)

净资产收益率 [jìng zīchǎn shōuyì lǜ] 〔日〕純資産収益率 〔英〕return on assets (ROA)

净资产周转率 [jìng zīchǎn zhōuzhuǎn lǜ] 〔日〕自己資本回転率 〔英〕net worth turnover

竞业禁止义务 [jìngyè jìnzhǐ yìwù] 〔日〕競業避止義務 〔英〕non-compete obligation

竞争 [jìngzhēng] 〔日〕競争 〔英〕competition

境内法人 [jìngnèi fǎrén] 〔日〕内国法人 〔英〕domestic legal entity

境内机构 [jìngnèi jīgòu] 〔日〕国内機構 〔英〕domestic institution

境内来源所得 [jìngnèi láiyuán suǒdé] 〔日〕国内源泉所得 〔英〕domestic income

境内所得 [jìngnèi suǒdé] 〔日〕国内所得 〔英〕domestic income

境内投资 [jìngnèi tóuzī] 〔日〕国内投資 〔英〕domestic investment

境外 [jìngwài] 〔日〕海外 〔英〕overseas

境外担保下国内借款 [jìngwài dānbǎo xià guónèi jièkuǎn] 〔日〕国外保証付国内借入金 〔英〕onshore loans payable under offshore guarantee

境外分支机构 [jìngwài fēnzhī jīgòu] 日 在外支店 英 overseas branch

境外个人 [jìngwài gèrén] 日 外国籍の個人 英 foreign individual

境外汇款 [jìngwài huìkuǎn] 日 海外送金 英 overseas remittance

境外活动 [jìngwài huódòng] 日 海外活動 英 overseas activities

境外交易 [jìngwài jiāoyì] 日 海外取引 英 overseas transaction

境外经营 [jìngwài jīngyíng] 日 在外営業活動 英 foreign operation

境外经营净投资 [jìngwài jīngyíng jìng tóuzī] 日 在外営業活動体に対する純投資 英 net investment in a foreign operation

境外经营净投资套期 [jìngwài jīngyíng jìng tóuzī tàoqī] 日 在外営業活動体への純投資ヘッジ 英 hedges of a net investment in a foreign operation

境外企业 [jìngwài qǐyè] 日 海外企業 英 overseas enterprise

境外上市 [jìngwài shàngshì] 日 海外上場 英 overseas listing of enterprises

境外税款抵扣 [jìngwài shuìkuǎn dǐkòu] 日 外国税額控除 英 foreign tax credit

境外税款抵扣方式 [jìngwài shuìkuǎn dǐkòu fāngshì] 日 外国税額控除方式 英 foreign tax credit system

境外税款间接扣除 [jìngwài shuìkuǎn jiànjiē kòuchú] 日 間接外国税額控除 英 indirect foreign tax credit

境外税款直接扣除 [jìngwài shuìkuǎn zhíjiē kòuchú] 日 直接外国税額控除 英 direct foreign tax credit

境外所得 [jìngwài suǒdé] 日 国外所得 英 offshore income

境外所得税减免方式 [jìngwài suǒdé shuì jiǎnmiǎn fāngshì] 日 外国所得税減免方式 英 tax reduction system for overseas income

境外销售额 [jìngwài xiāoshòu é] 日 海外売上高 英 overseas sales

境外直接投资 [jìngwài zhíjiē tóuzī] 日 海外直接投資 英 foreign direct investment (FDI)

境外资本 [jìngwài zīběn] 日 外国資本 英 foreign capital

境外子公司 [jìngwài zǐ gōngsī] 日 外国子会社 英 foreign subsidiaries

旧企业会计准则 [jiù qǐyè kuàijì zhǔnzé] 日 旧企業会計準則 英 Old Accounting Standard for Business Enterprises

救济金 [jiùjì jīn] 日 救済金 英 relief fund

就业规则 [jiùyè guīzé] 日 就業規則 英 working regulations

就业率统计 [jiùyè lǜ tǒngjì] 日 雇用統計 英 employment statistics

就业签证 [jiùyè qiānzhèng] 日 Zビザ 英 Z visa

就业许可证 [jiùyè xǔkězhèng] 日 就業許可証 英 work permit

就业证 [jiùyè zhèng] 日 就業証 英 certificate of qualification for employment

就业资格 [jiùyè zīgé] 日 就業資格 英 qualification for employment

就职期间 [jiùzhí qījiān] 日 勤務期間 英 service period

居间合同 [jūjiān hétóng] 日 仲介契約書 英 intermediary contract

居留许可 [jūliú xǔkě] 日 居留許可 英 residence permit

居留证 [jūliú zhèng] 日 居留証 英 certificate of residence

居民企业 [jūmín qǐyè] 日 居住者企業 英 resident enterprise

居民身份证 [jūmín shēnfèn zhèng] 日 居住者身元証明書 英 resident identity card

居民税 [jūmín shuì] 日 住民税 英 residence tax

居住国 [jūzhù guó] 日 居住地国 英 country of residence

居住国征税 [jūzhùguó zhēngshuì] 日 居住地国課税 英 resident-based taxation

居住用地 [jūzhù yòngdì] 日 居住用地 英 residential land

居住者 [jūzhù zhě] 日 居住者 英 resident

居住证 [jūzhù zhèng] 日 居住証明書 英 certificate of residence

局域网 [júyù wǎng] 日 ローカルエリアネットワーク 英 local area network (LAN)

矩阵组织结构 [jǔzhèn zǔzhī jiégòu] 日 マトリックス組織構成 英 matrix organizational structure

拒付票据 [jùfù piàojù] 日 不払手形 英 dishonored bill

拒绝表示意见 [jùjué biǎoshì yìjiàn] 日 意見差控 英 disclaimer of opinion

具体准则 [jùtǐ zhǔnzé] 日 具体準則 英 specific standard

据实申报纳税 [jùshí shēnbào nàshuì] 日 実際収入額に基づく申告納税 英 tax filing based on actual income

捐赠 [juānzèng] 日 寄贈 英 donation

捐赠税前扣除 [juānzèng shuìqián kòuchú] 日 寄付金控除 英 deduction for donation

捐赠物资 [juānzèng wùzī] 日 寄贈物資 英 donated supplies

捐赠者 [juānzèng zhě] 日 寄付者 英 donor

决策 [juécè] 日 意思決定 英 decision making

决策机构 [juécè jīgòu] 日 意思決定機関 英 decision making body

决策权 [juécè quán] 日 意思決定権 英 decision making power

决策人 [juécè rén] 日 意思決定者 英 decision maker

决算 [juésuàn] 日 決算 英 closing of accounts

决算报表 [juésuàn bàobiǎo] 日 決算書 英 financial statements

决算方案 [juésuàn fāng àn] 日 決算案 英 draft of accounts

决算期 [juésuàn qī] 日 決算期 英 accounting period

决算日 [juésuàn rì] 日 決算日 英 closing date

均摊 [jūntān] 日 均等割 英 per capita basis

均一费用 [jūnyī fèiyòng] 日 均一料金 英 flat fee

K

开办费 [kāibàn fèi] 日 開業費 英 business commencement expense

开办费摊销 [kāibàn fèi tānxiāo] 日 創立費償却 英 amortization of organization cost

开办期 [kāibàn qī] 日 開業準備期間 英 preparation period for business commencement

开发 [kāifā] 日 開発 英 development

开发费用 [kāifā fèiyòng] 日 開発費 英 development cost

开发阶段 [kāifā jiēduàn] 日 開発段階 英 development stage

开放界面 [kāifàng jièmiàn] 日 オープンインターフェース 英 open interface

开放式互惠基金 [kāifàng shì hùhuì jījīn] 日 オープンエンド型ミューチュアルファンド 英 open-end mutual fund

开方式回购协议 [kāifāng shì xīnkāi huígòu xiéyì] 日 オープンレポ 英 open repo

开放型基金 [kāifàng xíng jījīn] 日 オープンエンド型ファンド 英 open-end fund

开发区管理委员会 [kāifā qū guǎnlǐ wěiyuán huì] 日 開発区管理委員会 英 administrative committee of development zone

开户人 [kāihù rén] 日 口座名義人 英 account holder

开户申请人 [kāihù shēnqǐng rén] 日 口座開設申請者 英 account opening applicant

开户申请书 [kāihù shēnqǐng shū] 日 口座開設申請書 英 account opening application (AOA)

开户银行 [kāihù yínháng] 日 口座開設銀行 英 account opening bank

开具发票 [kāijù fāpiào] 日 領収書の発行 英 issuance of receipt

开曼群岛 [kāimàn qúndǎo] 日 ケイマン諸島 英 Cayman Islands

开始雇佣合约通知书 [kāishǐ gùyōng héyuē tōngzhī shū] 日 雇用開始通知書 英 notification of starting of an employment contract

开业申请 [kāiyè shēnqǐng] 日 開業申請 英 application for commencement of business

开业证明 [kāiyè zhèngmíng] 日 開業証明 英 business certificate

开征 [kāizhēng] 日 徴収開始 英 inception of collection

开证申请书 [kāizhèng shēnqǐng shū] 日 信用状発行依頼書 英 letter of credit (L/C) issue request form

开证银行 [kāizhèng yínháng] 日 証明書発行銀行 英 issuing bank

看跌期权 [kàndiē qīquán] 日 プットオプション 英 put option

抗辩理由 [kàngbiàn lǐyóu] 日 抗弁事由 英 grounds of defense

考核 [kǎohé] 日 考課 英 assessment

科目余额平衡表 [kēmù yú é pínghéng biǎo] 日 科目残高試算表 英 trial balance

科学技术部 [kēxué jìshù bù] 日 科学技術部 英 technology department

可辨认性 [kě biànrèn xìng] 日 識別可能性 英 identifiability

可辨认资产 [kě biànrèn zīchǎn] 日 識別可能資産 英 identifiable assets

可变现净值 [kě biànxiàn jìngzhí] 日 正味実現可能価額 英 net realizable value (NRV)

可比非受控价格法 [kě bǐ fēi shòukòng jiàgé fǎ] 日 独立価格比準法 英 comparable uncontrolled price (CUP) method

可比公司法 [kěbǐ gōngsī fǎ] 日 類似企業倍率法 英 comparable multiple valuation method

可比价格 [kěbǐ jiàgé] 日 比較可能価格 英 comparable price

可比利润法 [kěbǐ lìrùn fǎ] 日 利益比準法 英 comparable profit method

可比企业 [kěbǐ qǐyè] 日 比較可能企業 英 comparable enterprises

可比性分析 [kěbǐ xìng fēnxī] 日 比較分析 英 comparable analysis

可比性原则 [kěbǐ xìng yuánzé] 日 比較可能性原則 英 comparability principle

可比信息 [kěbǐ xìnxī] 日 比較可能データ 英 comparable information

可撤销信用证 [kě chèxiāo xìnyòng zhèng] 日 取消可能信用状 英 revocable letter of credit

可持续性发展 [kě chíxù xìng fāzhǎn] 日 持続可能な発展 英 sustainable development

可重置性 [kě chóngzhì xìng] 日 リロード特性 英 reload feature

可抵扣的留底税额 [kě dǐkòu de liúdǐ shuì é] 日 控除余裕額 英 carry-over of tax credit

可抵扣境外企业所得税额 [kě dǐkòu jìngwài qǐyè suǒdé shuì é] 日 控除対象外国法人税額 英 foreign tax credit

可抵扣暂时性差异 [kě dǐkòu zànshí xìng chāyì] 日 将来減算一時差異 英 deductible temporary difference

可分配利润 [kěfēnpèi lìrùn] 日 配当可能利益 英 profit available for dividend

可供出售金融资产 [kěgōng chūshòu jīnróng zīchǎn] 日 売却可能金融資産 英 available-for-sale financial assets

可供出售有价证券 [kěgōng chūshòu yǒujià zhèngquàn] 日 売却可能有価証券 英 available-for-sale securities

可观察到的市场价格 [kě guānchá dào de shìchǎng jiàgé] 日 観察可能な市場価格 英 observable market price

可回收成本 [kě huíshōu chéngběn] 日 回収可能原価 英 recovery cost

可回收金额 [kě huíshōu jīn é] 日 回収可能価額 英 recoverable amount

可回售金融工具 [kě huíshòu jīnróng gōngjù] 日 プッタブル金融商品 英 puttable financial instrument

可解除租约 [kě jiěchú zūyuē] 日 解約可能リース 英 cancellable lease

可接受 [kě jiēshòu] 日 許容できる 英 tolerable

可靠性 [kěkào xìng] 日 信頼性 英 reliability

可理解性 [kě lǐjiě xìng] 日 理解可能性 英 understandability

可容忍误差 [kěróng rěnwù chā] 日 許容誤謬水準 英 tolerable error level

可赎回公司债券 [kě shúhuí gōngsī zhàiquàn] 日 買戻し可能な債権 英 callable corporate bond

可销售 [kě xiāoshòu] 日 売却可能 英 available-for-sale

可行权日 [kěxíngquán rì] 日 権利確定日 英 date of right allotment

可行权条件 [kěxíngquán tiáojiàn] 日 権利確定条件 英 vesting conditions

可行性研究 [kěxíng xìng yánjiū] 日 企業事業化調査 英 feasibility study (F/S)

可行性研究报告 [kěxíng xìng yánjiū bàogào] 日 フィージビリティスタディ報告書 英 feasibility study (FS) report

可用性 [kěyòng xìng] 日 利用可能性 英 availability

可证实性 [kě zhèngshí xìng] 日 検証可能性 英 verifiability

可支配收入 [kě zhīpèi shōurù] 日 可処分所得 英 disposable income

可转换公司债券 [kě zhuǎnhuàn gōngsī zhàiquàn] 日 転換社債 英 convertible bond

可转换普通股 [kě zhuǎnhuàn pǔtōng gǔ] 日 転換株式 英 convertible share

可转让(定期)存单 [kě zhuǎnràng (dìngqī) cúndān] 日 譲渡性預金証書 英 certificate of deposit (CD)

客观性原则 [kèguān xìng yuánzé] 日 客観性の原則 英 objectivity principle

客户 [kèhù] 日 得意先 英 customer

客户端计算机 [kèhùduān jìsuàn jī] 日 クライアントコンピュータ 英 client computer

客户服务器系统 [kèhù fúwù qì xìtǒng] 日 クライアントサーバーシステム 英 client server system (C/S)

客户关系管理 [kèhù guānxì guǎnlǐ] 日 顧客関係管理 英 customer relationship management (CRM)

客户基本资料表 [kèhù jīběn zīliào biǎo] 日 顧客基本データ表 英 customer basic data list

客户确认书 [kèhù quèrèn shū] 日 受領書 英 receipt

客户数据库 [kèhù shùjù kù] 日 顧客データベース 英 customer database

客户委托交易单 [kèhù wěituō jiāoyì dān] 日 取引注文書 英 order form

客户信息系统 [kèhù xìnxī xìtǒng] 日 顧客情報システム 英 customer information system

客户忠诚计划 [kèhù zhōngchéng jìhuà] 日 カスタマーロイヤルティ プログラム 英 customer loyalty program

客户主档 [kèhù zhǔdàng] 日 顧客マスターファイル 英 customer master file

课税标准 [kèshuì biāozhǔn] 日 課税標準 英 tax basis

课税单位 [kèshuì dānwèi] 日 課税単位 英 unit of taxation

空白 [kòngbái] 日 白紙の 英 blank

空白背书 [kòngbái bèishū] 日 白地裏書 英 blank endorsement

空白栏 [kòngbái lán] 日 空欄 英 blank

空白票据 [kòngbái piàojù] 日 白地手形 英 blank bill

空气污染 [kōngqì wūrǎn] 日 大気汚染 英 air pollution

空头卖方 [kōngtóu màifāng] 日 空売り投資家 英 short seller

空头支票 [kōngtóu zhīpiào] 日 空小切手 英 fictitious check

空运单 [kōngyùn dān] 日 航空運送状 英 air way bill

控股公司 [kònggǔ gōngsī] 日 支配会社、持株会社 英 controlling company, holding company

控股股东 [kònggǔ gǔdōng] 日 支配株主 英 controlling shareholder

控股子公司 [kònggǔ zǐgōngsī] 日 支配子会社 英 controlled subsidiary company

控制 [kòngzhì] 日 支配 英 control

控制程序 [kòngzhì chéngxù] 日 統制手続 英 control procedure

控制风险 [kòngzhì fēngxiǎn] 日 統制リスク 英 control risk

控制环境 [kòngzhì huánjìng] 日 統制環境 英 control environment

控制活动 [kòngzhì huódòng] 日 統制活動 英 control activities

控制目标 [kòngzhì mùbiāo] 日 コントロール目標 英 control target

控制企业 [kòngzhì qǐyè] 日 統括会社 英 controlling company

扣除 [kòuchú] 日 控除 英 deduction

扣除或退还 [kòuchú huò tuìhuán] 日 控除又は還付 英 deduction or refund

扣除限额 [kòuchú xiàn é] 日 控除限度額 英 limit for deduction

扣除销售成本后的公允价值 [kòuchú xiāoshòu chéngběn hòu de gōngyǔn jiàzhí] 日 売却コスト控除後の公正価値 英 fair value less cost to sell

库存 [kùcún] 日 在庫 英 inventory

库存差异分析表 [kùcún chāyì fēnxī biǎo] 日 棚卸差異分析表 英 inventory variance analysis report

库存风险 [kùcún fēngxiǎn] 日 在庫リスク 英 inventory risk

库存股 [kùcún gǔ] 日 自己株式 英 treasury stock

库存管理 [kùcún guǎnlǐ] 日 在庫管理 英 inventory control

库存股份 [kùcún gǔfèn] 日 金庫株 英 treasury stock

库存过量 [kùcún guòliàng] 日 超過在庫 英 excess inventory

库存股清理收益 [kùcún gǔ qīnglǐ shōuyì] 日 自己株式処分差益 英 gain on disposal of treasury stock

库存股清理损失 [kùcún gǔ qīnglǐ sǔnshī] 日 自己株式処分差損 英 loss on disposal of treasury stock

库存盘点表 [kùcún pándiǎn biǎo] 日 在庫棚卸表 英 inventory count list

库存调整 [kùcún tiáozhěng] 日 在庫品調整 英 inventory adjustment

库存现金 [kùcún xiànjīn] 日 手許現金 英 cash on hand

库存异动单

库存异动单 [kùcún yídòng dān] 日 在庫品移動リスト 英 stock allocate and stock transfer form

跨国公司 [kuàguó gōngsī] 日 多国籍企業 英 multinational enterprise

跨国公司集团 [kuàguó gōngsī jítuán] 日 多国籍企業グループ 英 multinational enterprise group

跨国企业的地区本部 [kuàguó qǐyè de dìqū běnbù] 日 多国籍企業の地域本部 英 regional headquarter of a multinational enterprise

跨境服务 [kuàjìng fúwù] 日 クロスボーダーサービス 英 cross-border services

跨境人民币结算 [kuàjìng rénmín bì jiésuàn] 日 クロスボーダー人民元決済 英 cross-border Renminbi (RMB) settlement

跨境整合交易 [kuàjìng zhěnghé jiāoyì] 日 クロスボーダーの再編取引 英 cross-border restructuring

会计 [kuàijì] 日 会計 英 accounting

会计报表附注 [kuàijì bàobiǎo fùzhù] 日 注記 英 footnotes

会计报表格式 [kuàijì bàobiǎo géshì] 日 財務諸表様式 英 financial statement template

会计报告 [kuàijì bàogào] 日 会計報告書 英 accounting report

会计部门 [kuàijì bùmén] 日 経理部 英 accounting department

会计差错 [kuàijì chācuò] 日 会計上の誤謬 英 accounting errors

会计传票 [kuàijì chuánpiào] 日 会計伝票 英 journal slip

会计处理 [kuàijì chǔlǐ] 日 会計処理 英 accounting treatment

会计从业资格考试 [kuàijì cóngyè zīgé kǎoshì] 日 会計従業資格試験 英 accounting qualification examination

会计从业资格证书 [kuàijì cóngyè zīgé zhèngshū] 日 会計従業資格証 英 accounting qualification

会计档案 [kuàijì dàng àn] 日 会計書類 英 accounting document

会计档案管理办法 [kuàijì dàng àn guǎnlǐ bànfǎ] 日 会計書類管理弁法 英 Administrative Measures on Accounting Records

会计法 [kuàijì fǎ] 日 会計法 英 accounting law

会计分录 [kuàijì fēnlù] 日 会計仕訳 英 journal entry

会计负责人 [kuàijì fùzé rén] 日 会計責任者 英 person in-charge of accounting

会计规定 [kuàijì guīdìng] 日 経理規程 英 accounting rules

会计估计 [kuàijì gūjì] 日 会計上の見積り 英 accounting estimate

会计假设 [kuàijì jiǎshè] 日 会計上の仮定 英 accounting assumption

会计机构 [kuàijì jīgòu] 日 会計機構 英 accounting organization

会计计量单位 [kuàijì jìliáng dānwèi] 日 会計単位 英 unit of account

会计记录 [kuàijì jìlù] 日 会計記録 英 accounting records

会计决算报表 [kuàijì juésuàn bàobiǎo] 日 決算財務諸表 英 financial statements

会计科目 [kuàijì kēmù] 日 勘定科目 英 account title

会计科目分类 [kuàijì kēmù fēnlèi] 日 勘定科目の分類 英 account title classification

会计理论 [kuàijì lǐlùn] 日 会計理論 英 accounting theory

会计目标 [kuàijì mùbiāo] 日 会計目的 英 accounting objectives

会计年度 [kuàijì niándù] 日 会計年度 英 fiscal year

会计凭证 [kuàijì píngzhèng] 日 会計帳票 英 accounting vouchers

会计期间 [kuàijì qījiān] 日 会計期間 英 accounting period

会计人员 [kuàijì rényuán] 日 経理担当者 英 accounting personnel

会计软件 [kuàijì ruǎnjiàn] 日 会計ソフトウェア 英 accounting software

会计审计 [kuàijì shěnjì] 日 会計監査 英 financial audit

会计师事务所 [kuàijìshī shìwùsuǒ] 日 会計事務所、監査法人 英 accounting firm, auditing firm

会计术语 [kuàijì shùyǔ] 日 会計用語 英 accounting terms

会计舞弊 [kuàijì wǔbì] 日 会計不正 英 accounting fraud

会计信息 [kuàijì xìnxī] 日 会計情報 英 accounting information

会计系统 [kuàijì xìtǒng] 日 会計システム 英 accounting system

会计学 [kuàijì xué] 日 会計学 英 accounting

会计原则 [kuàijì yuánzé] 日 会計原則 英 accounting principles

会计账簿 [kuàijì zhàngbù] 日 会計帳簿 英 accounting books

会计政策 [kuàijì zhèngcè] 日 会計方針 英 accounting policy

会计政策变更 [kuàijì zhèngcè biàngēng] 日 会計方針の変更 英 changes in accounting policies

会计制度 [kuàijì zhìdù] 日 会計制度 英 accounting system

会计中期 [kuàijì zhōngqī] 日 半期 英 interim period

会计准则 [kuàijì zhǔnzé] 日 会計基準 英 accounting standards

会计准则应用指南 [kuàijì zhǔnzé yìngyòng zhǐnán] 日 会計準則応用指南 英 Accounting Standards Application Guidance

宽带 [kuāndài] 日 ブロードバンド 英 broadband

矿物资源 [kuàngwù zīyuán] 日 鉱物資源 英 mineral resources

亏损 [kuīsǔn] 日 欠損 英 deficit

亏损冲回 [kuīsǔn chōnghuí] 日 欠損金の繰戻し 英 loss carry back

亏损合同 [kuīsǔn hétóng] 日 不利な契約 英 loss contract

亏损结转 [kuīsǔn jiézhuǎn] 日 欠損金の繰越し 英 loss carry forward

亏损企业 [kuīsǔn qǐyè] 日 赤字企業 英 unprofitable enterprise

扩大出口经营权 [kuòdà chūkǒu jīngyíng quán] 日 輸出経営権の拡大 英 expansion of export right

框架 [kuàngjià] 日 枠組み 英 framework

L

垃圾邮件 [lājī yóujiàn] 日 スパムメール 英 spam mail

来件装配 [láijiàn zhuāngpèi] 日 顧客預り部品組立 英 assembling of parts supplied by clients

来料加工 [láiliào jiāgōng] 日 来料加工 英 processing with provided materials

来样加工 [láiyàng jiāgōng] 日 来様加工 英 processing with supplied designs

蓝牙 [lányá] 日 ブルートゥース 英 bluetooth

滥用税收协定 [lànyòng shuìshōu xiédìng] 日 租税条約の濫用 英 abuse of tax treaty

劳动安全卫生制度 [láodòng ānquán wèishēng zhìdù] 日 労働安全衛生制度 英 occupational safety and health system

劳动保护 [láodòng bǎohù] 日 労働保護 英 labor protection

劳动保护费 [láodòng bǎohù fèi] 日 労働保護費 英 labor protection expenses

劳动保险 [láodòng bǎoxiǎn] 日 労働保険 英 labor insurance

劳动法 [láodòng fǎ] 日 労働法 英 Labor Law

劳动服务企业 [láodòng fúwù qǐyè] 日 労働サービス企業 英 labor service company

劳动管理局 [láodòng guǎnlǐ jú] 日 労働管理局 英 labor management authority

劳动关系 [láodòng guānxì] 日 労働関係 英 labor relationship

劳动和社会保障部 [láodòng hé shèhuì bǎozhàng bù] 日 労働社会保障省 英 ministry of labor and social security

劳动合同 [láodòng hétóng] 日 労働契約 英 labor contract

劳动合同法 [láodòng hétóng fǎ] 日 労働契約法 英 labor contracts law

劳动纠纷 [láodòng jiūfēn] 日 労働争議 英 labor dispute

劳动局 [láodòng jú] 日 労働局 英 Labor Bureau

劳动力 [láodòng lì] 日 労働力 英 workforce

劳动密集型行业 [láodòng mìjí xíng hángyè] 日 労働集約型産業 英 labor-intensive industry

劳动生产率 [láodòng shēngchǎn lǜ] 日 労働生産性 英 labor productivity

劳动所得 [láodòng suǒdé] 日 労働所得 英 labor income

劳动条件 [láodòng tiáojiàn] 日 労働条件 英 labor conditions

劳动行政部门 [láodòng xíngzhèng bùmén] 日 労働行政部門 英 labor administrative departments

劳务成本 [láowù chéngběn] 日 役務原価 英 service cost

劳务费用 [láowù fèiyòng] 日 勤務費用 英 service cost

劳务派遣人数限制 [láowù pàiqiǎn rénshù xiànzhì] 日 労働派遣者数制限 英 limitation of the number of temporary worker

劳务收入 [láowù shōurù] 日 役務収益 英 revenue from rendering of service

劳资管理制度 [láozī guǎnlǐ zhìdù] 日 労働管理制度 英 labor management system

劳资协议 [láozī xiéyì] 日 労使協議 英 labor-management consultations

老字号企业 [lǎozìhào qǐyè] 日 伝統的企業 英 traditional enterprise

累计发生额 [lěijì fāshēng é] 日 累計発生額 英 accumulated accrual amount

累计减值损失 [lěijì jiǎnzhí sǔnshī] 日 減損損失累計額 英 accumulated impairment loss

累积给付义务 [lěijī jǐfù yìwù] 日 累積給付債務 英 accumulated benefit obligation (ABO)

累计亏损 [lěijì kuīsǔn] 日 累積損失 英 accumulated loss

累进税率 [lěijìn shuìlǜ] 日 累進税率 英 progressive tax rate

累进制征税 [lěijìn zhì zhēngshuì] 日 累進課税 英 progressive taxation

累计折耗 [lěijì shéhào] 日 減耗償却累計額 英 accumulated depletion

累积投票权 [lěijī tóupiào quán] 日 累積投票請求権 英 cumulative voting right

累计投资额 [lěijì tóuzī é] 日 累計投資額 英 accumulated investment amount

累计影响数 [lěijì yǐngxiǎng shù] 日 累積影響額 英 accumulated effect amount

累计优先股 [lěijì yōuxiān gǔ] 日 累積優先株式 英 cumulative preferred stock

累计债务 [lěijì zhàiwù] 日 累積債務 英 accumulated debt

累计折旧 [lěijì zhéjiù] 日 減価償却累計額 英 accumulated depreciation

类别 [lèibié] 日 種類 英 category

离岸 [lí àn] 日 オフショア 英 offshore

离岸分行 [lí àn fēnháng] 日 オフショア支店 英 offshore branches

离岸公司制度 [lí àn gōngsī zhìdù] 日 オフショアカンパニー制度 英 offshore company system

离岸价格 [lí àn jiàgé] 日 本船渡し価格 英 free on board (FOB) price

离岸基金 [lí àn jījīn] 日 オフショア基金 英 offshore fund

离岸贸易 [lí àn màoyì] 日 オフショアビジネス 英 offshore business

离岸市场 [lí àn shìchǎng] 日 オフショア市場 英 offshore market

离岸所得 [lí àn suǒdé] 日 オフショア所得 英 offshore income

离岸业务 [lí àn yèwù] 日 オフショアサービス 英 offshore services

离岸银行业务 [lí àn yínháng yèwù] 日 オフショアバンキング 英 offshore banking

离岸账户 [lí àn zhànghù] 日 オフショア口座 英 offshore account

离场买卖盘 [líchǎng mǎimài pán] 日 場外注文 英 off-floor order

离线 [líxiàn] 日 オフライン 英 offline

离职 [lízhí] 日 退職 英 retirement

离职后福利 [lízhí hòu fúlì] 日 退職給付 英 post-employment benefits

离职后福利计划 [lízhí hòu fúlì jìhuà] 日 退職給付制度 英 post-employment benefit plans

离职后福利准备 [lízhí hòu fúlì zhǔnbèi] 日 退職給付引当金 英 allowance for pension benefits

离职后预计福利债务 [lízhí hòu yùjì fúlì zhàiwù] 日 退職給付債務 英 projected benefit obligation (PBO)

理赔费用 [lǐpéi fèiyòng] 日 損害調査費用 英 damage survey expense

历年 [lìnián] 日 暦年 英 calendar year

历史成本原则 [lìshǐ chéngběn yuánzé] 日 取得原価主義 英 historic cost principal

历史记录 [lìshǐ jìlù] 日 履歴 英 history

立案调查 [lìàn diàochá] 日 立件調査 英 investigation

立即确认 [lìjí quèrèn] 日 即時認識 英 immediate recognition

利率 [lìlǜ] 日 利率 英 interest rate

利率风险 [lìlǜ fēngxiǎn] 日 金利リスク 英 interest rate risk

利率互换 [lìlǜ hùhuàn] 日 金利スワップ 英 interest rate swap

利率期货合约 [lìlǜ qīhuò héyuē] 日 金利先物契約

利率期权 [lìlǜ qīquán] 日 金利オプション取引 英 interest rate options

利率上限 [lìlǜ shàngxiàn] 日 金利キャップ 英 interest cap

利率上下限期权 [lìlǜ shàngxiàxiàn qīquán] 日 金利カラー 英 interest collar

利率市场化 [lìlǜ shìchǎng huà] 日 金利の自由化 英 deregulation of interest rates

利率下限 [lìlǜ xiàxiàn] 日 金利フロア 英 interest floor

利润 [lìrùn] 日 利益 英 profit

利润表 [lìrùn biǎo] 日 損益計算書 英 income statement

利润表的披露方法 [lìrùn biǎo de pīlù fāngfǎ] 日 損益計算書の表示方法 英 presentation method of income statement

利润操纵 [lìrùn cāozòng] 日 利益操作 英 profit manipulation

利润分割法 [lìrùn fēngē fǎ] 日 利益分割法 英 profit split method

利润分配 [lìrùn fēnpèi] 日 利益処分 英 profit distribution

利润分配表 [lìrùn fēnpèi biǎo] 日 利益処分計算書 英 appropriation statement

利润分配方案 [lìrùn fēnpèi fāng àn] 日 利益処分案 英 proposal of profit distribution

利润归还投资 [lìrùn guīhuán tóuzī] 日 資本償還積立金 英 capital redemption reserve

利润计划 [lìrùn jìhuà] 日 利益計画 英 profit plan

利润控制 [lìrùn kòngzhì] 日 利益統制 英 profit control

利润率 [lìrùn lǜ] 日 利益率 英 profit ratio

利润率区间 [lìrùn lǜ qūjiān] 日 利益率レンジ 英 profit ratio range

利润中心 [lìrùn zhōngxīn] 日 プロフィットセンター 英 profit center

利息 [lìxī] 日 利息 英 interest

利息成本 [lìxī chéngběn] 日 金利コスト 英 interest cost

利息费用 [lìxī fèiyòng] 日 利息費用 英 interest cost

利息收入 [lìxī shōurù] 日 利息収入 英 interest income

利息受益人 [lìxī shòuyì rén] 日 利子の受領者 英 recipient of interest

利息所得 [lìxī suǒdé] 日 利子所得 英 interest income

利息支出 [lìxī zhīchū] 日 利息支出 英 interest expenditure

利益冲突 [lìyì chōngtū] 日 利害の対立 英 conflicts of interest

例外事项 [lìwài shìxiàng] 日 例外事項 英 exception

例行程序 [lìxíng chéngxù] 日 ルーチン 英 routine

连带赔偿责任 [liándài péicháng zérèn] 日 連帯賠償責任 英 joint indemnity liability

连带责任 [liándài zérèn] 日 連帯責任 英 joint responsibility

连续审计 [liánxù shěnjì] 日 継続監査 英 recurring audit

连续预算 [liánxù yùsuàn] 日 継続予算 英 rolling budget

联产品 [liánchǎnpǐn] 日 連産品 英 complementary products

联合公布 [liánhé gōngbù] 日 共同公布 英 joint announcement

联合管理机构 [liánhé guǎnlǐ jīgòu] 日 連合管理機構 英 joint management institution

联合年检 [liánhé niánjiǎn] 日 共同年度検査 英 joint annual inspection

联合审计 [liánhé shěnjì] 日 共同監査 英 joint audit

廉价出售 [liánjià chūshòu] 日 廉価販売 英 bargain sale

廉价购买 [liánjià gòumǎi] 日 割安購入 英 bargain purchases

廉价购买权 [liánjià gòumǎi quán] 日 割安購入権 英 bargain purchase option

两免三减 [liǎngmiǎn sānjiǎn] 日 二免三減 英 two-year exemption and three-year halve preferential income tax rate

量的 [liàngde] 日 量的な 英 quantitative

量化宽松货币政策 [liànghuà kuānsōng huòbì zhèngcè] 日 量的金融緩和政策 英 quantitative monetary easing policy

临时董事会 [línshí dǒngshì huì] 日 臨時董事会 英 temporary board meeting

临时反倾销措施 [línshí fǎn qīngxiāo cuòshī] 日 暫定アンチダンピング措置 英 provisional anti-dumping measure

临时反倾销税 [línshí fǎn qīngxiāo shuì] 日 暂定アンチダンピング税 英 provisional anti-dumping duty

临时工 [línshígōng] 日 臨時従業員 英 temporary employees

临时股东大会 [línshí gǔdōng dàhuì] 日 臨時株主総会 英 extraordinary shareholder's meeting

临时户 [línshí hù] 日 臨時口座 英 temporary account

临时借款 [línshí jièkuǎn] 日 一時借入金 英 temporary loans payable

临时离境 [línshí líjìng] 日 一時出国 英 temporary departure from the country

临时入境 [línshí rùjìng] 日 一時入国 英 temporary immigration

临时收据 [línshí shōujù] 日 仮領収書 英 temporary receipt

临时所得 [línshí suǒdé] 日 一時所得 英 temporary income

临时资本金账户 [línshí zīběn jīn zhànghù] 日 資本金臨時口座 英 temporary capital account

零部件 [líng bùjiàn] 日 部品 英 accessories and repairs

零存整取存款 [língcún zhěngqǔ cúnkuǎn] 日 定額積立預金 英 fixed cumulative deposit

零基预算 [língjī yùsuàn] 日 ゼロベース予算 英 zero-based budget

零售 [língshòu] 日 小売 英 retail

零售价格 [língshòu jiàgé] 日 小売価格 英 retail price

零售价格法 [língshòu jiàgéfǎ] 日 小売価格法 英 retail price method

零售业 [língshòu yè] 日 小売業 英 retail industry

零售业务 [língshòu yèwù] 日 小売業務 英 retail business

零用金 [língyòng jīn] 日 小口現金 英 petty cash

零用现金簿 [língyòng xiànjīn bù] 日 小口現金出納帳 英 petty cash book

领购发票 [lǐnggòu fāpiào] 日 領収書の購入 英 purchase of receipt

领料单 [lǐngliào dān] 日 材料ピックアップリスト 英 material picking list

浏览器 [liúlǎn qì] 日 ブラウザ 英 browser

流程 [liúchéng] 日 過程 英 process

流程图 [liúchéng tú] 日 フローチャート 英 flow chart

流动比率 [liúdòng bǐlǜ] 日 流動比率 英 current ratio

流动负债 [liúdòng fùzhài] 日 流動負債 英 current liabilities

流动性风险 [liúdòng xìng fēngxiǎn] 日 流動性リスク 英 liquidity risk

流动资本 [liúdòng zīběn] 日 流動資本 英 circulating capital

流动资产 [liúdòng zīchǎn] 日 流動資産 英 current assets

流动资金头寸 [liúdòng zījīn tóucùn] 日 流動性ポジション 英 liquidity position

流动资金周转率 [liúdòng zījīn zhōuzhuǎnlǜ] 日 流動資金回転率 英 working capital turnover rate

流通股 [liútōng gǔ] 日 流通株式 英 tradable stock

流通加工 [liútōng jiāgōng] 日 流通加工 英 distribution processing

流通权 [liútōng quán] 日 流通権 英 tradable right

流通市场 [liútōng shìchǎng] 日 流通市場 英 trading market

流转税 [liúzhuǎn shuì] 日 流通税 英 circulation tax

留存利润 [liúcún lìrùn] 日 留保利益 英 reserved profit

留置权 [liúzhì quán] 日 留置権 英 lien

垄断 [lǒngduàn] 日 独占 英 monopoly

垄断行为 [lǒngduàn xíngwéi] 日 独占行為 英 monopoly act

旅费交通费 [lǚfèi jiāotōng fèi] 日 旅費交通費 英 travel and transportation

旅游企业 [lǚyóu qǐyè] 日 旅行会社 英 travel agencies

履约风险 [lǚyuē fēngxiǎn] 日 パフォーマンスリスク 英 performance risk

律师 [lǜshī] 日 弁護士 英 attorney

律师函 [lǜshī hán] 日 弁護士確認状 英 attorney's letter

律师事务所 [lǜshī shìwùsuǒ] 日 法律事務所 英 law firm

绿卡 [lǜkǎ] 日 グリーンカード 英 green card

录入数据 [lùrù shùjù] 日 データ入力 英 data entry

路演 [lùyǎn] 日 ロードショー 英 road show

路由器 [lùyóu qì] 日 ルータ 英 router

伦敦同业拆放利率 [lúndūn tóngyè chāifàng lìlǜ] 〔日〕ライボー〔英〕London Inter Bank Offered Rate(LIBOR)

M

买出支付 [mǎichū zhīfù] 〔日〕バイアウト支払い〔英〕buy-out payment

买断式回购 [mǎiduànshì huígòu] 〔日〕現先取引〔英〕transaction with repurchase agreement

买方 [mǎifāng] 〔日〕買い手〔英〕acquirer

买方信贷 [mǎifāng xìndài] 〔日〕バイヤーズクレジット〔英〕buyer credit

买进支付 [mǎijìn zhīfù] 〔日〕バイイン支払い〔英〕buy-in payment

买卖价差 [mǎimài jiàchā] 〔日〕スプレッド〔英〕bid and ask spread

卖出价 [màichū jià] 〔日〕公募価格〔英〕offer price

卖方 [màifāng] 〔日〕売り手〔英〕vendor

卖方期权 [màifāng qīquán] 〔日〕売建オプション〔英〕put option

忙季 [mángjì] 〔日〕繁忙期〔英〕busy season

毛利法 [máolì fǎ] 〔日〕総利益法〔英〕gross profit method

毛利分析 [máolì fēnxī] 〔日〕総利益分析〔英〕gross profit analysis

毛利率 [máolì lǜ] 〔日〕粗利率〔英〕gross profit ratio

贸易壁垒 [màoyì bìlěi] 〔日〕貿易障壁〔英〕trade barriers

贸易赤字 [màoyì chìzì] 〔日〕貿易赤字〔英〕trade deficit

贸易黑字 [màoyì hēizì] 〔日〕貿易黒字〔英〕trade surplus

贸易结算 [màoyì jiésuàn] 〔日〕貿易決済〔英〕trade settlement

贸易收支 [màoyì shōuzhī] 〔日〕貿易収支〔英〕trade income and expenditure

贸易协定 [màoyì xiédìng] 〔日〕貿易協定〔英〕trade agreement

每单位消耗量 [měi dānwèi xiāohào liàng] 〔日〕単位当たり消耗量〔英〕material consumption per unit

每股股利 [měigǔ gǔlì] 〔日〕一株当たり配当金〔英〕dividend per share

每股净资产 [měigǔ jìng zīchǎn] 〔日〕一株当たり純資産〔英〕net assets per share

每股收益 [měigǔ shōuyì] 〔日〕一株当たり当期純利益〔英〕earnings per share (EPS)

每股账面价值 [měigǔ zhàngmiàn jiàzhí] 〔日〕一株当たり株主資本〔英〕book-value per share (BPS)

美元 [měiyuán] 〔日〕米ドル〔英〕U.S. dollar

弥补 [míbǔ] 〔日〕補填〔英〕compensation

弥补亏损 [míbǔ kuīsǔn] 〔日〕損失補填〔英〕loss compensation

密码 [mìmǎ] 〔日〕パスワード〔英〕password

免除债务 [miǎnchú zhàiwù] 〔日〕債務免除〔英〕debt relief

免税 [miǎnshuì] 〔日〕免税〔英〕tax exemption

免税凭证 [miǎnshuì píngzhèng] 〔日〕税額控除証憑〔英〕tax deduction voucher

免税期 [miǎnshuì qī] 〔日〕タックスホリデイ〔英〕tax holiday

免税商品 [miǎnshuì shāngpǐn] 〔日〕免税品〔英〕duty-free goods

免税收入 [miǎnshuì shōurù] 〔日〕不課税収入〔英〕non-taxable income

免税所得 [miǎnshuì suǒdé] 〔日〕免税所得〔英〕exempt income

免税条件 [miǎnshuì tiáojiàn] 〔日〕免税条項〔英〕condition for tax exemption

免税项目 [miǎnshuì xiàngmù] 〔日〕免税項目〔英〕tax exemption items

免责 [miǎnzé] 〔日〕免責〔英〕immunity

免责条款 [miǎnzé tiáokuǎn] 〔日〕免責条項〔英〕disclaimer

免征税款 [miǎnzhēng shuìkuǎn] 〔日〕税金の免除〔英〕tax exemption

面值股票 [miànzhí gǔpiào] 〔日〕額面株式〔英〕share with par value

面值总额 [miànzhí zǒng é] 〔日〕額面総額〔英〕aggregate par value

民营企业 [mínyíng qǐyè] 〔日〕民営企業〔英〕private enterprise

敏感性分析 [mǐngǎn xìng fēnxī] 〔日〕感応度分析〔英〕sensitivity analysis

名册 [míngcè] 〔日〕名簿〔英〕list of name

名称预先核准 [míngchēng yùxiān hézhǔn] 〔日〕名称事

前审查 [英] preliminary review of name

名片 [míngpiàn] [日] 名刺 [英] business card

名义的 [míngyì de] [日] 名目上の [英] nominal

名义国内生产总值 [míngyì guónèi shēngchǎn zǒngzhí] [日] 名目国内総生産 [英] nominal Gross Domestic Product (GDP)

名义金额 [míngyì jīn é] [日] 想定元本 [英] notional principal

名义利率 [míngyì lìlǜ] [日] 名目利率 [英] nominal interest rate

明细 [míngxì] [日] 内訳 [英] breakdown

明细表 [míngxì biǎo] [日] 明細表 [英] detail list

模具 [mójù] [日] 金型 [英] mold

模式 [móshì] [日] 形態 [英] form

没收 [mòshōu] [日] 没収 [英] forfeiture

没收非法所得 [mòshōu fēifǎ suǒdé] [日] 非合法所得の没収 [英] confiscation of illegal gains

母公司 [mǔ gōngsī] [日] 親会社 [英] parent company

母公司财务报表 [mǔ gōngsī cáiwù bàobiǎo] [日] 親会社財務諸表 [英] parent company's financial statements

目标成本法 [mùbiāo chéngběn fǎ] [日] 目標原価法 [英] target cost method

目标利润率 [mùbiāo lìrùn lǜ] [日] 目標利益率 [英] target profit rate

目标企业 [mùbiāo qǐyè] [日] ターゲット企業 [英] target enterprise

目标增长率 [mùbiāo zēngzhǎng lǜ] [日] 目標成長率 [英] target growth rate

目的地 [mùdì dì] [日] 仕向地 [英] destination

目的地原则 [mùdì dì yuánzé] [日] 仕向地原則 [英] destination principle

目录 [mùlù] [日] ディレクトリ [英] directory

募股 [mùgǔ] [日] 株式募集 [英] offer of shares for public subscription

募集设立 [mùjí shèlì] [日] 募集設立 [英] subscriptive incorporation

募集要求 [mùjí yāoqiú] [日] 募集要項 [英] offering document

N

纳税 [nàshuì] [日] 納税 [英] tax payment

纳税保证 [nàshuì bǎozhèng] [日] 納税保証 [英] guarantee for tax payment

纳税程序 [nàshuì chéngxù] [日] 納税手順 [英] procedures of tax payment

纳税筹划 [nàshuì chóuhuà] [日] タックスプランニング [英] tax planning

纳税担保 [nàshuì dānbǎo] [日] 納税担保 [英] security for tax payment

纳税登记 [nàshuì dēngjì] [日] 納税登記 [英] tax registration

纳税地点 [nàshuì dìdiǎn] [日] 納税地 [英] place of taxation

纳税年度 [nàshuì niándù] [日] 納税年度 [英] taxable year

纳税期限 [nàshuì qīxiàn] [日] 納税期限 [英] tax filing deadline

纳税人 [nàshuì rén] [日] 納税者 [英] taxpayer

纳税申报 [nàshuì shēnbào] [日] 納付申告 [英] tax return

纳税申报表 [nàshuì shēnbào biǎo] [日] 納税申告書 [英] tax return form

纳税申报并缴纳 [nàshuì shēnbào bìng jiǎonà] [日] 申告納付 [英] tax filing payment

纳税申报地 [nàshuì shēnbào dì] [日] 申告納税地 [英] tax filing location

纳税申报额 [nàshuì shēnbào é] [日] 申告納税額 [英] tax filing amount

纳税申报期限 [nàshuì shēnbào qīxiàn] [日] 申告納税期限 [英] tax filing deadline

纳税调整 [nàshuì tiáozhěng] [日] 税務調整 [英] tax adjustment

纳税影响会计法 [nàshuì yǐngxiǎng kuàijì fǎ] [日] 税効果会計 [英] tax effect accounting

纳税义务 [nàshuì yìwù] [日] 納税義務 [英] tax liability

纳税义务发生时间 [nàshuì yìwù fāshēng shíjiān] [日] 納税義務の発生時期 [英] tax obligation term

纳税义务人 [nàshuì yìwù rén] [日] 納税義務者 [英] taxpayer

纳税证明 [nàshuì zhèngmíng] [日] 税収納付領収書 [英] tax payment receipt

纳税资料 [nàshuì zīliào] 日 納税書類 英 tax document

纳税咨询服务 [nàshuì zīxún fúwù] 日 納税コンサルティングサービス 英 tax consulting service

纳斯达克 [nàsīdákè] 日 ナスダック 英 NASDAQ

内部比较交易 [nèibù bǐjiào jiāoyì] 日 内部比較取引 英 internal comparable transaction

内部交易 [nèibù jiāoyì] 日 内部取引 英 internal transaction

内部结算价格 [nèibù jiésuàn jiàgé] 日 内部決済価格 英 internal settlement price

内部结算中心 [nèibù jiésuàn zhōngxīn] 日 内部決済センター 英 internal settlement center

内部结转 [nèibù jiézhuǎn] 日 内部振替 英 internal transfer

内部稽核 [nèibù jīhé] 日 内部調査 英 internal investigation

内部举报投诉制度 [nèibù jǔbào tóusù zhìdù] 日 内部通報制度 英 internal whistle blowing system

内部控制 [nèibù kòngzhì] 日 内部統制 英 internal control

内部控制报告 [nèibù kòngzhì bàogào] 日 内部統制報告書 英 internal control self-assessment report

内部控制报告制度 [nèibù kòngzhì bàogào zhìdù] 日 内部統制報告制度 英 internal control reporting system

内部控制规定 [nèibù kòngzhì guīdìng] 日 内部統制規定 英 internal control rules

内部控制审计 [nèibù kòngzhì shěnjì] 日 内部統制監査 英 internal control audit

内部控制审计报告 [nèibù kòngzhì shěnjì bàogào] 日 内部統制監査報告書 英 internal control self-assessment report

内部控制制度 [nèibù kòngzhì zhìdù] 日 内部統制制度 英 internal control system

内部控制指引 [nèibù kòngzhì zhǐyǐn] 日 内部統制ガイドライン 英 internal control guidance

内部利润 [nèibù lìrùn] 日 内部利益 英 profit from internal transaction

内部牵制 [nèibù qiānzhì] 日 内部牵制 英 internal check

内部审计 [nèibù shěnjì] 日 内部監査 英 internal audit

内部审计报告 [nèibù shěnjì bàogào] 日 内部監査報告 英 internal audit report

内部审计人员 [nèibù shěnjì rényuán] 日 内部監査人 英 internal auditor

内部审计制度 [nèibù shěnjì zhìdù] 日 内部監査制度 英 internal audit system

内部销售损益 [nèibù xiāoshòu sǔnyì] 日 内部販売損益 英 internal sales gain and loss

内部证据 [nèibù zhèngjù] 日 内部証拠 英 internal evidence

内部转移价格 [nèibù zhuǎnyí jiàgé] 日 内部移転価格 英 internal transfer price

内部资金筹措 [nèibù zījīn chóucuò] 日 内部資金調達 英 internal fund raising

内存 [nèicún] 日 メモリ 英 memory

内陆开放城市 [nèilù kāifàng chéngshì] 日 内陸開放都市 英 inland open city

内幕交易 [nèimù jiāoyì] 日 インサイダー取引 英 insider trading

内销 [nèixiāo] 日 国内販売 英 domestic sales

内需 [nèixū] 日 国内需要 英 domestic demand

内在价值 [nèizài jiàzhí] 日 本源的価値 英 intrinsic value

内资企业 [nèizī qǐyè] 日 内資企業 英 domestic enterprise

能源 [néngyuán] 日 エネルギー 英 energy

逆流交易 [nìliú jiāoyì] 日 アップストリーム 英 upstream

年度报告 [niándù bàogào] 日 年度報告書 英 annual report

年度财务报告 [niándù cáiwù bàogào] 日 年度財務諸表 英 annual financial statement

年度财务预算方案 [niándù cáiwù yùsuàn fāng àn] 日 年度財務予算案 英 annual financial budget

年度关联交易报告表 [niándù guānlián jiāoyì bàogào biǎo] 日 年度関連取引報告表 英 annual related parties transactions report

年度奖金 [niándù jiǎngjīn] 日 年間一回性賞与 英 annual bonus

年度结算 [niándù jiésuàn] 日 年度決算 英 annual closing

年度利润 [niándù lìrùn] 日 年度利益 英 annual profit

年度审计 [niándù shěnjì] 日 年度監査 英 annual audit

年度所得税申报表 [niándù suǒdé shuì shēnbào biǎo] 日 年度所得税申告書 英 annual income tax filing

年度销售收入 [niándù xiāoshòu shōurù] 日 年間売上高 英 annual sales volume

年度预算 [niándù yùsuàn] 日 年度予算 英 annual budget

年检制度 [niánjiǎn zhìdù] 日 年度検査制度 英 annual inspection system

年均增长率 [niánjūn zēngzhǎng lǜ] 日 年間成長率 英 annual growth rate

年利 [niánlì] 日 年利 英 annual interest rate

年末调整 [niánmò tiáozhěng] 日 年末調整 英 year-end adjustment

年收入 [nián shōurù] 日 年収 英 annual income

年数总和法 [niánshù zǒnghé fǎ] 日 級数法 英 sum-of-the-years-digits method (SYD)

年薪制 [niánxīn zhì] 日 年俸制 英 annual salary system

年终奖金 [niánzhōng jiǎngjīn] 日 年度末賞与 英 year end bonus

农产品 [nóngchǎnpǐn] 日 農産物 英 farm products

农业生产活动 [nóngyè shēngchǎn huódòng] 日 農業活動 英 agricultural activity

农业税 [nóngyè shuì] 日 農業税 英 agriculture tax

农用地 [nóngyòng dì] 日 農業用地 英 farmland

挪用 [nuóyòng] 日 流用 英 misappropriation

挪用公款 [nuóyòng gōngkuǎn] 日 公金流用 英 embezzlement of public fund

女职工特殊保护 [nǚ zhígōng tèshū bǎohù] 日 女性従業員に対する特別保護 英 special protection for female employee

O

OECD 税收协定范本 [OECD shuìshōu xiédìng fànběn] 日 OECD モデル租税条約 英 Organisation for Economic Co-operation and Development (OECD) Model Tax Convention on Income and on Capital

欧元 [ōuyuán] 日 ユーロ 英 euro

P

拍卖 [pāimài] 日 競売 英 auction

拍卖人 [pāimài rén] 日 競売人 英 auctioneer

排污费 [páiwū fèi] 日 汚染除去費 英 sewage charges

排序 [páixù] 日 順位付け 英 sequencing

派遣公司 [pàiqiǎn gōngsī] 日 出向元企業 英 assignor company

派遣人员 [pàiqiǎn rényuán] 日 派遣者 英 dispatched employee

盘点 [pándiǎn] 日 棚卸し 英 stocktaking

盘点卡回收对照表 [pándiǎn kǎ huíshōu duìzhào biǎo] 日 棚札回収照合表 英 count sheet collection checklist

盘点票 [pándiǎn piào] 日 棚札 英 count sheet

盘盈盘亏 [pányíng pánkuī] 日 棚卸過不足 英 inventory overages and shortages

培训 [péixùn] 日 トレーニング 英 training

培训费用 [péixùn fèiyòng] 日 研修費 英 training expense

赔偿 [péicháng] 日 賠償 英 compensation for claim

赔偿费用 [péicháng fèiyòng] 日 賠償費用 英 compensation expense

赔偿金 [péicháng jīn] 日 賠償金 英 compensation

赔偿损失 [péicháng sǔnshī] 日 損害賠償 英 compensation for damage

赔付保险金责任 [péifù bǎoxiǎn jīn zérèn] 日 保険金給付責任 英 responsibility insurance payment

配比原则 [pèibǐ yuánzé] 日 対応原則 英 matching principle

配股 [pèigǔ] 日 株式割当発行 英 share allotment

配股权证 [pèigǔ quánzhèng] 日 株式割当証書 英 share allotment certificate

配合 [pèihé] 日 連携 英 cooperation

配售新股 [pèishòu xīn gǔ] 日 新株の割当 英 allotment of new shares

配送系统 [pèisòng xìtǒng] 日 デリバリーシステム 英 delivery system

配送中心 [pèisòng zhōngxīn] 日 流通センター

[英] distribution center

批处理 [pī chǔlǐ] [日] バッチ処理 [英] batch processing

批发 [pīfā] [日] 卸売 [英] wholesale

批发价格 [pīfā jiàgé] [日] 卸売価格 [英] wholesale price

批发商 [pīfā shāng] [日] 卸売業者 [英] wholesaler

批发市场 [pīfā shìchǎng] [日] 卸売市場 [英] wholesale market

批发物价指数 [pīfā wùjià zhǐshù] [日] 卸売物価指数 [英] wholesale price index（WPI）

批准证书 [pīzhǔn zhèngshū] [日] 認可証書 [英] approval certificate

披露 [pīlù] [日] 開示 [英] disclosure

披露不充分 [pīlù bù chōngfēn] [日] 不十分な開示 [英] inadequate disclosure

披露的适当性 [pīlù de shìdàng xìng] [日] 表示の妥当性 [英] appropriateness of presentation and disclosure

披露要求 [pīlù yāoqiú] [日] 開示要求 [英] disclosure requirements

披露义务 [pīlù yìwù] [日] 開示義務 [英] duty to disclose

偏差率 [piānchā lǜ] [日] 偏差率 [英] deviation rate

偏好 [piānhào] [日] 偏向 [英] bias

骗税 [piànshuì] [日] 税金詐取 [英] tax fraud

票据背书责任 [piàojù bèishū zérèn] [日] 手形裏書義務 [英] liability for endorsement

票据贷款 [piàojù dàikuǎn] [日] 手形貸付金 [英] note loan

票据交换 [piàojù jiāohuàn] [日] 手形交換 [英] notes exchange

票据借款 [piàojù jièkuǎn] [日] 手形借入金 [英] note loans payable

票据拒付 [piàojù jùfù] [日] 不渡手形 [英] dishonored bill

票据融资 [piàojù róngzī] [日] 手形融資 [英] notes financing

票据贴现 [piàojù tiēxiàn] [日] 手形割引 [英] discounting of bill

票据贴现费用 [piàojù tiēxiàn fèiyòng] [日] 手形割引料 [英] discounted expense of bill

票面金额 [piàomiàn jīn é] [日] 手形額面金額 [英] face amount

频率 [pínlǜ] [日] 頻度 [英] frequency

品牌销售 [pǐnpái xiāoshòu] [日] ブランド販売 [英] brand sales

平板电脑 [píngbǎn diànnǎo] [日] タブレットパソコン [英] tablet computer

平衡记分卡 [pínghéng jìfēn kǎ] [日] バランストスコアカード [英] balanced scorecard

平衡项目 [pínghéng xiàngmù] [日] 均衡項目 [英] balancing account items

平衡支付 [pínghéng zhīfù] [日] 差額支払い [英] balancing payment

平价发行 [píngjià fāxíng] [日] 額面発行 [英] issued at par

平价期权 [píngjià qīquán] [日] アットザマネー [英] at the money

平均成本 [píngjūn chéngběn] [日] 平均原価 [英] average cost

平均成本法 [píngjūn chéngběn fǎ] [日] 平均原価法 [英] average cost method

平均存取时间 [píngjūn cúnqǔ shíjiān] [日] 平均アクセス時間 [英] average access time

平均法 [píngjūn fǎ] [日] 平均法 [英] average method

平均股价 [píngjūn gǔjià] [日] 平均株価 [英] average stock price

平均故障间隔时间 [píngjūn gùzhàng jiàngé shíjiān] [日] 平均故障間隔 [英] average time between failures

平均收入水平 [píngjūn shōurù shuǐpíng] [日] 平均収入の水準 [英] average earnings level

平均值 [píngjūn zhí] [日] 平均値 [英] average value

平台 [píngtái] [日] パレット、プラットフォーム [英] pallet, platform

平台设备 [píngtái shèbèi] [日] プラットフォーム設備 [英] platform equipment

平准化 [píngzhǔn huà] [日] 平準化 [英] leveling

评估 [pínggū] [日] 評価 [英] valuation

评估报告 [pínggū bàogào] [日] 評価報告書 [英] appraisal report

评估备抵计价 [pínggū bèidǐ jìjià] [日] 評価性引当金 [英] valuation allowance

评估方法 [pínggū fāngfǎ] [日] 評価法 [英] appraisal method

评估范围 [pínggū fànwéi] [日] 評価範囲 [英] scope of valuation

评估价 [pínggū jià] 日 評価額 英 appraised value

评估减值 [pínggū jiǎnzhí] 日 評価減 英 write-down

评估结果 [pínggū jiēguǒ] 日 評価結果 英 valuation result

评估机构 [pínggū jīgòu] 日 格付機関 英 rating agency

评估日 [pínggū rì] 日 評価時点 英 valuation date

评估手续 [pínggū shǒuxù] 日 評価手続 英 valuation procedure

评估收益 [pínggū shōuyì] 日 評価益 英 gain on valuation

评估损失 [pínggū sǔnshī] 日 評価損 英 loss on valuation

凭证 [píngzhèng] 日 証憑 英 evidence

凭证管理 [píngzhèng guǎnlǐ] 日 証憑管理 英 evidence management

凭证核对 [píngzhèng héduì] 日 証憑突合 英 vouching

破产 [pòchǎn] 日 破産 英 bankruptcy

破产财产 [pòchǎn cáichǎn] 日 破産財産 英 bankrupt estate

破产程序 [pòchǎn chéngxù] 日 破産手続 英 bankruptcy proceedings

破产公告 [pòchǎn gōnggào] 日 破産公告 英 bankruptcy notice

破产请求 [pòchǎn qǐngqiú] 日 破産申立 英 petition of bankruptcy

破产人 [pòchǎn rén] 日 破産者 英 insolvent debtor

破产申请 [pòchǎn shēnqǐng] 日 破産申請 英 filing for bankruptcy

破损 [pòsǔn] 日 破損 英 breakage

浦东新区 [pǔdōng xīnqū] 日 浦東新区 英 Pudong new area

普通存款 [pǔtōng cúnkuǎn] 日 普通預金 英 ordinary deposit

普通股 [pǔtōng gǔ] 日 普通株式 英 common stock

普通股股东 [pǔtōng gǔ gǔdōng] 日 普通株主 英 ordinary shareholder

普通股股利 [pǔtōng gǔ gǔlì] 日 普通株式の配当金 英 common stock dividends

普通股每股收益 [pǔtōnggǔ měigǔ shōuyì] 日 普通株一株当たり利益 英 earnings per share of common stock

普通股每股账面价值 [pǔtōng gǔ měigǔ zhàngmiàn jiàzhí] 日 普通株式一株当たり額面価額 英 face value per common share

普通合伙企业 [pǔtōng héhuǒ qǐyè] 日 普通パートナーシップ企業 英 general partnership

普通清算 [pǔtōng qīngsuàn] 日 普通清算 英 general liquidation

普通日记账 [pǔtōng rìjì zhàng] 日 普通仕訳帳 英 general journal

普通支票 [pǔtōng zhīpiào] 日 普通小切手 英 open check (O/C)

Q

期初存货 [qīchū cúnhuò] 日 期首棚卸高 英 inventory at beginning of period

期初库存 [qīchū kùcún] 日 期首在庫 英 beginning stock

期初未分配利润 [qīchū wèi fēnpèi lìrùn] 日 期首剰余金 英 retained earnings at beginning of year

期初余额 [qīchū yú é] 日 期首残高 英 beginning balance

期后事项 [qīhòu shìxiàng] 日 後発事象 英 subsequent event

期货交易 [qīhuò jiāoyì] 日 先物取引 英 futures contract

期间 [qījiān] 日 期間 英 period

期间成本 [qījiān chéngběn] 日 期間原価 英 period cost

期间费用 [qījiān fèiyòng] 日 期間費用 英 period cost

期间分类 [qījiān fēnlèi] 日 スケジューリング 英 scheduling

期间归属 [qījiān guīshǔ] 日 期間帰属 英 cut-off

期末 [qīmò] 日 期末 英 closing date

期末存货 [qīmò cúnhuò] 日 期末棚卸高 英 closing inventory

期末股利 [qīmò gǔlì] 日 期末配当 英 year-end dividend

期末汇率 [qīmò huìlǜ] 日 決算日レート 英 closing rate

期末汇率法 [qīmò huìlǜ fǎ] 日 期末日レート法 英 *closing rate method*

期末库存 [qīmò kùcún] 日 期末在庫 英 *closing stock*

期末审计 [qīmò shěnjì] 日 期末監査 英 *year-end audit*

期末调整 [qīmò tiáozhěng] 日 期末修正 英 *period-end adjustment*

期末余额 [qīmò yú é] 日 期末残高 英 *ending balance*

期权 [qīquán] 日 オプション 英 *option*

期权持有人 [qīquán chíyǒu rén] 日 オプション所有者 英 *option holder*

期权到期日 [qīquán dàoqī rì] 日 オプション満期日 英 *option maturity date*

期权定价模型 [qīquán dìngjià móxíng] 日 オプションプライシングモデル 英 *option pricing model*

期权费 [qīquán fèi] 日 オプション費用 英 *option fee*

期权估价 [qīquán gūjià] 日 オプション評価 英 *option valuation*

期权合同 [qīquán hétóng] 日 オプション契約 英 *option contract*

期权交易 [qīquán jiāoyì] 日 オプション取引 英 *options trading*

期权结算负责人 [qīquán jiésuàn fùzé rén] 日 オプションの決済責任者 英 *options clearing officer*

期权卖方 [qīquán màifāng] 日 オプションの売り手 英 *option seller*

期权买方 [qīquán mǎifāng] 日 オプション購入者 英 *option buyer*

期权市场 [qīquán shìchǎng] 日 オプション市場 英 *options market*

期权执行价格 [qīquán zhíxíng jiàgé] 日 オプション行使価格 英 *strike price of the option*

期望现金流量法 [qīwàng xiànjīn liúliàng fǎ] 日 期待キャッシュ・フロー法 英 *expected cash flows method*

期望值法 [qīwàng zhí fǎ] 日 期待値アプローチ 英 *expected value approach*

期限 [qīxiàn] 日 期限 英 *term*

期中股息 [qīzhōng gǔxī] 日 中間配当 英 *interim dividend*

期中合并财务报表 [qīzhōng hébìng cáiwù bàobiǎo] 日 中間連結財務諸表 英 *interim consolidated financial statements*

期中审计 [qīzhōng shěnjì] 日 期中監査 英 *interim audit*

期中资产负债表 [qīzhōng zīchǎn fùzhài biǎo] 日 中間貸借対照表 英 *interim balance sheet*

期租 [qīzū] 日 期間単位リース 英 *time chartering*

其他长期投资 [qítā chángqī tóuzī] 日 その他長期投資 英 *other long-term investment*

其他长期资产 [qítā chángqī zīchǎn] 日 その他長期資産 英 *other long-term assets*

其他递延资产 [qítā dìyán zīchǎn] 日 その他繰延資産 英 *other deferred assets*

其他负债 [qítā fùzhài] 日 その他負債 英 *other liabilities*

其他固定资产 [qítā gùdìng zīchǎn] 日 その他固定資産 英 *other fixed assets*

其他股权投资 [qítā gǔquán tóuzī] 日 その他持分投資 英 *other equity investment*

其他货币资金 [qítā huòbì zījīn] 日 その他貨幣資金 英 *other monetary fund*

其他基金 [qítā jījīn] 日 その他基金 英 *other fund*

其他金融负债 [qítā jīnróng fùzhài] 日 その他金融負債 英 *other financial liabilities*

其他流动负债 [qítā liúdòng fùzhài] 日 その他流動負債 英 *other current liabilities*

其他流动资产 [qítā liúdòng zīchǎn] 日 その他流動資産 英 *other current assets*

其他所得 [qítā suǒdé] 日 その他所得 英 *other income*

其他投资 [qítā tóuzī] 日 その他投資 英 *other investment*

其他无形资产 [qítā wúxíng zīchǎn] 日 その他無形資産 英 *other intangible*

其他业务成本 [qítā yèwù chéngběn] 日 その他業務原価 英 *other operating cost*

其他业务收入 [qítā yèwù shōurù] 日 その他業務収入 英 *other operating income*

其他业务支出 [qítā yèwù zhīchū] 日 その他業務支出 英 *other operating expenditure*

其他应付款 [qítā yīngfù kuǎn] 日 その他未払金 英 *other payable*

其他应付款 - 暂支款 [qítā yīngfù kuǎn - zànzhī kuǎn] 日 預り金 英 *deposits received*

其他应收款 [qítā yīngshōu kuǎn] 日 その他未収入金 英 *other receivable*

其他应收款 - 暂借款 [qítā yīngshōu kuǎn - zànjiè kuǎn] 🇯🇵 預け金 🇬🇧 deposits paid

其他应收票据 [qítā yīngshōu piàojù] 🇯🇵 その他受取手形 🇬🇧 other notes receivable

其他有价证券 [qítā yǒujià zhèngquàn] 🇯🇵 その他有価証券 🇬🇧 other securities

其他预付费用 [qítā yùfù fèiyòng] 🇯🇵 その他前払費用 🇬🇧 other prepaid expense

其他预付款项 [qítā yùfù kuǎnxiàng] 🇯🇵 その他前払項目 🇬🇧 other prepayment items

其他债权投资 [qítā zhàiquán tóuzī] 🇯🇵 その他債権投資 🇬🇧 other receivables investment

其他转帐 [qítā zhuǎnzhàng] 🇯🇵 その他振替 🇬🇧 other transfer

其他转帐收入 [qítā zhuǎnzhàng shōurù] 🇯🇵 その他振替収入 🇬🇧 other transfer income

其他资本公积 [qítā zīběn gōngjī] 🇯🇵 その他資本剰余金 🇬🇧 other capital surplus

其他资产 [qítā zīchǎn] 🇯🇵 その他資産 🇬🇧 other assets

其他综合累计收益 [qítā zōnghé lěijì shōuyì] 🇯🇵 その他包括利益累計額 🇬🇧 accumulated other comprehensive income

其他综合收益 [qítā zōnghé shōuyì] 🇯🇵 その他包括利益 🇬🇧 other comprehensive income

歧视性反倾销措施 [qíshì xìng fǎn qīngxiāo cuòshī] 🇯🇵 差別的アンチダンピング措置 🇬🇧 discriminatory anti-dumping measures

企业 [qǐyè] 🇯🇵 企業 🇬🇧 enterprise

企业比较性因素分析表 [qǐyè bǐjiào xìng yīnsù fēnxī biǎo] 🇯🇵 企業比較性要因分析表 🇬🇧 comparability analysis

企业财务会计报告 [qǐyè cáiwù kuàijì bàogào] 🇯🇵 企業財務会計報告 🇬🇧 enterprise financial reporting

企业财务通则 [qǐyè cáiwù tōngzé] 🇯🇵 企業財務通則 🇬🇧 Rules Governing Financial Accounting for Business Enterprises

企业层面控制 [qǐyè céngmiàn kòngzhì] 🇯🇵 全社的内部統制 🇬🇧 entity level control

企业重建 [qǐyè chóng jiàn] 🇯🇵 会社再建 🇬🇧 corporate reorganization

企业重整手续 [qǐyè chóngzhěng shǒuxù] 🇯🇵 会社更正手続 🇬🇧 corporate reorganization procedures

企业登记地 [qǐyè dēngjì dì] 🇯🇵 企業の登記地 🇬🇧 company registration venue

企业对企业电子商务 [qǐyè duì qǐyè diànzǐ shāngwù] 🇯🇵 企業間取引 🇬🇧 business-to-business (B2B)

企业法 [qǐyè fǎ] 🇯🇵 企業法 🇬🇧 enterprise law

企业法律责任 [qǐyè fǎlǜ zérèn] 🇯🇵 会社の法的責任 🇬🇧 corporate legal liability

企业发展基金 [qǐyè fāzhǎn jījīn] 🇯🇵 企業発展基金 🇬🇧 enterprise development fund

企业分类 [qǐyè fēnlèi] 🇯🇵 企業分類 🇬🇧 enterprise classification

企业分立 [qǐyè fēnlì] 🇯🇵 企業分割 🇬🇧 demerger

企业功能风险分析表 [qǐyè gōngnéng fēngxiǎn fēnxī biǎo] 🇯🇵 企業機能及びリスク分析表 🇬🇧 enterprise function and risk analysis table

企业构成要素 [qǐyè gòuchéng yàosù] 🇯🇵 企業の構成単位 🇬🇧 component of an entity

企业间借贷利 [qǐyè jiān jièdài lì] 🇯🇵 企業間貸借金利 🇬🇧 inter-enterprise borrowing rate

企业价值 [qǐyè jiàzhí] 🇯🇵 企業価値 🇬🇧 enterprise value

企业重组 [qǐyè jīgòu chóngzǔ] 🇯🇵 企業再編 🇬🇧 business reorganization

企业集团 [qǐyè jítuán] 🇯🇵 企業集団 🇬🇧 group of enterprises

企业会计信息化工作规范 [qǐyè kuàijì xìnxī huà gōngzuò guīfàn] 🇯🇵 企業会計情報化工作規範 🇬🇧 Working Rules for Enterprise Accounting Informatization

企业会计制度 [qǐyè kuàijì zhìdù] 🇯🇵 企業会計制度 🇬🇧 Accounting System for Business Enterprises

企业会计准则 [qǐyè kuàijì zhǔnzé] 🇯🇵 企業会計準則 🇬🇧 Accounting Standard for Business Enterprises

企业会计准则讲解 [qǐyè kuàijì zhǔnzé jiǎngjiě] 🇯🇵 企業会計準則講解 🇬🇧 Accounting Standard for Business Enterprises Explanation

企业会计准则解释 [qǐyè kuàijì zhǔnzé jiěshì] 🇯🇵 企業会計準則解釈 🇬🇧 Accounting Standard for Business Enterprises Interpretation

企业会计准则委员会 [qǐyè kuàijì zhǔnzé wěiyuán huì] 🇯🇵 企業会計基準委員会 🇬🇧 Accounting Standards Board of Japan (ASBJ)

企业会计准则应用指南 [qǐyè kuàijì zhǔnzé yīngyòng zhǐnán] 🇯🇵 企業会計準則応用指南 🇬🇧 Accounting Standard for Business Enterprises Application Guidelines

企业劳动争议调解委员会 [qǐyè láodòng zhēngyì zhòngcái wěiyuán huì] 🇯🇵 労働争議仲裁委員会

[英] labor dispute arbitration committee

企业内部控制关联指引 [qǐyè nèibù kòngzhì guānlián zhǐyǐn] [日] 企業内部統制関連指針 [英] Enterprise Internal Control related guidelines

企业内部控制基本规范 [qǐyè nèibù kòngzhì jīběn guīfàn] [日] 企業内部統制基本規範 [英] Enterprise Internal Control Basic Standards

企业年度报告公示制度 [qǐyè niándù bàogào gōngshì zhìdù] [日] 企業年度報告公示制度 [英] annual report public disclosure system

企业年度关联业务往来报告表 [qǐyè niándù guānlián yèwù wǎnglái bàogào biǎo] [日] 企業年度関連企業間取引報告書 [英] related parties transactions annual report form

企业年金制度 [qǐyè niánjīn zhìdù] [日] 企業年金制度 [英] corporate pension plan

企业年金资产 [qǐyè niánjīn zīchǎn] [日] 年金資産 [英] pension plan assets

企业评价 [qǐyè píngjià] [日] 企業評価 [英] enterprise valuation

企业设立申请 [qǐyè shèlì shēnqǐng] [日] 企業設立認可申請 [英] application for establishment of an enterprise

企业所得税 [qǐyè suǒdé shuì] [日] 企業所得税 [英] corporate income tax

企业所得税抵免 [qǐyè suǒdé shuì dǐmiǎn] [日] 法人税控除 [英] corporate tax credit

企业所得税法 [qǐyè suǒdé shuìfǎ] [日] 企業所得税法 [英] corporate income tax law

企业所得税法实施条例 [qǐyè suǒdé shuìfǎ shíshī tiáolì] [日] 企業所得税法実施条例 [英] Regulation on the Implementation of the Corporate Income Tax Law

企业所得税合并申报制度 [qǐyè suǒdé shuì hébìng shēnbào zhìdù] [日] 連結納税制度 [英] consolidated tax return filing system

企业所得税率 [qǐyè suǒdé shuìlǜ] [日] 法人税率 [英] corporate income tax rate

企业所得税调整金额 [qǐyè suǒdé shuì tiáozhěng jīné] [日] 法人税等調整額 [英] income taxes-adjustment

企业所得税优惠政策 [qǐyè suǒdé shuì yōuhuì zhèngcè] [日] 企業所得税の優遇税制 [英] preferential corporate income tax measures

企业所得税预缴纳税申报表 [qǐyè suǒdé shuì yùjiǎo nàshuì shēnbào biǎo] [日] 企業所得税予納申告表 [英] prepayment corporate income tax filing form

企业特有价值 [qǐyè tèyǒu jiàzhí] [日] 企業固有価値 [英] entity-specific value

企业效益 [qǐyè xiàoyì] [日] 企業収益性 [英] enterprise profitability

企业信用管理制度 [qǐyè xìnyòng guǎnlǐ zhìdù] [日] 企業信用管理制度 [英] corporate credit management system

企业责任 [qǐyè zérèn] [日] 企業責任 [英] corporate responsibility

企业战略 [qǐyè zhànlüè] [日] 企業戦略 [英] corporate strategy

企业主管部门 [qǐyè zhǔguǎn bùmén] [日] 企業主管部門 [英] responsible department

企业主体 [qǐyè zhǔtǐ] [日] 企業実体 [英] business entity

企业资源系统 [qǐyè zīyuán xìtǒng] [日] 統合基幹業務システム [英] enterprise resource planning (ERP) system

企业总资产 [qǐyè zǒng zīchǎn] [日] 全社資産 [英] corporate assets

企业所得税费用 [suǒdé shuì fèiyòng] [日] 企業所得税費用 [英] income tax expense

启动 [qǐdòng] [日] 起動 [英] boot

起诉 [qǐsù] [日] 起訴 [英] prosecution

起运港 [qǐyùn gǎng] [日] 積出港 [英] port of loading

起征点 [qǐzhēng diǎn] [日] 課税最低限 [英] tax threshold

弃置费用 [qìzhì fèiyòng] [日] 資産除去費用 [英] asset retirement cost

汽车 [qìchē] [日] 自動車 [英] automobile

汽车贷款 [qìchē dàikuǎn] [日] 自動車ローン [英] automobile loan

汽车零售企业 [qìchē língshòu qǐyè] [日] 自動車小売企業 [英] car dealer

汽车品牌 [qìchē pǐnpái] [日] 自動車ブランド [英] automobile brand

契税 [qìshuì] [日] 契税 [英] contract tax

恰当性 [qiàdàng xìng] [日] 妥当性 [英] appropriateness

迁移 [qiānyí] [日] 移転 [英] transfer

千兆字节 [qiānzhào zìjié] [日] ギガバイト [英] gigabyte (GB)

千字节 [qiān zìjié] [日] キロバイト [英] kilobyte (KB)

签订 [qiāndìng] [日] 締結 [英] engage

签发日期 [qiānfā rìqī] 日 発行期日 英 date of issue

签名 [qiānmíng] 日 署名 英 signature

签证 [qiānzhèng] 日 ビザ 英 visa

前期 [qiánqī] 日 前期 英 previous period

前期结转 [qiánqī jiézhuǎn] 日 前期繰越 英 previous period carried forward

前期损益调整收益 [qiánqī sǔnyì tiáozhěng shōuyì] 日 前期損益修正益 英 gain from prior period adjustment

前期损益调整损失 [qiánqī sǔnyì tiáozhěng sǔnshī] 日 前期損益修正損 英 loss from prior period adjustment

前线办公室 [qián xiànbàn gōngshì] 日 フロントオフィス 英 front office

潜力 [qiánlì] 日 潜在能力 英 potential ability

潜在表决权 [qiánzài biǎojué quán] 日 潜在的議決権 英 potential voting right

潜在普通股 [qiánzài pǔtōng gǔ] 日 潜在的普通株式 英 potential ordinary share

潜在义务 [qiánzài yìwù] 日 潜在義務 英 potential obligation

欠缴税款 [qiànjiǎo shuìkuǎn] 日 未納付税額 英 unpaid tax

嵌入衍生工具 [qiàn rù yǎn shēng gōng jù] 日 組込デリバティブ 英 embedded derivative instrument

强调事项 [qiángdiào shìxiàng] 日 強調事項 英 emphasis of matter

强度测试 [qiángdù cèshì] 日 ストレステスト 英 stress test

强制破产 [qiángzhì pòchǎn] 日 強制破産 英 forced liquidation

强制清算 [qiángzhì qīngsuàn] 日 強制清算 英 compulsory liquidation

强制性公积金制度 [qiángzhì xìng gōngjījīn zhìdù] 日 強制積立金制度 英 mandatory reserve fund system

强制执行 [qiángzhì zhíxíng] 日 強制執行 英 compulsory execution

侵犯著作权 [qīnfàn zhùzuò quán] 日 著作権侵害 英 copyright infringement

侵占金 [qīnzhàn jīn] 日 横領 英 misappropriation

侵占资产 [qīnzhàn zīchǎn] 日 資産の横領 英 misappropriation of assets

倾销 [qīngxiāo] 日 ダンピング 英 dumping

倾销出口 [qīngxiāo chūkǒu] 日 ダンピング輸出 英 dumping export

倾销幅度 [qīngxiāo fúdù] 日 ダンピング幅 英 dumping margin

倾销价格 [qīngxiāo jiàgé] 日 ダンピング価格 英 dumping price

倾销税 [qīngxiāo shuì] 日 ダンピング税 英 dumping duty

清偿债务 [qīngcháng zhàiwù] 日 債務返済 英 repayment of debt

清产核资 [qīngchǎn hézī] 日 清算験資 英 capital verification of liquidation

清单 [qīngdān] 日 リスト 英 list

清单申报 [qīngdān shēnbào] 日 清算申告書 英 liquidation application

清理 [qīnglǐ] 日 整理 英 arrangement

清算 [qīngsuàn] 日 清算 英 liquidation

清算报告 [qīngsuàn bàogào] 日 清算報告書 英 liquidation report

清算备付金 [qīngsuàn bèifù jīn] 日 清算準備金 英 liquidation reserve

清算财产 [qīngsuàn cáichǎn] 日 清算財産 英 liquidation property

清算程序 [qīngsuàn chéngxù] 日 清算手続 英 liquidation procedure

清算方案 [qīngsuàn fāng àn] 日 清算案 英 liquidation plan

清算费用 [qīngsuàn fèiyòng] 日 清算費用 英 liquidation expense

清算股利 [qīngsuàn gǔlì] 日 清算配当 英 liquidating dividends

清算价格法 [qīngsuàn jiàgé fǎ] 日 清算価値法 英 liquidation value method

清算会计报表 [qīngsuàn kuàijì bàobiǎo] 日 清算財務諸表 英 liquidation financial statement

清算企业 [qīngsuàn qǐyè] 日 清算会社 英 liquidated corporation

清算审计 [qīngsuàn shěnjì] 日 清算監査 英 liquidation audit

清算所得 [qīngsuàn suǒdé] 日 清算所得 英 liquidation income

清算委员会 [qīngsuàn wěiyuán huì] 日 清算委員会

[英] liquidation committee

清算资产 [qīngsuàn zīchǎn] [日] 清算資産 [英] liquidation assets

清算组 [qīngsuàn zǔ] [日] 清算組 [英] liquidation group

区分 [qūfēn] [日] 区別 [英] category

区域本部 [qūyù běnbù] [日] 地域本部 [英] regional headquarter

区域性贸易协定 [qūyù xìng màoyì xiédìng] [日] 地域別貿易協定 [英] regional trade agreements

驱动器 [qūdòng qì] [日] ドライバ [英] driver

趋势百分比 [qūshì bǎifēn bǐ] [日] 趨勢百分率 [英] trend percentage

趋势比率 [qūshì bǐlǜ] [日] 趨勢比率 [英] trend rate

趋势分析 [qūshì fēnxī] [日] 趨勢分析 [英] trend analysis

趋同 [qūtóng] [日] コンバージェンス [英] convergence

取得成本会计 [qǔdé chéngběn kuàijì] [日] 取得原価主義会計 [英] historical cost accounting

取款单 [qǔkuǎn dān] [日] 預金引出用紙 [英] withdrawal slip

取款账户 [qǔkuǎn zhànghù] [日] 引出金勘定 [英] drawings account

取消关税 [qǔxiāo guānshuì] [日] 関税撤廃 [英] tariff elimination

取消上市资格 [qǔxiāo shàngshì zīgé] [日] 上場資格の取消 [英] cancelation of listing qualification

取证 [qǔzhèng] [日] 証拠収集 [英] obtaining evidence

全国人民代表大会 [quánguó rénmín dàibiǎo dàhuì] [日] 全国人民代表大会 [英] National People's Congress

全面披露原则 [quánmiàn pīlù yuánzé] [日] 全面的公開の原則 [英] principle of full disclosure

全勤奖 [quánqín jiǎng] [日] 皆勤手当 [英] work attendance award

全球发行 [quánqiú fāxíng] [日] グローバルオファリング [英] global offering

全资子公司 [quánzī zǐgōngsī] [日] 全額出資子会社 [英] wholly-owned subsidiary

权利 [quánlì] [日] 権利 [英] right

权力 [quánlì] [日] パワー [英] power

权利与义务的归属 [quánlì yǔ yìwù de guīshǔ] [日] 権利と義務の帰属 [英] right and obligation

权利转让 [quánlì zhuǎnràng] [日] 権利讓渡 [英] transfer of right

权限 [quánxiàn] [日] 権限 [英] authority

权益变动表 [quányì biàndòng biǎo] [日] 所有者持分変動計算書 [英] statement of changes in equity

权益法 [quányì fǎ] [日] 持分法 [英] equity method

权益法下的投资亏损 [quányì fǎ xià de tóuzī kuīsǔn] [日] 持分法による投資損失 [英] equity in losses of affiliates

权益法下的投资收益 [quányì fǎ xià de tóuzī shōuyì] [日] 持分法による投資利益 [英] equity in earnings of affiliates

权益工具 [quányì gōngjù] [日] 持分金融商品 [英] equity financial instrument

权益互换 [quányì hùhuàn] [日] エクイティスワップ [英] equity swap

权益集合法 [quányì jíhé fǎ] [日] 持分プーリング法 [英] pooling of interest method

权益性投资 [quányì xìng tóuzī] [日] 持分性投資 [英] equity investment

权益性证券 [quányì xìng zhèngquàn] [日] 持分証券 [英] equity securities

权责 [quánzé] [日] 権限職責 [英] authority and duty

权责发生制 [quánzé fāshēng zhì] [日] 発生主義 [英] accrual basis

权责主管 [quánzé zhǔguǎn] [日] 監督責任者 [英] supervisor

缺陷 [quēxiàn] [日] 欠陥 [英] deficiency

确定承诺 [quèdìng chéngnuò] [日] 確定約定 [英] firm commitment

确定购买承诺 [quèdìng gòumǎi chéngnuò] [日] 確定購入契約 [英] firm purchase commitment

确定性 [quèdìng xìng] [日] 確実性 [英] certainty

确认价值 [quèrèn jiàzhí] [日] 確認価値 [英] confirmatory value

R

燃料动力费用 [ránliào dònglì fèiyòng] [日] 燃料動力費用 [英] fuel and power cost

让渡资产 [ràngdù zīchǎn] [日] 資産讓渡 [英] transfer of assets

让渡资产使用权 [ràngdù zīchǎn shǐyòng quán] 日 資産使用権の譲渡 英 transfer of asset use right

让与人 [ràngyǔ rén] 日 譲渡者 英 transferer

热钱 [rèqián] 日 ホットマネー 英 hot money

人才交流服务中心 [réncái jiāoliú fúwù zhōngxīn] 日 人材交流サービスセンター 英 personnel exchange service center

人才市场 [réncái shìchǎng] 日 労働市場 英 labor market

人工成本 [réngōng chéngběn] 日 労務費 英 labor cost

人工订单 [réngōng dìngdān] 日 手作業による注文書 英 manual purchase order (PO)

人工日记账分录 [réngōng rìjì zhàng fēnlù] 日 手動仕訳 英 manual journal entry

人工输入 [réngōng shūrù] 日 マニュアルインプット 英 manual input

人工小时法 [réngōng xiǎoshí fǎ] 日 労働時間法 英 working hours method

人均国民收入 [rénjūn guómín shōurù] 日 一人当たりの国民所得 英 per capita national incomes

人口 [rénkǒu] 日 人口 英 population

人力资源 [rénlì zīyuán] 日 人的資源 英 human recourse

人力资源管理 [rénlì zīyuán guǎnlǐ] 日 労務管理 英 labor management

人力资源管理系统 [rénlì zīyuán guǎnlǐ xìtǒng] 日 人事管理システム 英 human resource management system

人民币 [rénmínbì] 日 人民元 英 Renminbi (RMB)

人民币贬值 [rénmínbì biǎnzhí] 日 人民元切り下げ 英 Renminbi (RMB) devaluation

人民币贷款 [rénmínbì dàikuǎn] 日 人民元貸付 英 Renminbi (RMB) loan

人民币汇率 [rénmínbì huìlǜ] 日 人民元為替レート 英 Renminbi (RMB) exchange rate

人民币汇率制度 [rénmínbì huìlǜ zhìdù] 日 人民元為替相場制度 英 Renminbi (RMB) exchange rate system

人民币结汇 [rénmínbì jiéhuì] 日 人民元転 英 Renminbi (RMB) settlement

人民币结算资金账户 [rénmínbì jiésuàn zījīn zhànghù] 日 人民元決済口座 英 Renminbi (RMB) settlement account

人民币经常项目 [rénmínbì jīngcháng xiàngmù] 日 人民元経常項目 英 Renminbi (RMB) current items

人民币升值 [rénmínbì shēngzhí] 日 人民元切り上げ 英 Renminbi (RMB) revaluation

人民币账户 [rénmínbì zhànghù] 日 人民元口座 英 Renminbi (RMB) account

人民法院 [rénmín fǎyuàn] 日 人民法院 英 People's Court

人事部 [rénshì bù] 日 人事部 英 human resources department

人事费 [rénshì fèi] 日 人件費 英 personnel expense

人事局 [rénshì jú] 日 人事局 英 Human Resources Bureau

人寿保险 [rénshòu bǎoxiǎn] 日 生命保険 英 life insurance

人寿保险费 [rénshòu bǎoxiǎn fèi] 日 生命保険料 英 life insurance premium

人员缩减 [rényuán suōjiǎn] 日 人員削減 英 curtailment of employee

认定层次 [rèndìng céngcì] 日 勘定レベル 英 account level

认定成本 [rèndìng chéngběn] 日 みなし原価 英 deemed cost

认定证书 [rèndìng zhèngshū] 日 認定証書 英 authentication certificate

认股权 [rèngǔ quán] 日 株式引受権 英 stock subscription right

认股权证 [rèngǔ quánzhèng] 日 ワラント 英 warrant

认股权证计划 [rèngǔ quánzhèng jìhuà] 日 ワラント計画 英 share option schemes

认股人 [rèngǔ rén] 日 株式引受人 英 share subscriber

认股书 [rèngǔ shū] 日 株式引受証書 英 certificate of stock subscription

认缴 [rènjiǎo] 日 払込引受 英 subscribe

认证 [rènzhèng] 日 認証 英 authentication

认证机构 [rènzhèng jīgòu] 日 認証局 英 certification authority (CA)

任意盈余公积 [rènyì yíngyú gōngjī] 日 任意積立金 英 voluntary surplus reserve

日本企业内部控制基本规范 [rìběn qǐyè nèibù kòngzhì jīběn guīfàn] 日 J-SOX 英 J-SOX

日本市场 [rìběn shìchǎng] 日 日本市場 英 Japanese market

日币 [rìbì] 日 日本円 英 Japanese yen

日币贬值 [rìbì biǎnzhí] 日 円安 英 yen's depreciation

日币升值 [rìbì shēngzhí] 日 円高 英 yen's appreciation

日常费用 [rìcháng fèiyòng] 日 ランニングコスト 英 running expense

日常监管 [rìcháng jiān guǎn] 日 日常の監督管理 英 routine supervision

日后非调整事项 [rìhòu fēi tiáozhěng shìxiàng] 日 修正を要しない後発事象 英 non-adjusting events after the reporting period

日经指数 [rìjīng zhǐshù] 日 日経平均株価 英 Nikkei stock average

日记账 [rìjì zhàng] 日 日記帳 英 daily book

日历年制 [rìlì niánzhì] 日 暦年制 英 calendar year system

日期 [rìqī] 日 期日 英 due date

日志文件 [rìzhì wénjiàn] 日 ログファイル 英 log file

日资企业 [rìzī qǐyè] 日 日系企業 英 Japanese firms

容许金额 [róngxǔ jīn é] 日 許容額 英 tolerable amount

融通 [róngtōng] 日 融資 英 loan

融通票据 [róngtōng piàojù] 日 融通約束手形 英 finance bill

融资费用 [róngzī fèiyòng] 日 金融費用 英 finance expense

融资意向书 [róngzī yìxiàng shū] 日 融資意向書 英 letter of loan intention

融资租赁 [róngzī zūlìn] 日 ファイナンス・リース 英 finance lease

融资租赁公司 [róngzī zūlìn gōngsī] 日 ファイナンス・リース会社 英 financial leasing company

融资租赁合同 [róngzī zūlìn hétóng] 日 ファイナンス・リース契約 英 financial leasing contract

融资租赁资产 [róngzī zūlìn zīchǎn] 日 ファイナンス・リース資産 英 financing lease assets

入会费 [rùhuì fèi] 日 入会費 英 registration fee

入境 [rùjìng] 日 入国 英 immigration

入境日期 [rùjìng rìqī] 日 入国日 英 date of entry

入库 [rùkù] 日 入庫 英 warehousing

入库记录 [rùkù jìlù] 日 入庫記録簿 英 receiving register

入库票 [rùkù piào] 日 入庫票 英 receiving notes

入库清单 [rùkù qīngdān] 日 入庫リスト 英 warehouse entry form

软件 [ruǎnjiàn] 日 ソフトウェア 英 software

软件包 [ruǎnjiàn bāo] 日 ソフトウェアパッケージ 英 software package

软件补丁 [ruǎnjiàn bǔdīng] 日 修正プログラム 英 patch

软件工程师 [ruǎnjiàn gōngchéng shī] 日 ソフトウェアエンジニア 英 software engineer

软件企业 [ruǎnjiàn qǐyè] 日 ソフトウェア企業 英 software enterprise

软件设备 [ruǎnjiàn shèbèi] 日 デバイス 英 device

软件销售 [ruǎnjiàn xiāoshòu] 日 システム販売 英 software sale

软件许可证 [ruǎnjiàn xǔkě zhèng] 日 ソフトウェアライセンス 英 software license

软件园 [ruǎnjiàn yuán] 日 ソフトウェア産業区 英 software industry region

S

三来一补 [sānlái yībǔ] 日 三来一補 英 three import and compensation trade

三项基金 [sānxiàng jījīn] 日 三項基金 英 three funds

三资企业法 [sānzī qǐyè fǎ] 日 三資企業法 英 law for the three types of foreign-funded enterprises

伞形公司 [sǎnxíng gōngsī] 日 傘型会社 英 holding company

扫描仪 [sǎomiáo yí] 日 スキャナ 英 scanner

杀病毒软件 [shā bìngdú ruǎnjiàn] 日 アンチウイルスソフトウェア 英 antivirus software

擅自 [shànzì] 日 無断 英 without permission

赡养费 [shànyǎng fèi] 日 扶養料 英 alimony

商标 [shāngbiāo] 日 商標 英 trademark

商标权 [shāngbiāo quán] 日 商標権 英 trademark right

商标注册证书 [shāngbiāo zhùcè zhèngshū] 日 商標登録証明書 英 trademark registration certificate

商法

商法 [shāngfǎ] 日 商法 英 commercial law

商号 [shānghào] 日 商号 英 trade name

商号使用许可合同 [shānghào shǐyòng xǔkě hétóng] 日 商号使用許可契約 英 trade name licensing agreement

商贸企业 [shāngmào qǐyè] 日 商業貿易企業 英 trading enterprise

商品 [shāngpǐn] 日 商品 英 commodity

商品采购 [shāngpǐn cǎigòu] 日 商品仕入 英 purchase of commodities

商品房 [shāngpǐn fáng] 日 売買用不動産 英 commercial residential building

商品分类管理 [shāngpǐn fēnlèi guǎnlǐ] 日 商品別分類管理 英 product category management

商品互换 [shāngpǐn hùhuàn] 日 コモディティスワップ 英 commodity swap

商品价目表 [shāngpǐn jiàmù biǎo] 日 商品価格リスト 英 commodity price list

商品基金 [shāngpǐn jījīn] 日 商品ファンド 英 commodity fund

商品进货管理表 [shāngpǐn jìnhuò guǎnlǐ biǎo] 日 仕入管理表 英 stock-in control list

商品进销差价 [shāngpǐn jìnxiāo chājià] 日 商品売買価格差 英 difference between commodity sales and purchase price

商品流通企业 [shāngpǐn liútōng qǐyè] 日 商品流通企業 英 commodity distribution company

商品买卖 [shāngpǐn mǎimài] 日 商品販売 英 sales of goods

商品所有权 [shāngpǐn suǒyǒu quán] 日 商品の所有権 英 ownership of commodity

商品销售收入 [shāngpǐn xiāoshòu shōurù] 日 物品販売所得 英 income from sales of goods

商品周转率 [shāngpǐn zhōuzhuǎn lǜ] 日 商品回転率 英 commodity turnover rate

商务部 [shāngwù bù] 日 商務省 英 Ministry of Commerce

商务访问签证 [shāngwù fǎngwèn qiānzhèng] 日 Fビザ 英 F visa

商务签证 [shāngwù qiānzhèng] 日 商用ビザ 英 business visa

商务咨询服务 [shāngwù zīxún fúwù] 日 ビジネスコンサルティングサービス 英 business consulting service

商业 [shāngyè] 日 商業 英 commercial business

商业承兑汇票 [shāngyè chéngduì huìpiào] 日 商業引受手形 英 commercial acceptance bill

商业发票 [shāngyè fāpiào] 日 商業発票 英 commercial invoice

商业贿赂 [shāngyè huìlù] 日 商業賄賂 英 commercial bribery

商业汇票 [shāngyè huìpiào] 日 商業手形 英 trade bill

商业尽职调查 [shāngyè jìnzhí diàochá] 日 ビジネスデューデリジェンス 英 business due diligence (BDD)

商业领域 [shāngyè lǐngyù] 日 商業分野 英 business area

商业秘密 [shāngyè mìmì] 日 商業機密 英 trade secret

商业习惯 [shāngyè xíguàn] 日 商慣習 英 business practice

商业性 [shāngyè xìng] 日 商業性 英 commercial

商业性贷款 [shāngyè xìng dàikuǎn] 日 商業性貸付金 英 commercial loan

商业信用证 [shāngyè xìnyòng zhèng] 日 商業信用状 英 letter of credit

商业银行 [shāngyè yínháng] 日 商業銀行 英 commercial bank

商业用地 [shāngyè yòngdì] 日 商業用地 英 commercial used land

商业折扣 [shāngyè zhékòu] 日 商業割引 英 commercial discount

商用 [shāngyòng] 日 商用 英 commercial use

商誉 [shāngyù] 日 のれん 英 goodwill

上半期 [shàng bànqī] 日 上半期 英 first half year

上海浦东新区 [shànghǎi pǔdōng xīnqū] 日 上海浦東新区 英 Shanghai Pudong new area

上海外高桥保税区 [shànghǎi wàigāoqiáo bǎoshuì qū] 日 上海外高橋保税区 英 Shanghai Waigaoqiao free trade zone

上海证券交易所 [shànghǎi zhèngquàn jiāoyì suǒ] 日 上海証券取引所 英 Shanghai Stock Exchange

上海自由贸易试验区 [shànghǎi zìyóu màoyì shìyàn qū] 日 上海自由貿易試験区 英 Shanghai pilot free trade zone

上市 [shàngshì] 日 上場 英 listing

上市报告书 [shàngshì bàogào shū] 日 上場報告書 英 listing report

上市保荐制度 [shàngshì bǎojiàn zhìdù] 日 上場推薦制度 英 listing sponsor system

上市公司 [shàngshì gōngsī] 日 上場会社 英 listed company

上市公司收购 [shàngshì gōngsī shōugòu] 日 上場会社の買収 英 acquisition of listed company

上市股份 [shàngshì gǔfèn] 日 上場証券 英 listed securities

上市股票 [shàngshì gǔpiào] 日 上場株 英 listed securities

上市价 [shàngshì jià] 日 初値 英 opening price

上市审查 [shàngshì shěnchá] 日 上場審査 英 review for listing

上市条件 [shàngshì tiáojiàn] 日 上場条件 英 listing requirements

上市制度 [shàngshì zhìdù] 日 上場規程 英 listing rules

上市咨询 [shàngshì zīxún] 日 上場支援アドバイザー 英 listing support advisor

上一会计年度 [shàng yī kuàijì niándù] 日 前会計年度 英 previous fiscal year

上一年度 [shàng yī niándù] 日 前年度 英 preceding fiscal year

上游产业 [shàngyóu chǎnyè] 日 川上産業 英 upstream industry

少记 [shǎojì] 日 過小計上 英 understatement

少数股东 [shǎoshù gǔdōng] 日 少数株主 英 minority shareholders

少数股东权 [shǎoshù gǔdōng quán] 日 少数株主権 英 right of minority shareholders

少数股东权益 [shǎoshù gǔdōng quányì] 日 少数株主持分 英 minority interest

少数股东损益 [shǎoshù gǔdōng sǔnyì] 日 少数株主損益 英 gain and loss on minority interest

赊购 [shēgòu] 日 掛仕入れ 英 credit purchases

赊销 [shēxiāo] 日 掛売り 英 credit sales

折耗 [shéhào] 日 減耗償却 英 depletion

舍去尾数 [shèqù wěishù] 日 切り捨て 英 round down

设备 [shèbèi] 日 設備、デバイス 英 equipment, device

设备改良 [shèbèi gǎiliáng] 日 設備改良 英 capital improvement

设备稼动率 [shèbèi jiàdòng lǜ] 日 設備稼働率 英 capacity utilization

设备投资 [shèbèi tóuzī] 日 設備投資 英 capital investment

设定受益计划净负债（资产） [shèdìng shòuyì jìhuà jìng fùzhài (zīchǎn)] 日 確定給付負債（資産）の純額 英 net defined benefit liabilities (assets)

设定受益计划净负债（资产）的重新计量 [shèdìng shòuyì jìhuà jìng fùzhài (zīchǎn) de chóngxīn jìliáng] 日 確定給付負債（資産）の純額の再測定 英 remeasurement of the net defined benefit liabilities (assets)

设定受益计划净负债（资产）的利息净额 [shèdìng shòuyì jìhuà jìng fùzhài (zīchǎn) de lìxī jìng é] 日 確定給付負債（資産）の純額に係る利息純額 英 net interest on the net defined benefit liabilities (assets)

设定受益计划离职后福利 [shèdìng shòuyì jìhuà lízhí hòu fúlì] 日 確定給付型退職後給付 英 defined benefit pension plan

设定受益计划年金 [shèdìng shòuyì jìhuà niánjīn] 日 確定給付年金 英 defined benefit pension plan

设定提存计划年金 [shèdìng tícún jìhuà niánjīn] 日 確定拠出年金 英 defined contribution pension plan

设计费 [shèjì fèi] 日 意匠料 英 design fee

设计监理 [shèjì jiānlǐ] 日 設計監理 英 design supervision

设立 [shèlì] 日 設立 英 establishment

设立验资 [shèlì yànzī] 日 設立験資 英 establishment and capital verification

社会保险 [shèhuì bǎoxiǎn] 日 社会保険 英 social insurance

社会保险登记 [shèhuì bǎoxiǎn dēngjì] 日 社会保険登記 英 social insurance registration

社会保险费 [shèhuì bǎoxiǎn fèi] 日 社会保険費 英 social insurance fees

社会保险基金 [shèhuì bǎoxiǎn jījīn] 日 社会保険基金 英 social insurance fund

社会保险基金管理局 [shèhuì bǎoxiǎn jījīn guǎnlǐ jú] 日 社会保険基金管理局 英 Administration of Social Insurance Fund

社会保障制度 [shèhuì bǎozhàng zhìdù] 日 社会保障制度 英 social security system

社会平均工资水平 [shèhuì píngjūn gōngzī shuǐpíng] 日 社会平均賃金水準 英 social average wage level

身份证 [shēnfèn zhèng] 日 身分証明書 英

identification card

深加工 [shēn jiāgōng] 日 再加工 英 reprocessing

深加工结转 [shēn jiāgōng jiézhuǎn] 日 深加工結転 英 transference of products for downstream processing

深圳证券交易所 [shēnzhèn zhèngquàn jiāoyìsuǒ] 日 深圳証券取引所 英 Shenzhen Stock Exchange

申报 [shēnbào] 日 申告 英 declaration

申报表 [shēnbào biǎo] 日 申告書 英 declaration form

申报出口 [shēnbào chūkǒu] 日 輸出申告 英 export declaration

申报地点 [shēnbào dìdiǎn] 日 申告地 英 declaration location

申报进口 [shēnbào jìnkǒu] 日 輸入申告 英 import declaration

申报内容 [shēnbào nèiróng] 日 申告内容 英 declaration content

申报期限 [shēnbào qīxiàn] 日 申告期限 英 declaration deadline

申请 [shēnqǐng] 日 申請 英 application

申请单 [shēnqǐng dān] 日 稟議書 英 application documents for approval

申请登记表 [shēnqǐng dēngjì biǎo] 日 届出書 英 written notice

申请复议 [shēnqǐng fùyì] 日 異議申立て 英 statement of a protest

申请及分配 [shēnqǐng jí fēnpèi] 日 申請及び分配 英 application and distribution

申请人 [shēnqǐng rén] 日 申請人 英 applicant

申请书 [shēnqǐng shū] 日 申請書 英 application form

申请预约定价安排 [shēnqǐng yùyuē dìngjià ānpái] 日 事前確認の申出 英 application for advance pricing agreement

审查 [shěnchá] 日 審査 英 review

审查标准 [shěnchá biāozhǔn] 日 審査基準 英 review standard

审查批准权限 [shěnchá pīzhǔn quánxiàn] 日 審査批准権限 英 review approval authority

审查许可机构 [shěnchá xǔkě jīgòu] 日 審査許可機関 英 review permission institution

审查许可制度 [shěnchá xǔkě zhìdù] 日 審査許可制度 英 review permission system

审核文件 [shěnhé wénjiàn] 日 書類審査 英 document review

审核主管 [shěnhé zhǔguǎn] 日 コントローラー 英 controller

审计 [shěnjì] 日 監査 英 audit

审计报酬 [shěnjì bàochóu] 日 監査報酬 英 audit fee

审计报告 [shěnjì bàogào] 日 監査報告書 英 audit report

审计部 [shěnjì bù] 日 監査部 英 audit division

审计差异 [shěnjì chāyì] 日 監査差異 英 audit difference

审计程序 [shěnjì chéngxù] 日 監査手続 英 audit procedure

审计抽样 [shěnjì chōuyàng] 日 試査 英 audit by sampling

审计对象 [shěnjì duìxiàng] 日 監査対象 英 subject to be audited

审计范围 [shěnjì fànwéi] 日 監査範囲 英 audit scope

审计风险 [shěnjì fēngxiǎn] 日 監査リスク 英 audit risk

审计工作底稿 [shěnjì gōngzuò dǐgǎo] 日 監査調書 英 working paper

审计计划 [shěnjì jìhuà] 日 監査計画 英 audit plan

审计局 [shěnjì jú] 日 監査局 英 Audit Bureau

审计年度 [shěnjì niándù] 日 監査年度 英 audit year

审计期间 [shěnjì qījiān] 日 監査期間 英 audit period

审计人员 [shěnjì rényuán] 日 監査人 英 auditor

审计委员会 [shěnjì wěiyuán huì] 日 監査委員会 英 audit committee

审计须知 [shěnjì xūzhī] 日 監査指示書 英 audit instruction

审计业务 [shěnjì yèwù] 日 監査業務 英 audit

审计业务约定书 [shěnjì yèwù yuēdìng shū] 日 監査契約書 英 audit engagement letter

审计意见 [shěnjì yìjiàn] 日 監査意見 英 auditor's opinion

审计证据 [shěnjì zhèngjù] 日 監査証拠 英 audit evidence

审计制度 [shěnjì zhìdù] 日 監査制度 英 auditing system

审计质量控制准则 [shěnjì zhìliàng kòngzhì zhǔnzé] 日 監査に関する品質管理基準 英 Audit

Quality Control Guidelines

审计终结 [shěnjì zhōngjié] 日 監査の終結 英 completion of audit

审计重要性水平 [shěnjì zhòngyào xìng shuǐpíng] 日 監査上の重要性 英 audit materiality

审计准则 [shěnjì zhǔnzé] 日 監査基準 英 auditing standard

审批机构 [shěnpī jīgòu] 日 認可機構 英 the examination and approval authority

审批制度 [shěnpī zhìdù] 日 審査制度 英 review system

审慎 [shěnshèn] 日 慎重性 英 prudence

审阅 [shěnyuè] 日 レビュー 英 review

审阅报告 [shěnyuè bàogào] 日 レビュー報告 英 review report

审阅程序 [shěnyuè chéngxù] 日 レビュー手続 英 review procedure

审阅范围 [shěnyuè fànwéi] 日 レビュー範囲 英 review scope

审阅计划 [shěnyuè jìhuà] 日 レビュー計画 英 review planning

生产成本 [shēngchǎn chéngběn] 日 生産原価 英 production cost

生产 [shēngchǎn] 日 生産 英 produce

生产管理软件 [shēngchǎn guǎnlǐ ruǎnjiàn] 日 生産管理ソフト 英 production management software

生产计划 [shēngchǎn jìhuà] 日 生産計画 英 production plans

生产流程 [shēngchǎn liúchéng] 日 生産工程 英 production process

生产流程图 [shēngchǎn liúchéng tú] 日 生産工程図 英 production process diagram

生产流动资金 [shēngchǎn liúdòng zījīn] 日 生産流動資金 英 production liquid fund

生产能力利用率差异 [shēngchǎn nénglì lìyòng lù chàyì] 日 操業度差異 英 capacity utilization variance

生产设备 [shēngchǎn shèbèi] 日 生産設備 英 production facility

生产型企业 [shēngchǎn xíng qǐyè] 日 生産型企業 英 manufacturing enterprises

生产性企业 [shēngchǎn xìng qǐyè] 日 生産性企業 英 production enterprises

生产预算 [shēngchǎn yùsuàn] 日 生産予算 英 production budget

生产指示单 [shēngchǎn zhǐshì dān] 日 製造指図書 英 production instruction order

生物工业 [shēngwù gōngyè] 日 バイオ産業 英 bioindustry

生物资产 [shēngwù zīchǎn] 日 生物資産 英 biological assets

生效 [shēngxiào] 日 発効 英 come into effect

生效日期 [shēngxiào rìqī] 日 発効日 英 effective date

生育保险 [shēngyù bǎoxiǎn] 日 出産保険 英 maternity insurance

省级开发区 [shěngjí kāifā qū] 日 省レベル開発区 英 provincial level development zone

剩余财产 [shèngyú cáichǎn] 日 残余財産 英 residual property

剩余财产分配 [shèngyú cáichǎn fēnpèi] 日 残余財産の分配 英 distribution of residual property

剩余财产分配权 [shèngyú cáichǎn fēnpèi quán] 日 残余財産分配請求権 英 residual claim

剩余分析 [shèngyú fēnxī] 日 残余分析 英 residual analysis

剩余利润分割法 [shèngyú lìrùn fēngē fǎ] 日 残余利益分割法 英 residual profit split method

失效 [shīxiào] 日 失効 英 lapse

失业保险 [shīyè bǎoxiǎn] 日 失業保険 英 unemployment insurance

失业保险金 [shīyè bǎoxiǎn jīn] 日 雇用保険 英 unemployment insurance

时间戳 [shíjiān chuō] 日 タイムスタンプ 英 time stamp

时间卡 [shíjiān kǎ] 日 作業時間カード 英 time card

时效 [shíxiào] 日 時効 英 prescription

实地核查 [shídì héchá] 日 実地検査 英 on-site inspection

实发工资总额 [shífā gōngzī zǒng é] 日 給与支給総額 英 total payroll amount paid

实缴登记制 [shíjiǎo dēngjì zhì] 日 実際払込登記制 英 registration system of actual paid-in capital

实缴货币资本 [shíjiǎo huòbì zīběn] 日 現金払込資本金 英 cash paid-in capital

实缴资本 [shíjiǎo zīběn] 日 拠出資本 英 contributed capital

实际采购成本 [shíjì cǎigòu chéngběn] 日 実際仕入

原価 [英] actual purchase cost

实际成本 [shíjì chéngběn] [日] 実際原価 [英] actual cost

实际管理机构 [shíjì guǎnlǐ jīgòu] [日] 実際管理機構 [英] actual management organization

实际国内生产总值 [shíjì guónèi shēngchǎn zǒngzhí] [日] 実質国内総生産 [英] real Gross Domestic Product (GDP)

实际国内生产总值增长率 [shíjì guónèi shēngchǎn zǒngzhí zēngzhǎng lǜ] [日] 実質GDP成長率 [英] real Gross Domestic Product (GDP) growth rate

实际缴付 [shíjì jiǎofù] [日] 実際払い込み [英] actual payment

实际控制 [shíjì kòngzhì] [日] 実質的な支配 [英] defact control

实际库存 [shíjì kùcún] [日] 実在庫 [英] physical stock

实际利率 [shíjì lìlǜ] [日] 実際利率 [英] actual interest rate

实际利率法 [shíjì lìlǜ fǎ] [日] 実効利率法 [英] effective interest method

实际利息 [shíjì lìxī] [日] 実効金利 [英] effective interest rate

实际利息法 [shíjì lìxī fǎ] [日] 実効金利法 [英] effective interest method

实际生产成本 [shíjì shēngchǎn chéngběn] [日] 実際生産原価 [英] actual production cost

实际使用年限 [shíjì shǐyòng niánxiàn] [日] 実際耐用年数 [英] actual useful life

实际受益人 [shíjì shòuyì rén] [日] 実際の受益者 [英] actual beneficiary

实际税率 [shíjì shuìlǜ] [日] 実効税率 [英] effective tax rate

实际用工单位 [shíjì yònggōng dānwèi] [日] 出向先企業 [英] assignee company

实际增长率 [shíjì zēngzhǎng lǜ] [日] 実質成長率 [英] real growth rate

实名账户制 [shímíng zhànghù zhì] [日] 実名口座制 [英] real name system

实时 [shíshí] [日] リアルタイム [英] real time

实收股本总额 [shíshōu gǔběn zǒng é] [日] 払込株式資本金総額 [英] total amount of paid-in capital

实收资本 [shíshōu zīběn] [日] 払込資本 [英] paid-in capital

实收资本缴付盈余 [shíshōu zīběn jiǎofù yíngyú] [日] 資本払込剰余金 [英] paid-in surplus

实体 [shítǐ] [日] エンティティ [英] entity

实体准则 [shítǐ zhǔnzé] [日] 実体基準 [英] substantive rules

实物出资 [shíwù chūzī] [日] 現物出資 [英] contribution in kind

实物股利 [shíwù gǔlì] [日] 現物配当 [英] dividend in kind

实物支付 [shíwù zhīfù] [日] 現物支払い [英] payment in kind

实物资本 [shíwù zīběn] [日] 実物資本 [英] capital in kind

实现原则 [shíxiàn yuánzé] [日] 実現主義 [英] realization principle

实值期权 [shízhí qīquán] [日] インザマネー [英] in the money

实在性 [shízài xìng] [日] 実在性 [英] existence

实质性程序 [shízhì xìng chéngxù] [日] 実証性手続 [英] substantive procedure

实质重于形式 [shízhì zhòngyú xíngshì] [日] 実質優先 [英] substance over form

使承担 [shǐ chéngdān] [日] 直課 [英] direct charge

使用费 [shǐyòng fèi] [日] 使用料 [英] usage fee

使用费收入 [shǐyòng fèi shōurù] [日] 使用料収入 [英] usage revenue

使用价值 [shǐyòng jiàzhí] [日] 使用価値 [英] value in use

使用年限 [shǐyòng niánxiàn] [日] 耐用年数 [英] useful life

使用许可 [shǐyòng xǔkě] [日] 使用許諾 [英] licensing

使用者 [shǐyòng zhě] [日] 利用者 [英] user

世界贸易组织 [shìjiè màoyì zǔzhī] [日] 世界貿易機関 [英] World Trade Organization (WTO)

世界银行 [shìjiè yínháng] [日] 世界銀行 [英] world bank

识别 [shíbié] [日] 認識 [英] recognition

市场 [shìchǎng] [日] 市場 [英] market

市场比较法 [shìchǎng bǐjiào fǎ] [日] 市場価格類似比較法 [英] market comparison approach

市场壁垒 [shìchǎng bìlěi] [日] 市場障壁 [英] market barriers

市场参与者 [shìchǎng cānyù zhě] [日] 市場参加者 [英] market participants

市场调查 [shìchǎng diàochá] 日 市場調査 英 market research

市场动向 [shìchǎng dòngxiàng] 日 市場動向 英 market trend

市场法 [shìchǎng fǎ] 日 市場法 英 market approach

市场风险 [shìchǎng fēngxiǎn] 日 市場リスク 英 market risk

市场风险溢价 [shìchǎng fēngxiǎn yìjià] 日 マーケットリスクプレミアム 英 market risk premium

市场公允价值 [shìchǎng gōngyǔn jiàzhí] 日 公正な市場価格 英 fair market value

市场利率 [shìchǎng lìlǜ] 日 市場利率 英 market interest rate

市场渠道 [shìchǎng qúdào] 日 市場ルート 英 market channel

市场趋势 [shìchǎng qūshì] 日 マーケットトレンド 英 market trend

市场收益率 [shìchǎng shōuyì lǜ] 日 市場収益率 英 market yield

市场调节价 [shìchǎng tiáojié jià] 日 市場調整価格 英 market adjusted price

市场销售 [shìchǎng xiāoshòu] 日 市場販売 英 market sales

市场溢价 [shìchǎng yìjià] 日 マーケットプレミアム 英 market premium

市场展望 [shìchǎng zhǎnwàng] 日 市場の展望 英 outlook for the market

市场准入 [shìchǎng zhǔnrù] 日 市場へのアクセス許可 英 market access permit

市场准入规则 [shìchǎng zhǔnrù guīzé] 日 市場参入規則 英 market access regulation (MAR)

市场主体信用信息公示系统 [shìchǎng zhǔtǐ xìnyòng xìnxī gōngshì xìtǒng] 日 市場主体信用情報公示システム 英 the market entities credit information public disclosure system

市价 [shìjià] 日 市場価格 英 market value

市净率 [shìjìng lǜ] 日 株価純資産倍率 英 price to book ratio (PBR)

市盈率 [shìyíng lǜ] 日 株価収益率 英 price-earnings ratio (PER)

市值 [shìzhí] 日 時価総額 英 market capitalization

事件管理系统 [shìjiàn guǎnlǐ xìtǒng] 日 障害管理システム 英 incident management system (IMS)

事务所负责人 [shìwùsuǒ fùzé rén] 日 事務所責任者 英 office responsible person

事业 [shìyè] 日 事業 英 business

事业计划尽职调查 [shìyè jìhuà jìnzhí diàochá] 日 事業計画デューデリジェンス 英 business plan due diligence

事业基准 [shìyè jīzhǔn] 日 事業基準 英 business standards

事业扩张 [shìyè kuòzhāng] 日 事業拡張 英 business expansion

事业单位 [yèwù dānwèi] 日 事業単位 英 business unit

视同 [shìtóng] 日 みなす 英 deemed

视同股息分配 [shìtóng gǔxī fēnpèi] 日 みなし配当 英 deemed dividend

视同境外间接税款抵扣 [shìtóng jìngwài jiànjiē shuìkuǎn dǐkòu] 日 みなし間接外国税額控除 英 indirect tax sparing credit

视同境外税款抵扣 [shìtóng jìngwài shuìkuǎn dǐkòu] 日 みなし外国税額控除 英 tax sparing credit

视同境外直接税款抵扣 [shìtóng jìngwài zhíjiē shuìkuǎn dǐkòu] 日 みなし直接外国税額控除 英 direct tax sparing credit

视同销售 [shìtóng xiāoshòu] 日 みなし販売 英 deemed sales

视同已征税 [shìtóng yǐzhēng shuì] 日 みなし課税 英 deemed taxation

试点办法 [shìdiǎn bànfǎ] 日 試験弁法 英 pilot measure

试生产 [shì shēngchǎn] 日 試験的な生産 英 trail production

试算表 [shìsuàn biǎo] 日 試算表 英 trial balance sheet (T/B)

试算平衡表 [shìsuàn pínghéng biǎo] 日 残高試算表 英 trial balance (T/B)

试销 [shìxiāo] 日 テスト販売 英 test sale

试用期 [shìyòng qī] 日 試用期間 英 trial period

试运行 [shì yùnxíng] 日 試運転 英 trial run

试制品 [shìzhì pǐn] 日 試作品 英 prototype

适用权益法的公司 [shìyòng quányì fǎ de gōngsī] 日 持分適用会社 英 company accounted for using the equity method

适用税率 [shìyòng shuìlǜ] 日 適用税率 英 applicable tax rate

收付实现制 [shōufù shíxiànzhì] 日 現金主義 英 cash basis

收购本公司股票 [shōugòu běngōngsī gǔpiào] 日 自社株購入 英 purchase of treasury stock

收购程序 [shōugòu chéngxù] 日 買収手順 英 acquisition procedure

收购股票 [shōugòu gǔpiào] 日 株式の買取 英 acquisition of stock

收购企业 [shōugòu qǐyè] 日 取得企業 英 acquirer

收回债权 [shōuhuí zhàiquán] 日 債権回収 英 recovery of receivable

收获 [shōuhuò] 日 収穫 英 harvest

收货簿 [shōuhuò bó] 日 荷受記録簿 英 goods receiving book

收货单 [shōuhuò dān] 日 着荷票 英 goods receive note

收货地点 [shōuhuò dìdiǎn] 日 荷受場 英 place of receiving

收货人 [shōuhuò rén] 日 荷受人 英 receiver

收货与验收部门 [shōuhuò yǔ yànshōu bùmén] 日 受入検収部門 英 receipt and inspection department

收紧 [shōujǐn] 日 厳格化 英 stricter

收据 [shōujù] 日 領収書 英 receipt

收款 [shōukuǎn] 日 入金 英 receipt of money

收款传票 [shōukuǎn chuánpiào] 日 入金伝票 英 receipt slip

收款人 [shōukuǎn rén] 日 代金受取人 英 payee

收盘价 [shōupán jià] 日 終値 英 closing price

收取 [shōuqǔ] 日 受領 英 receipt

收取地点 [shōuqǔ dìdiǎn] 日 受取場所 英 place of receipt

收取手续费方式 [shōuqǔ shǒuxù fèi fāngshì] 日 手数料受取方式 英 commission receipt method

收入 [shōurù] 日 収入 英 income

收入差距 [shōurù chājù] 日 収入格差 英 income disparity

收入来源 [shōurù láiyuán] 日 所得の源泉 英 source of income

收入来源地 [shōurù láiyuán dì] 日 所得の源泉地 英 source place of income

收入来源国 [shōurù láiyuán guó] 日 源泉地国 英 source country

收入来源国征税 [shōurù láiyuán guó zhēngshuì] 日 源泉地国課税 英 source-based taxation

收入确认 [shōurù quèrèn] 日 収益認識 英 revenue recognition

收入确认标准 [shōurù quèrèn biāozhǔn] 日 収益認識基準 英 revenue recognition standard

收入确认原则 [shōurù quèrèn yuánzé] 日 収入認識の原則 英 revenue recognition principle

收入中心 [shōurù zhōngxīn] 日 収益センター 英 profit center

收益 [shōuyì] 日 収益 英 revenue

收益计算 [shōuyì jìsuàn] 日 収益計算 英 income calculation

收益类补助 [shōuyì lèi bǔzhù] 日 収益に関する補助金 英 grants related to income

收益率曲线 [shōuyì lǜ qǔxiàn] 日 イールドカーブ 英 yield curve

收益性分析 [shōuyì xìng fēnxī] 日 収益性分析 英 profitability analysis

收益支出 [shōuyì zhīchū] 日 収益的支出 英 revenue expenditure

手工日记账分录 [shǒugōng rìjìzhàng fēnlù] 日 手作業仕訳帳 英 manual journal entries

手续 [shǒuxù] 日 手続 英 procedure

手续费 [shǒuxù fèi] 日 手数料 英 commission charge

手续费收入 [shǒuxù fèi shōurù] 日 手数料収入 英 commission income

首次采用 [shǒucì cǎiyòng] 日 初度適用 英 first-time adoption

首次执行的企业 [shǒucì zhíxíng de qǐyè] 日 初度適用企業 英 first-time adopter

首付款 [shǒufù kuǎn] 日 頭金 英 initial payment

首席代表 [shǒuxí dàibiǎo] 日 首席代表 英 chief representative

首席运营决策者 [shǒuxí yùnyíng juécè zhě] 日 最高経営意思決定者 英 chief operating decision maker

寿险责任准备金 [shòuxiǎn zérèn zhǔnbèi jīn] 日 生命保険責任準備金 英 life insurance reserves

受雇 [shòugù] 日 被雇用 英 employed

受贿 [shòuhuì] 日 収賄 英 accepting bribes

受控企业 [shòukòng qǐyè] 日 被支配企業 英 controlled enterprise

受盘人 [shòupán rén] 日 申込受人 英 offeree

受票人 [shòupiào rén] 日 名宛人 英 drawee

受让人 [shòuràng rén] 日 譲受者 英 transferee

受托代销 [shòutuō dàixiāo] 日 受託販売 英 consignment sales

受托代销商品 [shòutuō dàixiāo shāngpǐn] 日 受託代理販売商品 英 item on consignment-in

受托加工 [shòutuō jiāgōng] 日 受託加工 英 consigned processing

受益期间 [shòuyì qījiān] 日 受益期間 英 benefit period

受益人 [shòuyì rén] 日 受益者 英 beneficiary

售后服务 [shòuhòu fúwù] 日 アフターサービス 英 after-sales service

售后回购 [shòuhòu huígòu] 日 買戻し 英 buyback

售后租回 [shòuhòu zūhuí] 日 セールアンドリースバック 英 sale and leaseback transaction

授权 [shòuquán] 日 授権 英 authorization

授权股数 [shòuquán gǔshù] 日 授権株式数 英 number of authorized stocks

授权日 [shòuquán rì] 日 権利付与日 英 vesting date

授予 [shòuyǔ] 日 付与 英 grant

授予日 [shòuyǔ rì] 日 付与日 英 grant date

输出 [shūchū] 日 アウトプット 英 output

输入 [shūrù] 日 インプット 英 input

输入・输出 [shūrù shūchū] 日 入出力 英 input output (I/O)

输入订货单 [shūrù dìnghuò dān] 日 受注入力 英 input of order

输入水平 [shūrù shuǐpíng] 日 インプットレベル 英 input level

赎回日 [shúhuí rì] 日 償還日 英 redemption date

鼠标 [shǔbiāo] 日 マウス 英 mouse

数据 [shùjù] 日 データ 英 data

数据包 [shùjù bāo] 日 パケット 英 packet

数据仓库系统 [shùjù cāngkù xìtǒng] 日 データウェアハウスシステム 英 data warehouse system

数据库 [shùjù kù] 日 データベース 英 database

数据库管理系统 [shùjù kù guǎnlǐ xìtǒng] 日 データベースマネジメントシステム 英 database management system (DBMS)

数字化电子设备 [shùzì huà diànzǐ shèbèi] 日 デジタル電子設備 英 digital electronic equipment

双倍余额递减法 [shuāngbèi yú é dìjiǎn fǎ] 日 倍額定率法 英 double-declining balance method (DDB)

双边磋商 [shuāngbiān cuōshāng] 日 二国間協議 英 bilateral consultation

双边贸易协定 [shuāngbiān màoyì xiédìng] 日 二国間貿易協定 英 bilateral trade agreement

双边协议 [shuāngbiān xiéyì] 日 バイラテラル 英 bilateral

双边预约定价安排 [shuāngbiān yùyuē dìngjià ānpái] 日 二国間事前確認 英 bilateral advance pricing arrangement

双币债券 [shuāngbì zhàiquàn] 日 デュアルカレンシー債 英 dual currency bond

双重关税 [shuāngchóng guānshuì] 日 二重関税 英 dual tariff

双重征税 [shuāngchóng zhēngshuì] 日 二重課税 英 double taxation

水电费 [shuǐdiàn fèi] 日 水道光熱費 英 utilities expense

水利部 [shuǐlì bù] 日 水産省 英 Ministry of Water Resource

水利业 [shuǐlì yè] 日 水利業 英 water resource industry

水平 [shuǐpíng] 日 水準 英 level

税额 [shuì é] 日 税額 英 tax amount

税法 [shuìfǎ] 日 税法 英 tax law

税负 [shuìfù] 日 税収負担 英 tax burden

税负率 [shuìfù lǜ] 日 租税負担割合 英 tax burden ratio

税后净利润 [shuìhòu jìng lìrùn] 日 税引後純利益 英 net profit after tax (NPAT)

税后净营业利润 [shuìhòu jìng yíngyè lìrùn] 日 税引後営業利益 英 net operating profit after tax (NOPAT)

税金 [shuìjīn] 日 税金 英 tax

税基侵蚀和利润转移 [shuìjī qīnshí hé lìrùn zhuǎnyí] 日 税源浸食と利益移転 英 Base Erosion and Profit Shifting (BEPS)

税控装置 [shuìkòng zhuāngzhì] 日 税金徴収コントロールシステム 英 tax levy control system

税款抵扣联 [shuìkuǎn dǐkòu lián] 日 税額控除用領収書 英 receipt for tax deduction

税款退库政策 [shuìkuǎn tuìkù zhèngcè] 日 入庫税金還付政策 英 tax refund policy

税款延期申请 [shuìkuǎn yánqī shēnqǐng] 日 税額納付の延期申請 英 postpone application of tax payment

税款征收 [shuìkuǎn zhēngshōu] 日 税金徴収 英 tax levy

税率 [shuìlǜ] 日 税率 英 tax rate

税前本期净利润 [shuìqián běnqī jìng lìrùn] 日 税引前当期純利益 英 net income before tax

税前扣除 [shuìqián kòuchú] 日 税前控除 英 pre-tax deduction

税前列支 [shuìqián lièzhī] 日 損金算入 英 inclusion in deductible expense

税收 [shuìshōu] 日 税収 英 tax revenue

税收保全措施决定书 [shuìshōu bǎoquán cuòshī juédìng shū] 日 税収保全措置決定書 英 tax conservation decision

税收成本 [shuìshōu chéngběn] 日 税金費用 英 tax expense

税收杠杆 [shuìshōu gànggǎn] 日 税収の調節機能 英 regulatory function of tax

税收减免 [shuìshōu jiǎnmiǎn] 日 税金の減免 英 tax reduction and exemption

税收扣除 [shuìshōu kòuchú] 日 税額の控除 英 tax deduction

税收年度 [shuìshōu niándù] 日 税収年度 英 tax fiscal year

税收强制执行决定书 [shuìshōu qiángzhì zhíxíng juédìng shū] 日 税収強制執行決定書 英 tax compulsory execution decision

税收饶让抵免 [shuìshōu ráoràng dǐmiǎn] 日 タックススペアリングクレジット 英 tax sparing credit

税收收入 [shuìshōu shōurù] 日 租税収入 英 tax revenue

税收优惠 [shuìshōu yōuhuì] 日 優遇税制 英 preferential tax treatment

税收优惠措施 [shuìshōu yōuhuì cuòshī] 日 税制上の優遇措置 英 tax preference

税收优先于罚款 [shuìshōu yōuxiān yú fákuǎn] 日 税金が罰金よりも優先されること 英 tax with higher priority than fine

税收政策 [shuìshōu zhèngcè] 日 租税政策 英 tax policy

税收征管 [shuìshōu zhēng guǎn] 日 徴税管理 英 tax administration and tax collection

税收征收管理法 [shuìshōu zhēngshōu guǎnlǐ fǎ] 日 租税徴収管理法 英 Tax Collection Management Act

税务 [shuìwù] 日 税務 英 tax matters

税务处理决定书 [shuìwù chǔlǐ juédìng shū] 日 税務処分決定書 英 tax treatment decisions

税务代理人 [shuìwù dàilǐrén] 日 納税代理人 英 tax agent

税务登记 [shuìwù dēngjì] 日 税務登記 英 tax registration

税务登记证 [shuìwù dēngjì zhèng] 日 税務登記証 英 tax registration certificate

税务管理 [shuìwù guǎnlǐ] 日 税務管理 英 tax management

税务合规 [shuìwù héguī] 日 税務コンプライアンス 英 tax compliance

税务检查 [shuìwù jiǎnchá] 日 税務調査 英 tax investigation

税务检查人员 [shuìwù jiǎnchá rényuán] 日 税務調査専門官 英 tax investigation specialist officer

税务检查通知书 [shuìwù jiǎnchá tōngzhī shū] 日 税務調査通知書 英 tax investigation notice

税务检查证 [shuìwù jiǎnchá zhèng] 日 税務検査証 英 tax inspection certificate

税务机构 [shuìwù jīgòu] 日 税務当局 英 tax authorities

税务机关 [shuìwù jīguān] 日 税務機関 英 tax authorities

税务计划 [shuìwù jihuà] 日 税収計画 英 tax plan

税务尽职调查 [shuìwù jìnzhí diàochá] 日 税務デューデリジェンス 英 tax due diligence

税务局 [shuìwù jú] 日 税務局 英 tax bureau

税务人员 [shuìwù rényuán] 日 税務職員 英 tax officials

税务申报表 [shuìwù shēnbào biǎo] 日 税務申告書 英 tax return

税务申报检查表 [shuìwù shēnbào jiǎnchá biǎo] 日 税務申告チェックリスト 英 tax return check list

税务审计 [shuìwù shěnjì] 日 税務監査 英 tax audit

税务师 [shuìwù shī] 日 税理士 英 tax accountant

税务诉讼 [shuìwù sùsòng] 日 税務訴訟 英 tax suit

税务违法案件 [shuìwù wéifǎ ànjiàn] 日 税務違法案件 英 tax illegal matter

税务文书 [shuìwù wénshū] 日 税務文書 英 tax document

税务行政处罚决定书 [shuìwù xíngzhèng chǔfá juédìng shū] 日 税務行政処罰決定書 英 tax administration punishment decision

税务行政复议 [shuìwù xíngzhèng fùyì] 日 税務行政不服申し立て 英 tax administration appeal

税务业务 [shuìwù yèwù] 日 税務業務 英 tax service

税制 [shuìzhì] 日 税制 英 tax system

税制改革 [shuìzhì gǎigé] 日 税制改革 英 tax reform

税种 [shuìzhǒng] 日 税目 英 items of taxation

说明 [shuōmíng] 日 説明 英 description

司法部 [sīfǎ bù] 日 司法省 英 Ministry of Justice

私募 [sīmù] 日 私募発行 英 private offering

私募股权基金 [sīmù gǔquán jījīn] 日 プライベートエクイティファンド 英 private-equity fund

私营企业 [sīyíng qǐyè] 日 私的会社 英 private company

死亡伤残给付和医疗给付 [sǐwáng shāngcán jǐfù hé yīliáo jǐfù] 日 死傷医療給付金 英 death, injury and medical benefits

搜索引擎 [sōusuǒ yǐnqíng] 日 サーチエンジン 英 search engine

诉讼 [sùsòng] 日 訴訟 英 lawsuit

诉讼费 [sùsòng fèi] 日 訴訟費 英 litigation fee

速动比率 [sùdòng bǐlǜ] 日 当座比率 英 quick ratio

速算扣除数 [sùsuàn kòuchú shù] 日 速算控除額 英 rapid calculation deduction amount

随机抽样方法 [suíjī chōuyàng fāngfǎ] 日 任意抽出方法 英 random sampling method

随机存取存储器 [suíjī cúnqǔ cúnchǔ qì] 日 ランダムアクセスメモリー 英 random access memory (RAM)

损耗 [sǔnhào] 日 仕損 英 spoilage

损失 [sǔnshī] 日 損失 英 loss

损益 [sǔnyì] 日 損益 英 profit and loss

损益表及其他综合收益 [sǔnyì biǎo jí qítā zōnghé shōuyì] 日 損益及びその他の包括利益計算書 英 statement of profit or loss and other comprehensive income

损益类 [sǔnyì lèi] 日 損益類 英 profit and loss group

损益调整 [sǔnyì tiáozhěng] 日 損益調整 英 profit and loss adjustment

损余物资 [sǔnyú wùzī] 日 付保資産残存価値 英 residual asset value after acceptance of insurance

所得税 [suǒdé shuì] 日 所得税 英 income tax

所得税核算 [suǒdé shuì hésuàn] 日 所得税の計算 英 income tax calculation

所得税申报表 [suǒdé shuì shēnbàobiǎo] 日 所得税申告書 英 income tax return

所得税实际税率 [suǒdé shuì shíjì shuìlǜ] 日 所得税実効税率 英 effective income tax rate

所得税影响 [suǒdé shuì yǐngxiǎng] 日 税効果 英 tax effect

所有 [suǒyǒu] 日 所有 英 own

所有权 [suǒyǒu quán] 日 所有権 英 ownership

所有权证书 [suǒyǒu quán zhèngshū] 日 所有権証書 英 ownership certificate

所有人 [suǒyǒu rén] 日 所有者 英 owner

所有者权益 [suǒyǒu zhě quányì] 日 所有者持分 英 owner's equity

所有者权益变动表 [suǒyǒu zhě quányì biàndòng biǎo] 日 持分変動計算書 英 statement of changes in owner's equity

索赔 [suǒpéi] 日 クレーム 英 claim

索取销售款项凭据 [suǒqǔ xiāoshòu kuǎnxiàng píngjù] 日 売上代金取立証憑 英 evidence for collection of sales proceeds

索引 [suǒyǐn] 日 索引 英 index

T

台式电脑 [táishì diànnǎo] 日 デスクトップコンピュータ 英 desktop computer

台账 [táizhàng] 日 台帳 英 ledger

贪污 [tānwū] 日 汚職 英 corruption

摊销期间 [tānxiāo qījiān] 日 償却期間 英 amortization period

摊余成本 [tānyú chéngběn] 日 償却原価 英 amortized cost

谈判 [tánpàn] 日 交渉 英 negotiation

弹性工作制 [tánxìng gōngzuò zhì] 日 裁量労働制

(英)flexible working hours system

弹性预算 [tánxìng yùsuàn] (日)伸縮予算 (英)flexible budget

探勘费用 [tànkān fèiyòng] (日)探査費用 (英)exploration expenditure

探亲费 [tànqīn fèi] (日)ホームリーブ費用 (英)home leave cost

逃避纳税义务行为 [táobì nàshuì yìwù xíngwéi] (日)納税義務回避行為 (英)acts of evading tax obligation

逃税 [táoshuì] (日)脱税 (英)tax evasion

讨论 [tǎolùn] (日)ディスカッション (英)discussion

套期保值 [tàoqī bǎozhí] (日)ヘッジ (英)hedge

套期保值交易 [tàoqī bǎozhí jiāoyì] (日)ヘッジ取引 (英)hedge transaction

套期保值会计 [tàoqī bǎozhí kuàijì] (日)ヘッジ会計 (英)hedge accounting

套期保值有效性 [tàoqī bǎozhí yǒuxiào xìng] (日)ヘッジの有効性 (英)hedge effectiveness

套期工具 [tàoqī gōngjù] (日)ヘッジ手段 (英)hedging instrument

套期工具展期 [tàoqī gōngjù zhǎnqī] (日)ロールオーバー (英)roll over

特别存款 [tèbié cúnkuǎn] (日)別段預金 (英)specified deposit

特别贡献奖 [tèbié gòngxiàn jiǎng] (日)特別貢献賞与 (英)special contribution bonus

特别股利 [tèbié gǔlì] (日)特別配当 (英)special dividend

特别津贴 [tèbié jīntiē] (日)特別手当 (英)special allowance

特别决议事项 [tèbié juéyì shìxiàng] (日)特別決議事項 (英)special resolution matters

特别纳税调整实施办法 [tèbié nàshuì tiáozhěng shíshī bànfǎ] (日)特別納税調整実施弁法 (英)implementation measures of special tax adjustments

特别清算 [tèbié qīngsuàn] (日)特別清算 (英)special liquidation

特别税务调整 [tèbié shuìwù tiáozhěng] (日)特別税務調整 (英)special tax adjustment

特别条款 [tèbié tiáokuǎn] (日)特別条項 (英)special clause

特别行政区 [tèbié xíngzhèng qū] (日)特別行政区 (英)special administrative region

特别折旧 [tèbié zhéjiù] (日)特別償却 (英)special depreciation

特点 [tèdiǎn] (日)特性 (英)characteristic

特定借款 [tèdìng jièkuǎn] (日)特定借入金 (英)special loans payable

特定外国子公司 [tèdìng wàiguó zǐ gōngsī] (日)特定外国子会社 (英)specific foreign subsidiaries

特惠税率 [tèhuì shuìlǜ] (日)特恵税率 (英)preferential tariff rate

特殊监管区域 [tèshū jiān guǎn qūyù] (日)特別監督区域 (英)special supervision area

特殊目的公司 [tèshū mùdì gōngsī] (日)特別目的会社 (英)special purpose company (SPC)

特殊目的主体 [tèshū mùdì zhǔtǐ] (日)特別目的事業体 (英)special purpose entity (SPE)

特殊普通合伙制 [tèshū pǔtōng héhuǒ zhì] (日)特殊普通パートナーシップ制 (英)special general partnership

特殊税务处理 [tèshū shuìwù chǔlǐ] (日)特殊税務処理 (英)special tax treatment

特许 [tèxǔ] (日)特許 (英)patent

特许经营 [tèxǔ jīngyíng] (日)フランチャイズ経営 (英)franchise management

特许权 [tèxǔ quán] (日)特許権 (英)patent right

特许权使用费所得 [tèxǔ quán shǐyòng fèi suǒdé] (日)ライセンス使用料所得 (英)license fee income

特许权所有人 [tèxǔ quán suǒyǒu rén] (日)特許権所有者 (英)patent owner

特种项目 [tèzhǒng xiàngmù] (日)特別項目 (英)special item

提高 [tígāo] (日)向上 (英)enhancement

提高关税 [tígāo guānshuì] (日)関税の引上げ (英)increase in tariff

提供的服务 [tígōng de fúwù] (日)提供したサービス (英)services rendered

提供服务 [tígōng fúwù] (日)サービスの提供 (英)provision of service

提供公司秘书服务的公司 [tígōng gōngsī mìshū fúwù de gōngsī] (日)会社秘書役務代行会社 (英)secretary service company

提供劳务 [tígōng láowù] (日)役務提供 (英)rendering of service

提供劳务所得 [tígōng láowù suǒdé] (日)役務提供所得 (英)income from redering of service

提货单 [tíhuò dān] 日 貨物引換証 英 bill of lading (B/L)

提款 [tíkuǎn] 日 引出 英 drawings

提前采用 [tíqián cǎiyòng] 日 早期適用 英 early adoption

提前偿付 [tíqián chángfù] 日 繰上償還 英 early repayment

提前偿付风险 [tíqián chángfù fēngxiǎn] 日 期限前償還リスク 英 early repayment risk

提前偿付权 [tíqián chángfùquán] 日 繰上償還権 英 early repayment right

提前还款 [tíqián huánkuǎn] 日 期限前償還 英 early repayment

提前退休比率 [tíqián tuìxiū bǐlǜ] 日 早期退職率 英 early retirement rate

提前征收 [tíqián zhēngshōu] 日 事前徴収 英 advance levy

提取职工奖励及福利基金 [tíqǔ zhígōng jiǎnglì jí fúlì jījīn] 日 従業員奨励及び福利基金積立 英 appropriation to employee bonus and welfare fund

替代成本 [tìdài chéngběn] 日 代替原価 英 alternate cost

替代程序 [tìdài chéngxù] 日 代替的手続 英 alternative procedure

天然资源 [tiānrán zīyuán] 日 天然資源 英 natural resources

条款 [tiáokuǎn] 日 条項 英 terms

条例 [tiáolì] 日 条例 英 regulations

条形码 [tiáoxíng mǎ] 日 バーコード 英 bar code

条形码阅读器 [tiáoxíng mǎ yuèdú qì] 日 バーコードリーダー 英 bar code reader

条约 [tiáoyuē] 日 条約 英 treaty

调控 [tiáokòng] 日 コントロール 英 control

调增税罚款 [tiáozēng shuì fákuǎn] 日 加算税 英 penalty additional tax

调整表 [tiáozhěng biǎo] 日 調整表 英 reconciliation sheet

调整分录 [tiáozhěng fēnlù] 日 修正仕訳 英 adjusting journal entries

调整后的每股净资产 [tiáozhěng hòu de měigǔ jìngzīchǎn] 日 調整後一株当たり純資産 英 adjusted net asset value per share

调整事项 [tiáozhěng shìxiàng] 日 調整事項 英 adjustment events

调制解调器 [tiáozhì jiětiáo qì] 日 モデム 英 modem

贴现利息 [tiēxiàn lìxī] 日 割引利息 英 discounted interest

贴现票据 [tiēxiàn piàojù] 日 割引手形 英 discounted note

贴现收入 [tiēxiàn shōurù] 日 受取割引料 英 discounted received

贴现手续费 [tiēxiàn shǒuxù fèi] 日 割引手数料 英 discounted commission

贴现债券 [tiēxiàn zhàiquàn] 日 割引債 英 discounted bond

贴息政策 [tiēxī zhèngcè] 日 利子補助政策 英 interest auxiliary policy

停工损失 [tíng gōng sǔnshī] 日 操業停止損失 英 shutdown loss

停征 [tíngzhēng] 日 徴収停止 英 termination of collection

停止营业 [tíngzhǐ yíngyè] 日 営業停止 英 suspension of business

停止资本化 [tíngzhǐ zīběn huà] 日 資産化の停止 英 cessation of capitalization

通关手续 [tōngguān shǒuxù] 日 税関手続 英 customs procedure

通过招股书发售 [tōngguò zhāogǔ shū fāshòu] 日 目論見書による売出し 英 offer by prospectus

通货紧缩 [tōnghuò jǐnsuō] 日 デフレ 英 deflation

通货膨胀 [tōnghuò péngzhàng] 日 インフレーション 英 inflation

通货膨胀率 [tōnghuò péngzhàng lǜ] 日 インフレ率 英 inflation rate

通信费 [tōngxìn fèi] 日 通信費 英 communication expense

通用串行总线 [tōngyòng chuànháng zǒngxiàn] 日 USB 英 universal serial bus (USB)

通用密钥密码术 [tōngyòng mìyào mìmǎ shù] 日 共通鍵暗号方式 英 common key cryptosystem

通胀风险 [tōngzhàng fēngxiǎn] 日 インフレリスク 英 inflation risk

通知存款 [tōngzhī cúnkuǎn] 日 通知預金 英 notice deposit

通知行 [tōngzhī háng] 日 通知銀行 英 advising bank

通知书 [tōngzhī shū] 日 通知書 英 notice

同行业盈利水平 [tóng hángyè yínglì shuǐpíng] 日 同業の利益水準 英 profit level among the same industry

同期资料 [tóngqī zīliào] 日 同時文書 英 contemporaneous documentation

同业拆借 [tóngyè chāijiè] 日 インターバンク借入金 英 inter-bank loans payable

同业拆款 [tóngyè chāikuǎn] 日 インターバンク貸出金 英 inter-bank loans receivable

同业拆入 [tóngyè chāirù] 日 コールマネー 英 money at call

同业存款 [tóngyè cúnkuǎn] 日 コールローン 英 call loan

同一控制 [tóngyī kòngzhì] 日 共通支配 英 common control

同一控制下的企业合并 [tóngyī kòngzhì xià de qǐyè hébìng] 日 共通支配下の企業結合 英 business combination under common control

统计 [tǒngjì] 日 統計 英 statistics

统计抽样 [tǒngjì chōuyàng] 日 統計的サンプリング 英 statistical sampling

统计局 [tǒngjì jú] 日 統計局 英 statistical bureau

统计数据 [tǒngjì shùjù] 日 統計データ 英 statistical data

统计选样 [tǒngjì xuǎnyàng] 日 統計的抽出法 英 statics sampling

统一发票 [tǒngyī fāpiào] 日 統一発票 英 unified invoice

统一字符编码 [tǒngyī zìfú biānmǎ] 日 ユニコード 英 Unicode

统一资源定位器 [tǒngyī zīyuán dìngwèi qì] 日 ユニフォームリソースロケーター 英 uniform resource locator (URL)

投保人 [tóubǎo rén] 日 保険契約者 英 policyholder

投标 [tóubiāo] 日 入札 英 bid

投标价格 [tóubiāo jiàgé] 日 入札価格 英 bidding price

投入资本 [tóurù zīběn] 日 資本投入 英 capital contribution

投注差 [tóuzhùchā] 日 投注差 英 the difference between investment and registered investment

投资 [tóuzī] 日 投資 英 investment

投资备案管理办法 [tóuzī bèi àn guǎnlǐ bànfǎ] 日 投資備案管理弁法 英 Administrative Measures for the Record Keeping of Investment

投资比例 [tóuzī bǐlì] 日 出資比率 英 investment proportion

投资成本 [tóuzī chéngběn] 日 投資原価 英 investment cost

投资额度 [tóuzī édù] 日 投資額 英 investment quota

投资分析 [tóuzī fēnxī] 日 投資分析 英 investment analysis

投资回报率 [tóuzī huíbào lǜ] 日 投資利益率 英 return on investment (ROI)

投资回收期法 [tóuzī huíshōu qī fǎ] 日 回収期間法 英 payback period method

投资活动 [tóuzī huódòng] 日 投資活動 英 investment activities

投资活动产生的现金流量 [tóuzī huódòng chǎnshēng de xiànjīn liúliàng] 日 投資活動によるキャッシュ・フロー 英 cash flows from investing activities

投资决策 [tóuzī juécè] 日 投資の意思決定 英 investment decision

投资可行性研究 [tóuzī kě xíng xìng yánjiū] 日 投資に関するフィージビリティスタディ 英 feasibility study of investment

投资评估技术 [tóuzī pínggū jìshù] 日 投資評価技術 英 investment appraisal technology

投资企业 [tóuzī qǐyè] 日 投資企業 英 investment enterprise

投资人 [tóuzī rén] 日 投資家 英 investor

投资审批权限 [tóuzī shěnpī quánxiàn] 日 投資認可権限 英 investment approval authority

投资收回 [tóuzī shōuhuí] 日 投資回収 英 investment return

投资收益 [tóuzī shōuyì] 日 投資収益 英 investment income

投资税收抵免 [tóuzī shuìshōu dǐmiǎn] 日 投資税額控除 英 investment tax credit

投资损失 [tóuzī sǔnshī] 日 投資損失 英 investment loss

投资所得 [tóuzī suǒdé] 日 投資所得 英 investment income

投资项目管理 [tóuzī xiàngmù guǎnlǐ] 日 投資プロジェクト管理 英 investment project management

投资型保险业务 [tóuzī xíng bǎoxiǎn yèwù] 日 投資型保険業務 英 investment-oriented insurance business

投资性房地产 [tóuzī xìng fángdìchǎn] 日 投資不動産 英 investment property

投资性公司 [tóuzī xìng gōngsī] 日 投資性公司 英 investment company

投资信托公司 [tóuzī xìntuō gōngsī] 日 投資信託会社 英 mutual fund company

投资业务组合 [tóuzī yèwù zǔhé] 日 投資事業組合 英 investment partnership

投资银行 [tóuzī yínháng] 日 投資銀行 英 investment bank

投资意向书 [tóuzī yìxiàng shū] 日 投資意向書 英 term sheet

投资优惠政策 [tóuzī yōuhuì zhèngcè] 日 投資に関する優遇政策 英 preferential policy of investment

投资有价证券 [tóuzī yōujià zhèngquàn] 日 投資有価証券 英 investment securities

投资账户 [tóuzī zhànghù] 日 投資口座 英 investment account

投资中心 [tóuzī zhōngxīn] 日 投資センター 英 investment center

投资周转率 [tóuzī zhōuzhuǎn lǜ] 日 投資回転率 英 turnover of investment

投资主体 [tóuzī zhǔtǐ] 日 投資性主体 英 investment entity

投资资产 [tóuzī zīchǎn] 日 投資資産 英 investment assets

投资咨询 [tóuzī zīxún] 日 投資コンサルティング 英 investment consulting

投资总额 [tóuzī zǒng é] 日 投資総額 英 total investment amount

透支 [tòuzhī] 日 借り越し 英 overdraft

屠宰税 [túzǎi shuì] 日 屠殺税 英 slaughtering tax

土地出让金 [tǔdì chūràng jīn] 日 土地払下げ金 英 land disposal fee

土地复垦费 [tǔdì fùkěn fèi] 日 土地の復旧費 英 land rehabilitation expense

土地管理局 [tǔdì guǎnlǐjú] 日 土地管理局 英 bureau of land management

土地使用费 [tǔdì shǐyòng fèi] 日 土地使用費 英 land occupancy charge

土地使用年限 [tǔdì shǐyòng niánxiàn] 日 土地使用年限 英 land use term

土地使用权 [tǔdì shǐyòng quán] 日 土地使用権 英 land use right

土地使用权证书 [tǔdì shǐyòng quán zhèngshū] 日 土地使用権証書 英 land use right certificate

土地使用权转让合同 [tǔdì shǐyòng quán zhuǎnràng hétóng] 日 土地使用権譲渡契約書 英 land use right sales agreement

土地使用条件 [tǔdì shǐyòng tiáojiàn] 日 土地の使用条件 英 land use conditions

土地所有权 [tǔdì suǒyǒu quán] 日 土地所有権 英 land ownership

土地用途管制 [tǔdì yòngtú guǎnzhì] 日 土地用途規制 英 land use restriction

土地增值税 [tǔdì zēngzhí shuì] 日 土地増値税 英 land value added tax

土地征用费 [tǔdì zhēngyòng fèi] 日 土地収用費用 英 land expropriation expense

土地租金收入 [tǔdì zūjīn shōurù] 日 受取地代 英 land rent

推定股息 [tuīdìng gǔxī] 日 推定配当 英 constructive dividend

推定课税 [tuīdìng kèshuì] 日 シークレットコンパラブル 英 secret comparable

推定利润 [tuīdìng lìrùn] 日 推定利益 英 presumptive income

推定利润征税 [tuīdìng lìrùn zhēngshuì] 日 推定利益課税 英 presumptive profit taxation

推定义务 [tuīdìng yìwù] 日 推定債務 英 constructive obligation

推断误差 [tuīduàn wùchā] 日 推定誤謬 英 constructive error

退保金 [tuìbǎo jīn] 日 保険解約返戻金 英 surrender value of insurance

退出系统 [tuìchū xìtǒng] 日 ログアウト 英 logout

退关 [tuìguān] 日 輸出通関の取消 英 cancellation of export clearance

退还 [tuìhuán] 日 還付 英 refund

退货 [tuìhuò] 日 返品 英 return

退伙 [tuìhuǒ] 日 パートナーの脱退 英 withdraw from partnership

退货单 [tuìhuò dān] 日 返品リスト 英 return form

退市 [tuìshì] 日 上場廃止 英 delisting

退税 [tuìshuì] 日 税金還付 英 tax refund

退税率 [tuìshuì lǜ] 🗾 還付率 🇬🇧 tax refund rate

退税申请 [tuìshuì shēnqǐng] 🗾 還付申告 🇬🇧 application for tax refund

退税政策 [tuìshuì zhèngcè] 🗾 税還付政策 🇬🇧 tax refund policy

退休金 [tuìxiū jīn] 🗾 退職金 🇬🇧 retirement pay

退休金费用 [tuìxiū jīn fèiyòng] 🗾 年金費用 🇬🇧 pension expense

退休金收入 [tuìxiū jīn shōurù] 🗾 退職所得 🇬🇧 retirement income

退休津贴 [tuìxiū jīntiē] 🗾 退職手当 🇬🇧 retirement allowance

退休年金 [tuìxiū niánjīn] 🗾 退職年金 🇬🇧 retirement pension

退职费用 [tuìzhí fèiyòng] 🗾 退職費用 🇬🇧 severance cost

托管人资格 [tuōguǎn rén zīgé] 🗾 受託管理者資格 🇬🇧 trustee qualification

托收 [tuōshōu] 🗾 取立て 🇬🇧 collection

托收承付方式 [tuōshōu chéngfù fāngshì] 🗾 銀行取立決済方式 🇬🇧 bank settlement system

托收通知 [tuōshōu tōngzhī] 🗾 取立通知 🇬🇧 notification of collection

托运物资 [tuōyùn wùzī] 🗾 積送品 🇬🇧 consignment out

拖放 [tuōfàng] 🗾 ドラッグアンドドロップ 🇬🇧 drag-and-drop

W

外包 [wàibāo] 🗾 外注 🇬🇧 outsourcing

外包服务 [wàibāo fúwù] 🗾 アウトソーシングサービス 🇬🇧 outsourcing service

外包服务产业 [wàibāo fúwù chǎnyè] 🗾 アウトソーシングサービス産業 🇬🇧 outsourcing service industry

外保内贷 [wàibǎo nèidài] 🗾 国外担保・国内貸付 🇬🇧 offshore guarantees for onshore loans

外币 [wài bì] 🗾 外貨 🇬🇧 foreign currency

外币财务报表 [wàibì cáiwù bàobiǎo] 🗾 外貨建財務諸表 🇬🇧 foreign currency denominated financial statement

外币存款 [wàibì cúnkuǎn] 🗾 外貨預金 🇬🇧 foreign currency deposit

外币兑换 [wàibì duìhuàn] 🗾 外貨両替 🇬🇧 foreign currency exchange

外币换算调整 [wàibì huànsuàn tiáozhěng] 🗾 為替換算調整勘定 🇬🇧 foreign currency translation adjustment

外币汇兑调整 [wàibì huìduì tiáozhěng] 🗾 外貨換算調整 🇬🇧 foreign currency translation adjustments

外币交易 [wàibì jiāoyì] 🗾 外貨建取引 🇬🇧 foreign currency transaction

外币计价 [wàibì jìjià] 🗾 外貨建て 🇬🇧 denominated in foreign currency

外币业务 [wàibì yèwù] 🗾 外貨業務 🇬🇧 foreign currency business

外币账户检查 [wàibì zhànghù jiǎnchá] 🗾 外貨検査 🇬🇧 foreign exchange inspection

外币折算 [wàibì zhésuàn] 🗾 外貨換算 🇬🇧 foreign currency translation

外币资本金检查 [wàibì zīběnjīn jiǎnchá] 🗾 外貨資本金検査 🇬🇧 foreign currency capital verification

外埠存款 [wàibù cúnkuǎn] 🗾 他地域預金 🇬🇧 other regions deposit

外部可比交易 [wàibù kěbǐ jiāoyì] 🗾 外部比較可能取引 🇬🇧 external comparable transaction

外部审计 [wàibù shěnjì] 🗾 外部監査 🇬🇧 external audit

外部审计师 [wàibù shěnjìshī] 🗾 外部監査人 🇬🇧 external auditor

外部审计制度 [wàibù shěnjì zhìdù] 🗾 外部監査制度 🇬🇧 external audit system

外部证据资料 [wàibù zhèngjù zīliào] 🗾 外部証拠資料 🇬🇧 external evidence

外部资金 [wàibù zījīn] 🗾 外部資金 🇬🇧 external funding

外订加工费 [wàidìng jiāgōng fèi] 🗾 外注加工費 🇬🇧 processing cost paid to sub-contractors

外订加工业务 [wàidìng jiāgōng yèwù] 🗾 外注加工業務 🇬🇧 subcontract processing

外购部件 [wàigòu bùjiàn] 🗾 外部購入品 🇬🇧 bought-in goods

外购软件包 [wàigòu ruǎnjiàn bāo] 🗾 パッケージソフトウェア 🇬🇧 packaged software

外国法人 [wàiguó fǎrén] 🗾 外国法人 🇬🇧 foreign legal entity

外国公司分支机构 [wàiguó gōngsī fēnzhī jīgòu] 日 外国企業の支店 英 branch of foreign enterprise

外国合营者 [wàiguó héyíng zhě] 日 外国側パートナー 英 foreign partner

外国金融机构 [wàiguó jīnróng jīgòu] 日 外資系金融機関 英 foreign financial institutions

外国企业 [wàiguó qǐyè] 日 外国企業 英 foreign enterprise

外国企业常驻代表机构 [wàiguó qǐyè chángzhù dàibiǎo jīgòu] 日 外国企業常駐代表機構 英 resident representative offices of foreign enterprises

外国企业的机构 [wàiguó qǐyè de jīgòu] 日 外国企業の機構 英 institution of foreign enterprise

外国企业劳动服务公司 [wàiguó qǐyè láodòng fúwù gōngsī] 日 外国企業労働サービス会社 英 Foreign Enterprises Service Corporation (FESCO)

外国人居留证 [wàiguó rén jūliú zhèng] 日 外国人居留証 英 resident card for foreigner

外国人签证管理制度 [wàiguó rén qiānzhèng guǎnlǐ zhìdù] 日 外国人ビザ制度 英 visa system for foreigner

外国投资者 [wàiguó tóuzī zhě] 日 外国投資者 英 foreign investor

外国投资者账户 [wàiguó tóuzī zhě zhànghù] 日 外国投資者口座 英 account of foreign investor

外国政府贷款 [wàiguó zhèngfǔ dàikuǎn] 日 外国政府ローン 英 loan from foreign government

外国政府借款 [wàiguó zhèngfǔ jièkuǎn] 日 外国政府借款 英 loans payable from foreign government

外国直接投资 [wàiguó zhíjiē tóuzī] 日 外国直接投資 英 foreign direct investment (FDI)

外国专业投资机构到境内投资的资格认定制度 [wàiguó zhuānyè tóuzī jīgòu dào jìngnèi tóuzī de zīgé rèndìng zhìdù] 日 QFII 制度 英 Qualified Foreign Institutional Investors (QFII) program

外汇 [wàihuì] 日 外国為替 英 foreign exchange

外汇登记证 [wàihuì dēngjì zhèng] 日 外貨登記証 英 foreign exchange registration certificate

外汇兑换手续费 [wàihuì duìhuàn shǒuxù fèi] 日 為替手数料 英 commission on foreign exchange

外汇风险 [wàihuì fēngxiǎn] 日 為替リスク 英 foreign exchange risk

外汇管理 [wàihuì guǎnlǐ] 日 外貨管理 英 foreign currency management

外汇管理局 [wàihuì guǎnlǐ jú] 日 外貨管理局 英 State Administration of Foreign Exchange

外汇管理条例 [wàihuì guǎnlǐ tiáolì] 日 外貨管理条例 英 Regulations on the Foreign Exchange System

外汇管理制度 [wàihuì guǎnlǐ zhìdù] 日 為替管理制度 英 foreign exchange management system

外汇行市 [wàihuì hángshì] 日 為替相場 英 foreign exchange rate

外汇汇款需提供的完税证明 [wàihuì huìkuǎn xū tígōng de wánshuì zhèngmíng] 日 外貨送金納税証明 英 proof of tax payment for foreign currency remittance

外汇汇率 [wàihuì huìlǜ] 日 外国為替レート 英 foreign exchange rate

外汇交易 [wàihuì jiāoyì] 日 為替取引 英 foreign exchange transaction

外汇结算 [wàihuì jiésuàn] 日 外国為替決済 英 foreign exchange settlement

外汇买入价 [wàihuì mǎirù jià] 日 外貨購入価格 英 foreign currency buying rate

外汇年度检查 [wàihuì niándù jiǎnchá] 日 外貨年度検査 英 foreign exchange annual inspection

外汇牌价 [wàihuì páijià] 日 為替レート 英 exchange rate

外汇市场 [wàihuì shìchǎng] 日 外国為替市場 英 foreign exchange market

外汇市场交易 [wàihuì shìchǎng jiāoyì] 日 外国為替市場取引 英 foreign exchange market trade

外汇收支 [wàihuì shōuzhī] 日 外貨収支 英 foreign exchange income and expenditure

外汇收支交易申报书 [wàihuì shōuzhī jiāoyì shēnbào shū] 日 外国為替収支取引申告書 英 transaction declaration of foreign exchange income and expenditure

外汇账户 [wàihuì zhànghù] 日 外貨口座 英 foreign currency account

外汇指定银行 [wàihuì zhǐdìng yínháng] 日 外貨指定銀行 英 authorized foreign currency exchange (FX) bank

外汇资金涌入 [wàihuì zījīn yǒngrù] 日 外貨資金プーリング 英 foreign currency fund pooling

外加程序 [wàijiā chéngxù] 日 追加開発プログラム 英 add-in program

外交部 [wàijiāo bù] 日 外務省 英 Ministry of Foreign Affairs

外籍人员 [wàijí rényuán] 日 外国籍人员 英 individual of foreign nationality

外商参股基金管理公司 [wàishāng cān gǔ jījīn guǎnlǐ gōngsī] 日 外商投資ファンド管理会社 英 foreign owned fund management company

外商独资企业 [wàishāng dúzī qǐyè] 日 外商独資企業 英 wholly foreign-owned enterprise (WFOE)

外商投资出口采购中心 [wàishāng tóuzī chūkǒu cǎigòu zhōngxīn] 日 外商投資輸出買付センター 英 foreign owned export procurement center

外商投资方向指导规定 [wàishāng tóuzī fāngxiàng zhǐdǎo guīdìng] 日 外商投資方向指導規定 英 provisions on guiding the orientation of foreign investment

外商投资企业 [wàishāng tóuzī qǐyè] 日 外商投資企業 英 foreign owned enterprise

外商投资企业服务机构 [wàishāng tóuzī qǐyè fúwù jīgòu] 日 外商投資企業サービス機構 英 foreign owned enterprise service organization

外商投资企业批准证书 [wàishāng tóuzī qǐyè pīzhǔn zhèngshū] 日 外商投資企業認可証書 英 foreign owned enterprise permission

外商投资商业企业 [wàishāng tóuzī shāngyè qǐyè] 日 外商投資商業企業 英 foreign invested commercial enterprise

外商投资项目 [wàishāng tóuzī xiàngmù] 日 外商投資プロジェクト 英 foreign investment project

外商投资项目核准文件 [wàishāng tóuzī xiàngmù hézhǔn wénjiàn] 日 外商投資プロジェクト承認書 英 foreign investment project certificate

外商投资性公司 [wàishāng tóuzī xìng gōngsī] 日 外商投資性公司 英 foreign owned holding company

外商投资研究开发中心 [wàishāng tóuzī yánjiū kāifā zhōngxīn] 日 外商投資研究開発センター 英 foreign owned research and development center

外商投资租赁公司 [wàishāng tóuzī zūlìn gōngsī] 日 外商投資リース会社 英 foreign owned lease company

外商直接投资 [wàishāng zhíjiē tóuzī] 日 外商直接投資 英 direct investment by foreign enterprise

外债 [wàizhài] 日 外債 英 foreign loan

外债偿还 [wàizhài chánghuán] 日 国外債務の償還 英 repayment of foreign debt

外债登记 [wàizhài dēngjì] 日 対外債務登記 英 foreign debt registration

外债登记管理操作指引 [wàizhài dēngjì guǎnlǐ cāozuò zhǐyǐn] 日 外債登記管理操作ガイドライン 英 guidelines of the administration for registration of foreign loan

外债登记证 [wàizhài dēngjì zhèng] 日 外債登記証 英 registration license of foreign loan

外债管理 [wàizhài guǎnlǐ] 日 国外債務管理 英 foreign debt management

外债管理部门 [wàizhài guǎnlǐ bùmén] 日 国外債務の管理部門 英 foreign debts management department

外资并购 [wàizī bìnggòu] 日 外国資本による合併 英 merger and acquisition by foreign capital

外资股 [wàizī gǔ] 日 外資株 英 foreign capital stock

外资企业 [wàizī qǐyè] 日 外資企業 英 foreign-owned enterprise

外资研发中心 [wàizī yánfā zhōngxīn] 日 外資研究開発センター 英 foreign-owned research and development center

外资银行 [wàizī yínháng] 日 外資系銀行 英 foreign bank

外资准入 [wàizī zhǔnrù] 日 外資参入 英 foreign capital participation

完成劳务标准 [wánchéng láowù biāozhǔn] 日 役務完了基準 英 completion of service basis

完工百分比 [wángōng bǎifēnbǐ] 日 進捗度 英 percentage of completion

完工百分比法 [wángōng bǎifēnbǐ fǎ] 日 工事進行基準 英 percentage-of-completion method

完工工程 [wángōng gōngchéng] 日 完成工事 英 completed work

完工合同法 [wángōng hétóng fǎ] 日 工事完成基準 英 completed-contract method

完工进度 [wángōng jìndù] 日 工事進捗度 英 progress of construction

完工通知单 [wángōng tōngzhī dān] 日 完成工事通知書 英 completion report

完税价格办法 [wánshuì jiàgé bànfǎ] 日 課税価格弁法 英 dutiable value measure

完税证明 [wánshuì zhèngmíng] 日 納税証明書 英 tax payment certificate

完整性 [wánzhěng xìng] 日 完全性 英 completeness

万亿字节 [wànyì zìjié] 日 テラバイト 英 terabyte (TB)

网点 [wǎngdiǎn] 日 拠点網 英 branch network

网络 [wǎngluò] 日 ネットワーク 英 network

网络适配器 [wǎngluò shìpèi qì] 日 ネットワークアダプタ 英 network adapter

网络销售 [wǎngluò xiāoshòu] 日 ネット販売 英 internet sales

网上纳税申报 [wǎngshàng nàshuì shēnbào] 日 オンライン税務申告 英 online tax declaration

网上委托系统 [wǎngshàng wěituō xìtǒng] 日 オンライン委託システム 英 online commissioning system

网上委托业务 [wǎngshàng wěituō yèwù] 日 オンライン委託業務 英 online commissioning operation

网上银行 [wǎngshàng yínháng] 日 ネットバンキング 英 internet banking

网上在线登记 [wǎngshàng zàixiàn dēngjì] 日 オンライン登録 英 online registration

网上证券委托 [wǎngshàng zhèngquàn wěituō] 日 オンライン証券委託 英 online securities commissioning

网页浏览器 [wǎngyè liúlǎn qì] 日 ウェブブラウザ 英 web browser

网站 [wǎngzhàn] 日 ウェブサイト 英 websites

往来港澳通行证 [wǎnglái gǎngào tōngxíng zhèng] 日 香港マカオ通行証 英 Hong Kong Macau pass

危机管理 [wēijī guǎnlǐ] 日 危機管理 英 crisis management

微观经济 [wēiguān jīngjì] 日 ミクロ経済 英 micro-economy

微观经济分析 [wēiguān jīngjì fēnxī] 日 ミクロ経済分析 英 micro-economy analysis

违法交易 [wéifǎ jiāoyì] 日 違法取引 英 illicit transaction

违反合同 [wéifǎn hétóng] 日 契約違反 英 breach of contract

违反信息披露原则 [wéifǎn xìnxī pīlù yuánzé] 日 情報開示違反 英 breach of the duty to disclose information

违法行为 [wéifǎ xíngwéi] 日 違法行為 英 illegal practices

违约风险 [wéiyuē fēngxiǎn] 日 デフォルトリスク 英 default risk

违约金 [wéiyuē jīn] 日 違約金 英 penalty

违约责任 [wéiyuē zérèn] 日 違約責任 英 liability for breach of contract

维护 [wéihù] 日 メンテナンス 英 maintenance

维护费 [wéihù fèi] 日 維持費 英 maintenance fee

伪造 [wěizào] 日 偽造 英 counterfeit

委派书 [wěipài shū] 日 委任状 英 proxy letter

委托 [wěituō] 日 委託 英 consignment

委托贷款 [wěituō dàikuǎn] 日 委託貸付 英 entrusted loan

委托代销商品 [wěituō dàixiāo shāngpǐn] 日 委託代理販売商品 英 item on consignment

委托调查 [wěituō diàochá] 日 委託調査 英 entrusted investigation

委托公司 [wěituō gōngsī] 日 委託会社 英 consignor

委托加工 [wěituō jiāgōng] 日 委託加工 英 processing on commission

委托经营管理 [wěituō jīngyíng guǎnlǐ] 日 委託経営管理 英 entrusted operation

委托理财 [wěituō lǐcái] 日 財産信託 英 property trust

委托人 [wěituō rén] 日 委託者 英 consignor

委托授权书 [wěituō shòuquán shū] 日 委託授権書 英 letter of authorization

委托销售 [wěituō xiāoshòu] 日 委託販売 英 consignment sales

委托征收税款 [wěituō zhēngshōu shuìkuǎn] 日 税金の委託徴収 英 tax commission levy

委托资产管理 [wěituō zīchǎn guǎnlǐ] 日 委託資産運用 英 entrusted asset management

委托租赁 [wěituō zūlìn] 日 委託リース 英 entrusted lease

未偿贷款 [wèicháng dàikuǎn] 日 未完済ローン 英 outstanding loan

未偿还数额 [wèi chánghuán shùé] 日 未決済金額 英 outstanding amount

未担保余值 [wèi dānbǎo yúzhí] 日 無保証残存価値 英 unguaranteed residual value

未到期费用 [wèi dàoqī fèiyòng] 日 未経過費用 英 accrued expense

未到期利息 [wèi dàoqī lìxī] 日 未経過利息 英 accrued interest

未抵扣增值税进项税额 [wèi dǐkòu zēngzhí shuì jìnxiàng shuì é] 日 未控除仕入増値税額 英 non-deducted input value added tax (VAT)

未兑付支票 [wèi duìfù zhīpiào] 日 未払小切手 英 outstanding check

未分配利润 [wèi fēnpèi lìrùn] 日 未処分利益

[英] retained earnings

未付账款 [wèifù zhàngkuǎn] [日] 未払勘定 [英] outstanding accounts

未缴或者少缴税款 [wèijiǎo huòzhě shǎojiāo shuìkuǎn] [日] 税金未納過少納付 [英] unpaid or under-payment of tax

未尽事项 [wèijìn shìxiàng] [日] 契約上未記載事項 [英] terms and conditions not stated on the contract

未决赔款准备金 [wèi juépéi kuǎn zhǔnbèi jīn] [日] 支払準備金 [英] reserve for outstanding losses

未决诉讼 [wèijué sùsòng] [日] 未解決訴訟 [英] outstanding legal claim

未来的营业亏损 [wèilái de yíngyè kuīsǔn] [日] 将来の営業損失 [英] future operating losses

未来价值 [wèilái jiàzhí] [日] 将来価値 [英] future value

未来年度 [wèilái niándù] [日] 将来年度 [英] future years

未来适用法 [wèilái shìyòng fǎ] [日] 将来適用法 [英] prospective application method

未来收益能力 [wèilái shōuyì nénglì] [日] 将来収益力 [英] future profitability

未来现金流量 [wèilái xiànjīn liúliàng] [日] 将来キャッシュ・フロー [英] future cash flow

未来现金流量折现法 [wèilái xiànjīn liúliàng zhéxiàn fǎ] [日] 将来キャッシュ・フロー割引現価法 [英] future cash flow discounted present value method

未利用地 [wèi lìyòng dì] [日] 未使用土地 [英] unused land

未平仓合约 [wèi píngcāng héyuē] [日] オープンポジション契約 [英] open position contract

未确认融资费用 [wèi quèrèn róngzī fèiyòng] [日] 未認識融資費用 [英] unrecognized financing expense

未上市股票 [wèi shàngshì gǔpiào] [日] 未上場株 [英] unlisted share

未实现利润 [wèi shíxiàn lìrùn] [日] 未実現利益 [英] unrealized profit

未实现内部销售利润 [wèi shíxiàn nèibù xiāoshòu lìrùn] [日] 未実現内部販売利益 [英] unrealized profit of inter-group sale

未实现融资收益 [wèi shíxiàn róngzī shōuyì] [日] 未実貸付収益 [英] unrealized financial income

未实现收入 [wèi shíxiàn shōurù] [日] 未実現収入 [英] unrealized revenue

未实现损益 [wèi shíxiàn sǔnyì] [日] 未実現損益 [英] unrealized gain and loss

未摊销 [wèi tānxiāo] [日] 未償却 [英] unamortized

未摊销余额 [wèi tānxiāo yúé] [日] 未償却残高 [英] unamortized balance

未折现现金流量 [wèi zhéxiàn xiànjīn liúliàng] [日] 割引前キャッシュ・フロー [英] undiscounted cash flows

文本文件 [wénběn wénjiàn] [日] テキストファイル [英] text file

文档 [wéndàng] [日] 文書化 [英] documentation

文件 [wénjiàn] [日] ファイル [英] file

文件编号 [wénjiàn biānhào] [日] 書類番号 [英] document number

文件传输协议 [wénjiàn chuánshū xiéyì] [日] ファイル転送プロトコル [英] file transfer protocol (FTP)

文件名称 [wénjiàn míngchēng] [日] 書類名称 [英] document title

稳健性原则 [wěnjiàn xìng yuánzé] [日] 保守主義の原則 [英] conservatism principle

问题检索系统 [wèntí jiǎnsuǒ xìtǒng] [日] 問題検索システム [英] problem search system

无保留结论 [wú bǎoliú jiélùn] [日] 無限定結論 [英] unqualified opinion

无保留意见 [wú bǎoliú yìjiàn] [日] 無限定適正意見 [英] unqualified opinion

无保留意见的审计报告 [wú bǎoliú yìjiàn de shěnjì bàogào] [日] 無限定適正監査意見 [英] unqualified audit report

无表决权股份 [wú biǎojuéquán gǔfèn] [日] 無議決権株式 [英] non-voting share

无偿转让 [wúcháng zhuǎnràng] [日] 無償譲渡 [英] gratuitously transfer

无担保贷款 [wú dānbǎo dàikuǎn] [日] 無担保貸付金 [英] unsecured loans

无风险收益率 [wú fēngxiǎn shōuyì lǜ] [日] 無リスク金利 [英] risk free rate

无固定期限劳动合同 [wú gùdìng qīxiàn láodòng hétóng] [日] 無固定期限労働契約 [英] non-fixed term labor contract

无记名公司债券 [wú jìmíng gōngsī zhàiquàn] [日] 無記名社債 [英] bearer debt

无记名股票 [wú jìmíng gǔpiào] [日] 無記名株式 [英] bearer stock

无记名债券 [wú jìmíng zhàiquàn] [日] 無記名債券 [英] bearer bond

无面值股票 [wú miànzhí gǔpiào] 日 無額面株式 英 no par value share

无限纳税义务人 [wúxiàn nàshuì yìwù rén] 日 無制限納税義務者 英 unlimited tax payer

无线网络 [wúxiàn wǎngluò] 日 Wi-Fi 英 wireless fidelity (Wi-Fi)

无限责任 [wúxiàn zérèn] 日 無限責任 英 unlimited liability

无限责任公司 [wúxiàn zérèn gōngsī] 日 合名会社 英 unlimited company

无效合同 [wúxiào hétóng] 日 無効な契約 英 void contract

无息贷款 [wúxī dàikuǎn] 日 無利子融資 英 interest-free loans

无形资产 [wúxíng zīchǎn] 日 無形資産 英 intangible assets

无形资产的减值 [wúxíng zīchǎn de jiǎnzhí] 日 無形資産の減損 英 impairment of intangible assets

无形资产的摊销 [wúxíng zīchǎn de tānxiāo] 日 無形資産の償却 英 amortization of intangible assets

无形资产减值准备 [wúxíng zīchǎn jiǎnzhí zhǔnbèi] 日 無形資産減損損失引当金 英 allowance for impairment loss of intangible assets

无息债务 [wúxī zhàiwù] 日 無利息債務 英 interest-free liabilities

无纸化海关申报 [wúzhǐ huà hǎiguān shēnbào] 日 ペーパーレス税関申告 英 paperless customs clearance

无追索权贷款 [wú zhuīsuǒ quán dàikuǎn] 日 ノンリコースローン 英 non-recourse loan

五免五减 [wǔmiǎn wǔjiǎn] 日 五免五減 英 5-year exemption and 5-year half rate

五五摊销法 [wǔwǔ tānxiāo fǎ] 日 五五償却法 英 fifty percent amortization method

舞弊 [wǔbì] 日 不正 英 fraud

舞弊的种类 [wǔbì de zhǒnglèi] 日 不正の種類 英 kinds of fraud

舞弊调查 [wǔbì diàochá] 日 不正調査 英 fraud investigation

舞弊风险 [wǔbì fēngxiǎn] 日 不正リスク 英 fraud risk

舞弊三角论 [wǔbì sānjiǎo lùn] 日 不正のトライアングル 英 the fraud triangle

物价 [wùjià] 日 物価 英 commodity price

物价变动 [wùjià biàndòng] 日 物価動向 英 price trend

物价变动会计 [wùjià biàndòng kuàijì] 日 物価変動会計 英 price-level changes accounting

物价上升比率 [wùjià shàngshēng bǐlǜ] 日 物価上昇率 英 price increase rate

物价水平 [wùjià shuǐpíng] 日 物価水準 英 price level

物价指数 [wùjià zhǐshù] 日 物価指数 英 price index

物料消耗 [wùliào xiāohào] 日 物品材料消耗 英 material consumption

物流 [wùliú] 日 物流 英 logistics

物流成本 [wùliú chéngběn] 日 ロジスティックスコスト 英 logistics cost

物流管理 [wùliú guǎnlǐ] 日 ロジスティックスマネジメント 英 logistics management

物流管理系统 [wùliú guǎnlǐ xìtǒng] 日 物流管理システム 英 logistics management system

物流企业 [wùliú qǐyè] 日 物流企業 英 logistics enterprise

物流信息 [wùliú xìnxī] 日 ロジスティックス情報 英 logistics information

物流园区 [wùliú yuánqū] 日 物流園区 英 logistics park

物流中心 [wùliú zhōngxīn] 日 物流センター 英 logistics center

物资采购 [wùzī cǎigòu] 日 物資仕入 英 materials purchasing

误餐补助 [wùcān bǔzhù] 日 食事手当 英 meal allowance

误差率 [wùchā lǜ] 日 誤謬率 英 error rate

X

吸收合并 [xīshōu hébìng] 日 吸収合併 英 merger by absorption

吸引 [xīyǐn] 日 誘致 英 attraction

洗钱 [xǐqián] 日 マネーロンダリング 英 money laundering

稀释 [xīshì] 日 希薄化 英 dilution

稀释程度 [xīshì chéngdù] 日 希薄化効果 英 dilutive effect

稀释每股收益 [xīshì měigǔ shōuyì] 日 希薄化後一株当たり利益 英 diluted earnings per share (EPS)

系统 [xìtǒng] 日 システム 英 system

系统崩溃 [xìtǒng bēngkuì] 日 クラッシュ 英 crash

系统管理员 [xìtǒng guǎn lǐ yuán] 日 システム管理者 英 system administrator

系统集成 [xìtǒng jíchéng] 日 システムインテグレーション 英 system integration

系统控制 [xìtǒng kòngzhì] 日 システムコントロール 英 system control

系统选样 [xìtǒng xuǎnyàng] 日 系统的抽出方法 英 systematic sampling

系统运行 [xìtǒng yùnxíng] 日 システム運用 英 system operation

系统帐户 [xìtǒng zhànghù] 日 アカウント 英 account

西部大开发 [xībù dà kāifā] 日 西部大開発 英 western development

西部大开发税收优惠政策 [xībù dà kāifā shuìshōu yōuhuì zhèngcè] 日 西部地区優遇政策 英 preferential policy of western district

细节测试 [xìjié cèshì] 日 詳細手続 英 detail substantive procedures

下半年 [xià bànnián] 日 下半期 英 second half year

下跌 [xiàdiē] 日 下落する 英 fall

下岗 [xiàgǎng] 日 レイオフ 英 layoff

下调利率 [xiàtiáo lìlǜ] 日 金利引き下げ 英 lowering interest rate

下游 [xiàyóu] 日 ダウンストリーム 英 downstream

下游产业 [xiàyóu chǎnyè] 日 川下産業 英 downstream industry

先进技术企业 [xiānjìn jìshù qǐyè] 日 先進技術企業 英 advanced technology enterprise

先进先出法 [xiānjìn xiānchū fǎ] 日 先入先出法 英 first-in-first-out method (FIFO)

先行回收投资 [xiānxíng huíshōu tóuzī] 日 投資の先行回収 英 advance recovery of investment

先征后退 [xiānzhēng hòutuì] 日 先納付後還付 英 refund after collection

闲置设备 [xiánzhì shèbèi] 日 遊休設備 英 idle equipment

闲置生产能力 [xiánzhì shēngchǎn nénglì] 日 遊休生産能力 英 idle production capacity

闲置土地 [xiánzhì tǔdì] 日 遊休土地 英 idle land

闲置资产 [xiánzhì zīchǎn] 日 遊休資産 英 idle assets

显示器 [xiǎnshì qì] 日 ディスプレイ 英 display

现场查验 [xiànchǎng cháyàn] 日 現場検証 英 on-site inspection

现场调查 [xiànchǎng diàochá] 日 現場調査 英 field survey

现场稽核 [xiànchǎng jīhé] 日 現場検査 英 on-site examination

现场实施 [xiànchǎng shíshī] 日 現場作業 英 fieldwork

现代服务 [xiàndài fúwù] 日 現代サービス 英 modern service

现货交易 [xiànhuò jiāoyì] 日 現物取引 英 spot transactions

现价 [xiànjià] 日 時価 英 market value

现金 [xiànjīn] 日 現金 英 cash

现金比率 [xiànjīn bǐ lǜ] 日 現金比率 英 cash ratio

现金产出单元 [xiànjīn chǎnchū dānyuán] 日 資金生成単位 英 cash-generating unit

现金等价物 [xiànjīn děngjià wù] 日 現金等価物 英 cash equivalent

现金短缺 [xiànjīn duǎnquē] 日 現金不足 英 cash shortage

现金购买 [xiànjīn gòumǎi] 日 現金購入 英 cash purchase

现金管理系统 [xiànjīn guǎnlǐ xìtǒng] 日 キャッシュマネジメントシステム 英 cash management system (CMS)

现金股利 [xiànjīn gǔlì] 日 現金配当 英 cash dividend

现金和银行存款 [xiànjīn hé yínháng cúnkuǎn] 日 現預金 英 cash and bank deposits

现金交易 [xiànjīn jiāoyì] 日 現金取引 英 cash transactions

现金价值 [xiànjīn jiàzhí] 日 現金価値 英 cash value

现金结算 [xiànjīn jiésuàn] 日 現金決済 英 cash settlement

现金结算的股份支付 [xiànjīn jiésuàn de gǔfèn zhīfù] 日 現金決済型ストック・オプション 英 cash settled stock option

现金及现金等价物 [xiànjīn jí xiànjīn děngjià wù] 日 現金及び現金同等物 英 cash and cash equivalents

现金流量 [xiànjīn liúliàng] 日 キャッシュ・フロー

现金流量表 [xiànjīn liúliàng biǎo] 日 キャッシュ・フロー計算書 英 cash flow statements

现金流量净额 [xiànjīn liúliàng jìng é] 日 キャッシュ・フロー純額 英 net cash flow

现金流量套期 [xiànjīn liúliàng tàoqī] 日 キャッシュ・フローヘッジ 英 cash flow hedge

现金流压力 [xiànjīn liú yālì] 日 キャッシュ・フロー負担 英 cash flow pressure

现金盘点表 [xiànjīn pándiǎn biǎo] 日 現金実査表 英 cash count report

现金日记账 [xiànjīn rìjì zhàng] 日 現金出納帳 英 cash book

现金收入 [xiànjīn shōurù] 日 現金収入 英 cash income

现金销售 [xiànjīn xiāoshòu] 日 現金販売 英 cash sales

现金溢缺 [xiànjīn yìquē] 日 現金過不足 英 cash overage and shortage

现金溢余 [xiànjīn yìyú] 日 剰余現金 英 surplus cash

现金余额 [xiànjīn yú é] 日 資金残高 英 cash balance

现金预算 [xiànjīn yùsuàn] 日 現金予算 英 cash budget

现金账户 [xiànjīn zhànghù] 日 現金勘定 英 cash account

现金折扣 [xiànjīn zhékòu] 日 現金割引 英 cash discount

现象 [xiànxiàng] 日 事象 英 event

现行成本 [xiànxíng chéngběn] 日 現在原価 英 current cost

现行汇率 [xiànxíng huìlǜ] 日 現行為替レート 英 current exchange rate

现行市价法 [xiànxíng shìjià fǎ] 日 時価法 英 current market value method

现值 [xiànzhí] 日 現在価値 英 present value (PV)

现值法 [xiànzhí fǎ] 日 現在価値法 英 present value method

现值分析 [xiànzhí fēnxī] 日 現在価値分析 英 present value analysis

限额 [xiàn é] 日 限度額 英 limit amount

限期改正 [xiànqī gǎizhèng] 日 改正期限 英 deadline for correction

限制 [xiànzhì] 日 制限 英 restriction

限制进出口技术 [xiànzhì jìnchūkǒu jìshù] 日 輸出入制限技術 英 import and export restricted techniques

限制类纳税义务人 [xiànzhì lèi nàshuì yìwù rén] 日 制限納税義務者 英 restricted tax payer

限制类项目 [xiànzhì lèi xiàngmù] 日 制限類項目 英 restricted items

限制理论 [xiànzhì lǐlùn] 日 制約理論 英 theory of constraints (TOC)

限制性股票 [xiànzhì xìng gǔpiào] 日 制限株式 英 restricted share

限制性行业 [xiànzhì xìng hángyè] 日 規制産業 英 restricted industries

乡镇企业 [xiāngzhèn qǐyè] 日 郷鎮企業 英 township enterprise

相抵 [xiāngdǐ] 日 相殺 英 offset

相对控股 [xiāngduì kòng gǔ] 日 相対的な支配 英 relatively control

相关费用 [xiāngguān fèiyòng] 日 関連費用 英 relevant expense

相关文件 [xiāngguān wénjiàn] 日 関連書類 英 relevant document

相关性 [xiāngguān xìng] 日 相関性 英 relevance

相应调整 [xiāngyìng tiáozhěng] 日 対応的な調整 英 corresponding adjustment

香港特别行政区 [xiānggǎng tèbié xíngzhèng qū] 日 香港特別行政区 英 Hong Kong Special Administrative Region

香港预托证券 [xiānggǎng yùtuō zhèngquàn] 日 香港預託証券 英 Hong Kong depositary receipts

香港证券交易所 [xiānggǎng zhèngquàn jiāoyìsuǒ] 日 香港証券取引所 英 Hong Kong Stock Exchange

响应 [xiǎngyìng] 日 レスポンス 英 response

响应时间 [xiǎngyìng shíjiān] 日 レスポンスタイム 英 response time

详细审计 [xiángxì shěnjì] 日 精査 英 detailed audit

向投资方征税 [xiàng tóuzī fāngzhēng shuì] 日 パススルー課税 英 pass through taxation

向中央银行借款 [xiàng zhōngyāng yínháng jièkuǎn] 日 中央銀行借入金 英 borrowing from Central Bank

项目 [xiàngmù] 日 プロジェクト 英 project

项目管理 [xiàngmù guǎnlǐ] 日 プロジェクト管理

X

项目核准机关

㊍ *project management*

项目核准机关 [xiàngmù hézhǔn jīguān] ㊐ プロジェクト許可機関 ㊍ *project authorized institutions*

项目核准文件 [xiàngmù hézhǔn wénjiàn] ㊐ プロジェクト許可証書 ㊍ *project authorization certificate*

项目建议书 [xiàngmù jiànyì shū] ㊐ プロジェクト建議書 ㊍ *project proposal document*

项目经理 [xiàngmù jīnglǐ] ㊐ プロジェクトマネジャー ㊍ *project manager*

项目控制 [xiàngmù kòngzhì] ㊐ プロジェクト制御 ㊍ *project control*

项目申请人 [xiàngmù shēnqǐng rén] ㊐ プロジェクト申請者 ㊍ *project applicant*

像素 [xiàngsù] ㊐ ピクセル ㊍ *pixel*

消除双重征税 [xiāochú shuāngchóng zhēngshuì] ㊐ 二重課税の排除 ㊍ *elimination of double taxation*

消费税 [xiāofèi shuì] ㊐ 消費税 ㊍ *consumption tax*

消费税税率 [xiāofèi shuì shuìlǜ] ㊐ 消費税率 ㊍ *consumption tax rate*

消费税税种 [xiāofèi shuì shuìzhǒng] ㊐ 消費税税目 ㊍ *consumption tax item*

消费者权益保护法 [xiāofèi zhě quányì bǎohù fǎ] ㊐ 消費者権益保護法 ㊍ *consumer protection law*

消费者物价指数 [xiāofèi zhě wùjià zhǐshù] ㊐ 消費者物価指数 ㊍ *consumer price index* (CPI)

消息 [xiāoxī] ㊐ メッセージ ㊍ *message*

销货成本 [xiāohuò chéngběn] ㊐ 販売原価 ㊍ *cost of sales*

销货净额 [xiāohuò jìng é] ㊐ 純売上高 ㊍ *net sales*

销货退回 [xiāohuò tuìhuí] ㊐ 売上返品 ㊍ *sales return*

销货折扣 [xiāohuò zhékòu] ㊐ 支払割引料 ㊍ *discounted expense*

销货折让 [xiāohuò zhéràng] ㊐ 売上値引 ㊍ *sales discount*

销售 [xiāoshòu] ㊐ 販売 ㊍ *sales*

销售部 [xiāoshòu bù] ㊐ 営業部 ㊍ *sales department*

销售成本 [xiāoshòu chéngběn] ㊐ 売上原価 ㊍ *cost of sales*

销售点终端信息系统 [xiāoshòu diǎn zhōngduān xìnxī xìtǒng] ㊐ 販売時点情報管理 ㊍ *point of sale* (POS)

销售费用 [xiāoshòu fèiyòng] ㊐ 販売費用 ㊍ *selling expense*

销售费用及一般管理费用 [xiāoshòu fèiyòng jí yībān guǎnlǐ fèiyòng] ㊐ 販売費及び一般管理費 ㊍ *selling, general and administrative expenses* (SGA)

销售分析 [xiāoshòu fēnxī] ㊐ 売上分析 ㊍ *sales analysis*

销售估计 [xiāoshòu gūjì] ㊐ 見積売上 ㊍ *estimated sales*

销售货物 [xiāoshòu huòwù] ㊐ 販売物品 ㊍ *goods for sales*

销售价格 [xiāoshòu jiàgé] ㊐ 販売価格 ㊍ *sales price*

销售净价 [xiāoshòu jìngjià] ㊐ 正味売却価額 ㊍ *net sales value*

销售净利润 [xiāoshòu jìng lìrùn] ㊐ 売上純利益 ㊍ *net profit on sales*

销售扣除项目 [xiāoshòu kòuchú xiàngmù] ㊐ 売上控除項目 ㊍ *sales deduction item*

销售利润 [xiāoshòu lìrùn] ㊐ 売上利益 ㊍ *profit on sales*

销售利润率 [xiāoshòu lìrùn lǜ] ㊐ 売上高利益率 ㊍ *return on sales*

销售毛利 [xiāoshòu máolì] ㊐ 売上総利益 ㊍ *gross profit*

销售毛利率 [xiāoshòu máolì lǜ] ㊐ 売上総利益率 ㊍ *gross profit percentage*

销售传票 [xiāoshòu píngzhèng] ㊐ 売上伝票 ㊍ *sales slip*

销售渠道 [xiāoshòu qúdào] ㊐ 販売ルート ㊍ *distribution channel*

销售日记账 [xiāoshòu rìjì zhàng] ㊐ 売上帳 ㊍ *sales journal*

销售商 [xiāoshòu shāng] ㊐ ベンダー ㊍ *vendor*

销售商品 [xiāoshòu shāngpǐn] ㊐ 物品販売 ㊍ *sales of goods*

销售授权 [xiāoshòu shòuquán] ㊐ 販売権の授権 ㊍ *sales authorization*

销售收入 [xiāoshòu shōurù] ㊐ 販売収入 ㊍ *sales revenue*

销售收入科目 [xiāoshòu shōurù kēmù] ㊐ 売上勘定 ㊍ *sales account*

销售收入确认 [xiāoshòu shōurù quèrèn] ㊐ 売上計上 ㊍ *sales recognition*

销售税额 [xiāoshòu shuì é] 日 売上税額 英 output tax

销售税额的确认期 [xiāoshòu shuì é de quèrèn qī] 日 売上税額の認識時期 英 recognition timing of sales tax

销售体系 [xiāoshòu tǐxì] 日 マーケティングシステム 英 marketing system

销售完毕 [xiāoshòu wánbì] 日 売切れ 英 sold out

销售网 [xiāoshòu wǎng] 日 販売ネットワーク 英 sales network

销售协议 [xiāoshòu xiéyì] 日 売却合意 英 sales agreement

销售佣金 [xiāoshòu yòngjīn] 日 販売手数料 英 sales commission

销售预测 [xiāoshòu yùcè] 日 売上予測 英 sales forecast

销售余留 [xiāoshòu yúliú] 日 売れ残り 英 unsold item

销售与收款循环 [xiāoshòu yǔ shōukuǎn xúnhuán] 日 販売入金循環プロセス 英 sales and collection cycle

销售折扣 [xiāoshòu zhékòu] 日 売上割引 英 sales discount

小额交易 [xiǎo é jiāoyì] 日 小口取引 英 small amount transaction

小规模纳税人 [xiǎo guīmó nàshuì rén] 日 小規模納税者 英 small size taxpayer

小企业会计制度 [xiǎo qǐyè kuàijì zhìdù] 日 小企业会计制度 英 Accounting System for Small-Sized Enterprises

小企业会计准则 [xiǎo qǐyè kuàijì zhǔnzé] 日 小企业会计準則 英 Accounting Standards for Small-Sized Enterprises

小时工资 [xiǎoshí gōngzī] 日 時間給 英 hourly wage

小时工资制 [xiǎoshí gōngzī zhì] 日 時間給制度 英 hourly wage system

小型微利企业 [xiǎoxíng wēilì qǐyè] 日 小規模薄利企业 英 small and thin profit enterprise

效率 [xiàolǜ] 日 効率性 英 efficiency

效率差异 [xiàolǜchāyì] 日 能率差異 英 efficiency variance

协定税率 [xiédìng shuìlǜ] 日 協定税率 英 conventional tariff

协同效应 [xiétóng xiàoyìng] 日 シナジー効果 英 synergy effect

协议 [xiéyì] 日 協議 英 dialogue

新公司条例 [xīn gōngsī tiáolì] 日 新会社条例 英 New Company Ordinance

新股发行费 [xīn gǔ fāxíng fèi] 日 新株発行費 英 issue expense of new shares

新股发行权 [xīn gǔ fāxíng quán] 日 新株発行権 英 new share issue right

新股发行条件 [xīn gǔ fāxíng tiáojiàn] 日 新株発行条件 英 issue condition of new shares

新顾客 [xīn gùkè] 日 新規顧客 英 new customer

新股认购权 [xīn gǔ rèngòu quán] 日 新株引受権 英 share subscription right

新股预约权 [xīn gǔ yùyuē quán] 日 新株予約権 英 share acquisition right

新企业会计准则 [xīn qǐyè kuàijì zhǔnzé] 日 新企业会計準則 英 New Accounting Standards for Business Enterprises

新设分立 [xīnshè fēnlì] 日 新設分割 英 splitting company in incorporation

新业务范围 [xīn yèwù fànwéi] 日 新業務範囲 英 new business scope

新准则 [xīn zhǔnzé] 日 新準則 英 new accounting standards

薪金 [xīnjīn] 日 給与 英 salaries and wages

薪金增长率 [xīnjīn zēngzhǎng lǜ] 日 昇給率 英 salary growth rate

薪水扣除 [xīnshuǐ kòuchú] 日 給料控除 英 salary deduction

信贷利差 [xìndài lìchā] 日 信用スプレッド 英 credit spread

信贷限额 [xìndài xiàn é] 日 貸付限度額 英 credit limit

信贷债权管理 [xìndài zhàiquán guǎnlǐ] 日 与信债权管理 英 credit exposure management

信托 [xìntuō] 日 信託 英 trust

信托赔偿准备 [xìntuō péicháng zhǔnbèi] 日 信託赔偿準備金 英 trust compensation reserve

信托投资公司 [xìntuō tóuzī gōngsī] 日 信託投資会社 英 trust investment company

信托业 [xìntuō yè] 日 信託業 英 trust industry

信托业务 [xìntuō yèwù] 日 信託業務 英 trust business

信息 [xìnxī] 日 情報 英 information

信息安全 [xìnxī ānquán] 日 情報セキュリティ 英 information security

信息产业部 [xìnxī chǎnyè bù] 日 情報産業省 英 ministry of information industry

信息服务 [xìnxī fúwù] 日 情報サービス 英 information service

信息公开 [xìnxī gōngkāi] 日 情報公開 英 information disclosure

信息交换 [xìnxī jiāohuàn] 日 情報交換 英 information exchange

信息技术 [xìnxī jìshù] 日 情報技術 英 information technology (IT)

信息技术产业 [xìnxī jìshù chǎnyè] 日 情報技術産業 英 information and technology industry

信息技术外包服务 [xìnxī jìshù wàibāo fúwù] 日 情報技術アウトソーシングサービス 英 information and technology outsourcing service

信息技术一般控制 [xìnxī jìshù yībān kòngzhì] 日 IT全般統制 英 general IT control (GITC)

信息技术应用控制 [xìnxī jìshù yìngyòng kòngzhì] 日 業務処理統制 英 IT application control (ITAC)

信息披露 [xìnxī pīlù] 日 情報開示 英 information disclosure

信息泄露 [xìnxī xièlù] 日 情報漏洩 英 information leakage

信息系统 [xìnxī xìtǒng] 日 情報システム 英 information system

信息源 [xìnxī yuán] 日 情報源 英 information source

信用保险 [xìnyòng bǎoxiǎn] 日 信用保険 英 credit insurance

信用贷款 [xìnyòng dàikuǎn] 日 信用貸付金 英 credit loan

信用调查机构 [xìnyòng diàochá jīgòu] 日 信用調査機関 英 credit reference agency

信用额度 [xìnyòng édù] 日 与信限度 英 credit limit

信用风险 [xìnyòng fēngxiǎn] 日 信用リスク 英 credit risk

信用风险特征 [xìnyòng fēngxiǎn tèzhēng] 日 信用リスク特性 英 credit risk characteristic

信用风险溢价 [xìnyòng fēngxiǎn yìjià] 日 信用リスクプレミアム 英 credit risk premium

信用互换 [xìnyòng hùhuàn] 日 クレジットスワップ 英 credit swap

信用减值准备 [xìnyòng jiǎnzhí zhǔnbèi] 日 信用損失引当金 英 allowance for credit loss

信用交易 [xìnyòng jiāoyì] 日 信用取引 英 credit transaction

信用卡 [xìnyòng kǎ] 日 クレジットカード 英 credit card

信用卡公司 [xìnyòng kǎ gōngsī] 日 クレジットカード会社 英 credit card company

信用卡透支 [xìnyòng kǎ tòuzhī] 日 クレジットカード貸越 英 credit card overdraft

信用评估机构 [xìnyòng pínggū jīgòu] 日 信用評価機構 英 credit evaluation agency

信用评级 [xìnyòng píngjí] 日 信用格付 英 credit rating

信用衍生工具 [xìnyòng yǎnshēng gōngjù] 日 信用デリバティブ 英 credit derivative

信用证 [xìnyòng zhèng] 日 信用状 英 letter of credit (L/C)

信用证保证金 [xìnyòng zhèng bǎozhèng jīn] 日 信用状保証金 英 deposit for letter of credit

信用证结算 [xìnyòng zhèng jiésuàn] 日 信用状決済 英 letter of credit (L/C) transaction

行动方案 [xíngdòng fāng àn] 日 アクションプラン 英 action plan

行权 [xíngquán] 日 権利行使 英 exercise

行权价格 [xíngquán jiàgé] 日 行使価格 英 exercise price

行权期 [xíngquán qī] 日 権利行使期間 英 exercise period

行权日 [xíngquán rì] 日 権利行使日 英 exercise day

行受贿 [xíngshòu huì] 日 贈収賄 英 bribery

行政处分 [xíngzhèng chǔfēn] 日 行政処分 英 administrative penalty

行政复议 [xíngzhèng fùyì] 日 行政再審査 英 administrative appeal

行政复议决定书 [xíngzhèng fùyì juédìng shū] 日 行政不服審査決定書 英 decision letter of administrative reconsideration

行政监察机关 [xíngzhèng jiānchá jīguān] 日 行政監察機関 英 administrative and supervisory authority

行政机关 [xíngzhèng jīguān] 日 行政機関 英 administrative agency

行政事业性收费 [xíngzhèng shìyè xìng shōufèi] 日 行政事業性費用 英 administrative fees

行政诉讼 [xíngzhèng sùsòng] 日 行政訴訟 英 administrative litigation

行政性收费 [xíngzhèng xìng shōufèi] 日 行政手続費 英 administrative fee

行政许可法 [xíngzhèng xǔkě fǎ] 日 行政許可法 英 administrative permission

刑事责任 [xíngshì zérèn] 日 刑事責任 英 criminal liability

形成 [xíngchéng] 日 構築 英 construct

兄弟企业 [xiōngdì qǐyè] 日 兄弟会社 英 brother company

休眠企业 [xiūmián qǐyè] 日 休眠会社 英 dormant company

修订版 [xiūdìng bǎn] 日 改訂版 英 revised edition

修订版新准则 [xiūdìng bǎn xīn zhǔnzé] 日 改訂版新準則 英 revised new standards

修复 [xiūfù] 日 修復 英 overhaul

修理性支出 [xiūlǐ xìng zhīchū] 日 修理的性質を持つ支出 英 repair and maintenance expenditure

修理修缮费 [xiūlǐ xiūshàn fèi] 日 修繕費 英 repair and maintenance expense

修理用备件 [xiūlǐyòng bèijiàn] 日 修理用部品 英 parts for repair and maintenance

虚报注册资本 [xūbào zhùcè zīběn] 日 登録資本金の虚偽登記 英 false registration of registered capital

虚构股息 [xūgòu gǔxī] 日 架空配当 英 fictitious dividend

虚构交易 [xūgòu jiāoyì] 日 架空取引 英 fictitious transaction

虚构利润 [xūgòu lìrùn] 日 架空利益 英 fictitious profits

虚假报告 [xūjiǎ bàogào] 日 虚偽報告 英 false report

虚假记录 [xūjiǎ jìlù] 日 虚偽記載 英 misstatement

虚假披露 [xūjiǎ pīlù] 日 虚偽表示 英 misstatement

虚假收入 [xūjiǎ shōurù] 日 架空売上 英 fictitious sales

虚假资本 [xūjiǎ zīběn] 日 架空資本 英 fictitious capital

虚假资产 [xūjiǎ zīchǎn] 日 架空資産 英 fictitious assets

虚拟专用网络 [xūnǐ zhuānyòng wǎngluò] 日 バーチャル プライベート ネットワーク 英 virtual private network (VPN)

虚盘 [xūpán] 日 不確定売り申込み 英 offer without engagement

虚值期权 [xūzhí qīquán] 日 アウトオブザマネー 英 out of the money

需求 [xūqiú] 日 需要 英 demand

需求单位 [xūqiú dānwèi] 日 要請部署 英 request department

需要缴纳关税的进口货物 [xūyào jiǎonà guānshuì de jìnkǒu huòwù] 日 関税輸入貨物 英 custom taxable imported items

许可 [xǔkě] 日 認可 英 permission

许可费 [xǔkě fèi] 日 免許料 英 license fee

许可管理制度 [xǔkě guǎnlǐ zhìdù] 日 許可管理制度 英 permit system

许可类产业 [xǔkě lèi chǎnyè] 日 許可類産業 英 licensed enterprise

许可条件 [xǔkě tiáojiàn] 日 許可条件 英 conditions for permission

许可协议 [xǔkě xiéyì] 日 ライセンス契約 英 license contract

许可证 [xǔkě zhèng] 日 ライセンス 英 license

许可证管理 [xǔkě zhèng guǎnlǐ] 日 許可証管理 英 license management

许可证照 [xǔkě zhèngzhào] 日 許可証書 英 license

宣传 [xuānchuán] 日 宣伝 英 advertising

宣告破产 [xuāngào pòchǎn] 日 破産宣告 英 adjudication of bankruptcy

削减成本 [xuējiǎn chéngběn] 日 コスト削減 英 cost reduction

削减经费 [xuējiǎn jīngfèi] 日 経費削減 英 curtailment of expenditure

询问 [xúnwèn] 日 質問 英 question

询证函 [xúnzhèng hán] 日 確認状 英 letter of confirmation

循环法 [xúnhuán fǎ] 日 プロセスアプローチ 英 process approach

循环盘点 [xúnhuán pándiǎn] 日 循環棚卸 英 cycle counting

Y

压缩记账 [yāsuō jìzhàng] 日 圧縮記帳 英 reduction entry

押金 [yājīn] 日 敷金 英 lease deposits

亚洲基础设施投资银行 [yàzhōu jīchǔ shèshī tóuzī yínháng] 日 アジアインフラ投資銀行 英 Asian Infrastructure Investment Bank (AIIB)

亚洲开发银行 [yàzhōu kāifā yínháng] 日 アジア開発銀行 英 Asian Development Bank (ADB)

烟草税 [yāncǎo shuì] 日 たばこ税 英 tobacco tax

衍生工具 [yǎnshēng gōngjù] 日 デリバティブ 英 derivatives

衍生商品 [yǎnshēng shāngpǐn] 日 商品デリバティブ 英 commodity derivative

衍生性金融商品 [yǎnshēng xìng jīnróng shāngpǐn] 日 デリバティブ商品 英 financial derivative instrument

延长 [yáncháng] 日 延長 英 extension

延期 [yánqī] 日 延期 英 postpone

延期付款方式 [yánqī fùkuǎn fāngshì] 日 延払方式 英 deferred payment method

延期付款利息 [yánqī fùkuǎn lìxī] 日 支払延滞利息 英 postpone interest

延期缴纳 [yánqī jiǎonà] 日 延納 英 deferred payment

延期缴纳税款 [yánqī jiǎonà shuìkuǎn] 日 納税の延期 英 postpone of tax filing period

延期申报 [yánqī shēnbào] 日 申告の延期 英 postponement of tax filing

延期支付 [yánqī zhīfù] 日 延払い 英 deferred payment

沿海开放城市 [yánhǎi kāifàng chéngshì] 日 沿海開放都市 英 open coastal cities

筵席税 [yán xí shuì] 日 宴席税 英 entertainment tax

研发中心 [yánfā zhōngxīn] 日 研究開発センター 英 research and development center

研究 [yánjiū] 日 研究 英 research

研究开发 [yánjiū kāifā] 日 研究開発 英 research and development

研究开发费 [yánjiū kāifā fèi] 日 研究開発費 英 research and development (R&D) cost

研究开发项目 [yánjiū kāifā xiàngmù] 日 研究開発プロジェクト 英 research and development project

研究实验费 [yánjiū shíyàn fèi] 日 試験研究費 英 experimental and research expense

研讨会 [yántǎo huì] 日 セミナー 英 seminar

演示程序 [yǎnshì chéngxù] 日 デモンストレーション 英 demonstration

验收标准 [yànshōu biāozhǔn] 日 検収基準 英 inspection standard

验证 [yànzhèng] 日 検証 英 verification

验资 [yànzī] 日 験資 英 capital verification

验资报告 [yànzī bàogào] 日 出資検証報告書 英 capital verification reports

验资业务约定书 [yànzī yèwù yuēdìng shū] 日 験資契約書 英 capital verification engagement letter

验资证明 [yànzī zhèngmíng] 日 資本金出資検証報告書 英 certificate of capital verification

养老保险 [yǎnglǎo bǎoxiǎn] 日 養老保険 英 endowment insurance

样本 [yàngběn] 日 サンプル 英 sample

样本量 [yàngběn liàng] 日 サンプルサイズ 英 sample size

样本误差 [yàngběn wùchā] 日 サンプル誤謬 英 sampling error

样品 [yàngpǐn] 日 商品見本 英 sample

样品特卖 [yàngpǐn tèmài] 日 試供販売 英 sample sale

要约期 [yāoyuē qī] 日 株式の公募期間 英 offering period

要约人 [yàoyuē rén] 日 発行者 英 offeror

要约收购 [yāoyuē shōugòu] 日 株式公開買い付け 英 take over bid

要约文件 [yāoyuē wénjiàn] 日 申込文書 英 offer document

邀请函 [yāoqǐng hán] 日 招聘状 英 invitation

业绩评价 [yèjì píngjià] 日 業績評価 英 performance assessment

业绩预测 [yèjì yùcè] 日 業績予想 英 earnings forecast

业务 [yèwù] 日 業務 英 business

业务重组 [yèwù chóngzǔ] 日 事業再編 英 business reorganization

医疗保险基金

业务范围 [yèwù fànwéi] 日 業務範囲 英 scope of business

业务费用 [yèwù fèiyòng] 日 業務費 英 operating expense

业务分部 [yèwù fēnbù] 日 事業別セグメント 英 business segment

业务分割 [yèwù fēn gē] 日 事業分割 英 business separation

业务管理 [yèwù guǎnlǐ] 日 業務管理 英 operational control

业务合并 [yèwù hébìng] 日 事業結合 英 business combination

业务合作 [yèwù hézuò] 日 業務提携 英 business alliance

业务计划 [yèwù jìhuà] 日 業務計画 英 business plan

业务流程 [yèwù liúchéng] 日 業務プロセス 英 business processes

业务流程图 [yèwù liúchéng tú] 日 業務プロセスフローチャート 英 business process flowchart

业务流程外包服务 [yèwù liúchéng wàibāo fúwù] 日 ビジネスプロセスアウトソーシングサービス 英 business process outsourcing service

业务流程相关的内部控制 [yèwù liúchéng xiāng guān de nèibù kòngzhì] 日 業務プロセスに係る内部統制 英 internal control over business processes

业务模式 [yèwù móshì] 日 事業モデル 英 business model

业务内容说明书 [yèwù nèiróng shuōmíng shū] 日 業務記述書 英 business process description

业务审计 [yèwù shěnjì] 日 業務監査 英 operational audit

业务收入 [yèwù shōurù] 日 業務収入 英 operating income

业务委托 [yèwù wěituō] 日 業務委託 英 business outsourcing

业务支出 [yèwù zhīchū] 日 業務支出 英 operating expenditure

液晶显示器 [yèjīng xiǎnshì qì] 日 液晶モニター 英 liquid crystal display (LCD)

一般反避税管理办法 [yībān fǎnbì shuì guǎnlǐ bànfǎ] 日 一般反租税回避管理弁法 英 general anti-tax avoidance measure

一般公认会计原则 [yībān gōngrèn kuàijì yuánzé] 日 一般に認められる会計原則 英 generally accepted accounting principles (GAAP)

一般公认审计准则 [yībān gōngrèn shěnjì zhǔnzé] 日 一般に公正妥当と認められる監査基準 英 generally accepted auditing standards (GAAS)

一般坏账准备 [yībān huàizhàng zhǔnbèi] 日 一般引当金 英 general reserve

一般借款 [yībān jièkuǎn] 日 一般借入金 英 loans payable

一般纳税人 [yībān nàshuì rén] 日 一般納税者 英 general taxpayer

一般物价指数 [yībān wùjià zhǐshù] 日 一般物価指数 英 general price index

一般原则 [yībān yuánzé] 日 一般原則 英 general principles

183天的免税规定 [yī bā sān tiān de miǎnshuì guīdìng] 日 183日ルール 英 183 days exemption rule

一次付清 [yīcì fùqīng] 日 一括払い 英 lump-sum payment

一次还本公司债券 [yīcì huánběn gōngsī zhàiquàn] 日 一括元本返済債権 英 term bond

一次还本债券投资 [yīcì huánběn zhàiquàn tóuzī] 日 元金一括償還債券投資 英 bullet debt investment

一次摊销法 [yīcì tānxiāo fǎ] 日 一括償却法 英 one-off amortization method

一贯性 [yīguàn xìng] 日 継続性 英 continuity

一贯性原则 [yīguàn xìng yuánzé] 日 継続性の原則 英 principle of continuity

一国两制 [yīguó liǎngzhì] 日 一国二制度 英 one country, two systems

一年内到期长期负债 [yīnián nèi dàoqī chángqī fùzhài] 日 一年内期限到来長期負債 英 long-term debt due within one year

一人一票制 [yīrén yīpiào zhì] 日 一人一票制 英 one person one vote system

一人有限责任公司 [yīrén yǒuxiàn zérèn gōngsī] 日 一人有限責任会社 英 one person limited liability corporations

一致 [yīzhì] 日 合致 英 coincide

医疗保险 [yīliáo bǎoxiǎn] 日 医療保険 英 medical insurance

医疗保险费 [yīliáo bǎoxiǎn fèi] 日 医療保険費 英 medical insurance expense

医疗保险基金 [yīliáo bǎoxiǎn jījīn] 日 医療保険基金 英 medical insurance fund

Y

医疗费 [yīliáo fèi] 日 医療費 英 health care cost

移动加权平均法 [yídòng jiāquán píngjūn fǎ] 日 移動加重平均法 英 weighted moving average method

移动平均法 [yídòng píngjūn fǎ] 日 移動平均法 英 moving average method

已担保残值 [yǐ dānbǎo cánzhí] 日 保証残存価値 英 guaranteed residual value

已发行股本 [yǐ fāxíng gǔběn] 日 発行済株式 英 issued stocks

已发行股本数 [yǐ fāxíng gǔběn shù] 日 発行済株式数 英 number of issued stocks

已发行股份总额 [yǐ fāxíng gǔfèn zǒng é] 日 発行済株式総額 英 amount of issued stocks

已交税金 [yǐjiāo shuìjīn] 日 納付済税金 英 tax paid

已确认保费 [yǐ quèrèn bǎofèi] 日 経過保険料 英 earned insurance premium

已使用固定资产 [yǐ shǐyòng gùdìng zīchǎn] 日 中古固定資産 英 used fixed assets

已退回的税款 [yǐ tuìhuí de shuìkuǎn] 日 還付済税金 英 tax refunded

已装船提单 [yǐ zhuāngchuán tídān] 日 船積船荷証券 英 bill of loading

以公允价值计量且其变动计入当期损益的金融负债 [yǐ gōngyǔn jiàzhí jìliáng qiě qí biàndòng jìrù dāngqī sǔnyì de jīnróng fùzhài] 日 損益を通じて公正価値で測定される金融負債 英 financial liability at fair value through profit or loss

以交易为目的的持有 [yǐ jiāoyì wéi mùdì de chíyǒu] 日 売買目的の保有 英 held for trading

以旧换新 [yǐjiù huànxīn] 日 下取り 英 trade-in

以旧换新销售 [yǐjiù huàn xīn xiāoshòu] 日 下取販売 英 trade-in for a new one sales

以前年度 [yǐqián niándù] 日 過年度 英 previous year

以前年度差错 [yǐqián niándù chācuò] 日 過年度の誤謬 英 prior period errors

以前年度累计亏损额 [yǐqián niándù lěijì kuīsǔn é] 日 過年度欠損金 英 loss carry forward from previous years

以前年度损益调整 [yǐqián niándù sǔnyì tiáozhěng] 日 過年度損益修正 英 prior year adjustments

以权益结算的 [yǐ quányì jiésuàn de] 日 持分決済型 英 equity-settled

以往劳务成本 [yǐwǎng láowù chéngběn] 日 過去勤務費用 英 past service cost

以往趋势概述 [yǐwǎng qūshì gàishù] 日 過去の推移の要約 英 historical summaries

以招标方式发售股份 [yǐ zhāobiāo fāngshì fāshòu gǔfèn] 日 入札方式による株の売出し 英 offer by tender

议定书 [yìdìng shū] 日 議定書 英 protocol

异地备案 [yìdì bèi àn] 日 異なる地域における登録 英 filing in different location

易耗品费 [yìhào pǐn fèi] 日 消耗品費 英 consumable supplies expense

易货交易 [yìhuò jiāoyì] 日 バーター取引 英 barter transaction

意见 [yìjiàn] 日 意見 英 opinion

意思表示 [yìsī biǎoshì] 日 意思表示 英 declaration of intention

意向书 [yìxiàng shū] 日 意向書 英 letter of intent (LOI)

溢价 [yìjià] 日 プレミアム 英 premium

溢价发行 [yìjià fāxíng] 日 プレミアム発行 英 issued at premium

遗嘱 [yízhǔ] 日 遺言 英 will

遗嘱公证书 [yízhǔ gōngzhèng shū] 日 遺言公証書 英 will certificate

因常驻人员构成常设机构的纳税 [yīn chángzhù rényuán gòuchéng chángshè jīgòu de nàshuì wèntí] 日 出向者 PE 課税 英 secondment permanent establishment (PE) tax

因提供服务构成常设机构的纳税 [yīn tígōng fúwù gòuchéng chángshè jīgòu de nàshuì] 日 役務 PE 課税 英 service permanent establishment (PE) tax

银根紧缩政策 [yíngēn jǐnsuō zhèngcè] 日 金融引き締め策 英 tight-money policy

银行 [yínháng] 日 銀行 英 bank

银行本票 [yínháng běnpiào] 日 銀行小切手 英 bank check

银行承兑汇票 [yínháng chéngduì huìpiào] 日 銀行引受手形 英 bank acceptance

银行存款 [yínháng cúnkuǎn] 日 銀行預金 英 cash in bank

银行存款户 [yínháng cúnkuǎn hù] 日 預金口座 英 bank deposit account

银行存款利率 [yínháng cúnkuǎn lìlǜ] 日 銀行預金利率 英 bank deposit rate

银行存款余额调整 [yínháng cúnkuǎn yú é tiáozhěng]

应付账款账龄分析

[日] 銀行残高調整 [英] bank reconciliation

银行存款余额调整表 [yínháng cúnkuǎn yú é tiáozhěng biǎo] [日] 銀行預金残高調整表 [英] bank deposit reconciliation statement

银行存款证明 [yínháng cúnkuǎn zhèngmíng] [日] 銀行預金残高証明書 [英] certificate of bank balance

银行对账单 [yínháng duìzhàng dān] [日] 銀行勘定照合表 [英] bank statement

银行汇款 [yínháng huìkuǎn] [日] 銀行送金 [英] bank remittance

银行汇票 [yínháng huìpiào] [日] 銀行為替手形 [英] bank bill

银行间拆借 [yínháng jiān chāijiè] [日] 銀行間コールローン [英] inter-bank call loan

银行间外汇市场 [yínháng jiān wàihuì shìchǎng] [日] インターバンク外国為替市場 [英] inter-bank foreign exchange market

银行间转账 [yínháng jiān zhuǎnzhàng] [日] 銀行振替 [英] bank transfer

银行借款 [yínháng jièkuǎn] [日] 銀行借入金 [英] bank loans payable

银行手续费 [yínháng shǒuxù fèi] [日] 銀行手数料 [英] bank commission

银行同业利率 [yínháng tóngyè lìlǜ] [日] インターバンクレート [英] inter-bank rate

银行透支 [yínháng tòuzhī] [日] 当座借越 [英] bank overdraft

银行业 [yín háng yè] [日] 銀行業 [英] banking sector

银行业监督管理委员会 [yínháng yè jiāndū guǎnlǐ wěiyuán huì] [日] 銀行業監督管理委員会 [英] Banking Regulatory Commission

银行预留印鉴 [yínháng yùliú yìnjiàn] [日] 銀行登録印鑑 [英] seal registered with bank

银行账户 [yínháng zhànghù] [日] 銀行口座、銀行勘定 [英] bank account

银行支票 [yínháng zhīpiào] [日] 預金小切手 [英] cashier's check

银行自动取款卡 [yínháng zìdòng qǔkuǎn kǎ] [日] キャッシュカード [英] cash card

银团贷款 [yíntuán dàikuǎn] [日] シンジケートローン [英] syndicate loan

引导表 [yǐndǎo biǎo] [日] リードスケジュール [英] lead schedule

引起税率 [yǐnqǐ shuì lǜ] [日] トリガー税率 [英] trigger tax rates

隐藏的资本交易 [yǐncáng de zīběn jiāoyì] [日] 隠蔽性資本取引 [英] concealed capital transaction

隐瞒 [yǐnmán] [日] 隠匿 [英] concealment

印花 [yìnhuā] [日] 印紙 [英] stamp

印花税 [yìnhuā shuì] [日] 印紙税 [英] stamp duty

印花税税目税率表 [yìnhuā shuì shuìmù shuìlǜ biǎo] [日] 印紙税税目税率表 [英] stamp duty table

印花税征税凭证文件 [yìnhuā shuì zhēngshuì píngzhèng wénjiàn] [日] 印紙税納税対象文書 [英] taxable item list of stamp duty

应答时间 [yìngdá shíjiān] [日] 応答時間 [英] response time

应对 [yìngduì] [日] 対応 [英] correspondence

应付带薪休假工资 [yīngfù dàixīn xiūjià gōngzī] [日] 未払有給休暇 [英] compensated absences payable

应付福利费 [yīngfù fúlì fèi] [日] 未払福利費 [英] welfare payable

应付股利（股息） [yīngfù gǔlì (gǔxī)] [日] 未払配当金 [英] dividends payable

应付款项 [yīngfù kuǎnxiàng] [日] 未払金 [英] other payable

应付利息 [yīngfù lìxī] [日] 未払利息 [英] accrued interest

应付票据 [yīngfù piàojù] [日] 支払手形 [英] notes payable

应付票据备查簿 [yìngfù piàojù bèichá bù] [日] 未渡手形備忘帳簿 [英] undelivered notes reference book

应付凭单 [yīngfù píngdān] [日] 支払伝票 [英] payment slip

应付普通股股利 [yīngfù pǔtōng gǔ gǔlì] [日] 未払普通株式配当金 [英] common share dividend payable

应付企业所得税 [yīngfù qǐyè suǒdé shuì] [日] 未払法人税 [英] income corporate taxes payable

应付手续费 [yīngfù shǒuxù fèi] [日] 未払手数料 [英] commission payable

应付所得税 [yīngfù suǒdé shuì] [日] 未払所得税 [英] income tax payable

应付优先股股利 [yīngfù yōuxiān gǔ gǔlì] [日] 未払優先株式配当金 [英] preferred share dividend payable

应付账款 [yīngfù zhàngkuǎn] [日] 買掛金 [英] accounts payable trade (A/P)

应付账款账龄分析 [yīngfù zhàngkuǎn zhàng líng fènxī] [日] 買掛金年齢調べ [英] aging analysis of accounts payable

应付账款总账 [yīngfù zhàngkuǎn zǒngzhàng] 日 仕入先元帳 英 creditors ledger

应付职工薪酬 [yīngfù zhígōng xīnchóu] 日 未払従業員給付 英 employee benefits payable

应付职工薪酬－辞退福利 [yìng fù zhí gōng xīn chóu -cítuì fúlì] 日 未払解雇給付 英 termination benefits payable

应付租金 [yīngfù zūjīn] 日 未払賃借料 英 rental expenses payable

应交车船使用牌照税 [yīngjiāo chēchuán shǐyòng páizhào shuì] 日 未払車両船舶使用税 英 vehicle and vessel license usage tax payable

应交城市维护建设税 [yīngjiāo chéngshì wéihù jiànshè shuì] 日 未払都市維持建設税 英 city maintenance and construction tax payable

应交个人所得税 [yīngjiāo gèrén suǒdé shuì] 日 未払個人所得税 英 personal income tax payable

应交税金 [yīngjiāo shuìjīn] 日 未払税金 英 tax payable

应交消费税 [yīngjiāo xiāofèi shuì] 日 未払消費税 英 consumption tax payable

应缴应退税款 [yīngjiǎo yīngtuì shuìkuǎn] 日 納付税額及び還付税額 英 tax payable and refundable

应交营业税 [yīngjiāo yíngyè shuì] 日 未払営業税 英 business tax payable

应交增值税 [yīngjiāo zēngzhí shuì] 日 未払増値税 英 value added tax (VAT) payable

应交住房公积金 [yīngjiāo zhùfáng gōngjī jīn] 日 未払住宅積立金 英 housing fund payable

应交资源税 [yīngjiāo zīyuán shuì] 日 未払資源税 英 resource tax payable

应计福利法 [yīngjì fúlì fǎ] 日 発生給付評価方式 英 accrued welfare act

应计利息 [yìngjì lìxī] 日 経過利息 英 accrued interest

应计手续费 [yīngjì shǒuxù fèi] 日 未収手数料 英 commission receivables

应计折旧额 [yīngjì zhéjiù é] 日 償却可能価額 英 depreciable amount

应扣税款 [yīngkòu shuìkuǎn] 日 源泉徴収税 英 withholding tax

应纳税额 [yīngnà shuì é] 日 納税額 英 tax payable

应纳税所得额 [yīngnà shuì suǒdé é] 日 課税所得 英 taxable income

应纳税所得额计算表 [yīngnà shuì suǒdé é jìsuàn biǎo] 日 課税所得計算書 英 taxable income calculation sheet

应纳税暂时性差异 [yīngnà shuì zànshí xìng chāyì] 日 将来加算一時差異 英 taxable temporary difference

应收补贴款 [yīngshōu bǔtiē kuǎn] 日 未収補助金 英 subsidy receivables

应收代位追偿款 [yīngshōu dàiwèi zhuīcháng kuǎn] 日 未収代位求償金 英 subrogation reimbursement receivables

应收分期账款 [yīngshōu fēnqī zhàngkuǎn] 日 割賦売掛金 英 installment accounts receivable

应收股利 [yīngshōu gǔlì] 日 未収配当金 英 dividend receivables

应收股息 [yīngshōu gǔxī] 日 受取配当金 英 dividends income

应收款 [yīngshōu kuǎn] 日 未収入金 英 accounts receivable-others

应收利息 [yīngshōu lìxī] 日 未収利息 英 interest receivables

应收票据 [yīngshōu piàojù] 日 受取手形 英 notes receivable

应收票据背书 [yīngshōu piàojù bèishū] 日 裏書手形 英 notes receivable endorsed

应收票据贴现款 [yīngshōu piàojù tiēxiàn kuǎn] 日 未収割引料 英 discounted fee receivables

应收收益 [yīngshōu shōuyì] 日 未収収益 英 accrued income

应收退税款 [yīngshōu tuìshuì kuǎn] 日 未収還付所得税 英 income tax refund receivable

应收账款 [yīngshōu zhàngkuǎn] 日 売掛金 英 accounts receivable (A/R)

应收账款损失 [yīngshōu zhàngkuǎn sǔnshī] 日 売掛金損失 英 bad debt loss

应收账款询证函 [yīngshōu zhàngkuǎn xúnzhèng hán] 日 売掛金確認状 英 accounts receivable confirmation

应收账款账龄分析 [yīngshōu zhàngkuǎn zhànglíng fēnxī] 日 売掛金年齢調べ 英 aging analysis of accounts receivable

应收账款周转率 [yīngshōu zhàngkuǎn zhōuzhuǎn lǜ] 日 売掛金回転率 英 accounts receivable turnover ratio

应收账款周转天数 [yīngshōu zhàngkuǎn zhōuzhuǎn tiān shù] 日 売掛金回収期間 英 accounts receivable collection period

应收账款总账 [yīngshōu zhàngkuǎn zǒngzhàng] 日 得意先元帳 英 customer ledger

应税服务 [yīngshuì fúwù] 日 課税サービス 英 taxable services

应税货物 [yīngshuì huòwù] 日 課税貨物 英 taxable goods

应税收入 [yīngshuì shōurù] 日 課税収入 英 taxable income

应税项目 [yīngshuì xiàngmù] 日 課税項目 英 taxable item

应税行为 [yīngshuì xíngwéi] 日 課税行為 英 taxable activities

应诉 [yīngsù] 日 応訴 英 countersuit

应退税额 [yīngtuì shuì é] 日 還付税額 英 refundable tax

应用 [yìngyòng] 日 アプリケーション 英 application

应用软件 [yìngyòng ruǎnjiàn] 日 アプリケーションソフトウェア 英 application software

应有的关注 [yīngyǒu de guānzhù] 日 正当の注意 英 due diligence

英属维尔京群岛 [yīngshǔ wéiěrjīng qúndǎo] 日 英領バージン諸島 英 British Virgin Islands (BVI)

盈亏平衡点 [yíngkuī pínghéng diǎn] 日 損益分岐点 英 break-even point (BEP)

盈利 [yínglì] 日 黒字 英 black figure

盈利预测 [yínglì yùcè] 日 利益予測 英 profit forecast

盈余分拨账 [yíngyú fēnbō zhàng] 日 残余利益分割勘定 英 appropriation account

盈余分配 [yíngyú fēnpèi] 日 剰余金処分 英 distribution of earnings

盈余公积 [yíngyú gōngjī] 日 利益剰余金 英 surplus reserve

营销 [yíngxiāo] 日 マーケティング 英 marketing

营销信息系统 [yíngxiāo xìnxī xìtǒng] 日 経営情報システム 英 marketing information system (MIS)

营业代理人 [yíngyè dàilǐ rén] 日 営業代理人 英 business agent

营业费用 [yíngyè fèiyòng] 日 営業費用 英 selling expense

营业亏损 [yíngyè kuīsǔn] 日 営業損失 英 operating loss

营业利润 [yíngyè lìrùn] 日 営業利益 英 operating profit

营业年度 [yíngyè niándù] 日 営業年度 英 business year

营业日 [yíngyè rì] 日 営業日 英 working day

营业收入 [yíngyè shōurù] 日 営業収入 英 operating income

营业收支 [yíngyè shōuzhī] 日 営業収支 英 operating income and expense

营业税 [yíngyè shuì] 日 営業税 英 business tax

营业税及附加 [yíngyè shuì jí fùjiā] 日 営業税及び附加 英 business tax and surcharge

营业外费用 [yíngyè wài fèiyòng] 日 営業外費用 英 non-operating expense

营业外收入 [yíngyè wài shōurù] 日 営業外収入 英 non-operating income

营业外损益 [yíngyè wài sǔnyì] 日 営業外損益 英 non-operating profits and losses

营业外支出 [yíngyè wài zhīchū] 日 営業外支出 英 non-operating expenditure

营业执照 [yíngyè zhízhào] 日 営業許可証 英 business license

营业周期 [yíngyè zhōuqī] 日 営業循環期間 英 operating cycle

营业转让 [yíngyè zhuǎnràng] 日 営業譲渡 英 business transfer

营运风险 [yíngyùn fēngxiǎn] 日 運営リスク 英 operation risks

营运资本 [yíngyùn zīběn] 日 運転資本 英 working capital

营运资本变动 [yíngyùn zīběn biàndòng] 日 運転資本調整 英 working capital adjustment

营运资本比率 [yíngyùn zīběn bǐlǜ] 日 運転資本比率 英 working capital ratio

营运资本周转率 [yíngyùn zīběn zhōuzhuǎn lǜ] 日 運転資本回転率 英 working capital turnover ratio

营运资金 [yíngyùn zījīn] 日 運営資金 英 working capital

硬件 [yìngjiàn] 日 ハードウェア 英 hardware

硬盘 [yìngpán] 日 ハードディスク 英 hard disk

影子公司 [yǐngzi gōngsī] 日 導管会社 英 tunnel company

拥有过半数股权（份）的子公司 [yōngyǒu guò bànshù gǔquán (fèn) de zǐgōngsī] 日 過半数所有子会社 英 majority-owned subsidiary

Y

永久性差异 [yǒngjiǔ xìng chāyì] 〔日〕永久差異 〔英〕permanent difference

永续盘存制 [yǒngxù páncún zhì] 〔日〕継続記録法 〔英〕perpetual inventory method

永住权 [yǒngzhù quán] 〔日〕永住権 〔英〕right of permanent residence

永住者 [yǒngzhù zhě] 〔日〕永住者 〔英〕permanent resident

用户 [yònghù] 〔日〕ユーザー 〔英〕user

用户界面友好 [yònghù jièmiàn yǒuhǎo] 〔日〕ユーザーフレンドリー 〔英〕user-friendly

用户名 [yònghù míng] 〔日〕ユーザー名 〔英〕user name

用户认证 [yònghù rènzhèng] 〔日〕ユーザー認証 〔英〕user authentication

用户手册 [yònghù shǒucè] 〔日〕ユーザーマニュアル 〔英〕user manual

用具备用品 [yòngjù bèiyòng pǐn] 〔日〕器具備品 〔英〕equipment and fixtures

用人单位 [yòngrén dānwèi] 〔日〕雇用者 〔英〕employer

用友 [yòngyǒu] 〔日〕用友 〔英〕UFIDA software

佣金 [yòngjīn] 〔日〕支払手数料 〔英〕commission

佣金代理 [yòngjīn dàilǐ] 〔日〕コミッション代理 〔英〕commission agency

优惠贷款利率 [yōuhuì dàikuǎn lìlǜ] 〔日〕プライムレート 〔英〕prime rate

优惠待遇 [yōuhuì dàiyù] 〔日〕優遇措置 〔英〕preferential treatment

优惠关税待遇 [yōuhuì guānshuì dàiyù] 〔日〕特恵関税待遇 〔英〕preferential tariff treatment

优惠税率 [yōuhuì shuìlǜ] 〔日〕優遇税率 〔英〕preferential tax rate

优惠政策 [yōuhuì zhèngcè] 〔日〕優遇政策 〔英〕preferential policies

优先购买权 [yōuxiān gòumǎi quán] 〔日〕優先購入権 〔英〕preemption

优先股 [yōuxiān gǔ] 〔日〕優先株式 〔英〕preferred share

优先股收益率 [yōuxiān gǔ shōuyì lǜ] 〔日〕優先株収益率 〔英〕earning rate of preferred share

邮电通信业 [yóudiàn tōngxìn yè] 〔日〕郵便電信通信業 〔英〕telecommunications Services

邮件服务器 [yóujiàn fúwù qì] 〔日〕メールサーバー 〔英〕mail server

邮寄申报纳税 [yóujì shēnbào nàshuì] 〔日〕郵便による申告納税 〔英〕postage tax filing

油气资产 [yóuqì zīchǎn] 〔日〕石油天然ガス資産 〔英〕oil and natural gas assets

有表决权的股权 [yǒu biǎojué quán de gǔquán] 〔日〕議決権持分 〔英〕voting interest

有表决权股份 [yǒu biǎojué quán gǔfèn] 〔日〕議決権株式 〔英〕voting stock

有价证券 [yǒujià zhèngquán] 〔日〕有価証券 〔英〕securities

有价证券出售收益 [yǒujià zhèngquán chūshòu shōuyì] 〔日〕有価証券売却益 〔英〕gain on sales of securities

有价证券出售损失 [yǒujià zhèngquán chūshòu sǔnshī] 〔日〕有価証券売却損 〔英〕loss on sales of securities

有限合伙企业 [yǒuxiàn héhuǒ qǐyè] 〔日〕有限パートナーシップ企業 〔英〕limited partnership enterprise

有限合伙人 [yǒuxiàn héhuǒ rén] 〔日〕有限責任パートナー 〔英〕limited liability partner

有限责任公司 [yǒuxiàn zérèn gōngsī] 〔日〕有限責任会社 〔英〕limited liability company

有限责任会计师事务所 [yǒuxiàn zérèn kuàijìshī shìwùsuǒ] 〔日〕有限責任会計事務所 〔英〕limited liability accounting firm

有效期 [yǒuxiào qī] 〔日〕有効期限 〔英〕effective period

有效性 [yǒuxiào xìng] 〔日〕有効性 〔英〕effectiveness

有形动产 [yǒuxíng dòngchǎn] 〔日〕有形動産 〔英〕movable property

有序的交易 [yǒuxù de jiāoyì] 〔日〕秩序ある取引 〔英〕orderly transaction

与资产相关的补助 [yǔ zīchǎn xiāng guān de bǔzhù] 〔日〕資産に関する補助金 〔英〕grants related to assets

余额 [yú é] 〔日〕残高 〔英〕balance

余额递减法 [yú é dìjiǎn fǎ] 〔日〕逓減残高法 〔英〕reducing balance method

余额管理 [yú é guǎnlǐ] 〔日〕残高管理 〔英〕account balance management

余额核对 [yú é héduì] 〔日〕残高確認 〔英〕verification of balance

娱乐业 [yúlè yè] 〔日〕娯楽業 〔英〕entertainment industry

逾期 [yúqī] 〔日〕延滞 〔英〕overdue

逾期贷款 [yúqī dàikuǎn] 〔日〕期限経過貸付金

[英]overdue loan

逾期利息 [yúqī lìxī] [日]延滞利子 [英]overdue interest

逾期应收账款 [yúqī yīngshōu zhàngkuǎn] [日]期限経過売掛金 [英]overdue receivable

逾期账款 [yúqī zhàngkuǎn] [日]期限経過勘定 [英]overdue account

育儿补助 [yùér bǔzhù] [日]育児手当 [英]child allowance

预备会谈 [yùbèi huìtán] [日]事前相談 [英]pre-filing conference

预测交易 [yùcè jiāoyì] [日]予定取引 [英]forecasted transaction

预测值 [yùcè zhí] [日]予測価値 [英]predictive value

预防性控制 [yùfáng xìng kòngzhì] [日]予防的コントロール [英]preventive control

预付 [yùfù] [日]前払い [英]prepaid

预付保险费 [yùfù bǎoxiǎn fèi] [日]前払保険料 [英]prepaid insurance premium

预付补助款 [yùfù bǔzhù kuǎn] [日]前渡給付金 [英]prepaid compensation

预付服务合同 [yùfù fúwù hétóng] [日]前払式のサービス契約 [英]prepaid service contracts

预付购置设备款 [yùfù gòuzhì shèbèi kuǎn] [日]前払設備費用 [英]prepayments for equipment

预付货款 [yùfù huòkuǎn] [日]貨物代金の前払い [英]prepayment for purchases

预付账款 [yùfù zhàngkuǎn] [日]前払金 [英]prepayment

预付款项 [yùfù kuǎnxiàng] [日]前払項目 [英]prepayment items

预付利息 [yùfù lìxī] [日]前払利息 [英]prepaid interest

预付税款 [yùfù shuìkuǎn] [日]前払税金 [英]prepaid taxes

预付租金 [yùfù zūjīn] [日]前払賃料 [英]prepaid rents

预估坏账 [yùgū huàizhàng] [日]貸倒見積額 [英]estimated amount of bad debts

预计 [yùjì] [日]予測 [英]forecast

预缴 [yùjiǎo] [日]予定納付 [英]advance payment

预缴税申报表 [yùjiǎo shuì shēnbào biǎo] [日]予定納税申告書 [英]tax prepayment return

预缴所得税 [yùjiǎo suǒdé shuì] [日]前払所得税 [英]prepaid income tax

预计波动 [yùjì bōdòng] [日]予想ボラティリティ

[英]estimated volatility

预计财务报表 [yùjì cáiwù bàobiǎo] [日]見積財務諸表 [英]estimated financial statement

预计残值 [yùjì cánzhí] [日]見積残存価額 [英]estimated residual value

预计成本 [yùjì chéngběn] [日]予定原価 [英]estimated cost

预计到港时间 [yùjì dàogǎng shíjiān] [日]入港予定日 [英]estimated time of arrival (ETA)

预计负债 [yùjì fùzhài] [日]見積負債 [英]estimated liability

预计离港日期 [yùjì lígǎng rìqī] [日]出港予定日 [英]estimated time of departure (ETD)

预计利润表 [yùjì lìrùn biǎo] [日]見積損益計算書 [英]projected income statement

预警机制 [yùjǐng jīzhì] [日]事前警告制度 [英]early-warning mechanism

预计使用年限 [yùjì shǐyòng niánxiàn] [日]見積耐用年数 [英]expected useful life

预计现金流量 [yùjì xiànjīn liúliàng] [日]見積将来キャッシュ・フロー [英]projected cash flow

预扣税款收据 [yùkòu shuìkuǎn shōujù] [日]源泉徴収票 [英]withholding tax receipt

预期回报率 [yùqī huíbào lǜ] [日]期待収益率 [英]expected rate of return

预期收益 [yùqī shōuyì] [日]期待収益 [英]expected return

预期收益率 [yùqī shōuyì lǜ] [日]予想利回り率 [英]estimated rate of return

预期效益评价法 [yùqī xiàoyì píngjià fǎ] [日]予測給付評価方式 [英]projected benefit valuation method

预期有效性测试 [yùqī yǒuxiào xìng cèshì] [日]事前の有効性テスト [英]prospective effectiveness test

预期值 [yùqī zhí] [日]期待値 [英]expected value

预收定金销售 [yùshōu dìngjīn xiāoshòu] [日]支払完了時引渡販売 [英]advance deposit sales

预收货款方式 [yùshōu huòkuǎn fāngshì] [日]代金前受販売方式 [英]sales method of advance payment of charge

预收款方式 [yù shōukuǎn fāngshì] [日]前受金方式 [英]advanced payment method

预收账款 [yùshōu zhàngkuǎn] [日]前受金 [英]advance received

预收利息 [yùshōu lìxī] [日]前受利息 [英]interest

received in advance

预收收入 [yùshōu shōurù] 日 前受収益 英 *revenue received in advance*

预收租金 [yùshōu zūjīn] 日 前受賃貸料 英 *rent received in advance*

预算 [yùsuàn] 日 予算 英 *budget*

预算编制 [yùsuàn biānzhì] 日 予算編成 英 *budget compilation*

预算差异 [yùsuàn chāyì] 日 予算差異 英 *budget variance*

预算差异分析 [yùsuàn chāyì fēnxī] 日 予算実績差異分析 英 *budget variance analysis*

预算管理 [yùsuàn guǎnlǐ] 日 予算管理 英 *budget management*

预算控制 [yùsuàn kòngzhì] 日 予算統制 英 *budget control*

预算外支出 [yùsuàn wàizhīchū] 日 予算外支出 英 *off-budget expenditure*

预提费用 [yùtí fèiyòng] 日 未払費用 英 *accrued expense*

预提借款费用 [yùtí jièkuǎn fèiyòng] 日 見積借入費用 英 *estimated borrowing cost*

预提所得税税率 [yùtí suǒdé shuì shuìlǜ] 日 源泉税率 英 *withholding tax rate*

预约定价安排 [yùyuē dìngjià ānpái] 日 事前確認制度 英 *Advance Pricing Agreement* (APA)

预约定价协议年度报告 [yùyuē dìngjià xiéyì niándù bàogào] 日 事前確認年次報告書 英 *advance pricing agreement annual report*

预约销售 [yùyuē xiāoshòu] 日 予約販売 英 *subscription sale*

元数据 [yuán shùjù] 日 メタデータ 英 *metadata*

员工 [yuángōng] 日 従業員 英 *employee*

员工持股计划 [yuángōng chígǔ jìhuà] 日 従業員持株制度 英 *employee stock ownership plan*

员工福利基金 [yuángōng fúlì jījīn] 日 従業員福利厚生基金 英 *employee welfare fund*

员工工资薪水管理规程 [yuángōng gōngzī xīnshuǐ guǎn lǐ guīchéng] 日 賃金給与規程 英 *rules of wages and salaries*

员工股权激励计划 [yuángōng gǔquán jīlì jìhuà] 日 従業員インセンティブストックプラン 英 *employee incentive stock plan*

员工借支 [yuángōng jièzhī] 日 従業員前渡金 英 *advance payment to employees*

员工及其他提供类似服务的人员 [yuángōng jí qítā tígōng lèisì fúwù de rényuán] 日 従業員及び他の類似サービス提供者 英 *employees and others providing similar services*

员工人数 [yuángōng rénshù] 日 従業員数 英 *number of employees*

原材料 [yuáncáiliào] 日 原材料 英 *raw materials*

原材料库存 [yuáncáiliào kùcún] 日 原材料在庫 英 *raw materials stock*

原产地管理 [yuánchǎndì guǎnlǐ] 日 原産地管理 英 *origin management*

原产地证明 [yuánchǎndì zhèngmíng] 日 原産地証明書 英 *certificate of origin* (C/O)

原件 [yuánjiàn] 日 原本 英 *original*

原料用量差异 [yuánliào yòngliàng chāyì] 日 材料数量差異 英 *material quantity variance*

原始分录错误 [yuánshǐ fēnlù cuòwù] 日 原始仕訳の誤り 英 *error of original entry*

原始股 [yuánshǐ gǔ] 日 原始株 英 *original issue stock*

原始凭证 [yuánshǐ píngzhèng] 日 原始証憑 英 *original voucher*

原税率 [yuán shuìlǜ] 日 旧税率 英 *old tax rate*

原值 [yuánzhí] 日 取得原価 英 *historical cost*

源泉扣缴 [yuánquán kòujiǎo] 日 源泉所得税 英 *withholding income tax*

援助物资 [yuánzhù wùzī] 日 援助物資 英 *relief goods*

园区企业 [yuánqū qǐyè] 日 園区企業 英 *enterprises in the park*

远程访问 [yuǎnchéng fǎngwèn] 日 リモートアクセス 英 *remote access*

远期合同 [yuǎnqī hétóng] 日 先渡契約 英 *forward contracts*

远期合约 [yuǎnqī héyuē] 日 レンジ予約 英 *range forward*

远期汇率 [yuǎnqī huìlǜ] 日 先物為替レート 英 *futures rate*

远期汇票 [yuǎnqī huìpiào] 日 ユーザンス手形 英 *usance bill*

远期外汇 [yuǎnqī wàihuì] 日 為替予約 英 *exchange contract*

约定利率 [yuēdìng lìlǜ] 日 約定利率 英 *contract interest rate*

约定日 [yuēdìng rì] 日 約定日 英 date of contract

约定书 [yuēdìng shū] 日 約定書 英 contract

月度采购计划 [yuèdù cǎigòu jìhuà] 日 月次納入計画書 英 monthly delivery plan

月度利润表 [yuèdù lìrùn biǎo] 日 月次損益計算書 英 monthly profit and loss statement

月度资产负债表 [yuèdù zīchǎn fùzhài biǎo] 日 月次貸借対照表 英 monthly balance sheet

月份决算表 [yuèfèn juésuàn biǎo] 日 月次決算書 英 monthly financial statements

月工资 [yuè gōngzī] 日 月額賃金 英 monthly wages

月薪 [yuèxīn] 日 月給 英 monthly salary

云计算 [yún jìsuàn] 日 クラウドコンピューティング 英 cloud computing

允许类项目 [yǔnxǔ lèi xiàngmù] 日 許可類プロジェクト 英 licensed project

运费到付 [yùnfèi dàofù] 日 運賃着払い 英 collectible freight

运输成本 [yùnshū chéngběn] 日 輸送コスト 英 transportation cost

运输代理业务 [yùnshū dàilǐ yèwù] 日 運輸代理業務 英 transportation agent business

运输费 [yùnshū fèi] 日 運送費 英 freight

运输工具 [yùnshū gōngjù] 日 輸送器具 英 transportation equipment

运输合同 [yùnshū hétóng] 日 運送契約 英 carriage contract

运输企业 [yùnshū qǐyè] 日 運輸企業 英 transportation enterprise

运输设备 [yùnshū shèbèi] 日 輸送設備 英 transport equipment

运送 [yùnsòng] 日 輸送 英 transportation

运行状况 [yùnxíng zhuàngkuàng] 日 運用状況 英 operation status

运营 [yùnyíng] 日 運営 英 operation

运营成本 [yùnyíng chéngběn] 日 運営コスト 英 operating cost

运营费用 [yùnyíng fèiyòng] 日 運営費用 英 operating expense

运营尽职调查 [yùnyíng jìnzhí diàochá] 日 オペレーショナルデューデリジェンス 英 operational due diligence

运营控制 [yùnyíng kòngzhì] 日 運営コントロール 英 operational control

运营人员 [yùnyíng rényuán] 日 運営人員 英 operational officer

运营收入 [yùnyíng shōurù] 日 運営収入 英 operating income

运营守则 [yùnyíng shǒuzé] 日 運営規則 英 regulations for operating

运营支出 [yùnyíng zhīchū] 日 運営支出 英 operating expenditure

Z

杂费 [záfèi] 日 雑費 英 miscellaneous expense

杂项收入 [záxiàng shōurù] 日 雑収入 英 miscellaneous income

杂项损失 [záxiàng sǔnshī] 日 雑損失 英 miscellaneous losses

灾害损失 [zāihài sǔnshī] 日 災害損失 英 disaster loss

再保险公司 [zài bǎoxiǎn gōngsī] 日 再保険会社 英 reinsurance company

再保险合同 [zài bǎoxiǎn hétóng] 日 再保険契約 英 reinsurance contract

再保险人 [zài bǎoxiǎn rén] 日 再保険者 英 reinsurer

再保险资产 [zài bǎoxiǎn zīchǎn] 日 再保険資産 英 reinsurance assets

再投资 [zài tóuzī] 日 再投資 英 reinvestment

再投资退税 [zài tóuzī tuìshuì] 日 再投資による税額還付 英 tax refund on reinvestment

再销售 [zài xiāoshòu] 日 再販売 英 resell

再销售价格法 [zài xiāoshòu jiàgé fǎ] 日 再販売価格基準法 英 resale price method

再销售价格毛利 [zài xiāoshòu jiàgé máolì] 日 再販売価格マージン 英 resale price margin

在场 [zàichǎng] 日 立会 英 observation

在产品 [zàichǎn pǐn] 日 仕掛品 英 work in process

在建工程 [zàijiàn gōngchéng] 日 建設仮勘定 英 construction in progress

在建工程减值准备 [zàijiàn gōngchéng jiǎnzhí zhǔnbèi] 日 建設仮勘定減損引当金 英 allowance for impairment for construction in progress

在留天数 [zàiliú tiān shù] 日 滞在日数 英 visit duration

在留资格认定证明书 [zàiliú zīgé rèndìng zhèngmíng shū] 日 在留証明書 英 certificate of residence

在途物资 [zàitú wùzī] 日 未着品 英 goods in transit

在途现金 [zàitú xiànjīn] 日 未達現金 英 cash in transit

在途原材料 [zàitú yuáncáiliào] 日 未達原材料 英 materials and supplies in transit

在途支票 [zàitú zhīpiào] 日 未着小切手 英 check in transit

在线 [zàixiàn] 日 オンライン 英 online

在线服务 [zàixiàn fúwù] 日 オンラインサービス 英 online service

在线购物 [zàixiàn gòuwù] 日 オンラインショッピング 英 online shopping

在线交易 [zàixiàn jiāoyì] 日 オンライン取引 英 online transaction

在中国境内就业的外国人参加社会保险暂行办法 [zài zhōngguó jìngnèi jiùyè wàiguó rén cānjiā shèbǎo zànxíng bànfǎ] 日 社会保険外国人暫行弁法 英 Interim Measures for Social Insurance System Coverage of Foreigners Working within the Territory of China

载重量 [zàizhòng liàng] 日 積載量 英 load capacity

暂定税率 [zàndìng shuìlǜ] 日 暫定税率 英 provisional tax rate

暂付款 [zànfù kuǎn] 日 仮払金 英 suspense payment

暂估价值 [zàngū jiàzhí] 日 暫定見積価値 英 provisional valuation

暂估入账 [zàngū rùzhàng] 日 見積計上 英 estimated recognition

暂缓征收 [zànhuǎn zhēngshōu] 日 徴収延期 英 postpone of collection

暂记账户 [zànjì zhànghù] 日 仮勘定 英 suspense account

暂时性差异 [zànshí xìng chāyì] 日 一時差異 英 temporary difference

暂时性控制 [zànshí xìng kòngzhì] 日 一時的な支配 英 temporary control

暂收款 [zànshōu kuǎn] 日 仮受金 英 suspense receipts

暂停资本化 [zàntíng zīběn huà] 日 資産化の中断 英 suspension of capitalization

暂住证 [zànzhù zhèng] 日 暫定住所証明書 英 temporary residence permit

赞助 [zànzhù] 日 賛助 英 sponsor

赞助费 [zànzhù fèi] 日 賛助支出 英 sponsorship fee

责令改正 [zéling gǎizhèng] 日 是正命令 英 corrective order

责令限期改正通知书 [zéling xiànqī gǎizhèng tōngzhī shū] 日 期限付き是正命令通知書 英 notice of correction order with a limited term

责令限期申报 [zéling xiànqī shēnbào] 日 納税申告の期限命令 英 dead line of tax return

责任划分 [zérèn huàfēn] 日 責任の分離 英 separation of responsibility

增加值 [zēngjiā zhí] 日 増加価値 英 increased value

增量借款利率 [zēngliàng jièkuǎn lìlǜ] 日 追加借入利子率 英 incremental borrowing rate of interest

增税 [zēngshuì] 日 増税 英 tax increase

增长率 [zēngzhǎng lǜ] 日 成長率 英 growth rate

增长潜力 [zēngzhǎng qiánlì] 日 成長潜在力 英 growth potential

增值税 [zēngzhí shuì] 日 増値税 英 value added tax (VAT)

增值税出口退税政策 [zēngzhí shuì chūkǒu tuìshuì zhèngcè] 日 増値税の輸出還付制度 英 export refund system of value added tax (VAT)

增值税防伪税控系统 [zēngzhí shuì fángwěi shuìkòng xìtǒng] 日 増値税偽造防止税金統制システム 英 value added tax (VAT) anti-counterfeiting tax control system

增值税改革 [zēngzhí shuì gǎigé] 日 増値税改革 英 value added tax (VAT) reform

增值税改革试点方案 [zēngzhí shuì gǎigé shìdiǎn fāng àn] 日 増値税改革パイロットプログラム 英 value added tax (VAT) transformational pilot program

增值税进项 [zēngzhí shuì jìnxiàng] 日 仕入増値税 英 input value added tax (VAT)

增值税进项税额抵扣 [zēngzhí shuì jìnxiàng shuì é dǐkòu] 日 増値税仕入税額控除 英 input value added tax (VAT) deduction

增值税进项税款 [zēngzhí shuì jìnxiàng shuìkuǎn] 日 増値税の仕入税額 英 input value added tax (VAT)

增值税扣税凭证 [zēngzhí shuì kòushuì píngzhèng] 日 増値税控除証憑 英 value added tax (VAT) deduction invoice

增值税免税政策 [zēngzhí shuì miǎnshuì zhèngcè] 日 増値税免税政策 英 value added tax (VAT) exemption policy

增值税纳税申报表 [zēngzhí shuì nàshuì shēnbào biǎo] 日 増値税納税申告表（書）英 value added tax (VAT) filing form

增值税退税（免税）政策 [zēngzhí shuì tuìshuì (miǎnshuì) zhèngcè] 日 増値税還付（免除）制度 英 value added tax (VAT) refund (exemption) system

增值税退税率 [zēngzhí shuì tuìshuì lǜ] 日 増値税還付率 英 value added tax (VAT) refund rate

增值税小规模纳税人 [zēngzhí shuì xiǎo guīmó nàshuì rén] 日 増値税小規模納税者 英 small scale value added tax (VAT) tax payers

增值税销项税额 [zēngzhí shuì xiāoxiàng shuì é] 日 売上増値税 英 output value added tax

增值税一般纳税人 [zēngzhí shuì yībān nàshuì rén] 日 増値税一般納税者 英 value added tax (VAT) general tax payer

增值税应税交易 [zēngzhí shuì yìngshuì jiāoyì] 日 増値税課税取引 英 value added tax (VAT) taxable transaction

增值税专用发票 [zēngzhí shuì zhuānyòng fāpiào] 日 増値税専用発票 英 value added tax (VAT) special invoice

增值通信服务 [zēngzhí tōngxìn fúwù] 日 追加価値通信サービス 英 telecom value added service

增资扩股 [zēngzī kuògǔ] 日 増資 英 capital increase

增资协议 [zēngzī xiéyì] 日 増資協議書（契約書）英 capital increase agreement

赠与 [zèngyǔ] 日 贈与 英 donation

赠与合同 [zèngyǔ hétóng] 日 贈与契約 英 donation contract

债权 [zhàiquán] 日 債権 英 receivable

债券 [zhàiquàn] 日 債券 英 bond

债权比例 [zhàiquán bǐlì] 日 債務資本比率 英 debt to equity ratio

债权登记 [zhàiquán dēngjì] 日 債権登記 英 registration of claim

债券发行成本 [zhàiquàn fāxíng chéngběn] 日 債券発行費用 英 bond issuance cost

债券发行价格 [zhàiquàn fāxíng jiàgé] 日 債券発行価格 英 bond issue price

债券发行人 [zhàiquàn fāxíng rén] 日 債券発行者 英 bond issuer

债券价格 [zhàiquàn jiàgé] 日 債券価格 英 bond price

债权交易 [zhàiquán jiāoyì] 日 債権取引 英 transaction of creditor's right

债券利息 [zhàiquàn lìxī] 日 債券利息 英 bond interest

债券面值 [zhàiquàn miànzhí] 日 債券額面額 英 face value of bond

债权人 [zhàiquán rén] 日 債権者 英 creditor

债权人会议 [zhàiquán rén huìyì] 日 債権者会議 英 creditors' meeting

债券投资 [zhàiquàn tóuzī] 日 債券投資 英 investment in bond

债权性投资 [zhàiquán xìng tóuzī] 日 債権性投資 英 debt investment

债权性投资收入 [zhàiquán xìng tóuzīshōu rù] 日 債権性投資収入 英 income from debt investment

债券溢价 [zhàiquàn yìjià] 日 社債発行差金 英 premium on bond

债权债务 [zhàiquán zhàiwù] 日 債権債務 英 debt and credit

债券折价 [zhàiquàn zhéjià] 日 債券割引 英 bond discount

债券资本比率 [zhàiquàn zīběn bǐlǜ] 日 債券資本比率 英 bond ratio

债务 [zhàiwù] 日 債務 英 debt

债务保证损失准备金 [zhàiwù bǎozhèng sǔnshī zhǔnbèijīn] 日 債務保証損失引当金 英 allowance for loss on guarantees

债务重组 [zhàiwù chóngzǔ] 日 債務再編 英 debt restructuring

债务重组协议 [zhàiwù chóngzǔ xiéyì] 日 債務再編協議書 英 debt restructuring agreement

债务工具 [zhàiwù gōngjù] 日 負債性金融商品 英 debt instrument

债务股权置换 [zhàiwù gǔquán zhìhuàn] 日 デットエクイティスワップ 英 debt equity swap

债务清偿 [zhàiwù qīngcháng] 日 債務の返済 英 repayment of debt

债务清偿方式 [zhàiwù qīngcháng fāngshì] 日 債務弁済方式 英 debt settlement method

债务人 [zhàiwù rén] 日 債務者 英 debtor

债务条件 [zhàiwù tiáojiàn] 日 債務条件 英 debt

condition

债务相互抵消 [zhàiwù xiānghù dǐxiāo] 日 債務の相殺 英 *offset of debts*

债务转为资本 [zhàiwù zhuǎnwéi zīběn] 日 債務の資本化 英 *debt-to-capital swap*

债转股 [zhàizhuǎn gū] 日 債務の株式化 英 *debt-to-equity swap*

Z

占用耕地补偿制度 [zhànyòng gēngdì bǔcháng zhìdù] 日 耕地占有補償制度 英 *farmland occupation compensation system*

战略成本管理 [zhànlüè chéngběn guǎnlǐ] 日 戦略的原価管理 英 *strategic cost management*

战略投资家 [zhànlüè tóuzī jiā] 日 戦略投資家 英 *strategic investor*

展览费 [zhǎnlǎn fèi] 日 展示会費 英 *exhibition expense*

涨价 [zhǎngjià] 日 価格引上げ 英 *price hike*

账簿 [zhàngbù] 日 帳簿 英 *account book*

账户 [zhànghù] 日 口座 英 *account*

账户余额明细表 [zhànghù yú é míngxì biǎo] 日 勘定残高明細表 英 *breakdown of account balance*

账龄表 [zhànglíng biǎo] 日 年齢表 英 *aging list*

账龄分析 [zhànglíng fēnxī] 日 年数調べ 英 *aging analysis*

账龄分析表 [zhànglíng fēnxī biǎo] 日 年齢調べ表 英 *aging analysis schedule*

账龄分析法 [zhànglíng fēnxī fǎ] 日 年齢分析法 英 *aging analysis method*

账面价值 [zhàngmiàn jiàzhí] 日 帳簿価額 英 *book value*

账面价值调整法 [zhàngmiàn jiàzhí tiáozhěng fǎ] 日 簿価修正法 英 *adjusted book value method*

账面价值总额 [zhàngmiàn jiàzhí zǒng é] 日 簿価総額 英 *total book value*

账面净值 [zhàngmiàn jìngzhí] 日 純帳簿価額 英 *net book value*

账面库存 [zhàngmiàn kùcún] 日 帳簿在庫 英 *book inventory*

账面原值 [zhàngmiàn yuánzhí] 日 帳簿原価 英 *recorded cost*

账面余额 [zhàngmiàn yú é] 日 帳簿残高 英 *carrying amount*

账外活动 [zhàngwài huódòng] 日 簿外活動 英 *off-balance-sheet activities*

账外交易 [zhàngwài jiāoyì] 日 簿外取引 英 *off-balance-sheet transaction*

账外项目 [zhàngwài xiàngmù] 日 簿外項目 英 *off-balance-sheet item (operation)*

账外业务 [zhàngwài yèwù] 日 簿外業務 英 *off-balance-sheet business*

账外债务 [zhàngwài zhàiwù] 日 簿外債務 英 *off-balance-sheet liability*

账外资产 [zhàngwài zīchǎn] 日 簿外資産 英 *off-balance-sheet assets*

账务记录 [zhàngwù jìlù] 日 帳簿記録 英 *accounting record*

招标 [zhāobiāo] 日 入札募集 英 *invitaion for tender*

招待费 [zhāodài fèi] 日 接待費 英 *entertainment expense*

招股机制 [zhāogǔ jīzhì] 日 株式公募メカニズム 英 *offering mechanism*

招股说明书 [zhāogǔ shuōmíng shū] 日 株主募集説明書 英 *prospectus*

招股意向书 [zhāogǔ yìxiàng shū] 日 目論見書 英 *prospectus*

兆字节 [zhào zìjié] 日 メガバイト 英 *megabyte* (MB)

折分公司 [zhéfēn gōngsī] 日 スピンオフ 英 *spin-off*

折价 [zhéjià] 日 割引価格 英 *discounted price*

折旧 [zhéjiù] 日 減価償却 英 *depreciation*

折旧方法 [zhéjiù fāngfǎ] 日 減価償却方法 英 *depreciation method*

折旧费用 [zhéjiù fèiyòng] 日 減価償却費 英 *depreciation expense*

折旧率 [zhéjiù lǜ] 日 減価償却率 英 *depreciation rate*

折旧年限 [zhéjiù niánxiàn] 日 償却年数 英 *depreciation period*

折扣 [zhékòu] 日 割引 英 *discount*

折算 [zhésuàn] 日 換算 英 *conversion*

折算汇率 [zhésuàn huìlǜ] 日 換算レート 英 *foreign exchange rate*

折现金额 [zhéxiàn jīn é] 日 割引現在価額 英 *discounted amount*

折现现金流量法 [zhéxiàn xiànjīn liúliàng fǎ] 日 ディスカウントキャッシュ・フロー法 英 *discounted cash flow method* (DCF)

折现值 [zhéxiàn zhí] 日 割引現在価値 英 discounted present value

征收管理 [zhēngshōu guǎnlǐ] 日 徴収管理 英 collection management

征税 [zhēngshuì] 日 課税 英 taxation

征税对象 [zhēngshuì duìxiàng] 日 課税対象 英 taxable item

征税方法 [zhēngshuì fāngfǎ] 日 徴税方法 英 collection method

征税范围 [zhēngshuì fànwéi] 日 課税範囲 英 scope of taxation

征税年度 [zhēngshuì niándù] 日 課税年度 英 taxable year

征税权 [zhēngshuì quán] 日 徴税権 英 power of tax collection

征税收入的计算 [zhēngshuì shōurù de jìsuàn] 日 益金の計算 英 taxable revenue calculation

征兆 [zhēngzhào] 日 兆候 英 indication

整体持仓 [zhěngtǐ chícāng] 日 総合的なポジション 英 overall position

正常股利 [zhèngcháng gǔlì] 日 普通配当 英 regular dividend

正常价值 [zhèngcháng jiàzhí] 日 正常価値 英 normal value

正常经营活动 [zhèngcháng jīngyíng huódòng] 日 経常の事業活動 英 normal operating activities

正常利润率 [zhèngcháng lìrùn lǜ] 日 正常利益率 英 normal profit rate

正常营业周期基准 [zhèngcháng yíngyè zhōuqī jīzhǔn] 日 正常営業循環基準 英 normal operating cycle rule

正式牌价 [zhèngshì páijià] 日 公定相場 英 official quotation price

证据确凿 [zhèngjù quèzáo] 日 確実な証拠 英 reliable evidence

证券 [zhèngquàn] 日 証券 英 securities

证券承销业务 [zhèngquàn chéngxiāo yèwù] 日 証券引受業務 英 securities underwriting service

证券代销 [zhèngquàn dàixiāo] 日 証券の代理販売 英 security sales by agent

证券登记结算机构 [zhèngquàn dēngjì jiésuàn jīgòu] 日 証券登記及び決済を行う専門機構 英 securities registration and clearing institution

证券发行 [zhèngquàn fāxíng] 日 証券の発行 英 securities offering

证券公司 [zhèngquàn gōngsī] 日 証券会社 英 securities company

证券交易 [zhèngquàn jiāoyì] 日 証券取引 英 security transaction

证券交易市场 [zhèngquàn jiāoyì shìchǎng] 日 証券取引市場 英 stock exchange market

证券交易所 [zhèngquàn jiāoyì suǒ] 日 株式証券取引所 英 stock exchange

证券交易印花税 [zhèngquàn jiāoyì yìnhuā shuì] 日 証券取引印紙税 英 stamp duty on stock transaction

证券经营资格 [zhèngquàn jīngyíng zīgé] 日 証券業経営資格 英 qualification for securities business

证券清算款 [zhèngquàn qīngsuàn kuǎn] 日 証券決済金 英 settlement of securities transaction

证券市场 [zhèngquàn shìchǎng] 日 証券市場 英 securities market

证券投资基金 [zhèngquàn tóuzī jījīn] 日 証券投資基金 英 securities investment fund

证券投资基金公司 [zhèngquàn tóuzī jījīn gōngsī] 日 証券投資ファンド会社 英 investment fund company

证券投资业务许可证 [zhèngquàn tóuzī yèwù xǔkě zhèng] 日 証券投資業務許可証 英 securities investment license

证券投资咨询机构 [zhèngquàn tóuzī zīxún jīgòu] 日 証券投資コンサルティング機構 英 securities investment consulting agency

证券业协会 [zhèngquàn yè xiéhuì] 日 証券業協会 英 securities association

证券账户 [zhèngquàn zhànghù] 日 証券取引口座 英 security transaction account

证书 [zhèngshū] 日 証明書 英 certificate

证税价格 [zhèngshuì jiàgé] 日 課税価格 英 dutiable value

政策性贷款 [zhèngcè xìng dàikuǎn] 日 政策性貸付金 英 policy-related loan

政府 [zhèngfǔ] 日 政府 英 government

政府补助金 [zhèngfǔ bǔzhù jīn] 日 政府補助金 英 government subsidy

政府定价 [zhèngfǔ dìngjià] 日 政府指定価格 英 government specified price

政府关联基金 [zhèngfǔ guānlián jījīn] 日 政府関連基金 英 government related fund

政府关联企业 [zhèngfǔ guānlián qǐyè] 日 政府関連企業 英 government related entity

政府间协议 [zhèngfǔ jiān xiéyì] 日 政府間協定 英 intergovernmental agreement (IGA)

政府审计 [zhèngfǔ shěnjì] 日 公会計監査 英 public accounting audit

政府性基金 [zhèngfǔ xìng jījīn] 日 政府性基金 英 government related fund

政府援助 [zhèngfǔ yuánzhù] 日 政府援助 英 government assistance

政府债券 [zhèngfǔ zhàiquàn] 日 政府債券 英 government bond

支出 [zhīchū] 日 支出 英 payment

支出审批权限矩阵 [zhīchū shěnpī quánxiàn jǔzhèn] 日 支出承認マトリックス 英 spending authority matrix

支付承诺 [zhīfù chéngnuò] 日 支払承諾 英 acceptance and guarantee

支付费用 [zhīfù fèiyòng] 日 費用の支払 英 payment of expense

支付困难 [zhīfù kùnnán] 日 支払困難 英 payment difficulties

支付请款单 [zhīfù qǐngkuǎn dān] 日 支払申請書 英 payment request form

支付申请 [zhīfù shēnqǐng] 日 支払依頼 英 payment requisition

支付现金 [zhīfù xiànjīn] 日 現金払い 英 cash payment

支配力 [zhīpèi lì] 日 支配力 英 control power

支票 [zhīpiào] 日 小切手 英 check

支票簿 [zhīpiào bù] 日 小切手帳 英 check book

支票出票人 [zhīpiào chūpiào rén] 日 小切手振出人 英 check drawer

支票存根 [zhīpiào cúngēn] 日 小切手等の控え 英 check stub

知识产权 [zhīshí chǎnquán] 日 知的財産権 英 intellectual property

知识产权保护 [zhīshí chǎnquán bǎohù] 日 知的財産権の保護 英 intellectual property protection

执行董事 [zhíxíng dǒngshì] 日 執行董事 英 executive director

执业证书 [zhíyè zhèngshū] 日 業務執行証書 英 certificate to practice

直接报告 [zhíjiē bàogào] 日 ダイレクトレポーティング 英 direct reporting

直接材料 [zhíjiē cáiliào] 日 直接材料 英 direct materials

直接材料费 [zhíjiē cáiliào fèi] 日 直接材料費 英 direct material expense

直接成本 [zhíjiē chéngběn] 日 直接原価 英 direct cost

直接成本计算 [zhíjiē chéngběn jìsuàn] 日 直接原価計算 英 direct cost accounting

直接冲销法 [zhíjiē chōngxiāo fǎ] 日 直接減額法 英 direct write-off method

直接出口 [zhíjiē chūkǒu] 日 直接輸出 英 direct export

直接法 [zhíjiē fǎ] 日 直接法 英 direct method

直接费用 [zhíjiē fèiyòng] 日 直接費 英 direct expense

直接控制 [zhíjiē kòngzhì] 日 直接支配 英 direct control

直接扣除法 [zhíjiē kòuchú fǎ] 日 直接控除法 英 direct write-off method

直接劳务费 [zhíjiē láowù fèi] 日 直接労務費 英 direct labor cost

直接收购 [zhíjiē shōugòu] 日 直接買付 英 direct purchase

直接收款方式 [zhíjiē shōukuǎn fāngshì] 日 直接代金回収方式 英 direct collection system

直接税 [zhíjiē shuì] 日 直接税 英 direct tax

直接投资 [zhíjiē tóuzī] 日 直接投資 英 direct investment

直接制造费用 [zhíjiē zhìzào fèiyòng] 日 製造直接費 英 manufacturing direct cost

直接租赁 [zhíjiē zūlìn] 日 直接リース 英 direct lease

直线法 [zhíxiàn fǎ] 日 定額法 英 straight-line depreciation

直线折旧法 [zhíxiàn zhéjiù fǎ] 日 定額償却法 英 straight-line depreciation

直辖市 [zhíxiá shì] 日 直轄市 英 direct-controlled municipality

直运 [zhíyùn] 日 ドロップシッピング 英 drop shipping

职工安置计划 [zhígōng ānzhì jìhuà] 日 従業員配置計画 英 employee assignment plan

职工大会 [zhígōng dàhuì] 日 従業員総会 英 employees conference

职工代表 [zhígōng dàibiǎo] 日 従業員代表 英 employees' representative

职工代表大会 [zhígōng dàibiǎo dàhuì] 日 従業員代表総会 英 employees' representatives conference

职工福利费 [zhígōng fúlì fèi] 日 従業員福利費 英 employee welfare expense

职工福利费支出 [zhígōng fúlì fèi zhīchū] 日 従業員福利費支出 英 employee welfare expenditure

职工福利基金 [zhígōng fúlì jījīn] 日 労働組合福祉基金 英 labor union welfare fund

职工奖励及福利基金 [zhígōng jiǎnglì jí fúlì jījīn] 日 従業員奨励福利基金 英 employees bonus and welfare fund

职工教育经费 [zhígōng jiàoyù jīngfèi] 日 従業員教育経費 英 expense for education and training of employees

职工集体福利 [zhígōng jítǐ fúlì] 日 従業員集団福利 英 employee welfare

职工认股权 [zhígōng rèngǔ quán] 日 従業員の新株引受権 英 employees stock purchase warrant

职工薪酬 [zhígōng xīnchóu] 日 従業員報酬 英 employee compensation

职工薪水 [zhígōng xīnshuǐ] 日 職員給与 英 employee salary

职工医疗保险 [zhígōng yīliáo bǎoxiǎn] 日 従業員医療保険 英 employee's medical insurance

职权 [zhíquán] 日 職権 英 authority

职务分离 [zhíwù fēnlí] 日 職務の分離 英 segregation of duties

职务分配表 [zhíwù fēnpèi biǎo] 日 職務分担表 英 segregation of duties list

职务侵占 [zhíwù qīnzhàn] 日 職務を利用した横領 英 misappropriation by using job authority

职业 [zhíyè] 日 職業 英 occupation

职业病 [zhíyè bìng] 日 職業病 英 occupational disease

职业道德规范 [zhíyè dàodé guīfàn] 日 職業倫理規則 英 professional ethics regulations

职业培训 [zhíyè péixùn] 日 職業訓練 英 job training

职责 [zhízé] 日 職責 英 job responsibility

职责权限 [zhízé quánxiàn] 日 職責及び権限 英 job responsibility and authority

职责权限规章制度 [zhízé quánxiàn guīzhāng zhìdù] 日 職務権限規程 英 job responsibility and authority rules

只读存储器 [zhǐdú cúnchǔ qì] 日 リードオンリーメモリー 英 read-only memory (ROM)

指定用途的贷款 [zhǐdìng yòngtú de dàikuǎn] 日 ひも付融資 英 tied loan

指南 [zhǐnán] 日 ガイドライン 英 guideline

指数 [zhǐshù] 日 インデックス 英 index

指数型基金 [zhǐshù xíng jījīn] 日 インデックスファンド 英 index fund

指引 [zhǐyǐn] 日 基準案 英 guide

制衡机制 [zhìhéng jīzhì] 日 チェックアンドバランスシステム 英 check-and-balance system

制造部检查员 [zhìzào bù jiǎnchá yuán] 日 製造部検査員 英 manufacture department inspector

制造部门 [zhìzào bùmén] 日 製造部門 英 manufacture department

制造部收货人员 [zhìzào bù shōuhuò rényuán] 日 製造部荷受人員 英 manufacture department receiver

制造部作业员 [zhìzào bù zuòyè yuán] 日 製造部作業員 英 manufacture department operator

制造成本 [zhìzào chéngběn] 日 製造原価 英 cost of goods manufactured (CGM)

制造费用 [zhìzào fèiyòng] 日 製造費用 英 manufacturing cost

制造及销售 [zhìzào jí xiāoshòu] 日 製造及び販売 英 manufacturing and distribution

制造批发商 [zhìzào pīfā shāng] 日 製造問屋 英 manufacturing wholesaler

制造业 [zhìzào yè] 日 製造業 英 manufacturing industry

质的 [zhìde] 日 質的 英 qualitative

质量 [zhìliàng] 日 品質 英 quality

质量检查 [zhìliàng jiǎnchá] 日 品質検査 英 quality inspection

质量记录表 [zhìliàng jìlù biǎo] 日 品質記録簿 英 quality record sheet

质量控制 [zhìliàng kòngzhì] 日 品質管理 英 quality control

质权 [zhìquán] 日 質権 英 pledge

质权人 [zhìquán rén] 日 質権者 英 pledgee

质押贷款 [zhìyā dàikuǎn] 日 質権担保付貸出金 英 pledge loan

质押合同 [zhìyā hétóng] 日 質権設定契約書 英 pledge agreement

智能手机 [zhìnéng shǒujī] 日 スマートフォン 英 smart phone

滞纳 [zhìnà] 日 滞納 英 delinquency

滞纳金 [zhìnà jīn] 日 延滞金 英 fine for delayed payment

滞纳税款 [zhìnà shuìkuǎn] 日 滞納税金 英 delinquent tax

滞销 [zhìxiāo] 日 販売停滞 英 sales slump

滞胀 [zhìzhàng] 日 スタグフレーション 英 stagflation

中方合营者 [zhōngfāng héyíng zhě] 日 合弁企業中国側パートナー 英 Chinese partner of a joint venture

中方控股 [zhōngfāng kòng gǔ] 日 中国側持分 英 Chinese ownership

中国保险监督管理委员会 [zhōngguó bǎoxiǎn jiāndū guǎnlǐ wěiyuán huì] 日 中国保険監督管理委員会 英 China Insurance Regulatory Commission (CIRC)

中国大陆市场 [zhōngguó dàlù shìchǎng] 日 中国本土市場 英 China's mainland market

中国大陆・香港经济贸易紧密化协定 [zhōngguó dàlù xiānggǎng jīngjì màoyì jǐnmì huà xiédìng] 日 中国本土・香港間経済貿易緊密化協定 英 Closer Economic Partnership Agreement between Hong Kong and China (CEPA)

中国境内公司 [zhōngguó jìngnèi gōngsī] 日 中国国内会社 英 Chinese domestic company

中国会计学会 [zhōngguó kuàijì xuéhuì] 日 中国会計学会 英 China Accounting Society

中国企业内部控制基本规范 [zhōngguó qǐyè nèibù kòngzhì jīběn guīfàn] 日 C-SOX 英 C-SOX

中国人民银行 [zhōngguó rénmín yínháng] 日 中国人民銀行 英 People's Bank of China

中国银行业监督管理委员会 [zhōngguó yínháng yè jiāndū guǎnlǐ wěiyuán huì] 日 中国銀行業監督管理委員会 英 China Banking Regulatory Commission (CBRC)

中国证券发行审核委员会 [zhōngguó zhèngquàn fāxíng shěnhé wěiyuán huì] 日 中国の証券発行に関する審査委員会 英 China Securities Regulatory Commission (CSRC)

中国证券监督管理委员会 [zhōngguó zhèngquàn jiāndū guǎnlǐwěiyuán huì] 日 中国証券監督管理委員会 英 China Securities Regulatory Commission (CSRC)

中国注册会计师协会 [zhōngguó zhùcè kuàijì shī xiéhuì] 日 中国公認会計士協会 英 Chinese Institute of Certified Public Accountants (CICPA)

中华全国总工会 [zhōnghuá quánguó zǒng gōnghuì] 日 中華全国総労働組合 英 All China Federation of Trade Unions

中华人民共和国会计法 [zhōnghuá rénmín gònghéguó kuàijì fǎ] 日 中華人民共和国会計法 英 Accounting Law of the People's Republic of China

中华人民共和国香港特别行政区 [zhōnghuá rénmín gònghéguó xiāng gǎng tèbié xíngzhèng qū] 日 中華人民共和国香港特別行政区 英 Hong Kong special administrative region of the People's Republic of China

中间产品 [zhōngjiān chǎnpǐn] 日 中間財 英 intermediate goods

中间价 [zhōngjiān jià] 日 仲値 英 median price

中间控股公司 [zhōngjiān kònggǔ gōngsī] 日 中間持株会社 英 intermediate holding company

中间业务 [zhōngjiān yèwù] 日 中間業務 英 intermediary service

中间值 [zhōngjiānzhí] 日 中間値 英 median

中介服务业 [zhōngjiè fúwù yè] 日 仲介サービス業 英 intermediary services

中期 [zhōngqī] 日 中間期 英 interim

中期报告 [zhōngqī bàogào] 日 中間報告書 英 interim report

中期财务报表 [zhōngqī cáiwù bàobiǎo] 日 中間財務諸表 英 interim financial statements

中期股利额 [zhōngqī gǔlì é] 日 中間配当金 英 interim dividend

中期决算 [zhōngqī juésuàn] 日 中間決算 英 interim closing

中期利润表 [zhōngqī lìrùn biǎo] 日 中間損益計算書 英 interim income statement

中期审计 [zhōngqī shěnjì] 日 中間監査 英 interim audit

中日税收协定 [zhōngrì shuìshōu xiédìng] 日 日中租税条約 英 China-Japan Tax Treaty

中外合资经营企业 [zhōngwài hézī jīngyíng qǐyè] 日 中外合弁経営企業 英 People's Republic of China on Sino-foreign equity joint venture

中外合作经营企业 [zhōngwài hézuò jīngyíng qǐyè] 日 中外合作経営企業 英 People's Republic of

China on Sino-foreign contractual joint venture

中位数 [zhōngwèishù] 日 中位数 英 median

中位值 [zhōngwèizhí] 日 中央値 英 median

中小企业 [zhōngxiǎo qǐyè] 日 中小企業 英 small and medium-sized Enterprises (SME)

中小企业板 [zhōngxiǎo qǐyè bǎn] 日 中小企業証券市場 英 board for small and medium-sized companies

中小型企业划分标准 [zhōngxiǎo xíng qǐyè huàfēn biāozhǔn] 日 中型小型企業分類規定 英 Small and medium-sized enterprise classification rules

中西部地区 [zhōngxī bù dìqū] 日 中西部地域 英 midwest region

中西部地区外商投资优势产业目录 [zhōngxī bù dìqū wàishāng tóuzī yōushì chǎnyè mùlù] 日 中西部地区外商投資優位性産業目録 英 catalogue for the guidance of foreign investment industries in midwest region

中西部项目 [zhōngxī bù dìqū xiàngmù] 日 中西部プロジェクト 英 midwest regional project

中央财政 [zhōngyāng cáizhèng] 日 中央財政 英 central finance

中央地方共享税 [zhōngyāng dìfāng gòngxiǎng shuì] 日 中央地方共通税 英 common tax with central and local government

中央收入 [zhōngyāng shōurù] 日 中央の税収入 英 central government revenue

中央银行 [zhōngyāng yínháng] 日 中央銀行 英 central bank

中央银行贴现率 [zhōngyāng yínháng tiēxiàn lǜ] 日 公定歩合 英 central bank discount rate

终止雇佣合约通知书 [zhōngzhǐ gùyōng héyuē tōngzhī shū] 日 雇用終了通知 英 notification of termination of an employment contract

终止确认 [zhōngzhǐ quèrèn] 日 認識の中止 英 derecognition

中标 [zhòngbiāo] 日 落札 英 successful bid

仲裁 [zhòngcái] 日 仲裁 英 arbitration

仲裁裁决 [zhòngcái cáijué] 日 仲裁裁決 英 arbitration decision

仲裁机构 [zhòngcái jīgòu] 日 仲裁機構 英 arbitration institution

仲裁条款 [zhòngcái tiáokuǎn] 日 仲裁条項 英 arbitration articles

仲裁协议 [zhòngcái xiéyì] 日 仲裁協議 英 arbitration agreement

重大错报 [zhòngdà cuòbào] 日 重要な虚偽記載 英 material misstatement

重大错报风险 [zhòngdà cuòbào fēngxiǎn] 日 重要な虚偽表示のリスク 英 risk of material misstatement

重大的缺陷 [zhòngdà de quēxiàn] 日 重大な欠陥 英 material weakness

重大影响 [zhòngdà yǐngxiǎng] 日 重要な影響力 英 significant influence

重点调查对象企业 [zhòngdiǎn diàochá duìxiàng qǐyè] 日 重点調査対象企業 英 key inspection target enterprise

重点监督管理目录 [zhòngdiǎn jiāndū guǎnlǐmùlù] 日 重点監督管理リスト 英 key supervision management list

重要的 [zhòngyào de] 日 重大な 英 significant

重要前提条件 [zhòngyào qiántí tiáojiàn] 日 重要な前提条件 英 critical assumptions

重要性 [zhòngyào xìng] 日 重要性 英 materiality

重要性原则 [zhòngyào xìng yuánzé] 日 重要性原則 英 principle of materiality

周知 [zhōuzhī] 日 周知 英 common knowledge

周转材料 [zhōuzhuǎn cáiliào] 日 回転材料 英 turnover materials

周转率 [zhōuzhuǎn lǜ] 日 回転率 英 turnover ratio

周转期 [zhōuzhuǎn qī] 日 回転期間 英 turnover period

周转资金 [zhōuzhuǎn zījīn] 日 回転資金 英 working capital

主板 [zhǔbǎn] 日 メインボード 英 mainboard

主板市场 [zhǔbǎn shìchǎng] 日 メインボード市場 英 mainboard market

主产品 [zhǔchǎn pǐn] 日 主製品 英 major product

主动收入 [zhǔdòng shōurù] 日 能動的所得 英 active income

主管当局 [zhǔguǎn dāngjú] 日 権限ある当局 英 competent authority

主管机构 [zhǔguǎn jīgòu] 日 所轄官庁 英 competent authority

主机 [zhǔjī] 日 ホストコンピュータ、メインフレーム 英 host computer, mainframe

主任会计师 [zhǔrèn kuàijìshī] 日 主任会計士 英 chief accountant

主数据 [zhǔ shùjù] 日 マスターデータ 英 master data

主要市场 [zhǔyào shìchǎng] 日 主要な市場 英 principal market

主页 [zhǔyè] 日 ホームページ 英 home page

主营业务成本 [zhǔyíng yèwù chéngběn] 日 主要営業原価 英 main cost of goods

主营业务收入 [zhǔyíng yèwù shōurù] 日 主要営業収入 英 main operating income

主营业务税金及附加 [zhǔyíng yèwù shuìjīn jí fùjiā] 日 主要営業税金及び附加費用 英 main business tax and surcharge

住房补贴 [zhùfáng bǔtiē] 日 住宅手当 英 housing allowance

住房贷款 [zhùfáng dàikuǎn] 日 住宅ローン 英 housing loan

住房分配 [zhùfáng fēnpèi] 日 住宅の割当 英 housing allocation

住房公积金 [zhùfáng gōngjī jīn] 日 住宅積立金 英 housing fund

住房公积金管理中心 [zhùfáng gōngjī jīn guǎnlǐ zhōngxīn] 日 住宅積立金管理センター 英 administration center of housing fund

住房公积金制度 [zhùfáng gōngjī jīn zhìdù] 日 住宅積立金制度 英 housing fund system

住房基金 [zhùfáng jījīn] 日 住宅基金 英 housing fund

住宅用地 [zhùzhái yòngdì] 日 住宅用地 英 residential land use

助理经理 [zhùlǐ jīnglǐ] 日 アシスタントマネジャー 英 assistant manager

助理会计师 [zhùlǐ kuàijì shī] 日 会計士補 英 assistant accountant

注册 [zhùcè] 日 登録 英 register

注册地 [zhùcè dì] 日 登録地 英 registered address

注册会计师 [zhùcè kuàijì shī] 日 公認会計士 英 certified public accountant (CPA)

注册商标 [zhùcè shāngbiāo] 日 登録商標 英 registered trademark

注册资本 [zhùcè zīběn] 日 登録資本 英 registered capital

注销登记 [zhùxiāo dēngjì] 日 登記抹消 英 cancellation of registration

注资 [zhùzī] 日 資本注入 英 capital injection

注资期限 [zhùzī qīxiàn] 日 資本金払込期限 英 deadline for capital injection

著作权 [zhùzuò quán] 日 著作権 英 copyright

专家 [zhuānjiā] 日 専門家 英 expert

专利 [zhuānlì] 日 ノウハウ 英 know how

专利费 [zhuānlì fèi] 日 特許権使用料 英 royalty on a patent

专利权 [zhuānlì quán] 日 特許料 英 patent fee

专利权所有人 [zhuānlì quán suǒyǒu rén] 日 特許権証書 英 patent certificate

专利申请 [zhuānlì shēnqǐng] 日 特許出願 英 patent application

专利实施许可 [zhuānlì shíshī xǔkě] 日 特許実施許可 英 patent licensing

专利使用费 [zhuānlì shǐyòng fèi] 日 ノウハウ使用料 英 know how usage fee

专利使用权合同 [zhuānlì shǐyòng quán hétóng] 日 特許使用権契約 英 patent right contract

专利许可 [zhuānlì xǔkě] 日 特許ライセンス供与 英 patent licensing

专利许可合同 [zhuānlì xǔkě hétóng] 日 特許ライセンス契約 英 patent license agreement

专利资产评估指导意见 [zhuānlì zīchǎn pínggū zhǐdǎo yìjiàn] 日 専利資産評価指導意見 英 instruction and opinion of patent asset evaluation

专项拨款 [zhuānxiàng bōkuǎn] 日 専用交付金 英 specific appropriation

专项储备 [zhuānxiàng chǔbèi] 日 特別積立金 英 specific reserve

专项检查 [zhuānxiàng jiǎnchá] 日 特別項目検査 英 special item inspection

专项借款 [zhuānxiàng jièkuǎn] 日 専用借入金 英 specific loans payable

专项劳资协议 [zhuānxiàng láozī xiéyì] 日 特定項目に関する労働協定 英 labor agreement related to specific items

专项申报 [zhuānxiàng shēnbào] 日 専項申告 英 specific filing

专项审计报告 [zhuānxiàng shěnjì bàogào] 日 特別監査報告書 英 specific auditor's report

专项准备金 [zhuānxiàng zhǔnbèi jīn] 日 特定項目準備金 英 specific reserve

专业发票 [zhuānyè fāpiào] 日 専業発票 英 specialized invoice

专营权 [zhuānyíng quán] 日 フランチャイズ権 英 right of franchise

专用材料 [zhuānyòng cáiliào] 日 専用材料 英 exclusive materials

专用发票 [zhuānyòng fāpiào] 日 専用発票 英 special invoice

专用缴款书 [zhuānyòng jiǎokuǎn shū] 日 専用納付書 英 exclusive statement of payment

专用节能设备 [zhuānyòng jiénéng shèbèi] 日 省エネルギー専用設備 英 energy saving equipment

专用设备 [zhuānyòng shèbèi] 日 専用設備 英 exclusive equipment

专用外汇账户 [zhuānyòng wàihuì zhànghù] 日 外貨専用口座 英 designated foreign currency account

专用网络 [zhuānyòng wǎngluò] 日 専用線 英 private network

专有技术 [zhuānyǒu jìshù] 日 固有の技術 英 proprietary technology

转厂贸易 [zhuǎnchǎng màoyì] 日 転廠取引 英 interplant transfer transaction

转发 [zhuǎnfā] 日 転送 英 forwarding

转关货物 [zhuǎn guān huòwù] 日 税関移管貨物 英 custom transfer cargo

转换 [zhuǎnhuàn] 日 転換 英 conversion

转换比率 [zhuǎnhuàn bǐlǜ] 日 転換比率 英 conversion ratio

转回 [zhuǎnhuí] 日 戻入 英 reversal

转记 [zhuǎnjì] 日 転記 英 posting

转口贸易 [zhuǎnkǒu màoyì] 日 中継貿易 英 transit trade

转让 [zhuǎnràng] 日 譲渡 英 transfer

转让财产收益 [zhuǎnràng cáichǎn shōuyì] 日 財産譲渡収益 英 profit from transfer of property

转让定价 [zhuǎnràng dìngjià] 日 移転価格 英 transfer pricing

转让定价调查 [zhuǎnràng dìngjià diàochá] 日 移転価格調査 英 transfer pricing investigation

转让定价调查审计通知书 [zhuǎnràng dìngjià diàochá shěnjì tōngzhī shū] 日 移転価格調査通知書 英 notification of transfer pricing taxation investigation

转让定价风险 [zhuǎnràng dìngjià fēngxiǎn] 日 移転価格リスク 英 transfer pricing risk

转让定价税收调整 [zhuǎnràng dìngjià shuìshōu tiáozhěng] 日 移転価格による税額調整 英 transfer pricing taxation adjustment

转让定价税制 [zhuǎnràng dìngjià shuìzhì] 日 移転価格税制 英 transfer pricing taxation system (TP)

转让定价调整 [zhuǎnràng dìngjià tiáozhěng] 日 移転価格調整 英 transfer pricing adjustment

转让定价同期资料 [zhuǎnràng dìngjià tóngqī zīliào] 日 移転価格同時文書 英 transfer pricing contemporaneous documentation

转让定价政策 [zhuǎnràng dìngjià zhèngcè] 日 移転価格政策 英 transfer pricing policy

转让合同 [zhuǎnràng hétóng] 日 譲渡契約書 英 sales agreement

转让价值 [zhuǎnràng jiàzhí] 日 譲渡価値 英 value of the transfer

转让损失 [zhuǎnràng sǔnshī] 日 譲渡損失 英 loss on transfer

转让所得 [zhuǎnràng suǒdé] 日 譲渡所得 英 transfer income

转让无形资产 [zhuǎnràng wúxíng zīchǎn] 日 無形資産の譲渡 英 transfer of intangible assets

转让著作权 [zhuǎnràng zhù zuòquán] 日 著作権の譲渡 英 transfer of copyright

转让资产 [zhuǎnràng zīchǎn] 日 資産の引渡し 英 delivery of assets

转售 [zhuǎnshòu] 日 転売 英 resale

转委托加工 [zhuǎn wěituō jiāgōng] 日 再委託加工 英 reconsigned processing

转销商 [zhuǎnxiāo shāng] 日 再販業者 英 reseller

转移定价指南 [zhuǎnyí dìngjià zhǐnán] 日 移転価格ガイドライン 英 transfer pricing guideline

转移价格调查的重点对象 [zhuǎnyí jiàgé diàochá de zhòngdiǎn duìxiàng] 日 移転価格調査の重点対象 英 important targets of transfer pricing investigation

转移价格计算方法 [zhuǎnyí jiàgé jìsuàn fāngfǎ] 日 移転価格算定方法 英 transfer pricing computation methods

转移所有权的金融租赁 [zhuǎnyí suǒyǒu quán de jīnróng zūlìn] 日 所有権移転ファイナンス・リース 英 ownership transfer finance lease

转增资本 [zhuǎnzēng zīběn] 日 資本組入 英 capitalization

转账 [zhuǎnzhàng] 日 振替 英 transfer accounts

转账传票 [zhuǎnzhàng chuánpiào] 日 振替伝票 英 transfer slip

转账分录 [zhuǎnzhàng fēnlù] 日 振替仕訳 英 transfer entry

转租 [zhuǎnzū] 日 サブリース 英 sub-lease

转租赁 [zhuǎn zūlìn] 日 転リース 英 sublease

转作资本（或股本）的普通股股利 [zhuǎnzuò zīběn (huò gǔběn) de pǔtōnggǔ gǔlì] 日 資本（株主資本）転換普通株式配当金 英 ordinary share dividend converted to shares

转作资本的普通股股利 [zhuǎnzuò zīběn de pǔtōng gǔ gǔlì] 日 資本金組入普通株配当金 英 ordinary share dividend converted to shares

装备制造业 [zhuāngbèi zhìzào yè] 日 装置産業 英 equipment manufacturing industry

装船日 [zhuāngchuán rì] 日 船積日 英 shipping date

装船通知单 [zhuāngchuán tōngzhī dān] 日 船積通知書 英 shipping notice

装船指示 [zhuāngchuán zhǐshì] 日 船荷指図書 英 loading order

装配 [zhuāng pèi] 日 組立 英 assembly

装配工程 [zhuāngpèi gōngchéng] 日 組立工事 英 assembly project

装配加工 [zhuāngpèi jiāgōng] 日 組立加工 英 assembling

装配通知单 [zhuāngpèi tōngzhī dān] 日 組立指図書 英 assembly production order

装箱单 [zhuāngxiāng dān] 日 パッキングリスト 英 packing list

装卸费 [zhuāngxiè fèi] 日 荷役費 英 handling charges

装卸港 [zhuāngxiè gǎng] 日 荷卸港 英 unloading port

装修费用 [zhuāngxiū fèiyòng] 日 リフォーム費用 英 renovation cost

装运传票 [zhuāngyùn chuán piào] 日 出荷伝票 英 shipping slip

装运提单 [zhuāngyùn tídān] 日 船積B/L 英 shipping bill of loading (B/L)

装载货物 [zhuāngzài huòwù] 日 荷積み 英 loading

追加费用 [zhuījiā fèiyòng] 日 追加費用 英 additional cost

追加缴付 [zhuījiā jiǎofù] 日 追加納付 英 additional tax payment

追加说明事项 [zhuījiā shuōmíng shìxiàng] 日 追記事項 英 additional explanation

追加预算 [zhuījiā yùsuàn] 日 追加予算 英 additional budget

追加资本 [zhuījiā zīběn] 日 追加資本 英 additional capital

追究 [zhuījiū] 日 追及 英 investigate

追溯重述 [zhuīsù chóngshù] 日 遡及修正再表示 英 retroactive and restatement

追溯重述法 [zhuīsù chóngshù fǎ] 日 修正再表示法 英 retrospective restatement

追溯调整 [zhuīsù tiáozhěng] 日 遡及的修正 英 retroactive adjustment

追溯调整法 [zhuīsù tiáozhěng fǎ] 日 遡及調整法 英 retroactive adjustment method

追溯有效性测试 [zhuīsù yǒuxiào xìng cèshì] 日 事後の有効性テスト 英 retrospective effectiveness testing

追征款 [zhuīzhēng kuǎn] 日 追徴金 英 additional imposition

追征税款 [zhuīzhēng shuìkuǎn] 日 追徴税金 英 tax penalty

准备金 [zhǔnbèi jīn] 日 引当金 英 allowance

准备金转回 [zhǔnbèi jīn zhuǎnhuí] 日 引当金戻入 英 reversal of allowance for doubtful accounts

准备金转入 [zhǔnbèi jīn zhuǎnrù] 日 引当金繰入 英 provision

准确性 [zhǔnquè xìng] 日 正確性 英 accuracy

准时制生产方式 [zhǔnshí zhì shēngchǎn fāngshì] 日 ジャストインタイム 英 just in time (JIT)

咨询 [zīxún] 日 コンサルティング 英 consulting

咨询费 [zīxún fèi] 日 コンサルティング費用 英 consulting fee

咨询服务 [zīxún fúwù] 日 コンサルティングサービス 英 consulting service

咨询公司 [zīxún gōngsī] 日 コンサルティング会社 英 consulting company

咨询活动 [zīxún huódòng] 日 コンサルティング活動 英 consulting activity

咨询师 [zīxún shī] 日 コンサルタント 英 consultant

咨询业务 [zīxún yèwù] 日 コンサルティング業務 英 consulting business

资本 [zīběn] 日 資本 英 capital

资本变动 [zīběn biàndòng] 日 資本変動 英 changes

in equity

资本成本 [zīběn chéngběn] 日 資本コスト 英 capital cost

资本承担 [zīběn chéngdān] 日 資本コミットメント 英 capital commitment

资本充足 [zīběn chōngzú] 日 資本充実 英 capital adequacy

资本充足率 [zīběn chōngzú lǜ] 日 資本充足率 英 capital adequacy ratio

资本公积 [zīběn gōngjī] 日 資本剰余金 英 capital surplus

资本化 [zīběn huà] 日 資本化 英 capitalization

资本化率 [zīběn huà lǜ] 日 資本化率 英 capitalization rate

资本化条件 [zīběn huà tiáojiàn] 日 資産化条件 英 conditions for capitalization

资本金账户 [zīběn jīn zhànghù] 日 資本金口座 英 capital account

资本利得 [zīběn lìdé] 日 キャピタルゲイン 英 capital gain

资本利得税 [zīběn lìdé shuì] 日 キャピタルゲイン課税 英 capital gain taxation

资本密集 [zīběn mìjí] 日 資本集約 英 capital intensive

资本权益 [zīběn quányì] 日 資本持分 英 equity interests

资本弱化 [zīběn ruòhuà] 日 過少資本 英 thin capital

资本弱化税制 [zīběn ruòhuà shuìzhì] 日 過少資本税制 英 thin capitalization rule

资本市场 [zīběn shìchǎng] 日 資本市場 英 capital market

资本赎回 [zīběn shúhuí] 日 資本償還 英 capital redemption

资本税 [zīběn shuì] 日 資本税 英 capital tax

资本损失 [zīběn sǔnshī] 日 キャピタルロス 英 capital loss

资本外流 [zīběn wàiliú] 日 資本流出 英 outflow of capital

资本维持 [zīběn wéichí] 日 資本維持 英 capital maintenance

资本项目 [zīběn xiàngmù] 日 資本項目 英 capital item

资本项目管理 [zīběn xiàngmù guǎnlǐ] 日 資本項目管理 英 capital account administration

资本项目交易 [zīběn xiàngmù jiāoyì] 日 資本項目取引 英 equity transaction

资本性调整 [zīběn xìng tiáozhěng] 日 資本調整 英 capital adjustment

资本性支出 [zīběn xìng zhīchū] 日 資本的支出 英 capital expenditure

资本溢价 [zīběn yìjià] 日 株式払込剰余金 英 additional paid-in capital

资本预算 [zīběn yùsuàn] 日 資本予算 英 capital budget

资本折算差额 [zīběn zhésuàn chā é] 日 資本換算差額 英 capital translation difference

资本支出 [zīběn zhīchū] 日 資本支出 英 capital expenditure

资本周转率 [zīběn zhōuzhuǎn lǜ] 日 資本回転率 英 capital turnover

资本准备（金） [zīběn zhǔnbèi (jīn)] 日 資本準備金 英 capital reserve

资本资产定价模型 [zīběn zīchǎn dìngjià móxíng] 日 資本資産評価モデル 英 capital asset pricing model（CAPM）

资本总额 [zīběn zǒng é] 日 総資本額 英 total capital amount

资不抵债 [zī bù dǐzhài] 日 債務超過 英 insolvency

资产 [zīchǎn] 日 資産 英 assets

资产保全 [zīchǎn bǎoquán] 日 資産の保全 英 safeguard of assets

资产并购 [zīchǎn bìnggòu] 日 資産買収 英 asset acquisition

资产持有损益 [zīchǎn chíyǒu sǔnyì] 日 保有損益 英 holding gain or loss

资产重估 [zīchǎn chónggū] 日 資産再評価 英 revaluation of assets

资产出售 [zīchǎn chūshòu] 日 資産売却 英 preservation of assets

资产处置 [zīchǎn chǔzhì] 日 資産処分 英 disposal of assets

资产处置损失 [zīchǎn chǔzhì sǔnshī] 日 資産処分損失 英 loss on disposal of assets

资产冻结 [zīchǎn dòngjié] 日 資産凍結 英 asset freeze

资产负债表 [zīchǎn fùzhài biǎo] 日 貸借対照表 英 balance sheet

资产负债表法 [zīchǎn fùzhài biǎo fǎ] 日 資産負債法 英 asset and liability method

资产负债表日后调整事项 [zīchǎn fùzhài biǎo rì hòu tiáozhěng shìxiàng] 日 修正後発表事象 英 adjusting events after the reporting period

资产负债比例 [zīchǎn fùzhài bǐlì] 日 資産負債比率 英 asset liability ratio

资产负债规模 [zīchǎn fùzhài guīmó] 日 資産負債規模 英 asset and liability scale

资产管理公司 [zīchǎn guǎnlǐ gōngsī] 日 資産管理会社 英 assets management company

资产化率 [zīchǎn huà lǜ] 日 資産化率 英 capitalization rate

资产减值 [zīchǎn jiǎnzhí] 日 資産の減損 英 impairment of assets

资产减值测试 [zīchǎn jiǎnzhí cèshì] 日 資産減損テスト 英 asset impairment test

资产减值损失 [zīchǎn jiǎnzhí sǔnshī] 日 資産減損損失 英 asset impairment loss

资产减值损失准备 [zīchǎn jiǎnzhí sǔnshī zhǔnbèi] 日 資産減損損失引当金 英 allowance for impairment loss of assets

资产减值转回 [zīchǎn jiǎnzhí zhuǎnhuí] 日 減損の戻入 英 reversal of impairment loss

资产减值准备明细表 [zīchǎn jiǎnzhí zhǔnbèi míngxì biǎo] 日 資産減損引当金明細表 英 list of allowance for impairment of assets

资产净额 [zīchǎn jìng é] 日 純資産額 英 net assets amount

资产可回收金额 [zīchǎn kě huíshōu jīn é] 日 資産の回収可能金額 英 asset recoverable amount

资产类 [zīchǎn lèi] 日 資産類 英 assets

资产评估 [zīchǎn pínggū] 日 資産査定 英 asset appraisal

资产评估报告 [zīchǎn pínggū bàogào] 日 資産評価報告書 英 assets valuation report

资产评估机构 [zīchǎn pínggū jīgòu] 日 資産評価機構 英 asset valuation organization

资产评估事务所 [zīchǎn pínggū shìwùsuǒ] 日 資産評価事務所 英 asset valuation office

资产评估协会 [zīchǎn pínggū xiéhuì] 日 資産評価協会 英 asset valuation association

资产评估准则 [zīchǎn pínggū zhǔnzé] 日 資産評価準則 英 asset valuation standards

资产上限 [zīchǎn shàngxiàn] 日 資産上限額 英 asset ceiling

资产收回价值 [zīchǎn shōuhuí jiàzhí] 日 資産回収価値 英 assets recoverable value

资产损失 [zīchǎn sǔnshī] 日 資産損失 英 loss on assets

资产退废负债 [zīchǎn tuìfèi fùzhài] 日 資産除去債務 英 asset retirement obligation

资产置换 [zīchǎn zhìhuàn] 日 資産置換 英 replacement of assets

资产周转率 [asset turnover ratio] 日 資産回転率 英 asset turnover ratio

资产转让收益 [zīchǎn zhuǎnràng shōuyì] 日 資産譲渡益 英 gain on transfer of assets

资产转让损失 [zīchǎn zhuǎnràng sǔnshī] 日 資産譲渡損 英 loss on transfer of assets

资产组 [zīchǎn zǔ] 日 資産グループ 英 group of assets

资金 [zījīn] 日 資金 英 fund

资金核实 [zījīn héshí] 日 資金の精査 英 fund verification

资金交易 [zījīn jiāoyì] 日 資金取引 英 fund transaction

资金收支表 [zījīn shōuzhī biǎo] 日 資金繰り表 英 statement of cash receipts and disbursement

资金信用证明 [zījīn xìnyòng zhèngmíng] 日 資金信用証明 英 bankroll credit certificate

资料 [zīliào] 日 資料 英 materials

资源税 [zīyuán shuì] 日 資源税 英 resource tax

资源综合利用 [zīyuán zōnghé lìyòng] 日 資源総合利用 英 utilization of resource

子公司 [zǐ gōngsī] 日 子会社 英 subsidiary

子公司股份 [zǐ gōngsī gǔfèn] 日 子会社株式 英 shares of subsidiary

子女教育费用 [zǐnǚ jiàoyù fèiyòng] 日 子女教育費 英 education expense for children

字节 [zìjié] 日 バイト 英 byte

自查 [zìchá] 日 自己点検 英 self-inspection

自产产品 [zìchǎn chǎnpǐn] 日 自社製品 英 self-manufactured goods

自创商誉 [zìchuàng shāngyù] 日 自己創設のれん 英 internally generated goodwill

自动控制 [zìdòng kòngzhì] 日 自動コントロール 英 auto control

自动取款机 [zìdòng qǔkuǎn jī] 日 現金自動預け払い機 英 automated teller machine (ATM)

自动调整 [zìdòng tiáozhěng] 日 自主的調整 英 voluntary adjustment

自动转账 [zìdòng zhuǎnzhàng] 日 自動振替 英 auto transfer

自建资产 [zìjiàn zīchǎn] 日 自家建設資産 英 self-constructed assets

自上而下 [zìshàng érxià] 日 トップダウン 英 top down

自我评价 [zìwǒ píngjià] 日 セルフアセスメント 英 self-assessment

自下而上 [zìxiàérshàng] 日 ボトムアップ 英 bottom-up

自行开发的无形资产 [zìxíng kāifā de wúxíng zīchǎn] 日 自社開発無形資産 英 internally generated intangible assets

自行申报 [zìxíng shēnbào] 日 自己申告 英 self-declaration

自行申报纳税 [zìxíng shēnbào nàshuì] 日 自己申告納税 英 self-declaration

自营出口 [zìyíng chūkǒu] 日 自営輸出 英 self-operated export

自营贷款 [zìyíng dàikuǎn] 日 自営貸付金 英 loan on one's own account

自营进口 [zìyíng jìnkǒu huòwù] 日 自営輸入 英 self-operated import

自营贸易 [zìyíng màoyì] 日 自営貿易 英 self-operated trade

自益权 [zìyì quán] 日 自益権 英 self-benefit right

自用 [zìyòng] 日 自家使用 英 self-use

自由兑换货币 [zìyóu duìhuàn huòbì] 日 自由交換可能通貨 英 freely convertible currency

自由贸易协定 [zìyóu màoyì xiédìng] 日 自由貿易協定 英 free trade agreement (FTA)

自由转让原则 [zìyóu zhuǎnràng yuánzé] 日 自由譲渡の原則 英 free transfer principle

自愿清算 [zìyuàn qīngsuàn] 日 任意清算 英 voluntary liquidation

自愿审计 [zìyuàn shěnjì] 日 任意監査 英 voluntary audit

自愿申请破产 [zìyuàn shēnqǐng pòchǎn] 日 自己破産 英 voluntary bankruptcy

自治区 [zìzhì qū] 日 自治区 英 autonomous region

综合保税区 [zōnghé bǎoshuì qū] 日 総合保税区 英 general Free Trade Zone

综合国力 [zōnghé guólì] 日 総合的な国力 英 overall national strength

综合尽职调查 [zōnghé jìnzhí diàochá] 日 統合デューデリジェンス 英 integrated due diligence

综合领先指标 [zōnghé lǐngxiān zhǐbiāo] 日 景気先行指数 英 composite leading indicators (CLIs)

综合纳税制度 [zōnghé nàshuì zhìdù] 日 総合納税制度 英 comprehensive taxation system

综合收益 [zōnghé shōuyì] 日 包括利益 英 comprehensive income

综合收益表 [zōnghé shōuyì biǎo] 日 包括利益計算書 英 statement of comprehensive income

综合效益指标 [zōnghé xiàoyì zhǐbiāo] 日 総合能率指標 英 overall efficiency indicator

综合预算 [zōnghé yùsuàn] 日 総合予算 英 overall budget

综合账户 [zōnghé zhànghù] 日 総合口座 英 multiple purpose bank account

综合证税 [zōnghé zhèngshuì] 日 総合課税 英 comprehensive income taxation

总部 [zǒngbù] 日 本店 英 head office

总部管理费 [zǒngbù guǎnlǐ fèi] 日 総機構の管理費 英 head office's management fee

总部机构 [zǒngbù jīgòu] 日 本部機構 英 head office

总部机构管理费 [zǒngbù jīgòu guǎnlǐ fèi] 日 本部機構管理費 英 head office management fee

总部资产 [zǒngbù zīchǎn] 日 本部資産 英 assets of the head office

总承包人 [zǒng chéngbāo rén] 日 総請負人 英 general contractor

总成本 [zǒng chéngběn] 日 総原価 英 overall cost

总代表 [zǒng dàibiǎo] 日 総代表 英 chief representative

总代表处 [zǒng dàibiǎo chù] 日 総代表処 英 general representative office

总公司 [zǒng gōngsī] 日 本社 英 headquarters

总公司所在国 [zǒng gōngsī suǒzàiguó] 日 本店所在地国 英 the country of the head office

总互抵协议 [zǒnghùdǐ xiéyì] 日 マスターネッティング契約 英 master netting agreement

总经理 [zǒng jīnglǐ] 日 総経理 英 general manager

总会计师 [zǒng kuàijì shī] 日 総会計師 英 general

accountant

总量控制 [zǒngliàng kòngzhì] 日 建設用地の総量規制 英 total volume control

总利润率 [zǒng lìrùn lǜ] 日 総利益率 英 gross profit rate

总平均法 [zǒng píngjūn fǎ] 日 総平均法 英 periodic average method

总体分成 [zǒngtǐ fēnchéng] 日 母集団断層化 英 stratified sampling

总体情况调查表 [zǒngtǐ qíngkuàng diàochá biǎo] 日 全般質問書 英 general questionnaire

总销售额 [zǒng xiāoshòu é] 日 総売上高 英 gross sales

总营运资本 [zǒng yíngyùn zīběn] 日 総運転資本 英 gross working capital

总账 [zǒngzhàng] 日 総勘定元帳 英 general ledger (G/L)

总资本 [zǒng zīběn] 日 総資本 英 total capital

总资产 [zǒng zīchǎn] 日 総資産 英 total assets

总资产报酬率 [zǒng zīchǎn bàochóu lǜ] 日 総資産利益率 英 return on asset (ROA)

总资产周转率 [zǒng zīchǎn zhōuzhuǎn lǜ] 日 総資産回転率 英 turnover of total assets

走廊法 [zǒuláng fǎ] 日 回廊アプローチ 英 corridor approach

走私行为 [zǒusī xíngwéi] 日 密輸行為 英 smuggling

租借人 [zūjiè rén] 日 賃借人 英 tenant

租金 [zūjīn] 日 リース料 英 lease expenses

租金收入 [zūjīn shōurù] 日 リース料収入 英 lease revenue

租金所得 [zūjīn suǒdé] 日 賃貸料所得 英 rental income

租赁 [zūlìn] 日 リース 英 lease

租赁财产 [zūlìn cáichǎn] 日 リース財産 英 lease property

租赁房产税 [zūlìn fángchǎn shuì] 日 賃貸料源泉税 英 tax derived from rental

租赁公司 [zūlìn gōngsī] 日 リース会社 英 leasing company

租赁合同 [zūlìn hétóng] 日 賃貸契約 英 leasing contract

租赁进口货物 [zūlìn jìnkǒu huòwù] 日 リース輸入貨物 英 lease imported goods

租赁内含利率 [zūlìn nèihán lìlǜ] 日 リースの計算利子率 英 calculation interest rate of the lease

租赁期间 [zūlìn qījiān] 日 リース期間 英 lease term

租赁期间的起始日 [zūlìn qījiān de qǐshǐ rì] 日 リース期間の起算日 英 commencement of the lease term

租赁起始日 [zūlìn qǐshǐ rì] 日 リース開始日 英 inception of a lease

租赁权 [zūlìn quán] 日 賃借権 英 right of lease

租赁权益改良 [zūlìn quányì gǎiliáng] 日 借地借家改良費 英 leasehold improvements cost

租赁收入 [zūlìn shōurù] 日 リース収益 英 lease income

租赁手续费 [zūlìn shǒuxù fèi] 日 賃貸手数料 英 rental agents' commissions

租赁物 [zūlìn wù] 日 リース物件 英 leased property

租赁债权 [zūlìn zhàiquán] 日 リース債権 英 lease receivables

租赁债务 [zūlìn zhàiwù] 日 リース債務 英 lease obligations

租赁资产 [zūlìn zīchǎn] 日 リース資産 英 leased assets

租税公课 [zūshuì gōngkè] 日 租税公課 英 taxes and dues

组成部件 [zǔchéng bùjiàn] 日 構成部品 英 component parts

组合套期 [zǔhé tàoqī] 日 ポートフォリオヘッジ 英 portfolio hedge

组织 [zǔzhī] 日 組織 英 organization

组织重组 [zǔzhī chóngzǔ] 日 組織再編 英 reorganization

组织大纲 [zǔzhī dàgāng] 日 基本定款 英 memorandum of association

组织机构代码证 [zǔzhī jīgòu dàimǎ zhèng] 日 組織機構コード証 英 organizational code certificate

组织机构图 [zǔzhī jīgòu tú] 日 組織図 英 organization chart

组织形式 [zǔzhī xíngshì] 日 組織形式 英 organization format

组织章程 [zǔzhī zhāngchéng] 日 組織規定 英 organization rules

组装零部件 [zǔzhuāng líng bùjiàn] 日 組立部品 英 subassemblies

最大 [zuìdà] 日 最大 英 maximum

最低工资 [zuìdī gōngzī] 日 最低賃金 英 minimum

wage

最低工资保障制度 [zuìdī gōngzī bǎozhàng zhìdù] 日 最低賃金保障制度 英 *minimum wage system*

最低工资标准 [zuìdī gōngzī biāozhǔn] 日 最低賃金基準 英 *minimum wage standard*

最低使用年限 [zuìdī shǐyòng niánxiàn] 日 最短耐用年数 英 *minimum useful life*

最低摊销年限 [zuìdī tānxiāo niánxiàn] 日 最低償却年数 英 *minimum year of depreciation*

最低限额注册资本金 [zuìdī xiàn é zhùcè zīběnjīn] 日 最低登録資本金 英 *minimum registered capital*

最低注册资本制度 [zuìdī zhùcè zīběn zhìdù] 日 最低登録資本制度 英 *minimum registered capital system*

最低资本要求 [zuìdī zīběn yāoqiú] 日 最低資本要件 英 *minimum capital requirement*

最低资金要求 [zuìdī zījīn yāoqiú] 日 最低積立要件 英 *minimum funding requirement*

最低租赁付款额 [zuìdī zūlìn fùkuǎn é] 日 最低リース料総額 英 *minimum lease payments*

最高权力机构 [zuìgāo quánlì jīgòu] 日 最高権力機構 英 *highest authority organization*

最高税率 [zuìgāo shuìlǜ] 日 最高税率 英 *maximum tax rate*

最高最佳利用 [zuìgāo zuìjiā lìyòng] 日 最有効使用 英 *highest and best use*

最后进货成本法 [zuìhòu jìnhuò chéngběn fǎ] 日 最終仕入原価法 英 *last purchase price method*

最惠国待遇 [zuìhuìguó dàiyù] 日 最恵国待遇 英 *most favored nation (MFN) treatment*

最惠国税率 [zuìhuìguó shuìlǜ] 日 最恵国税率 英 *most favored nation (MFN) tariff*

最佳估计 [zuìjiā gūjì] 日 最善の見積り 英 *best estimate*

最小 [zuìxiǎo] 日 最小 英 *minimum*

最优采购量 [zuìyōu cǎigòu liàng] 日 最適仕入高 英 *optimum purchase quantity*

最优产量 [zuìyōu chǎnliàng] 日 最適生産高 英 *optimum production quantity*

最优库存量 [zuìyōu kùcún liàng] 日 適正在庫量 英 *reasonable inventory quantity*

最有利市场 [zuì yǒulì shìchǎng] 日 最も有利な市場 英 *most advantageous market*

最终裁定 [zuìzhōng cáidìng] 日 最終裁定 英 *final determination*

最终控股企业 [zuìzhōng kòng gǔ qǐyè] 日 最終親会社 英 *ultimate parent company*

遵纪守法 [zūnjì shǒufǎ] 日 法令遵守 英 *compliance*

遵循法 [zūnxún fǎ] 日 準拠法 英 *applicable law*

作业成本 [zuòyè chéngběn] 日 活動原価 英 *activity cost*

作业成本法 [zuòyè chéngběn fǎ] 日 活動基準原価計算 英 *activity based cost accounting* (ABC)

英語索引

A

A shares 7, 132
ABC inventory management system 7, 132
abolishment 100, 155
abuse of tax treaty 79, 189
accelerated amortization 17, 176
accelerated depreciation 17, 176
accelerated depreciation method 17, 176
acceptance 104, 142
acceptance and guarantee 58, 246
acceptance of order 62, 179
accepted bill 104, 142
accepting bribes 62, 212
acceptor 90, 142
access authority 2, 153
access control 2, 153
accessories and repairs 109, 192
account 2, 40, 226, 244
account balance management 52, 238
account book 87, 244
account holder 40, 185
account level 22, 204
account of foreign investor 12, 221
account opening applicant 40, 185
account opening application (AOA) 40, 185
account opening bank 40, 185
account title 21, 188
account title classification 22, 188
accounting 11, 188
accounting assumption 11, 188
accounting books 11, 189
accounting department 35, 188
accounting document 11, 188
accounting errors 11, 188
accounting estimate 11, 188
accounting firm 11, 188
accounting fraud 12, 188
accounting information 11, 188
accounting law 12, 188
Accounting Law of the People's Republic of China 85, 248
accounting management system 11, 137
accounting objectives 12, 188
accounting organization 11, 188
accounting period 11, 35, 185, 188
accounting personnel 35, 188
accounting policy 12, 189
accounting principles 11, 189
accounting qualification 11, 188
accounting qualification examination 11, 188
accounting record 87, 244
accounting records 11, 188
accounting report 12, 188
accounting rules 35, 188
accounting software 11, 188
Accounting Standard for Business Enterprises 23, 200
Accounting Standard for Business Enterprises Application Guidelines 23, 200
Accounting Standard for Business Enterprises Explanation 23, 200
Accounting Standard for Business Enterprises interpretation 23, 200
accounting standards 11, 189
Accounting Standards Application Guidance 11, 189
Accounting Standards Board of Japan (ASBJ) 23, 200
Accounting Standards for Small-Sized Enterprises 64, 229
accounting system 11, 189, 188
Accounting System for Business Enterprises 24, 200
Accounting System for Small-Sized Enterprises 64, 229
accounting terms 12, 188
accounting theory 12, 188
accounting treatment 11, 188
accounting vouchers 11, 188
accounts payable trade (A/P) 10, 235
accounts receivable (A/R) 6, 236
accounts receivable collection period 6, 236
accounts receivable confirmation 6, 236
accounts receivable turnover ratio 6, 236
accounts receivable-others 116, 236
accrual basis 102, 203
accrued expense 116, 118, 223, 240
accrued income 116, 236
accrued interest 223, 235, 236, 33, 116, 118
accrued welfare act 102, 236
accumulated accrual amount 126, 190
accumulated benefit obligation (ABO) 126, 190
accumulated debt 126, 190
accumulated depletion 39, 190
accumulated depreciation 36, 190
accumulated effect amount 126, 190
accumulated fund 126, 174
accumulated impairment loss 38, 190
accumulated investment amount 126, 190
accumulated loss 126, 190
accumulated other comprehensive income 80, 200
accuracy 71, 252
acquired company 104, 134

260

英語索引

acquired enterprise 106, 134
acquirer 14, 63, 193, 212
acquisition 24, 161
acquisition advisor 101, 135
acquisition agreement 101, 135
acquisition of equity 119, 164
acquisition of listed company 65, 207
acquisition of stock 19, 212
acquisition procedure 101, 212
acquisition proposal 101, 135
acquisition report 101, 135
acquisition review 101, 135
acquisition survey 101, 135
action plan 2, 230
active income 99, 249
active market 18, 172
activity based cost accounting (ABC) 18, 257
activity cost 18, 257
acts of evading tax obligation 99, 216
actual amount management 102, 152
actual beneficiary 57, 210
actual cost 57, 210
actual interest rate 57, 210
actual management organization 57, 210
actual payment 57, 210
actual production cost 57, 210
actual purchase cost 57, 209
actual rate of losses from bad debts 16, 171
actual useful life 57, 210
actuarial assumptions 71, 183
actuarial gains and losses 71, 183
actuarial valuation 114, 183
actuary 114, 183
ad valorem tax calculation and collection 60, 145
added value 107, 157
add-in program 88, 221

addition 16, 176
additional accrual 88, 136
additional budget 88, 252
additional capital 88, 252
additional cost 88, 252
additional deduction 88, 176
additional explanation 88, 252
additional imposition 88, 252
additional paid-in capital 19, 253
additional payment of tax 72, 136
additional tax payment 88, 252
additional tax payment due to underpayment 17, 136
address 61, 148
address in the family registration 45, 171
adjudication of bankruptcy 102, 231
adjusted book value method 113, 244
adjusted net asset value per share 87, 217
adjusting events after the reporting period 61, 254
adjusting journal entries 61, 217
adjustment events 87, 217
adjustment of variance 49, 139
administration center of housing fund 61, 250
Administration for Industry and Commerce 41, 159
Administration of Social Insurance Fund 59, 207
administrative agency 28, 230
administrative and supervisory authority 28, 230
administrative appeal 28, 230
administrative committee of development zone 14, 185
administrative division 23, 166
administrative expense 23, 166
administrative fee 28, 231
administrative fees 28, 230
administrative litigation 28, 231
administrative measures for the assessment and levy 51, 171
Administrative Measures for the Record Keeping of Investment 93, 218
Administrative Measures on Accounting Records 11, 188
administrative penalty 28, 230
administrative permission 28, 231
advance deposit sales 58, 239
advance for guarantee 84, 147
advance levy 56, 217
advance payment 83, 123, 149, 239
advance payment to employees 61, 240
Advance Pricing Agreement (APA) 56, 240
advance pricing agreement annual repot 56, 240
advance received 115, 239
advance recovery of investment 93, 226
advanced expense 83, 146
advanced payment method 115, 239
advanced technology enterprise 76, 226
advanced technology service enterprise 25, 175
adverse opinion 109, 156
advertising 76, 231
advertising expense 40, 166
advising bank 89, 217
affiliated enterprise 23, 165
after-sales service 2, 213
agency 82, 146
agency agreement 82, 146
agent 82, 146

261

agent fee 82, 146
agent permanent establishment (PE) 82, 146
agent service 82, 146
agent service assets 82, 146
agent service liabilities 82, 146
aggregate 17, 162
aggregate par value 16, 193
aggregation 61, 174
aggressive tax planning 76, 174
aging analysis 98, 244
aging analysis method 99, 244
aging analysis of accounts payable 10, 235
aging analysis of accounts receivable 6, 236
aging analysis schedule 99, 244
aging list 99, 244
agreed price 39, 176
agreement on avoidance of double taxation 97, 134
agricultural activity 99, 196
agriculture tax 99, 196
air pollution 81, 187
air way bill 40, 187
alimony 109, 205
All China Federation of Trade Unions 85, 248
allocated land-use right 111, 156
allocation 111, 156
allocation amount 101, 156
allocation calculation 101, 156
allocation criteria 101, 156
allotment of new shares 69, 196
allowance 89, 104, 136, 252
allowance for bad debts 16, 171
allowance for bonuses 67, 178
allowance for credit loss 70, 230
allowance for impairment 39, 177

allowance for impairment for construction in progress 38, 241
allowance for impairment loss of assets 54, 254
allowance for impairment loss of intangible assets 118, 225
allowance for impairment loss of inventory 83, 145
allowance for impairment loss of investment held to maturity 116, 142
allowance for impairment loss of short-term investment 83, 151
allowance for impairment loss of the long-term investment 86, 140
allowance for impairment of fixed assets 45, 165
allowance for loss on guarantees 50, 243
allowance for paid vacation 120, 147
allowance for pension benefits 81, 190
allowance for product warranties 74, 139
allowance for risk and uncertainty 124, 156
allowance for termination benefits 12, 145
allowance method 104, 134
alteration of contract 35, 170
alternate cost 82, 217
alternative procedure 82, 217
amortization 111, 156
amortization 23, 156
amortization expense of low value consumable items 89, 148
amortization of intangible assets 118, 225
amortization of organization cost 79, 185
amortization period 64, 215
amortized cost 64, 215
amount 29, 180
amount of inventory 83, 145

amount of investment 63, 144
amount of issued stocks 102, 234
analysis sheet of related parties transactions 23, 165
analytical review 111, 156
annexed detail statement 108, 157
annual audit 98, 195
annual bonus 98, 195
annual budget 99, 196
annual closing 98, 195
annual financial budget 98, 195
annual financial statement 98, 195
annual growth rate 98, 196
annual income 98, 196
annual income tax filing 98, 196
annual inspection system 98, 196
annual interest rate 99, 196
annual profit 99, 195
annual related parties transactions report 98, 195
annual report 99, 195
annual report public disclosure system 24, 201
annual salary system 99, 196
annual sales volume 98, 196
anti-dilution 27, 153
anti-dumping duty 2, 153
anti-dumping investigation 103, 153
anti-dumping law 103, 153
anti-monopoly 94, 153
anti-monopoly act review 94, 153
anti-monopoly law 94, 153
anti-spam 2, 153
anti-tax avoidance 79, 153
anti-tax avoidance information computer system 79, 153
anti-tax avoidance rules 103, 153
anti-trust law 103, 153
anti-unfair competition 108, 153

antivirus software 2, 205
appendix 108, 110, 157
applicable law 63, 257
applicable tax rate 90, 211
applicant 69, 208
application 2, 69, 208, 237
application and distribution 69, 208
application documents for approval 126, 208
application for advance pricing agreement 56, 208
application for commencement of business 11, 185
application for establishment of an enterprise 24, 201
application for remittance 20, 172
application for share issue 19, 163
application for tax refund 22, 220
application form 69, 208
application software 2, 237
appraisal method 106, 197
appraisal report 106, 197
appraised value 106, 198
appraiser 22, 178
appropriateness 83, 201
appropriateness of presentation and disclosure 106, 197
appropriation account 52, 237
appropriation statement 124, 191
appropriation to employee bonus and welfare fund 60, 217
approval certificate 98, 197
approval procedure 98, 171
approval system 29, 171
arbitration 86, 249
arbitration agreement 86, 249
arbitration articles 86, 249
arbitration decision 86, 249
arbitration institution 86, 249
architectural structure above ground 84, 148
arm's length price 95, 150

arm's length principle 95, 150
arrangement 75, 202
articles of incorporation 89, 161
Asian Development Bank（ADB） 2, 232
Asian Infrastructure Investment Bank（AIIB） 2, 232
assembling 31, 252
assembling of parts supplied by clients 43, 189
assembly 31, 252
assembly production order 32, 252
assembly project 32, 252
assessment 39, 185
asset acquisition 55, 253
asset and liability method 55, 254
asset and liability scale 55, 254
asset appraisal 55, 254
asset ceiling 55, 254
asset freeze 55, 253
asset impairment loss 54, 254
asset impairment test 54, 254
asset liability ratio 55, 254
asset recoverable amount 55, 254
asset retirement cost 55, 201
asset retirement obligation 55, 254
asset turnover ratio 54, 254
asset valuation association 55, 254
asset valuation office 55, 254
asset valuation organization 55, 254
asset valuation standards 55, 254
assets 54, 55, 253, 254
assets acquired 5, 171
assets management company 54, 254
assets of the head office 115, 255
assets recoverable value 54, 254

assets valuation report 55, 254
assigned employee 62, 134
assignee company 62, 210
assignment scheme 128, 171
assignor company 62, 196
assistant accountant 11, 250
assistant manager 2, 250
assumption 18, 176
assumption of debt 108, 142
asymmetric digital subscriber line（ADSL） 105, 154
at the money 2, 197
attendance sheet 62, 144
attention 84, 166
attestation service 114, 178
attorney 111, 192
attorney's letter 111, 192
attraction 121, 225
attribution 23, 156
attribution period 26, 166
auction 28, 196
auctioneer 28, 196
audit 21, 208
audit 21, 208
Audit Bureau 21, 208
audit by sampling 54, 208
audit committee 21, 177
audit committee 21, 208
audit difference 21, 208
audit division 21, 208
audit engagement letter 21, 208
audit evidence 21, 208
audit fee 21, 208
audit instruction 21, 208
audit materiality 21, 209
audit period 21, 208
audit plan 21, 208
audit procedure 21, 208
Audit Quality Control Guidelines 21, 208
audit report 21, 208
audit risk 21, 208
audit scope 21, 208
audit year 21, 208
audited company 104, 134
audited financial statements 21, 182
auditing firm 21, 188

auditing standard 21, 209
auditing system 21, 208
auditor 21, 208
auditor's opinion 21, 208
authentication 98, 204
authentication certificate 98, 204
authority 37, 68, 203, 247
authority and duty 37, 203
authorization 62, 213
authorized foreign currency exchange (FX) bank 10, 221
authorized person 37, 173
auto control 57, 254
auto transfer 57, 255
automated teller machine (ATM) 37, 255
automobile 57, 201
automobile brand 57, 201
automobile loan 57, 201
automobile tonnage tax 57, 173
autonomous region 56, 255
auxiliary materials 114, 157
auxiliary process 114, 157
auxiliary production cost 114, 157
auxiliary production line 114, 157
availability 125, 186
available-for-sale 100, 186
available-for-sale financial assets 100, 186
available-for-sale securities 100, 186
average access time 111, 197
average cost 111, 197
average cost method 111, 197
average earnings level 111, 197
average method 111, 197
average stock price 111, 197
average time between failures 111, 197
average value 111, 197

B

B category chart 104, 132
B share 104, 132
back margin 102, 172
back office 102, 171
backlog data 62, 149
backlog list 62, 149
backup 102, 134
bad debt expense 16, 171
bad debt loss 6, 16, 171, 236
bad debt recovery 110, 136
bad debts 110, 136
bad-debt loss 17, 147
balance 51, 238
balance allowance 51, 139
balance of international payment 43, 167
balance of international payment statistics 43, 167
balance sheet 81, 253
balanced scorecard 103, 197
balancing account items 30, 197
balancing payment 51, 197
bank 29, 234
bank acceptance 30, 234
bank account 29, 30
bank bill 29, 235
bank check 30, 234
bank commission 30, 235
bank deposit account 122, 234
bank deposit rate 30, 234
bank deposit reconciliation statement 30, 235
bank loans payable 29, 235
bank overdraft 92, 235
bank reconciliation 30, 234
bank remittance 30, 235
bank settlement system 30, 220
bank statement 29, 235
bank transfer 30, 235
Banking Regulatory Commission 30, 235
banking sector 30, 235
bankroll credit certificate 54, 254
bankrupt estate 102, 198
bankruptcy 102, 198
bankruptcy notice 102, 198
bankruptcy proceedings 102, 198
bar code 100, 217
bar code reader 100, 217
bargain purchase option 129, 191
bargain purchases 129, 191
bargain sale 126, 191
barter transaction 100, 234
base 29, 140
base currency 25, 174
base currency 26, 175
Base Erosion and Profit Shifting (BEPS) 72, 213
base exchange rate 25, 174
basic deduction 26, 164
basic financial statements 26, 173
basic information 26, 174
basic salary 26, 173
basic standard 26, 174
batch processing 102, 197
bearer 42, 142
bearer bond 118, 224
bearer debt 118, 224
bearer stock 118, 224
beginning balance 25, 198
beginning stock 25, 198
below par 16, 148
benchmark land price 25, 174
benchmarking analysis 112, 174
beneficiary 62, 213
benefit period 62, 213
best estimate 48, 257
bias 111, 197
bid 98, 218
bid and ask spread 71, 193
bidding price 98, 218
bilateral 102, 213
bilateral advance pricing arrangement 97, 213
bilateral consultation 97, 213
bilateral trade agreement 97, 213
bill of exchange (B/E) 20, 172
bill of lading (B/L) 20, 109, 168, 217
bill of loading 109, 234

bioindustry 100, 209
biological assets 74, 209
black figure 32, 237
blacklist 110, 171
blank 31, 102, 187
blank bill 68, 187
blank endorsement 68, 187
bluetooth 110, 189
board expense 92, 150
board for small and medium-sized companies 86, 249
board member 92, 150
board minutes 92, 150
board of directors 92, 150
board of shareholders 19, 163
bond 47, 243
bond discount 48, 243
bond interest 48, 59, 161, 243
bond issuance cost 48, 243
bond issue expense 59, 161
bond issue price 47, 243
bond issuer 47, 243
bond price 47, 243
bond ratio 47, 243
bonded 114, 133
bonded area 114, 133
bonded cargo 114, 133
bonded factory 114, 133
bonded logistics park 114, 133
bonded raw materials 114, 133
bonded supervision and management areas 114, 133
bonded warehouse 114, 133
bonus 67, 178
bonus gross-up calculation 67, 178
bonus payment plan 67, 178
book 26, 175
book building method 108, 164
book inventory 87, 244
book keeping agency 26, 146
book value 87, 244
bookkeeping 113, 135
book-value per share (BPS) 105, 193
boot 26, 201
borrowed capital 20, 180
borrowing cost 20, 180
borrowing from Central Bank 84, 227
borrowing limit 20, 180
bottom-up 115, 255
bought-in goods 15, 220
branch 57, 155
branch network 29, 222
branch of foreign enterprise 12, 221
branch office 58, 156
brand sales 110, 197
breach of contract 34, 35, 136, 223
breach of the duty to disclose information 66, 223
breakage 102, 198
breakdown 5, 44, 165, 194
breakdown of account balance 22, 244
break-even point (BEP) 80, 237
break-even point (BEP) analysis 80, 134
bribe 128, 172
bribery 78, 230
bribery crime 79, 172
British Virgin Islands (BVI) 7, 237
broadband 110, 189
broker 97, 182
brother company 28, 231
browser 110, 192
budget 123, 240
budget compilation 123, 240
budget control 123, 240
budget management 123, 240
budget variance 123, 240
budget variance analysis 123, 240
bug 102, 142
building and architectural structure 83, 154
building site 38, 178
buildings 83, 178
bullet debt investment 21, 233
bundling 3, 132
bureau of land management 95, 219
bursting of the economic bubble 103, 182
business 28, 53, 211, 232
business agent 7, 237
business alliance 29, 233
business analysis 33, 183
business area 64, 206
business card 119, 194
business certificate 11, 185
business characteristics 53, 183
business combination 53, 233
business combination under common control 28, 218
business combinations not under common control 104, 154
business commencement expense 11, 185
business concentration 53, 183
business consulting service 105, 206
business due diligence (BDD) 105, 206
business entity 24, 201
business expansion 53, 211
business expense 34, 182
business investment 53, 183
business judgment 33, 183
business license 7, 237
business model 53, 233
business outsourcing 28, 233
business performance 7, 182
business plan 28, 233
business plan due diligence 53, 211
business practice 64, 206
business premises 53, 182
business process description 28, 233
business process flowchart 29, 233
business process outsourcing service 105, 233
business processes 29, 233

business purpose 53, 183
business registration 53, 182
business registration 13, 160
business reorganization 53, 232
business reorganization 24, 200
business risk 54, 182
business segment 53, 233
business separation 53, 233
business standards 53, 211
business tax 7, 237
business tax and surcharge 7, 237
business tax payable 117, 236
business transaction between independent companies 95, 150
business transfer 7, 237
business trip allowance 63, 143
business trip expense report 63, 143
business unit 53, 211
business visa 67, 206
business year 7, 53, 183, 237
business-to-business（B2B） 24, 200
busy season 103, 193
buyback 15, 213
buyer 102, 162
buyer credit 102, 193
buy-in payment 100, 193
buying agent 52, 138
buy-out payment 100, 193
by-products 107, 158
byte 101, 254

C

cable 35, 149
calculation interest rate of the lease 124, 256
calendar year 126, 190
calendar year system 126, 205
call loan 42, 218
call option 14, 42, 162
callable corporate bond 15, 186
cancelation of listing qualification 65, 203
cancellable lease 15, 186
cancellation of a contract 35, 170
cancellation of contract 15, 34, 170, 180
cancellation of export clearance 122, 219
cancellation of registration 92, 250
capacity utilization 76, 77, 139, 207
capacity utilization variance 77, 209
capital 58, 252
capital account 58, 253
capital account administration 58, 253
capital adequacy 59, 253
capital adequacy ratio 59, 253
capital adjustment 59, 253
capital asset pricing model （CAPM） 59, 253
capital budget 59, 253
capital commitment 58, 253
capital construction fund 38, 178
capital contribution 59, 218
capital contribution certificate 63, 144
capital cost 58, 253
capital expenditure 59, 253
capital gain 19, 27, 164, 253
capital gain taxation 27, 253
capital improvement 76, 207
capital in kind 57, 210
capital increase 78, 243
capital increase agreement 78, 243
capital injection 59, 250
capital intensive 59, 253
capital investment 76, 207
capital item 58, 253
capital loss 18, 27, 164, 253
capital maintenance 58, 253
capital market 59, 253
capital redemption 59, 253
capital redemption reserve 59, 191
capital reduction 38, 177
capital reserve 59, 253
capital stock 58, 163
capital surplus 59, 253
capital tax 59, 253
capital translation difference 58, 253
capital turnover 58, 253
capital verification 38, 232
capital verification engagement letter 38, 232
capital verification of liquidation 73, 202
capital verification reports 63, 232
capitalization 58, 251, 253
capitalization of borrowing cost 20, 180
capitalization rate 54, 58, 253, 254
car dealer 57, 201
cargo forwarder 20, 173
carriage contract 6, 241
carry forward 32, 179
carrying amount 87, 244
carry-over of tax credit 41, 186
cash 37, 226
cash account 37, 227
cash and bank deposits 39, 226
cash and cash equivalents 37, 226
cash balance 54, 227
cash basis 37, 212
cash book 37, 227
cash budget 37, 227
cash card 27, 235
cash contribution 37, 173
cash count report 37, 227
cash deposit slip 122, 146
cash discount 37, 227
cash dividend 37, 226
cash equivalent 37, 226
cash flow hedge 27, 227
cash flow pressure 27, 227
cash flow statements 27, 227
cash flows 27, 226
cash flows from financing

activities 49, 143
cash flows from investing
  activities 92, 218
cash flows from operating
  activities 7, 183
cash in bank 30, 234
cash in transit 117, 242
cash income 37, 227
cash management system
  (CMS) 27, 226
cash on delivery sales 81,
  173
cash on hand 90, 187
cash overage and shortage
  37, 227
cash paid-in capital 37, 209
cash payment 37, 246
cash purchase 37, 226
cash ratio 37, 226
cash sales 37, 227
cash settled stock option 37,
  226
cash settlement 37, 226
cash shortage 37, 226
cash transactions 37, 226
cash value 37, 226
cashbook 71, 144
cash-generating unit 54, 226
cashier's check 122, 235
catalogue for the guidance of
  foreign investment industries
  in midwest region 86, 249
category 31, 63, 111, 156,
  190, 203
Cayman Islands 34, 185
central bank 84, 249
central bank discount rate 41,
  249
central finance 84, 249
central government revenue
  85, 249
certainty 15, 203
certificate 67, 245
certificate of bank balance
  30, 235
certificate of capital verification
  58, 232
certificate of deposit (CD)
  66, 186
certificate of export by proxy
  82, 146
certificate of origin (C/O)
  38, 240
certificate of property rights
  registration 48, 139
certificate of qualification for
  employment 61, 184
certificate of real estate property
  right 109, 153
certificate of residence 51,
  242
certificate of residence 29,
  184
certificate of stock subscription
  19, 204
certificate of withholding tax
  payment 38, 146
certificate to practice 29, 246
certificates of state-owned
  assets assessment
  qualification 44, 168
certification authority (CA)
  98, 204
certified public accountant
  (CPA) 42, 250
cessation of capitalization
  54, 217
chairman 93, 150
change 111, 158
change management 111,
  135
change registration 111, 135
changes in accounting policies
  12, 189
changes in equity 59, 252
characteristic 94, 216
check 42, 246
check book 42, 246
check drawer 43, 246
check in transit 117, 242
check off and verification sheet
  35, 171
check stub 43, 246
check to order 27, 175
check-and-balance system
  84, 247
checking account 92, 172
checking account interest 92,
  172
chief accountant 63, 249
Chief Financial Officer (CFO)
  50, 138
chief operating decision maker
  48, 212
chief representative 78, 255
chief representative 62, 212
child allowance 3, 239
China Accounting Society
  85, 248
China Banking Regulatory
  Commission (CBRC) 85,
  248
China Food and Drug
  Administration 45, 167
China Insurance Regulatory
  Commission (CIRC) 85,
  248
China Securities Regulatory
  Commission (CSRC) 85,
  248
China-Japan Tax Treaty 97,
  248
China's mainland market 85,
  248
Chinese domestic company
  85, 248
Chinese Institute of Certified
  Public Accountants (CICPA)
  85, 248
Chinese ownership 85, 248
Chinese partner of a joint
  venture 42, 248
circulating capital 125, 192
circulation tax 125, 192
cities specifically designated in
  the state plan 57, 174
city maintenance and
  construction tax payable
  118, 236
claim 32, 215
classified share 63, 164
client computer 32, 187
client server system (C/S)
  32, 187
Closer Economic Partnership
  Agreement between Hong
  Kong and China (CEPA)
  85, 248
closing date 26, 36, 185, 198
closing entries 36, 179

closing inventory   26, 198
closing of accounts   35, 185
closing price   9, 212
closing rate   36, 198
closing rate method   26, 199
closing stock   26, 199
cloud computing   32, 241
coincide   18, 233
collateral   84, 147
collateral residual value   84, 147
collaterals   84, 147
collectability   13, 172
collectible freight   6, 241
collection   96, 220
collection agent   82, 147
collection basis   13, 172
collection management   87, 245
collection method   87, 245
collection period   13, 172
collective agreement   83, 174
collusion   28, 162
combined contract   34, 170
combined entity   35, 105, 134, 169
come into effect   102, 209
commencement of the lease term   123, 256
commercial   64, 206
commercial acceptance bill   64, 206
commercial agent   82, 146
commercial bank   64, 206
commercial bribery   64, 206
commercial business   64, 206
commercial discount   64, 206
commercial invoice   64, 206
commercial law   66, 206
commercial loan   64, 206
commercial residential building   101, 206
commercial use   67, 206
commercial used land   64, 206
commission   58, 238
commission agency   46, 238
commission charge   90, 212
commission income   90, 212
commission on foreign exchange   20, 221
commission payable   118, 235
commission receipt method   90, 212
commission receivables   116, 236
commitment   46, 142
commodity   66, 206
commodity derivative   66, 232
commodity distribution company   66, 206
commodity fund   66, 206
commodity price   108, 225
commodity price list   66, 206
commodity swap   46, 206
commodity turnover rate   66, 206
common benefit right   27, 162
common control   28, 218
common cost   28, 162
common cost allocation   28, 162
common key cryptosystem   28, 217
common knowledge   61, 249
common share dividend payable   118, 235
common stock   108, 198
common stock dividends   108, 198
common tax with central and local government   84, 249
communication expense   89, 217
company   13, 160
company accounted for using the equity method   120, 211
company expenditure   13, 161
company internal risk control   60, 161
company ordinance   13, 161
company profile   13, 161
company registration venue   24, 200
company secretary   13, 161
company's promoter   114, 152
comparability analysis   24, 200
comparability principle   104, 186
comparable analysis   104, 186
comparable enterprises   104, 186
comparable information   104, 186
comparable multiple valuation method   126, 186
comparable price   104, 186
comparable profit method   124, 186
comparable transaction method   126, 179
comparable uncontrolled price (CUP) method   94, 186
comparative cost   104, 134
comparative financial statements   104, 134
comparative information   104, 134
comparison   104, 134
compensated absences payable   118, 235
compensating control   113, 135
compensation   4, 101, 115, 157, 193, 196
compensation expense   101, 196
compensation for claim   101, 196
compensation for damage   80, 196
compensation for eviction   82, 139
compensation for transfer   4, 139
compensation trade   114, 135
competent authority   37, 67, 249
competition   28, 183
complementary products   127, 191
completed work   22, 222

268

completed-contract method 40, 222
completeness 22, 222
completion of audit 21, 209
completion of service basis 8, 222
completion report 22, 222
compliance 47, 63, 113, 169, 257
component of an entity 24, 200
component parts 41, 256
composite leading indicators (CLIs) 33, 255
composition list of materials 51, 137
compound interest 107, 158
comprehensive income 112, 255
comprehensive income taxation 77, 255
comprehensive taxation system 77, 255
compulsory execution 28, 202
compulsory liquidation 28, 202
computer 47, 149
computer engineer 47, 175
computer program 47, 175
computer software 47, 175
computer system 47, 91, 149, 175
computer virus 47, 149
computerization 91, 149
concealed capital transaction 5, 235
concealment 5, 235
conclusion 36, 179
condition for tax exemption 119, 193
conditions for capitalization 54, 253
conditions for permission 29, 231
confidential 27, 173
confirmation of order 86, 150
confirmatory value 16, 203
confiscation of illegal gains 105, 194
conflicts of interest 124, 191
conservatism principle 114, 224
consideration 81, 151
consideration of business combination 24, 169
consigned processing 62, 213
consignee 104, 142
consignee of the imported goods 122, 181
consignment 3, 223
consignment goods 82, 147
consignment out 75, 220
consignment sales 3, 26, 62, 176, 213, 223
consignment sales agreement 82, 147
consignor 3, 223
consolidated accounting period 127, 169
consolidated accounting policy 127, 169
consolidated adjustment 127, 169
consolidated balance sheets 127, 169
consolidated basis 127, 169
consolidated cash flow statement 127, 169
consolidated closing 127, 169
consolidated closing date 127, 169
consolidated financial statements 127, 169
consolidated income statements 127, 169
consolidated profit before tax 127, 169
consolidated retained earnings 127, 169
consolidated retained earnings statement 127, 169
consolidated sales 127, 169
consolidated statement of changes in shareholders' equity 127, 169
consolidated tax return filing system 127, 201
consolidated total assets 127, 169
consolidation 127, 169
consolidation adjustment 127, 169
consolidation package 127, 174
consolidation policy 127, 169
consolidation procedure 127, 169
consolidation worksheets 127, 169
construct 41, 231
construction 40, 159
construction account receivable 38, 178
construction and installation industry 39, 178
construction contract 38, 40, 178
construction cost 38, 40, 159, 178
construction in progress 38, 241
construction income 38, 178
construction industry 39, 178
construction installation work 38, 178
construction materials 40, 159
construction order 40, 178
construction revenue 40, 159
construction site 40, 159
construction work 38, 178
constructive dividend 71, 219
constructive error 71, 219
constructive obligation 71, 219
consultancy fee 46, 165
consultant 46, 165, 252
consulting 46, 252
consulting activity 46, 252
consulting business 46, 252
consulting company 46, 252
consulting fee 46, 252
consulting service 46, 252
consumable supplies expense

269

67, 234
consumer electronics   81, 146
consumer price index (CPI)   66, 228
consumer protection law   66, 228
consumption tax   66, 228
consumption tax item   66, 228
consumption tax payable   117, 236
consumption tax rate   66, 228
container   46, 174
container terminal   46, 174
container transport   46, 174
contemporaneous documentation   93, 218
contingency   31, 172
contingent assets   31, 173
contingent consideration   65, 172
contingent expenditure   31, 173
contingent gains   31, 172
contingent liabilities   31, 172
contingent losses   31, 172
contingent payable   65, 172
contingent receivable   65, 172
contingent share agreement   64, 172
contingently issuable ordinary share   65, 157
continuity   34, 233
contract   35, 120, 169, 241
contract advance payment   35, 170
contract advance received   35, 170
contract amount   34, 170
contract conditions   35, 170
contract cost   34, 170
contract deposit   35, 170
contract dispute   35, 170
contract for undertaking processing work   16, 176
contract guarantee   35, 169
contract interest rate   34, 120, 170, 240
contract law   35, 170

contract of carriage   20, 173
contract period   34, 170
contract price   34, 170
contract registration   35, 169
contract separation   35, 170
contract tax   34, 201
contract template   35, 170
contract terms   35, 170
contracting enterprise   5, 141
contracting parties   35, 170
contracting profit   5, 141
contractual obligation   35, 170
contractual right   35, 170
contributed capital   29, 209
contribution analysis   40, 162
contribution in kind   39, 210
contribution margin   40, 162
contribution margin ratio   40, 162
contribution profit split method   29, 162
control   46, 57, 187, 217
control activities   93, 187
control environment   93, 187
control over investee   93, 151
control power   58, 246
control procedure   93, 187
control risk   93, 187
control target   46, 187
controlled company   105, 134
controlled enterprise   105, 212
controlled subsidiary company   58, 187
controller   46, 208
controlling company   58, 91, 187
controlling shareholder   58, 187
conventional tariff   28, 229
convergence   47, 203
conversion   21, 91, 244, 251
conversion ratio   91, 251
convertible bond   91, 186
convertible bond (CB)   91, 157
convertible share   91, 186
cooperation   126, 196
cooperative joint venture   17, 170

cooperative union   28, 170
copy   5, 46, 158
copyright   88, 103, 132, 250
copyright infringement   88, 202
corporate account   112, 161
corporate assets   76, 201
corporate auditor   21, 177
corporate bond   59, 161
corporate credit management system   24, 201
corporate divestiture   13, 161
corporate finance   42, 161
corporate governance   24, 161
corporate income tax   24, 201
corporate income tax law   24, 201
corporate income tax rate   112, 201
corporate law   13, 161
corporate legal liability   13, 200
corporate liquidation   13, 161
corporate pension plan   24, 201
corporate reorganization   13, 160, 200
corporate reorganization procedures   13, 200
corporate responsibility   24, 201
corporate seal   59, 161
corporate strategy   24, 201
corporate tax credit   112, 201
corporate tax law   112, 161
corporation in public interest   39, 161
corrective action   76, 158
corrective order   76, 242
correspondence   81, 235
corresponding adjustment   81, 227
corridor approach   15, 256
corruption   8, 215
cost   36, 141
cost accounting   36, 141
cost accounting by department   109, 155

cost accounting by product 74, 139
cost accounting standard 36, 141
cost accounting system 36, 141
cost allocation 36, 141
cost analysis 36, 141
cost assessment 36, 141
cost basis 36, 141
cost benefit analysis 106, 141
cost benefit principle 106, 141
cost budget 106, 155
cost center 45, 155
cost classification 36, 141
cost group 37, 141
cost item 106, 155
cost management 36, 141
cost mark up ratio 45, 141
cost method 36, 141
cost model 36, 141
cost of disposal 68, 144
cost of fixed assets 45, 165
cost of goods manufactured (CGM) 74, 247
cost of product 74, 139
cost of products manufactured 74, 139
cost of sales 6, 103, 228
cost of shareholder's equity 19, 163
cost plus contract 45, 141
cost plus pricing 36, 141
cost ratio 37, 141
cost recovery 36, 141
cost reduction 36, 45, 141, 231
cost report 36, 141
cost saving 34, 182
cost sharing agreement 106, 141
cost variance 36, 141
cost variance analysis 36, 141
cost, insurance and freight (CIF) price 52, 147
count sheet 83, 196
count sheet collection checklist

83, 196
counterfeit 26, 223
counterfeit invoice 26, 176
counterparty to a contract 34, 170
countersuit 8, 237
country guide 22, 167
country of residence 29, 184
country risk 22, 166
country risk premium 22, 166
coupon bond 31, 157
coverage 18, 158
crash 32, 226
credit 16, 147
credit balance 16, 147
credit card 32, 230
credit card company 32, 230
credit card overdraft 32, 230
credit derivative 70, 230
credit entry 16, 175
credit evaluation agency 70, 230
credit exposure management 123, 229
credit insurance 70, 230
credit limit 17, 123, 229, 230
credit loan 70, 230
credit purchases 16, 207
credit rating 15, 70, 150, 230
credit reference agency 70, 230
credit risk 70, 230
credit risk characteristic 70, 230
credit risk premium 70, 230
credit sales 16, 207
credit slip 2, 171
credit spread 70, 229
credit swap 32, 230
credit transaction 70, 230
creditor 47, 243
creditors ledger 52, 236
creditors' meeting 47, 243
crime 103, 153
criminal liability 34, 231
crisis management 23, 223
critical assumptions 62, 249
cross-border Renminbi (RMB) settlement 32, 188

cross-border restructuring 32, 188
cross-border services 32, 188
C-SOX 52, 248
cumulative preferred stock 126, 190
cumulative voting right 126, 190
currency 88, 173
currency exchange 88, 173
currency option 88, 173
currency restrictions 89, 173
currency revaluation 88, 173
currency swap 88, 173
current account 34, 182
current assets 125, 192
current cost 37, 227
current exchange rate 37, 227
current liabilities 125, 192
current market value method 53, 227
current period income 92, 134
current period in-put value added tax (VAT) 92, 147
current period loss 92, 134
current period net income 92, 134
current period net loss 92, 134
current period sales 92, 147
current period service cost 92, 147
current period tax 92, 134
current period value added tax (VAT) out-put amount 92, 147
current ratio 125, 192
curtailment of employee 68, 204
curtailment of expenditure 34, 231
custom office 72, 168
custom tax 22, 165
custom taxable imported items 22, 231
custom transfer cargo 72, 251
customer 43, 94, 165, 187

271

customer basic data list 43, 187
customer database 43, 187
customer information system 43, 187
customer ledger 94, 237
customer loyalty program 17, 187
customer master file 43, 187
customer relationship management (CRM) 43, 187
customs booklet 89, 133
customs clearance 89, 133
customs clearance certificate 72, 168
customs declaration 72, 168
customs declaration form 89, 133
customs duty rate 22, 166
customs import value added tax payment notice 72, 168
customs invoice 89, 133
customs levy 72, 168
customs levy of the import value added tax 72, 168
customs procedure 72, 217
customs special supervision and management area 72, 168
customs supervision and management 72, 168
customs supervision period 72, 168
customs value 22, 166
cut and paste 18, 177
cut-off 23, 198
cut-off test 18, 180
cycle counting 63, 231

D

daily book 97, 205
daily work report 51, 160
damage survey expense 80, 190
data 90, 213
data entry 90, 192
data warehouse system 90, 213
database 90, 213
database management system (DBMS) 90, 213
date of acquisition 63, 162
date of approval of financial statements 50, 137
date of business combination 35, 169
date of contract 120, 241
date of entry 98, 205
date of issue 102, 202
date of right allotment 39, 101, 144, 186
dead line of tax return 99, 242
dead stock 110, 136
deadline 59, 180
deadline for capital injection 58, 63, 144, 250
deadline for correction 14, 227
death, injury and medical benefits 55, 215
death-in-service benefits 30, 159
debit 20, 180
debit balance 20, 180
debt 49, 243
debt and credit 47, 243
debt condition 50, 243
debt equity ratio 108, 157
debt equity swap 90, 243
debt instrument 108, 243
debt investment 47, 243
debt ratio 108, 157
debt relief 50, 193
debt repayment fund 37, 140
debt restructuring 50, 243
debt restructuring agreement 50, 243
debt settlement method 50, 243
debt to equity ratio 50, 243
debt with interest 121, 147
debtor 50, 243
debt-to-capital swap 50, 244
debt-to-equity swap 50, 244
decision letter of administrative reconsideration 28, 230
decision maker 3, 185
decision making 3, 185
decision making body 3, 185
decision making power 3, 185
declaration 69, 208
declaration content 69, 208
declaration deadline 69, 208
declaration form 69, 208
declaration location 69, 208
declaration of intention 3, 234
declare taxation through agent 82, 146
deductible input VAT on fixed assets 41, 165
deductible temporary difference 67, 186
deduction 41, 187
deduction for donation 26, 185
deduction or refund 41, 187
deemed 117, 211
deemed cost 117, 204
deemed dividend 117, 211
deemed profit rate 117, 170
deemed sales 117, 211
deemed taxation 117, 211
defact control 57, 210
default 50, 110, 136
default risk 90, 110, 136, 223
defective goods 56, 138
deferral 32, 148
deferred 71, 136
deferred approach 32, 148
deferred assets 32, 148
deferred expense 32, 148
deferred gains or losses on hedges 32, 148
deferred liability 32, 148
deferred payment 2, 8, 100, 171, 232
deferred payment method 100, 232
deferred revenue 32, 148
deferred tax 32, 148
deferred tax assets 32, 148
deferred tax liability 32, 148
deficiency 35, 203
deficit 36, 189
deficit budget 2, 142
deficit reduction 2, 177
defined benefit pension plan

16, 207
defined benefit pension plan 15, 207
defined contribution pension plan 16, 207
deflation 90, 217
del credere commission 58, 147
deletion of company registry 13, 160
delinquency 82, 248
delinquent tax 82, 248
delisting 65, 219
delivered price 105, 178
delivery basis 62, 152
delivery date 5, 178
delivery note 62, 63, 99, 143, 178
delivery of assets 55, 251
delivery of share without contribution 19, 152
delivery order 62, 152
delivery slip 99, 178
delivery system 91, 196
demand 63, 231
demerger 24, 200
demobilization fee 107, 158
demonstration 91, 232
denominated in foreign currency 10, 220
department 109, 136
department common cost 109, 136
department overhead 109, 137
department profit and loss statement 109, 137
departmental accounting 109, 155
departmental allocation ratio 109, 132
departmental cost 109, 136
departure formalities 63, 143
departure notice 62, 143
depletable assets 39, 148
depletion 39, 39, 169, 207
deposit 90, 122, 146, 150
deposit due from Central Bank 84, 145
deposit for letter of credit 70, 230
deposit for processing trade 16, 176
deposit interest rate 122, 146
deposit ledger for processing trade 16, 176
deposit received from the insured 106, 132
depositor 122, 146
deposits paid 2, 200
deposits received 2, 199
depreciable amount 64, 236
depreciation 36, 244
depreciation expense 36, 244
depreciation method 36, 244
depreciation period 64, 244
depreciation rate 36, 244
depression 107, 136
derecognition 98, 249
deregulation 23, 26, 154, 180
deregulation of interest rates 31, 191
derivative transaction 91, 181
derivatives 91, 232
description 76, 215
design fee 3, 207
design supervision 76, 207
designated foreign currency account 10, 251
desktop computer 90, 215
destination 59, 194
destination principle 59, 194
detail list 119, 194
detail substantive procedures 65, 226
detailed audit 72, 227
detect 102, 152
detection risk 102, 177
development 14, 185
development cost 14, 185
development stage 14, 185
deviation rate 112, 197
device 90, 205, 207
dialogue 27, 229
difference 51, 136
difference between commodity sales and purchase price 66, 206
digital certificate 90, 149

digital electronic equipment 90, 213
digital media 91, 149
diluted earnings per share (EPS) 26, 226
dilution 26, 225
dilutive effect 26, 225
direct charge 88, 210
direct collection system 87, 246
direct control 87, 246
direct cost 87, 246
direct cost accounting 87, 246
direct expense 87, 246
direct export 87, 246
direct foreign tax credit 87, 184
direct investment 87, 246
direct investment by foreign enterprise 14, 222
direct labor cost 87, 246
direct lease 87, 246
direct material expense 87, 246
direct materials 87, 246
direct method 87, 246
direct purchase 87, 246
direct reporting 82, 246
direct tax 87, 246
direct tax sparing credit 117, 211
direct write-off method 87, 246
direct-controlled municipality 88, 246
director 13, 161
director and general manager 92, 150
director remuneration 93, 150
directory 90, 194
disaster loss 47, 241
disclaimer 119, 193
disclaimer of opinion 3, 185
disclose by category 31, 155
disclosure 13, 197
disclosure of financial instruments 31, 180
disclosure of related parties

273

23, 165
disclosure requirements 14, 197
discontinued operations 105, 154
discount 128, 244
discount certificate of purchase returns 53, 181
discounted amount 98, 128, 146, 244
discounted bond 128, 217
discounted cash flow method (DCF) 89, 244
discounted commission 129, 217
discounted expense 58, 228
discounted expense of bill 90, 197
discounted fee receivables 116, 236
discounted interest 129, 217
discounted note 129, 217
discounted present value 128, 245
discounted price 128, 244
discounted received 5, 217
discounting of bill 90, 197
discriminatory anti-dumping measures 51, 200
discussion 89, 216
dishonored bill 109, 111, 184, 197
disk 89, 145
disk capacity 89, 145
dismiss 12, 180
dispatch 62, 143
dispatch date 62, 152
dispatch report 62, 143
dispatched employee 102, 196
dispatched goods 62, 152
display 89, 226
disposable income 17, 186
disposal 100, 133
disposal application of dead stock 110, 136
disposal condition 100, 133
disposal expense 68, 144
disposal group 68, 144
disposal loss 100, 133

disposal method 103, 144
disposal of assets 55, 253
disposal of intangible assets 118, 144
disposal of state-owned land use right 44, 168
disposal price list 68, 144
disposal revenue 68, 144
disposal time 68, 144
dispose 100, 133
dispute resolution 111, 180
dissatisfaction review 109, 158
dissolution 13, 180
dissolution and division 13, 180
distributer 125, 182
distribution 125, 156
distribution center 125, 196
distribution channel 103, 228
distribution of earnings 67, 237
distribution of residual property 52, 209
distribution processing 125, 192
distribution rate of tax 72, 156
distribution subject of tax 72, 156
dividend 101, 163
dividend claims 67, 163
dividend clause 101, 163
dividend declaration date 101, 163
dividend exemption system 101, 163
dividend in kind 39, 210
dividend income 101, 163
dividend payout ratio 101, 163
dividend per share 105, 193
dividend policy 101, 163
dividend receivables 116, 236
dividend recipient 101, 164
dividend withholding tax 101, 164
dividends income 5, 236
dividends payable 118, 235

document against acceptance 104, 142
document in custody 113, 147
document number 68, 224
document review 68, 208
document title 68, 224
documentary bill 97, 159
documentation 111, 224
domestic currency 54, 134
domestic demand 44, 195
domestic enterprise 96, 195
domestic income 44, 183
domestic institution 44, 183
domestic investment 44, 183
domestic legal entity 96, 183
domestic manufactured equipment 43, 166
domestic sales 44, 195
domestic tax 96, 134
donated assets 62, 179
donated capital 62, 179
donated supplies 26, 185
donation 26, 79, 185, 243
donation contract 79, 243
donor 26, 185
dormant company 27, 231
double mortgage 87, 142
double taxation 97, 213
double-declining balance method (DDB) 100, 213
double-entry bookkeeping 107, 158
downstream 82, 226
downstream industry 20, 226
draft of accounts 35, 185
drag-and-drop 96, 220
drawee 96, 213
drawer of bill 90, 144
drawing of bill 90, 144
drawings 104, 217
drawings account 104, 203
driver 96, 203
drop shipping 96, 246
dry lease 96, 158
dual currency bond 91, 213
dual tariff 97, 213
due date 25, 205
due date for payment 58, 157
due diligence 74, 91, 181,

237
dumping 84, 202
dumping duty 84, 202
dumping export 84, 202
dumping margin 84, 202
dumping price 84, 202
duplicate 87, 142
duplicate invoice 125, 152
dutiable value 17, 245
dutiable value measure 17, 222
duty to disclose 13, 197
duty-free goods 119, 193
duty-free limit of imported equipment 122, 181

E

early adoption 77, 217
early repayment 25, 32, 217
early repayment right 32, 217
early repayment risk 25, 217
early retirement rate 77, 217
early-warning mechanism 56, 239
earned insurance premium 33, 234
earning rate of preferred share 121, 238
earnings forecast 28, 232
earnings per share (EPS) 105, 193
earnings per share of common stock 108, 198
e-authentication 91, 149
e-business 2, 149
e-commerce 2, 91, 149, 171
economic and technical cooperation 33, 182
economic bubble 103, 182
economic compensation 34, 182
economic condition 33, 182
economic decision 34, 182
economic entity 33, 182
economic growth 33, 182
economic growth rate 33, 182
economic indicators 33, 182
economic interest 34, 182

economic law 34, 182
economic recession 33, 182
economic slowdown 33, 182
economic substance 33, 182
economic useful life 34, 182
economic value 33, 182
economic-technological development zone 33, 182
edit 112, 135
education allowance 27, 179
education expense for children 56, 254
educational surtax 27, 179
effect of a contract 34, 170
effective date 102, 209
effective income tax rate 68, 215
effective interest method 57, 210
effective interest rate 57, 210
effective period 121, 238
effective tax rate 57, 210
effectiveness 121, 238
efficiency 42, 229
efficiency variance 100, 229
electrical machinery and appliances 91, 149
electronic data 91, 149
electronic data interchange (EDI) 91, 149
electronic department 91, 149
electronic equipment 91, 149
electronic expense 91, 149
electronic money 91, 149
electronic settlement 91, 149
electronic tax filing system 91, 149
elimination of double taxation 97, 228
e-mail 91, 149
embedded derivative instrument 31, 202
embellishment 111, 156
embezzlement of public fund 40, 196
emphasis of matter 28, 202
employed 105, 212
employee 60, 240
employee assignment plan

60, 246
employee benefits 60, 165
employee benefits payable 117, 236
employee compensation 60, 247
employee incentive stock plan 60, 240
employee salary 67, 247
employee stock ownership plan 61, 240
employee welfare 60, 247
employee welfare expenditure 60, 247
employee welfare expense 60, 247
employee welfare fund 60, 240
employees 61, 145
employees and others providing similar services 60, 240
employees bonus and welfare fund 60, 247
employees conference 60, 246
employee's medical insurance 60, 247
employees' representative 60, 247
employees' representatives conference 60, 247
employees stock purchase warrant 60, 247
employer 46, 238
employers notice 46, 165
employment 46, 165
employment income 27, 160
employment statistics 46, 184
encouraged enterprises 67, 164
encouraged industries 67, 164
encouraged project 67, 164
ending balance 26, 199
endorsee 104, 134
endorsement 5, 134
endorser 5, 134
endowment insurance 122, 232

275

energy 8, 195
energy saving 64, 179
energy saving equipment 64, 251
engage 89, 201
enhancement 41, 216
enterprise 23, 200
enterprise classification 24, 200
enterprise development fund 24, 200
enterprise financial reporting 24, 200
enterprise function and risk analysis table 24, 200
Enterprise Internal Control Basic Standards 24, 201
Enterprise Internal Control related guidelines 24, 201
enterprise law 25, 200
enterprise profitability 24, 201
enterprise resource planning (ERP) system 92, 201
enterprise valuation 24, 201
enterprise value 24, 200
enterprises in the park 8, 240
entertainment expense 40, 76, 178, 244
entertainment industry 46, 238
entertainment tax 8, 232
entity 8, 210
entity level control 76, 200
entity-specific value 24, 201
entrusted asset management 3, 223
entrusted investigation 3, 223
entrusted lease 3, 223
entrusted loan 3, 223
entrusted operation 3, 223
entry price 4, 181
environmental impact assessment 21, 171
environmental liability 21, 171
environmental tax 21, 171
equipment 76, 207
equipment and fixtures 25, 238
equipment dedicated to environmental protection 21, 171
equipment for joint and cooperative project 42, 170
equipment manufacturing industry 78, 252
equity change 120, 164
equity financial instrument 119, 203
equity in earnings of affiliates 120, 203
equity in losses of affiliates 120, 203
equity indirect transfer 119, 177
equity interest transfer income 120, 164
equity interests 59, 253
equity investment 18, 120, 164, 203
equity investment income 120, 164
equity investment reserve 120, 164
equity method 120, 203
equity participation 59, 138
equity preemption 120, 164
equity repurchase agreement 119, 164
equity restructuring 119, 164
equity securities 120, 203
equity structure 119, 164
equity swap 8, 203
equity transaction 58, 253
equity transfer 120, 164
equity transfer agreement 120, 164
equity-settled 119, 234
error 46, 146
error of original entry 38, 240
error rate 46, 225
establishment 76, 207
establishment and capital verification 76, 207
establishment of company 13, 161
estate distribution 48, 137
estimate 117, 162
estimated amount of bad debts 16, 239
estimated borrowing cost 117, 240
estimated cost 117, 123, 162, 239
estimated expense 117, 163
estimated financial statement 117, 239
estimated liability 117, 239
estimated price 117, 163
estimated rate of return 123, 239
estimated recognition 117, 242
estimated residual value 117, 239
estimated sales 117, 228
estimated time of arrival (ETA) 97, 239
estimated time of departure (ETD) 62, 239
estimated volatility 123, 239
euro 121, 196
event 55, 227
evidence 66, 198
evidence for collection of sales proceeds 6, 215
evidence management 66, 198
exception 67, 126, 133, 191
excess inventory 86, 187
excess progressive tax rate 86, 140
excess value added tax (VAT) paid 86, 140
exchange 20, 40, 96, 172, 178, 179
exchange contract 20, 240
exchange of non-monetary assets 104, 154
exchange rate 20, 221
exchange transaction 40, 178
exclusion from deductible expense 81, 136
exclusion from taxable revenue 7, 136
exclusion item from deductible

expense 81, 136
exclusive equipment 77, 251
exclusive materials 77, 251
exclusive right 94, 150
exclusive statement of payment 77, 251
ex-dividend date 101, 144
execution of construction work 40, 159
executive director 57, 246
exempt income 119, 193
exemption requirements 119, 173
exercise 39, 230
exercise day 39, 230
exercise period 39, 230
exercise price 40, 230
exhibition expense 91, 244
existence 57, 210
Exit and Entry Administration Measure 62, 144
exit visa 63, 143
expansion of export right 121, 189
expected cash flows method 26, 199
expected rate of return 26, 239
expected return 26, 239
expected useful life 117, 239
expected value 26, 239
expected value approach 26, 199
expense 106, 155
expense budget 34, 182
expense deduction standard 106, 155
expense for administrative and labor health and safety 59, 132
expense for education and training of employees 60, 247
expense for rent 84, 148
expense report 34, 155
experimental and research expense 54, 232
expert 77, 250
exploration expenditure 83, 216

export 121, 143
export by proxy 82, 146
export charges 121, 143
export declaration 121, 208
export enterprise 74, 139
export enterprises 121, 143
export goods 121, 143
export goods shipper 121, 143
export license 121, 143
export price 121, 143
export procedure 122, 143
export processing zone (EPZ) 121, 143
export refund system of value added tax (VAT) 79, 242
export report 122, 143
export supervised warehouse 121, 143
export tariffs 121, 143
export tax rate 121, 143
exports free on board (FOB) price 121, 143
expression of opinion 3, 151
extension 8, 232
external audit 14, 220
external audit system 15, 220
external auditor 15, 220
external comparable transaction 15, 220
external evidence 15, 220
external funding 15, 220
external transaction 15, 151
extraordinary gain 94, 154
extraordinary items 3, 154
extraordinary loss 105, 155
extraordinary shareholder's meeting 126, 192

F

F visa 8, 206
face amount 90, 197
face value of bond 47, 243
face value per common share 108, 198
factory 41, 159
factory building 41, 159
factory overhead expense 41, 159
fair competition 41, 160

fair market value 41, 211
fair price 41, 161
fair trade 41, 160
fair value 41, 161
fair value hedge 41, 161
fair value hierarchy 41, 161
fair value less cost to sell 100, 187
fair value measurement 41, 161
fair value model 41, 161
fair value option 41, 161
fair value valuation technique 41, 161
fairness 41, 161
fairness and appropriate 41, 161
fair-trade-price 41, 160
fall 36, 226
false declaration 29, 146
false registration of registered capital 94, 231
false report 29, 231
family allowance 17, 176
family business company 93, 176
family company 93, 176
family register 45, 171
family registration 45, 171
family registration system 45, 171
family shareholder group 93, 176
family-owned company 93, 176
famous trademark 121, 142
farm products 99, 196
farmland 99, 196
farmland occupation compensation system 41, 244
farmland use tax 41, 159
fax 107, 144
feasibility study (F/S) 24, 186
feasibility study (FS) report 107, 186
feasibility study of investment 93, 218
fictitious assets 15, 231

fictitious capital 15, 231
fictitious check 20, 187
fictitious dividend 15, 231
fictitious profits 15, 231
fictitious sales 15, 231
fictitious transaction 15, 231
field survey 39, 226
fieldwork 39, 226
fifty percent amortization method 44, 225
file 107, 224
file transfer protocol (FTP) 107, 224
filing and payment of corporate income tax 16, 172
filing for bankruptcy 102, 198
filing in different location 46, 234
final determination 48, 257
finance 30, 49, 137, 180
finance bill 121, 205
Finance Bureau 48, 138
finance expense 31, 205
finance lease 107, 205
finance software 50, 138
financial accounting 49, 138
financial accounting system 49, 138
financial advisor 49, 138
financial allocation policy 48, 138
financial analysis 50, 137
financial analyst 49, 137
financial and insurance industry 31, 180
financial assets 30, 181
financial assets held for trading 101, 179
financial assets management company 30, 181
financial audit 11, 188
financial bond 30, 181
financial budget 50, 138
financial company 50, 137
financial condition 50, 138
financial crisis 30, 180
financial debts held for trading 101, 179
financial department 50, 137

financial derivative instrument 91, 232
financial derivatives 31, 181
financial due diligence (FDD) 50, 138
financial electronic data interchange (FEDI) 31, 180
financial enterprise 30, 180
financial enterprise accounting system 30, 180
financial expense 50, 137
financial forecast 50, 138
financial guarantee contract 50, 137
financial indicators 50, 138
financial institution 30, 180
financial institution confirmation 30, 180
financial institution foreign exchange business 30, 180
financial institution license 30, 180
financial instruments 31, 180
financial instruments and exchange law 31, 180
financial leasing company 107, 205
financial leasing contract 107, 205
financial liability 31, 180
financial liability at fair value through profit or loss 80, 234
financial management 49, 137
financial market 31, 180
financial performance 49, 138
financial report 49, 50, 137, 138
financial risk 31, 50, 137, 180
financial service industry 30, 181
financial situation statement 50, 138
financial statement analysis 50, 137
financial statement audit 50, 137
financial statement level 50, 137
financial statement template 50, 188
financial statements 35, 50, 137, 185, 188
financing 54, 143
financing activities 49, 138
financing lease assets 107, 205
findings 38, 149
fine for delayed payment 8, 248
finished goods (F/G) 22, 139
firewall 107, 153
firm commitment 16, 203
firm purchase commitment 16, 203
first half year 19, 206
first quarter 81, 149
first-in-first-out method (FIFO) 51, 226
first-time adopter 68, 212
first-time adoption 68, 212
fiscal year 12, 188
five-category loan classification 16, 147
fixed amount burden system 89, 150
fixed amount taxation system 89, 150
fixed asset investment redirection tax 45, 165
fixed assets 45, 165
fixed assets ledger 45, 165
fixed assets pending disposal 45, 165
fixed capital 46, 165
fixed cost 45, 46, 164
fixed cost contract 45, 165
fixed cumulative deposit 89, 192
fixed interest rate 45, 165
fixed liabilities 46, 164
fixed place of business 54, 165
fixed price contract 45, 164
fixed rate burden system 90,

150
fixed rate method 90, 150
fixed rate method of tax collection 90, 150
fixed salaries and wages 45, 164
fixed term exemption 89, 150
flat fee 29, 185
flexible budget 69, 216
flexible working hours system 51, 215
floating exchange rate system 112, 157
floating interesting rate 112, 157
flow chart 110, 192
fluctuation in foreign exchange rate 20, 172
footnote 27, 179
footnotes 85, 188
force majeure 107, 136
forced liquidation 28, 202
forecast 123, 239
forecasted transaction 123, 239
foreign bank 13, 222
foreign business entity 43, 168
foreign capital 12, 184
foreign capital participation 13, 222
foreign capital stock 13, 222
foreign currency 10, 220
foreign currency account 10, 221
foreign currency business 10, 220
foreign currency buying rate 10, 221
foreign currency capital verification 10, 220
foreign currency denominated financial statement 10, 220
foreign currency deposit 11, 220
foreign currency exchange 11, 220
foreign currency fund pooling

10, 221
foreign currency management 10, 221
foreign currency settlement 10, 179
foreign currency transaction 10, 220
foreign currency translation 10, 220
foreign currency translation adjustment 20, 220
foreign currency translation adjustments 10, 220
foreign debt management 43, 222
foreign debt registration 81, 222
foreign debts management department 43, 222
foreign direct investment (FDI) 10, 12, 184, 221
foreign enterprise 12, 221
Foreign Enterprises Service Corporation (FESCO) 12, 221
foreign exchange 12, 221
foreign exchange annual inspection 11, 221
foreign exchange business license 10, 183
foreign exchange difference 21, 172
foreign exchange gain 20, 172
foreign exchange gain and loss 20, 172
foreign exchange income and expenditure 10, 221
foreign exchange inspection 10, 220
foreign exchange loss 20, 172
foreign exchange management system 20, 221
foreign exchange market 12, 221
foreign exchange market trade 12, 221
foreign exchange rate 12, 20, 21, 221, 244

foreign exchange registration certificate 11, 221
foreign exchange risk 20, 221
foreign exchange settlement 12, 221
foreign exchange transaction 20, 221
foreign financial institutions 13, 221
foreign individual 12, 184
foreign invested commercial enterprise 14, 222
foreign investment project 14, 222
foreign investment project certificate 14, 222
foreign investor 12, 221
foreign legal entity 12, 220
foreign loan 13, 222
foreign operation 47, 184
foreign owned enterprise 14, 222
foreign owned enterprise permission 14, 222
foreign owned enterprise service organization 14, 222
foreign owned export procurement center 14, 222
foreign owned fund management company 14, 222
foreign owned holding company 14, 222
foreign owned lease company 14, 222
foreign owned research and development center 14, 222
foreign partner 12, 221
foreign subsidiaries 12, 184
foreign tax credit 12, 41, 184, 186
foreign tax credit system 12, 184
Foreign Trade and Economic Relations Commission 81, 151
foreign trade business license

81, 151
Foreign Trade Law   81, 151
foreign trade operation right   12, 151
foreign trade system   81, 151
foreign-owned enterprise   13, 222
foreign-owned research and development center   13, 222
forfeiture   114, 194
form   34, 194
Form A   7, 132
format   122, 159
formation   51, 135
formula   34, 51, 160, 175
forward contracts   51, 240
forwarder   20, 173
forwarding   91, 251
founders meeting   114, 152
framework   128, 189
franchise management   110, 216
fraud   108, 225
fraud investigation   108, 225
fraud risk   108, 225
fraudulent accounting   111, 156
fraudulent transaction   108, 154
free on board (FOB) price   115, 190
free trade agreement (FTA)   61, 255
free transfer principle   61, 255
freely convertible currency   61, 255
free-supplied facility   118, 136
freight   6, 241
frequency   107, 197
front office   111, 202
fuel and power cost   99, 203
full container load (FCL)   110, 174
function   26, 161
functional and risk analysis   26, 161
functional currency   26, 161

functions performed   102, 152
fund   54, 107, 174, 254
fund asset   107, 174
fund management company   107, 174
fund manager   107, 174
fund net amount   107, 174
fund raising   54, 174
fund transaction   54, 254
fund trustee   70, 174
fund verification   54, 254
future cash flow   67, 224
future cash flow discounted present value method   67, 224
future operating losses   67, 224
future profitability   67, 224
future value   67, 224
future years   67, 224
futures commodities   51, 173
futures contract   51, 198
futures rate   51, 240

G

gain and loss on minority interest   66, 207
gain from prior period adjustment   76, 202
gain on disposal of treasury stock   54, 187
gain on equity transfer   120, 164
gain on inventory difference   83, 145
gain on sales   100, 135
gain on sales of securities   120, 238
gain on transfer of assets   55, 254
gain on valuation   106, 198
gain or loss arising from changes in the fair value   41, 161
gain or loss on sale of fixed assets   45, 144
gains from selling securities   93, 144
general accountant   77, 255

General Administration of Customs   72, 168
General Administration of Quality Supervision, Inspection and Quarantine   45, 167
General Agreement on Tariffs and Trade (GATT)   22, 165
general anti-tax avoidance measure   4, 233
general contractor   77, 255
general Free Trade Zone   77, 255
general IT control (GITC)   2, 230
general journal   108, 198
general ledger (G/L)   77, 256
general liquidation   108, 198
general manager   77, 255
general partnership   108, 198
general price index   4, 233
general principles   3, 233
general questionnaire   77, 256
general representative office   78, 255
general reserve   4, 233
general taxpayer   4, 233
generally accepted accounting principles (GAAP)   4, 233
generally accepted auditing standards (GAAS)   4, 233
geographical segment   84, 148
gigabyte (GB)   23, 201
global offering   32, 203
going concern   34, 142
going concern assumption   34, 142
going concern principle   53, 142
going concern value   34, 142
golden tax system   30, 181
golf-club membership   46, 158
goods   20, 173
goods for sales   103, 228
goods in transit   117, 242
goods receive note   84, 212

goods receiving book 97, 212
goodwill 100, 206
government 74, 245
government assistance 74, 246
government bond 43, 74, 168, 246
government expenditure 48, 138
government related entity 74, 246
government related fund 74, 246
government revenue 48, 138
government specified price 74, 245
government subsidy 48, 74, 138, 245
grant 68, 109, 136, 213
grant date 110, 213
grant from the government 48, 138
grant received 42, 135
grants related to assets 55, 238
grants related to income 60, 212
gratuitously transfer 118, 224
green card 32, 192
Gross Domestic Product (GDP) 44, 167
Gross National Expenditure (GNE) 44, 167
Gross National Income (GNI) 44, 167
Gross National Product (GNP) 44, 167
gross profit 6, 228
gross profit analysis 79, 193
gross profit method 79, 193
gross profit percentage 6, 228
gross profit rate 79, 256
gross profit ratio 2, 193
gross sales 77, 256
gross working capital 77, 256
gross-up calculation 32, 176
grounds of defense 42, 185

group enterprise 32, 174
group of assets 54, 254
group of enterprises 24, 200
growth enterprise market (GEM) 69, 145
growth potential 74, 242
growth rate 74, 242
growth strategy 74, 141
guarantee 114, 133
guarantee deposit 51, 145
guarantee for tax payment 99, 194
guarantee for transaction 96, 179
guarantee obligation 114, 147
guarantee received 5, 146
guaranteed loans 114, 133
guaranteed residual value 114, 234
guarantor 114, 133
guide 25, 247
guideline 14, 247
guidelines for the identification and management of high-tech enterprise 101, 158
guidelines of the administration for registration of foreign loan 13, 222

H

H shares 7, 168
habitual residence 34, 181
hacker 102, 171
half-finished goods 103, 132
half-levy of tax 72, 177
half-year bonus 103, 132
handling 103, 132
handling charges 97, 252
hard disk 100, 237
hardware 100, 237
harvest 60, 212
head office 115, 255
head office management fee 115, 255
head office's management fee 77, 255
headquarters 115, 255
health care cost 4, 234
hedge 111, 216

hedge accounting 111, 216
hedge effectiveness 111, 216
hedge fund 111, 151
hedge transaction 111, 216
hedged items 111, 134
hedges of a net investment in a foreign operation 47, 184
hedging instrument 111, 216
held for trading 101, 234
held-for-sale 100, 142
held-for-sale fixed assets 100, 142
held-to-maturity debt securities 116, 142
held-to-maturity investment 116, 142
hierarchy 104, 139
hierarchy approach 14, 155
high energy consumption products 39, 158
high-end manufacturing 100, 158
highest and best use 51, 257
highest authority organization 48, 257
high-tech enterprise 101, 158
high-tech industrial development zone 101, 158
high-tech industry 101, 158
high-tech industry zone 101, 158
high-value-added product 42, 158
hire purchase contract 14, 157
historic cost principal 63, 190
historical cost 63, 240
historical cost accounting 63, 203
historical rate 96, 179
historical summaries 16, 234
history 125, 190
holding company 16, 119, 187, 205
holding gain or loss 115, 253
holiday 27, 179
holiday pay 27, 176
home leave cost 113, 216

home page 113, 250
Hong Kong depositary receipts 115, 227
Hong Kong Hang Seng index 103, 171
Hong Kong Macau pass 115, 223
Hong Kong Special Administrative Region 115, 227
Hong Kong special administrative region of the People's Republic of China 85, 248
Hong Kong Stock Exchange 115, 227
host computer 114, 249
hot money 114, 204
hourly wage 53, 229
hourly wage system 53, 229
house property tax 109, 153
housing allocation 61, 250
housing allowance 61, 250
housing fund 61, 250
housing fund payable 117, 236
housing fund system 61, 250
housing loan 61, 250
human recourse 70, 204
human resource management system 69, 204
Human Resources Bureau 69, 204
human resources department 69, 204
hybrid financial instruments 107, 172
hyper text markup language (HTML) 7, 141
hyperinflation 101, 151

I

identifiability 53, 186
identifiable assets 53, 186
identification 53, 135
identification card 118, 207
idle assets 120, 226
idle equipment 120, 226
idle land 120, 226
idle production capacity 120, 226
IFRS Interpretations Committee (IFRIC) 43, 167
illegal gains 105, 154
illegal practices 4, 223
illegal profit 109, 136
illicit transaction 4, 223
immaterial 61, 136
immediate recognition 79, 190
immigration 98, 205
immunity 119, 193
impairment 38, 177
impairment accounting 38, 177
impairment loss 38, 177
impairment of assets 55, 254
impairment of financial assets 30, 181
impairment of intangible assets 118, 225
impairment of long-term debt investment 86, 140
impairment test 38, 177
implementation measures of special tax adjustments 94, 216
implementation of contract 35, 170
import 122, 181
import and export of goods 122, 181
import and export restricted techniques 122, 227
import and export right 122, 181
import barriers 122, 181
import charges 122, 181
import confirmation letter 122, 181
import declaration 122, 208
import enterprise 122, 181
import license 122, 181
import prices 122, 181
import tariffs 122, 181
important targets of transfer pricing investigation 4, 251
imported goods 122, 181
imported goods' owner 122, 181
imprest system 89, 150
improvement 15, 158
improvement expense 15, 158
improvement of fixed assets 45, 165
in the money 4, 210
inadequate disclosure 108, 197
inappropriate 109, 136
incentive plan 5, 178
incentive policy 4, 174
incentive stock option 5, 164
inception of a lease 123, 256
inception of collection 87, 185
incident management system (IMS) 64, 211
including postage 79, 169
inclusion in deductible expense 81, 214
inclusion system of dividend received in gross revenue 101, 164
income 61, 212
income calculation 60, 212
income corporate taxes payable 118, 235
income disparity 61, 212
income from debt investment 47, 243
income from lease of property 48, 137
income from real estate 109, 153
income from rendering of service 8, 216
income from sales of goods 108, 206
income from transfer of property 48, 137
income from wage and salary 88, 160
income statement 80, 191
income tax 68, 215
income tax calculation 68, 215
income tax expense 24, 201
income tax payable 117, 235

income tax refund receivable 116, 236
income tax return 68, 215
income taxes-adjustment 112, 201
incorporation fee 13, 161
increase in tariff 22, 216
increased value 77, 242
incremental borrowing rate of interest 88, 242
independent agent 95, 150
independent auditors' report 94, 150
independent directors 95, 150
independent enterprises 95, 150
index 5, 51, 215, 247
index fund 5, 247
indication 87, 245
indication of impairment 38, 177
indirect control 22, 177
indirect cost 22, 177
indirect expense 22, 177
indirect exports 22, 177
indirect financing 22, 177
indirect fixed cost 22, 177
indirect foreign tax credit 22, 184
indirect investment 22, 177
indirect labor cost 22, 177
indirect material cost 22, 177
indirect materials 22, 177
indirect purchase 22, 177
indirect tax 22, 177
indirect tax sparing credit 117, 211
indirect transfer 22, 178
indirect transfer of equity 22, 178
indirect wages 22, 177
indirect-allocation method 22, 177
indispensable investor 105, 134
individual account 44, 159
individual evaluation 46, 147
individual income 44, 159
individual income tax law

44, 159
individual income tax return form 44, 159
individual of foreign nationality 12, 222
individually-owned enterprise 44, 159
induction 26, 166
industrial and commercial consolidated tax 41, 159
industrial bookkeeping 40, 159
industrial land 40, 160
industrial policy 51, 139
industrial property right 40, 159
industry 51, 139
industry admittance criteria 27, 169
industry association 27, 169
industry code 51, 169
inferior quality goods 97, 145
inflation 5, 217
inflation rate 5, 217
inflation risk 5, 217
information 66, 229
information and technology industry 66, 230
information and technology outsourcing service 66, 230
information disclosure 66, 67, 230, 230
information exchange 67, 230
information leakage 67, 230
information security 67, 230
information service 67, 230
information source 66, 230
information system 67, 230
information technology (IT) 66, 230
inherent limit 46, 165
inherent risk 46, 165
inheritance right notarial deed 78, 176
initial adjustment 81, 144
initial cost 4, 144
initial investment 67, 144

initial investment cost 67, 144
initial measurement 93, 144
initial net investment 93, 144
initial payment 2, 212
initial public offering (IPO) 18, 160
initial recognition 93, 144
inland open city 97, 195
input 5, 213
input level 5, 213
input of order 62, 213
input output (I/O) 98, 213
input tax 52, 181
input tax deduction 52, 181
input value added tax (VAT) 52, 78, 242
input value added tax (VAT) deduction 78, 242
input value added tax (VAT) transfer out 52, 181
input value added tax on fixed assets 45, 162
insider trading 4, 195
insolvency 50, 253
insolvent debtor 102, 198
inspect certificate 38, 177
inspection 51, 174
inspection 38, 177
inspection agency 37, 177
inspection fee 38, 177
inspection for high-tech enterprise certification 101, 158
inspection standard 38, 232
installation 4, 71, 132
installation cost 71, 132
installation expense 71, 132
installation revenue 71, 132
installment 111, 156
installment (sales) method 18, 156
installment accounts receivable 18, 236
installment bond 111, 156
installment payment of annual tax 99, 132
installment sales 18, 156
institution 25, 173
institution of foreign enterprise

283

12, 221
institutional investor   23, 173
instruction and opinion of patent asset evaluation   77, 250
insurance   113, 133
insurance assets   113, 133
insurance association   113, 133
insurance company   113, 133
insurance contract   113, 133
insurance dividend payment   114, 132
insurance expense   114, 133
insurance fund   114, 133
insurance indemnity   114, 133
insurance liability   114, 133
insurance policy   113, 133
insurance premium income   113, 132
insurance premium rate   114, 133
insurance reserves   114, 133
insurance risk   114, 133
insurance security fund   114, 133
insured event   113, 133
insurer   113, 133
intangible assets   118, 225
integrated circuit industry   61, 174
integrated due diligence   92, 255
intellectual property   84, 246
intellectual property protection   84, 246
inter-bank call loan   29, 235
inter-bank foreign exchange market   5, 235
inter-bank loans payable   5, 218
inter-bank loans receivable   5, 218
inter-bank offering trade   5, 139
inter-bank rate   5, 235
intercompany (branch) transaction   57, 155
inter-company account confirmation   13, 161

inter-company account elimination   13, 161
inter-company debt and credit   21, 165
inter-company profit   13, 161
inter-company transaction   21, 165
inter-enterprise borrowing rate   24, 200
interest   125, 191
interest auxiliary policy   124, 217
interest cap   31, 191
interest collar   31, 191
interest cost   31, 125, 191
interest expenditure   125, 191
interest floor   31, 191
interest income   124, 125, 191
interest on loans payable   20, 180
interest payment date   125, 157
interest rate   125, 190
interest rate futures contract   31, 190
interest rate options   31, 191
interest rate risk   31, 190
interest rate swap   31, 190
interest receivables   116, 236
interest received in advance   115, 239
interest-free bill   119, 136
interest-free liabilities   119, 225
interest-free loans   118, 225
interface   5, 179
inter-financial enterprise transaction   30, 180
intergovernmental agreement (IGA)   74, 246
interim   85, 248
interim audit   26, 85, 199, 248
interim balance sheet   85, 199
interim closing   85, 248
interim consolidated financial statements   85, 199
interim dividend   85, 199, 248

interim financial statements   85, 248
interim income statement   85, 248
Interim Measures for Social Insurance System Coverage of Foreigners Working within the Territory of China   59, 242
interim period   103, 189
interim report   85, 248
intermediary contract   85, 184
intermediary service   85, 248
intermediary services   85, 248
intermediate goods   85, 248
intermediate holding company   85, 248
internal audit   96, 195
internal audit report   96, 195
internal audit system   96, 195
internal auditor   96, 195
internal check   96, 195
internal comparable transaction   97, 195
internal control   96, 195
internal control audit   96, 195
internal control guidance   96, 195
internal control over business processes   29, 233
internal control reporting system   97, 195
internal control rules   96, 195
internal control self-assessment report   96, 97, 195
internal control system   96, 195
internal evidence   96, 195
internal fund raising   96, 195
internal investigation   96, 195
internal sales gain and loss   97, 195
internal settlement center   96, 195
internal settlement price   96, 195
internal transaction   97, 195
internal transfer   97, 195

internal transfer price 96, 195
internal whistle blowing system 96, 195
internally generated goodwill 54, 254
internally generated intangible assets 55, 255
International Accounting Standards（IAS） 43, 167
International Accounting Standards Board（IASB） 43, 167
International Auditing Standards（IAS） 43, 167
international board 43, 167
international commercial loan 43, 167
International Development Association（IDA） 43, 167
international express delivery business 43, 167
international finance lease 43, 167
international financial institution loan 43, 167
International Financial Reporting Standards（IFRSs） 43, 167
international lease transaction 43, 167
international market price 43, 167
International Monetary Fund（IMF） 43, 167
International Organization for Standardization（ISO） 43, 167
international posting 43, 167
international practice 43, 167
international sales network 43, 167
international transportation service 43, 167
internet 5, 171
internet banking 98, 223
internet sales 98, 223
internet service provider（ISP） 5, 171

interplant transfer transaction 91, 251
intrinsic value 115, 195
introduction method 5, 180
invalid contract 35, 170
inventory 48, 83, 145, 187
inventory adjustment 48, 187
inventory at beginning of period 25, 198
inventory calculation method 83, 145
inventory control 48, 187
inventory count list 48, 187
inventory loss 83, 145
inventory overages and shortages 83, 196
inventory record 48, 145
inventory risk 48, 187
inventory stock certificate 48, 145
inventory turnover period 48, 145
inventory turnover ratio 48, 145
inventory valuation method 83, 145
inventory variance analysis report 83, 187
invested enterprise 93, 105, 134, 154
investigate 88, 252
investigated enterprise 105, 134
investigated person 105, 134
investigation 87, 125, 149, 190
investigation procedure 87, 149
investigation sheet of vendors 27, 140
investment 63, 92, 144, 218
investment account 93, 219
investment activities 92, 218
investment analysis 93, 218
investment appraisal technology 93, 218
investment approval authority 93, 218
investment assets 93, 219
investment bank 92, 219

investment by fund 107, 174
investment center 93, 219
investment company 93, 219
investment consulting 93, 219
investment cost 92, 218
investment decision 93, 218
investment enterprise 18, 92, 164, 218
investment entity 93, 219
investment fund company 65, 245
investment in bond 47, 243
investment income 93, 218
investment loss 93, 218
investment partnership 93, 219
investment project management 93, 218
investment property 93, 219
investment proportion 63, 218
investment quota 92, 218
investment registration system 63, 144
investment return 92, 218
investment securities 93, 219
investment tax credit 93, 218
investment-oriented insurance business 92, 218
investor 63, 92, 144, 218
invitaion for tender 98, 244
invitation 66, 232
invoice 72, 103, 152, 157
invoice amount 8, 152
invoice basis 103, 152
invoice price 5, 152
invoice principle 103, 152
invoices bookkeeping sheet 125, 152
invoices management measure 125, 152
invoices sheet 125, 152
IP address 2, 173
issuance of receipt 125, 185
issue condition of new shares 69, 229
issue expense of new shares 69, 229
issue of new shares 69, 152

285

issued at par 16, 197
issued at premium 110, 234
issued stocks 102, 234
issuer 102, 152
issuing bank 67, 185
IT application control (ITAC) 29, 230
IT entity level control (ITELC) 76, 160
item on consignment 3, 223
item on consignment-in 62, 213
items of taxation 75, 215

J

Japanese firms 97, 205
Japanese market 97, 204
Japanese yen 97, 205
job responsibility 68, 247
job responsibility and authority 68, 247
job responsibility and authority rules 68, 247
job training 68, 247
job-order cost accounting method 46, 156
joint 28, 162
joint announcement 28, 191
joint annual inspection 28, 191
joint arrangement 28, 170
joint audit 28, 191
joint control 28, 162
joint guarantee 28, 162
joint indemnity liability 127, 191
joint management 28, 162
joint management institution 127, 191
joint operation 28, 162
joint responsibility 127, 191
joint venture 28, 63, 162, 170
joint venture agreement 17, 42, 170
joint venture contract 17, 170
joint venture enterprise 42, 170
joint venture trading company 42, 170

journal book 68, 156
journal entry 11, 68, 156, 188
journal slip 12, 188
J-SOX 53, 204
jurisdictional area 20, 166
just in time (JIT) 60, 252

K

key control 23, 165
key inspection target enterprise 61, 249
key management personnel 61, 165
key performance indicators (KPI) 63, 165
key supervision management list 61, 249
keyboard 23, 178
kilobyte (KB) 29, 201
kinds of fraud 108, 225
Kingdee software 30, 180
know how 99, 250
know how usage fee 99, 250
knowledge process outsourcing 97, 175

L

labor administrative departments 127, 189
labor agreement related to specific items 94, 250
Labor Bureau 127, 189
labor conditions 128, 189
labor contract 128, 189
labor contracts law 128, 189
labor cost 128, 204
labor dispute 128, 189
labor dispute arbitration committee 128, 200
labor income 128, 189
labor insurance 128, 189
Labor Law 128, 189
labor management 128, 204
labor management authority 127, 189
labor management system 127, 190
labor market 128, 204
labor productivity 128, 189

labor protection 128, 189
labor protection expenses 128, 189
labor relationship 127, 189
labor service company 128, 189
labor union 127, 159
labor union welfare fund 127, 247
labor-intensive industry 128, 189
labor-management consultations 127, 190
land disposal fee 95, 219
land expropriation expense 95, 219
land occupancy charge 95, 219
land ownership 95, 219
land rehabilitation expense 95, 219
land rent 5, 84, 148, 219
land use conditions 95, 219
land use restriction 95, 219
land use right 95, 219
land use right certificate 95, 219
land use right sales agreement 95, 219
land use term 95, 219
land value added tax 95, 219
lapse 57, 209
Large Enterprise Tax Administration Department (LEAD) 81, 146
large shareholding measure 82, 146
large-scale repair cost 81, 146
last purchase price method 48, 257
last-in-first-out method (LIFO) 2, 171
law 113, 153
law firm 113, 192
law for the three types of foreign-funded enterprises 51, 205
laws and regulations 112, 153

英語索引

laws and regulations related finance and economics　49, 137
lawsuit　79, 215
layoff　126, 226
lead schedule　124, 235
lead time　124, 178
lease　123, 256
lease deposits　53, 232
lease expenses　124, 256
lease imported goods　124, 256
lease income　124, 256
lease obligations　123, 256
lease property　123, 256
lease receivables　123, 256
lease revenue　124, 256
lease term　123, 256
leaseback　124, 172
leased assets　123, 256
leased property　124, 256
leasehold improvements cost　59, 256
leaser　88, 144
leasing company　123, 256
leasing contract　88, 256
ledger　82, 215
legal capital　112, 152
legal capital minimum amount　112, 153
legal due diligence（LDD）　113, 153
legal entity　112, 153
legal obligation　113, 153
legal personality　112, 153
legal public holiday　112, 153
legal public money　112, 152
legal representative　113, 152
legal reserve　113, 152
legal residence　113, 152
legal welfare　113, 152
lender　17, 147
letter of authorization　3, 223
letter of confirmation　16, 231
letter of credit　64, 206
letter of credit（L/C）　70, 230
letter of credit（L/C）issue request form　70, 185
letter of credit（L/C）transaction　70, 230

letter of guarantee（L/G）　114, 133
letter of intent　17, 170
letter of intent（LOI）　3, 234
letter of intent for joint venture　42, 170
letter of loan intention　121, 205
level　70, 213
leveling　111, 197
leverage　126, 158
leveraged lease　126, 158
liabilities　108, 157
liability　108, 157
liability completeness test　108, 157
liability for breach of contract　4, 223
liability for endorsement　90, 197
license　29, 123, 231
license contract　123, 231
license fee　119, 231
license fee income　123, 216
license holder　53, 142
license management　29, 231
licensed enterprise　29, 231
licensed project　29, 241
licensing　64, 210
lien　125, 192
life insurance　75, 204
life insurance premium　75, 204
life insurance reserves　75, 212
lighting and heating cost　42, 149
limit amount　39, 227
limit for deduction　41, 187
limitation of the number of temporary worker　128, 190
limited liability accounting firm　121, 238
limited liability company　121, 238
limited liability partner　121, 238
limited partnership enterprise　121, 238

liquid crystal display（LCD）　7, 233
liquidated corporation　73, 202
liquidating dividends　73, 202
liquidation　73, 202
liquidation application　73, 202
liquidation assets　73, 203
liquidation audit　73, 202
liquidation committee　73, 202
liquidation expense　73, 202
liquidation financial statement　73, 202
liquidation group　73, 203
liquidation income　73, 202
liquidation plan　73, 202
liquidation procedure　73, 202
liquidation property　73, 202
liquidation report　73, 202
liquidation reserve　73, 202
liquidation value method　73, 202
liquidity position　125, 192
liquidity risk　125, 192
list　125, 202
list of allowance for impairment of assets　54, 254
list of assets　48, 55, 137
list of name　119, 193
list of shareholders　19, 163
list of vendors　27, 140
listed company　65, 207
listed securities　65, 207
listing　18, 65, 164, 206
listing report　65, 206
listing requirements　65, 207
listing rules　65, 207
listing sponsor system　65, 207
listing support advisor　65, 207
litigation fee　79, 215
load capacity　75, 242
loading　97, 252
loading order　109, 252
loan　121, 205
loan agreement　121, 147

287

loan commitment　　128, 147
loan contract　　30, 180
loan from foreign government　　12, 221
loan on one's own account　　53, 255
loan receivable　　16, 147
loans payable　　3, 20, 180, 233
loans payable from foreign government　　12, 221
loans payable from group companies　　32, 174
local area network（LAN）　　128, 184
local currency　　39, 147
local income tax　　84, 148
local retained portion　　84, 148
local subsidiary　　39, 147
local tax　　84, 148
local tax revenue　　84, 148
local taxation bureau　　84, 148
location saving　　128, 148
log file　　128, 205
login　　128, 148
logistics　　108, 225
logistics center　　109, 225
logistics cost　　128, 225
logistics enterprise　　109, 225
logistics information　　128, 225
logistics management　　128, 225
logistics management system　　109, 225
logistics park　　108, 225
logout　　128, 219
London Inter Bank Offered Rate（LIBOR）　　123, 193
long-term accounts receivable　　86, 140
long-term corporate bond　　86, 140
long-term debt due within one year　　3, 233
long-term debt investment　　86, 140
long-term deposits　　86, 139
long-term employee benefits payable　　87, 140
long-term equity investment　　87, 139
long-term health insurance liabilities reserve　　86, 139
long-term investment　　86, 140
long-term liabilities　　86, 139
long-term liabilities reserve　　86, 140
long-term loan　　86, 139
long-term loans payable　　86, 140
long-term notes payable　　86, 140
long-term payables　　87, 140
long-term prepaid expense　　87, 139
long-term prepaid insurance premium　　87, 140
long-term prepaid rent　　86, 140
long-term real estate investments　　86, 139
long-term receivable　　87, 140
long-term reserve　　86, 140
long-term resident　　86, 140
long-term time deposits　　86, 139
loss　　81, 215
loss carry back　　36, 189
loss carry forward　　32, 36, 180, 189
loss carry forward from previous years　　18, 234
loss compensation　　36, 81, 136, 193
loss contract　　110, 189
loss from prior period adjustment　　76, 202
loss of financial instruments　　31, 180
loss of property　　48, 137
loss on assets　　55, 254
loss on disposal of assets　　55, 253
loss on disposal of treasury stock　　54, 187
loss on equity transfer　　120, 164
loss on inventory difference　　83, 145
loss on sales　　100, 135
loss on sales of securities　　120, 238
loss on transfer　　66, 251
loss on transfer of assets　　55, 254
loss on valuation　　106, 198
low value consumable items　　89, 148
lower of cost or market value method（LCM）　　89, 141
lowering interest rate　　31, 226
lump-sum payment　　3, 233

M

Macao Special Administrative Region　　115, 132
machinery　　23, 173
machinery and equipment　　23, 173
macro economy　　115, 171
mail server　　119, 238
main business tax and surcharge　　63, 250
main cost of goods　　63, 250
main operating income　　63, 250
mainboard　　119, 249
mainboard market　　119, 249
mainframe　　119, 249
maintenance　　119, 223
maintenance fee　　3, 223
major product　　62, 249
major shareholder　　8, 146
majority　　18, 168
majority-owned subsidiary　　18, 237
management personnel　　33, 166
management accounting　　23, 166
management agreement　　32, 183
management approach　　116, 166
management company　　23, 33, 166, 183
management control standards　　23, 166
management decision making

32, 183
management fraud 33, 166
management institution 32, 183
management letter 116, 166
management override 33, 166
management philosophy 33, 183
management policy 33, 182
management strategy 33, 183
management's assessment 33, 166
manager 116, 182
managerial control 32, 183
managerial level 33, 161
managing contractor 32, 182
mandatory reserve fund system 28, 202
manipulation of securities market 65, 139
manual input 116, 204
manual journal entries 90, 212
manual journal entry 63, 204
manual purchase order (PO) 90, 204
manufacture department 74, 247
manufacture department inspector 74, 247
manufacture department operator 74, 247
manufacture department receiver 74, 247
manufacturer 74, 140
manufacturing and distribution 73, 247
manufacturing cost 74, 247
manufacturing direct cost 74, 246
manufacturing enterprises 73, 209
manufacturing industry 74, 247
manufacturing overhead 74, 177
manufacturing wholesaler 74, 247
manuscript fee income 37,
159
marginal analysis 36, 135
marginal cost 36, 135
marginal profit 36, 135
marginal profit ratio 36, 135
marginal tax rate 36, 135
markdown 98, 177
market 55, 210
market access permit 56, 211
market access regulation (MAR) 56, 211
market adjusted price 56, 211
market approach 56, 211
market barriers 56, 210
market capitalization 53, 211
market channel 56, 211
market comparison approach 56, 210
market condition 18, 164
market interest rate 56, 211
market participants 56, 210
market premium 115, 211
market research 56, 211
market risk 56, 211
market risk premium 115, 211
market sales 56, 211
market trend 56, 115, 211
market value 53, 55, 211, 226
market value accounting 53, 161
market yield 56, 211
marketing 115, 237
marketing information system (MIS) 33, 237
marketing system 115, 229
mark-up 115, 176
master data 115, 250
master netting agreement 115, 255
matching principle 81, 196
material consumption 108, 225
material consumption 51, 137
material consumption per unit 83, 193
material cost 51, 137
material cost variance 51, 137
material misstatement 62, 249
material picking list 51, 192
material quantity variance 51, 240
material requirements planning (MRP) 54, 137
material weakness 61, 249
materiality 61, 249
materials 68, 254
materials and supplies in transit 117, 242
materials prepared by company 13, 160
materials purchasing 108, 225
maternity insurance 63, 209
matrix organizational structure 116, 184
mature loan 25, 147
maturity 116, 147
maturity date 116, 147
maturity payment 116, 148
maturity value 116, 147
maximum 49, 256
maximum tax rate 48, 257
meal allowance 68, 225
measure for presumptive profit taxation 71, 170
measure of capital contribution 63, 144
measurement 79, 175
measurement date 79, 175
measurement model 79, 175
measurement period 79, 175
mechanical operation 23, 173
media Industry 119, 144
median 84, 85, 249, 249
median price 97, 248
medical insurance 4, 233
medical insurance expense 4, 233
medical insurance fund 4, 233
meeting 11, 172
meeting expense 11, 172
meeting minutes 25, 172

megabyte (MB)　119, 244
membership fee　10, 172
memorandum　106, 134
memorandum of association　26, 256
memory　119, 195
merger　13, 161
merger and acquisition (M&A)　18, 135
merger and acquisition by foreign capital　12, 222
merger by absorption　27, 225
merger for incorporation　69, 145
message　119, 228
metadata　119, 240
micro-economy　116, 223
micro-economy analysis　116, 223
midwest region　86, 249
midwest regional project　86, 249
mineral resources　42, 189
minimum　48, 257
minimum capital requirement　49, 257
minimum funding requirement　49, 257
minimum lease payments　49, 257
minimum registered capital　49, 257
minimum registered capital system　49, 257
minimum useful life　49, 257
minimum wage　49, 256
minimum wage standard　49, 257
minimum wage system　49, 257
minimum year of depreciation　49, 257
mining industry　47, 138
Ministry of Commerce　67, 206
Ministry of Construction　38, 178
Ministry of Environment Protection　45, 166
Ministry of Finance　50, 138

Ministry of Foreign Affairs　15, 221
Ministry of Foreign Trade and Economic Cooperation (MOFTEC)　81, 151
ministry of information industry　67, 230
Ministry of Justice　58, 215
ministry of labor and social security　128, 189
Ministry of Land and Resources　44, 167
Ministry of National Defense　44, 166
Ministry of Public Security　39, 160
Ministry of State Security　45, 166
Ministry of Transport　41, 178
Ministry of Water Resource　70, 213
minority interest　66, 207
minority shareholders　65, 207
minutes of meeting　11, 172
misappropriation　8, 125, 196, 202
misappropriation by using job authority　68, 247
misappropriation of assets　55, 202
miscellaneous expense　51, 241
miscellaneous income　51, 241
miscellaneous losses　51, 241
misstatement　29, 231
mixed sales　46, 172
mixed sales transaction　46, 172
model of exchange settlement　20, 172
modem　120, 217
modern service　39, 226
mold　18, 194
monetary assets　19, 173
monetary easing　30, 173
monetary items　19, 173
monetary liabilities　30, 173

monetary policy　31, 181
monetary policy device　19, 173
monetary policy target　19, 173
monetary value　19, 173
money at call　42, 218
money broker　116, 173
money laundering　116, 225
monitor　120, 177
monitoring　21, 177
monopoly　94, 192
monopoly act　94, 192
monthly balance sheet　36, 241
monthly basis　36, 132
monthly delivery plan　36, 241
monthly financial statements　36, 241
monthly payment　89, 132
monthly profit and loss statement　36, 241
monthly salary　35, 241
monthly wages　35, 241
mortgage　89, 148
mortgage bond　89, 148
mortgage corporate bond　90, 157
mortgage loan　84, 89, 147, 148
mortgage loans payable　89, 148
mortgage registration　89, 148
mortgaged assets　90, 148
mortgagee　89, 148
most advantageous market　120, 257
most favored nation (MFN) tariff　47, 257
most favored nation (MFN) treatment　47, 257
mouse　115, 213
movable property　121, 238
moving allowance　105, 132
moving average method　4, 234
multi factor contract　107, 151

multi-currency accounting 83, 151
multi-employer (benefit) plans 107, 151
multi-function printer 110, 146
multilateral 116, 151
multilateral advance pricing arrangement (APA) 82, 151
multinational 82, 151
multinational dispute settlement mechanism 82, 151
multinational enterprise 82, 188
multinational enterprise group 82, 188
multiple purpose bank account 77, 255
mutual agreement 78, 165
mutual allocation method 78, 178
mutual entity 78, 171
mutual fund company 93, 219
mutual understanding 3, 162

N

NASDAQ 97, 195
National Audit Office 45, 166
National Bureau of Statistics 45, 167
National Development and Reform Commission 45, 166
national development incentive project 45, 166
national development zone 45, 166
national income 44, 167
national key infrastructure project 61, 167
National People's Congress 76, 203
national restricted industries 45, 167
national security review 45, 166
National State-Owned Assets Administration Bureau 44, 168
national tax 44, 167
national treatment 44, 167
nationalization 44, 168
natural resources 91, 217
negative conclusion 105, 156
negative goodwill 109, 157
negative list 98, 157
negligence 16, 168
negotiation 41, 215
net asset value (NAV) of fund 107, 174
net assets 63, 183
net assets amount 63, 254
net assets per share 105, 193
net assets value (NAV) 63, 183
net basis method 51, 139
net book value 63, 244
net cash flow 27, 227
net defined benefit liabilities (assets) 16, 207
net income before tax 74, 214
net interest on the net defined benefit liabilities (assets) 16, 207
net investment in a foreign operation 47, 184
Net National Product (NNP) 44, 167
net operating profit after tax (NOPAT) 74, 213
net position 98, 183
net present value (NPV) 67, 183
net profit 63, 183
net profit after tax (NPAT) 74, 213
net profit on sales 6, 228
net realizable value (NRV) 67, 186
net return 63, 145
net sales 63, 228
net sales value 67, 228
net value 63, 183
net worth turnover 54, 183
network 98, 222
network adapter 98, 223
new accounting standards 69, 229
New Accounting Standards for Business Enterprises 69, 229
new business scope 69, 229
New Company Ordinance 69, 229
new customer 69, 229
new share issue right 69, 229
Nikkei stock average 97, 205
no par value share 118, 225
nominal 119, 194
nominal Gross Domestic Product (GDP) 119, 194
nominal interest rate 119, 194
non-adjusting event 105, 154
non-adjusting events after the reporting period 61, 205
non-amortizable assets 105, 154
non-amortizable intangible assets 105, 154
non-audit service 104, 154
non-bank financial institutions 100, 155
non-cancellable lease 15, 136
non-cash settlement 105, 154
non-compete obligation 27, 183
non-controlling interest 105, 154
non-cost item 105, 154
non-current assets 106, 154
non-current liabilities 106, 154
non-deducted input value added tax (VAT) 116, 223
non-deductible input tax 41, 136
nondeductible taxes 41, 136
non-depreciable assets 105, 136
non-disclosed information 105, 154
nondisclosure 106, 133
non-fixed term labor contract 118, 224

non-monetary assets 104, 105, 154
non-monetary item 104, 154
non-monetary transactions 104, 154
non-monetary welfare 104, 154
non-operating activities 105, 154
non-operating expenditure 7, 237
non-operating expense 7, 237
non-operating income 7, 237
non-operating profits and losses 7, 237
non-ordinary income 105, 154
non-patented technology 105, 155
non-permanent resident 104, 155
non-profit institution 104, 155
non-profit organization 104, 155
non-public enterprise 105, 154
non-recourse loan 100, 225
non-refund (exemption) goods 72, 136
non-resident 104, 154
non-resident enterprise 104, 154
non-statistical sampling 105, 154
nontaxable 104, 155
non-taxable income 106, 107, 155, 193
non-taxable item 104, 155
non-tradable share 106, 154
non-voting share 118, 224
normal operating activities 34, 245
normal operating cycle rule 73, 245
normal profit rate 73, 245
normal value 73, 245
not under common control 104, 154

note loan 90, 197
note loans payable 90, 197
note to the financial statement 50, 137
notebook 100, 134
notes exchange 90, 197
notes financing 90, 197
notes payable 58, 235
notes receivable 5, 236
notes receivable endorsed 5, 236
notes with interest 125, 147
notice 89, 218
notice deposit 89, 217
notice of correction order with a limited term 25, 242
notification 95, 134
notification certificate 95, 134
notification of collection 96, 220
notification of starting of an employment contract 46, 185
notification of termination of an employment contract 46, 249
notification of transfer pricing taxation investigation 4, 251
notification registration 96, 134
notification system 95, 134
notional principal 79, 194
number of authorized stocks 62, 213
number of employees 60, 240
number of issued stocks 102, 234

O

object 8, 81, 135, 151
objectivity principle 27, 187
observable market price 21, 186
observation 21, 82, 166, 241
obsolescence 88, 141
obsolescence loss 88, 141
obsolete good 88, 168

obsolete goods 68, 144
obsolete inventory 88, 141
obtaining evidence 65, 203
occupation 67, 247
occupational disease 68, 247
occupational safety and health system 127, 189
off-balance sheet assets 9, 135
off-balance sheet capital 9, 135
off-balance sheet financing 9, 135
off-balance sheet transaction 9, 135
off-balance-sheet activities 113, 244
off-balance-sheet assets 113, 244
off-balance-sheet business 113, 244
off-balance-sheet cash 113, 135
off-balance-sheet item (operation) 113, 244
off-balance-sheet liability 113, 244
off-balance-sheet transaction 113, 244
off-board market 64, 179
off-board securities 64, 140
off-board trading 64, 179
off-budget expenditure 123, 240
offer by prospectus 119, 217
offer by tender 98, 234
offer document 119, 232
offer for subscription 40, 160
offer of shares for public subscription 19, 194
offer price 42, 193
offer without engagement 107, 231
offeree 119, 212
offering document 114, 194
offering mechanism 18, 244
offering period 19, 232
offering price 102, 152
offeror 102, 232
off-floor order 64, 190

office 59, 132
office equipment 59, 132
office expense 59, 132
office responsible person 59, 211
office supplies expense 59, 132
official quotation price 41, 245
official reserves 42, 166
offline 9, 190
off-market regulations 64, 140
offset 78, 142, 227
offset of debts 50, 244
offset right 78, 148
offshore 8, 190
offshore account 9, 190
offshore banking 9, 190
offshore branches 9, 190
offshore business 9, 190
offshore company system 8, 190
offshore fund 8, 190
offshore guarantees for onshore loans 43, 220
offshore income 9, 43, 184, 190
offshore market 9, 190
offshore services 9, 190
oil and natural gas assets 75, 238
Old Accounting Standard for Business Enterprises 27, 184
old tax rate 27, 240
oligopoly 6, 165
on-site inspection 39, 226
on-balance volume (OBV) 9, 179
one country, two systems 3, 233
one person limited liability corporations 3, 233
one person one vote system 106, 233
one-off amortization method 3, 233
on-floor order 66, 140
online 9, 242

online commissioning operation 9, 223
online commissioning system 9, 223
online registration 10, 223
online securities commissioning 10, 223
online service 9, 242
online shopping 10, 242
online tax declaration 10, 223
online transaction 10, 242
on-market offer 66, 140
on-market regulations 66, 140
onshore loans payable under offshore guarantee 43, 183
on-site examination 39, 226
on-site inspection 57, 209
open check (O/C) 108, 198
open coastal cities 8, 232
open interface 8, 185
open market 40, 160
open market operation 40, 160
open outcry system 8, 160
open outcry trading 8, 160
open position contract 8, 224
open repo 8, 185
open tender 40, 160
open tender system 40, 160
open-end fund 8, 185
open-end mutual fund 8, 185
opening price 103, 207
operating activities 7, 183
operating cost 6, 241
operating cycle 7, 237
operating expenditure 6, 28, 233, 241
operating expense 6, 29, 233, 241
operating income 6, 7, 29, 33, 183, 233, 237, 241
operating income and expense 7, 237
operating lease 9, 183
operating lease service 9, 183
operating license 33, 183
operating loss 7, 237

operating period 32, 33, 183
operating procedure 78, 139
operating profit 7, 237
operating rate 33, 182
operating result 33, 182
operating system (OS) 9, 139
operating unit 33, 182
operation 6, 241
operation risks 6, 237
operation scale 33, 183
operation status 7, 241
operational audit 28, 233
operational control 6, 28, 139, 233, 241
operational due diligence 9, 241
operational flexibility 78, 139
operational officer 6, 241
operational risk 9, 139
operational rules 78, 139
operator 9, 139
opinion 3, 234
opportunity cost 23, 173
opposite party 2, 151
optimum production quantity 49, 257
optimum purchase quantity 49, 257
option 9, 199
option buyer 9, 199
option contract 9, 199
option fee 9, 199
option holder 9, 199
option maturity date 9, 199
option position 9, 142
option pricing model 9, 199
option seller 9, 199
option spread 9, 158
option valuation 9, 199
options clearing officer 9, 199
options market 9, 199
options trading 9, 199
order 86, 102, 149
order data input 102, 150
order form 96, 187
order instruction 86, 150
order management systems

(OMS) 8, 149
order processing 102, 149
order slip 86, 149
order unit 62, 175
ordering cost 102, 149
orderly transaction 84, 238
order-matching 86, 150
ordinary deposit 108, 198
ordinary expense 34, 181
ordinary gains and losses 34, 182
ordinary loss 34, 182
ordinary profit 34, 182
ordinary share dividend converted to shares 58, 252, 252
ordinary shareholder 108, 198
Organisation for Economic Co-operation and Development (OECD) 33, 182
Organisation for Economic Co-operation and Development (OECD) Model Tax Convention on Income and on Capital 8, 196
organization 79, 256
organization chart 79, 256
organization format 79, 256
organization rules 79, 256
organizational code certificate 79, 256
organizational meeting 79, 145
origin management 38, 240
original 39, 240
original invoice 9, 152
original issue stock 38, 240
original value of property 109, 154
original voucher 38, 240
other assets 80, 200
other capital surplus 80, 200
other charge 15, 176
other comprehensive income 80, 200
other current assets 80, 199
other current liabilities 80, 199
other deferred assets 80, 199
other equity investment 80, 199
other financial liabilities 80, 199
other fixed assets 80, 199
other fund 79, 199
other income 80, 199
other intangible 80, 199
other investment 80, 199
other liabilities 80, 199
other long-term assets 80, 199
other long-term investment 80, 199
other monetary fund 79, 199
other notes receivable 79, 200
other operating cost 79, 199
other operating expenditure 79, 199
other operating income 80, 199
other payable 80, 117, 199, 235
other prepaid expense 80, 200
other prepayment items 80, 200
other receivable 80, 199
other receivables investment 80, 200
other regions deposit 82, 220
other securities 80, 200
other transfer 80, 200
other transfer income 80, 200
out of the money 2, 231
outflow of capital 59, 253
outlook for the market 56, 211
output 2, 213
output tax 6, 229
output value added tax 6, 243
outside broker 64, 140
outsourcing 14, 220
outsourcing service 2, 47, 157, 220
outsourcing service industry 2, 220
outstanding accounts 117, 224
outstanding amount 116, 223
outstanding check 117, 223
outstanding legal claim 116, 224
outstanding loan 116, 223
over the counter (OTC) equity market 91, 166
overall budget 78, 255
overall cost 77, 255
overall efficiency indicator 77, 255
overall national strength 77, 255
overall position 77, 245
overbought 17, 141
overdraft 20, 219
overdue 8, 238
overdue account 25, 239
overdue interest 8, 239
overdue loan 25, 238
overdue receivable 25, 239
overestimation 17, 158
overhaul 61, 231
overhead expense variance 22, 177
overheads allocation 22, 177
over-leveraged loan 126, 158
overnight loan 8, 159
overnight money 123, 159
overnight repo 105, 159
overnight trade 8, 159
overseas 10, 183
overseas activities 10, 184
overseas branch 47, 184
overseas enterprise 10, 184
overseas listing of enterprises 10, 184
overseas remittance 10, 184
overseas sales 10, 184
overseas transaction 10, 184
over-speculation 17, 168
overstatement 17, 151
overstock 17, 145
oversupply 27, 162
overtime 51, 176
overtime allowance 51, 176
overtime wage 53, 176

own 68, 215
owner 68, 215
owner's equity 68, 215
ownership 68, 215
ownership certificate 68, 215
ownership of commodity 66, 206
ownership of shares 18, 163
ownership ratio 120, 142
ownership transfer finance lease 68, 251

P

package 112, 132
packaged software 102, 220
packet 102, 213
packing and freight 97, 146
packing cost 112, 132
packing list 102, 252
paid annual leave 99, 147
paid vacation 120, 147
paid-in capital 103, 210
paid-in surplus 59, 210
pallet 103, 197
paperless customs clearance 111, 225
parent company 9, 194
parent company's financial statements 9, 194
partial completion basis 109, 136
partner 100, 169
partnership 100, 169
partnership agreement 100, 169
partnership enterprise 100, 169
parts and components 108, 134
parts for repair and maintenance 62, 231
party 93, 147
pass through taxation 102, 227
passive income 63, 134
passport 125, 171
password 102, 193
past service cost 16, 234
patch 61, 205
patent 95, 216

patent application 95, 250
patent certificate 95, 250
patent fee 95, 250
patent license agreement 95, 250
patent licensing 95, 250
patent owner 95, 216
patent right 95, 216
patent right contract 95, 250
payback period method 13, 218
payee 81, 212
payer 58, 157
payment 55, 246
payment base 27, 179
payment deadline 99, 178
payment difficulties 58, 246
payment in kind 39, 210
payment of debts 50, 140
payment of expense 106, 246
payment receipt journal voucher 62, 157
payment received on behalf 82, 146
payment request 81, 157
payment request form 58, 246
payment requisition 58, 246
payment slip 58, 235
payroll calculation table 27, 160
payroll ledger 27, 160
payroll slip 27, 160
payroll summary 88, 160
penalty 4, 102, 111, 144, 152, 223
penalty additional tax 16, 217
penalty clause 102, 152
penalty payment 102, 152
pension expense 98, 220
pension plan assets 98, 201
People's Bank of China 85, 248
People's Court 70, 204
People's Republic of China on Sino-foreign contractual joint venture 85, 248
People's Republic of China on Sino-foreign equity joint

venture 85, 248
per capita basis 30, 185
per capita national incomes 105, 204
per diem 107, 132
percentage of completion 70, 222
percentage-of-completion method 40, 222
performance assessment 28, 232
performance pay 28, 174
performance risk 103, 192
period 23, 198
period cost 23, 198
period during business trip 63, 143
period of congratulations and condolence leave 34, 172
period of cost recovery 36, 141
period-end adjustment 26, 199
periodic average method 79, 256
permanent difference 7, 238
permanent establishment (PE) 40, 140
permanent establishment (PE) taxation 104, 140
permanent representative 66, 140
permanent resident 7, 238
permission 98, 231
permit system 29, 231
permitted industry catalogue 18, 139
perpetual inventory method 34, 238
person in-charge of accounting 11, 188
person in-charge of preparation for business commencement 11, 143
personal income from unincorporated enterprises 44, 159
personal income tax (PIT) 44, 159
personal income tax payable

295

117, 236
personnel exchange service center 69, 204
personnel expense 69, 204
petition of bankruptcy 102, 198
petty cash 44, 192
petty cash book 44, 192
petty cash system 44, 134
phase 107, 179
phased development 83, 156
physical stock 57, 210
piece rate pay 90, 174
pilot measure 54, 211
pixel 105, 228
place of delivery 20, 178
place of issue 102, 152
place of receipt 5, 212
place of receiving 97, 212
place of supply rule 89, 162
place of taxation 99, 194
plan 33, 174
plan assets 74, 174
plan assets (of an employee benefit plan) 74, 174
planned economy 33, 174
plant facilities 41, 159
plant management division 41, 159
platform 110, 197
platform equipment 110, 197
pledge 56, 247
pledge agreement 56, 248
pledge loan 56, 247
pledgee 56, 247
plug and play (P&P) 110, 174
plug-in 110, 139
point of sale (POS) 101, 228
policyholder 113, 218
policy-related loan 72, 245
pooling of interest method 120, 203
population 69, 204
port of loading 89, 201
portfolio hedge 113, 256
post deal plan 114, 135
post management 54, 171
postage tax filing 121, 238
post-employment benefit plans 81, 190
post-employment benefits 81, 190
posting 91, 251
postpone 8, 232
postpone application of tax payment 71, 214
postpone interest 58, 232
postpone of collection 87, 242
postpone of tax filing period 99, 232
postponement of tax filing 69, 232
potential ability 76, 202
potential obligation 76, 202
potential ordinary share 76, 202
potential voting right 76, 202
power 103, 203
power of tax collection 87, 245
practical manual on transfer pricing for developing countries 102, 152
practice 21, 166
preceding fiscal year 76, 207
predictive value 123, 239
preemption 121, 238
preferential corporate income tax measures 24, 201
preferential fiscal policy 48, 138
preferential policies 120, 238
preferential policy of investment 93, 219
preferential policy of western district 74, 226
preferential tariff rate 95, 216
preferential tariff treatment 95, 238
preferential tax rate 121, 238
preferential tax treatment 120, 214
preferential treatment 121, 238
preferred share 121, 238
preferred share dividend payable 118, 235
pre-filing conference 56, 239
preliminary audit 123, 144
preliminary investigation 123, 144
preliminary review of name 119, 193
premium 110, 234
premium on bond 59, 243
prepaid 115, 239
prepaid compensation 115, 239
prepaid expense 115, 147
prepaid income tax 115, 239
prepaid insurance premium 115, 239
prepaid interest 115, 239
prepaid rents 115, 239
prepaid service contracts 115, 239
prepaid taxes 115, 239
preparation cost for business commencement 11, 143
preparation period for business commencement 11, 185
preparation period for establishment 76, 143
prepayment 115, 239
prepayment by region 84, 148
prepayment corporate income tax filing form 24, 201
prepayment for purchases_ 20, 239
prepayment items 115, 239
prepayments for equipment 115, 239
prescription 54, 209
present value (PV) 37, 227
present value analysis 37, 227
present value method 37, 227
presentation currency 106, 135
presentation method of income statement 80, 191
presentation of financial instruments 31, 180
presentation of financial statements 50, 137
preservation of assets 55,

253
presumptive income 71, 219
presumptive profit taxation 71, 219
presumptive taxation 71, 170
pre-tax deduction 75, 214
prevention 112, 153
preventive control 123, 239
previous fiscal year 76, 207
previous period 76, 202
previous period carried forward 76, 202
previous year 18, 234
price 15, 176
price analysis 15, 176
price appropriateness 15, 176
price cut 15, 178
price estimation 15, 162
price hike 15, 244
price increase rate 108, 225
price index 15, 108, 176, 225
price level 15, 108, 176, 225
price list 15, 176
price of consignment goods 82, 147
price risk 15, 176
price to book ratio (PBR) 18, 211
price trend 108, 225
price variance 15, 176
price variance in related party transactions 23, 165
price-earnings ratio (PER) 18, 211
price-level changes accounting 108, 225
pricing method 15, 150
pricing model 15, 150
pricing policy 15, 150
primary cost of production 26, 174
primary listing 110, 149
primary production line 26, 174
prime rate 110, 238
principal 21, 134
principal and interest 23, 134
principal market 63, 250
principle of continuity 34, 233

principle of double-entry bookkeeping 107, 158
principle of full disclosure 77, 203
principle of matching cost with revenue 106, 155
principle of materiality 61, 249
printer 110, 146
prior period errors 18, 234
prior year adjustments 18, 234
private company 57, 215
private enterprise 118, 193
private network 77, 251
private offering 58, 215
private-equity fund 110, 215
privileged ID 95, 140
probability 16, 158
probability distribution 16, 158
problem search system 120, 224
procedure 90, 212
procedures of tax payment 99, 194
process 18, 110, 168, 192
process approach 110, 231
process control 110, 168
process cost accounting 41, 155
processing 16, 176
processing cost paid to sub-contractors 14, 220
processing equipment 16, 176
processing fee 16, 176
processing on commission 3, 223
processing trade 16, 176
processing trade activities 16, 176
processing with imported materials 70, 181
processing with provided materials 123, 189
processing with supplied designs 123, 189
produce 73, 209
product category management

66, 206
product life cycle 74, 139
product quality assurance 74, 139
production budget 73, 209
production cost 73, 209
production enterprises 73, 209
production facility 73, 209
production instruction order 74, 209
production liquid fund 73, 209
production management software 73, 209
production plans 73, 209
production process 73, 209
production process diagram 73, 209
professional ethics regulations 68, 247
profit 124, 191
profit and loss 80, 215
profit and loss adjustment 80, 215
profit and loss group 80, 215
profit available for dividend 101, 186
profit carry forward 32, 180
profit center 60, 110, 191, 212
profit control 124, 191
profit distribution 124, 191
profit forecast 124, 237
profit from internal transaction 97, 195
profit from transfer of property 48, 251
profit level among the same industry 92, 218
profit manipulation 124, 191
profit on sales 6, 228
profit plan 124, 191
profit ratio 124, 191
profit ratio range 124, 191
profit split method 124, 191
profitability analysis 60, 212
profitable year 124, 173
program 110, 142
programmer 110, 142

297

programming language 110, 142
progress of construction 40, 222
progressive tax rate 126, 190
progressive taxation 126, 190
prohibited item 30, 181
prohibited items for processing trade 16, 176
prohibition 30, 181
project 110, 227
project applicant 110, 228
project authorization certificate 110, 228
project authorized institutions 110, 228
project control 110, 228
project management 110, 227
project manager 110, 228
project proposal document 110, 228
projected benefit obligation (PBO) 81, 190
projected benefit valuation method 123, 239
projected cash flow 117, 239
projected income statement 117, 239
promissory note 120, 134
promotion 65, 181
promotion expense 103, 145
promotive incorporation 114, 152
proof of tax payment for foreign currency remittance 10, 221
property 48, 137
property and real estate 109, 153
property exchange association 48, 139
property insurance 48, 137
property insurance contract 48, 137
property lease contract 48, 137
property ownership certificate 109, 153

property prices 109, 153
property right 48, 139
property right registration 44, 139
property tax 48, 137
property trust 48, 223
proportional consolidation 106, 134
proposal of profit distribution 124, 191
proprietary technology 46, 251
prosecution 26, 44, 179, 201
prospective application method 67, 224
prospective effectiveness test 56, 239
prospectus 119, 244
prospectus 19, 244
protection 114, 157
protective right 112, 133
protocol 26, 234
prototype 54, 211
provincial level development zone 67, 209
provision 104, 252
provision for bad debts 16, 175
provision for impairment 39, 175
provision of service 47, 216
provisional anti-dumping duty 52, 192
provisional anti-dumping measure 52, 191
provisional tax rate 52, 242
provisional valuation 52, 242
provisions on guiding the orientation of foreign investment 14, 222
proxy 82, 146
proxy letter 4, 223
proxy server 110, 146
prudence 70, 209
public accounting 40, 160
public accounting audit 40, 246
public finance 48, 138
public infrastructure project 39, 160

public offering 40, 42, 160
public offering of securities 65, 160
public official 42, 161
public utilities 39, 40, 160, 161
Pudong new area 115, 198
punitive interest 102, 152
purchase 42, 138
purchase (sales) discount 52, 181
purchase amount 52, 138
purchase and payment cycle 52, 138
purchase and sale 101, 162
purchase and sales by regular condition 89, 140
purchase book 52, 162
purchase budget 42, 138
purchase by proxy 82, 146
purchase commission 52, 162
purchase confirmation letter 52, 138
purchase cost 42, 52, 138, 162
purchase department 42, 138
purchase discount 52, 162
purchase discount 53, 162
purchase journal 52, 162
purchase method 100, 162
purchase of commodities 66, 206
purchase of materials 51, 137
purchase of receipt 125, 192
purchase of treasury stock 55, 212
purchase order 42, 149
purchase order (PO) 86, 150
purchase order (PO) list 86, 149
purchase price 42, 162
purchase requisition form 42, 138
purchase sale distribution network 42, 138
purchaser 42, 162
purchase return 53, 162
purchasing 42, 181
purchasing expense 52, 138

purchasing price   52, 138
purpose of prevention   112, 153
put option   6, 18, 108, 164, 185, 193
puttable financial instrument   108, 186

Q

qualification for employment   61, 184
qualification for securities business   64, 245
qualification for work   62, 160
Qualified Foreign Institutional Investors (QFII) program   27, 221
qualified institutional investors   90, 169
qualified investor   90, 169
qualified opinion   39, 133
qualified opinion audit report   39, 133
qualifying assets   90, 157
qualifying insurance policy   90, 169
qualitative   57, 247
qualitative information   89, 150
quality   107, 247
quality control   107, 247
quality inspection   107, 247
quality record sheet   107, 247
quantitative   125, 191
quantitative information   90, 150
quantitative monetary easing policy   125, 191
quantitative restriction   71, 138
quarter   58, 175
quarterly bonus   58, 175
quarterly prepaid tax   58, 155
quarterly prepaid tax system   58, 132
quarterly report   58, 175
question   57, 231
questionnaire   2, 149
quick ratio   92, 215
quotation   117, 134

R

random access memory (RAM)   123, 215
random sampling method   98, 215
range forward   127, 240
range of consolidation   127, 169
rapid calculation deduction amount   79, 215
rate   126, 155
rate of return on dividend   101, 163
rating agency   15, 198
ratio   106, 134
raw materials   37, 240
raw materials stock   37, 240
read-only memory (ROM)   124, 247
real estate acquisition tax   109, 153
real estate agents   109, 153
real estate bubble   109, 153
real estate development cost   109, 153
real estate enterprises   109, 153
real estate location   109, 153
real estate registration   109, 153
real estate rental fee   109, 154
real estate sale contract   109, 153
real estate sales   109, 154
real estate transaction volume amount   109, 153
real estate transfer income   109, 153
real Gross Domestic Product (GDP)   57, 210
real Gross Domestic Product (GDP) growth rate   57, 210
real growth rate   57, 210
real name system   57, 210
real time   123, 210
realization principle   57, 210
reasonable assurance   42, 169

reasonable expenditure   42, 169
reasonable inventory quantity   90, 257
reasons for cost variance   36, 141
rebate   125, 172
reboot   47, 143
receipt   63, 125, 187, 212
receipt and inspection department   5, 212
receipt for tax deduction   71, 213
receipt of money   97, 212
receipt slip   97, 212
receipts and disbursement   71, 143
receivable   47, 243
receiver   97, 212
receiving notes   98, 205
receiving register   97, 205
recipient of interest   124, 191
reclassification   31, 142
reclassification adjustments   31, 142
reclassification date   111, 142
reclassification journal entry   31, 142
recognition   34, 98, 175, 210
recognition timing of sales tax   6, 229
reconciliation   52, 151
reconciliation sheet   87, 217
reconsideration review   48, 158
reconsigned processing   47, 251
reconstruction   14, 158
reconstruction expenditure   14, 158
record   29, 175
record date   25, 174
record falsification   29, 145
record format   126, 175
recorded cost   87, 244
recoverable amount   13, 186
recovery   108, 171
recovery cost   13, 186
recovery of receivable   47, 212

recurrent international expenditure 34, 182
recurring audit 34, 191
recurring transactions 34, 182
red chip 126, 171
red chip listing 126, 171
redemption 64, 140
redemption date 64, 213
redemption price 64, 140
red-letter invoice 2, 171
red-letter value added tax (VAT) invoice 2, 171
reducing balance method 89, 238
reduction 33, 36, 177
reduction and exemption 39, 177
reduction entry 2, 232
reform program 10, 158
refund 22, 219
refund after collection 51, 226
refundable tax 22, 237
refurbishment 13, 158
refurbishment expenditure 14, 158
regional characteristics 84, 148
regional headquarter 84, 148, 203
regional headquarter of a multinational enterprise 82, 188
regional trade agreements 84, 203
register 94, 250
register book 92, 148
registered address 94, 250
registered bond 27, 175
registered capital 94, 250
registered stock 27, 175
registered trademark 94, 250
registration 92, 148
registration fee 92, 97, 148, 205
registration license of foreign loan 13, 222
registration management 92, 148

registration of claim 47, 243
registration of transfer 4, 168
registration procedure 92, 148
registration system of actual paid-in capital 57, 209
regression analysis 11, 172
regular dividend 108, 245
Regulation on the Implementation of the Corporate Income Tax Law 24, 201
regulations 67, 217
regulations 26, 166
regulations for operating 6, 241
regulations of the exchange 96, 179
Regulations on the Foreign Exchange System 10, 221
regulatory function of tax 73, 214
reinsurance assets 49, 241
reinsurance company 49, 241
reinsurance contract 49, 241
reinsurance expense 49, 155
re-insurance premium 49, 155
reinsurer 49, 241
reinvestment 49, 241
related company 21, 165
related parties 23, 165
related parties transactions 23, 165
related parties transactions annual report form 24, 201
relatively control 78, 227
relevance 77, 227
relevant document 23, 227
relevant expense 23, 227
reliability 70, 186
reliability of financial reporting 50, 137
reliable evidence 15, 245
relief fund 27, 184
relief goods 8, 240
relief measures 27, 136
reload feature 126, 186
remeasurement 49, 143
remeasurement of the net

defined benefit liabilities (assets) 16, 207
remittance 77, 172
remittance notice 77, 172
remittance slip 77, 172
remitter 77, 172
remote access 125, 240
removal right 14, 180
remuneration 112, 133
rendering of service 8, 216
renewal 41, 171
Renminbi (RMB) 70, 204
Renminbi (RMB) account 70, 204
Renminbi (RMB) current items 70, 204
Renminbi (RMB) devaluation 70, 204
Renminbi (RMB) exchange rate 70, 204
Renminbi (RMB) exchange rate system 70, 204
Renminbi (RMB) loan 70, 204
Renminbi (RMB) revaluation 70, 204
Renminbi (RMB) settlement 70, 204
Renminbi (RMB) settlement account 70, 204
renovation cost 125, 252
rent received in advance 115, 240
rental agents' commissions 88, 256
rental expenses payable 118, 236
rental income 88, 256
reorganization 79, 256
repair and maintenance expenditure 62, 231
repair and maintenance expense 61, 231
repayment ability 112, 140
repayment at maturity 25, 148
repayment date 111, 140
repayment of debt 50, 202, 243
repayment of foreign debt

300

43, 222
repayment term   111, 140
replacement assets   49, 143
replacement by purchase   10, 171
replacement cost   96, 143
replacement cost method   49, 143
replacement of assets   55, 254
replacement value   49, 143
report of audit committee   21, 177
reporting   112, 133
reporting segment   112, 133
repossessed assets   84, 148
representation letter   33, 166
representative certificate   82, 146
representative office   86, 140
reprocessing   47, 208
repurchase agreement   15, 171
repurchase obligation   15, 172
repurchase right   15, 171
request department   122, 231
resale   91, 251
resale price margin   49, 241
resale price method   49, 241
research   37, 87, 149, 232
research and development   37, 232
research and development (R&D) cost   37, 232
research and development center   37, 232
research and development project   37, 232
resell   49, 241
reseller   49, 251
reserve for contingent losses   31, 172
reserve for outstanding losses   58, 224
reserve fund   63, 144
reserved profit   125, 192
residence permit   29, 184
residence tax   61, 184
resident   29, 184
resident card for foreigner   12, 221
resident enterprise   29, 184
resident identity card   29, 184
resident representative offices of foreign enterprises   12, 221
resident-based taxation   29, 184
residential land   29, 184
residential land use   61, 250
residual analysis   52, 209
residual asset value after acceptance of insurance   109, 215
residual claim   52, 209
residual profit split method   52, 209
residual property   52, 209
residual value   51, 138
resignation   56, 145
resource tax   54, 254
resource tax payable   117, 236
response   126, 227
response time   8, 126, 227, 235
responsibility insurance payment   113, 196
responsible department   24, 201
responsible person   75, 157
restate   49, 143
restore   125, 171
restricted industries   26, 30, 181, 227
restricted items   72, 227
restricted share   72, 227
restricted tax payer   72, 227
restriction   72, 227
restructuring   25, 173
restructuring cost   125, 143
resume   47, 171
retail   42, 192
retail business   42, 192
retail industry   42, 192
retail price   42, 192
retail price method   42, 192
retained earnings   117, 223
retained earnings at beginning of year   25, 198
retaliatory tariffs   113, 133
retirement   81, 190
retirement allowance   81, 220
retirement income   81, 220
retirement pay   81, 220
retirement pension   81, 220
retroactive adjustment   79, 252
retroactive adjustment method   79, 252
retroactive and restatement   79, 252
retrospective effectiveness testing   54, 252
retrospective restatement   61, 252
return   112, 125, 153, 219
return form   112, 219
return on asset (ROA)   78, 256
return on assets (ROA)   63, 183
return on investment (ROI)   93, 218
return on plan assets (of an employee benefit plan)   74, 174
return on sales   6, 228
return or disposal of receipt   125, 152
returned export goods   121, 143
revaluation   49, 143
revaluation model   49, 143
revaluation of assets   55, 253
revenue   60, 212
revenue expenditure   60, 212
revenue from rendering of service   81, 190
revenue of contract   34, 170
revenue of software production on order   80, 150
revenue received in advance   115, 240
revenue recognition   60, 212
revenue recognition principle   61, 212
revenue recognition standard   60, 212
reversal   120, 251

reversal entry   103, 148
reversal of allowance for doubtful accounts   104, 252
reversal of impairment loss   39, 254
review   69, 126, 208, 209
review approval authority   69, 208
review for listing   65, 207
review letter of pre-construction project site   122, 178
review of financial statement   50, 137
review permission institution   69, 208
review permission system   69, 208
review planning   126, 209
review procedure   126, 209
review report   126, 209
review scope   126, 209
review standard   69, 208
review system   69, 209
revised edition   14, 231
revised new standards   14, 231
revocable letter of credit   96, 186
reward and punishment   66, 178
reward and punishment rules   66, 178
right   39, 203
right and obligation   39, 203
right of franchise   110, 251
right of lease   88, 256
right of minority shareholders   65, 207
right of permanent residence   7, 238
right of single shareholder   84, 147
right to revoke   96, 141
risk   124, 156
risk advisory   124, 156
risk approach   124, 156
risk assessment procedure   124, 156
risk assets   124, 156

risk aversion   124, 156
risk control matrix   124, 156
risk control system   124, 156
risk disclosure   124, 156
risk free rate   118, 224
risk hedge   124, 156
risk management   124, 156
risk of material misstatement   62, 249
risk positions   125, 156
risk premium   124, 156
risk reduction   124, 178
risk response   124, 156
risk return conversion   125, 156
risk tolerance   124, 156
risk variables   125, 156
risk weight   124, 156
risks assumed   108, 142
risky   124, 156
road show   128, 192
roll over   128, 216
rolling budget   34, 128, 166, 191
root directory   126, 159
rotation   128, 158
round down   29, 207
round up   29, 181
router   126, 192
routine   97, 126, 140, 191
routine supervision   97, 205
royalty   127, 175
royalty on a patent   95, 250
rule   26, 166
rules and regulations system   13, 161
Rules Governing Financial Accounting for Business Enterprises   24, 200
rules of wages and salaries   88, 240
running expense   123, 205

S

safe harbor   75, 132
safe harbor provision   75, 132
safeguard of assets   55, 253
safety management   2, 132
safety review   2, 132
salaries and wages   27, 229

salary deduction   27, 229
salary growth rate   64, 229
sale activity by proxy   82, 156
sale and leaseback transaction   75, 213
sale by proxy   82, 147
sales   100, 103, 135, 228
sales account   5, 228
sales after tax   74, 136
sales agreement   66, 100, 229, 251
sales amount including tax   72, 168
sales analysis   6, 228
sales and collection cycle   103, 229
sales and purchase contract   101, 162
sales authorization   103, 228
sales commission   103, 229
sales contract of non-financial items   105, 154
sales deduction item   6, 228
sales department   7, 228
sales discount   6, 228, 229
sales forecast   6, 229
sales journal   6, 228
sales method of advance payment of charge   81, 239
sales network   103, 229
sales of goods   66, 108, 206, 228
sales price   103, 228
sales promotion   103, 145
sales promotion activities   103, 145
sales recognition   6, 228
sales return   6, 228
sales revenue   103, 228
sales slip   6, 228
sales slump   103, 248
sales with a right of return   112, 157
sample   52, 66, 232
sample sale   53, 232
sample size   52, 232
sampling   106, 143
sampling criteria   86, 143
sampling error   52, 232

英語索引

sampling risk 52, 143
savings 88, 144
savings account 88, 144
scanner 71, 205
schedule of contracts with signing and expiry dates 15, 159
schedule of foreign exchange rate 20, 172
scheduling 71, 198
scope of business 29, 33, 182, 233
scope of taxation 17, 245
scope of valuation 106, 197
scrap 71, 155
scrap certificate 101, 133
seal 8, 158
seal registered with bank 30, 235
search engine 47, 215
seasonal suspension of operation 26, 175
seasonality 26, 175
second half year 59, 226
secondary adjustment 82, 151
secondary equity 126, 145
secondary listing 75, 149
secondary transaction 97, 151
secondment permanent establishment (PE) tax 62, 234
secret comparable 52, 219
secret key cryptosystem 106, 161
secretary service company 13, 216
secured bond 84, 157
securities 64, 120, 238, 245
securities association 64, 245
securities company 64, 245
securities investment consulting agency 65, 245
securities investment fund 65, 245
securities investment license 65, 245
securities market 64, 245
securities offering 65, 245

securities registration and clearing institution 65, 245
securities underwriter 65, 142
securities underwriting service 65, 245
security 75, 132
security deposit 114, 133
security for tax payment 99, 194
security guidelines 75, 132
security hole 76, 132
security policy 76, 132
security sales by agent 65, 245
security transaction 65, 245
security transaction account 65, 245
security underwriter 104, 142
segment accounting 76, 155
segment information 76, 155
segment management personnel 76, 155
segment margin 76, 155
segment reporting 76, 155
segmental sales 76, 155
segregation 111, 155
segregation of duties 68, 247
segregation of duties list 68, 247
self declaration 54, 255
self-assessment 76, 255
self-benefit right 53, 255
self-constructed assets 53, 255
self-declaration 54, 255
self-employed personnel 44, 159
self-inspection 54, 254
self-manufactured goods 55, 254
self-operated export 53, 255
self-operated import 53, 255
self-operated trade 53, 255
self-sustenance 95, 150
self-use 53, 255
selling expense 7, 103, 228, 237
selling toxic assets 110, 144

selling, general and administrative expenses (SGA) 103, 228
semiconductor industry 103, 132
seminar 76, 232
senior accountant 40, 158
senior management 40, 158
senior manager 57, 158
senior partner 57, 158
sensitivity analysis 22, 193
separate financial statements 46, 147
separate ledger account 95, 150
separate self-assessment taxation 69, 155
separate taxation system 111, 155
separation agreement 111, 155
separation of responsibility 75, 242
sequencing 63, 196
server 47, 157
service cost 8, 30, 189
service industry 47, 157
service period 30, 184
service permanent establishment (PE) tax 8, 234
service providers 47, 157
service trade 47, 157
services rendered 89, 216
settlement 35, 89, 150, 179
settlement account 35, 179
settlement agreement 35, 179
settlement date 35, 179
settlement date basis 35, 179
settlement date rate 35, 179
settlement deposit 35, 179
settlement method 35, 179
settlement of securities transaction 64, 245
settlement price 35, 179
settlement record 35, 179
settlement terms 35, 179
set-up time 84, 139
severance compensation expense 13, 145
severance compensation reserve

303

12, 145
severance compensation system 13, 145
severance cost 81, 220
severance pay 12, 145
sewage charges 8, 196
Shanghai pilot free trade zone 60, 206
Shanghai Pudong new area 60, 206
Shanghai Stock Exchange 60, 206
Shanghai Waigaoqiao free trade zone 60, 206
share 53, 162
share acquisition right 69, 229
share allotment 19, 196
share allotment certificate 19, 196
share face value 18, 164
share issuance 19, 163
share issue price 19, 163
share option 18, 163
share option schemes 128, 204
share premium 19, 163
share price index 18, 163
share repurchase 18, 171
share subscriber 19, 204
share subscription right 69, 229
share underwriting agreement 19, 163
share with par value 16, 193
shared tax 28, 162
shareholder 19, 163
shareholder activity 19, 163
shareholder change registration 19, 163
shareholder representative litigation 19, 163
shareholder's equity 19, 54, 163
shareholder's equity to total assets ratio 54, 163
shareholders' meeting 19, 163
shareholder's proposal right 19, 163

shareholder's right 19, 163
shares of affiliates 23, 165
shares of subsidiary 42, 254
shareware 53, 162
Shenzhen Stock Exchange 70, 208
ship transportation service 76, 145
shipment 62, 152
shipper 102, 152
shipping 103, 151
shipping bill of loading (B/L) 109, 252
shipping date 109, 252
shipping notice 109, 252
shipping price 103, 151
shipping slip 62, 252
shipping tax 77, 145
shopping center 68, 162
short seller 20, 187
short-term bond 83, 151
short-term capital 83, 151
short-term employee benefits payable 83, 151
short-term investment 83, 151
short-term loans 83, 150
short-term loans payable 83, 151
short-term money 83, 151
short-term residents 83, 151
shutdown loss 77, 217
side business 37, 176
signature 68, 202
significant 61, 249
significant influence 61, 249
simplified declaration account 20, 177
simplified tax calculation method 20, 177
simplified tax collection measure 20, 177
single function enterprise 83, 147
single sign-on 69, 147
single-density disk (SD) 8, 147
slack season 21, 147
slaughtering tax 95, 219
slow-moving inventory 82,

146
small amount transaction 44, 229
Small and medium-sized enterprise classification rules 85, 249
small and medium-sized Enterprises (SME) 86, 249
small and thin profit enterprise 64, 229
small scale value added tax (VAT) tax payers 78, 243
small size taxpayer 64, 229
smart phone 71, 248
smuggling 117, 256
social average wage level 59, 207
social insurance 59, 207
social insurance fees 59, 207
social insurance fund 59, 207
social insurance registration 59, 207
social security system 59, 207
software 80, 205
software engineer 80, 205
software enterprise 80, 205
software industry region 80, 205
software license 80, 205
software package 80, 205
software sale 56, 205
sold out 6, 229
solvency 58, 140
source country 38, 212
source of income 68, 212
source place of income 68, 212
source-based taxation 38, 212
spam mail 71, 189
spare parts 106, 134
special account assets 94, 150
special account liabilities 94, 150
special administrative region 94, 216
special allowance 94, 216

special clause 94, 216
special contribution bonus 94, 216
special depreciation 94, 216
special dividend 94, 216
special economic zone (SEZ) 34, 182
special economic zones (SEZ) 33, 182
special general partnership 94, 216
special invoice 77, 251
special item 94, 216
special item inspection 94, 250
special liquidation 94, 216
special loans payable 94, 216
special protection for female employee 68, 196
special purpose company (SPC) 94, 216
special purpose entity (SPE) 94, 216
special resolution matters 94, 216
special supervision area 94, 216
special tax adjustment 94, 216
special tax treatment 94, 216
specialized invoice 76, 250
specific appropriation 77, 250
specific auditor's report 94, 250
specific filing 76, 250
specific foreign subsidiaries 94, 216
specific identification method 46, 159
specific loans payable 77, 250
specific reserve 46, 94, 250
specific standard 31, 185
specified deposit 111, 216
spending authority matrix 55, 246
spin-off 71, 244
splitted enterprise 106, 134
splitting company in incorporation 69, 229
splitting enterprise 111, 155
spoilage 56, 215
sponsor 51, 242
sponsorship fee 51, 242
spot exchange rate 53, 174
spot price 53, 174
spot transactions 39, 226
stagflation 71, 248
stagnation 33, 182
stamp 4, 235
stamp duty 4, 235
stamp duty on stock transaction 65, 245
stamp duty table 4, 235
standard allocation rate 106, 135
standard cost 106, 135
standard cost accounting 106, 135
standard cost variance 106, 135
standard manufacturing cost 106, 135
standard price file 106, 135
standard working hours 106, 135
standby credit 71, 134
State Administration for Industry and Commerce 41, 45, 159, 166
State Administration of Foreign Exchange 10, 221
State Administration of Taxation (SAT) 45, 167
state compensation 45, 166
State Council 44, 167
State Electricity Regulatory Commission 45, 166
State Intellectual Property Office 45, 167
stated-owned shares 44, 168
statement of a protest 3, 208
statement of cash receipts and disbursement 54, 254
statement of changes in equity 19, 68, 163, 203
statement of changes in owner's equity 120, 215
statement of comprehensive income 112, 255
statement of financial position 48, 138
statement of profit or loss and other comprehensive income 80, 215
statement of shareholders' equity 19, 163
state-owned assets 44, 168
state-owned assets possessor 44, 168
State-owned Assets Supervision and Administration Commission 44, 168
state-owned bank 44, 168
state-owned enterprises 44, 168
statics sampling 92, 218
statistical bureau 92, 218
statistical data 92, 218
statistical sampling 92, 218
statistics 92, 218
statutory audit 112, 152
statutory exchange rate 112, 152
statutory financial statements 112, 152
statutory procedure 113, 152
statutory retirement 113, 152
statutory surplus reserve 113, 153
statutory tax rate 113, 152
statutory useful life 113, 153
step acquisition 83, 155
step allocation method 14, 179
stewardship 71, 166
stock 18, 163
stock allocate and stock transfer form 48, 188
stock based compensation 19, 164
stock consolidation 19, 164
stock dividends 19, 164
stock exchange 18, 245
stock exchange market 65, 245
stock market 18, 164
stock option 71, 163
stock price 18, 163

stock receiving note   74, 139
stock split   19, 164
stock subscription right   19, 204
stock transfer   18, 163
stockholder-owned company   18, 163
stockholder's equity   19, 163
stock-in control list   52, 206
stocktaking   83, 196
storage   71, 113, 132, 145
storage contract   78, 113, 132, 138
storage cost   113, 144
storage expense   78, 138
stored item   88, 138
straight-line depreciation   89, 246
strategic cost management   77, 244
strategic investor   77, 244
stratified sampling   114, 256
stress test   71, 202
stricter   36, 212
strike price of the option   9, 199
structures   41, 162
subassemblies   32, 256
subcontract   56, 155
subcontract processing   14, 220
subcontracted goods   14, 151
subcontracted work   56, 155
subcontractor   40, 56, 155, 178
subject to be audited   21, 208
sublease   91, 252
sub-lease   51, 252
sub-ledger   114, 157
submission deadline   89, 180
subrogation   81, 146
subrogation reimbursement   81, 146
subrogation reimbursement receivables   116, 236
subscribe   103, 204
subscription sale   123, 240
subscriptive incorporation   114, 194
subsequent event   42, 198

subsequent expenditure   63, 171
subsequent measurement   54, 171
subsidiary   42, 254
subsidy receivables   116, 236
subsidy revenue   114, 136
substance over form   57, 210
substantive procedure   57, 210
substantive rules   57, 210
successful bid   123, 249
sufficiency test   61, 142
sufficient appropriate audit evidence   61, 142
summary   15, 158
summary chart   77, 172
sum-of-the-years-digits method (SYD)   27, 196
sunk cost   115, 141
supervisor   22, 203
supervisory activity   22, 23, 176, 177
supplementary explanation   107, 158
supplier   42, 52, 99, 138, 162, 162
supplier rebates   42, 162
supply   27, 162
supply chain   51, 162
supply chain management (SCM)   51, 162
supporting division   22, 177
surcharge   47, 157
surplus cash   67, 227
surplus reserve   124, 237
surrender value of insurance   113, 219
surtax   107, 157
suspense account   20, 242
suspense payment   20, 242
suspense receipts   20, 242
suspension of business   7, 217
suspension of capitalization   54, 242
sustainable development   56, 186
swap   71, 171
swap contract   71, 149

switching hub   71, 174
syndicate loan   69, 235
synergy effect   57, 229
system   56, 226
system administrator   56, 226
system control   56, 226
system integration   56, 226
system operation   56, 226
systematic sampling   34, 226

T

tablet computer   83, 197
Taiwan entry permit for mainland residents   82, 146
take over bid   18, 232
taking over procedures   104, 178
tangible fixed assets card   121, 165
tangible fixed assets list   46, 165
tangible fixed assets schedule   46, 165
tangible fixed assets to total assets ratio   46, 165
target cost method   119, 194
target enterprise   81, 194
target growth rate   119, 194
target profit rate   119, 194
tariff elimination   22, 203
tariff quota administration   22, 165
tariff tax rate schedule of imported goods   122, 181
tax   72, 213
tax accountant   75, 214
tax adjustment   75, 194
tax administration and tax collection   87, 214
tax administration appeal   75, 215
tax administration punishment decision   75, 215
tax agent   99, 214
tax amount   71, 213
tax audit   75, 214
tax authorities   75, 214
tax avoidance   79, 135
tax avoidance action   79, 135
tax base   75, 175

英語索引

tax basis 17, 187
tax burden 73, 213
tax burden ratio 79, 213
tax bureau 75, 214
tax calculation basis 72, 175
Tax Collection Management Act 79, 214
tax commission levy 72, 223
tax compliance 75, 214
tax compulsory execution decision 73, 214
tax conservation decision 73, 214
tax consulting service 99, 195
tax credit 71, 148
tax deduction 72, 214
tax deduction voucher 71, 193
tax derived from rental 88, 256
tax document 75, 99, 195, 215
tax due diligence 75, 214
tax effect 72, 215
tax effect accounting 72, 194
tax evasion 83, 216
tax exemption 72, 119, 193
tax exemption certificate of processing with imported materials 70, 181
tax exemption for domestic manufactured equipment 43, 166
tax exemption items 119, 193
tax exemption rules for short-term residents 83, 151
tax expense 72, 214
tax filing 16, 134
tax filing amount 69, 194
tax filing based on actual income 57, 185
tax filing deadline 69, 99, 194
tax filing location 69, 194
tax filing payment 69, 194
tax fiscal year 73, 214
tax fraud 72, 197
tax haven 83, 135

tax haven regulation 83, 153
tax holiday 83, 193
tax illegal matter 75, 214
tax included 72, 168
tax-included price 72, 168
tax increase 78, 242
tax inspection certificate 75, 214
tax investigation 75, 214
tax investigation notice 75, 214
tax investigation specialist officer 75, 214
tax law 75, 213
tax levy 72, 214
tax levy control system 72, 213
tax liability 99, 194
tax management 75, 214
tax matters 75, 214
tax non-qualified stock option 73, 136
tax obligation term 99, 194
tax officials 75, 214
tax paid 100, 234
tax payable 99, 117, 236
tax payable and refundable 100, 236
tax payment 99, 194
tax payment certificate 99, 222
tax payment receipt 73, 194
tax penalty 88, 252
tax plan 73, 214
tax planning 83, 194
tax policy 79, 214
tax preference 73, 214
tax prepayment return 123, 239
tax rate 75, 214
tax reduction 38, 177
tax reduction and exemption 72, 214
tax reduction and exemption measure 39, 177
tax reduction system for overseas income 12, 184
tax reform 73, 215
tax refund 72, 219
tax refund on reinvestment

49, 241
tax refund policy 72, 98, 214, 220
tax refund rate 23, 220
tax refund upon collection 87, 174
tax refunded 22, 234
tax registration 75, 99, 194, 214
tax registration certificate 75, 214
tax return 75, 100, 194, 214
tax return check list 75, 214
tax return form 99, 194
tax revenue 73, 79, 214
tax saving 76, 179
tax service 75, 215
tax sparing credit 83, 117, 211, 214
tax suit 75, 214
tax system 73, 215
tax threshold 17, 201
tax treatment decisions 75, 214
tax with higher priority than fine 72, 214
taxable activities 17, 237
taxable goods 17, 237
taxable income 17, 237
taxable income calculation sheet 17, 236
taxable item 17, 237, 245
taxable item list of stamp duty 4, 235
taxable revenue calculation 7, 245
taxable services 17, 237
taxable temporary difference 67, 236
taxable year 17, 99, 194, 245
taxation 17, 245
taxation of the representative office 86, 151
taxes and dues 79, 256
tax-included price 73, 168
taxpayer 99, 194
technical department 25, 175
technical know-how 25, 175
technical service 25, 175
technical service contracts

307

25, 175
technical support 25, 175
technical support fee 25, 175
technical training 25, 175
technology department 15, 186
technology development 25, 175
technology import and export contract 25, 175
technology import and export license 25, 175
technology import contract data sheet 25, 175
technology transfer 25, 175
technology transfer agreement 25, 175
technology transfer fee 25, 175
telecom value added service 88, 243
telecommunications Services 121, 238
telegraphic transfer (T/T) remittance 91, 149
telegraphic transfer middle rate 20, 172
telephone right 91, 149
teller 71, 144
temporary account 126, 192
temporary board meeting 126, 191
temporary capital account 58, 192
temporary control 3, 242
temporary departure from the country 3, 192
temporary difference 3, 242
temporary employees 126, 192
temporary immigration 3, 192
temporary income 3, 192
temporary loans payable 3, 192
temporary receipt 20, 192
temporary residence permit 52, 242
tenant 88, 256
tender offer method 40, 164

tender offer report 40, 164
terabyte (TB) 91, 222
term 25, 199
term bond 3, 233
term of joint venture 42, 170
term sheet 92, 219
termination benefits 12, 145
termination benefits payable 117, 236
termination of collection 87, 217
termination of contractual obligation 35, 132, 170
termination of labor contract 128, 180
terms 65, 217
terms and conditions not stated on the contract 35, 224
terms of payment 58, 157
territorial restriction 84, 148
test sale 90, 211
text file 90, 224
the 13th five-years plan 81, 149
the country of the head office 115, 255
the difference between investment and registered investment 93, 218
the examination and approval authority 98, 209
the fraud triangle 108, 225
the market entities credit information public disclosure system 56, 211
theory of constraints (TOC) 75, 227
thin capital 17, 253
thin capitalization rule 17, 253
third-party provider 47, 149
three funds 51, 205
three import and compensation trade 52, 205
tick marks 84, 179
ticker symbol 64, 163
tied loan 106, 247
tie-in sale 82, 146
tighten policy 104, 181
tight-money policy 31, 234

time card 51, 209
time chartering 23, 199
time deposit 89, 150
time deposit interest 89, 150
time out 82, 144
time stamp 82, 209
time value of money 19, 173
timeliness 90, 174
timely 90, 174
tobacco tax 83, 232
tolerable 29, 186
tolerable amount 29, 205
tolerable error level 29, 186
tool 89, 159
tools, furniture and fixtures 40, 159
top down 95, 255
total 40, 169
total amount of paid-in capital 103, 210
total assets 78, 256
total book value 113, 244
total capital 78, 256
total capital amount 78, 253
total cost markup percentage 94, 141
total investment amount 93, 219
total liabilities 50, 157
total payroll amount paid 27, 209
total volume control 79, 256
total wage 88, 160
touch pad 83, 144
touch screen 83, 144
township enterprise 41, 227
toxic assets 110, 136
trace 88, 159
traceability management 88, 159
tradable right 125, 192
tradable stock 125, 192
trade agreement 112, 193
trade barriers 112, 193
trade bill 64, 206
trade by proxy 82, 146
trade deficit 112, 193
trade income and expenditure 112, 193
trade name 65, 206

308

trade name licensing agreement 65, 206
trade secret 64, 206
trade settlement 112, 193
trade surplus 112, 193
trade-in 56, 234
trade-in for a new one sales 56, 234
trademark 66, 205
trademark registration certificate 66, 205
trademark right 66, 205
trading enterprise 64, 206
trading market 125, 192
trading securities 101, 179
traditional enterprise 91, 190
trail production 54, 211
training 96, 196
training expense 38, 196
transaction 96, 179
transaction amount 96, 179
transaction cost 96, 179
transaction declaration of foreign exchange income and expenditure 12, 221
transaction fee 96, 179
transaction motive 101, 179
transaction of creditor's right 47, 243
transaction price 96, 179
transaction price of export goods 121, 143
transaction price of imported goods 122, 181
transaction with repurchase agreement 37, 193
transactional net margin method (TNMM) 96, 179
transfer 4, 66, 201, 251
transfer accounts 110, 251
transfer entry 110, 252
transfer income 66, 251
transfer of asset use right 55, 204
transfer of assets 55, 203
transfer of copyright 88, 251
transfer of equity interests 63, 164
transfer of financial assets 30, 181

transfer of financial resource 47, 138
transfer of intangible assets 118, 251
transfer of property 48, 137
transfer of right 39, 203
transfer of technology use right 25, 175
transfer pricing 4, 251
transfer pricing adjustment 4, 251
transfer pricing computation methods 4, 251
transfer pricing contemporaneous documentation 4, 251
transfer pricing guideline 4, 251
transfer pricing investigation 4, 251
transfer pricing policy 4, 251
transfer pricing risk 4, 251
transfer pricing taxation adjustment 4, 251
transfer pricing taxation system (TP) 4, 251
transfer slip 110, 252
transfer to next fiscal year 122, 180
transferee 122, 213
transference of products for downstream processing 69, 208
transferer 66, 204
transit trade 85, 251
transition period 18, 168
transitional measure 3, 18, 33, 168
transitional policy 3, 168
transport equipment 122, 241
transportation 122, 241
transportation agent business 7, 241
transportation cost 122, 241
transportation enterprise 7, 241
transportation equipment 122, 241
transportation in bond 114, 133

transportation industry 41, 178
transportation service 41, 178
travel agencies 125, 192
travel and transportation 125, 192
traveling expense 63, 139
treasury stock 30, 54, 55, 134, 187
treatment of impairment loss 38, 149
treaty 67, 217
treaty country 67, 149
trend analysis 71, 203
trend percentage 71, 203
trend rate 71, 203
trial balance 20, 102, 152, 185
trial balance (T/B) 52, 211
trial balance sheet (T/B) 55, 211
trial period 64, 211
trial run 53, 211
trigger tax rates 96, 235
trust 70, 229
trust business 70, 229
trust compensation reserve 70, 229
trust industry 70, 229
trust investment company 70, 229
trustee qualification 62, 220
tunnel company 92, 237
turnover materials 14, 249
turnover of fixed assets 45, 165
turnover of investment 92, 219
turnover of total assets 78, 256
turnover period 14, 249
turnover ratio 14, 249
two-year exemption and three-year halve preferential income tax rate 97, 191

U

U.S. dollar 111, 193
UFIDA software 122, 238

ultimate parent company 48, 257
unamortized 116, 224
unamortized balance 116, 224
unavoidable cost 14, 136
uncertainty 107, 136
unconsolidated subsidiary 107, 154
undelivered notes reference book 118, 235
underestimate 17, 168
underpayment 17, 178
understandability 124, 186
understatement 17, 207
undertaking construction project 5, 141
undertaking contract 5, 142
underwriting agreement 104, 142
underwriting of stock 19, 65, 142, 163
undiscounted cash flows 129, 224
unearned income 110, 154
unemployment insurance 46, 56, 209
unexpected 108, 136
unfair competition 108, 136
unguaranteed residual value 118, 223
Unicode 122, 218
unified invoice 91, 218
uniform resource locator (URL) 122, 218
unilateral 122, 147
uninterruptible power supply (UPS) 118, 136
unit 83, 147
unit of account 11, 188
unit of taxation 17, 187
unit price 83, 147
unitary income 18, 172
unitary tax 18, 172
unitary tax payment 18, 172
units of production (UOP) method 73, 160
universal serial bus (USB) 120, 217
unlimited company 42, 225

unlimited liability 118, 225
unlimited tax payer 118, 225
unlisted 105, 154
unlisted equity securities 105, 154
unlisted share 116, 224
unloading port 97, 252
unpaid or under-payment of tax 72, 224
unpaid tax 117, 202
unprofitable enterprise 2, 189
unqualified audit report 118, 224
unqualified opinion 118, 224
unrealized financial income 116, 224
unrealized gain and loss 116, 224
unrealized profit 116, 224
unrealized profit of inter-group sale 116, 224
unrealized revenue 116, 224
unrecognized financing expense 117, 224
unrecoverable cost 14, 136
unsecured loans 118, 224
unsold item 6, 229
untied loan 2, 136
unused land 116, 224
unusual gain 3, 154
unusual loss 3, 154
update 2, 159
upstream 2, 195
upstream industry 20, 207
urban and township land use tax 95, 142
urban maintenance and construction tax 95, 142
urban planning 95, 142
urban real estate tax 95, 142
usage fee 67, 210
usage revenue 67, 210
usance bill 121, 240
used fixed assets 86, 234
useful life 82, 210
user 121, 125, 210, 238
user authentication 121, 238
user manual 121, 238
user name 121, 238

user-friendly 121, 238
users of financial reports 50, 137
utilities expense 71, 213
utilization of resource 54, 254

V

vacation pay 27, 176
valorem-based tax 60, 145
valuation 103, 106, 163, 197
valuation allowance 106, 197
valuation date 106, 198
valuation procedure 106, 198
valuation report 17, 176
valuation result 106, 198
value 17, 176
value added tax (VAT) 78, 242
value added tax (VAT) anti-counterfeiting tax control system 78, 242
value added tax (VAT) deduction invoice 78, 242
value added tax (VAT) exemption policy 79, 243
value added tax (VAT) filing form 78, 243
value added tax (VAT) general tax payer 78, 243
value added tax (VAT) payable 117, 236
value added tax (VAT) reform 78, 242
value added tax (VAT) refund (exemption) system 78, 243
value added tax (VAT) refund rate 78, 243
value added tax (VAT) special invoice 78, 243
value added tax (VAT) taxable transaction 78, 243
value added tax (VAT) transformational pilot program 78, 242
value added tax refund for export goods 121, 143
value at risk 103, 156
value chain 103, 176

英語索引

value in use　64, 210
value of the transfer　66, 251
variable cost　112, 135
variable expense　112, 135
variable lease expense　112, 173
variance　47, 139
variance analysis　49, 139
various allowances　68, 180
various funds　15, 159
vehicle and vessel license tax　60, 141
vehicle and vessel license usage tax payable　117, 236
vehicle and vessel tax　60, 141
vehicle and vessel usage tax　60, 141
vehicle purchase taxes　60, 141
vehicles　60, 141
vendor　6, 112, 193, 228
venture capital company　112, 156
venture company　112, 145
verifiability　38, 186
verification　38, 232
verification and write-off system　65, 171
verification of balance　52, 238
verification system　65, 171
version　100, 132
vertical merger and acquisition（M&A）　71, 145
vessel tonnage provisional tax　77, 145
vessel tonnage tax　77, 145
vessels　76, 144
vested benefits　26, 176
vesting conditions　39, 186
vesting date　39, 213
vesting period　39, 148
vice chairman　107, 158
vice general manager　107, 158
virtual private network（VPN）　100, 231
virus　5, 135
visa　105, 202

visa system for foreigner　12, 221
visit duration　81, 242
void contract　118, 225
volatility　112, 115, 135
volume-based tax　62, 145
voluntary adjustment　55, 255
voluntary audit　98, 255
voluntary bankruptcy　54, 255
voluntary liquidation　98, 255
voluntary surplus reserve　98, 204
voting interest　25, 238
voting right　25, 135
voting rights ratio　25, 135
voting stock　25, 238
vouching　66, 198

W

wage　88, 160
wage and salary　88, 160
wage and salary proof　27, 160
wage rate　88, 160
wage rate discrepancy　88, 160
walk through　5, 144
warehouse　77, 139
warehouse certificate　78, 145
warehouse entry form　98, 205
warehouse fee　78, 139
warehousing　97, 205
warehousing cost　113, 138
warning　33, 183
warrant　128, 204
warrantee　106, 134
waste of electrical and electronic equipment　91, 149
water resource industry　71, 213
web browser　5, 223
websites　5, 223
weighted average　17, 176
weighted average cost of capital（WACC）　17, 176
weighted average method　17, 176

weighted average number of shares outstanding　26, 152
weighted moving average method　4, 234
welfare allowance　107, 157
welfare enterprise　107, 157
welfare expense　107, 157
welfare fund　107, 157
welfare payable　118, 235
western development　74, 226
wholesale　9, 197
wholesale market　9, 197
wholesale price　9, 197
wholesale price index（WPI）　9, 197
wholesaler　9, 197
wholly foreign-owned enterprise（WFOE）　14, 222
wholly owned bank　94, 150
wholly state-owned enterprise　44, 167
wholly-owned enterprises　94, 150
wholly-owned subsidiary　76, 203
wide area network（WAN）　39, 166
will　120, 234
will certificate　120, 234
wireless fidelity（Wi-Fi）　128, 225
withdraw from partnership　100, 219
withdrawal slip　37, 203
withholding　38, 146
withholding income tax　38, 240
withholding tax　38, 236
withholding tax obligation　38, 146
withholding tax rate　38, 240
withholding tax receipt　38, 239
without permission　118, 205
work attendance award　11, 203
work flow management　128, 160
work in process　53, 241
work permit　61, 62, 160, 184

311

work progress rate　　51, 160
work visa　　62, 160
worker's accident insurance　　127, 159
workforce　　128, 189
working capital　　6, 7, 14, 237, 249
working capital adjustment　　7, 237
working capital ratio　　7, 237
working capital turnover rate　　125, 192
working capital turnover ratio　　7, 237
working day　　7, 237
working experience　　68, 145
working hours method　　128, 204
working paper　　21, 51, 160, 208
working regulations　　61, 184
Working Rules for Enterprise Accounting Informatization　　23, 200
world bank　　75, 210
World Trade Organization（WTO）　　75, 210
write-down　　106, 198
written notice　　95, 208

Y

year-end adjustment　　99, 196
year-end audit　　26, 199
year-end bonus　　99, 196
year-end dividend　　26, 198
yearly payment　　99, 132
yen's appreciation　　8, 205
yen's depreciation　　8, 205
yield curve　　3, 212

Z

Z visa　　76, 184
zero-based budget　　76, 192

数

183 days exemption rule　　106, 233
5-year exemption and 5-year half rate　　46, 225

附属資料

1 勘定科目コード表

　企業会計準則 … 314 ページ

　企業会計制度 … 322 ページ

2 財務諸表開示例

　企業会計準則（貸借対照表／損益計算書／キャッシュ・フロー計算書）… 330 ページ

　企業会計制度（貸借対照表／損益計算書／キャッシュ・フロー計算書）… 340 ページ

1 勘定科目コード表

■企業会計準則

※以下の勘定科目コード表は、会計帳簿等の科目設定において準拠すべきものですが、必要に応じて、空きコードを利用して企業独自の科目を設定することができます。

资产类（資産類）

順序号 (順番)	编号 (勘定科目 コード)	勘定科目名称		
		中国語	日本語訳	英語訳
1	1001	库存现金	手許現金	cash on hand
2	1002	银行存款	銀行預金	cash in bank
3	1003	存放中央银行款项	中央銀行預け金	deposit due from Central Bank
4	1011	存放同业	同業者預け金	deposit due from bank
5	1012	其他货币资金	その他貨幣資金	other monetary funds
6	1021	结算备付金	決済預託金	settlement deposit
7	1031	存出保证金	差入保証金	guarantee deposit
8	1101	交易性金融资产	売買目的金融資産	financial assets held for trading
9	1111	买入返售金融资产	売戻条件付買入金融資産	financial assets purchased under agreements to resell
10	1121	应收票据	受取手形	notes receivable
11	1122	应收账款	売掛金	accounts receivable (A/R)
12	1123	预付账款	前払項目	prepayment items
13	1131	应收股利	未収配当金	dividend receivable
14	1132	应收利息	未収利息	interest receivable
15	1201	应收代位追偿款	未収代位求償金	subrogation reimbursement receivable
16	1211	应收分保账款	未収再保険金	receivables under reinsurance contract
17	1212	应收分保合同准备金	未収再保険契約準備金	reserves for reinsurance contract
18	1221	其他应收款	その他未収入金	other receivables
19	1231	坏账准备	貸倒引当金	allowance for bad debts

20	1301	贴现资产	買入金融資産	monetary receivables purchased	
21	1302	拆出资金	銀行間貸出	interbank loans receivable	
22	1303	贷款	貸付金	loans receivable	
23	1304	贷款损失准备	貸付金貸倒引当金	allowance for bad loans	
24	1311	代理兑付证券	代理償還証券	vicariously redeemed securities	
25	1321	代理业务资产	代理業務資産	agent service assets	
26	1401	材料采购	材料仕入	purchase of materials	
27	1402	在途物资	未着品	goods in transit	
28	1403	原材料	原材料	raw materials	
29	1404	材料成本差异	材料原価差異	material cost variance	
30	1405	库存商品	在庫商品	stock goods	
31	1406	发出商品	出荷商品	dispatched goods	
32	1407	商品进销差价	商品売買価格差	difference between commodity sales and purchases price	
33	1408	委托加工物资	委託加工物資	goods in processing on commission	
34	1411	周转材料	回転材料	turnover materials	
35	1421	消耗性生物资产	消耗性生物資産	consumable biological assets	
36	1431	贵金属	貴金属	noble metal	
37	1441	抵债资产	担保権実行資産	repossessed assets	
38	1451	损余物资	付保資産残存価値	residual asset value after acceptance of insurance	
39	1461	融资租赁资产	ファイナンスリース資産	financing lease assets	
40	1471	存货跌价准备	棚卸資産評価損失引当金	allowance for impairment loss of inventory	
41	1501	持有至到期投资	満期保有目的投資	held-to-maturity investment	
42	1502	持有至到期投资减值准备	満期保有目的投資減損損失引当金	allowance for impairment loss of investment held to maturity	

43	1503	可供出售金融资产	売却可能金融資産	available-for-sale financial assets
44	1511	长期股权投资	長期持分投資	long-term equity investment
45	1512	长期股权投资减值准备	長期持分投資減損引当金	allowance for impairment loss of long-term equity investment
46	1521	投资性房地产	投資不動産	investment property
47	1531	长期应收款	長期未収入金	long-term receivable
48	1532	未实现融资收益	未実現貸付収益	unrealized financial income
49	1541	存出资本保证金	差入資本保証金	capital guarantee deposit
50	1601	固定资产	固定資産	fixed assets
51	1602	累计折旧	減価償却累計額	accumulated depreciation
52	1603	固定资产减值准备	固定資産減損引当金	allowance for impairment of fixed assets
53	1604	在建工程	建設仮勘定	construction in progress
54	1605	工程物资	工事物資	construction materials
55	1606	固定资产清理	固定資産処分	disposal of fixed assets
56	1611	未担保余值	無保証残存価値	unguaranteed residual value
57	1621	生产性生物资产	生産型生物資産	bearer biological assets
58	1622	生产性生物资产累计折旧	生産型生物資産減価償却累計額	accumulated depreciation of bearer biological assets
59	1623	公益性生物资产	公益型生物資産	public welfare biological assets
60	1631	油气资产	石油天然ガス資産	oil and natural gas assets
61	1632	累计折耗	減耗償却累計額	accumulated depletion
62	1701	无形资产	無形資産	intangible assets
63	1702	累计摊销	償却累計額	accumulated amortization
64	1703	无形资产减值准备	無形資産減損引当金	allowance for impairment loss of intangible assets
65	1711	商誉	のれん	goodwill

順序号 (順番)	编号 (勘定科目 コード)	勘定科目名称		
		中国語	日本語訳	英語訳
66	1801	长期待摊费用	長期前払費用	long-term prepaid expense
67	1811	递延所得税资产	繰延所得税資産	deferred tax assets
68	1821	独立账户资产	特別勘定資産	special account assets
69	1901	待处理财产损溢	未処理財産損益	pending property profit and loss

负债类（負債類）

順序号 (順番)	编号 (勘定科目 コード)	勘定科目名称		
		中国語	日本語訳	英語訳
70	2001	短期借款	短期借入金	short-term loans payable
71	2002	存入保证金	受入保証金	guarantee received
72	2003	拆入资金	銀行間借入	interbank loans payable
73	2004	向中央银行借款	中央銀行借入金	borrowing from Central Bank
74	2011	吸收存款	受入預金	deposit received
75	2012	同业存放	同業者預り金	deposit received from bank
76	2021	贴现负债	手形割引負債	discounted liabilities
77	2101	交易性金融负债	売買目的金融負債	financial debts held for trading
78	2111	卖出回购金融资产款	買戻条件付売却金融資産	financial assets sold under agreements to repurchase
79	2201	应付票据	支払手形	notes payable
80	2202	应付账款	買掛金	accounts payable trade (A/P)
81	2203	预收账款	前受金	advance received
82	2211	应付职工薪酬	未払従業員給付	employee benefits payable
83	2221	应交税费	未払税金及び附加費用	tax and surcharge payable
84	2231	应付利息	未払利息	accrued interest
85	2232	应付股利	未払配当金	dividend payable
86	2241	其他应付款	その他未払金	other payables

87	2251	应付保单红利	未払保険配当金	policyholder dividend payable
88	2261	应付分保账款	未払再保険料	reinsurance premium payable
89	2311	代理买卖证券款	証券代理売買預り金	securities brokerage deposit
90	2312	代理承销证券款	証券代理引受預り金	securities underwriting deposit
91	2313	代理兑付证券款	証券代理償還預り金	deposit to redeem vicariously
92	2314	代理业务负债	代理業務負債	agent service liabilities
93	2401	递延收益	繰延収益	deferred revenue
94	2501	长期借款	長期借入金	long-term loans payable
95	2502	应付债券	社債	corporate bond
96	2601	未到期责任准备金	期限未到来責任準備金	unearned premium reserves
97	2602	保险责任准备金	保険責任準備金	insurance reserves
98	2611	保户储金	被保険者預り金	deposit received from the insured
99	2621	独立账户负债	独立勘定負債	special account liabilities
100	2701	长期应付款	長期未払金	long-term payables
101	2702	未确认融资费用	未認識融資費用	unrecognized financing expense
102	2711	专项应付款	未使用特定交付金	unused specific fund
103	2801	预计负债	見積負債	estimated liability
104	2901	递延所得税负债	繰延税金負債	deferred tax liability

共同类（共通類）

順序号 (順番)	编号 (勘定科目コード)	勘定科目名称		
		中国語	日本語訳	英語訳
105	3001	清算资金往来	決済資金	settlement fund
106	3002	货币兑换	通貨換算	currency exchange
107	3101	衍生工具	デリバティブ	derivatives
108	3201	套期工具	ヘッジ手段	hedging instrument
109	3202	被套期项目	ヘッジ対象	hedged items

所有者权益类（所有者持分類）

順序号 （順番）	编号 （勘定科目 コード）	勘定科目名称		
		中国語	日本語訳	英語訳
110	4001	实收资本	払込資本	paid-in capital
111	4002	资本公积	資本剰余金	capital surplus
112	4101	盈余公积	利益剰余金	surplus reserve
113	4102	一般风险准备	一般リスク準備金	reserve for risk and uncertainty
114	4103	本年利润	当年度利益	net income
115	4104	利润分配	利益分配	profit distribution
116	4201	库存股	自己株式	treasury stock

成本类（原価類）

順序号 （順番）	编号 （勘定科目 コード）	勘定科目名称		
		中国語	日本語訳	英語訳
117	5001	生产成本	生産原価	production cost
118	5101	制造费用	製造費用	manufacturing cost
119	5201	劳务成本	役務原価	service cost
120	5301	研发支出	研究開発費	research and development (R&D) cost
121	5401	工程施工	工事施工	execution of construction work
122	5402	工程结算	工事決算	closing accounts of construction work
123	5403	机械作业	機械作業	mechanical operation

损益类（損益類）

順序号 （順番）	编号 （勘定科目 コード）	勘定科目名称		
		中国語	日本語訳	英語訳
124	6001	主营业务收入	主要営業収入	main operating income
125	6011	利息收入	利息収入	interest income

附属資料／1　勘定科目コード表

126	6021	手续费及佣金收入	手数料及びコミッション収入	commission income
127	6031	保费收入	保険料収入	insurance premium income
128	6041	租赁收入	リース収入	lease income
129	6051	其他业务收入	その他業務収入	other operating income
130	6061	汇兑损益	為替損益	foreign exchange gain and loss
131	6101	公允价值变动损益	公正価値変動損益	gain or loss arising from changes in the fair value
132	6111	投资收益	投資収益	investment income
133	6201	摊回保险责任准备金	割当保険責任準備金	changes in liabilities for future policyholder benefits recoverable from reinsurers
134	6202	摊回赔付支出	割当補償支出	compensation recoverable from reinsurers
135	6203	摊回分保费用	割当再保険費用	commissions recoverable from reinsurers
136	6301	营业外收入	営業外収入	non-operating income
137	6401	主营业务成本	主要営業原価	main cost of goods
138	6402	其他业务成本	その他業務原価	other operating cost
139	6403	税金及附加	税金及び附加費用	business tax and surcharge
140	6411	利息支出	利息支出	interest expenditure
141	6421	手续费及佣金支出	手数料及びコミッション支出	commission charge
142	6501	提取未到期责任准备金	期限未到来責任準備金繰入額	appropriation to the unearned premium reserves
143	6502	提取保险责任准备金	保険責任準備金繰入額	appropriation to insurance reserve
144	6511	赔付支出	賠償支出	compensation
145	6521	保单红利支出	保険配当支出	insurance dividend payment
146	6531	退保金	保険解約返戻金	surrender value of insurance
147	6541	分出保费	再保険料	reinsurance premium

148	6542	分保费用	再保険費用	reinsurance expense
149	6601	销售费用	販売費用	selling expense
150	6602	管理费用	管理費用	administrative expense
151	6603	财务费用	財務費用	financial expense
152	6604	勘探费用	探査費用	exploration expenditure
153	6701	资产减值损失	資産減損損失	asset impairment loss
154	6711	营业外支出	営業外支出	non-operating expenses
155	6801	所得税费用	企業所得税費用	income tax expense
156	6901	以前年度损益调整	過年度損益修正	prior year adjustments

附属資料／1　勘定科目コード表

■企業会計制度

※以下の勘定科目コード表は、会計帳簿等の科目設定において準拠すべきものですが、必要に応じて、空きコードを利用して企業独自の科目を設定することができます。

资产类（資産類）

順序号 （順番）	编号 （勘定科目 コード）	勘定科目名称		
		中国語	日本語訳	英語訳
1	1001	現金	現金	cash
2	1002	銀行存款	銀行預金	cash in bank
3	1009	其他货币资金	その他貨幣資産	other monetary fund
	100901	外埠存款	他地域預金	other regions deposit
	100902	銀行本票	銀行小切手	bank check
	100903	銀行汇票	銀行手形	bank bill
	100904	信用卡	クレジットカード	credit card
	100905	信用证保证金	信用状保証金	deposit for letter of credit
	100906	存出投资款	預け投資資金	deposited investment fund
4	1101	短期投资	短期投資	short-term investment
	110101	股票	株券	stock
	110102	债券	債券	bond
	110103	基金	基金	fund
	110110	其他	その他	other
5	1102	短期投资跌价准备	短期投資減損引当金	allowance for impairment loss of short-term investment
6	1111	应收票据	受取手形	notes receivable
7	1121	应收股利	未収配当金	dividend receivable
8	1122	应收利息	未収利息	interest receivable
9	1131	应收账款	売掛金	accounts receivable (A/R)
10	1133	其他应收款	その他未収入金	other receivables
11	1141	坏账准备	貸倒引当金	allowance for bad debts
12	1151	预付账款	前払金	prepayment
13	1161	应收补贴款	未収補助金	subsidy receivable
14	1201	物资采购	商品仕入	purchase of commodities

15	1211	原材料	原材料	raw materials	
16	1221	包装物	包装品	package	
17	1231	低值易耗品	低額消耗品	low value consumable items	
18	1232	材料成本差异	材料原価差異	material cost variance	
19	1241	自制半成品	半製品	half-finished goods	
20	1243	库存商品	在庫商品	stock goods	
21	1244	商品进销差价	商品売買差額	difference between commodity sales and purchase price	
22	1251	委托加工物资	委託加工物資	goods in processing on commission	
23	1261	委托代销商品	委託代理販売商品	item on consignment	
24	1271	受托代销商品	受託代理販売商品	item on consignment-in	
25	1281	存货跌价准备	棚卸資産評価損失引当金	allowance for impairment loss of inventory	
26	1291	分期收款发出商品	割賦販売商品	installment sales merchandise	
27	1301	待摊费用	前払費用	prepaid expense	
28	1401	长期股权投资	長期持分投資	long-term equity investment	
	140101	股票投资	株式投資	equity investment	
	140102	其他股权投资	その他持分投資	other equity investments	
29	1402	长期债权投资	長期債権投資	long-term debt investment	
	140201	债券投资	債券投資	investment in bond	
	140202	其他债权投资	その他債権投資	other debt investments	
30	1421	长期投资减值准备	長期投資減損引当金	allowance for impairment loss of long-term investment	
31	1431	委托贷款	委託貸付金	entrusted loan	
	143101	本金	元金	principal	
	143102	利息	利息	interest	
	143103	减值准备	減損引当金	allowance for impairment	
32	1501	固定资产	固定資産	fixed assets	

順序号 (順番)	编号 (勘定科目コード)	中国語	日本語訳	英語訳
33	1502	累计折旧	減価償却累計額	accumulated depreciation
34	1505	固定资产减值准备	固定資産減損引当金	allowance for impairment of fixed assets
35	1601	工程物资	工事物資	construction materials
	160102	专用材料	専用材料	exclusive materials
	160102	专用设备	専用設備	exclusive equipment
	160103	预付大型设备款	大型設備前払金	prepayment for large size equipment
	160104	为生产准备的工具及器具	生産準備用工具器具	tools, furniture and fixtures for provision of production
36	1603	在建工程	建設仮勘定	construction in progress
37	1605	在建工程减值准备	建設仮勘定減損引当金	allowance for impairment of construction in progress
38	1701	固定资产清理	固定資産処分	disposal of fixed assets
39	1801	无形资产	無形資産	intangible assets
40	1805	无形资产减值准备	無形資産減損損失引当金	allowance for impairment loss of intangible assets
41	1815	未确认融资费用	未認識融資費用	unrecognized financing expense
42	1901	长期待摊费用	長期前払費用	long-term prepaid expense
43	1911	待处理财产损溢	未処理財産損益	pending property profit and loss
	191101	待处理流动资产损溢	未処理流動資産損益	pending current assets profit and loss
	191102	待处理固定资产损溢	未処理固定資産損益	pending fixed assets profit and loss

负债类(負債類)

順序号 (順番)	编号 (勘定科目コード)	勘定科目名称		
		中国語	日本語訳	英語訳
44	2101	短期借款	短期借入金	short-term loans payable
45	2111	应付票据	支払手形	notes payable

46	2121	应付账款	買掛金	accounts payable trade (A/P)	
47	2131	预收账款	前受金	advanced payment	
48	2141	代销商品款	代理販売商品代金	price of consignment goods	
49	2151	应付工资	未払賃金給与	accrued payroll	
50	2153	应付福利费	未払福利費	welfare payable	
51	2161	应付股利	未払配当金	dividend payable	
52	2171	应交税金	未払税金	tax payable	
	217101	应交增值税	未払増値税	value added tax (VAT) payable	
	21710101	进项税额	仕入税額	input tax	
	21710102	已交税金	納付済税金	tax paid	
	21710103	转出未交增值税	未納付増値税振替	transfer of value added tax (VAT) payable	
	21710104	减免税款	減免税額	tax reduction	
	21710105	销项税额	売上税額	output tax	
	21710106	出口退税	輸出税額還付	tax refund for export goods	
	21710107	进项税额转出	仕入税額振替	transfer of input tax	
	21710108	出口抵减内销产品应纳税额	輸出控除国内販売製品未払税額	deductible tax regarding exported items from output tax of domestic sales	
	21710109	转出多交增值税	過納付増値税振替	transfer of overpaid value added tax (VAT)	
	21710110	未交增值税	未払増値税	value added tax (VAT) payable	
	217102	应交营业税	未払営業税	business tax payable	
	217103	应交消费税	未払消費税	consumption tax payable	
	217104	应交资源税	未払資源税	resource tax payable	
	217105	应交所得税	未払所得税	income tax payable	
	217106	应交土地增值税	未払土地増値税	land value added tax payable	
	217107	应交城市维护建设税	未払都市維持建設税	city maintenance and construction tax payable	

順序号（順番）	编号（勘定科目コード）	中国語	日本語訳	英語訳
	217108	应交房产税	未払不動産税	house property tax payable
	217109	应交土地使用税	未払土地使用税	land use tax payable
	217110	应交车船使用税	未払車両船舶使用税	vehicle and vessel license usage tax payable
	217111	应交个人所得税	未払個人所得税	personal income tax payable
53	2176	其他应交款	その他未納金	other levies payables
54	2181	其他应付款	その他未払金	other payables
55	2191	预提费用	未払費用	accrued expense
56	2201	待转资产价值	未振替資産価値	donated asset value to be carried forward
57	2211	预计负债	見積負債	estimated liability
58	2301	长期借款	長期借入金	long-term loans payable
59	2311	应付债券	未払債券	corporate bond
	231101	债券面值	債券額面	face value of bond
	231102	债券溢价	社債発行差金	premium on bond
	231103	债券折价	債券割引	bond discount
	231104	应计利息	未払利息	accrued interest
60	2321	长期应付款	長期未払金	long-term payables
61	2331	专项应付款	未使用特定交付金	unused specific fund
62	2341	递延税款	繰延税金	deferred tax

所有者权益类（所有者持分類）

順序号（順番）	编号（勘定科目コード）	勘定科目名称		
		中国語	日本語訳	英語訳
63	3101	实收资本（或股本）	払込資本	paid-in capital
64	3103	已归还投资	資本払戻金	capital to be refunded
65	3111	资本公积	資本剰余金	capital surplus
	311101	资本（或股本）溢价	株式払込剰余金	additional paid-in capital
	311102	接受捐赠非现金资产准备	非現金資産受贈準備金	non-cash donation reserve

		311103	接受现金捐赠	現金受贈益	cash donation
		311104	股权投资准备	持分投資準備金	equity investment reserve
		311105	拨款转入	交付金受入額	grant received
		311106	外币资本折算差额	外貨資本金換算差額	foreign currency capital translation difference
		311107	其他资本公积	その他資本剰余金	other capital surplus
66	3121		盈余公积	利益剰余金	surplus reserve
		312101	法定盈余公积	法定利益剰余金	statutory surplus reserve
		312102	任意盈余公积	任意利益剰余金	voluntary surplus reserve
		312103	法定公益金	法定公益金	legal public money
		312104	储备基金	準備基金	reserve fund
		312105	企业发展基金	企業発展基金	enterprise development fund
		312106	利润归还投资	資本償還積立金	capital redemption reserve
67	3131		本年利润	当期利益	current year profit
68	3141		利润分配	利益処分	profit distribution
		314101	其他转入	その他振替	other transfers
		314102	提取法定盈余公积	法定利益剰余金積立	appropriation to statutory surplus reserve
		314103	提取法定公益金	法定公益金積立	appropriation to legal public money
		314104	提取储备基金	準備基金積立	appropriation to reserve fund
		314105	提取企业发展基金	企業発展基金積立	appropriation to enterprise development fund
		314106	提取职工奖励及福利基金	従業員奨励福利基金積立	appropriation to employees bonus and welfare fund
		314107	利润归还投资	資本償還積立金	capital redemption reserve
		314108	应付优先股股利	未払優先株式配当金	preferred share dividend payable
		314109	提取任意盈余公积	任意利益剰余金積立	appropriation to voluntary surplus reserve

	314110	应付普通股股利	未払普通株式配当金	common share dividend payable
	314111	转作资本（或股本）的普通股股利	資本転換普通株式配当金	ordinary share dividend converted to shares
	314115	未分配利润	未処分利益	undistributed profit

成本类（原価類）

顺序号（順番）	编号（勘定科目コード）	勘定科目名称 中国语	日本語訳	英語訳
69	4101	生产成本	生産原価	production cost
	410101	基本生产成本	基本生産原価	basic production cost
	410102	辅助生产成本	補助生産原価	auxiliary production cost
70	4105	制造费用	製造費用	manufacturing cost
71	4107	劳务成本	役務原価	service cost

损益类（損益類）

顺序号（順番）	编号（勘定科目コード）	勘定科目名称 中国语	日本語訳	英語訳
72	5101	主营业务收入	主要営業収入	main operating income
73	5102	其他业务收入	その他業務収入	other operating income
74	5201	投资收益	投資収益	investment income
75	5203	补贴收入	補助金収入	subsidy revenue
76	5301	营业外收入	営業外収入	non-operating income
77	5401	主营业务成本	主要営業原価	main cost of goods
78	5402	主营业务税金及附加	主要営業税金及び附加費用	business tax and surcharge
79	5405	其他业务支出	その他業務支出	other operating expenditure
80	5501	营业费用	営業費用	operating expense
81	5502	管理费用	管理費用	administrative expense
82	5503	财务费用	財務費用	financial expense
83	5601	营业外支出	営業外支出	non-operating expenditure

| 84 | 5701 | 所得税 | 企業所得税 | income tax |
| 85 | 5801 | 以前年度損益調整 | 過年度損益修正 | prior year adjustments |

2 財務諸表開示例

■企業会計準則　貸借対照表　※2015年12月期に適用された企業会計準則を前提とした開示例です。

中国語

ABC 有限责任公司
资产负债表
XX02 年 12 月 31 日
(金额单位：人民币元)

	(XX02 年)	(XX01 年)
资产		
流动资产		
货币资金	×××	×××
以公允价值计量且其变动计入当期损益的金融资产	×××	×××
应收票据	×××	×××
应收账款	×××	×××
预付款项	×××	×××
应收利息	×××	×××
应收股利	×××	×××
其他应收款	×××	×××
存货	×××	×××
划分为持有待售的资产	×××	×××
一年内到期的非流动资产	×××	×××
其他流动资产	×××	×××
流动资产合计	×××	×××
非流动资产		
可供出售金融资产	×××	×××
持有至到期投资	×××	×××
长期应收款	×××	×××
长期股权投资	×××	×××
投资性房地产	×××	×××
固定资产	×××	×××
在建工程	×××	×××
工程物资	×××	×××
无形资产	×××	×××
开发支出	×××	×××
商誉	×××	×××
长期待摊费用	×××	×××
递延所得税资产	×××	×××
其他非流动资产	×××	×××
非流动资产合计	×××	×××
资产总计	×××	×××

日本語訳	英語訳
ABC 有限責任会社 貸借対照表 XX02 年 12 月 31 日 （金額単位：人民元）	ABC Company Limited Balance sheet as at 31 December XX02 (Expressed in Renminbi Yuan)
資産	Assets
流動資産	Current assets
現金及び預金	cash at bank and on hand
損益を通じて公正価値で測定する金融資産	financial assets at fair value through profit or loss
受取手形	notes receivable
売掛金	accounts receivable (A/R)
前払金	prepayments
未収利息	interest receivable
未収配当金	dividends receivable
その他未収入金	other receivables
棚卸資産	inventories
売却目的保有流動資産	held-for-sale current assets
１年以内期限到来非流動資産	non-current assets due within one year
その他流動資産	other current assets
流動資産合計	Total current assets
非流動資産	Non-current assets
売却可能金融資産	available-for-sale financial assets
満期保有投資	held-to-maturity investments
長期未収入金	long-term receivables
長期持分投資	long-term equity investment
投資不動産	investment properties
固定資産	fixed assets
建設仮勘定	construction in progress
工事物資	construction materials
無形資産	intangible assets
開発費	development costs
のれん	goodwill
長期前払費用	long-term prepaid expenses
繰延税金資産	deferred tax assets
その他非流動資産	other non-current assets
非流動資産合計	Total non-current assets
資産総額	Total assets

负债和所有者权益	×××	×××
流动负债		
短期借款	×××	×××
以公允价值计量且其变动计入当期损益的金融负债	×××	×××
应付票据	×××	×××
应付账款	×××	×××
预收款项	×××	×××
应付职工薪酬	×××	×××
应交税费	×××	×××
应付利息	×××	×××
应付股利	×××	×××
其他应付款	×××	×××
划分为持有待售的负债	×××	×××
一年内到期的非流动负债	×××	×××
其他流动负债	×××	×××
流动负债合计	×××	×××
非流动负债		
长期借款	×××	×××
应付债券	×××	×××
长期应付职工薪酬	×××	×××
长期应付款	×××	×××
专项应付款	×××	×××
预计负债	×××	×××
递延收益	×××	×××
递延所得税负债	×××	×××
其他非流动负债	×××	×××
非流动负债合计	×××	×××
负债合计	×××	×××
所有者权益		
实收资本	×××	×××
资本公积	×××	×××
减：库存股	×××	×××
其他综合收益	×××	×××
专项储备	×××	×××
盈余公积	×××	×××
未分配利润	×××	×××
所有者权益合计	×××	×××
负债和所有者权益总计	×××	×××

負債及び所有者持分	Liabilities and owners' equity
流動負債	Current liabilities
短期借入金	short-term loans payable
損益を通じて公正価値で測定する金融負債	financial liabilities at fair value through profit or loss
支払手形	notes payable
買掛金	accounts payable-trade (A/P)
前受金	advance received
未払従業員給付	employee benefits payable
未払税金	tax payable
未払利息	accrued interest
未払配当金	dividends payable
その他未払金	other payables
売却目的保有流動負債	available for sale financial liabilities
一年以内長期負債	non-current liabilities due within one year
その他流動負債	other current liabilities
流動負債合計	Total current liabilities
非流動負債	Non-current liabilities
長期借入金	long-term loans payable
社債	corporate bond
長期未払従業員給付	long-term employee benefit payable
長期未払金	long-term payables
未使用特定交付金	unused specific fund
見積負債	estimated liabilities
繰延収益	deferred revenue
繰延税金負債	deferred tax liabilities
その他非流動負債	other non-current liabilities
非流動負債合計	Total non-current liabilities
負債合計	Total liabilities
所有者持分	Owners' equity
払込資本	paid-in capital
資本剰余金	capital surplus
減：自己株式	Less: treasury stocks
その他包括利益	other comprehensive income
特別積立金	specific reserve
利益積立金	surplus reserve
未処分利益	undistributed profit
所有者持分合計	Total owners' equity
負債及び所有者持分総額	Total liabilities and owners' equity

■企業会計準則　損益計算書
中国語

ABC 有限责任公司
利润表
XX02 年度
（金额单位：人民元）

	（XX02 年）	（XX01 年）
营业收入		
减：营业成本	×××	×××
营业税金及附加	×××	×××
销售费用	×××	×××
管理费用	×××	×××
财务费用	×××	×××
资产减值损失	×××	×××
加：公允价值变动收益（损失）	×××	×××
投资收益（损失）	×××	×××
（其中：对联营企业和合营企业的投资收益（损失））	×××	×××
营业利润（亏损）	×××	×××
加：营业外收入	×××	×××
（其中：非流动资产处置利得）	×××	×××
减：营业外支出	×××	×××
（其中：非流动资产处置损失）	×××	×××
利润（亏损）总额	×××	×××
减：所得税费用	×××	×××
净利润（亏损）	×××	×××
其他综合收益的税后净额	×××	×××
综合收益总额	×××	×××

企業会計準則　損益計算書

日本語訳

ABC 有限責任会社
損益計算書
XX02 年度
（金額単位：人民元）

営業収入

減：　営業原価
　　　営業税及び附加費用
　　　販売費用
　　　管理費用
　　　財務費用
　　　資産減損損失
加：　公正価値変動損益

　　　投資収益（損失）
　　　（その内：関連企業及びジョイントベンチャーからの投資収益・損失）

営業利益（損失）

加：　営業外収入
　　　（その内：非流動資産処分益）

減：　営業外支出
　　　（その内：非流動資産処分損）

利益（損失）総額

減：　企業所得税費用

純利益（純損失）

税引後　その他包括利益

包括利益総額

英語訳

ABC Company Limited
Income statement
for the year ended 31 December XX02
（Expressed in Renminbi Yuan）

Operating income

Less:　operating costs
　　　　business tax and surcharges
　　　　selling expenses
　　　　administrative expenses
　　　　financial expenses
　　　　asset impairment losses
Add:　gain or loss arising from changes in the fair value
　　　　investment income（losses）
　　　　（Including: income（losses）from investment in affiliated enterprise and joint venture）

operating profit（loss）

Add:　non-operating income
　　　　（Including: gains from disposal of non-current assets）

Less:　Non-operating expenses
　　　　（Including: loss from disposal of non-current assets）

Profit（loss）before income tax

Less:　income tax expense

net profit（loss）

other comprehensive income, net of tax

Total comprehensive income

■企業会計準則　キャッシュ・フロー計算書（本表、補充資料は省略）

中国語

ABC 有限责任公司
现金流量表
XX02 年度
（金额单位：人民币元）

	(XX02 年)	(XX01 年)
经营活动产生的现金流量：		
销售商品，提供劳务收到的现金	×××	×××
收到的税费返还	×××	×××
收到其他与经营活动有关的现金	×××	×××
经营活动现金流入小计	×××	×××
购买商品、接受劳务支付的现金	×××	×××
支付给职工以及为职工支付的现金	×××	×××
支付的各项税费	×××	×××
支付其他与经营活动有关的现金	×××	×××
经营活动现金流出小计	×××	×××
经营活动产生的现金流量净额	×××	×××
投资活动产生的现金流量：		
收回投资收到的现金	×××	×××
取得投资收益收到的现金	×××	×××
处置固定资产、无形资产和其他长期资产收回的现金净额	×××	×××
处置子公司及其他营业单位收到的现金净额	×××	×××
收到其他与投资活动有关的现金	×××	×××
投资活动现金流入小计	×××	×××
购建固定资产、无形资产和其他长期资产支付的现金	×××	×××
投资支付的现金	×××	×××
取得子公司及其他营业单位支付的现金净额	×××	×××
支付其他与投资活动有关的现金	×××	×××
投资活动现金流出小计	×××	×××
投资活动产生的现金流量净额	×××	×××

日本語訳	英語訳
ABC 有限責任会社 現金流量表 XX02 年度 （金額単位：人民元）	ABC Company Limited Cash flow statement for the year ended 31 December XX02 (Expressed in Renminbi Yuan)
営業活動によるキャッシュ・フロー： 　商品販売、役務提供による収入	Cash flows from operating activities: 　Proceeds from sale of goods, rendering of services
税金還付による収入 　その他営業活動による収入	Refund of taxes 　Proceeds from other operating activities
営業活動によるキャッシュ・インフロー小計	Sub-total of cash inflows
商品仕入、役務享受による支出 　従業員報酬等の支出 　各種税金の支出 　その他営業活動による支出	Payment for goods and services 　Payment to and for employees 　Payment of various taxes 　Payment for other operating activities
営業活動によるキャッシュ・アウトフロー小計	Sub-total of cash outflows
営業活動によるキャッシュ・フロー純額	Net cash inflow (outflow) from operating activities
投資活動によるキャッシュ・フロー： 　投資回収による収入 　投資収益に伴う収入 　固定資産、無形資産及びその他長期資産処分に伴う収入	Cash flows from investing activities: 　Proceeds from disposal of investments 　Investment returns received 　Net proceeds from disposal of fixed assets, intangible assets and other long-term assets
子会社及びその他事業売却による純収入 　その他投資活動による収入	Net proceeds from disposal of subsidiaries and other business units 　Proceeds from other investing activities
投資活動によるキャッシュ・インフロー小計	Sub-total of cash inflows
固定資産、無形資産及びその他長期資産取得による支出 　投資による支出 　子会社及びその他事業取得による純支出 　その他投資活動による支出	Payment for acquisition of fixed assets, intangible assets and other long-term assets 　Payment for acquisition of investments 　Net payment for acquisition of subsidiaries and other business units 　Payment for other investing activities
投資活動によるキャッシュ・アウトフロー小計	Sub-total of cash outflows
投資活動によるキャッシュ・フロー純額	Net cash inflow (outflow) from investing activities

筹资活动产生的现金流量：		
吸收投资收到的现金	×××	×××
取得借款收到的现金	×××	×××
发行债券收到的现金	×××	×××
收到其他与筹资活动有关的现金	×××	×××
筹资活动现金流入小计	×××	×××
偿还债务支付的现金	×××	×××
分配利润或偿付利息支付的现金	×××	×××
支付其他与筹资活动有关的现金	×××	×××
筹资活动现金流出小计	×××	×××
筹资活动产生的现金流量净额	×××	×××
汇率变动对现金及现金等价物的影响	×××	×××
现金及现金等价物净增加（减少）额	×××	×××
加：年初现金及现金等价物余额	×××	×××
年末现金及现金等价物余额	×××	×××

財務活動によるキャッシュ・フロー：	Cash flows from financing activities：
株主からの出資による収入	Proceeds from investors
借入による収入	Proceeds from borrowings
社債の発行による収入	Proceeds from issuance of bond
その他財務活動による収入	Proceeds from other financing activities
財務活動によるキャッシュ・インフロー小計	Sub-total of cash inflows
債務返済による支出	Repayment of debts
配当及び利息の支払いによる支出	Payment for profit distributions or interest
その他財務活動による支出	Payment for other financing activities
財務活動によるキャッシュ・アウトフロー小計	Sub-total of cash outflows
財務活動によるキャッシュ・フロー純額	Net cash inflow (outflow) from financing activities
現金及び現金同等物に係る換算差額	Effect of foreign exchange rate changes on cash and cash equivalents
現金及び現金同等物の純増加（減少）額	Net increase (decrease) in cash and cash equivalents
加：現金及び現金同等物の期首残高	Add: Cash and cash equivalents at the beginning of the year
現金及び現金同等物の期末残高	Cash and cash equivalents at the end of the year

■企業会計制度　貸借対照表 ※2015年12月期に適用された企業会計制度を前提とした開示例です。

中国語

ABC 有限责任公司
资产负债表
XX02 年 12 月 31 日
（金额单位：人民币元）

	(XX02 年)	(XX01 年)
资产		
流动资产		
货币资金	×××	×××
短期投资	×××	×××
应收票据	×××	×××
应收股利	×××	×××
应收利息	×××	×××
应收账款	×××	×××
其他应收款	×××	×××
预付账款	×××	×××
应收补贴款	×××	×××
存货	×××	×××
待摊费用	×××	×××
一年内到期的长期债权投资	×××	×××
其他流动资产	×××	×××
流动资产合计	×××	×××
长期投资		
长期股权投资	×××	×××
长期债权投资	×××	×××
长期投资合计	×××	×××
固定资产		
固定资产原价	×××	×××
减：累计折旧	×××	×××
固定资产净值	×××	×××
减：固定资产减值准备	×××	×××
固定资产净额	×××	×××
工程物资	×××	×××
在建工程	×××	×××
固定资产清理	×××	×××
固定资产合计	×××	×××

日本語訳	英語訳
ABC 有限責任会社 貸借対照表 XX02 年 12 月 31 日 （金額単位：人民元）	ABC Company Limited Balance sheet as at 31 December XX02 (Expressed in Renminbi Yuan)
資産	Assets
流動資産	Current assets
現金及び預金	cash at bank and on hand
短期投資	short-term investments
受取手形	notes receivable
未収配当金	dividends receivable
未収利息	interest receivable
売掛金	accounts receivable (A/R)
その他未収入金	other receivables
前払金	prepayments
未収補助金	subsidies receivable
棚卸資産	inventories
前払費用	prepaid expenses
1年以内期限到来長期債権投資	long-term debt investments due within one year
その他流動資産	other current assets
流動資産合計	Total current assets
長期投資	Long-term investments
長期持分投資	long-term equity investments
長期債権投資	long-term debt investments
長期投資合計	Total long-term investments
固定資産	Fixed assets
固定資産原価	cost of fixed assets
減算：減価償却累計額	Less: accumulated depreciation
減損引当金控除前固定資産簿価	net book value before provision for impairment
減算：固定資産減損引当金	Less: allowance for impairment of fixed assets
固定資産残高	carrying amounts of fixed asset
工事物資	construction materials
建設仮勘定	construction in progress
固定資産処分	fixed assets pending disposal
固定資産合計	Total fixed assets

无形资产及其他资产		
无形资产	×××	×××
长期待摊费用	×××	×××
其他长期资产	×××	×××
无形资产及其他资产合计	×××	×××
递延税项		
递延税款借项	×××	×××
资产总计	×××	×××
负债和所有者权益	×××	×××
流动负债		
短期借款	×××	×××
应付票据	×××	×××
应付账款	×××	×××
预收账款	×××	×××
应付工资	×××	×××
应付福利费	×××	×××
应付股利	×××	×××
应交税金	×××	×××
其他应交款	×××	×××
其他应付款	×××	×××
预提费用	×××	×××
预计负债	×××	×××
递延收益	×××	×××
一年内到期的长期负债	×××	×××
其他流动负债	×××	×××
流动负债合计	×××	×××
长期负债		
长期借款	×××	×××
应付债券	×××	×××
长期应付款	×××	×××
专项应付款	×××	×××
其他长期负债	×××	×××
长期负债合计	×××	×××

無形資産及びその他資産	intangible assets and other assets
無形資産	intangible assets
長期前払費用	long-term prepaid expenses
その他長期資産	other long-term assets
無形資産及びその他資産合計	Total intangible assets and other assets
繰延税金項目	deferred tax
繰延税金資産	deferred tax assets
資産総額	Total assets
負債及び所有者持分	Liabilities and Owner's equity
流動負債	Current liabilities
短期借入金	short-term loans payable
支払手形	notes payable
買掛金	accounts payable-trade (A/P)
前受金	advanced payments
未払賃金給与	accrued payroll
未払福利費	welfare payable
未払配当金	dividends payable
未払税金	taxes payable
その他未納金	other levies payable
その他未払金	other payables
未払費用	accrued expenses
見積負債	estimated liabilities
繰延収益	deferred revenue
1年以内期限到来長期負債	long-term liabilities due within one year
その他流動負債	other current liabilities
流動負債合計	Total current liabilities
長期負債	Long-term liabilities
長期借入金	long-term loans payable
社債	corporate bond
長期未払金	long-term payables
未使用特定交付金	unused specific fund
その他長期負債	other long-term liabilities
長期負債合計	Total long-term liabilities

递延税项		
递延税款贷项	xxx	xxx
负债合计	xxx	xxx
所有者权益		
实收资本	xxx	xxx
减：已归还投资	xxx	xxx
实收资本净额	xxx	xxx
资本公积	xxx	xxx
盈余公积	xxx	xxx
法定公益金	xxx	xxx
未分配利润	xxx	xxx
所有者权益合计	xxx	xxx
负债和所有者权益总计	xxx	xxx

繰延税金項目	deferred tax
繰延税金負債	deferred tax liabilities

負債合計	Total liabilities

所有者持分	Owner's equity
払込資本	paid-in capital
減：資本払戻金	Less: capital to be refunded
払込資本金純額	net paid-in capital
資本剰余金	capital surplus
利益剰余金	surplus reserve
法定公益金	legal public money
未処分利益	undistributed profit

所有者权益合計	Total owner's equity

負債及び所有者持分総額	Total liabilities and owner's equity

■企業会計制度　損益計算書

中国語

ABC 有限责任公司
利润表
XX02 年度
（金额单位：人民币元）

	(XX02 年)	(XX01 年)
主营业务收入		
减：主营业务成本	×××	×××
主营业务税金及附加	×××	×××
主营业务利润（亏损）	×××	×××
加：其他业务利润	×××	×××
减：营业费用	×××	×××
管理费用	×××	×××
财务费用	×××	×××
营业利润（亏损）		
加：投资收益	×××	×××
补贴收入	×××	×××
营业外收入	×××	×××
减：营业外支出	×××	×××
利润（亏损）总额	×××	×××
减：所得税	×××	×××
净利润（亏损）	×××	×××

企業会計制度　損益計算書

日本語訳	英語訳
ABC 有限責任会社 損益計算書 XX02 年度 （金額単位：人民元）	ABC Company Limited Income statement for the year ended 31 December XX02 (Expressed in Renminbi Yuan)

日本語訳	英語訳
主要営業収入	Sales from principal activities
減算：　主要営業原価 　　　　主要営業税金及び附加費用	Less:　cost of sales from principal activities 　　　　business taxes and surcharges
主要営業利益（損失）	profit (loss) from principal activities
加算：　その他業務利益 減算：　営業費用 　　　　管理費用 　　　　財務費用	Add:　profit from other operations Less:　operating expenses 　　　　administrative expenses 　　　　financial expenses
営業利益（損失）	operating profit (loss)
加算：　投資収益 　　　　補助金収入 　　　　営業外収入 減算：　営業外費用	Add:　investment income 　　　　subsidy revenue 　　　　non-operating income Less:　non-operating expenses
利益（損失）総額	profit (loss) before tax
減算：　企業所得税	Less:　income tax
純利益（純損失）	Net Profit (loss)

■企業会計制度　キャッシュ・フロー計算書（本表のみ、補充資料は省略）

中国語

ABC 有限责任公司
现金流量表
××02 年度
（金额单位：人民币元）

	（XX02 年）	（XX01 年）
经营活动产生的现金流量：		
销售商品、提供劳务收到的现金	×××	×××
收到的税费返还	×××	×××
收到的其他与经营活动有关的现金	×××	×××
现金流入小计	×××	×××
购买商品、接受劳务支付的现金	×××	×××
支付给职工以及为职工支付的现金	×××	×××
支付的各项税费	×××	×××
支付的其他与经营活动有关的现金	×××	×××
现金流出小计	×××	×××
经营活动产生的现金流量净额	×××	×××
投资活动产生的现金流量：		
收回投资所收到的现金	×××	×××
取得投资收益所收到的现金	×××	×××
处置固定资产、无形资产和其他长期资产所收回的现金净额	×××	×××
收到的其他与投资活动有关的现金	×××	×××
现金流入小计	×××	×××
购建固定资产、无形资产和其他长期资产所支付的现金	×××	×××
投资所支付的现金	×××	×××
支付的其他与投资活动有关的现金	×××	×××
现金流出小计	×××	×××
投资活动产生的现金流量净额	×××	×××

日本語訳

ABC 有限責任会社
現金流量表
××02 年度
（金額単位：人民元）

営業活動によるキャッシュ・フロー：
　商品販売、役務提供による収入

　税金還付による収入
　その他営業活動による収入

キャッシュ・インフロー小計

　商品仕入、役務享受による支出
　従業員報酬等の支出
　各種税金の支出
　その他営業活動による支出

キャッシュ・アウトフロー小計

営業活動によるキャッシュ・フロー純額

投資活動によるキャッシュ・フロー：
　投資回収による収入
　投資収益に伴う収入
　固定資産、無形資産及びその他長期資産処分に伴う収入

　その他投資活動による収入

キャッシュ・インフロー小計

　固定資産、無形資産及びその他長期資産取得による支出

　投資による支出
　その他投資活動による支出

キャッシュ・アウトフロー小計

投資活動によるキャッシュ・フロー純額

英語訳

ABC Company Limited
Cash flow statement
for the year ended 31 December ××02
（Expressed in Renminbi Yuan）

Cash flows from operating activities:
　Proceeds from sale of goods and provision of service
　Refund of taxes
　Proceeds from other operating activities

Sub-total of cash inflows

　Payment for goods and services
　Payment to and for employees
　Payment of various taxes
　Payment for other operating activities

Sub-total of cash outflows

Net cash inflow (outflow) from operating activities

Cash flows from investing activities:
　Proceeds from disposal of investments
　Investment returns received
　Net proceeds from disposal of fixed assets, intangible assets and other long-term assets
　Proceeds from other investing activities

Sub-total of cash inflows

　Payment for acquisition of fixed assets, intangible assets and other long-term assets
　Payment for acquisition of investments
　Payment for other investing activities

Sub-total of cash outflows

Net cash inflow (outflow) from investing activities

筹资活动产生的现金流量：		
吸收投资所收到的现金	×××	×××
借款所收到的现金	×××	×××
收到的其他与筹资活动有关的现金	×××	×××
现金流入小计	×××	×××
偿还债务所支付的现金	×××	×××
分配股利、利润或偿付利息所支付的现金	×××	×××
支付的其他与筹资活动有关的现金	×××	×××
现金流出小计	×××	×××
筹资活动产生的现金流量净额	×××	×××
汇率变动对现金及现金等价物的影响	×××	×××
现金及现金等价物净增加（减少）额	×××	×××

財務活動によるキャッシュ・フロー：	Cash flows from financing activities:
株主からの出資による収入	Proceeds from investors
借入による収入	Proceeds from borrowings
その他財務活動による収入	Proceeds from other financing activities
キャッシュ・インフロー小計	Sub-total of cash inflows
債務返済による支出	Payment of debts
配当及び利息の支払いによる支出	Payment for profit distributions or interest
その他財務活動による支出	Payment for other financing activities
キャッシュ・アウトフロー小計	Sub-total of cash outflows
財務活動によるキャッシュ・フロー純額	Net cash inflow (outflow) from financing activities
現金及び現金同等物に係る換算差額	Effect of foreign exchange rate changes on cash and cash equivalents
現金及び現金同等物の純増加（減少）額	Net increase (decrease) in cash and cash equivalents

編者　監修者　編集者　紹介
(2016年11月現在)

編者
KPMG／あずさ監査法人 Global Japanese Practice（GJP）中国事業室

監修者

王　瑞華
中国浙江省出身、管理学博士、中国公認会計士。中央財経大学商学院院長兼 MBA 教育中心主任、会計学教授。
1995 年 12 月から 1996 年 12 月まで、2001 年 10 月から 2001 年 12 月まで当時の朝日新和会計社（現あずさ監査法人）にて研修。

高部　一郎
公認会計士、KPMG 中国　（Global Japanese Practice）GJP 中国総代表　KPMG アドバイザリー中国パートナー。
1988 年に旧英和監査法人（現あずさ監査法人）入所。1993 年にアーサー・アンダーセン上海事務所赴任。
2002 年より KPMG 上海事務所に移り、日系企業支援部門である GJP 中国統括責任者として現在に至る。

編集者
あずさ監査法人 Global Japanese Practice（GJP）中国事業室
　　高﨑　博　中国事業室長　（パートナー）
　　切替　丈晴　（パートナー）
　　紫垣　昌利　（シニアマネジャー）
　　増田　進　（シニアマネジャー）
　　中村　祥子　（マネジャー）
　　中根　真紀子　（スタッフ）

編集協力
あずさ監査法人
　　鄭　雅（Alice Cheng）（シニアマネジャー）　　牧野　成治　（エキスパート）
　　早崎　大三　（マネジャー）　　　　　　　　　一宮　誠　（シニア）
　　坂井　俊夫　（シニア）　　　　　　　　　　　許　茜（Xu Qian）（スタッフ）
　　津田　覚　（スタッフ）　　　　　　　　　　　藤永　理恵　（スタッフ）

KPMG 中国
　　天野　義仁　（シニアマネジャー）　　　　　　伊勢戸　久生　（シニアマネジャー）
　　伊藤　雅人　（シニアマネジャー）　　　　　　井上　喬　（シニアマネジャー）
　　高瀬　拓也　（シニアマネジャー）　　　　　　玉城　正勝　（シニアマネジャー）
　　逸見　宗義　（シニアマネジャー）　　　　　　最上　龍太　（シニアマネジャー）
　　杢田　正和　（シニアマネジャー）　　　　　　八木　俊彦　（シニアマネジャー）
　　井上　融一　（マネジャー）　　　　　　　　　齋藤　航　（マネジャー）
　　朱　俊良（Walter Zhu）（マネジャー）　　　　胡　述之（Carol Hu）（マネジャー）
　　楊　俊峰（Frank Yang）（マネジャー）　　　　湯　露潔（Dorothy Tang）（シニア）

編者紹介

有限責任 あずさ監査法人

　有限責任 あずさ監査法人は、全国主要都市に約5,700名の人員を擁し、監査や各種証明業務をはじめ、財務関連アドバイザリーサービス、株式上場支援などを提供しています。

　金融、情報・通信・メディア、製造、官公庁など、業界特有のニーズに対応した専門性の高いサービスを提供する体制を有するとともに、4大国際会計事務所のひとつであるKPMGインターナショナルのメンバーファームとして、155ヵ国に拡がるネットワークを通じ、グローバルな視点からクライアントを支援しています。

有限責任 あずさ監査法人 Global Japanese Practice（GJP） 中国事業室

　あずさ監査法人は日本本社に対する海外事業の相談窓口として、Global Japanese Practice（GJP）を、東京、大阪、名古屋の三統括事務所に設置しています。また、GJPは、米州、欧州、アジア・大洋州の3地域体制のもと、駐在員および日本企業のサービスに精通したKPMGの専門家で構成する日本企業支援チームと緊密に連携し、機動的にサービスを提供しています。中国に関しては、日本企業の活発な事業展開を背景にますます多様化していくニーズに対応するため、中国事業室を中心とした中国ビジネス支援ネットワークを構築しています。

　中国関係の情報や中国事業室の紹介、本書の内容についてのご質問は以下のKPMGジャパンの中国関係のリンク先をご覧ください。

　www.kpmg.com/jp/china

KPMG

　KPMGは、監査、税務、アドバイザリーサービスを提供するプロフェッショナルファームのグローバルネットワークです。世界155ヵ国のメンバーファームに約174,000名の人員を擁し、サービスを提供しています。KPMGネットワークに属する独立した個々のメンバーファームは、スイスの組織体であるKPMG International Cooperative（"KPMGインターナショナル"）に加盟しています。KPMGの各メンバーファームは、法律上独立した別の組織体です。

著者との契約により検印省略

平成28年12月 1 日　初　版　発　行	中日英・日中英
令和 3 年 6 月 1 日　初版第 2 刷発行	投資・会計・税務　用語辞典

編　　者	有限責任 あずさ監査法人
	Global Japanese Practice（GJP）
	中　国　事　業　室
監 修 者	王 瑞 華・高 部 一 郎
製 版 所	美研プリンティング株式会社
印 刷 所	税 経 印 刷 株 式 会 社
製 本 所	牧 製 本 印 刷 株 式 会 社

発 行 所	〒161-0033　東京都新宿区	株式会社	税 務 経 理 協 会
	下落合2丁目5番13号		
	振替　00190-2-187408	電話（03）3953-3301（編集部）
	FAX（03）3565-3391	（03）3953-3325（営業部）
	URL　http://www.zeikei.co.jp/
	乱丁・落丁の場合は，お取替えいたします。

Ⓒ　2016　　　　　　　　　　　　　　　　　　　　　Printed in Japan

本書の無断複製は著作権法上での例外を除き禁じられています。複製される場合は，そのつど事前に，出版者著作権管理機構（電話03-5244-5088，FAX03-5244-5809，e-mail：info@jcopy.or.jp）の許諾を得てください。

JCOPY ＜出版者著作権管理機構 委託出版物＞

ISBN978－4－419－06398－6　C3034